联会助澜 共创未来

2012年11月28日中国汽车流通协会梅赛德斯-奔驰经销商联会正式成立，主要代表经销商与总经销商、厂家进行沟通和交流，成为一个正式的沟通平台。随着市场的不断发展，奔驰意识到厂家和经销商的通力合作的战略重要性，在豪华汽车品牌中前瞻性地建立了战略经销商俱乐部，共由15家经销商合作伙伴组成，共同探讨并制定奔驰品牌在未来的发展方向，讨论重要发展议题。目前，15家经销商集团所属经销商网店覆盖了奔驰70%的渠道，这也成为大家相互交流、学习的平台，促进奔驰品牌在华良好的发展。

通过定期且开放的沟通，奔驰与经销商伙伴建立了基于互信的稳固关系。在保证经销商独立自主经营的前提下，确保双方在为共同目标一起努力，并尽可能地保持较为健康的经销商盈利能力、帮助经销商维持健康的库存水平、并提供系统的零售咨询服务以支持零售业务，以此更好地结合地方业务现状，制定相应的方案，为广大客户提供汽车产品和相关服务，满足市场需求。

奔驰与经销商伙伴携手，始终秉持"客户为先"的理念，强调客户满意度，不仅为客户提供了优质服务，还力求为客户提供最佳品牌体验。奔驰相信每一家经销商都是品牌大使，厂家要尊重他们的投资、珍视他们的信任，并与他们一起为每一位客户提供良好的服务与体验，以此赢得品牌在中国市场的良好发展。

纵观历史变迁，消费者是一个品牌发展的根本，而直接为其提供服务的是经销商。经销商作为负责汽车销售服务和售后服务的端口，直接决定了客户满意度。奔驰在很多重要活动都会把经销商伙伴邀请过来，并把他们放在最重要的位置以客户看待。虽然奔驰销售公司和经销商之间是商业合作伙伴关系，同时也是一种服务关系。但奔驰无时无刻都在传递这种理念——首先服务好经销商，使其毫无顾虑地做好面向消费者的服务，这才是品牌的真正价值所在。

如今奔驰和经销商已经建立了良好的沟通平台，在网络发展、售前、售后等环节都做到了无缝对接。通过和经销商进行深入沟通，收集经销商反馈意见，让经销商把自己当成品牌的一部分。与经销商的融合正是奔驰在过去几年做得最优异的地方，所谓"软实力"，这些对奔驰现在业绩的稳健提升起到了支撑的作用。尽管市场变化充满挑战，但奔驰与经销商协同一心，以更强有力的协作精神走向未来。

体验升级 合力共赢

2017年，奔驰在网络建设层面上，将继续秉承“合则赢”的理念，以客户为本，通过经销商全网展厅升级、网络布局升级、客户体验升级、运营支持升级四个方面为客户提供最佳服务体验；与经销商合作伙伴携手并进、互利共赢，共同实现中国市场健康、稳定、可持续的良性发展。

Mercedes me 三里屯体验中心

全网展厅升级：

- **数字化：**2017年实现全网数字化升级，便捷交互沟通，带给客户更好的体验；
- **个性化：**2017年开始对展厅的优化，调整以往全球统一的CI家具布置，因地制宜；根据中国客户的需求，给客户以更灵活的休息和商谈的空间。这是中国市场的全新尝试；
- **人性化：**以客户为本，突出展厅的舒适性和温馨感，让展厅满足客户需要，给客户带来家一般的感觉；
- 未来将逐步在经销店引入me Lounge的概念，进一步推广品牌定位和生活方式。机场等高端人群、商务人群集中的场所也将成为Mercedes me进一步发展的考虑方向。

客户体验升级：

- **移动式零售终端“奔驰掌易通”（One Touch Retail）：**2017年完成全网覆盖。“掌易通”覆盖销售流程的整个环节——从线索管理到库存搜索，从试乘试驾，到报价、订单，直至交车。销售顾问只需要在手机上操作简单的点击和滑动即可实现，不但提高了工作效率，减少客户等待时间，也使厂家能精准了解数据、了解市场反馈，并及时做出分析；
- **梅赛德斯-奔驰星徽尊享试乘试驾服务：**2016年在成都进行了第一期试点，得到了当地消费者和经销商的欢迎，我们也获得了第一手的运营数据和服务反馈，对后期的运营优化和服务提升，积累了宝贵的经验。2017年在成都继续深化试点，将对试乘试驾车队规模进行增加和扩展，在服务形式上也将进行新的探索和创新——不仅可在经销店试驾，也有可预约的上门试驾服务，根据客户方便的时间、地点提供服务，继续提升服务质量和效果。2018年我们计划将这项服务推广到全国其他的重要城市。

运营支持升级：

- 自2017年开始，奔驰在之前为经销商提供的综合业绩提升项目的基础上，扩展对零售业务层面的支持。全面启动了SPRINT的试点和部分推广，并计划在2018年对重点模块实现全网覆盖。针对这个项目，厂家组建了专门的跨部门团队，从明确销售质量和效率定义入手，全面诊断分析零售网络销售运营现状，通过“敏捷项目小组”的形式探索解决制约销售效率及质量关键问题的方法，并逐步在全网推广实施。
- 通过与中欧商学院的合作，开展经销商高层管理者定制化的管理和领导力培训，帮助经销商提升对市场敏锐的嗅觉，理性看待外界变化的冲击。职业经理人需要能够准确理解企业战略方向，具备与时俱进的管理和领导能力，持续为企业、为品牌创造价值。到2017年，与中欧的培训合作已经进行到第4期，我们计划用3-5年的时间完成对经销商通过认证的资深总经理的培训提升。
- 以北京、上海、成都和广州四大培训中心为依托，对经销商工作人员开展销售、售后、管理等全方位的培训，同时，利用先进的数字技术升级培训设施创建虚拟课堂，提升在线培训效果和学员学习体验。除此之外，针对产品、售后、销售等话题进行持续不断地培训，提高他们的服务技能和水平。

“奔驰的经销商网络将成为一个盈利能力强，可持续发展的健康体系；经销店不仅为客户提供舒适的购车服务环境，更是一个享受高品质生活方式的品牌体验中心。”

——北京梅赛德斯-奔驰销售服务有限公司
高级执行副总裁　李宏鹏

服务至上 知学善用

服务客户始终是奔驰的业务核心。不仅体现在服务行为上，还应该提高服务意识，以便更好地捕捉客户的潜在需求，满足并超越客户预期。为此，奔驰倾力推出了“经销商精英发展计划”，从学、商、艺三个视角开展了全新的跨行业体验学习活动，有效地为经销商投资人以及高层管理人员打造一个专属的沟通平台，通过跨界的思想交流，启发多维度的思考，明确未来发展的共同目标和价值观，顺应时代，驾驭改变。2017年，奔驰经销商精英发展计划秉承着“以人为本”的理念，带领经销商精英成员深入到美国环球影城、可口可乐总部、杭州阿里巴巴以及德国凯宾斯基等跨行业企业，以对话交流、参访体验的形式激发经销商管理人员从不同的视角重新思考人才管理、用户体验的课题。通过借鉴西方商业的优秀理念和经验，以及在大互联网环境下汽车企业该如何从客户出发进行整合生态布局的深度探讨，逐步实现从传统的服务思维向品牌客户体验的转型，进一步拓展经销商业务能力、启发和提升管理人员领导力，更好地为客户服务。

服务是价值链的传导，奔驰没有仅停留在价值传导层次的服务，奔驰和经销商是合作伙伴的关系，服务则基于此关系基础，经销商和奔驰如同一家公司。服务同样也体现在尊重上，奔驰的管理层与经销商的关系很融洽，这种融洽关系也是服务意识的体现。

与时俱进 持之以恒

奔驰珍惜与经销商建立友好、互信、合作、共赢的伙伴关系，积极关注汽车流通领域健康可持续发展的变革，始终遵守相关法律法规，积极推动中国汽车产业的健康持续发展。

在新的政策法规环境下，各个汽车厂家将更为遵循市场化规律进行运营，从而使整个品牌授权经营模式继续健康发展，让广大消费者成为最终受益者。

遵循相关法律法规的要求，奔驰未来将继续加强与经销商合作伙伴之间定期而开放的沟通，稳固互信关系，并通过完善的培训体系为经销商提供培训与咨询支持；此外，继续与授权经销商一道致力于为客户提供优质的产品、高品质的服务，并力求呈现最佳客户体验。奔驰始终坚持其应有的品牌价值，以服务为核心，保持与经销商伙伴健康的、可盈利的可持续发展。以宽广的视野深思于此，远虑未来，与时俱进，持之以恒。

利星行汽车

LEI SHING HONG AUTO

奔驰世家 至诚致远

利星行汽车于1993年进入中国市场，历经24年发展，已成为奔驰在中国乃至全球最大的经销商集团，同时也是中国汽车流通行业著名的经销商集团之一。

作为奔驰的经销商和战略合作伙伴，利星行汽车秉承"奔驰世家 至诚致远"的品牌宣言，专注传承奔驰品牌的精神和价值，用最真诚和最富激情的卓越服务，忠诚而长久地陪伴客户，踏实而勤勉地耕耘中国市场，并以务实的行动来回馈社会。

网络优化 更具效率

2017年，利星行汽车在网络发展上进行了更科学的布局，通过整合和优化库存、客户数据库、人力资本等方面的资源来提升运营效率，确保利星行汽车能够敏捷地应对市场环境和客户的需求。

目前，利星行汽车已经在77个城市建设138个服务网点，为全国近百万奔驰客户提供优质服务。

2017年4月，亚洲最大奔驰旗舰店、利星行汽车东华之星在上海荣耀启航

专业团队 国际视野

利星行汽车屡创佳绩，离不开高水平的管理团队和高素质的员工团队。目前，利星行汽车员工人数超过13,000人，其中高级管理团队成员的汽车行业服务经验平均达25年，服务梅赛德斯-奔驰品牌的平均经验超过20年。利星行汽车旗下有来自国内外资深的汽车营销管理职业经理人，其国际化的背景和丰富的从业经验保证了利星行汽车能够以前瞻性的视角、高效率的运营和创新性的思维为客户和合作伙伴提供高价值的服务。

为了更具科学性地开展对一线员工和运营管理人员的专业技能培训，储备优秀人才，利星行汽车在2008年成立利星行培训学院，为员工量身打造丰富、实用的培训课程。培训学院一直致力于建立、实施培训和发展体系，用以发展及储备未来领导者和人力资本（管理类，非技术类和技术类），来确保利星行汽车业务的稳固增长。目前，培训学院在北京，上海设有两大培训中心，为集团全网络员工提供180 门培训课程，平均每年培训4500人。此外，培训学院与11所专业院校在职业教育领域开展合作，与行业内三家顶级钣金喷漆供应商建立了战略合作伙伴关系。

新常态下 值得信赖

2017年5月，“2017年度中国汽车经销商集团百强排行榜”在京隆重发布。凭借汽车销量的持续增长及专业水平的不断精进，利星行汽车连续第8年获得榜单前五强。

利星行汽车CEO黄志强先生在发布会上表示：“多年来，百强评比已经成为行业风向标。利星行汽车能够在百强评比中有所斩获，离不开行业的共同发展及自身的持续努力。经销商如何做大做强已经是全行业都在面临和思考的问题，利星行愿继续与汽车流通界的各位同仁一起分享经验，携手前进，为开创中国汽车流通行业的新局面而不懈努力。”

中国汽车流通协会发起的中国汽车经销商集团百强排行榜评选活动，于2010年起正式启动。连续8年的权威发布，此榜单已发展完善成为目前国内最具权威性及影响力的汽车经销商排名榜。百强排行榜充分展示了汽车流通企业的最新发展成果，并就新常态下行业的发展方向进行了深入的探讨，为未来我国汽车流通企业的发展提供了战略性的指导，进一步提升了中国汽车企业的竞争力。

2017年度百强揭晓，利星行汽车连续8年名列五强，利星行汽车CEO黄志强先生（左三）领取十强奖牌

百强报告指出：经销商应实现由“大”到“强”的转变。从仅关注“销售”转向为“销售+服务”双向并重；从关注“规模”转向全面关注经销商的“盈利能力、盈利潜力、有效规模”；从关注“单体业务”转向关注“以客户为中心”的业务组合/协同。在后续的经营中，利星行汽车也将把注意力投向提升企业可持续发展的战略中。

5月5日，由利星行捐建的陕西商州富兴利星行希望小学竣工礼落下帷幕，标志着第25所利星行希望小学顺利建成。利星行汽车携手中国汽车流通协会、北京梅赛德斯-奔驰销售服务有限公司、北京利星行慈善基金会、上海青少年发展基金会、陕西省青少年发展基金会等各公益合作伙伴，与商州当地政府代表和爱心车主们共同出席了本次竣工礼活动。

从集团公益理念"星耀未来 惠泽桃李"出发，西安利之星汽车有限公司联合西安之星汽车有限公司捐资修缮希望小学公寓楼，并捐献爱心物资。根据商州富兴利星行希望小学孩子们的实际情况，除了改善硬件条件，利星行还提供面向留守儿童的心理疏导，以心理咨询师、定期回访等方式，让留守儿童感受来自社会的关爱。

利星行汽车董事长庄国邦先生表示："商州人杰地灵，自古以来重视人才培养，利星行很荣幸能够为本地教育事业贡献力量。此次'团聚的星愿'公益行动，是利星行携手公益事业合作伙伴，践行企业社会责任的重要一步，从物质和精神两个层面给予学生支持，助力孩子们健康成长。"

启动仪式上，"我的星愿"环节充分体现了利星行凝聚社会各界爱心，为孩子们送去关怀，帮助孩子们实现梦想的举措。孩子们在心形卡片上写下心愿，在中国汽车流通协会、上海青少年发展基金会以及陕西省青少年发展基金会、北京利星行慈善基金会的嘉宾们与利星行汽车集团董事长庄国邦先生的帮助下，将卡片挂在象征利星行公益"惠泽桃李"的树上，并在活动结束后，由西安利之星和西安之星共同支持，将愿望变为现实。

另外，利星行从人文关怀角度出发，在为孩子群体建立希望小学的同时，还关注每个孩子作为个体的特殊成长需求。在"一对一帮扶"环节，利星行汽车董事长庄国邦先生、首席执行官黄志强先生、企业事务部总经理李扬女士、陕西区高级总经理王志宏先生，以及爱心车主许明先生，通过"大手拉小手" 对孩子们进行一对一帮扶。利星行领导与车主们在现场为孩子带来了书包、文具等礼物，也将持续关注孩子的求学之路，为其成材做出努力。

为感谢利星行汽车此次公益举措，陕西商州富兴利星行希望小学聘请利星行陕西区高级总经理王志宏先生担任学校"荣誉校长"，并由商洛市慈善协会与校方领导为王志宏先生颁发锦旗。

此外，陕西商州富兴利星行希望小学已被推荐入选2017年"乐动未来"梅赛德斯-奔驰希望工程快乐音乐教室项目。戴姆勒大中华区投资有限公司及北京梅赛德斯-奔驰销售服务有限公司公共关系及媒体传播总监官少卿先生，与利星行汽车企业事务部总经理李扬女士，共同为学校揭牌了"快乐音乐教室"。不仅如此，北京梅赛德斯-奔驰销售服务有限公司代表还与爱心车主们一起，为商州富兴利星行希望小学的孩子们进行了公益捐赠。

利星行的公益行动一直广受爱心车主的大力支持。一位参加本次竣工礼的西安车主表示："非常荣幸能够与利星行汽车一起，为家乡的留守儿童尽一份力。这次活动让我感受到，利星行履行企业社会责任，在形式上生动活泼，在内容上严肃认真，并且从一而终，具有相当的持续性。今后，我们还会继续和利星行一起在公益事业上脚踏实地做实事，为家乡的教育发展做出贡献。"

利星行汽车扎根中国24年，一直积极履行社会企业责任，致力成为充满人文关怀的优秀企业。秉持"星耀未来　惠泽桃李"的理念，利星行汽车在教育事业上展开了影响深远的行动，包括捐赠公益学校、扶助患病儿童、校企合作培养汽车行业专业人才等等。利星行汽车计划在未来更大力度地展开公益行动，凭自身在商业的不懈追求和公益上的坚定践行，持续成为中国汽车流通行业卓越的合作伙伴。

星耀未来 惠泽桃李

利星行汽车与培黎合作，合影留念

助力教育 培养英才

作为中国汽车流通行业著名的经销商集团，利星行汽车不仅持续关注汽车专业人才的培养，并且对从基础教育到高等教育的各个环节都提供了多层次、多角度的全面支持，将资助中国教育事业和青少年成长发展作为企业社会责任的重要内容。在"星耀未来　惠泽桃李"的公益理念指导下，利星行汽车承诺将以更大的热忱扶助青少年的健康成长和教育事业，脚踏实地的践行责任承诺，力争成为中国汽车流通行业最佳合作伙伴以及履行企业社会责任的业界楷模。

在中国汽车流通协会的指导下，利星行汽车与北京培黎技术职业学院合作已5年。迄今为止，已有来自全国各地近300位学子加入利星行专班，毕业生进入利星行汽车经销商实习岗位占比在90%以上，最终加入利星行大家庭的也比比皆是，其他毕业生也多在中国汽车流通企业中任职。每一年，利星行汽车会为学习成绩优异以及家庭贫困的同学提供奖助学金，秉行"星耀未来　惠泽桃李"的企业公益理念将利星行的爱送至每一位需要的同学；每一年，利星行汽车会举办知识竞赛，邀请行业内最权威的领导担任评委，既丰富了课余生活也使同学们在比赛中收获更多的知识；每一年，利星行汽车会在培训学院为同学们提供实训的机会，将课堂上的知识在实践中得以运用。

深耕中国市场24年，作为奔驰经销商与战略合作伙伴的利星行汽车，在传承奔驰品牌的价值与精神的过程中始终信念如一，坚守不变。专业的国际化团队通过优化网络布局、提升运营效率，在继续为客户提供优质服务的同时积极适应行业新常态，并从未停下回馈社会的脚步。用诚心经营企业，用诚意奉献社会，利星行汽车"奔驰世家　至诚致远"的品牌宣言在2017年得到切实彰显，这一宣言必将继续促使利星行汽车在未来发展过程中精益求精，不断向卓越大步迈进！

广汇汽车服务股份公司
李建平董事长

广而汇之谋发展　汇而盛之求共赢

——广汇汽车服务股份公司简介

广汇汽车服务股份公司是全球最大的乘用车经销与服务集团、中国最大的豪华乘用车经销与服务集团、中国最大的乘用车融资租赁提供商及中国汽车经销商中最大的二手车交易代理商。拥有行业领先的业务规模、突出的创新能力，是中国乘用车经销与服务行业中的领先企业。2015年6月，广汇汽车成功登陆A股市场，证券代码600297.SH。2016年6月，成功要约收购了香港上市公司宝信（现更名广汇宝信）汽车集团有限公司，证券代码01293.HK。

2016年全年，公司实现营业收入约1354亿元，新车销量约82.6万台。截止2017年6月30日，公司建立了覆盖28个省、自治区及直辖市的全国性汽车经销网络，共运营近800个营业网点，包括690余家4S店，其中超豪华、豪华品牌店面超过160家，中高端品牌500余家，经销50多个乘用车品牌，员工共计约6万人。

公司拥有中国最广泛的乘用车品牌覆盖，与中国主要汽车制造商建立了长期稳固的合作关系，并与部分汽车制造商签订了战略合作协议，为公司进一步扩大经营规模提供了保障。

广汇汽车在快速发展的乘用车融资租赁行业率先布局，业务快速发展，具备较高的盈利能力。依托乘用车经销和售后服务平台，乘用车融资租赁业务亦能进一步促进各业务间的协同效应。

广汇汽车抓住中国二手车市场的发展机遇，大力发展二手车交易代理服务业务。同时公司推出了“广汇认证二手车”品牌服务及“广汇二手车线上交易平台”等多项创新业务，增强了公司的综合实力。

依托广大的业务规模及广泛的销售网络和不断创新的经营模式，广汇汽车有实力为客户提供覆盖汽车生命全周期的，包括整车销售、汽车租赁及融资租赁、二手车、维修养护、佣金代理等在内的一站式全方位综合服务。通过综合业务组合，公司的业务及经营业绩得到稳步增长，进一步加强了公司于中国乘用车经销及服务市场的领先地位，并赢得了业界的广泛认可。

自成立以来，广汇汽车始终不忘使命，致力为客户、伙伴、行业创造价值，建立管理和服务标准，成为行业标杆。同时不断履行自身企业社会责任，持续推进公司自身在政府责任、环境保护、社会认可、员工关爱等方面的工作，争取不断开创科学发展，和谐共赢的新局面。

展望未来，广汇汽车将继续巩固在中国领先的市场地位，把握商机，用心服务，以心联结，致力成为世界级的乘用车经销服务集团。

企业愿景

成为最优秀的世界级汽车服务经销商集团

经营目标

提供员工发展平台 | 提升客户满意度 | 建立良好的厂商关系 | 创造长期的股东价值

价值观

以人为本 专业执着 | 高效创新 绩效导向 | 无私奉献 共享企业发展成果

企业使命

建立管理和服务标准、成为行业标杆、成为对社会有责任感的企业

经营理念

以人为本、客户至上

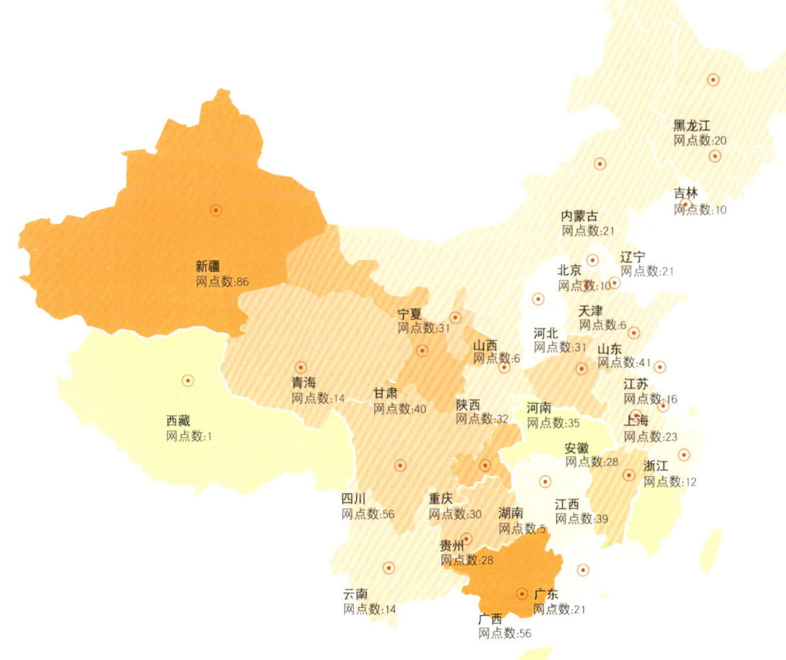

部分店面

》浙江世纪汽车市场

浙江世纪汽车市场是中国汽车流通协会理事单位、全国十大汽车交易市场，也是萧山汽车流通业的领军企业、会长单位。市场位于杭州市萧山区新世纪市场园区，隶属于萧山区商务局。经过20年的高效发展，历经搬迁和多次改造，实现了从小到大，由弱到强的转变，交易范围辐射省内外。

特色一：规模庞大，商家云集。

浙江世纪汽车市场位于钱塘江南岸，交通便捷，自1995年开业以来，第一期工程占地100亩，投资1.5亿元，2万平方米的露天展卖场，建有5.5万平方米营业用房和综合服务大楼；第二期工程，占地100亩，投资2亿元，建设品牌汽车4S店。目前已有108家汽车经销商和奔驰、福特、江铃、雪佛兰、奇瑞、三菱等多家汽车品牌4S店落户市场。

特色二：理念先进，服务一步到位。

市场以科学的经营理念为主旨，推出一条龙服务宗旨，市场于2006年筹建了杭州世纪二手车交易市场，并随着不断发展壮大，又于2014年进行了扩建，实行新旧车联动，促进市场繁荣，发挥社会效益。市场还于2014年新建了机动车检测站，5条环保尾气检测线和2条机动车安全性能检测线，年检测车辆在2万余辆，更好地完善了新旧购车、缴税、保险、检验、办证、评估、过户、上牌等一条龙服务，给消费者带来便利的同时，也获利了经营企业。

特色三：举办展会，加大知名度。

市场每年都会举办三次大型汽车展销会，邀请全区的4S店参展，萧山车展在萧山汽车行业内具有很高的知名度，尤其是每年年底举办的国际车展，不但汇集了各类名车展示，还有国际名模前来助阵，萧山国际车展不仅效果好、规模大、档次高，还是全国会展业品牌50强，通过举办车展，市场的知名度得到有效提升。

特色四：销售领先，活力推动经济。

市场有从业人员1540余人，2016年销售各类汽车72244辆，销售额102.8亿元，代收车辆购置税5.01亿元，获得了“全国十大汽车交易市场”、“新世纪十年中国品牌展会50强”、“省级四星级文明规范市场”、全国商品交易市场“文明诚信经营示范市场”、“中国市场创新服务机构”、中国汽车流通行业“示范市场”等称号。市场以先进的经营理念为指引，以强劲发展的萧山经济为后盾，以四通八达的公铁交通网和诱人的区域优势，显现出天时、地利、人和的商业氛围，展现了市场的时尚和活力。

浙江世纪汽车市场总经理董沛华热枕欢迎国内外汽车商加盟，欢迎各界人士光顾！

地址：浙江省杭州市萧山区通惠北路兴园路118号

电话：057156125168　82839112　　传真：057156125178

网址：www.xiaoshanqiche.com　　邮箱：wed@xiaoshanqiche.com

中国汽车市场年鉴

China Auto Market Almanac

2017

中国汽车流通协会　编著

中国商业出版社

图书在版编目（CIP）数据

2017中国汽车市场年鉴 / 中国汽车流通协会编著
. -- 北京 ：中国商业出版社，2017.7
ISBN 978-7-5208-0001-3

Ⅰ．①2… Ⅱ．①中… Ⅲ．①汽车工业－国内市场－中国－2017－年鉴 Ⅳ．①F724.76-54

中国版本图书馆CIP数据核字(2017)第201445号

责任编辑：武文胜

中国商业出版社出版发行
010-63180647 www.c_chook.com
（100053 北京广安门内报寺1号）
北京润隆彩色印刷有限公司

* * * * *

889×1194毫米 16开 37.88印张 1000千字
2017年10月第1版 2017年10月第1次印刷
定价 980.00元
* * * *
（如有印装质量问题可更换）

《中国汽车市场年鉴》协作单位

（排名不分先后）

北京梅赛德斯－奔驰销售服务有限公司

利星行汽车

广汇汽车服务股份公司

北京长久物流股份有限公司

浙江世纪汽车市场

《中国汽车市场年鉴》编辑委员会

委　　员　（按姓氏笔画排序）

丁　锋　江苏万帮金之星车业集团董事长
丁宏祥　中国机械工业集团有限公司副总裁
于元渤　北京中古车网科技有限公司总经理
马增荣　中国物流与采购联合会汽车物流分会执行副会长
马湘滨　湖南省汽车商会会长
王　昕　长久汽车投资有限公司总裁
王　都　中国汽车流通协会副秘书长
王长胜　国家信息中心常务副主任
王东节　北京祥龙博瑞汽车服务（集团）有限公司董事长
王昆鹏　中国正通汽车服务控股有限公司副董事长
王晓波　北京北辰亚运村汽车交易市场中心总经理
王继存　天津市浩物机电汽车贸易有限公司董事长兼党委书记
王新明　宝信汽车集团总裁
韦国志　广物汽贸股份有限公司总经理
方　明　浙江物产元通汽车集团有限公司董事长
龙少海　中国物资再生协会会长
卢载万　北京现代汽车有限公司总经理
代德明　恒信汽车集团股份有限公司董事长
朴宗沃　东风悦达起亚汽车有限公司总经理
朱　林　贵州省汽车汽配行业商会会长
刘士耀　河北省汽车流通协会会长
刘文姬　中国汽车流通协会副秘书长
刘智丰　北京北汽鹏龙汽车服务贸易股份有限公司总经理
刘美良　沈阳大众企业集团有限公司集团总经理
汤金华　沈阳汽车流通协会会长
孙绍先　北京运通国融投资有限公司董事长

杨　桦　　四川华星汽车集团有限公司董事长
杨　鹏　　润东汽车集团有限公司董事长
杨克武　　湖北省汽车流通协会秘书长
杨雪剑　　车易拍（北京）汽车技术服务有限公司 CEO
李　钢　　国家发展改革委员会产业协调司处长
李　彬　　深圳市深业车城有限公司董事长
李　斌　　易车公司董事长兼 CEO
李沛熠　　河北省旧机动车流通协会会长
李建平　　广汇汽车服务股份公司董事长
李海超　　车王（中国）二手车经营有限公司 CEO
严　斐　　广东省汽车流通协会会长
束长生　　江苏省汽车交易管理协会常务副会长
肖荣臣　　商务部市场体系建设司处长
吴绍明　　中国汽车工业协会副会长兼秘书长
吴　刚　　北京市场协会汽车流通分会副会长兼秘书长
吴东平　　国家工商总局市场规范管理司处长
邱建国　　中国消费者协会投诉部主任
余　德　　安吉汽车物流有限公司总经理
宋　涛　　中国汽车流通协会副秘书长
张文义　　云南省资源再生利用行业协会会长
张宝林　　长安汽车（集团）有限责任公司总经理
张爱群　　浙江吉利控股集团有限公司副总裁
张鲁晋　　润华集团股份有限公司总裁
张德安　　上海永达控股（集团）有限公司董事局主席
陈有权　　国机汽车股份有限公司董事长兼党委书记
陈祥达　　深圳市澳康达名车广场有限公司董事总经理
尚　阳　　广西汽车流通协会会长
罗　峥　　平安银行交通金融事业部总裁

罗　磊　　中国汽车流通协会副秘书长

周　昆　　山东远通汽车贸易集团董事长兼总经理

周小波　　北京百得利汽车进出口集团有限公司首席执行官

周建明　　深圳市佳鸿集团控股有限公司董事长

周碧华　　湖南二手车流通协会秘书长

周黎明　　湖南汽车城有限公司董事长兼总经理

庞庆华　　庞大汽贸集团股份有限公司董事长

胡先成　　成都金宇控股集团有限公司董事长

赵晓明　　吉林省汽车流通协会会长

姚　杰　　中国汽车工业协会副秘书长

钱景汾　　商务部机电和科技产业司处长

徐长明　　国家信息中心副主任

夏闻迪　　国机汽车股份有限公司总经理

黄　毅　　中升集团控股有限公司集团主席

黄志强　　利星行汽车首席执行官

黄晓军　　北京惠通陆华汽车销售有限公司董事长

盖　方　　麦特汽车服务股份有限公司董事长

梁树阁　　内蒙古利丰汽车有限公司总裁

章新挺　　江西省汽车流通行业协会秘书长

隋险峰　　山东省汽车流通协会秘书长

葛致诺　　福特汽车（中国）有限公司执行董事长

蔡　宾　　上海市汽车服务行业协会会长

蔡仲民　　上海市二手车行业协会会长

蔡真法　　一汽贸易总公司总经理

薄世久　　北京长久物流股份有限公司董事长

戴　琨　　优信集团理事长兼 CEO

魏惠娟　　上海信宝博通电子商务有限公司副总裁

《中国汽车市场年鉴》特约编辑

（按姓氏笔画排序）

马增荣　中国物流与采购联合会汽车物流分会
王　存　国机汽车股份有限公司
王宏昌　中国汽车流通协会有形市场商会
石　红　中国汽车技术研究中心
龙少海　中国物资再生协会
邢明发　国家统计局服务业统计司
吕树盛　中国农业机械工业协会农用运输车分会
杨　斌　海关总署统合统计司
李　巍　国家质检总局检验监管司
李彤梅　中国汽车流通协会售后零部件分会
佘振清　中国公路学会客车分会
员维波　国家质检总局检验监管司
陈士华　中国汽车工业协会
郎学红　中国汽车流通协会
郝庆丰　中国消费者权益保护法学研究会
钟渭平　中国汽车流通协会商用车商会
栾尽晖　国家统计局服务业统计司
崔东树　中国汽车流通协会汽车市场研究分会
雷　滨　中国汽车工业协会
潘增友　中国汽车技术研究中心

《中国汽车市场年鉴》编辑部

主　　编　沈进军

编辑部主任　王　都

编　　辑　杨俊丽　文思婧　李　鑫

编辑说明

一、《中国汽车市场年鉴》是由中国物流与采购联合会主管，中国汽车流通协会主办，《中国汽车市场年鉴》编辑部编辑出版。由商务部、国家发改委、国家工商总局、交通部、公安部、海关总署、国家质检总局、国家环境保护部、国家统计局、国家信息中心、中国汽车工业协会、中国机电产品进出口商会、中国消费者协会等国家有关部门、行业组织和中国主要汽车生产、流通企业及各地汽车流通协会共同参与编撰的大型资料性工具书。创办于 1995 年，已连续出版了 1995-2016 年各年卷。

二、《中国汽车市场年鉴》的编纂宗旨是：科学、全面、系统、翔实，逐年反映中国汽车行业的发展和汽车市场的变化，内容涵盖中国汽车生产、流通、消费、服务与行业管理的各个方面，以丰富的资料信息为市场、政府、行业和广大消费者服务。

三、《中国汽车市场年鉴》反映的内容都是上一年度的史实和资料信息。2017 年卷设有专文、大事记、汽车市场、新能源汽车、二手车市场、汽车进出口贸易、汽车后市场、汽车零部件、汽车物流、汽车消费、汽车生产、汽车报废、统计资料、政策法规、名录、附录等共 16 个部类。在编排上分部类 (类目)、栏目、分目、条目 4 个层次。条目是基本文献形式，除此之外的文献形式还有专文、大事记、统计图表、政策法规等。

四、《中国汽车市场年鉴》所有文稿、资料、数据都经有关部门审该；有关条目的数据以国家统计局、海关总署等部门提供的数据为准；各地方和部门的数据以地方和部门提供的数据为准。由于各地、各部门的统计口径不同，个别数字与全国统计数据可能有出入。

五、香港、澳门特别行政区和台湾省的资料暂缺。

六、《中国汽车市场年鉴》在编辑、出版过程中得到了国家有关部门和相关行业组织、汽车生产、流通企业以及各地汽车流通协会的大力支持与帮助，在此深表感谢。本书在编辑和印装等方面的不足之处，敬请广大读者批评指正。

《中国汽车市场年鉴》编辑部

2017 年 10 月

目 录

第一部类 专文

第二部类 大事记

第三部类 汽车市场

第四部类 新能源汽车

第五部类 二手车市场

第六部类 汽车进出口贸易

第七部类 汽车后市场

第八部类 汽车零部件

第九部类 汽车物流

第十部类 汽车消费

第十一部类 汽车生产

第十二部类 汽车报废

第十三部类 统计资料

第十四部类 政策法规

第十五部类 名录

第十六部类 附录

第1部类 专文

DIYIBULEI | ZHUANWEN

2016年我国汽车市场及汽车流通行业现状与发展变化

中国汽车流通协会会长 沈进军

2016年是我国“十三五规划”开局之年，是推进供给侧结构性改革的攻坚之年。我国经济正处在增速换挡、结构调整的关键时期，经济下行压力加大。李克强总理在2016年夏季达沃斯论坛开幕式的致辞中指出，当前世界经济的复苏远不及预期，全球投资贸易增长低迷，大宗商品和金融市场不时动荡，发达国家和新兴经济体走势分化，地缘政治的风险加大，不稳定的因素增多。经过多年的快速增长，中国经济进入了新常态。面对持续较大的经济下行压力，我们没有推行“大水漫灌”式的强刺激，而是创新宏观调控方式，大力推进结构性改革，着力培育新动能，改造提升传统动能。今年以来，中国经济运行总体平稳、稳中有进，保持在合理区间。值得注意的是，消费的主导作用，服务业成为第一大产业的优势在不断显现，汽车等新兴消费迅速扩大，既拉动了消费增长，也促进了消费升级。虽然由于国际环境复杂严峻、国内长期积累的深层次矛盾凸显，中国经济稳定运行的基础并不牢固，但我们有决心克服困难，有能力战胜困难，中国经济的希望将始终大于困难。

一、目前我国汽车市场的发展趋势

（一）2016年新车市场实现恢复性增长

作为国民经济战略性、支柱型产业，近年来汽车产业对国家经济建设与发展的贡献度持续提升。今年1-9月，我国实现汽车类消费2.8万亿元，已成为社会消费品零售总额最重要的贡献来源。自2011年以来，我国汽车市场由高速增长期进入了低速增长期，至2015年市场增速一度触底。为稳定市场，扩大需求，国家出台了1.6L及以下排量乘用车车辆购置税减半征收的刺激政策。在刺激政策作用下汽车市场需求有所回暖，加之上年基数较低，使今年新车市场同比出现较大幅增长。

1-9月我国汽车产销分别完成1942万辆和1936万辆，比上年同期分别增长13.3%和13.2%，高于上年同期14.1和12.9个百分点。乘用车产销分别完成1682万辆和1675万辆，比上年同期分别增长14.7%和14.8%；商用车产销分别完成260万辆和261万辆，与上年同期相比分别增长了4.8%和4.0%。

今年新车市场整体呈现恢复性增长态势，预计我国新车产销量较上年将出现较大幅增长。

（二）二手车市场期待突破

随着我国汽车市场逐渐成熟，置换需求已成为新车消费的重要支撑，二手车消费成为汽车消费的一个重要选项，二手车市场对汽车市场整体发展的作用愈加凸显。

据协会对全国二手车交易市场的全口径统计，2016年1-8月我国累计交易二手车649.90万辆，累计同比增长6.53%。同时二手车置换对新车销售的贡献度持续增加。预计今年我国二手车交易量将会突破1000万辆。

2016年我国二手车市场稳步发展，政府对行业支持力度加大，市场出现了新的发展变化。李克强总理在政府工作报告中明确提出“活跃二手车市场”，3月25日国务院办公厅出台《关于促进二手车便利交易的若干意见》，极大地提振了二手车行业信心。同时，打造以二手车金融为核心的行业服务生态链成为新的行业热点，“互联网+二手车”由PC端转向移动端成为趋势，二手车行业发展重心开始向消费端转移，消费者的消费体验将得到更多关注。

我国二手车市场前景被普遍看好，但发展过程中依然面临许多问题。受制于二手车“限迁”、税收制度不合理与缺乏二手车临时产权登记制度，以及行业自身存在的自律不足、诚信度不高等问题，目前二手车市场发展速度仍未达到预期，未能充分发挥对汽车市场整体发展的带动作用。

针对当前二手车市场存在的问题，协会正在积极向国家政府有关部门进行反映和汇报，相信随着这些问题的逐步解决和突破，我国二手车市场必将迎来更快更好地发展。

（三）汽车后服务市场发展进入新阶段

近年来，汽车行业焦点与利润来源逐步由汽车销售端向售后服务端转移，吸引了大量资本参与投资，新公司、新模式不断涌现，汽车后市场空前繁荣，发展至今已形成多种业态并存、经营模式多样、年产值超过7000亿元的庞大市场。

目前我国汽车保有量已超过1.8亿辆，对汽车售后服务的需求巨大，汽车后服务市场发展空间巨大。目前我国汽车后市场经营主体小、散、乱，行业集中度很低，整体依然处于缺乏监管、鱼龙混杂阶段，许多问题亟待规范。

随着消费者汽车消费需求的不断升级，对汽车后市场企业的要求也不断提高。加上今年以来资本遇冷，汽车后市场整体已经进入优胜劣汰、资源整合的新阶段。当前我国汽车后市场企业间并购频现，品牌专业化、经营集中化趋势明显，日趋激烈的市场竞争也将使企业在保持价格优势的同时，更加注重服务质量与品牌建设。

（四）汽车市场政策环境、市场环境得到改善经过多年的发展，我国汽车市场在取得一系列丰硕成果的同时，也暴露出了行业发展中存在的一些问题与矛盾。为解决市场出现的问题，优化行业的政策环境与市场环境，国家陆续出台了《关于促进二手车便利交易的若干意见》、《关于汽车业的反垄断指南》（征求意见稿）、《汽车销售管理办法》（征求意见稿）等行业政策，为行业未来指明了方向，为保持行业可持续发展提供了强大助力。

二、汽车流通行业的发展变化

2016 年，作为汽车产业重要组成部分，汽车流通行业在复杂多变的市场环境中克服了种种困难，取得了较好的业绩。新车市场增速企稳回升，二手车市场稳步发展，汽车后服务市场逐步规范。同时汽车流通行业也产生了一系列发展变化，这种发展变化主要体现在以下两个方面：

（一）汽车流通企业集团化趋势明显，行业集中度进一步提高

当前我国汽车市场竞争不断加剧，行业资源整合、企业经营结构调整进入新的阶段，汽车流通行业集中度持续提高。

2016 年 5 月份协会发布的百强排行榜相关数据显示，2015 年百强企业实现营业收入 12714 亿元，同比增长 3.2%，；整车销售数量同比增长 5%，达到 653.4 万台，其中二手车置换 96 万辆，对新车销售的贡献度持续增长；企业 4S 网点数量达到 5,526 家，同比增长 6.7%（自建 + 并购），门店增长速度保持稳定；2015 年百亿经销商集团数量从 2014 年的 38 家，减少到 37 家，行业资源整合开始波及行业巨头企业；百强榜首营业收入从 905 亿元增长到 937 亿元，进一步接近千亿大关；2015 年百强经销商销售数量占市场总销量的比重维持在 25%；同时，上榜汽车经销商集团整体业务结构不断优化，汽车后市场业务、金融保险服务业务收入占比继续增长。

汽车经销商百强排行榜相关数据在展示行业企业取得的业绩同时，也揭示了发展中存在的不足。针对暴露出的问题，通过数据分析我们为汽车经销商集团提出了三点建议：

第一，业务结构需持续调整。积极开展二手车业务，努力探索融资租赁、二手车金融等新型业务，增加利润来源。立足于汽车流通行业，积极面对跨行业竞争，加强行业间合作。

第二，管理效率需不断提升。强化集团、门店业务流程管理，积极面对新型业务板块的风险挑战；精细化管理推动企业内部效率提升，有效“开源节流”；行业转型中既要留住现有人才，同时也要吸引“新型”人才。

第三，经销商应由“大”到“强”转变。从仅关注“销售”转向“销售 + 服务”双向并重；从关注“规模”转向全面关注经销商的“盈利能力、盈利潜力、有效规模”；从卖方市场中的“大”经销商转向以买方市场中“大而强”的经销商。

未来，汽车流通行业集中度将继续增加，大型汽车经销商集团将迎来良好的发展机遇，千亿级销售规模的超大型汽车经销商即将诞生。这些将使得汽车经销商在行业中的分量加重，在汽车产业中的话语权进一步增强，大型、超大型汽车经销商将成为支撑汽车市场健康发展的中坚力量。

（二）上市汽车经销商集团盈利能力提升，转型升级效果开始显现

随着我国汽车市场政策环境的改善，汽车经销商迎来更好的发展机遇的同时，也将进入资源整合、转型升级的关键时期。上市汽车经销商集团作为行业的佼佼者，其经营业绩与发展战略具有很好的研究与借鉴意义，也为评估我国汽车流通行业发展现状提供了一个良好的角度。2016 年上半年，上市汽车经销商集团在错综复杂的市场环境下，克服了种种困难取得了较好的业绩，整体盈利能力得到明显提升。

具体表现为：1. 上市汽车经销商集团资产规模整体微增，营收企稳；2. 上市汽车经销商盈利能力提升明显；3. 上市汽车经销商真实汽车销售利润率依然较低；4. 上市企业汽车售后服务业务规模持续扩大，同时收入与利润结构继续调整；5. 上市经销商集团管理水平不断提升，零服吸收率高于行业平均水平，库存周转率明显提升；6. 企业融资环境得到改善，融资成本降低。

当前我国汽车市场已进入买方市场，挖掘自身内部动力与向管理要效益对行业企业越来越重要。在很难大幅提升收入与利润率的今天，精细化管理与提升管理水平已成为汽车经销商提升自身盈利水平与盈利能力的重要手段与渠道之一。未来，随着汽车市场政策环境与市场环境的改善与变化，汽车经销商的业务势必将向多元化发展，如何更好地整合资源、优化管理，将是每个希望抓住发展机遇的汽车经销商必须面对的问题。

“十三五”中国汽车提升核心竞争力

中国社会科学院工业经济研究所 张航燕

对于中国汽车工业来说，“十三五”是实现汽车强国梦的关键时期。在这一时期，我国汽车工业需要提升自主车企核心竞争力，加速核心技术的突破，推进“品质革命”。同时，要强化国际化理念，把“请进来”与“走出去”平衡发展作为主要途径，做强做优中国自主品牌汽车，实现由“中国制造”向“中国创造”转变。

一、绿色化和智能化是汽车工业两大发展方向

当前，中国汽车工业正面临国内经济发展环境发生重大变化、国际产业竞争格局发生重大调整，以及技术创新出现新模式的“三面夹击”，而发达国家重塑制造业优势、发展中国家拓展国际市场空间，也在“双向挤压”中国的汽车制造业。在此严峻形势下，扩能式规模膨胀的粗放发展难以为继，以新能源汽车为重点的低碳化绿色制造，以车联网、无人驾驶汽车、汽车工业 4.0 为代表的信息化、智能化的智能制造是“十三五”期间中国汽车工业发展的主攻方向。

1. 绿色发展是我国汽车业未来方向。

绿色发展已成为我国汽车业的重要前进方向。在《中华人民共和国国民经济和社会发展第十三个五年规划纲要》中，明确提出要提升新能源汽车等新兴产业的支撑作用。《中国制造2025》指出，要“继续支持电动汽车、燃料电池汽车发展，掌握汽车低碳化、信息化、智能化核心技术，提升动力电池、驱动电机、高效内燃机、先进变速器、轻量化材料、智能控制等核心技术的工程化和产业化能力，形成从关键零部件到整车的完整工业体系和创新体系，推动自主品牌节能与新能源汽车同国际先进水平接轨”。而在近日发布的《工业绿色发展规划（2016-2020 年）》中，更是多次提到汽车业的绿色发展问题，要求加强新能源汽车等绿色制造产业核心关键技术的研发，显著提升电动汽车等新能源技术装备制造水平。由此可见在“十三五”期间，新能源汽车在整个国民经济和社会发展中的战略地位。

虽然新能源汽车在成长过程中伴随着各种争论，但不可否认的是，中国新能源汽车正在争论中逐步走向成熟。根据中国汽车工业协会发布的数据，2015 年，中国销售新能源汽车 33 万辆，超过美国成为全球最大的新能源汽车市场。“十三五”期间，汽车工业将以新能源汽车为重点，大力发展低碳绿色制造。

据调查，我国70%的汽车企业已经开始建立有害物质和回收利用率管理体系，铅、镉等有害物质含量的达标率约90%，可回收利用率达90%左右。但行业整体水平与发达国家和地区相比尚有一定差距，目前有害物质使用管理仅相当于欧洲2008年的管理水平，使得我国汽车产品难以进入发达国家市场。在意识到汽车产业绿色转型的紧迫性后，国家为推动汽车产业绿色低碳循环发展已展开部署。工信部正着手推进生态设计、开展有毒有害原料替代、加强过程污染控制、推动新能源汽车的推广应用与加强乘用车燃料消耗管理等五项重点工作。

2. 智能化是全球汽车业重要发展趋势。

汽车工业智能化包含两方面内容，一是生产过程的智能化，二是汽车产品性能的智能化。

汽车生产的智能化实际包含了“智”和“能”两个层面的内容。“智”是智慧，即机器像人一样能够感知、记忆、判断和决策，实现人类智慧在机器上的最大延伸；“能”指执行能力，是机器“智慧”的有效执行，使机器的能力达到最大化的拓展。只有机器的“智”与“能”有效结合，才能共同实现智能制造。同时，大数据将成为工业4.0的核心与基础。海量、有效的数据将成为互联、互动的“血液”，使智能制造成为动力强劲的机体，不断创造出消费者高度认可的个性化产品。生产智能化将不断提升生产制造效率，以智能工厂和智能生产为核心的汽车制造，其本质在于关注更高的生产效率、更低的人工成本、更快的上市时间以及更多的个性化产品。

汽车产品智能化是指汽车具备智能化与共享化的特点，致力于提高汽车的安全性、舒适性，以及提供友好人车交互界面的新兴汽车。在现实应用中，智能汽车包含智能驾驶、生活服务、安全防护、位置服务以及用车服务五大功能。如今，越来越多汽车企业选择与互联网企业携手共进，互联网企业也纷纷凭借互联网技术优势进军汽车行业。“十三五”期间，汽车工业和互联网的不断融合将推动智能汽车的创新发展，使传统汽车产业走向智能汽车时代。

二、“十三五”汽车工业将呈现三大转变

“十三五”期间，汽车工业发展的内外部环境都将发生重大变化。笔者认为，汽车工业将呈现三大转变。

1. 由追求数量向提质增效转变。

无论从市场增量看，还是从外部发展环境看，对于中国汽车工业来说，高速增长时代已经过去。“十三五”期间，在年均增速相对缓慢的情况下，产业内的结构调整将成为重要特征。汽车工业需由依靠劳动力、资源等生产要素的粗放式投入，向依靠智力、技术投入转变，潜心提高产品水平、质量，变革生产、经营方式，通过供给侧改革提供更符合市场需求的新产品和新服务。

2. 由单纯的制造业向制造服务业转变。

随着增速放缓，车市将从增量市场转向存量市场，未来汽车工业会越来越依靠相关服务业的发展。“十三五”期间，汽车产业盈利模式向服务业转变的趋势愈加明显，利润将从前端的新车销售向后端的后市场、二手车以及汽车金融服务转移。汽车工业应顺应新常态的变化，以及用户消费习惯的改变，用全新的思维方式主动拥抱互联网，从单纯做产品的“硬件经济”，转变为做

生态圈的“生态经济”。同时，抓住现代汽车服务业的发展机会，构建稳定的、能够支撑中国品牌汽车持续发展的价值链的盈利模式。

3. 由主要依靠国内市场向依靠国内、国际两个市场转变。

“十三五”期间，中国汽车市场竞争将更加激烈，庞大的国内产能必须依靠努力开拓国际市场来化解和释放。“一带一路”倡议的实施，为中国汽车工业走向国际市场提供了战略机遇。中国汽车工业要统筹利用国内、国际资源，立足两个市场，推动国际产能合作。汽车工业要加强战略设计，统筹“走出去”规划，加快“走出去”的能力建设，将对外投资和扩大出口有效结合，培育以技术、标准、品牌、质量、服务为核心的对外经济新优势。在“走出去”的道路上，汽车工业应从贸易型为主，向有目标、有体系、有资源保障的“走出去”战略转变，培养海外可持续发展能力。

三、汽车工业提升竞争力的四种途径

当前，中国汽车工业仍面临不少问题，如中高端产品的市场仍被跨国公司所主导，在低端市场也受到合资企业和外资企业的挤压；中国品牌起步较晚，关键核心技术不足等。“十三五”期间，中国汽车工业需通过全生命周期管理、协同创新、品质品牌双提升及提高国际化水平等方法不断提升竞争力。

1. 推动全生命周期管理，提升企业实力。

经过几十年的发展，我国汽车行业已形成较完整的生产与配套体系，汽车产业链也逐渐完整。随着市场的日益成熟和相对饱和，汽车生产竞争更多依赖产品性能与技术内涵，全生命周期管理将是企业提升自身竞争力的重要筹码。

汽车全生命周期管理的内容包括：从车辆前期研发设计、零部件的加工生产、整车组装下线，到中期跟踪销售、使用维护，再到生命末期的报废回收等各阶段车辆的全部信息。贯穿全生命周期，对车辆的管理涉及到一条完整的产业链：从与生产相关的整车厂家、与销售相关的 4S 店和二手车企业，到与租赁和贷款相关的租赁公司、与保险相关的保险公司，以及与维修报废相关的维修企业、报废回收公司等。可以预见，汽车全生命周期管理将给国家和社会带来巨大的经济效益。这种对车辆全方位、全过程的管理，既能保障车辆本身正常运行，也能使车辆的有效生命得以延伸，还能对企业的资源管理和配置进行协调统一，提升企业实力。

2. 坚持协同创新，加速核心技术的突破。

中国已经连续七年成为新车产销量第一大国，汽车业成为国民经济的重要支柱产业，已占中国 GDP 的 10% 左右。然而，中国距离汽车强国还有很长的路要走，目前在技术研发、标准法规等方面仍存在诸多短板。在“十三五”期间，国家将“创新”摆在发展的核心位置，强调要不断推进理论创新、制度创新、科技创新、文化创新等各方面创新。汽车工业也需要通过协同创新，加快实现传统汽车材料的突破；解决当前零部件、元器件发展瓶颈，降低进口依赖度；形成汽车强国的基础工艺，实现工艺突破，以支撑下一代汽车的发展；力争在节能环保、轻量化等方面达到国际先进水平的研发能力。同时，建立和完善符合国情、先进有效、统一协调的汽车标准法规体系，推进企业标准体系和标准自主化建设。

3. 弘扬“工匠精神”，推进“品质革命”。

欧美日韩等汽车发达地区和国家的汽车产品，都是先突破品质关才获得市场认可。当前，产品质量和品牌接受度是中国品牌汽车与跨国汽车公司竞争时所面临的关键问题。中国自主品牌要想发展，亟需培育和弘扬精益求精的“工匠精神”，树立质量为先、信誉至上的经营理念，推进“品质革命”，推动“中国制造”走向“精品制造”。汽车企业要去除浮躁思想，不应抱着侥幸心理寻求发展捷径，而应该沉下心来做品质，通过对精品的坚持、追求和积累，实现品质的超越和品牌价值的提升，以质量持续提升和改善，不断增强消费者对自主品牌汽车的品质信任度和品牌认可度。

4. 强化国际化理念，“请进来”与“走出去”平衡发展。

“十三五”期间，中国汽车业需强化国际化理念，创新发展模式，实现从合资造车向合资开发转变，推动从“请进来”为主到“请进来”与“走出去”相结合的平衡发展，充分运用全球科技和智力资源，强化高端市场的自主创新。同时，大力推进以项目为主导的联合开发，促进形成以利益共享为基础和产学研用为特征的国际化战略联盟，以降低研发成本，加速提升自主研发能力。此外，还需加快在战略性市场的产品、产业、营销网络布局，以支撑海外事业的可持续发展。车企在发展中，要努力提高利用全球资源形成企业国际化经营的能力和水平，促进产品品牌和企业品牌在全球汽车市场的价值提升，以提高我国汽车工业全球化发展水平。

第2部类
大事记
DIERBULEI
DASHIJI

2016年汽车行业大事记

1月

1月1日，《缺陷汽车产品召回管理条例实施办法》（以下简称《办法》）正式实施。《办法》与已废止的《缺陷汽车产品召回管理规定》（2004年3月）相比，最大的亮点在于进一步明确了汽车产品生产者作为召回主体的义务，并增加了对汽车零部件生产者的义务，这也是我国首次以法规的形式明确将零部件生产者纳入汽车召回体系。

同日，最新修订的“电动汽车充电接口及通信协议等5项国家标准”正式实施。该标准的出台为统一充电接口奠定了基础，全面提升了充电的安全性和兼容性，确保了电动汽车与充电设施的互联互通，避免了市场的无序发展和充电“孤岛”，有利于降低因不兼容而造成的社会资源浪费。

同日，上汽通用宣布正式承接通用汽车旗下售后零部件品牌ACDelco，并整合推出全新的汽车配件品牌——德科。根据授权协议，上汽通用汽车拥有德科品牌在中国市场的唯一使用权，德科提供覆盖保养、易损、维修等领域的众多产品线，并与上汽通用汽车纯正配件形成优势互补，更好地满足客户对售后配件多元化、多层次的需求。这一举措充分表明，上汽通用已致力于开拓国内汽车独立售后市场。

1月6日，商务部公布《汽车销售管理办法（征求意见稿）》（简称《办法》）并向社会公开征求意见。这意味着已施行10年之久的《汽车品牌销售管理实施办法》将被《办法》取代。新《办法》将进一步促进市场公平竞争、鼓励创新、平衡厂商关系、保护消费者权益。

1月7日，汽车业反垄断指南工作会议在京召开。这是国家发改委价格监督检查与反垄断局（以下简称“反垄断局”） 继2016年8月和10月两次会议征求意见后，第三次召集汽车业各方代表广泛征求意见，为制定和出台《汽车业反垄断指南》做好全面准备。该《指南》的出台，有利于预防汽车业垄断行为，保护公平竞争，保护消费者利益和社会公共利益，促进汽车业健康发展；并在增进执法的透明度，确保科学、有效地反垄断监管的同时，有利于降低行政执法成本，降低汽车业经营者成本。

同日，中国电动汽车百人会在京发布《新能源汽车政策工具包解析》，通过分析北美（主要是美国）、欧洲（主要是德国）、日本和中国四个主要新能源汽车市场相关扶持政策，“取长补长”、消除政策误区，为正处于加速发展期的我国新能源汽车产业提供参考依据。

1月8日，国家科学技术奖励大会在北京人民大会堂举行。宇通客车主持完成的《节能与新能源客车关键技术研发及产业化》项目获得2015年度国家科学技术进步奖二等奖，这是我国新能源汽车领域惟一获奖的整车企业。该项目历经十年技术攻关，形成了多项关键创新技术，实现了纯电动、插电式、混合动力平台开发，并突破了长期制约节能与新能源客车发展的三大技术难题，即关键零部件依赖进口、集成度低、成本高；动力电池系统寿命短、环境适应性差；整车能量利用率低、续驶里程短。该项目对实现纯电动、插电式和混合动力三大类客车的大规模推广应用起到积极的推动作用。

1月11日，国家能源局、科技部、工信部等部门在北京召开“电动汽车充电基础设施新国标实施动员会”。会上，能源行业电动汽车充电设施标准化技术委员会秘书长、中国电力企业联合会标准化管理中心副主任刘永东和中国汽车技术研究中心电动汽车专业首席专家、天津清源电动车辆有限公司总工程师周荣分别对标准进行了重点解读和分析。

1月11日至12日，由中国电动汽车百人会和清华大学创新发展研究院联合发起主办的“车创未来”创新大赛挑战赛在北京举行。参加挑战赛的30支团队提交的项目包括：汽车领域新能源、新材料、新技术等高端制造和智能化项目，智能驾驶、智能交通、共享经济等基于互联网的服务项目，以及汽车后市场等汽车生活服务项目。经过30支团队两天的激烈角逐，8支团队借领先的技术创新或者商业模式，良好的市场前景，健康的财务状况、以及完善的核心创业团队，赢得了“车创未来”创新大赛总决赛入场券。

1月15日，国家环保部和工信部共同发布了《关于实施第五阶段机动车排放标准的公告》（下文简称《公告》）。按照《公告》要求，从2016年4月1日起，北京市、天津市、河北省等东部11省市，开始实施机动车国五排放标准；自2017年7月1日起，全国所有地区制造、进口、销售和注册登记的重型柴油车均须符合国五排放标准；全国自2018年1月1日起，所有车型都须符合国五标准要求。

1月18日，“智能汽车与智慧交通产业创新示范区”（以下简称“示范区”）成立发布会在北京经济技术开发区举行，工信部副部长怀进鹏、北京市副市长隋振江、河北省副省长张杰辉等出席了成立仪式。示范区成立发布会上，福田汽车副总裁宋术山代表福田汽车集团与百度、乐视、清华大学等14家企事业单位共同发起成立智能汽车与智慧交通产业联合创新中心。根据规划，该示范区的建设将以“智能汽车与智慧交通产业创新中心”为基础，旨在突破与沉淀一批智能汽车与智慧交通核心技术，带动汽车制造、移动通信、互联网等产业的技术与商业模式创新，推动新产品与新技术的试验与成果转化，形成拥有一批有核心技术与行业影响力的龙头企业。

1月19日，“2015中国汽车年度盛典”在北京落幕，最终，共有31个奖项出炉。其中，长安汽车夺得了企业类最大奖“年度企业”；而新车类的最大奖“年度车”则被一汽—大众奥迪Q7获得。原机械工业部部长何光远及百余位行业专家、企业精英和汽车主流媒体共同出席大会。

1月20日，“典赞-2016中国汽车市场论坛暨新浪年度车颁布奖盛典”在京举行。本届盛典由新浪汽车主办，旨在发掘车市经典商业案例，为胜出者点赞。论坛设置“爆款车如何打造”环节，数位企业代表围绕如何推出优质产品、参与细分领域竞争等展开探讨；而针对豪华车在华销量的放量增长，论坛设置“豪华车新机遇”环节，企业代表们针对如何重构价格体系和车型结构分享了各自的经验。

1月21日，财政部、科技部、工信部和发改委联合下发了《关于开展新能源汽车推广应用核查工作的通知》（简称《通知》），对新能源汽车推广应用实施情况及财政资金使用管理情况进行专项核查。根据《通知》，核查对象为2013、2014年度获得中央财政补助资金的新能源汽车，以及申请2015年度中央财政补助资金的新能源汽车；核查范围覆盖全部车辆生产企业以及新能源汽车运营企业（含公交、客运、专用车等）、租赁企业、企事业单位等新能源汽车用户。

1月23日，由中国电动汽车百人会主办，清华大学、中国汽车工业协会、中国汽车技术研究中心、中国汽车工程学会协办的中国电动汽车百人会论坛（2016）在北京钓鱼台国宾馆召开。此次论坛是一个跨行业、跨部门、跨领域的高端论坛，围绕“构建竞争·创新·可持续的产业生态”的主题，邀请了来自政府主管部门、科研院校以及科技、互联网、汽车、交通、运输、零部件等各领域专业人士，通过中国电动汽车百人会平台，研究产业现状，探讨产业发展趋势，为政府提供政策建议。

1月27日，北京北辰亚运村汽车交易市场（以下简称“亚市”）与58同城签署战略合作协议，携手共建二手车O2O生态圈。该生态圈构建的是一个以车为主体，由学车、租车、买车形成的汽车业务链条，着力帮助车商和消费者，实现为B端和C端的服务，并结合线下有形市场构建二手车O2O服务的整体链条，包括流量服务、检测评估服务、拍卖服务、售后延保服务以及金融服务，以此打通O2O服务链条上的各个环节。

2月

2月16日，二手车估值平台“车300”完成新一轮融资，此次融资由红杉资本中国基金领投。此次“车300” A+轮融资，融资金额近1亿元人民币。主要将资金用于团队建设、技术升级、市场业务推广、品牌建设、广告投放等。

2月18日，湖南科力远新能源股份有限公司、浙江吉利控股集团有限公司、重庆长安汽车股份有限公司及昆明云内动力股份有限公司签署框架协议，拟联合向科力远混合动力技术有限公司（简称“CHS公司”）增资4.6亿元，共同拓展国家级混合动力总成系统技术平台。CHS公司发起人之一的吉利控股未参与此次增资，但“保留增资扩股权利”。

2月25日，工信部部长苗圩在国务院新闻办发布会上指出，动力电池技术的进步决定了整车的性能、质量、安全等各方面成败，目前已经投入5亿元资金，正在组建动力电池研究院或者动力电池研究研发平台。

2月25日至28日，第22届中国国际汽车用品展览会·汽车美容服务连锁暨洗车展览会在中国国际展览中心举行。本次展会涵盖了汽车电子、内外饰件和美容养护等多领域，其中车内空气净化器、车载导航、行车记录仪、智能后视镜展台更受观注。

2月26日，工信部、国家发改委、公安部联合发布《关于开展放宽皮卡车进城限制试点 促进皮卡消费的通知》，决定在河北、辽宁、河南、云南等省开展放宽皮卡车进城限制试点工作。这份通知，被视为皮卡行业的标志性事件，预示着未来皮卡全国解禁将成为可能。

2月29日，工信部装备工业司发布了《道路机动车辆生产企业及产品（第281批）》目录（以下简称《公告》，13家乘用车企业的生产资质被撤销。这也是工信部撤销的第二批汽车企业生产资质。《公告》显示，双环汽车股份有限公司、庆铃汽车（集团）有限公司、江淮安驰汽车有限公司等13家公司被撤销乘用车生产资质，自《公告》发布之日起停止生产，自2017年1月1日起停止销售。

3月

3月1日，《道路运输车辆技术管理规定》（交通运输部令2016年第1号，简称《规定》），正式实施。依据《道路运输条例》，《规定》根据道路运输行业对运营车辆技术管理需求的变化，对车辆维护制度进行重点改革，进一步明确道路运输经营者车辆技术管理的主体责任，明确经营者可以自行确定维护周期，自觉组织实施车辆维护，并重新划分了道路运输车辆技术等级，调整客车、危货运输车综合性能检测和技术等级评定周期和频次。

同日，北汽特来电在北京市质量技术监督局举办了以“护航两会 为蓝天充电”充电站体验活动，来自北京质监局的领导及国内主流媒体代表共同体验了北汽特来电智能充电系统及其便利的充电服务。

3月4日，东风南充股权转让签约仪式在西南联合产权交易所举行。吉利集团全资子公司——南充吉利商用车研究院有限公司以40682.64万元的成交价购得东风南充100%股权。

3月8日，全国乘用车信息联度会议（简称“乘联会”）与尼尔森公司战略合作协议签约仪式在北京举行。尼尔森公司拥有在市场营销、消费者资讯以及跨媒体监测和研究上的丰富经验和数据资源，乘联会作为由国内主要乘用车生产企业共同发起的乘用车市场信息交流的重要平台，对于汽车厂商的经营规划和市场决策有着重要的影响。双方的合作在汽车企业客户共同关注的政策解读、产品趋势、消费需求和前瞻性的商业模式研究方面全面展开，以提高企业客户的市场洞察质量与深度。

同日，山东滨州渤海活塞股份有限公司发布公告称，拟自筹资金5.32亿元认购北京新能源汽车股份有限公司新增注册资本2.08亿元。增资完成后，渤海活塞将持有北汽新能源6.50%的股权。增资完成后，北汽新能源注册资本将由20亿元增加至32亿元。

3月9日，联合国在瑞士日内瓦的欧洲总部召开会议，通过了主要内容为“规定电动汽车需发出与汽油车同等音量的安全标准方案”，该方案尤其将加强针对老年人和儿童的安全措施。电动汽车声音警示装置的人工声音会在汽车启动时到时速达到20公里之间发出，原则上时速为10公里时发出50到75dB的声音，时速20公里时为56到75dB，倒车时为47dB以上的音量。

3月11日，中国首批以太阳能为辅助能源的“电电气”新能源公交车在江苏省常州市举行交付仪式。黑龙江龙华汽车有限公司向常州市公共交通集团公司交付了25辆新能源公交车。该型公交车是“气电混合”型客车，既可以使用天然气（CNG）驱动，又可使用电力驱动。

3月15日，浙江亚太机电股份有限公司（简称“亚太股份”）与浙江合众新能源汽车有限公司（简称“合众汽车”）签署《智能驾驶技术合作协议》。根据协议，亚太股份为合众汽车供应智能驾驶线控制动系统和控制模块技术及产品，并提供整车安装调试及技术服务；合众汽车则为亚太股份提供智能驾驶技术线控制动系统和控制模块的研发、样车、试验测试等指导支援。

3月16日，新华网股份有限公司（以下简称“新华网”）与青岛特锐德电气股份有限公司（以下简称“特锐德”）在京正式签署合资合作协议，以通过强强联合，加速城市充电设施网络投资建设，为“互联网+”注入新活力。根据新华网与特锐德双方达成的协议，新成立的合资公司在全国范围内推进新能源充电桩、充电站建设，涵盖公交、出租、物流、小区、商超、企业、政府、酒店等多个领域。

同日，神州专车在北京召开发布会，宣布推出国内首个孕妈专车产品——孕妈专车，并联合公安部中国道路交通安全协会共同推出中国首部《孕妇专车安全服务规范》。此次推出的《孕妇专车安全服务规范》以孕妇安全出行为核心，在车辆、司机、服务和保障四大方面制定科学、严格的标准，为孕妇出行用车提供行业指导标准。

3月21日，通用汽车中国公司在北京召开“构建未来交通”媒体发布会。在发布会上，通用汽车总裁丹·阿曼和通用汽车中国公司总裁钱惠康均表示，该公司致力于为全球提供更加创新、环保、智能的汽车技术、产品和交通解决方案。

3月22日，重庆车辆检测研究院有限公司（以下简称重庆车检院）与英国车辆认证局（以下简称VCA）在重庆市举行了合作签约仪式。此次合作签约，为我国车辆生产企业提供欧标检测认证一体化服务，方便自主品牌汽车开拓海外市场。同时，也有助于国外先进技术走进来。重庆车检院是国内第一家与VCA进行长期合作的检测机构，此次合作为我国机动车出口、取得国际认证提供有力的支持。

3月23日，国家发展改革委员会价格监督检查与反垄断局（以下简称“国家发改委价监局”）在其官方网站正式发布了《国务院反垄断委员会关于汽车业的反垄断指南》（征求意见稿）（以下简称《指南》，并宣布面向社会公开征求意见的时间为2016年3月23日—2016年4月12日。《指南》分为六大部分，相对厘清了当前汽车业所存在的横向、纵向垄断协议及限制，滥用市场支配地位的行为，经营者集中的表现，滥用行政权力排除、限制竞争的行为，涉及包括互联网企业在内的汽车销售及服务、售后配件的生产和流通、维修信息及仪器工具的获取、二手车交易及服务等诸多汽车流通领域。

3月25日，国务院办公厅发布《关于促进二手车便利交易的若干意见》，明确要求各地政府在5月底之前，取消对“符合国家在用机动车排放和安全标准”的二手车的限制迁入政策。

3月30日，人民银行、银监会联合对外发布了《关于加大对新消费领域金融支持的指导意见》指出，经银监会批准经营个人汽车贷款业务的金融机构办理新能源汽车和二手车贷款的首付款比例，可分别在15%和30%最低要求基础上，根据自愿、审慎和风险可控原则自主决定。

4月

4月1日，上海市2016年新能源汽车补贴政策《上海市鼓励购买和使用新能源汽车暂行办法（2016年修订）》出台。根据标准，对纯电动乘用车，根据续驶里程不同，每辆车分别给予1万元和3万元的补贴；对于插电式混合动力（含增程式）乘用车，纯电动续驶里程大于50公里的车辆，给予每辆1万元补贴。此外，还增加了一项额度为1.4万元的前置条件补贴，条件为：发动机排量要低于1.6L，百公里综合油耗低于5.9L，油箱的容积40L及以下。

4月7日，工信部副部长辛国斌在钓鱼台参加《自动驾驶在中国的发展展望》论坛时透露了对未来自动驾驶的看法。在某种意义上，这也代表了中国自动驾驶未来在华发展的路线方向。他表示，第一，自动驾驶必须把安全放在第一；第二，自动驾驶各方要融合协作；第三，要有系统思维。

4月8日，国内首条自动驾驶公共示范运营专线“小鱼畅行”往返于武汉光谷资本大厦和未来科技城之间并免费提供服务。这是中国国内首个面向公众推出的自动驾驶专线项目。武汉市民通过手机 APP 预约即可免费获得这一出行服务。

同日，永达汽车发布公告，以 7.64 亿元收购江苏宝尊 18 家店。完成收购后的永达汽车在宝马品牌方面更有话语权，进一步整合后在降低管理成本、零配件的外采方面获得更大盈利空间。

4 月 11 日，由中国汽车流通协会主办，全国乘用车市场信息联席会、搜狐汽车事业部承办的乘联会 4 月车市研讨视频会议在京举行。该研讨会本着为大家及时掌握全国乘用车市场产、销动态，并了解北京、上海、广州汽车市场等情况的目的，采取北京、上海同步的视频会议方式召开。

同日，江苏省发布《关于做好 2017 年新能源汽车推广应用地方财政补助工作的通知》，通知指出，补助政策要体现鼓励新能源汽车应用和充电设施运营的导向，对闲置的车辆和充电设施不予补助。车辆购置最高补助额度严格执行财政部等四部委《关于调整新能源汽车推广应用财政补贴政策的通知》规定，地方财政给予的补助资金不得超过相应车型中央财政补贴额的 50%。

4 月 12 日，工业和信息化部部长苗圩在华沙与波兰能源部部长克里什托夫就加强中波新能源汽车领域合作举行会谈，并共同签署了《中华人民共和国工业和信息化部与波兰共和国能源部关于电动交通 (电动汽车) 领域开展合作的谅解备忘录》，以扩大双方在新能源汽车领域的务实合作。

同日，庞大汽贸集团召开“创信未来”发布会，宣布庞大上门保养平台正式上线。庞大上门保养项目是以 4S 店售后服务系统为基础开展的增值服务。庞大上门保养的服务全部由庞大集团经授权的品牌 4S 店为基础，用户的车辆保养信息与店内售后服务系统互联互通，本品牌车型上门保养信息记录视为到店正式保养有效记录，并录入保养系统中，在保车辆依然享有质保服务。

同日，汽车互联网平台汽车之家（NYSE:ATHM）宣布与湖南卫视达成独家战略合作，汽车之家总裁康雁代表汽车之家与湖南广播电视台、芒果汽车完成了此次战略协议的签署。此合作以实现双方共同开展台网互动汽车广告业务，并联合推出品效合一的新型汽车类广告产品“芒果汽车码头”，帮助车企实现品牌宣传和营销效果合二为一，共同开辟“台网互动”营销新模式。

4 月 13 日，由中国机械工业联合会、中国汽车报社、中国汽车新闻工作者协会筹划并主办的 2016 中国（国际）自驾与露营大会发布会在北京健一公馆举行。本届中国（国际）自驾与露营大会是首个全国性、多站点的大型车主体验交流活动，是集休闲度假、体育娱乐、互联网集客与汽车产品体验于一体的创新型活动营销平台。本届大会于 5 月 ~12 月间，在河南洛阳、内蒙古乌海、重庆、湖南长沙、江西南昌、广东清远等地举办六站活动，由汽车生活秀、超级试驾会、露营嘉年华、场地挑战赛、车友文化节和旅游文化节 6 大项目构成，涵盖了特色车展、试驾体验、自驾旅游、户外露营、汽车运动等各个方面，通过丰富多彩的活动，吸引众多车主参与，打造一场盛大的车主体验交流活动。

同日，比亚迪股份有限公司发布中标公告，宣布比亚迪被确定为“深圳市东部公共交通有限公司 2016 年 3024 辆纯电动公交客车更新解决方案项目”的第一成交供应商。该项目涉及金额合计约 18.12 亿元，不含国家和地方政府补贴。

4 月 14 日，永达汽车（03669-HK）公告了一系列大规模资产重组消息，宣称扬子新材（002652-SZ）斥资 120 亿元人民币，收购永达汽车集团 100% 股权与负债。交易完成后，永达汽车实现借壳上市。

4 月 15 日，工信部公布了新的一批《免征车辆购置税的新能源汽车车型目录》（第七批），共有 735 款车型入选，其中包括纯电动汽车 608 款（含乘用车 32 款，客车 369 款，货车 5 款，专用车 202 款）、插电式混合动力汽车 127 款（含乘用车 5 款、客车 122 款）。

4 月 18 日，公安部“交通安全微发布”微信公众号称，为更好促进新能源汽车发展，更好区分辨识新能源汽车，实施差异化交通管理政策，我国将启用新能源汽车专用号牌。公安部设计了新能源汽车号牌式样，向社会公开征求意见建议，即日起公众可为自己喜爱的号牌式样投票。

4 月 25 日，2016（第十四届）北京国际汽车展览会在中国国际展览中心新、老展馆同时启幕，为期 10 天。本次车展以“创新、变革”为主题，总展出面积达 22 万平方米，吸引了来自全球 14 个国家和地区的 1600 多家参展商，共展示车辆 1179 辆，全球首发车 112 辆。其中跨国公司全球首发车 33 辆、跨国公司亚洲首发车 21 辆、概念车 46 辆、新能源车 147 辆。

4 月 27 日，“2016 汽车零部

件技术发展论坛”在中国国际展览中心老馆（静安庄）举行。本届论坛由《中国汽车报》社主办，以“新技术、新趋势”为主题，就当前汽车零部件行业热点话题与业内人士进行广泛深入的交流。第13届全国百家优秀汽车零部件供应商评选活动也在此次论坛上正式启动。

4月28日，由博世授权，捷成集团投资运营的高端汽车综合维修保养店——博世车联上海捷成中心开业。该店的开业标志着捷成集团在完善汽车售后服务体系方面又迈进了具有里程碑式的一步。

4月29日，工信部公布第三批符合《汽车动力蓄电池行业规范条件》（以下简称《规范条件》）的企业目录，加之此前公布的两批，一共25家电池企业入围。《规范条件》要求所有整车厂家必须选择通过电池备案目录的动力电池品牌，采用没有进入电池目录的新能源汽车产品，从2016年5月1日开始，将不再进入新能源汽车推广目录，从而无法获得补贴。

5月

5月11日至13日，2016 CES ASIA在上海新国展举行。展会以“互联互通”、“创新”与“物联网”为主题，吸引了来自全球超过375家企业，涉及智能汽车等超过15大智能产品类别。

5月12日，环保部发布《轻型汽车污染物排放及测量方法（征求意见稿）》（以下简称“国六意见稿”），相比国五排放标准限值，总体上国六标准或将加严50%以上，将分6a和6b两阶段实施国六。国六意见稿编制说明明确，6a阶段汽油车单车排放标准中的CO、Nox限值将比国五标准分别下降50%和66%；6b阶段CO、THC、Nox、PM的排放限值比国五分别下降50%、50%、40%、33%。根据油品供应安排，6a型式检验时间为2019年1月1日，销售和登记注册日期为2020年1月1日；2023年1月1日实施国6b阶段要求。

同日，中国汽车流通协会渠道发展分会正式成立，其前身是汽车渠道网点规划与管理联谊会（简称“网联会”）。自2011年以来，网联会共召开会议、举办活动12次，参会代表涉及53个品牌的345人次，已成为汽车厂家渠道管理部门交流分享的重要平台。

5月13至15日，第79届全国汽车配件交易会（简称“全国汽配会”）在上海世博展览馆举行。该交易会由中国机械工业联合会、中国汽车工业配件销售有限公司主办，启用了上海世博展馆的3个大型展厅，展出面积达6万平方米，参展企业1500多家。本届展会展区分为底盘车身专区、发动机专区、电器专区、油品专区以及易损件五大展区，主要面向汽车配套市场与售后市场，集中展示了中国汽车配件产业的新产品、新技术、新材料、新工艺及行业整体发展水平和趋势。

5月16日，辽宁省葫芦岛市在其政府官方网站上发布了《葫芦岛人民政府关于修订和废止部分规范性文件的决定》（第175号）。其中明确根据国务院办公厅发布的《关于促进二手车便利交易的若干意见》（简称“国八条”）的要求，废止《葫芦岛市人民政府关于限制部分外埠机动车转入我市的通告》。

同日，百度与安徽省芜湖市人民政府正式签订合作协议，宣布在当地共同建设“全无人驾驶汽车运营区域”。百度分三个阶段与芜湖合作，第一阶段是在有限区域范围、简单路况下试运营；第二阶段是3～5年内扩大区域范围；第三阶段是全市范围内进行无人驾驶汽车试运营。

5月18日，甘肃省兰州市环境保护局、工业和信息化委员会、公安局联合发布公告，明确“符合国家在用机动车排放和安全标准，在环保定期检验有效期和年检有效期内的二手车均可在兰州市办理迁入手续”。

5月19日，由中国物资再生协会主办、华汽投资控股有限公司承办的关于《汽车业反垄断指南》行业影响与产业升级研讨会在北京举行。研讨会对《汽车业反垄断指南》（征求意见稿）进行了权威解读，对同质配件如何助力新政落实、知识产权保护以及汽车零部件再制造等汽车后市场问题进行了深入剖析与讨论。

同日，“2016中国汽车创业投资大赛—总决赛”在四川成都落幕。本次大赛以“创见·曙光”为主题，由中国国际贸易促进委员会汽车行业分会主办、新浪汽车、中国国际贸易促进委员会四川省委员会、AutoLab汽车实验室联合承办，共青团四川省委委员会协办。经过激烈角逐，“友衷科技Autoio”、“车与我”、“风翔纯电动跑车”三个项目最终获得本届总决赛的冠亚季军。

5月20日，新能源汽车动力电池高峰论坛在重庆合川举办，论坛以“动力电池产业发展趋势及挑战”为主题，围绕新能源汽车产业发展现状及展望、动力电池技术发展及应用前景进行探讨。

5 月 23 日至 25 日，2016 北京国际道路运输、城市公交车辆及零部件展览会（简称北京客车展）在北京中国国际展览中心（新馆）举办。本届展会以“新能源：客车发展的机遇与挑战”为主题，集中展示与绿色、智慧、安全交通相关的技术与装备。展览面积达 51000 平方米，共有来自 18 个国家和地区的 500 家企事业单位参展，汇聚了业内顶级企业，全面展示整车、零配件及其最新技术。展会期间，参展企业共组织了23场新品发布、技术推介和成果交流活动。

5 月 25 日，中国汽车流通协会宝马经销商联会正式成立。包括正通汽车、宝信汽车、运通汽车等三十多家大型汽车经销商集团，共 280 多家宝马授权经销店加盟成立宝马经销商联会。

5 月 26 日，中国汽车流通协会以“信以致远，强方能胜”为主题的“2015 年度中国汽车流通行业经销商集团百强报告发布会”在北京雁栖湖国际会展中心举行。百强汽车经销商集团负责人、各省市汽车流通行业协（商）会相关负责人、业界同仁、金融保险机构、投资和服务机构代表及国内主流媒体等共同参会。发布会上，协会权威发布“2015 年中国汽车流通行业经销商集团百强报告”、“2015CADA 中国汽车经销商卓越运营联盟报告”，从企业的盈利能力、综合实力、成长潜力发展等方面深度剖析经销商销售、保险、二手车等九大维度运营指标体系预警，全面把握汽车流通行业发展脉络与方向，以提升汽车流通企业抵抗风险能力、盈利能力，指导企业由“大”向“强”转变，为我国汽车流通企业的发展提供方向性、战略性的引导。

5 月 27 日，“落实国家质检总局‘汽车售后服务质量提升’行动广汇汽车 498 家 4S 店服务标准公开声明现场会”在北京寰宇恒通一汽—大众奥迪 4S 店举行。该现场会由中国汽车流通协会、中国标准化研究院主办，广汇汽车服务股份公司（以下简称广汇汽车）承办。广汇汽车携旗下 498 家 4S 店进行了企业服务标准公开声明，共同向消费者郑重承诺机电维修一次修复，单方事故无人伤，代办理赔服务以及免费检测。由此，广汇汽车成为 2016 年首家作出服务标准公开声明的经销商集团，参与 4S 店数量之多也引发业内广泛关注。

同日，甘肃省酒泉市环保部网站发布关于执行国家第五阶段机动车污染物排放标准及二手车转入相关事宜的通告。根据通告，符合国家在用机动车排放和安全标准，在环保定期检验有效期和年检有效期内的二手车均可在酒泉市办理迁入手续。

5 月 30 日，国机汽车股份有限公司（以下简称“国机汽车”）与阿里巴巴集团旗下的阿里汽车事业部（以下简称“阿里汽车”）在京签署战略合作协议。双方宣布在汽车销售与服务领域开展全面战略合作，共同探索、开创“互联网 +”时代汽车销售与服务的新模式。与此同时，国机汽车宣布，其全新打造的零配件品牌——“中汽进出口”在天猫设立的官方旗舰店正式开通，且汽车融资租赁、二手车等板块也先后在“天猫”、“淘宝”等平台上开设旗舰店或专营店，开启全新的 O2O 营销模式。

5 月 31 日，天津市滨海新区平行进口汽车商会成立大会暨首届中国平行进口汽车发展论坛在天津空港经济区举行。天津市滨海新区平行进口汽车商会（以下简称“商会”）的成立标志着全国最大自贸区内的平行进口汽车商会正式运行。论坛指出在平行进口汽车迅猛发展之际，还有哪些发展壁垒尚未破除，如何利用商会促进天津乃至全国平行进口汽车持续发展，是行业必须要面对的课题。

5 月 31 日，贵州省环境保护厅、公安厅联合发布了通知，要求按照“国八条”政策规定，符合国家在用机动车排放和安全标准，在环保定期检验有效期和年检有效期内的二手车均可办理迁入手续。

6 月

6 月 1 日，大连市取消了“限迁”政策，只要尾气排放和环保检验符合国一标准及其以上的汽油车、符合国三标准及其以上的柴油车，并由环保部门核发绿色环保标志的二手车均可转入大连市。

6 月 2 日，“中国创新创业大赛之国际新能源及智能汽车大赛”暨“新能源及智能汽车苗圃计划”启动仪式在京举行。本届大赛由中国电动汽车百人会、中国创新创业大赛组委会和中关村管委会联合指导，中国电动汽车百人会双创中心承办。大赛从轻量化、性能提升与节能、安全性、智能化、共享化、工业设计六个方向选拔国内外优秀创新项目。

6 月 2 日，四川省人民政府办公厅发布了《关于印发四川省促进二手车便利交易实施方案的通知》，对于符合国家在用机动车排放和安全标准，在环保定期检验有效期和年检有效期内的二手车均可办理迁入手续。各地不得超范围限制二手车迁入，已经实行超范围限制措施的地方，要在2016年5月底前予以取消。

同日，“2016（第五届）车用材料技术国际研讨会”在京举办。该研讨会由中国汽车技术研究中心主办，中国汽车技术研究中心数据资源中心承办，浙江吉利汽车研究院有限公司协办。本次会议以“材料强基行动驱动汽车工业绿色制造”为主题，由“宏观政策趋势”主论坛与“ELV”、“VOC”、“CAE”、“轻量化与前沿材料”“绿色供应链构建”五个分论坛组成。政府相关部委领导、国内外行业专家学者、媒体代表等近700人参会。会议围绕汽车与材料宏观政策趋势、材料解决方案、绿色供应链构建、汽车正向设计等展开交流和讨论，助力汽车行业落实绿色制造。

6月3日，“2016中国汽车认证认可国际论坛”在天津召开。本次论坛是2016年中国“世界认可日”系列活动的一部分，由国家质量监督检验检疫总局、国家认证认可监督管理委员会指导，中国汽车技术研究中心、中国合格评定国家认可委员会共同主办，天津华诚认证中心、国家轿车质量监督检验中心承办。会议围绕宏观政策与汽车行业发展、技术引领和汽车绿色升级等热点，探讨了未来汽车产品认证认可创新点、技术法规和标准实施关键点、核心关键测试技术突破点、新能源汽车及智能网联新领域着力点等课题，以期推动认证认可制度和检验检测技术创新、增强其对汽车产业提质升级的支撑引领作用、提升全球市场汽车供给质量、助力汽车行业绿色生态可持续发展。

6月4日，来自长久乐途车友会、恒大酒店集团和驴妈妈旅游网战略合作签约仪式在广东清远恒大酒店举行。三方在客户体验、品牌资源共享、市场开发等多领域达成共识，无论是从线路设计、酒店景区配套还是随团服务，都将为长久乐途70万会员提供更完善的自驾游保障。

6月7日，“2016年中国二手车经销商商会会长工作会”在杭州阿里巴巴西溪园区成功召开。会议就各地方取消限迁政策遇到的困难，如何促进政策尽快落地实施等进行了深入讨论，与会嘉宾们介绍了各地方目前落地开展的情况，以及采取的相应措施。与会的各位商会会长，还探讨了如何构建二手车经销商交易服务平台及赴日考察交流工作的安排，同时，针对商会如何提高行业凝聚力和号召力等问题都纷纷提出了许多中肯的意见和建议。

同日，广汇汽车与云南中致远汽车达成战略合作协议。此次战略合作共包含中致远汽车18家4S店及1家金融平台公司，主要经营路虎捷豹、玛莎拉蒂、凯迪拉克、英菲尼迪、上海大众、别克、雪佛兰、斯柯达8个品牌，以进一步强化广汇汽车在云南省、四川省、贵州省三省的品牌结构。

6月8日，广汽集团、乐视控股和众诚保险在广州宣布成立大圣科技股份有限公司，打造修车、用车、买车、租车、换车一站式平台。按照规划，大圣科技优先启动整车平台和车生活平台。

6月12日，北京汽车股份有限公司（以下简称北汽）与福建省汽车工业集团有限公司（以下简称福汽）在福建省福州市举行股权转让签约仪式，北汽正式受让福汽所持福建奔驰35%的股权，双方将共同持有福建奔驰50%的股权，并与戴姆勒共同推动福建奔驰的持续发展。继3月份签订意向协议后，本次正式协议的签订，标志着北汽正式完成了对福建奔驰的收购。

6月15日，中国年度卡车车型评选活动的主办方中国汽车报社和中国汽车工程研究院在重庆举办新闻发布会，宣布将活动全新升级为年度商用车车型评选活动。中国汽车报社总经理辛宁、中国汽研总经理李开国、卡车兄弟汽车俱乐部副总经理杨金国等发言，评选活动由中国汽研七点车队执行测评任务。

6月16日，上海市经济信息化委、上海市新能源汽车推进领导小组办公室发布了关于组织申报2016年度上海市新能源汽车专项资金项目的通知。在资金项目指南里，明确提出“三个支持”：支持新能源整车、关键零部件及系统的研发和产业化，促进新技术的突破和应用。

同日，总投资额达5亿元人民币的东风日产先进工程技术中心、启辰造型中心及东风日产大学构成的三大中心在广州花都正式落成。未来，三大中心将履行东风日产工程技术开发、启辰品牌产品造型设计和人力资源生态系统构建的重任。

6月17日，江苏开新好车信息科技有限公司经过中国汽车流通协会“行”认证办公室近三个月的严格考核，达到了“行”认证授权服务机构的准入标准，正式成为

"行"认证江苏区域新的一员。随着国八条的出台，中国汽车流通协会未来将和各个授权机构保持紧密的联系，携手打造国内规范的二手车市场交易环境。此次由开新好车在江苏泰州开展并推广"行"认证，可以增强消费者对二手车的购买力，提升交易市场人气与活力，最终实现消费者、经销商与交易市场多赢。

6月20日，工业和信息化部装备工业司正式公布了第四批符合《汽车动力蓄电池行业规范条件》企业目录，共32家企业入围。其中，中航锂电、河南锂动、微宏动力、南都、超威等单体企业31家入选，系统企业上海捷新动力1家入选。值得注意的是，国外动力电池合资（三星、LG）企业无一入围。

6月20日至22日，"纯净之旅"第三届环青海湖（国际）电动汽车挑战赛在青海省西宁市举行。本届赛事由青海省人民政府、国家科技部、工信部、中国电动汽车百人会联合主办。赛事内容包括特技表演和性能评测赛、环湖评测赛等。北汽新能源EU260、北汽新能源EX200、众泰E200、启辰晨风、比亚迪戴姆勒－腾势、江淮iEV6S等在内的六家国内电动汽车领域主流代表性厂商，参加全程环湖评测赛。

6月21日，中国（上海）自由贸易试验区落实《商务部等八部门关于促进汽车平行进口试点的若干意见》暨首张平行进口汽车中国强制性产品认证（以下简称CCC认证）证书颁发仪式在中国（上海）自由贸易试验区举行。上海外高桥汽车交易市场有限公司获得中国质量认证中心颁发的全国首张平行进口汽车CCC认证证书，这标志着平行进口汽车CCC认证制度改革顺利落地，惠及广大消费者和众多车企，为认证认可服务供给侧改革提供了可复制、可推广的制度创新模式。

6月22日，"汽车售后服务质量测评模型"专家论证会在京召开。"汽车售后服务质量测评模型"是根据国家质量监督检验检疫总局推出的"汽车售后服务质量提升"行动文件要求，由中国汽车流通协会指导，北京与车行信息技术有限公司（会养车）开发设计。该测评模型以用户需求为核心，经过近万个用户样本的数据采集分析，结合了主机厂家的服务标准流程，4S店的服务执行过程等多方因素，于2016年5月开发完成。项目组在设计测评模型的同时创新开发数据采集系统和数据分析系统，用互联网技术改造传统调研方法，保障数据采集的真实高效。在论证会上，项目小组详细解读了测评模型的理论依据、设计思路、核心因子及指标权重、数据采集方法等内容。

6月23日，奇瑞汽车和北京首汽集团于安徽芜湖举行"奇瑞汽车与首汽集团合作签约仪式"。仪式上，首汽集团向奇瑞汽车签单1万辆新能源汽车，同时双方签署长期战略合作协议，以强强联合资本助力资源整合，共同打造"互联网+分时租赁"出行平台，全面挺进"分享经济"时代。

6月24日，上汽车享旗下的"全生命周期"连锁实体服务品牌"车享家"与知名润滑油制造商嘉实多正式开启双品牌合作。车享家方面表示，双方将依托前期良好的业务合作基础以及在各自领域的品牌与资源优势，在商品、技术培训和营销层面协作共赢，为汽车后市场用户打造最高效、可信赖的机油更换服务。

6月27日，银川市政府门户网站发布《银川市人民政府办公厅关于取消限制二手车迁入政策有关事宜的通知》。符合国家在用机动车排放和安全标准，在环保定期检验有效期和年检有效期内的二手车均可办理迁入手续，国家鼓励淘汰和要求淘汰的相关车辆除外。

7月

7月3日，国内商用车领域首个技术标准《二手中型、重型载货车鉴定评估技术规范》（以下简称《规范》）交流研讨会，在重庆理工大学花溪校区举行。此《规范》是由中国汽车流通协会提出并归口管理的团体标准，填补了二手商用车领域的空白。作为国内商用车行业的首份规范，其力争为全行业的良性、健康、有序发展提供科学引导，因此受到行业相关人士的高度关注和期待。来自国内商用车领域的40多位专业人士参加了本次交流会。参加专家讨论会的有东风商用车、福田戴姆勒、陕汽集团、上汽依维柯红岩等商用车主机厂，山东华通等经销商集团，卡车之家等商用车互联网媒体平台，苏州清研车联、重庆理工大学等科研教育机构，重庆本地商用二手车经销商和评估机构等。中国汽车流通协会、中国汽车流通协会商用车商会的相关负责同志出席了本次会议。

7月6日，保监会正式下发的《关于商业车险条款费率管理制度改革试点全国推广有关问题的通知》（以下简称"通知"）指出，自2015年6月1日以来，商业车险条款费率管理制度改革试点工作已在黑龙江等18个省市实施并取得积极成效。经研究决定，保监会将商业车险改革试点 推广到全国范围。前两批试点的顺利开展，保险业商业车险费改以行业示范条款为主、保险公司创新型条款为辅的总体设计目标已经取得较好成效。随着第三批18个费改地区在2016年6月24日正式完成切换，我国商业车险费改在全国范围正式铺开。

7月7日，由国内第二大豪车运营集团中国和谐汽车控股集团斥资打造的中国和谐控股（长沙）豪华汽车维修中心在长沙开业。这是和谐汽车集团继北京、上海、广州等一线城市后的又一重要布局。业内人士纷纷表示，该中心落户“星城长沙”也再次证明了长沙在未来豪车服务市场中举足轻重的战略地位。

7月11日，中国互联网协会分享经济工作委员会联合滴滴出行发布了移动出行驾驶人员禁入标准，首次明确网约车驾驶人员资格审查的“负面清单”。有重大、暴力和危害公众安全的犯罪、严重治安违法、交通安全违法等三大类违法犯罪记录以及精神病的人员，都将被一票否决、禁止进入移动出行平台。

7月12日，国内A股上市公司亚夏汽车发布名为《芜湖亚夏汽车股份有限公司关于现金增资上海阑途信息技术有限公司的公告》的公告。公告显示，芜湖亚夏汽车股份有限公司拟以人民币10000万元溢价认购上海阑途信息技术有限公司(“途虎养车”)2.03%股权。

7月15日，国家工商总局召开“全国工商和市场监管部门工作座谈会”。其中，针对2016下半年度的反垄断任务部署，座谈会提出要加强反垄断和反不正当竞争执法，深入开展集中整治公用企业限制竞争和垄断行为突出问题专项行动，推进公用企业问题的整改。积极查处密切关系社会民生行业领域中的限制、排除竞争行为，打破地区封锁和行业垄断，切实加强新行业新领域垄断和不正当竞争问题研究。

同日，中国汽车流通协会汽车俱乐部分会组织召开了《汽车救援服务管理规范》标准贯彻研讨会。《汽车救援服务管理规范》（以下简称《规范》）是由中国汽车流通协会提出并归口，汽车俱乐部承办并组织起草的团体标准。《规范》于2016年3月14日顺利通过专家审查，7月15日批准发布，并于2016年8月15日正式实施。《规范》的出台，将引导汽车救援行业走向规范建设发展之路，促进汽车救援企业标准化、规范化管理，建立规范有序、成熟稳健的汽车救援市场。

7月16日，位于香河县的河北省重点建设项目——中国京津冀汽车零部件物流交易中心在香河举办推介会。中国京津冀汽车零部件物流交易中心主要经营汽车配件、美容装饰、修理改装、汽保工具、轮胎、精品等项目，涵盖德系、日系、欧美、韩系、国产等汽车展区，并配有大型物流交易中心，建成后将辐射全国多个省市自治区及周边国家。

7月19日，由中国汽车技术研究中心与工业和信息化部联合主办的首届“汽车与信息通信融合发展论坛”在北京召开。会议以“新一代信息通信技术影响下的汽车产业发展之路”为主题，围绕两化融合、先进信息通信（ICT）技术应用，大数据对产业的驱动等内容展开深入研究，探讨新一代信息通信技术与汽车产业的融合发展趋势，并广泛分享、借鉴国内外的成功经验。

同日，天津市平行进口车流通协会成立。天津市平行进口汽车流通协会是在天津市民政部门注册登记的天津市平行进口汽车流通行业唯一的市级社团法人组织，该协会以服务产业为根本宗旨，挖掘天津市平行进口汽车行业的行业潜力和社会资源，带动平行进口汽车流通行业整体发展。协会将维护公平竞争的市场秩序，促进天津市平行进口汽车流通行业的健康发展。协会运营后，真正实现政府与企业、政府与消费者、企业与消费终端的多方无缝对接，可进一步规范汽车服务行为、维护消费者权益。

7月20日，2016年《财富》世界500强排行榜对外发布，作为车企的北汽集团第四次跻身全球500强，排名160位，比2015年的排名提升47名。

7月20日，新丰泰汽车集团携手优步西安达成品牌互惠战略合作关系，双方发挥各自优势展开此次合作。新丰泰汽车集团优步业务总经理王鹂表示，新丰泰将会为优步车主提供诸多购车优惠以及专享的免费车辆检测、带车无门槛挂靠、公户车以租代购等服务。同时，优步西安也会利用自身平台服务优势，解决新丰泰客户来店看车或送修后无车回家等问题。

7月26日，国家质检总局、国家标准委正式批准发布由工业和信息化部组织全国汽标委修订的强制性国家标准《汽车、挂车及汽车列车外廓尺寸、轴荷及质量限值》

（GB1589 － 2016）。该标准规定了汽车、挂车及汽车列车的外廓尺寸及质量限值，适用于在道路上使用的所有车辆，是汽车行业最基本的技术标准之一。与 GB1589 － 2004 相比，GB1589 － 2016 主要有几个方面的变化：一是取消了车辆长度限值与最大总质量或轴数挂钩的限制，放宽了车辆宽度限值；二是增加了中置轴车辆运输挂车及列车、中置轴货运挂车及列车、长头牵引铰接列车等新车型；三是增加了牵引车、半挂车匹配运输相关参数的规定；四是明确了外廓尺寸测量要求。

7 月 27 日下午，中国汽车流通协会在京组织召开关于汽车 PDI 作业流程规范及相关问题的研讨会。国机汽车、利星行、正通汽车等经销商集团，一汽大众、奥迪、宝马、奔驰、捷豹路虎、克莱斯勒、保时捷、雷克萨斯、北京现代、大众中国等厂家相关负责企业代表 40 余人出席此次会议。参会企业代表就汽车 PDI 作业流程规范与国际通行惯例展开讨论，并对流程过程中步骤等关键问题进行了深入交流探讨。与会嘉宾一致认为，协会应尽快组织企业、业界专家及相关法律人员参与建立相应的行业标准规范，引导行业自律，以此促进行业健康有序发展。

7 月 28 日，在国务院新闻发布会上，交通部、公安部、国家质检总局等部门的有关负责人介绍了《关于深化改革推进出租汽车行业健康发展的指导意见》、《网络预约出租汽车经营管理暂行办法》的相关情况。明确：国家鼓励并将规范网约车发展，承认网约车的合法地位。今后，满足条件的私家车可按一定程序转化为网约车，从事专车运营。新政于 11 月 1 日起实施。

8月

8 月 1 日，“电子警察违法抓拍即时告知系统”正式启用。“电子警察违法抓拍即时告知系统”目前主要针对违法变道、超速、占用公交专用道等多种违法行为。一般在电子警察拍摄后的 1-2 分钟就可以把通知短信发到违法人手机上。该系统可以进一步加大道路交通违法行为非现场执法的威慑力，减少违法行为数量，改善通行秩序。

同日，滴滴出行宣布与 Uber 全球达成战略协议，滴滴出行收购优步中国的品牌、业务、数据等全部资产在中国大陆运营。滴滴出行创始人兼 CEO 程维表示，与 Uber 的合作，将让整个移动出行行业走向更健康有序、更高层次的发展阶段。

8 月 2 日，国家发改委公布了《新能源汽车碳配额管理办法（征求意见稿）》，对汽车企业实行“碳配额”进行了较为明确的规定。除碳排放量的具体价格没有明确之外，该文件对“碳配额”管理办法适用范围、适用车型等问题做出了明确规定，并要求相关汽车企业和行业协会在限定时间内对该文件作出书面回复。同时也对新能源汽车财政补贴政策退坡做出了说明：到 2018 年，财政补贴将在 2016 年的基础上减少 20%；到 2020 年，财政补贴将在 2016 年的基础上减少 40%。

同日，中国汽车流通协会与丽水市嘉鹰二手车鉴定评估事务所有限公司在京举行了“行”认证签约仪式。丽水市嘉鹰二手车鉴定评估事务所有限公司成为全国第三十五家“行”认证授权服务机构。

8 月 3 日，主题为“顺势、融智、新发展”的润华集团·山东省第十五届汽车文化艺术节开幕暨“汽车后服务高峰论坛”在济南市山东大厦举行。本次高峰论坛旨在全面认识并剖析国家政策、宏观环境、经济形势，从战略层面对企业未来可持续发展进行更好的指导。使山东汽车经销商业界对“汽车后服务”等大家最为关注的发展方向有一个新的、更高层面的认识。本届高峰论坛由中国汽车流通协会、山东省汽车流通协会主办，各地市流通协会协办，润华集团承办，有关部门领导、各地市汽车行业精英人士、省内主流媒体共 200 多人出席了会议。

8 月 5 日，国家工商总局公布《消费者权益保护法实施条例（征求意见稿）》（以下简称《条例》征求意见稿），并面向社会公开征求意见。《条例》征求意见稿共八章，总计七十条，包括总则、消费者权利和经营者义务的一般规定、消费者权利和经营者义务的特别规定、消费者权益的行政保护、消费者权益的社会保护、消费争议的解决、法律责任以及附则。作为《消费者权益保护法》配套的行政法规，《条例》征求意见稿未采用与《消法》完全“一一对应”的框架结构，而是以《消法》为依据，并与《消法》规制角度适当错开，以起到相互补充的作用。《条例》征求意见稿针对消费者反映强烈的问题提出了解决举措，进一步理顺和完善了消费维权协调机制，对若干服务领域的消费维权问题予以明确规定，并且规定要充分发挥消协组织的作用，进一步强化消费维权相关法律责任。

同日，2016 爱卡汽车中国品牌年度车型评选颁奖典礼举行，荣威 RX5、北汽绅宝 x25、一汽奔腾 B50、广汽传祺 GA8、哈弗 H7、吉利博越等为代表的一批在本年度表现优异的中国品牌车型在激烈的竞争中脱颖而出，分别获得了“2016 中国品牌年度车型”“2016 年度最佳小型 suv”等不同奖项。

同日，北辰亚市与九江九鼎建设集团在九江举行了“九江北辰亚市二手车交易市场”合作项目签约仪式。该项目位于九江市长江二桥九瑞大道北侧，占地面积 48000 平方米。项目运营后，可容纳商户 150-200 家、商品车 2000 多台。自《国务院办公厅关于促进二手车便利交易的若干意见》颁布，中国的二手车市场迎来了有史以来最佳的发展时期。北辰亚市适时抓住机遇，签约“九江北辰亚市二手车交易市场”项目，并将充分利用自身的品牌影响力和号召力，广泛调研，调动一切有效资源，快速启动该项目，把“诚信经营、公平交易、做好服务”的经营理念有机植入到项目中，贯穿定位、招商、运营管理的全过程，力争将项目打造成为立足九江、辐射周边的二手车示范市场。

8 月 10 日，长久物流上市，发行前总股本为 36000 万股，本次拟公开发行的股数确定为 4001 万股。计划募集资金净额 58,363.72 万元。长久物流拟按轻重缓急顺序投资于京唐港基地一期建设项目、芜湖汽车零部件物流基地项目以及长春汽车零部件综合物流基地项目等 5 个项目，并补充流动资金。长久物流突破传统自有车辆运输的发展模式，以整车运输业务为核心，利用其独特的物流网络建设、完善的物流方案及高效的车辆调度管理能力为客户提供整车运输、整车仓储、零部件物流多方面综合物流服务。

8 月 12 日，工信部 12 日发布《新能源汽车生产企业及产品准入管理规定》修订征求意见稿，重新划定新能源汽车范围，提高企业准入门槛，强化产品安全监控。根据意见稿，工信部将新能源汽车范围调整为纯电动汽车、插电式混合动力汽车和燃料电池电动汽车。在企业准入方面，取消了企业应掌握车载能源、驱动系统、控制系统三项“核心技术”之一的要求，调整为应具备控制系统的开发能力，以及车载能源和驱动系统的集成、匹配能力，并在设计、仿真、试验验证等方面相应增加或提高了要求。此外，征求意见稿还强化了新能源汽车产品的安全监控，增加对已销售的全部新能源汽车的运行和安全状态进行全生命周期实时监控的要求。

8 月 16 日，国家工商行政管理总局发布一则竞争执法公告。湖北省工商行政管理局于 2013 年 3 月对湖北省保险行业协会涉嫌组织本行业经营者涉嫌垄断协议行为进行立案调查，经查事实成立，依据《反垄断法》第 46 条第 3 款、《行政处罚法》第 27 条的规定，对湖北省保险行业协会处以罚款 20 万元行政处罚决定。

8 月 18 日，格力电器集团发布公告，公司拟以发行股份方式收购珠海银隆 100% 股权，交易价格为 130 亿元。收购完成后，珠海银隆将成为格力电器的全资子公司，并纳入格力电器合并报表范围。根据方案，公司此次发行价格为 15.57 元 / 股，将向珠海银隆全体股东合计发行股份约 8.35 亿股。

8 月 21 日，汽车街和无锡东方汽车集团共同合资成立的无锡东信机动车拍卖有限公司启动仪式在无锡东方汽车新城隆重举行。中国汽车流通协会沈进军会长出席并参加了开业仪式及首拍，国内多家知名经销商集团到场共同见证。同时为庆祝东方汽车集团成立 18 周年，双方合作的首场大型车辆拍卖会在同一天开拍。此次拍卖会汽车街将先进的车道网络同步拍模式引进无锡，为商户带来了全新的竞拍体验，首场拍卖成交率高达 70%。

同日，以“安全保障引领创新”为主题的 2016 中国电动汽车百人会夏季论坛在郑州召开。论坛围绕提高电动汽车安全和品质的有效措施，提高社会共识，推动行业自律，树立市场信心等议题展开。600 多位专家学者、国家部委和地方政府领导、行业企业代表汇聚一堂，就电动汽车的安全技术、安全保障体系、产业标准和检测制度、行业补贴政策走势等问题进行了深入探讨。此外，中国电动汽车百人会执行副理事长欧阳明高还在论坛上对百人会发布的研究成果《电动汽车安全报告》进行了详细解读。并重申，要利用技术创新，全面提升电动汽车产品技术的成熟度和产品的安全性，增加消费信心，通过完善顶层设计和行业监管体系，使我国新能源汽车产业由政策驱动向政策创新双驱动过渡。

8 月 23 日，二手车电商平台人人车对外宣布，与团车网结成战略合作伙伴，双方将对接二手车与新车交易，在用户和服务等层面全面合作，深度共享资源。人人车 CEO 李健表示，依托快速增长的二手车交易规模，该平台已成为拓展汽车全链条服务的入口，在贷款、保险、售后等领域选择了开放生态、合作共赢的发展路线，可为行业创造更大价值。

8 月 25 日，由中国汽车流通协会组织的“汽车流通行业圆桌会议”在京召开。中国汽车流通协会沈进军会长介绍了协会在辅助政府、服务会员方面所做的大量细致的工作，以及 2016 年协会组织开展的行业年会、新车及二手车百强等品牌活动，并对当前和未来汽车市场的形势做了判断与预测。同时就在新形势下如何形成和构建和谐共赢的厂商关系、达成合理的库存共识、以及厂—商共同培育新的消费增长点、共同推动二手车“国八条”落地及提高汽车金融渗透率等问题，代表行业提出了看法和建议。这是中国汽车流通协会首次举办厂家和汽车经销商集团负责人的圆桌会议，得到了广大汽车厂家和汽车经销商集团的积极响应和支持。

同日，国内汽车延保行业首个服务类标准《汽车延长保修规范》（以下简称《规范》）第二次交流研讨会在上海成功举行。此《规范》是由中国汽车流通协会提出并归口管理的团体标准，填补了汽车延保领域的空白。作为国内汽车延保行业的首份规范，其力争为全行业的良性、健康、有序发展提供科学引导，因此受到行业相关人士的高度关注和期待。

同日，以“构建网络，规范发展”为主题的建设平行进口汽车售后服务网点会议在北京召开。会议由中国汽车流通协会、中国汽车维修行业协会联合主办，来自行业协会的专家、相关政府部门、各地平行进口汽车进口商和经销商、汽车零配件供应商、汽车维修企业、汽车品牌经销商、相关媒体以及关注平行进口汽车市场等方面的人士参加了会议。会上，向 100 多家企业颁发了“平行进口汽车维修服务网点”牌证，以推动我国平行汽车健康发展，使广大平行汽车消费者权益得到更好保障，促进平行汽车市场走向规范化、标准化、法制化发展轨道。

8 月 26 日，中国汽车人才研究会理事会十周年庆典期间，以“跨界、创新、引领——新形势下的汽车人才发展之路”为主题的“2016 中国汽车人才高峰论坛”在上海嘉定隆重举办。来自全国整车、零部件企业、汽车院校、研究机构、当地政府、汽车产业基地以及汽车媒体等代表共计 400 多名嘉宾参加了此次峰会。本届论坛聚集业内企业领导、行业领袖和人才管理精英，围绕着汽车人才的跨界、创新、引领等发展趋势，以主题演讲、圆桌讨论等方式进行了深入研讨。

8 月 29 日，二手车估值大数据服务商车 300 与上汽集团就旗下安吉租赁有限公司的二手车估值定价业务达成战略合作，并举行了签约仪式。本次战略合作协议涵盖二手车评估、定价等融资租赁中的要害环节和关键风控点。

8 月 30 日，“CDK Global 共享中心 - 大连”成立仪式在大连高新区腾飞软件园五期开幕隆重举行。大连共享中心是 CDKGlobal 在全球及中国业务中非常重要的一环，不仅支持中国和亚太客户，也支持全球客户。未来，CDKGlobal 大连共享中心将逐渐扩展为一个侧重于运营与交付业务的全功能性服务中心。

9 月

9 月 1 日，由商务部提出并归口，中国汽车流通协会承办，中国汽车流通协会汽车俱乐部分会组织起草的《代驾经营服务规范》（SB/T11137-2015）标准正式落地实施。《规范》对代驾企业及代驾司机提出了明确的标准和要求，使代驾行业有规可循，使其摆脱了“无主管单位、无准入门槛、无统一标准”的三无行业。

9 月 2 日至 11 日，2016 成都国际汽车展览会在成都世纪城新国际会展中心举行。本届展会以“缤纷车展 · 炫动蓉城”为主题，全面覆盖成都世纪城新国际会展中心九大展馆及室外场地，展出面积约 15 万平方米，吸引了国内外 110 个汽车品牌。本届车展由成都市人民政府主办，成都世纪城新国际会展中心有限公司和汉诺威米兰展览（上海）有限公司共同承办，并得到了中国国际贸易促进委员会汽车行业分会的大力支持。

9 月 2 日至 4 日，第十二届中国汽车产业发展（泰达）国际论坛在天津举办。本届论坛直指影响行业发展最深层次的“供给侧”话题，以“供给侧改革 新动力重塑”为年度主题，力邀政府、行业、企业、媒体等 700 余位国内外嘉宾分享洞见，寻求产业发展有效途径。为期 3 天的会议期间，政府领导、企业高层、专家学者围绕“责任与未来”这一年度主题，通过全体会议、领袖峰会、专题对话、头脑风暴、互动研讨等多种会议形式展开交流与研讨。

9 月 6 日，“全国二手车交易市场促进转型发展”工作会议在青海省西宁市举行。来自全国诚信二手车交易市场及部分会员市场、部分地方行业协商会、行业其他经营服务主体近百人参加了本次会议。与会代表就如何积极贯彻《二手车流通企业经营管理规范》提振信心、提高管理能力、提升服务水平、拓展配套服务功能、全面促进转型重构等方面分享了市场转型发展中的体会和经验。会后还组织参观了当地二手车交易市场，组织同业相互沟通，交流磋商。

9月8日，财政部对新能源汽车推广应用补助资金的调查清查做了初步通报，财政部曝光了5家存在骗取新能源汽车补贴的客车企业名单。它们分别为苏州吉姆西、苏州金龙、深圳五洲龙、奇瑞万达贵州客车和河南少林客车。上述五家骗补企业均为客车生产企业，涉嫌骗补和违规谋补的车辆总数达到76374辆，涉及补贴总金额92.707亿元。

9月9日，中国汽车流通协会二手车电商企业座谈会在京召开。肖政三秘书长对二手车电商平台企业把二手车行业碎片化信息集中化等技术表示认可，并对企业通过多种宣传渠道改变消费者对二手车的认知表示赞许，并期望所有企业能够共同创新、包容助推流通行业二手车市场发展。来自汽车街、易车二手车、58集团、阿里闲鱼二手车、瓜子二手车直卖网、99好车、优车诚品、人人车、车来车往、好车无忧、车猫认证二手车、天天拍车等企业负责人出席会议。

9月12日，国家发改委等四部门联合对外发布《关于加快居民区电动汽车充电基础设施建设的通知》，推动解决居民区电动汽车充电难题，并拟分批在京津冀鲁、长三角、珠三角等地重点城市开展试点示范。通知提出，在居民区充电基础设施安装过程中，物业服务企业应配合业主或其委托的建设单位，及时提供相关图纸资料，积极配合并协助现场勘查、施工。

9月13日瓜子二手车宣布A轮融资总额超2.5亿美元，创下二手车电商领域单笔融资金额最高纪录，也是该领域A轮融资规模之最。同时正式启用知名影视明星孙红雷为品牌形象代言人，未来的一年继续在品牌层面投入10亿元。

9月19日，《国务院关于修改“报废汽车回收管理办法”的决定》(征求意见稿)中明确：报废汽车不再纳入特种行业管理。并规定拆解的报废汽车“五大总成”可按照国务院报废汽车回收主管部门会同国务院循环经济发展综合管理部门制定的有关规定交售给零部件再制造企业；拆解的其他零配件能够继续使用的，可以出售，但应当标明“报废汽车回用件”。

9月20日，由中国汽车流通协会汽车俱乐部分会主办的《2016中国汽车流通协会俱乐部分会行业年会暨第二届中国汽车后服务市场高峰论坛》在山东台儿庄举行。国家相关部委、各地会员单位、省市汽车俱乐部、省市汽车流通协会、汽车生产厂商、汽车经销商集团、汽车金融服务机构、保险公司、媒体等代表在内的300余位嘉宾参会。本届年会以“引航筑梦，享赢未来”为主题，在2016年复杂多变的汽车后服务市场形势下多方位解读行业的现在和未来，以助行业持续、健康发展，共渡难关。

9月21日至9月23日，经国家科技部批准，由中国内燃机工业协会主办的“第十五届中国国际内燃机及零部件展览会（ENGINE CHINA 2016）”在北京中国国际展览中心举办。本届展会以“创新驱动、节能减排、绿色制造”为主题，全面展示各类内燃机主机及零部件、替代燃料内燃机产品、再制造技术和产品、动力与发电设备、控制系统、内燃机专用制造装备、内燃机制造过程节能技术以及各种内燃机工业相关技术、产品和服务，充分体现了低碳经济社会的需求。

9月22日，工信部对《企业平均燃料消耗量与新能源汽车积分并行管理暂行办法(征求意见稿)》公开征求意见。征求意见稿强调，要建立企业履行燃料消耗量和新能源汽车积分管理失信企业“黑名单”制度。对不履行承诺内容的失信违规企业，将其列入“黑名单”并公开曝光，并在市场准入、享受财政补贴和税收优惠政策、货物通关等方面，对违规失信主体依法予以限制或禁入。

9月22日至24日，2016年中国（贵阳）国际“新能源、新技术、新材料、新金融”汽车博览会（以下简称“四新汽车展”）在贵阳国际会展中心举办。本届四新汽车展由贵阳市人民政府、中国国际贸易促进委员会北京市分会、交通运输部科学研究院和中国公路学会客车分会联合主办。不仅有海格客车、比亚迪、吉利汽车、上汽大通等整车制造商，还有德国博世、米其林、广西玉柴、綦江齿轮等国内外零部件制造商参展，展览规模近1万平方米。

9月22日至29日，以“创意推动”为主题的第66届汉诺威国际商用车展（以下简称IAA）在德国汉诺威展览中心举办。参加本届展会的中国展商多达229家，整车企业中，除福田戴姆勒、比亚迪、格力银隆、中车时代四家整车企业外，还有来自山东梁山专用车生产基地的三家挂车企业，以及国内众多零部件参展商。

9月24日，第十届中国（花都）汽车论坛在广州花都举行。本届论坛以“供给侧改革新形势下汽车零部件企业海外并购的机遇”为主题，邀请政府部门领导、汽车及相关行业专家、车企高层参会，探讨汽车零部件企业如何抓住海外并购机遇提升竞争力。

同日，首届中国大学生汽车设计创意大赛颁奖典礼在上海国际汽车城汽车 · 创新港成功举办。经过激烈角逐和汇总评审意见，本次大赛共评出一至三等奖各一名，优秀奖三名。同济大学汽车学院参赛学生陈至灵凭借新颖造型赛车斩获一等奖，江苏大学参赛学生徐曼雪设计的微型磁悬浮电动汽车获得二等奖、同济大学参赛学生胡锐恩以独特超跑获得三等奖。此外，上海理工大学、湖北汽车工业学院科技学院等三所学校参赛学生获得优秀奖。

9月27日，2016年中国汽车行业用户满意度指数（CACSI）评测结果在京发布。根据官方发布数据，2016年3月至8月，CACSI依托23408个有效样本（实际样本超过3万个），包括SUV、MPV、新能源汽车、微型车等176个车型，涵盖华北、东北、华东等地区的65座主要城市，50家车企及58个汽车品牌，从总体满意度、性能设计、质量可靠性、售后服务和销售服务评价五个维度出发，通过定点拦访、电话或互联网访问用户的方式，最终得分77分，跌至近8年来的最低水平。

9月28日，由公安部交通管理局指导，公安部交通管理科学研究所、人民日报媒体技术股份有限公司、高德地图、新浪微博联合主办的2016(首届)“互联网＋交通出行服务”论坛在北京召开。本次论坛以“智慧交通、融合创新”为主题，旨在分享创新服务及技术成果，倡导交通管理大数据与新媒体等互联网＋手段应用，进一步提升政府职能部门的决策水平和服务社会的能力。

10月

10月1日，交通运输部和公安部联合发布的新一版《机动车驾驶培训教学与考试大纲》正式施行，同时，于2012年发布、2013年实施的现行《机动车驾驶培训教学与考试大纲》随之废止。新《大纲》首次对培训里程做规定，要求各省应当根据实际对各准驾车型培训里程做出相关要求，但最低不得少于300公里。

10月3日至10月6日，由中国汽车工业协会主办的首届“中国国际商用车及零部件展览会”在江苏 · 昆山国际会展中心举办。本届展会参展单位近80家，科研、制造业和流通领域的企业和公司参加，展览面积24000平方米。本次展会以办成具有规模和国际影响力的商用车专业展会为目标，通过促进同行正向沟通，成为连接用户和车企、市场真实需求和企业产品供应的桥梁作用。

10月10日，国家发改委发布《国家发展改革委关于前途汽车(苏州)有限公司年产5万辆新能源乘用车项目核准的批复》，长城华冠旗下的前途汽车（苏州）有限公司年产5万辆新能源乘用车项目获得批准。至此，长城华冠成为继北汽新能源、长江汽车之后第三家获取新建乘用车生产资质的企业。同时，长城华冠也成为我国首家获得新能源乘用车生产资质的非传统车企。

同日，中国汽车流通协会新能源汽车分会成立大会在京召开。来自主机厂、经销商、电池厂商以及相关服务商等各方会员代表参加，并对中国汽车流通协会在流通领域建立这样一个供全产业链各方代表交流、沟通的平台表示高度认可。

10月11日，美国通用汽车宣布投资易微行（北京），旨在进一步探索中国个人出行市场。据介绍，此项投资及战略联盟与通用汽车探索车辆分时租赁新模式的战略重点相一致。通用汽车将利用易微行的技术资源，洞察中国快速变化的分时租赁市场，了解中国消费者的个人出行需求。

同日，韩国双龙汽车与中国陕汽集团签约，将在西安经开区成立合资公司，建设双龙汽车第一家海外生产基地，年产达30万辆。该项目一期建设约为两年，预计2019年底达产后可实现年销售收入300至400亿元人民币。

10月12日，庞大集团“叮叮约车”与光大银行旗下光大金融租赁在北京签署战略合作协议，庞大集团董事长庞庆华、光大金融租赁公司总裁潘明忠代表双方出席合作签字仪式并就双方合作的前景发表了各自的见解。光大金融租赁将向叮叮约车提供总额人民币50亿元的资金支持，用于支持叮叮约车开拓网约车市场。叮叮约车在获得光大金融租赁的50亿元资金支持后，将以提高叫车效率、降低司机车辆成本、保障司机收入为核心大力发展业务。

10月12日至17日，2016（第十七届）武汉国际汽车展览会在武汉国际博览中心举行，其中10月12日为媒体、专业观众日，10月13日至17日为普通观众日。本届武汉国际车展以“擎动荆楚·驾驭未来”为主题，展出面积覆盖武汉国际博览中心12个展馆以及室外广场，达14万平方米，聚集展商达300余家，德系、法系、美系、日系、韩系、合资品牌和自主研发品牌等超过80个参展品牌齐聚，包括德国宝沃汽车、汉腾汽车等品牌将首次亮相武汉国际车展。本届车展由中国机械工业联合会、中国国际贸促会、湖北省和武汉市人民政府等共同举办。

10月14日，由质检总局和国家标准委共同设立的“中国标准创新贡献奖”发布获奖名单，全国汽车标准化技术委员会（简称“汽车标委”）秘书处荣获2016年“中国标准创新贡献奖组织奖”。同时，由汽标委制定并归口的GB27887-2011《机动车儿童乘员用约束系统》标准同期获得项目奖三等奖。“中国标准创新贡献奖”是由质检总局和国家标准委共同设立的全国性标准化工作最高奖项。其中，组织奖授予在国际国内标准化工作中做出突出贡献并取得显著成效的组织，获奖名额不超过5个。

10月14日，以“欣喜•不止步”为主题的广汽本田第十二届售后服务技术技能竞赛全国总决赛在武汉举行。来自全国13个分站赛点决出的46支优胜售后服务精英团队经过一天的同台竞技，最终青岛瑞驰店获得冠军，来自广州的广本一店与南京雨田店夺得亚军服务团队，沈阳宏大店、广州汇骏店与北京中汽店获得季军。

10月18日，工信部网站上正式公布了《2015年度中国乘用车企业平均燃料消耗量情况》。经统计，2015年度中国关境内117家乘用车企业共生产/进口乘用车2103.85万辆（不含新能源乘用车和出口乘用车），乘用车行业平均整车整备质量为1385公斤，行业平均燃料消耗量实际值为7.04升/100公里。

同日，宝马沈阳零件配送中心开业典礼在沈阳举行。宝马沈阳零件配送中心是继上海、北京、成都和佛山之后，在中国建立的第五个零件配送中心，标志着宝马集团在华售后物流体系布局的基本完成，更是宝马本土化进程的重要里程碑。沈阳零件配送中心的建成，将缩短东北地区经销商的订单响应、零件配送时间，确保零件质量，也将辐射全国经销商网络，为全面提升客户体验提供了重要保障。

10月22日，由集美集团、庞大集团和首汽新能源联合打造的新能源汽车体验中心在北京大红门正式开业。该体验中心建筑面积超过1万平方米，分三层展厅，分别展示新能源纯电动汽车、平行进口汽车和混合动力汽车，几乎覆盖了国内外所有的新能源汽车品牌。其充分将现有资源进行整合，能让消费者享受到更加实惠的价格和优质的服务。

10月26日，由中国汽车工业协会和中国汽车工程研究院共同编写的《中国汽车零部件产业发展报告（2015-2016）》（简称汽车零部件蓝皮书）于2016年中国汽车零部件行业年会上正式发布。本书集合了汽车行业整车企业、零部件企业、中汽协各零部件分支机构、行业服务机构、大专院校和有关政府部门众多行业管理者、专家和学者的心血和智慧，是行业内第一本系统梳理并专业展示中国汽车零部件产业发展全貌的权威研究报告。

10月26日，中保研联合中国质量认证中心启动后市场配件认证项目。该认证项目具有公益性，将先推出保险行业急需的保险杠等易损配件的认证，再逐渐扩大至事故修理、保养维护等汽车后市场常用维修配件。

10月26日至28日，由中国汽车工程学会主办的2016（第23届）中国汽车工程学会年会暨展览会在上海汽车会展中心举行。本届中国汽车工程学会年会包括全体大会、高层论谈、院士论坛、技术分会、专题分会、技术展览、试乘试驾等内容，通过技术报告、圆桌访谈、专题研讨等形式，聚焦节能与新能源汽车技术、汽车网技术、燃油车技术、轻量化等热点。“节能与新能源汽车技术路线图”在本届年会开幕式上同步发布。

10月28日至31日，2016中国商用车博览会（以下简称“车博会”，英文为“China Commercial Vehicles Fair”，缩写为CCVF）在重庆公路物流基地召开。车博会参展参会企业达500家以上，涵盖了卡车、专用车、新能源汽车、汽车零部件、商用车装饰用品、经销商、电商平台等商用车及相关产业的企业。此次车博会是重庆市首次举办的全国性商用车博览会，共有800余辆商用车参展，展出面积超过10万平方米。市民不仅可在此享受“百万购车让利、百万购车补贴、百辆特价车拍卖”的超级优惠，还可全方位欣赏商用车文化展示、劲爆越野赛和房车展。本届车博会由中国汽车流通协会、重庆市商务委员会、巴南区人民政府联合主办，由中国汽车流通协会商用车商会、重庆市巴南区商务局、重庆公路物流基地建设有限公司、重庆协信控股集团、重庆华南城、宗申集团等单位联合承办。

10 月 29 日，中国汽车流通协会团体标准《二手中型、重型载货车鉴定评估技术规范》（以下简称“本标准”）正式发布，并将于 2017 年 3 月 1 日起开始实施。这标志着我国 6800 余万辆的商用车保有量市场，拥有了第一部专门的，针对和适用于中型、重型二手商用车的鉴定评估规范。它的发布与实施将有利于提高二手商用车鉴定评估人员的整体技术水平；规范二手商用车评估机构的经营行为、提升管理水平；加速二手商用车的流通；引导和推动二手商用车市场逐步向规范化、健康化方向发展。

10 月 29 日，北京交付投运了全球最大的出租车充换电站集群。由北汽新能源联手中石化、奥动新能源和上海电巴等机构打造的首批 10 座充换电站正式交付使用，覆盖北京中心城区、怀柔、顺义等 8 个区县。

11 月

11 月 1 日，我国首部网约车管理办法《网络预约出租汽车经营服务管理暂行办法》正式施行。目前全国已有 58 个城市公布了网约车实施细则征求意见稿，杭州、宁波已明确地方细则 11 月 1 日起实施。

11 月 2 日，CADA（中国汽车流通协会）和 J.D.Power 宣布建立战略合作关系，共同为经销商提供一系列的数据、分析和管理工具，帮助经销商提升运营能力。

11 月 9 日至 11 日，以“精耕铸信，逐势拓新”为主题的 2016 中国汽车流通行业年会暨博览会在珠海国际会展中心召开。来自国家相关部委、行业协会的领导，汽车厂商、经销商、零部件生产商等行业企业高层，以及国外经销商协会代表共 3000 余人出席大会，与会嘉宾就汽车流通行业现状和未来趋势进行了多方位的解读和探讨。除了涉及汽车流通业多个细分领域的主题论坛外，同期举行的还有 2016 中国汽车流通行业博览会，展览面积达 20000 平方米，参展商囊括了整车生产企业、汽车园区、售后备件和装饰用品供应商、经销商管理解决方案提供商、二手车及汽车金融服务商等。

同日，工信部正式发布《锂离子电池综合标准化技术体系》。为促进锂离子电池产业的健康有序发展，进一步提升标准对产业发展的指导、规范和引领作用，工信部组织相关单位、标准化机构和技术组织等制定了此技术体系。

11 月 11 日，上汽大众与奥迪正式签署合作协议，未来奥迪将作为上汽大众旗下的第三个品牌在上汽大众进行相关车型生产和销售。此次奥迪与上汽大众将成立新合资销售公司，双方各占 50% 的股份。双方的合作以代工方式由上汽大众生产完成，不会再新建合资生产企业。

11 月 11 日至 13 日，中国汽车流通协会携手新晃侗族自治县人民政府以及车神榜在新晃举办“2016 中国（湖南新晃）第一届汽车旅游运动文化节”。此次文化节由中国汽车流通协会汽车俱乐部分会组织承办，携手地方政府及汽车运动专业组织，广泛协调，重点打造，集音乐狂欢、摩托车越野挑战赛、摩托车及自行车竞技表演等多项内容，活动多彩纷呈，从而把当地乃至中国的汽车运动文化推向一个崭新的高度，为加快汽车文化产业的发展及促进地方旅游消费产业链的完善发挥着重要作用。

11 月 15 日，工信部下发《关于进一步做好新能源汽车推广应用安全监管工作的通知》，要求各省、自治区、直辖市及计划单列市工业和信息化主管部门、新能源汽车工作联席会议制度牵头部门，相关行业组织，新能源汽车生产企业，根据 2016 年 2 月 24 日国务院常务会议和 7 月 6 日新能源汽车产业发展座谈会议精神，以及《国务院办公厅关于加快新能源汽车推广应用的指导意见》（国办发〔2014〕35 号）有关要求，高度重视新能源汽车全产业链、全生命周期的安全问题，把保障安全放在工作首位，把握关键环节，加快建立健全安全保障体系，推进新能源汽车产业健康可持续发展。

11 月 18 日，第十四届中国（广州）国际汽车展览会正式开幕。本届广州汽车展以“新科技 、新生活”为主题，坚持“高品质、国际化、综合性”的定位，持续引入国内外最新车辆技术，向业界展示最新科技成果，为汽车生活注入新的活力。本届广州汽车展共使用中国进出口商品交易会展馆 A 区全部 13 个展厅及 B 区 7 个展厅，以及南北广场室外展区，展会规模达

22万平方米，其中A区展示乘用车，B区展示电动汽车、商用车、平行进口车、汽车零部件及用品。本届车展特别开辟了“平行进口车展区”，吸引了数家国内大型汽车经销商集团参展，为观众提供更加丰富的选择。本届广州车展共展出车辆1130台，其中全球首发车56台，概念车19台。新能源汽车总计146台，其中国内企业展车49台，国外企业展车97台。

11月19日，中国汽车标准化技术委员会在中国汽车技术研究中心召开“微型电动汽车标准研究工作组”成立暨第一次工作会议。会议讨论了工作组的工作方案，以及《四轮低速电动车技术条件》国家标准框架和草案。

11月20日，以“产业融合与海归作用”为主题的2016第四届中国汽车产业海归人才座谈会在杭州召开。30多位来自企业、高校的汽车行业的汽车海归人才参与座谈，探讨交流现如今汽车产业融合中，汽车海归又该发挥怎样的作用，怎样继续在新兴技术领域发挥重要作用，并在全球形成技术引领。

11月21日，公安部交通管理局官方微博发布消息，为更好促进新能源汽车发展，更好区分辨识新能源汽车，实施差异化交通管理政策，公安部将试点启用新能源汽车专用号牌。自2016年12月1日起，上海、南京、无锡、济南、深圳5个城市将率先试点启用新能源汽车号牌。

11月23日至25日，第七届北京国际充电站(桩)技术设备展览会在北京中国国际展览中心举行。来自全球10多个国家和地区的300多家企业参展，展示面积近35000平米。全球100多个参观团36000多名专业观众将莅临现场参观采购。在展示区，200多家充电站（桩）设备生产企业展出了各类智能充电设备和充电解决方案。

11月23日，中国汽车技术研究中心（简称“中汽中心”）与国家图书馆合作框架协议签约暨中汽中心&国家图书馆共建“中国汽车图书馆”揭牌仪式成功举行。中汽中心将以“中国汽车图书馆”为平台，深挖在汽车类图书、期刊、政策法规、标准、技术情报和战略情报等方面的资源服务能力。

11月25日，北京威卡威汽车零部件股份有限公司（简称“京威股份”）发布公告，京威股份计划到德国设立全资子公司，投资建设年产10万辆高端电动汽车研发生产基地。京威股份计划为该项目募集不超过70亿元，在德国斯图加特建立研发中心，在德国图林根州新建整车生产车间，以及电池装配车间、车身和总装物流区、试车场、能源中心等配套设施。

11月26日，“第十三届中国进口汽车高层论坛”在北京举行，国机汽车股份有限公司发布了《中国进口汽车市场发展研究报告（2016～2017）》（以下简称《报告》）。报告指出，2016年，国产汽车市场呈现超预期高速增长，预计全年市场规模超过2650万辆，同比增长超过8%。其中，乘用车市场表现最为突出，同比增速将超14%，但进口车市场受去库存和本土化提速影响，陷入供需双降的局面，预计全年市场规模110万辆，同比下滑3%。

11月28日，四川精典汽车服务连锁股份有限公司(以下简称“精典汽车连锁”）携手太平财险，共同启动了精典汽车连锁战略升级，致力将自身打造成为全国性汽车服务互助式共享平台。日前精典汽车连销已经获得太平财险4500万元投资，该资金全部应用于汽车服务互助式共享平台的打造。

11月30日，财政部、国家税务总局联合发布《关于对超豪华小汽车加征消费税有关事项的通知》（财税[2016]129号），宣布从12月1日起，零售价格130万元（不含增值税）及以上的乘用车和中轻型商用客车，即乘用车和中轻型商用客车子税目中的超豪华小汽车，在零售环节加征10%的消费税。主要意义在于引导合理消费，促进节能减排。

12月

12月1日，工业和信息化部发布了《新能源汽车动力蓄电池回收利用管理暂行办法》（征求意见稿），向社会公开征求意见，相关意见和建议将反馈至工业和信息化部节能与综合利用司，意见征求于2016年12月14日前结束。

12月5日，“国家电动客车整车系统集成工程技术研究中心”（简称“工程中心”）在安凯客车正式揭牌启动，这是我国首个也是唯一一个电动客车整车系统集成领域的国家工程研究中心。该中心致力于开发市场需要的电动客车，以建成集电动客车整车系统集成研究开发、工程化试验、产业化生产、人才培训和开放服务为一体的高新技术成果工程化和人才培养基地为目标，成为行业发展、企业进步的技术聚集地和辐射源，不断增强中国客车的核心竞争力。

12月7日，国家发改委和商

务部就新修订的《外商投资产业指导目录》（以下简称《目录》公开征求意见。新版《目录》中，对外商投资的限制性措施再减 1/3，从 93 条减少到 62 条，重点放开汽车电子和新能源汽车电池、摩托车、公路旅客运输、轨道设备、资信调查与评级服务等领域准入限制。

12 月 8 日，以“新标准 新发展”为主题的 2016 微型电动汽车产业高峰论坛暨年度盛典在京举办。来自微型电动汽车行业专家学者、企业高管出席论坛。中国工程院院士杨裕生表示，四轮低速电动汽车标准不应限制电池的品种，目前的电池品种各有缺点，应允许公平竞争。

12 月 14 日，由中国汽车报社主办的 2016 年（第九届）消费车型盛典暨汽车品牌竞争力论坛在京举行。本届消费车型盛典的奖项设置多元化，评审委员会分别从产品、核心技术、售后服务、品牌营销、企业社会责任、绿色创新等多角度、多维度设立了包括年度轿车、年度 SUV、年度 MPV、年度发动机、年度消费者满意售后服务品牌、年度品牌营销、年度企业社会责任、年度绿色创新等 14 个奖项，经过层层筛选，最终奇瑞汽车艾瑞泽 5、一汽—大众奥迪全新 A4L 等 11 款自主及合资品牌车型，以及长安铃木 1.4T BOOSTERJET 发动机，广汽本田点“绿”梦想环保行动，一汽丰田“QM 快速保养”等核心技术和售后服务品牌、品牌营销活动分别获奖。

12 月 15 日，财政部公布《关于减征 1.6 升以下排量乘用车车辆购置税的通知》，自 2017 年 1 月 1 日起至 12 月 31 日止，对购置 1.6 升及以下排量乘用车减按 7.5% 的税率征收车辆购置税；自 2018 年 1 月 1 日起，恢复按 10% 的法定税率征收车辆购置税。

12 月 16 日，依维柯商用车股份有限公司 (以下简称“依维柯”) 和上海汽车集团股份有限公司 (以下简称“上汽集团”) 发布联合声明，宣称为了应对中国商用车市场的快速发展，双方将基于相互了解和信任对双方在华合资企业进行重组。由上汽集团和依维柯以 50 ∶ 50 等比投资的南京依维柯汽车有限公司 (以下简称“南京依维柯”)，今后将专注于依维柯品牌的经营。跃进品牌业务将从南京依维柯分离。同时上汽集团旗下上汽大通将与依维柯、南京依维柯共同签署《业务转让及资产和负债并购协议》，将跃进业务以独立事业部的形式从南京依维柯整体分离并注入上汽大通。此外，上汽集团还宣布，通过增资扩股，将在上汽依维柯红岩商用车有限公司 (以下简称“上依红”) 的股份提高到 53.92%。

12 月 19 日，“2017 中国商用车年度车型评选”颁奖典礼在北京举行。该项活动由玲珑轮胎冠名，《中国汽车报》社和中国汽车工程研究院联合主办。获奖车型按牵引车组、载货车组、皮卡组、客车组、新能源组划分，最终共计 11 款车型获得年度车型大奖。本届商用车评选活动首次纳入了主动安全、被动安全相关内容，增加操控稳定性、起步加速油耗、驻坡起步、紧急避障等四项特色评测项目，同时参评车型达到 33 辆，成为历年之最。

12 月 23 日，国家环境保护部发布了《轻型汽车污染物排放限值及测量方法 (中国第六阶段)》的公告。与国五排放标准相比，轻型汽车国六排放标准的尾气排放污染物限值、蒸发排放限值、OBD 诊断都更加严格，首次引入了 RDE（实际行驶排放排气污染物）和 WLTC 测试循环，提高了低温试验要求，增加了排放质保期的要求，是目前世界上最严格的排放法规之一。该标准要求，自 2020 年 7 月 1 日起，所有销售和注册登记的轻型汽车应符合 6a 限值要求。自 2023 年 7 月 1 日起，所有销售和注册登记的轻型汽车应符合 6b 限值要求。

12 月 26 日，国家质检总局就《2016 年缺陷产品召回工作》召开发布会。数据显示，截至 2016 年 12 月 25 日，累计实施缺陷汽车召回 1295 次，涉及车辆 3668 万辆，其中气囊成为排名第一的缺陷问题。

12 月 27 日，北京市经信委发布公告称，根据工信部前 4 批《新能源汽车推广应用推荐车型目录》及本市新能源汽车备案工作等相关要求，自 2016 年 12 月 8 日起，28 款新能源汽车产品停止享受北京市新能源汽车单独号牌配置及市级财政补贴政策。这 28 款产品包括 10 款新能源小客车及 18 款纯电动专用车。其中，10 款新能源小客车分别为比亚迪秦 EV、比亚迪 E6、知豆 D1、长安 E30、威旺 307EV、两款型号的绅宝 EV、上汽 E50、北汽福田以及北汽现代等车型。备注信息显示，由于旧款产品停售，10 款新能源小客车企业主动申请退出。18 款纯电动专用车退出补贴也是由企业主动提出。

同日，国家发改委投资项目在线审批监管平台公告，江西江铃集团新能源汽车有限公司年产 5 万辆纯电动乘用车项目获发改委核准，成为继北汽新能源、长江汽车、前途汽车、奇瑞新能源、敏安汽车、万向集团之后，国内第7家拿到新能源汽车生产资质的企业。

12月28日，中汽中心公布了本年度第四批12个车型的C-NCAP评价试验结果。其中自主品牌艾瑞泽5、传祺GA8、大迈X5、荣威RX5、风光580和幻速S6获得五星评价。至此，该中心2016年已完成33个车型C-NCAP的评价。

同日，乐视莫干山超级汽车项目正式动工。该产业园面积约4300亩(包含汽车智能生产区、产业配套园区、体验园区等)，一期项目规划投资约110亿元，面积将超过2000亩；一期二期项目都建成后将有望实现40万辆的总产能。未来LeSEEPro将在这里实现量产。

12月30日，财政部网站发布调整新能源汽车推广应用财政补贴政策的通知。通知指出，提高推荐车型目录门槛并动态调整。一是增加整车能耗要求；二是提高整车续驶里程门槛要求；三是引入动力电池新国标，设置动力电池能量密度门槛；四是提高安全要求；五是建立市场抽检机制；六是建立《目录》动态管理制度；七是督促推广的新能源汽车应用。通知从2017年1月1日起实施。

第3部类

汽车市场

DISANBULEI | QICHESHICHANG

汽车销售市场

2016 年汽车行业发展分析

中国汽车流通协会汽车市场研究分会（乘联会）
崔东树

2016 年国民经济运行缓中趋稳、稳中向好，这其中也有 2016 年中国汽车市场走势持续走强的贡献。2015 年中国股灾出现后的楼市火爆与车市高涨体现了市场的轮动效应。2016 年的重卡与乘用车双双表现较强，尤其是乘用车的 1—9 月增长持续走强，第四季度的增速企稳，拉动了中国车市巨大消费潜力的体现，在楼市暴涨和私车家庭普及低基数的情况下，乘用车市场呈现良好的发展态势，实现了“十三 · 五”良好开局。而且进出口市场也在第四季度走强，呈连跌几年后的较好恢复增长态势。

一、2016 年汽车市场总体走势

1. 2016 年汽车产量高速增长

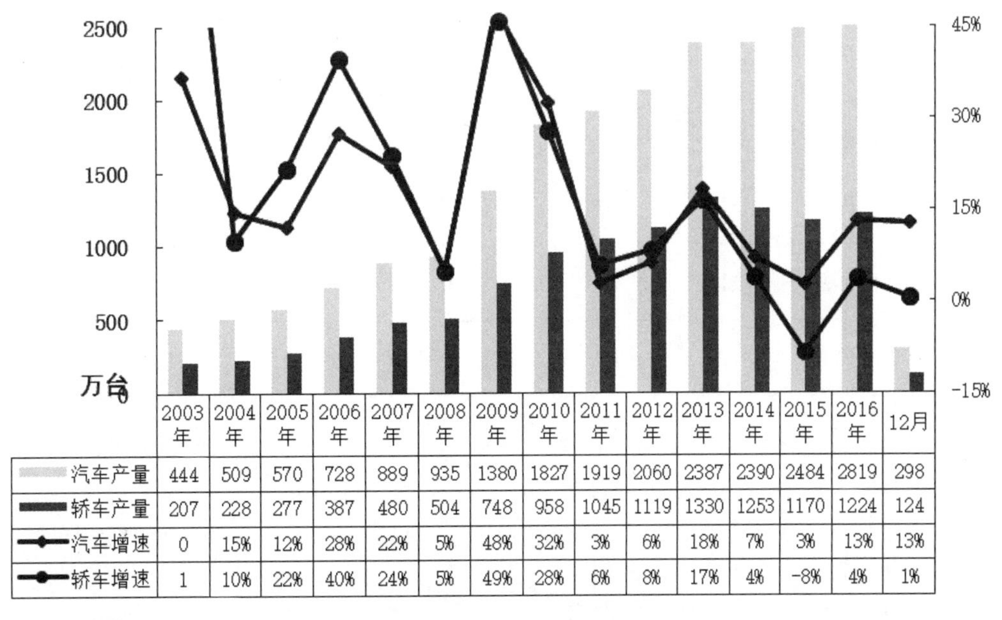

	2003年	2004年	2005年	2006年	2007年	2008年	2009年	2010年	2011年	2012年	2013年	2014年	2015年	2016年	12月
汽车产量	444	509	570	728	889	935	1380	1827	1919	2060	2387	2390	2484	2819	298
轿车产量	207	228	277	387	480	504	748	958	1045	1119	1330	1253	1170	1224	124
汽车增速	0	15%	12%	28%	22%	5%	48%	32%	3%	6%	18%	7%	3%	13%	13%
轿车增速	1	10%	22%	40%	24%	5%	49%	28%	6%	8%	17%	4%	-8%	4%	1%

图 1　中国汽车历年产量

根据统计局数据，在 2015 年汽车增速仅有 3% 的较低增速下，2016 年的汽车行业增长突出。2016 年汽车生产 2819 万台，同比增长 13%，而且 12 月的汽车产量继续保持在 13% 的增速。

从 2008 年的汽车生产增速 5% 的低点，2009 年达到高点，2011 年低点的 3%，而随着 2012 年回升的增速，2013 年达到高点，随后降到 2015 年的 3%，都是增速低点，而 2016 年增速回升到 13% 也是近期高点。

2. 2016 年汽车销售市场逐步平稳

表 1

销量、增速		2010 年	2011 年	2012 年	2013 年	2014 年	2015 年	2016 年	2015 年	2016 年
汽车总计		**1806**	**1851**	**1931**	**2198**	**2349**	**2456**	**2794**	**5%**	**14%**
狭义乘用车	**合计**	**1133**	**1232**	**1326**	**1638**	**1843**	**2020**	**2360**	**10%**	**17%**
	轿车	956	1014	1072	1203	1248	1179	1215	—5%	3%
	MPV	44	54	53	131	186	209	244	12%	17%
	SUV	133	164	164	304	409	632	901	55%	42%
微型车	**合计**	**294**	**256**	**256**	**208**	**181**	**162**	**133**	**—11%**	**—18%**
	微客	242	216	216	155	127	107	72	—16%	—33%
	微卡	52	40	36	53	53	55	61	3%	11%
客车	**合计**	**44**	**49**	**51**	**56**	**60**	**60**	**54**	**—1%**	**—10%**
	大中客	16	17	17	17	16	16	19	0%	14%
	轻客	28	32	34	39	44	43	35	—1%	—19%
卡车	**合计**	**334**	**314**	**302**	**297**	**265**	**231**	**250**	**13%**	**8%**
	中重卡	129	117	93	106	99	75	95	—24%	27%
	轻卡	206	197	209	191	166	156	154	—6%	—1%

2016 年汽车销售同比增长 14%，增量 340 万台，较 2015 年的 5% 的增速高 9 个百分点，呈现高增长的特征。推动 2016 年汽车销量高增长的主要动力是乘用车 17% 增速与中重卡 27% 的高增长的组合结果。

乘用车的 2016 年高增长是可持续的高增长，从 2010 年的 1133 万台，2011 年增量 99 万台、2012 年增量 104 万台，2013 年增量 308 万台，2014 年增量 205 万台，2016 年增量 340 万台。这体现了每年乘用车消费增量较强，而 2016 年的乘用车增量是历年最大的。

中重卡的 2016 年销量虽然高增长到 95 万台，也仅是自 2010 年以来的中高位。

3. 2016 年汽车消费逐步平稳

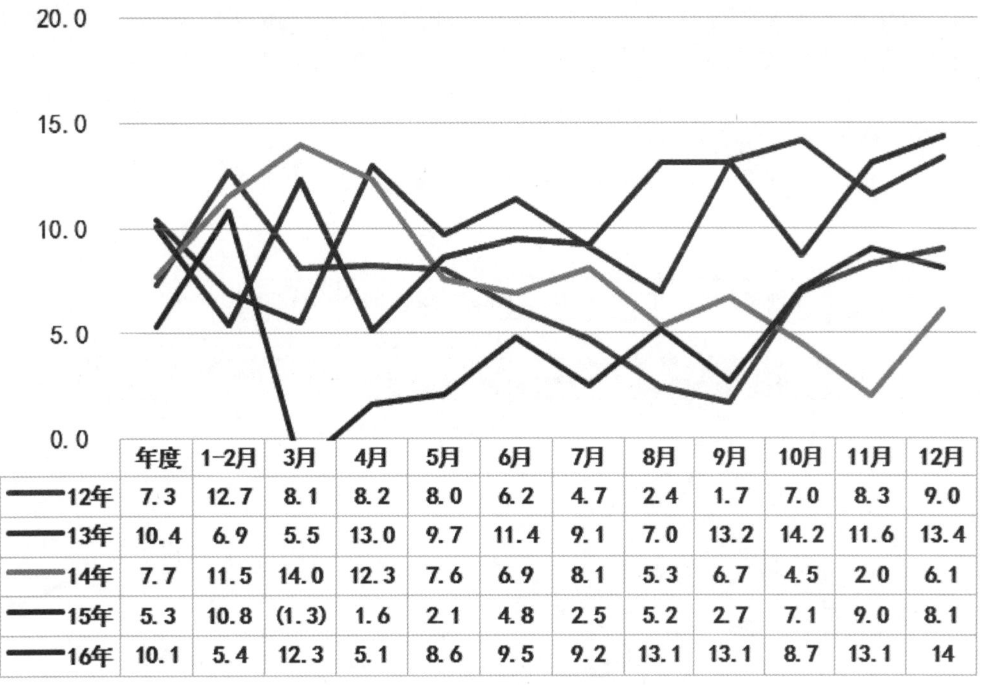

	年度	1-2月	3月	4月	5月	6月	7月	8月	9月	10月	11月	12月
12年	7.3	12.7	8.1	8.2	8.0	6.2	4.7	2.4	1.7	7.0	8.3	9.0
13年	10.4	6.9	5.5	13.0	9.7	11.4	9.1	7.0	13.2	14.2	11.6	13.4
14年	7.7	11.5	14.0	12.3	7.6	6.9	8.1	5.3	6.7	4.5	2.0	6.1
15年	5.3	10.8	(1.3)	1.6	2.1	4.8	2.5	5.2	2.7	7.1	9.0	8.1
16年	10.1	5.4	12.3	5.1	8.6	9.5	9.2	13.1	13.1	8.7	13.1	14

图 2　汽车消费额月度增速气势

2016年12月份，社会消费品零售总额31757亿元，同比名义增长10.9%，2016年全年，社会消费品零售总额332316亿元，比上年增长10.4%。汽车12月销售额4873亿元，同比增速是14.4%；而1—12月的汽车销售额40372亿元，同比增速10.1%。

4. 中国汽车进出口走势进口车反差较大

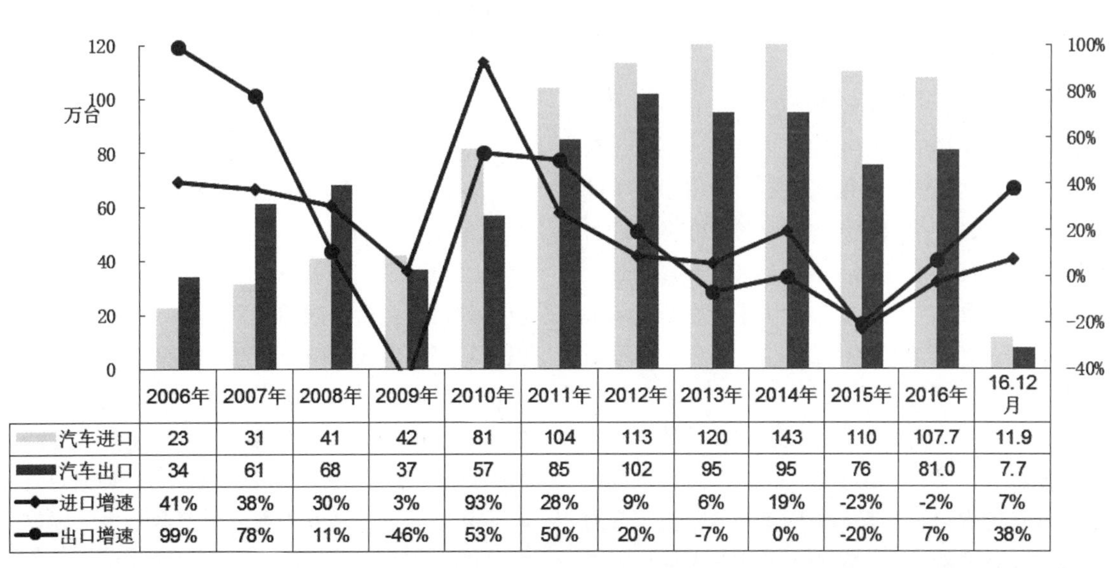

	2006年	2007年	2008年	2009年	2010年	2011年	2012年	2013年	2014年	2015年	2016年	16.12月
汽车进口	23	31	41	42	81	104	113	120	143	110	107.7	11.9
汽车出口	34	61	68	37	57	85	102	95	95	76	81.0	7.7
进口增速	41%	38%	30%	3%	93%	28%	9%	6%	19%	-23%	-2%	7%
出口增速	99%	78%	11%	-46%	53%	50%	20%	-7%	0%	-20%	7%	38%

图 3　06 － 16 年中国汽车整车进出口走势

二、2016 年汽车市场运行走势

1. 中重卡市场爆发式增长

2016 年的市场表现最强的是中重卡，在 2014—2015 年的连续两年下滑后，2016 年中重卡市场呈现 27% 增速的爆发式增长，这主要受政策和市场的双重拉动刺激。从宏观经济看，基建投资持续增长、“一带一路”的持续推进、PPP 项目的不断推进等，利好重卡市场。

2016 年的“9.21”超限超载法规实施，导致了单车运力下降，公路运费上涨，在很大程度上带动了中重卡需求释放，促使了物流企业加速更新改造不合规的运输车。而 GB1589 政策的修订，总重限定 49 吨的要求，进一步激发市场对车辆的需求，促进了大功率、中高端卡车产品的大幅增长。

中重卡	2009年	2010年	2011年	2012年	2013年	2014年	2015年	2016年
	89	129	117	92	106	99	75	95
增速	18%	45%	-9%	-21%	15%	-7%	-24%	27%

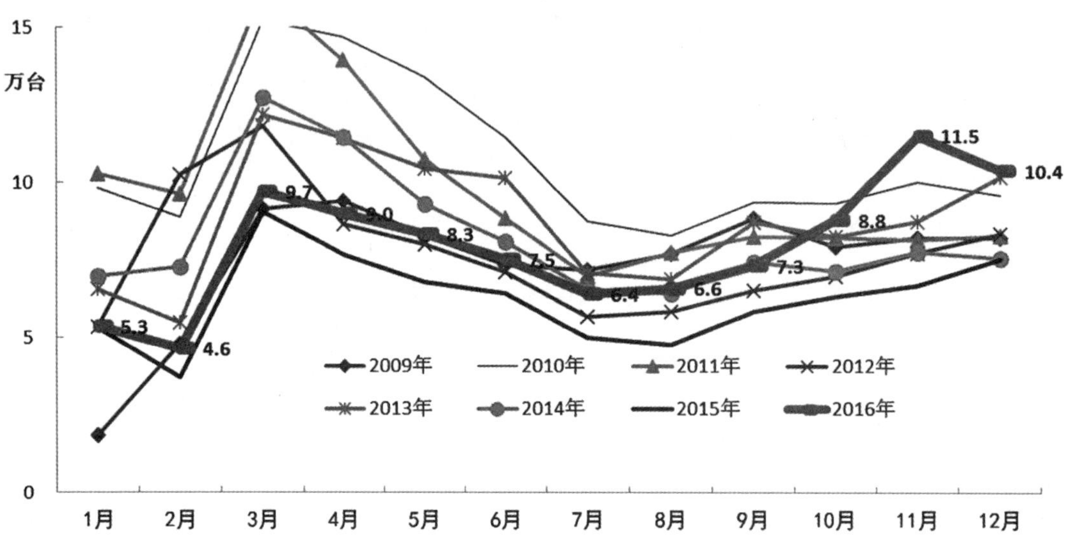

图 4　中重卡历年月份度销量走势

2. 大中型客车市场呈现较强增速

近几年客车市场的扩张空间越来越小，不仅出口乏力，且长途客运萎缩，新能源车成为大中型客车的主要增长动力。2016 年的大中型客车在 2011 —2015 年的持续稳定在 16 万台基础上实现 14% 的较高增长。从月度走势可以看出，10—12 月的大中型客车市场增长超强，形成较好的年末抢补贴行情。国内大中型新能源客车前期市场已趋于饱和。以国内大中型客车 50 万辆的保有量计算，新能源车型已占据半壁江山。从国家对新能源客车推广的角度看，国内不少城市大中型新能源客车的保有量，基本与国家政策一致。面对大型客车 100 万的补贴，高利润下的客车市场出现最后的疯狂。

3. 轻卡市场滑落到谷底

2010—2015 年 6 年间，我国轻卡市场总销量徘徊于 150 万辆—200 万辆之间。2010 年在国家出台“汽车下乡”政策的推动之下，我国轻卡年销量高达 195 万辆，创近 6 年最高水平。自 2011 年起随着国家刺激政策的退出，市场回归正常，当年实现销量 188 万辆以上，比上年同期减少 8 万辆。2016 年经济增长进入新常态，环保升级，气候异常，农产品与水产品薄收，中小企业倒闭，多重因素叠加，致使该年度轻卡总销量创近 6 年最低。由于轻卡市场没有任何的政策支持，没有新能源车等利好支撑，车型利润表现较差，企业关注度也在下降。

大中客	2009年	2010年	2011年	2012年	2013年	2014年	2015年	2016年
	12	16	16	17	17	16	16	19
增速	4%	28%	3%	4%	1%	-4%	0%	14%

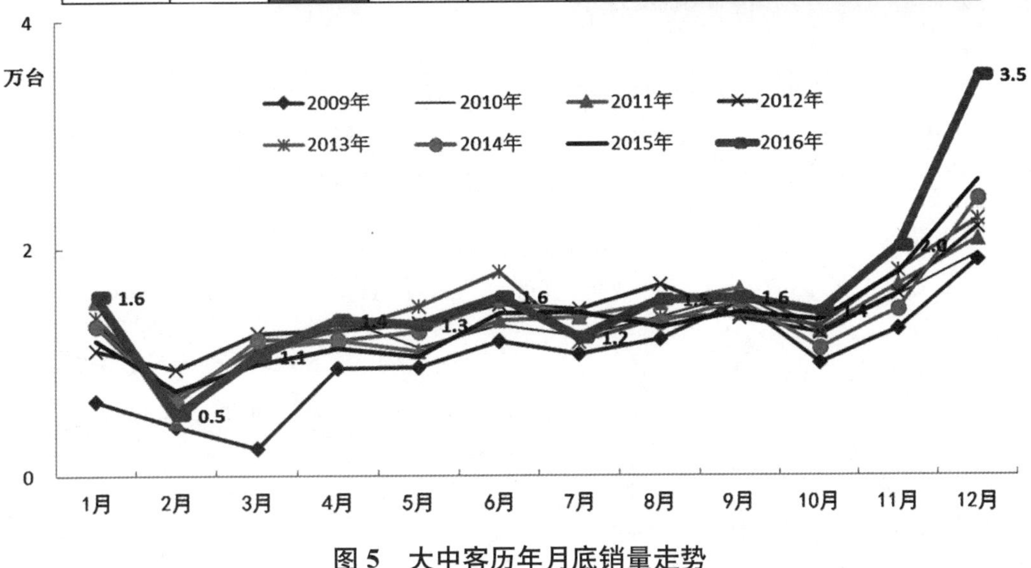

图 5　大中客历年月底销量走势

轻卡	2009年	2010年	2011年	2012年	2013年	2014年	2015年	2016年
	155	195	188	185	192	167	156	154
增速	32%	26%	-4%	-2%	4%	-13%	-6%	-1%

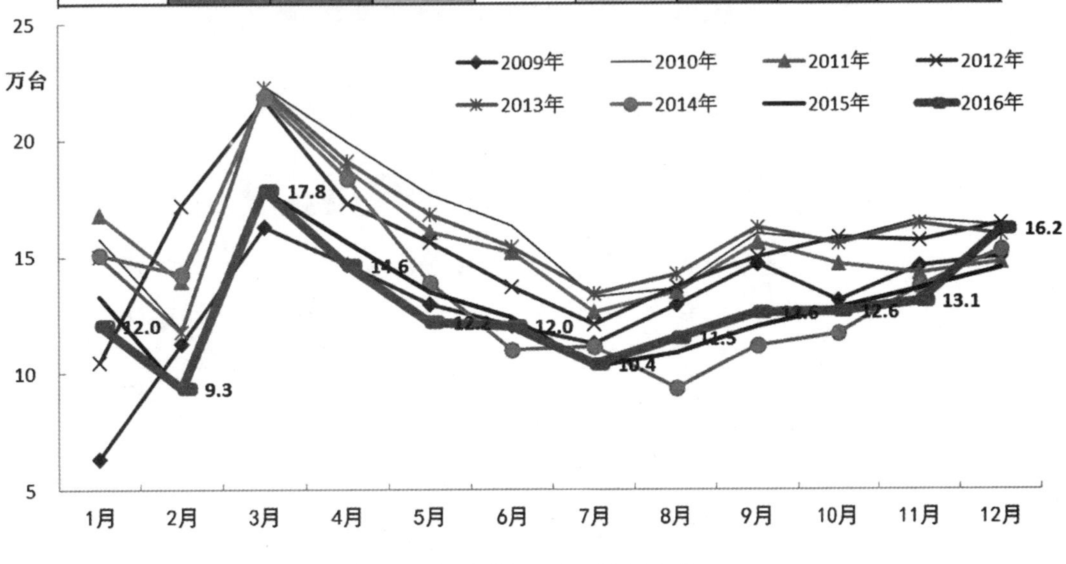

图 6　轻卡历年月度销量走势

2015—2016 年的整车进出口都很差，但 2016 年回暖的趋势较明显。2013 年以来的进口车的波动远大于出口市场，2015—2016 年的出口稍好于进口。根据全国海关统计，2016 年 1—12 月的中国汽车累计进口 108 万台，累计增速 -2%，且 12 月进口增速恢复到 7%。2016 年汽车出口达到 81 万台，年同比增长 7%，且 12 月出口增速 38%，2016 年好于 2015 年增速表现较多。

4. 微型车市场走势持续低迷

微型车市场是汽车市场的生产生活资料车型，从2009年的汽车下乡以来，2009—2010年微车市场出现爆发性增长，随后一路快速下滑，2016年销量133万台，下滑到2010年峰值销量的不足一半。微车下滑体现了车市增长的核心动力仍是消费升级，微车市场的消费升级速度较慢，逐步被MPV分流，形成持续的萎缩。

微车	2009年	2010年	2011年	2012年	2013年	2014年	2015年	2016年
	246	310	275	279	217	186	165	133
增速	73%	26%	-11%	1%	-22%	-14%	-12%	-19%

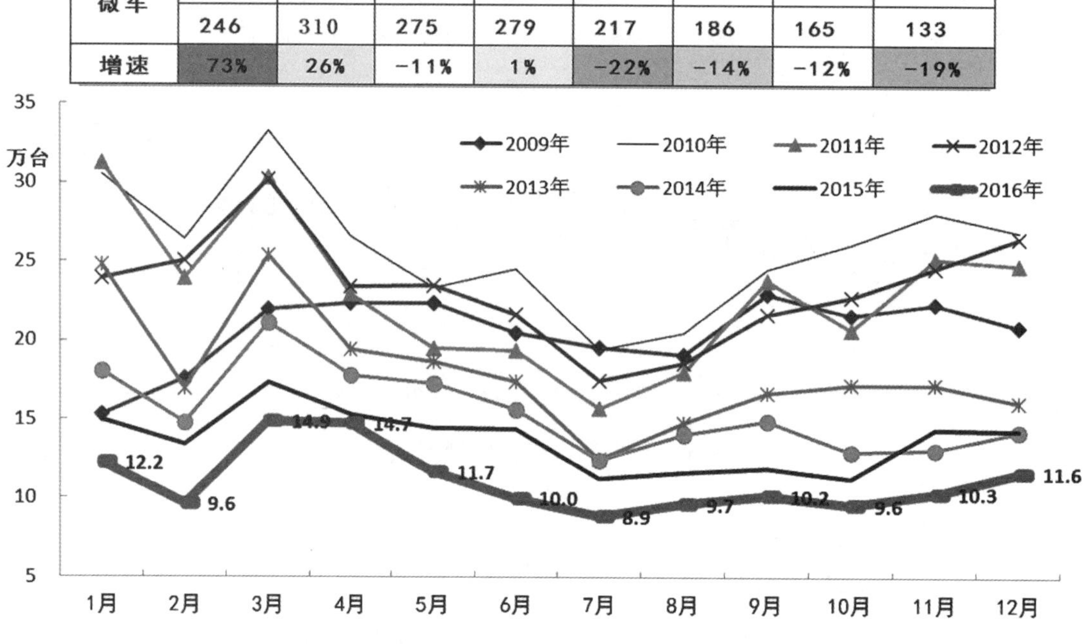

图7　微车历年月底销量走势

狭义乘用车	2009年	2010年	2011年	2012年	2013年	2014年	2015年	2016年
	841	1133	1251	1366	1637	1843	2020	2362
增速	48%	35%	10%	9%	20%	13%	10%	17%

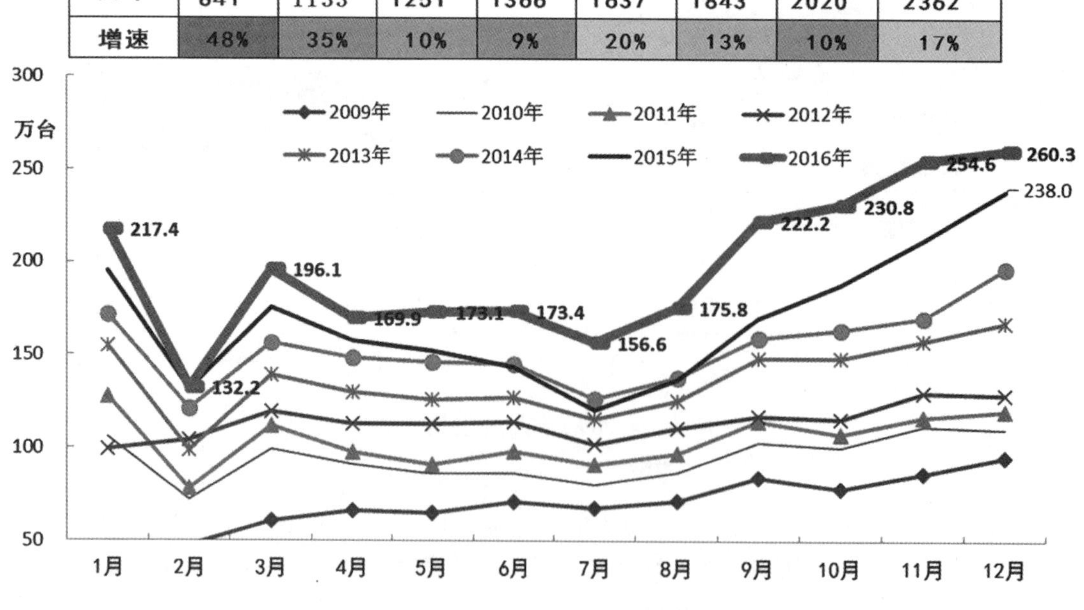

图8　狭义乘用车历年月份度销量走势

5. 狭义乘用车企业产销量走势

2016 年狭义乘用车销量 2362 万台，累计增速 16.8%；2016 年 12 月狭义乘用车销量 261 万台，同比增长 9.6%，环比增长 2.8%。在 2010 年乘用车高增长后，经历 2011—2012 年的两地调整后，2013 年增速达到 20%，2014—2015 年车市也是相对低迷，随后迎来 2016 年的车市走强。

厂家表现分化，主力厂家普遍表现较强，前 6 名的领军厂家基本增速都低于平均增速，五菱的增速稍快也是结构性增长。中小厂家部分表现分化，部分厂家表现超强。

6. 新能源车市场较快增长

表 2

新能源	合格证	2012 年	2013 年	2014	2015 年	2016 年
总量	狭义乘用车	9813	14630	67370	213842	320216
	客车	**2443**	4177	27212	112864	137825
	专用车	1759	2009	4292	47778	61195
	总计	**14015**	**20816**	**98874**	**374484**	519236
增速	狭义乘用车	94%	49%	360%	217%	50%
	客车	110%	71%	551%	315%	22%
	专用车		14%	114%	1013%	28%
	总计	**126%**	**49%**	**375%**	**279%**	39%
结构	狭义乘用车	70%	70%	68%	57%	62%
	客车	17%	20%	28%	30%	27%
	专用车	13%	10%	4%	13%	12%
	总车	**100%**	**100%**	100%	**100%**	100%

根据工信部权威合格证数据看，2016 年中国新能源车生产实现 51.9 万台，同比增长 39%，较 2014 年和 2015 年的 3 倍左右增速有了大幅减速。其中客车增速从 2015 年的整肃 315% 下降到 22%，专用车从 2015 年的 10 倍高增长下降到 28% 的增速。但乘用车等核心产品依旧保持较快，形成从客车高增长逐步转移到乘用车较快增长的新特征。

三、2016 年汽车市场特征分析

1. 2016 年新能源车的销售结构中高端化

表 3

国产	乘联会名称	14—12月	15—12月	16—11月	16—12月	本月同比	本月环比	16 年累	14 年	15 年	16 年累
纯电动	CAR	11008	27885	38372	31029	11%	—19%	109%	41015	112964	236625
	MPV			1	23		2200%	—42%	28	106	61
	SUV			284	48		—83%		16		7133
	AOO	6628	19212	22821	14026	—27%	—39%	52%	28254	71300	108486
	AO	3299	3278	2260	2832	—14%	25%	56%	8309	26976	42144
	A	1349	4472	13354	13573	204%	2%	678%	4349	1163	90707
	B	132	923	222	669	—28%	201%	—21%	147	3131	2482
	C										
纯电动合计		**11008**	**27885**	**38657**	**3110**	**12%**	**—20%**	**116%**	**41059**	**113070**	**243819**
插电混动	A	2939	3123	2588	4363	40%	69%	—5%	17409	42609	40656
	B	61	6043	1941	2532	—58%	30%	91%	80	20112	38351
	C		86	14	4	—95%	—71%	—44%		801	450
插电混动合计		**3000**	**9252**	**4543**	**6899**	**—25%**	**52%**	**26%**	**17489**	**63557**	**80352**
新能源乘用车总计		**14008**	**37137**	**43200**	**37999**	**2%**	**—12%**	**84%**	**58548**	**176627**	**324171**

12月新能源乘用车呈现同比增速偏低和环比走稳的特征。2016年12月新能源乘用车车销量达到3.8万，总体同比增速2%。12月的插电混动同比增速表现弱于纯电动轿车，纯电动乘用车同比增12%，但插混同比下降25%；

纯电动中的A00级电动车表现放缓，A级以限购城市为拉动的表现仍较强，出租升级拉动放缓。12月A级电动车的同比增速2倍的表现较强，这也是北京需求和出租需求的有效拉动。

2016年中的A00级电动车后进入季节性调整期，12月的A00级下降较大。12月A00级电动车环比11月增—39%，同比增长—27%。

2016年1—12月的新能源乘用车总体销量32万台，同比增长84%，增速相对健康合理。其中纯电动车销售24万台，增长116%；插电混动销售8万台增长26%。插电的16年表现较弱。

2. 乘用车进出口市场全面回暖

表4

	大类	2009年	2010年	2011年	2012年	2013年	2014年	2015年	2016年
出口	CAR	10.2	18.0	37.2	49.5	42.4	37.1	30.8	33.4
出口	MPV/SUV	5.1	10.2	10.0	9.2	12.9	13.7	11.5	**19.5**
出口	货车	17.8	23.2	32.2	35.6	31.1	33.0	25.2	**20.8**
出口	客车	2.3	3.7	4.2	5.5	6.3	8.8	5.9	**5.8**
出口汇总		37.0	56.6	85.2	101.6	94.8	94.8	75.5	81.2
进口	CAR	16.5	34.4	41.0	44.7	42.3	47.0	35.2	37.7
进口	MPV/SUV	24.4	44.7	60.1	66.7	75.6	94.2	73.9	**68.2**
进口	货车	0.8	1.5	2.0	1.9	1.1	1.2	0.7	**1.2**
进口汇总		**42.1**	**81.3**	**103.9**	**113.7**	**119.5**	**142.6**	**110.2**	**107.4**
	大类	2009年	2010年	2011年	2012年	2013年	2014年	2015年	2016年
出口	CAR	—58%	76%	107%	33%	—14%	—13%	—17%	8%
出口	MPV/SUV	—34%	101%	—2%	—7%	40%	6%	—16%	70%
出口	货车	—38%	30%	39%	10%	—13%	6%	—24%	—18%
出口	客车	—32%	57%	16%	29%	16%	40%	—33%	—2%
出口汇总		**—46%**	**53%**	**51%**	**1*%**	**—7%**	**0%**	**—20%**	**8%**
进口	CAR	7%	108%	19%	9%	—5%	11%	—25%	7%
进口	MPV/SUV	1%	83%	34%	11%	13%	25%	—22%	—8%
进口	货车	—19%	83%	31%	0%	—42%	3%	—38%	63%
进口汇总		**3%**	**93%**	**28%**	**9%**	**5%**	**19%**	**—23%**	**—3%**

2016年进出口均大幅下滑，下滑均在5%左右。2016年进口表现最差的是SUV，其次是乘用车，2015年卡车进口低迷带来2016年的卡车市场翻转一些。2016年乘用车进口74万是2011年以来的最低点。

2016年的出口市场的总体表现较差，其中卡车下滑最大，而乘用车和客车的出口也是较差，这与世界经济环境也是关联的。乘用车2016年出口38万台，稍好于2011年的水平。而货车出口15万台，是低于2010年水平的，处于历史的低谷。2016年客车出口表现稍差于2013年水平。

3. 狭义乘用车 SUV 成为一枝独秀的走强

表 5

零售		1—12 月						2016 年				
类型	级别	11 年	12 年	13 年	14 年	15 年	16 年	1 月	5 月	10 月	11 月	12 月
CAR	AOO	6%	5%	4%	3%	2%	2%	1.7%	1.1%	1.2%	2.3%	2.5%
	AO	20%	19%	16%	16%	14%	11%	11.2%	11.5%	10.6%	11.3%	11.8%
	A	54%	55%	60%	60%	62%	67%	66.3%	66.3%	68.4%	66.5%	67.4%
	B	17%	17%	17%	17%	18%	16%	16.4%	16.8%	14.8%	15.1%	13.9%
	C	4%	4%	4%	4%	4%	5%	4.4%	4.4%	4.9%	4.9%	4.3%
CAR 汇总		**81.3%**	**78.6%**	**73.6%**	**68.0%**	**58.4%**	**52.3%**	**52.8%**	**54.2%**	**50.4%**	**50.1%**	**49.8%**
MPV	AO	35%	49%	58%	62%	60%	57%	58.1%	60.8%	54.2%	54.2%	55.5%
	A	32%	24%	17%	19%	22%	27%	26.2%	19.3%	30.0%	31.0%	32.7%
	B	21%	19%	18%	14%	13%	12%	12.5%	14.0%	11.4%	10.5%	8.1%
	C	11%	8%	6%	5%	5%	4%	3.2%	5.9%	4.4%	4.4%	3.7%
MPV 汇总		**6.0%**	**7.1%**	**8.3%**	**10.4%**	**10.5%**	**10.2%**	**11.2%**	**9.5%**	**9.8%**	**9.6%**	**9.4%**
SUV	AO	9%	10%	15%	20%	30%	25%	29.0%	25.9%	23.9%	22.7%	25.2%
	A	69%	69%	66%	66%	59%	65%	61.2%	62.9%	66.5%	65.7%	64.9%
	B	18%	19%	17%	13%	11%	9%	9.4%	10.8%	9.2%	11.2%	9.5%
	C	3%	2%	1%	0%	0%	0%	0.4%	0.4%	0.3%	0.4%	0.4%
SUV 汇总		**12.7%**	**14.3%**	**18.1%**	**21.7%**	**31.2%**	**37.5%**	**36.1%**	**36.3%**	**39.8%**	**40.3%**	**40.7%**

此表体现的是每一个细分类别占上一层级总零售量的比重，与包含出口和库存变化的批发增长有所差异。16 年市场体现 MPV 弱趋势特征明显，轿车市场的地位处于逐步恢复的状态，轿车中的中高级别走势较好，低端受到多功能车分流影响较大。

多功能车市场超强增长，其中近年 MPV 中低端需求也有所下降，A0 级 MPV 表现逐步走弱，消费升级到 A 级 MPV，近期新品也是在 A 级 MPV 推出较强。MPV 中高端仍是不强，持续下行的趋势明显。

前期 SUV 则是 A 级火爆，随后延伸到 A0 级，成为高端向下延伸的特征。近期出现入门级恢复的特征，12 月的 A0 级 SUV 市场的需求大幅回升，高端 SUV 产销表现一般，A 级仍是超强。

4. 2016 年狭义乘用车排量小型化

表 6

狭义乘用车各排量级走势	2009 年	2010 年	2011 年	2012 年	2013 年	2014 年	2015 年	2016 年	16\12
0.8—0.9	1%	1%	1%	1%	0%	0%	0%	0%	0%
1.0—1.1	5%	4%	4%	3%	2%	1%	1%	0%	0%
1.3—1.4	12%	12%	13%	12%	11%	10%	10%	7%	8%
1.4—1.6T	0%	2%	2%	3%	4%	6%	9%	17%	19%
1.5L	13%	15%	16%	16%	17%	17%	20%	22%	22%
1.6L	31%	28%	27%	29%	29%	30%	25%	23%	21%
1.8—2T	3%	4%	5%	7%	7%	7%	9%	12%	11%
1.8L	9%	8%	7%	7%	6%	6%	6%	4%	5%
2.0L	13%	14%	15%	15%	16%	16%	16%	9%	9%
2.3—2.5	10%	8%	7%	7%	6%	5%	4%	3%	3%
2.5 以上	2%	2%	2%	2%	2%	1%	1%	1%	1%
电动	0%	0%	0%	0%	0%	0%	0%	1%	1%
1 升以下	7%	6%	4%	4%	2%	2%	1%	0%	0%
1.6 升以下	63%	63%	63%	63%	64%	64%	65%	71%	72%

2016 年的 1.4 升以下小排量萎缩局面进一步加剧，1.4 ～ 1.5 升自然吸气和 1.4 ～ 1.6 升增压小排量增多，总体 1.6 升以下市场快速扩张。1.4 升级以下车型的份额明显下降，但 1.5 升和 2 升及增压车型同比增长较大，这也体现 A 级车和 SUV 市场火爆。同时 1.6 升的车型排量销量下降较快，也是合资的老款车型逐步推动 1.6 升转 1.5 升的转变。自主小排量车相对受市场萎缩冲击下滑的现状。2016 年的电动车销量份额 0.8%，稍有增长。

四、汽车市场竞争表现分析

1. 2016 年主力车企集团的表现均较好

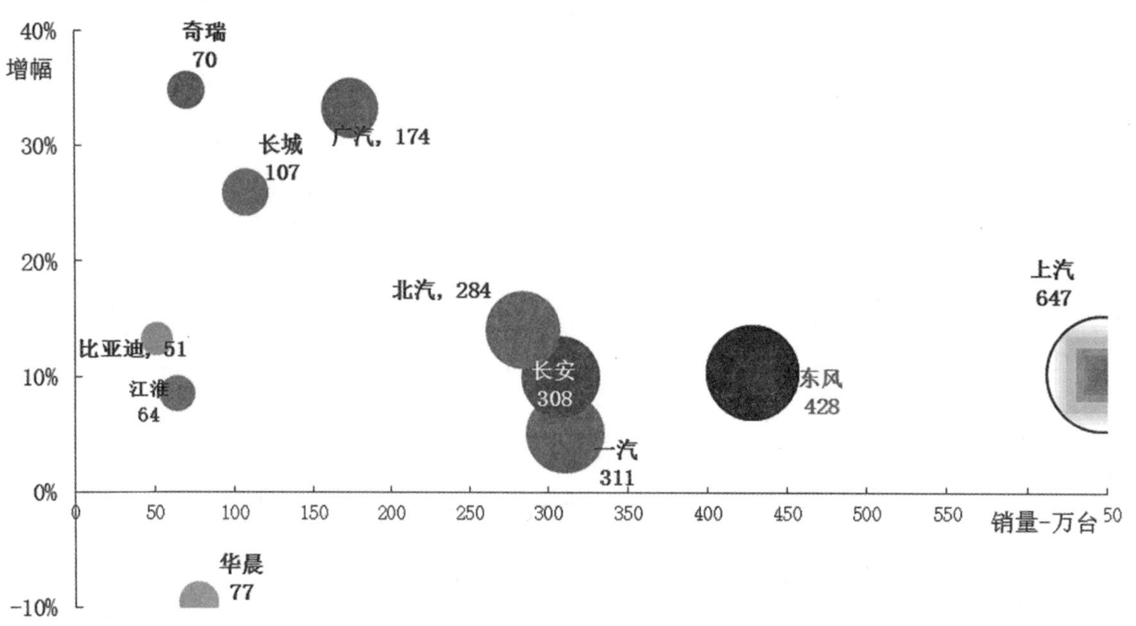

图 9　16 年 1 － 12 月份各汽车集团销量 / 份额、增速表现

2016 年汽车总计销量 2793.89 万台，累计增速 13.7%；2016 年 12 月汽车总计销量 305.73 万台，同比增长 9.8%，环比增长 4%。上汽仍是一枝独秀，而一汽和长安、北汽的差距不大，一汽与长安走势的竞争加剧。北汽走势波动较大，主要是北京现代下滑的影响。江淮、吉利和广汽成为高增长特征。比亚迪也表现较强，主要是 A 级轿车的压力较大。而华晨仍是轻客的压力明显。

2. 自主品牌份额走势

2016 年自主份额高企主要也是合资的市场表现较差，换购需求不足，自主的新购需求相对较稳，导致自主的表现借助 SUV 异常超强。2016 年 1—12 月的自主份额超强增长仍较强，2 月份额达到 43.6% 的新高点 ,5 月下降到 37.6%，10 月恢复到 44%,12 月微降到 43%。

3. 2016 年乘用车主力车企批发表现较强

2016 年 12 月的前 10 位主力车企的销量贡献度达到 55%，弱于 2015 年的的主力车企 56% 的占比表现，12 月的中小企业表现分化较突出。

2016 年 12 月的前 5 位增量主力车企的增量分化，合资主力增速不快，二线企业增长较好，其中自主的吉利和长城的增长超强，长安逐步走稳，合资品牌的主力车企在 12 月的增量销量排名较好，大众，福特、日产的增量较稳。而 12 月减量较多的是合资企业。

从 1—12 月的增量贡献度看，减量的主要是自主中小车企和部分国企。1—12 月仍是主力大车企的增量，自主的吉利和广汽表现较强。

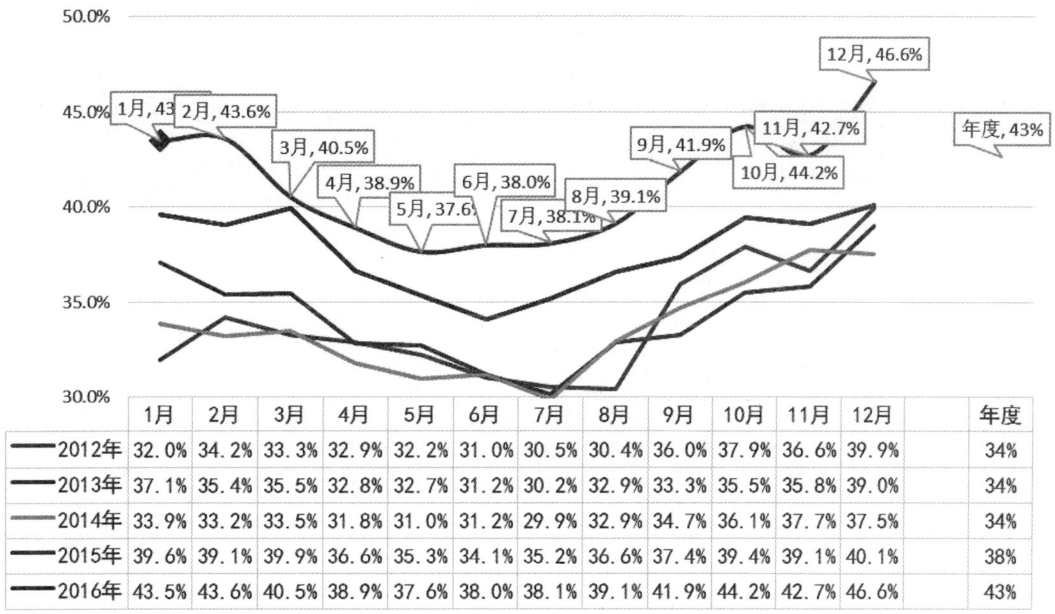

	1月	2月	3月	4月	5月	6月	7月	8月	9月	10月	11月	12月		年度
2012年	32.0%	34.2%	33.3%	32.9%	32.2%	31.0%	30.5%	30.4%	36.0%	37.9%	36.6%	39.9%		34%
2013年	37.1%	35.4%	35.5%	32.8%	32.7%	31.2%	30.2%	32.9%	33.3%	35.5%	35.8%	39.0%		34%
2014年	33.9%	33.2%	33.5%	31.8%	31.0%	31.2%	29.9%	32.9%	34.7%	36.1%	37.7%	37.5%		34%
2015年	39.6%	39.1%	39.9%	36.6%	35.3%	34.1%	35.2%	36.6%	37.4%	39.4%	39.1%	40.1%		38%
2016年	43.5%	43.6%	40.5%	38.9%	37.6%	38.0%	38.1%	39.1%	41.9%	44.2%	42.7%	46.6%		43%

图 10　12 – 16 年自主品批发牌份额

表 7

总体狭义乘用车厂家批发销量、增速、增减量							
乘用车 12 月批发前十		增速	去年同期批发前 10			乘用车 12 月批发增减量前五	
上海通用	212289	0%	上海通用	212600	1	长城汽车	53271
上海大众	193414	18%	上海大众	164199	2	吉利汽车	47659
上通五菱	184328	13%	上通五菱	163202	3	上海大众	29215
北京现代	146008	14%	一汽大众	148017	4	长安汽车	27586
长城汽车	138628	62%	东风日 产	136353	5	上海汽车	23484
一汽大众	124187	—16%	北京现代	128020	6	东风日 产	—13006
东风日 产	123347	—10%	广州本田	99598	7	一汽轿车	—13443
吉利汽车	112332	74%	长安福特	97041	8	华晨汽车	—17180
长安福特	98271	1%	东风悦达起亚	86808	9	一汽大众	—23830
长安汽车	95999	40%	长城汽车	85357	10	广州本田	—29782
2599407	55%		2379918	56%		181215	83%
乘用车 1—12 月批发前十			去年同期批发前十			乘用车 1—12 月增减量前五	
上海大众	2000238	11%	上海大众	1805633	1	吉利汽车	273024
上海通用	1880004	9%	上海通用	1724976	2	上通五菱	246111
一汽大众	1872366	13%	一汽大众	1650186	3	一汽大众	222180
上通五菱	1427921	21%	上通五菱	1181810	4	长城汽车	215620
长安汽车	1149820	23%	北京现代	1058578	5	长安汽车	211840
北京现代	1142016	8%	东风日 产	1000678	6	重庆力帆	—27671
东风日产	1117901	12%	长安汽车	937980	7	天津一汽	—28310
长城汽车	968850	29%	长安 福特	868677	8	一汽轿车	—40103
长安福特	943987	9%	长城汽车	753230	9	长丰猎豹	—44963
吉利汽车	795790	52%	神龙汽车	704818	10	神龙汽车	—106945
23490465	57%		20163655	58%		1168775	35%

4. 乘用车内部走势特征

表 8

品牌归类	2010 年	2011 年	2012 年	2013 年	2014 年	2015 年	2016 年			
							1 季度	2 季度	3 季度	4 季度
合资豪华	3%	3%	4%	4%	5%	6%	6%	6%	7%	5%
合资主流 3 强	20%	22%	24%	23%	24%	22%	22%	21%	22%	21%
合资其他	32%	33%	32%	32%	33%	32%	28%	32%	31%	29%
合资自主	0%	0%	1%	1%	1%	3%	4%	3%	3%	4%
自主集团核心	14%	12%	11%	11%	12%	12%	14%	13%	13%	15%
自主民营 3 强	9%	9%	10%	9%	8%	8%	8%	8%	9%	11%
自主国有其他	19%	18%	14%	15%	13%	13%	13%	11%	10%	11%
自主民营其他	4%	4%	4%	4%	4%	5%	5%	5%	5%	5%
总计	**100%**	**100%**	**100%**	**100%**	**100%**	**100%**	**100%**	**100%**	**100%**	**100%**

合资主力车型 2016 年相对 2015 年普遍走弱，但 2016 年豪华车表现较强。2016 年 12 月的豪华车走势较弱，份额达到 5% 的近期低点，5—9 月的豪车份额回升逐步体现季节的走强因素。12 月的自主走势较强，合资和豪华车相对被稀释。

表 9

品牌归类	2010 年	2011 年	2012 年	2013 年	2014 年	2015 年	2016 年			
							1 季度	2 季度	3 季度	4 季度
奥迪	56%	52%	52%	52%	52%	43%	44%	40%	36%	34%
奔驰	16%	18%	16%	16%	14%	21%	23%	22%	23%	23%
宝马	19%	21%	26%	26%	28%	24%	21%	23%	23%	20%
凯迪拉克	5%	6%	5%	6%	4%	4%	5%	7%	8%	11%
沃尔沃	5%	3%	1%	0%	2%	6%	5%	5%	5%	5%
陆虎	0%	0%	0%	0%	0%	0%	0%	3%	4%	4%
英菲尼迪	0%	0%	0%	0%	2%	2%	2%	2%	2%	2%
捷豹	0%	0%	0%	0%	0%	0%	0%	0%	0%	1%
总计	**100%**	**100%**	**100%**	**100%**	**100%**	**100%**	**100%**	**100%**	**100%**	**100%**

豪华车走势较强主要是新的增量势力的加盟，近期的豪车国产必然带来豪车市场的竞争充分和总量增大，有利于市场的走强。尤其是二线的凯迪拉克和路虎的走强，很有促进意义。

5. 乘用车市场价格促销相对稳定

2016 年车市促销价格走势相对平稳，没有出现剧烈的波动，这也是类似历年的车市增长特征。历年一般从 5 月就会出现车市的价格波动，也就是车市市场走势偏弱，则厂家会采取促销加大促使稳定销量。但 16 年基本没有这样的销量波动特征，体现厂家力争平稳对应形势变化的心态。尤其是年末的 11 月开始的促销收缩，也是很好的事情。

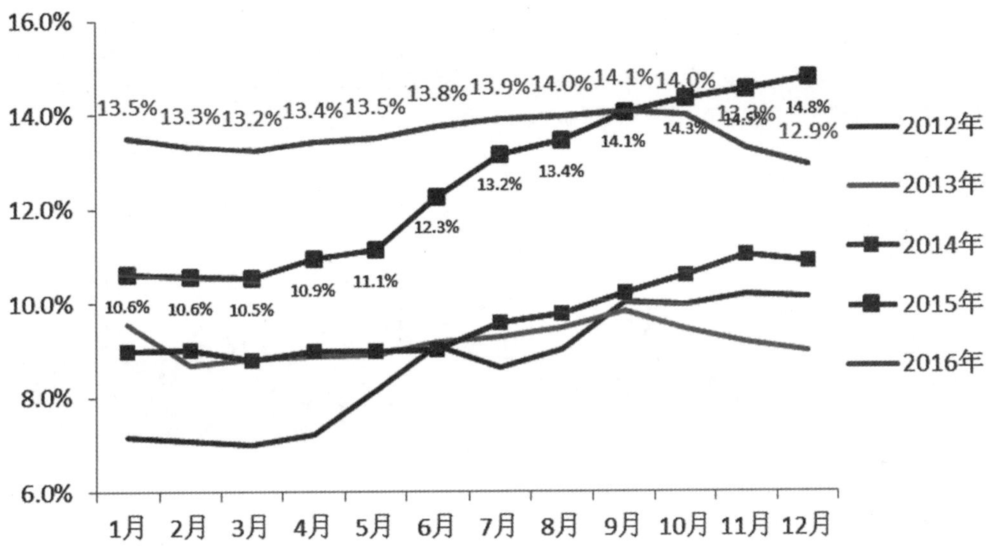

图 11　总体市场促销

6. 狭义乘用车各国别在细分市场零售表现

表 10

零售		1—12 月						2016 年				
类型	级别	11 年	12 年	13 年	14 年	15 年	16 年	1 月	5 月	10 月	11 月	12 月
CAR	自主	27.5%	26.4%	25.5%	21.4%	19.2%	17.8%	17.6%	15.6%	17.5%	19.6%	20.8%
	欧	4.2%	4.4%	4.7%	5.5%	5.1%	4.2%	4.7%	4.3%	4.0%	3.9%	4.5%
	美	14.8%	16.0%	15.9%	16.2%	16.4%	16.8%	18.8%	16.7%	17.5%	16.5%	16.7%
	韩	9.3%	10.0%	10.0%	11.1%	10.1%	10%	7.6%	10.1%	9.6%	10.5%	12.1%
	德	22.1%	24.2%	25.5%	27.3%	28.5%	30.7%	30.8%	31.9%	31.6%	29.0%	26.5%
	日	22.1%	19.1%	18.4%	18.4%	20.7%	20.4%	20.5	21.4%	19.9%	20.2%	19.5%
CAR 汇总		**81.3%**	**78.6%**	**73.6%**	**68.0%**	**58.4%**	**52.3%**	**52.8%**	**54.2%**	**50.4%**	**50.1%**	**49.8%**
MPV	自主	75.8%	81.2%	84.9%	89.2%	90.5%	90.6%	93.4%	88.3%	90.0%	90.6%	91.1%
	美	9.9%	7.2%	5.5%	4.2%	3.7%	3.3%	2.7%	4.3%	3.1%	2.8%	3.0%
	德	5.9%	4.4%	3.6%	2.3%	2.0%	2.2%	1.0%	2.7%	2.8%	2.6%	2.3%
	日	8.4%	7.2%	6.0%	4.2%	3.8%	4.0%	3.0%	4.7%	4.1%	3.9%	3.6%
欧 MPV 汇总		**6.0%**	**7.1%**	**8.3%**	**10.4%**	**10.5%**	**10.2%**	**11.2%**	**9.5%**	**9.8%**	**9.6%**	**9.4%**
SUV	自主	33.7%	38.2%	38.1%	43.2%	53.7%	57.8%	58.3%	53.2%	60.0%	61.5%	62.1%
	欧			1.7%	3.5%	3.7%	3.4%	3.2%	3.7%	3.3%	3.2%	4.0%
	美	2.7%	3.1%	10.0%	9.9%	9.4%	8.9%	10.7%	9.9%	7.6%	8.2%	7.8%
	韩	16.6%	15.3%	14.2%	10.3%	7.2%	6.7%	5.6%	7.2%	6.4%	6.0%	6.8%
	德	12.3%	16.3%	13.8%	13.8%	9.7%	7.9%	8.2%	8.2%	7.9%	6.7%	5.8%
	日	34.6%	27.1%	22.1%	19.2%	16.5%	15.3%	14.0%	17.7%	17.8%	14.4%	13.4%
SUV 汇总		**12.7%**	**14.3%**	**18.1%**	**21.7%**	**31.2%**	**37.5%**	**36.1%**	**36.3%**	**39.8%**	**40.3%**	**40.7%**

2016 年自主品牌在 SUV 市场获得巨大的份额增长，从 52% 上升到 58%，而德系的 SUV 从 10% 下降到 8%，这也是巨大的反差。而自主品牌在轿车市场的份额从 19.3% 下降到 17.8%。2016 年 12 月的这种趋势稍有改善。德系在轿车份额提升到 31% 的历史新高，欧系轿车在 12 月萎缩到 3.8% 的低位。日系轿车回暖态势在 2016 年持续，高于 2013—2015 年表现， 12 月日系份额仍相对较强。

7. 厂家库存大幅下降、渠道库存压力缓解

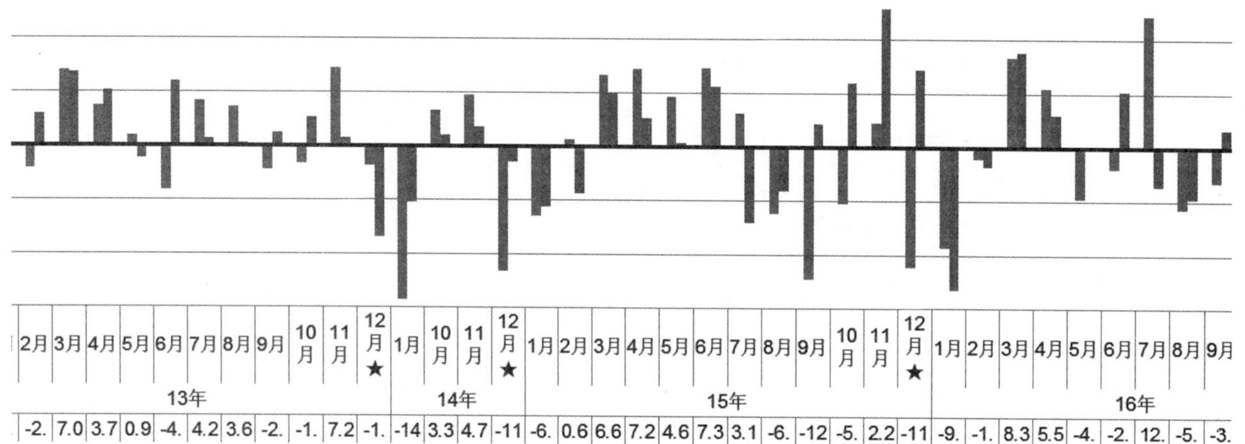

图 12　狭义剩用车 12 － 16 年厂家和经销商库存变化

从企业库存变化看，12 月厂家库存增加 5 万台，经销商库存增加 12 万台。历年上半年都是库存增加的局面，7—12 月是库存的波动期。2016 年 1—2 月的库存下降较大。2016 年的 3—4 月的渠道库存增长较大。2016 年 1 月减库存也是 2015 年的库存短期增长较快的调整。而 1—2 月减库存的特征也是为 3—7 月增库存奠定较好基础。12 月的厂家和经销商减库存效果明显，这也是车市需求较强结果。

各类汽车市场

2016 年全国轿车市场

罗力铭

中国轿车市场历史回顾与展望

从中国乘用车市场发展伊始，轿车市场作为乘用车市场的主力不断推动国内汽车市场的发展。在中国汽车市场发展起步的关键时期，轿车车型一直占据了市场超过九成的份额。轿车的高保有量进一步影响了发展初期的中国汽车市场，不少消费者直接产生轿车就是汽车的观念。

2000—2008 年，轿车市场处于发展初期，除已经在市场站稳脚跟的桑塔纳、捷达、夏利等车型外，宝来、蒙迪欧、索纳塔、Polo 等如今耳熟能详的名字也开始逐渐加入，轿车市场开始给消费者提供越来越多的选择，推动轿车市场的初期发展。2009—2010 年中国乘用车市场在国家“保增长”政策的推动下出现井喷增长，增长率分别达到了 54.9% 和 28.5%。对着政策效应的减弱，2011 年汽车市场进入井喷之后的调整期，提前消费，尤其是以首次购车为主的轿车需求透支，使 2011 年的轿车市场增长率回落到 4.6%。随着乘用车市场在 2012 及 2013 年的复苏，轿车市场迎来调整期之后的新一轮增长，2013 年增长率一度达到 12.4%。2014 年中国汽车市场产品多样化，轿车市场增长率下跌至 5.1%。2015 年 SUV 和 MPV 竞争加剧，轿车市场面临着严峻的挑战，轿车市场份额受到严重挤压，增长率近几年来第一次出现负增长，负增长—5.6%。2016 年 SUV 市场持续火爆，轿车市场在购置税政策的拉动下，轿车市场增速由负转正，同比增长 6.0%。

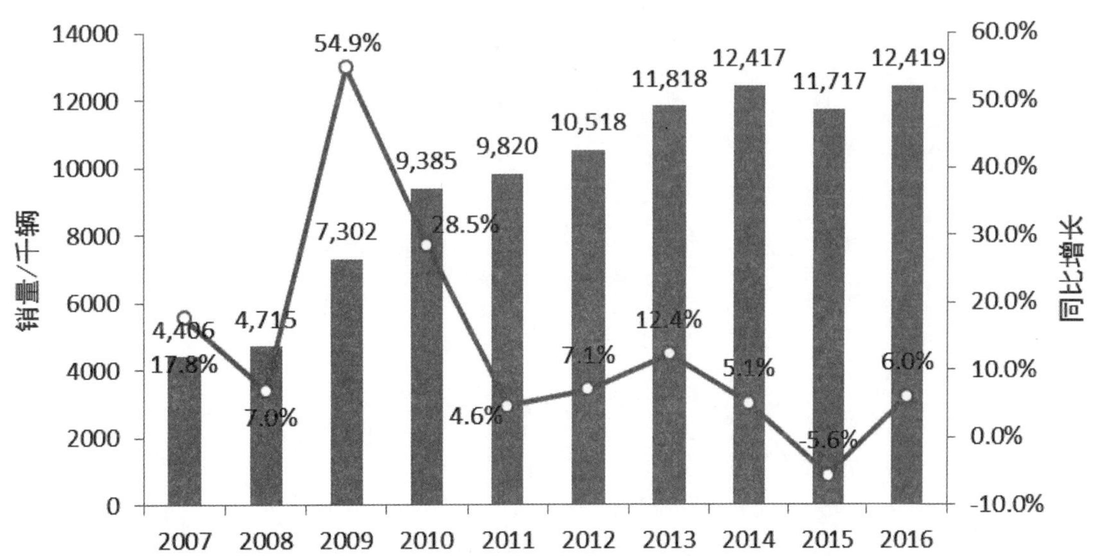

图 1　2007 － 2016 年轿车市场销量走势及增长率

（数据来源：全国乘用车市场联席会）

2016年，SUV在高位持续增长，进一步蚕食轿车市场。A级SUV中，传统的明星车型哈弗H6、传祺GS4、宝骏560继续领跑市场，同时吉利的新产品博越、主打互联网概念的荣威RX5，凭着时尚的外观和领先的科技，自上市以来就供不应求，成为SUV市场中爆品。随着消费升级，B SUV中的锐界、Q5和汉兰达越来越受到消费者青睐。另外A0 SUV中提升明显的日系缤智、XR-V，MPV市场的长安欧尚、宝骏730等一大批优质产品逐步进入消费者视野并抢占份额，传统轿车的统治地位已经被打破，从2015年占比的60.5%下降到54.4%（见图2）。SUV的市场份额从2007年的6.8%快速飙升到2016年的40.9%，离轿车市场的差距逐步缩小（见图2）。SUV市场显著增长，主要受益于B SUV、A级自主、和A0级SUV的快速增长。未来几年内，随着城镇化率的提高，二胎家庭的出现，更多的消费者会持续关注空间大、功能性强的SUV车型，既需要满足日常的出行和外出郊游，也需要能感受舒适感和豪华感。未来越来越多的主机厂会推出更多的SUV和MPV的新产品，来满足不同层次的消费者的多样化需求，市场份额还会继续攀升。就SUV来看，参考发达国家成熟汽车市场，尤其是与中国情况较为接近的美国汽车市场的发展轨迹，中国SUV的市场份额将会突破50%，成为最大的细分市场。相应的，未来几年的轿车市场的份额，将继续缓慢下降，到2020年占比将从2007的88.1%下滑到48.0%左右，但绝对销量仍能持续增长。

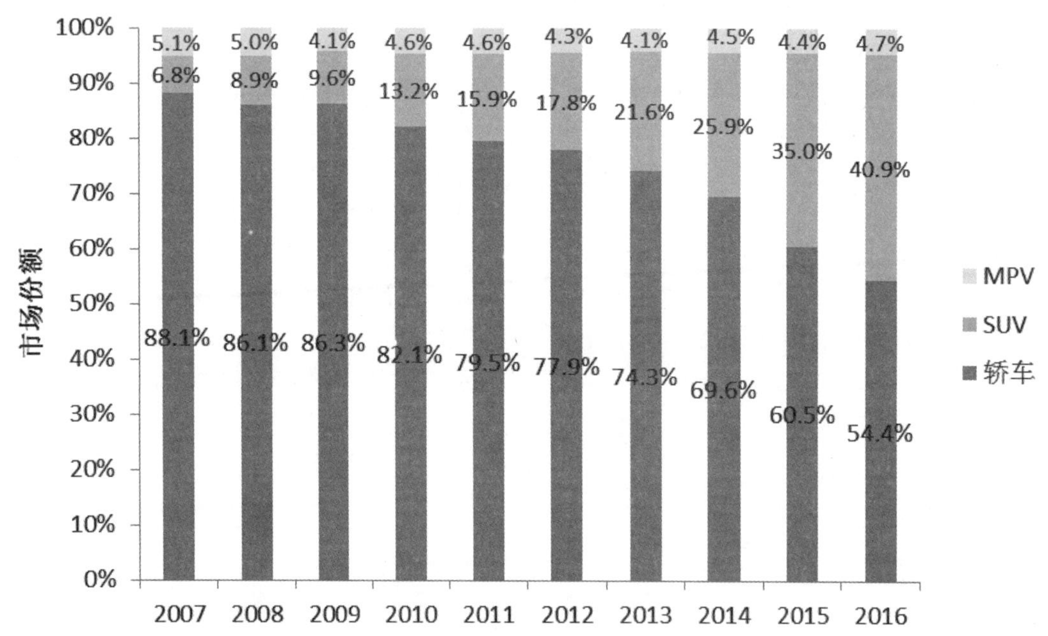

图2　2007－2016年各车身形式占总体市场份额走势

（数据来源：全国乘用车市场联席会）

一、2016年国内外经济环境及汽车市场概况

2016年全球金融市场剧烈动荡，实体经济总体低速、分化依旧、复苏乏力，我国宏观经济仍处于下行通道，全年呈现“L型”走势。GDP在2015年逐季下降之后在2016年企稳，全年增速6.7%。但经济企稳的背后仍存在许多隐忧，比如，制造业投资和民间投资仍处于低位，实体经济没有根本改善，去产能、去杠杆的压力仍然很大，需求不足的问题仍未解决。从结构上看，汽车行业一枝独秀，对经济拉动作用显著。

2016年，国内汽车市场走势先抑后扬，1.6升及以下排量乘用车购置税减半优惠政策对车市的刺激效果，大大超出了所有整车厂和行业机构的预计。特别是从6月份以来，在购置税优惠政策可能年底到期结束的预期影响下，消费者提前购买导致终端需求快速爆发，乘用车月度销量增幅基本都在 20% 左右。全年实现乘用车批售 2424 万辆，同比增长 15.7%；零售 2284 万辆，同比增长 18.0%。

2016 年中国乘用车市场增长的主要推动力：

（1）购置税优惠政策推动：对于排量小于等于 1.6L 的乘用车实施减半征收购置税优惠政策，有效时间：2015 年 10 月 1 日—2016 年 12 月 31 日。该政策推动乘用车需求释放，有利于中低端、小排量车型销售;

（2）2009—2010 年的井喷增长在 2015—2016 年带来大量的更新需求；

（3）新产品投放力度持续加大，尤其是大量的 SUV 及 MPV 的新产品吸引大量目光，给消费者带来新的选择。

2016 年中国乘用车市场有如下特点：

（1）SUV/MPV 显著增长。2016 年 SUV 市场同比增长 37.9%，超出乘用车平均增速 20 个百分点，SUV 市场占比从 2015 年的 35% 上升至 40.9%。而传统两厢三厢轿车市场同比仅增长 6.0%。SUV 增速最高的是 A 级低端 / 入门和 A0 级 SUV，增速分别达到 65.0% 和 32.7%，B SUV 随着消费升级和众多新产品推出，增长 21.9%。同时，2016 年乘用车市场推出的 120 余款新车型中有一半是 SUV，市场快速增长的同时，竞争也越来越激烈。

（2）1.6L 及以下车型快速增长。受购置税减半政策影响，1.6L 及以下排量乘用车同比增长 28.7%，而 1.6L 以上同比仅增长 0.3%。1.6L 及以下的比例从 2015 年的 62.5% 提升到 2016 年的 68.1%。

（3）新能源汽车市场受政策推动仍保持较快增长，全年新能源汽车销量突破 50 万辆，其中乘用车 31.5 万辆，同比增长 65%。增速比 2015 年有所回落，主要是法规政策不断完善，监管明显趋严，国家加大了新能源汽车骗补追查力度。

（4）新技术的应用尤其是汽车互联技术快速普及。截至 2016 年底，荣威、宝沃等品牌陆续推出“互联网汽车”，以实时在线、大屏、声控等作为卖点，取得了不错的市场反响。

二、2016 年轿车市场发展特点

2016 年乘用车中轿车的同比增速在购置税优惠政策的拉动下，增速由负转正，实现正增长 6.0%，和国内乘用车总体市场增速 18.0% 相比低了 12 个百分点，两者增速的差距在政策的刺激下并没有得到明显的改善（见图 3），市场结构发生了很大的变化，不同级别，不同国别，不同品牌的境遇也各有好坏。

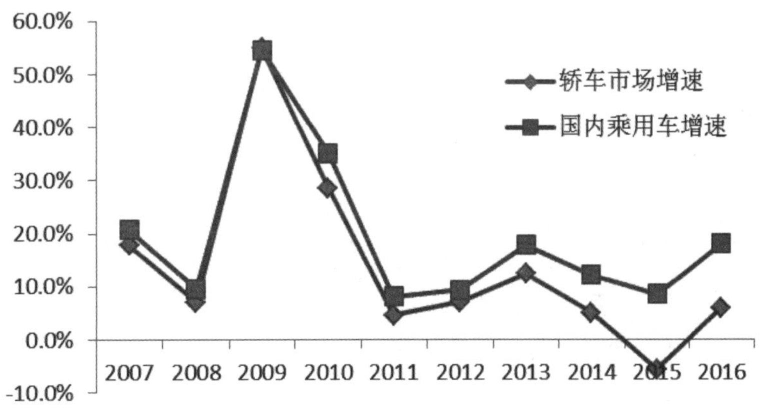

图 3 轿车市场与国内乘用车市场同比增速变化趋势

（数据来源：全国乘用车市场联席会）

1. 各级别市场：高档车和小型车数量下降，中级车份额增长

从轿车市场各级别的情况来看，近几年“两头低，中间高”的情况持续扩大，入门级轿车以及中大型轿车的市场份额继续下滑，而家用热门的 A 级轿车则在轿车市场中受益最多（见图 4）。

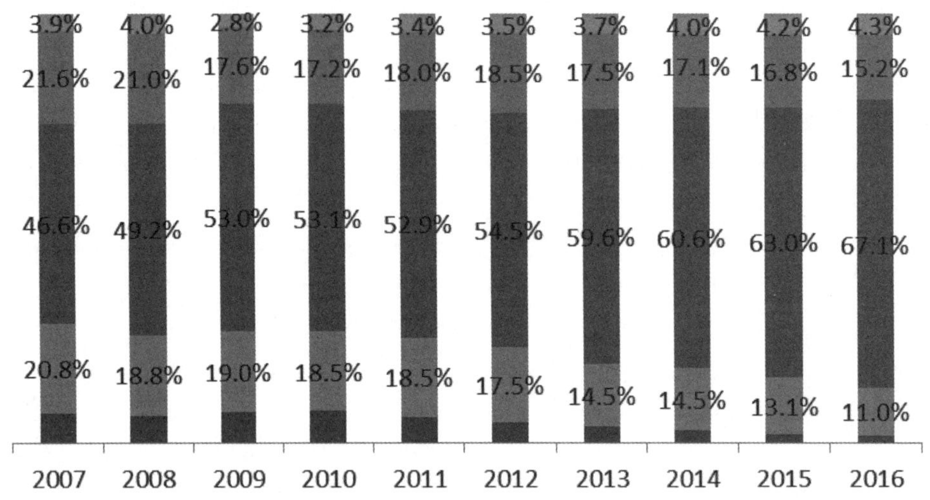

图 4　轿车市场各细分市场占有率走势

（数据来源：全国乘用车市场联席会）

相比 2015 年，2016 年 A 级车市场占有率上涨 4.1 个百分点，同比增长 12.9%。在轿车整体增速 6% 的情况下，A 级车市场上涨明显，一方面来自于朗逸、全新英朗等主流合资车型的良好表现，另一方面新车型艾瑞泽 5、现代领动等车型逐步得到市场的认可。但是近几年来 A 级轿车市场新产品的缺乏成为了制约这个细分市场发展的主要原因，越来越多的合资自主品牌主机厂更多地在维持原有轿车产品，将更多的研发重心投入到 SUV/MPV 产品，试图获取更多的市场份额。部分厂家在轿车产品的尝试更多地开始推出高端化产品，如大众的辉昂、吉利的博瑞车型，来提升品牌形象，并尝试推出一些跨界车型。另外自主品牌加入混战，打破了以前由合资车企掌控的局势，拉低了 A 级车入门价格，加剧了 A 级车市场的价格竞争。目前主流 A 级轿车依旧被欧美系朗逸、全新英朗等车型占据（见表 1）。但需要注意的是，A 级轿车市场开始由于部分价位段的高度重叠，受到了来自 A/A0 级 SUV 的严重侵蚀，预计未来增速将继续缓慢下降。

表 1　2016 年 A 级车市场优势车型

A 级			
排名	车型	销量	市场份额
1	朗逸	475,452	5.7%
2	全新英朗	365,762	4.4%
3	捷达	341,943	4.1%
4	速腾	335,959	4.0%
5	卡罗拉	301,000	3.6%

反观 A00、A0 市场，前几年需求越来越少，市场竞争异常激烈，利润空间有限，导致各厂商在该市场的投放力度明显减小，新品的缺失减少了该级别市场对消费者的吸引力。在 2016 年 A00 细分市场中多

款新能源轿车，在政策推动下保持较快增长，如众泰Z100 EV和奇瑞EQ车型，在A00这个细分市场的纯电动车型，补贴后性价比高，空间小巧，停车便捷，基本能满足代步需求，同时充电条件、政策法规、补贴退坡等不确定性会影响其细分市场的未来发展。

从这两个级别的分车型的情况来看，A00级依旧被自主品牌统治，尤其是自主品牌发力新能源产品进一步巩固了A00市场的地位，而合资品牌主要受制于成本及价格因素，在A00级市场的竞争力不如自主品牌，小型车的优势企业奇瑞与其他竞品相比优势显著，领先地位难以动摇。在A0级市场，细分市场的排名并没有太大的变化，无论是合资还是自主厂商，较少地将研发重心放在这一块细分市场，目前合资品牌优势明显，前几名依旧由合资品牌所掌握，Polo、赛欧等小车型连续多年位列前茅。另外，2016年下半年这个细分市场出现自主品牌的搅局者宝骏310，这款小型车凭借时尚的外观、丰富的配置和高性价比也吸引了一大批的消费者。（见表2）

表2　A00 / A0级车市场优势车型

	A00级			A0级		
排名	车型	销量	市场份额	车型	销量	市场份额
1	奔奔迷你	50,196	22.8%	POLO	183,760	13.4%
2	北斗星	23,336	10.6%	K2	140,927	10.3%
3	众泰Z100 EV	16,231	7.4%	瑞纳	127,527	9.3%
4	奇瑞QQ	15,938	7.2%	威驰	118,287	8.6%
5	铃木奥拓	14,414	6.5%	赛欧	116,359	8.5%

B级及以上轿车以前作为中高端车的代表，一方面受到来自SUV车型的挑战，另一方面在2016年会受到购置税小排量政策的负面影响。在经历了第一次发展狂潮之后，中国车市目前正处于二次购车的兴起阶段，第一辆车选择了轿车的消费者们，在选择第二辆车时，把目光更多的投向了功能性更强的SUV车型。

表3　B级车市场优势车型

	B级		
排名	车型	销量	市场份额
1	帕萨特	170,015	9.0%
2	迈腾	166,204	8.8%
3	雅阁	134,821	7.1%
4	奔驰C级	109,017	5.8%
5	蒙迪欧	107,924	5.7%

从车型来看，大众的帕萨特、迈腾继换代以后继续领跑B级市场，但总的市场份额相比去年略有下降；日系中的雅阁自4月改款后进一步提升产品力，表现良好，位列第一，另外传统日系三强中的凯美瑞跌出前五。同时豪华品牌奔驰C级自年中改款后，造型和内饰运动时尚，整体表现不俗。

在整体增长6%的轿车市场，各细分级别表现不一。最大的细分市场A级轿车同比增长13%，C级轿车由于豪华车的热销同比增长8%，其余细分市场出现了负增长。在整体上轿车这类较为成熟型的产品正受到来自SUV/MPV各个级别段的竞争。

2. 车系发展情况

从不同车系的发展情况来看，欧美车系保持了近几年的增长势头，尤其是欧系的表现；而过去霸占轿车市场的日系在2016年得益于产品换代改款，市场份额略有提升；近几年推陈出新的韩系16年下半年受到了萨德事件的制约，表现差强人意；自主品牌近几年新产品层出不穷，但更多的发力点集中在SUV产品上，在轿车市场的发展上仍需要不断提升。（如图5）

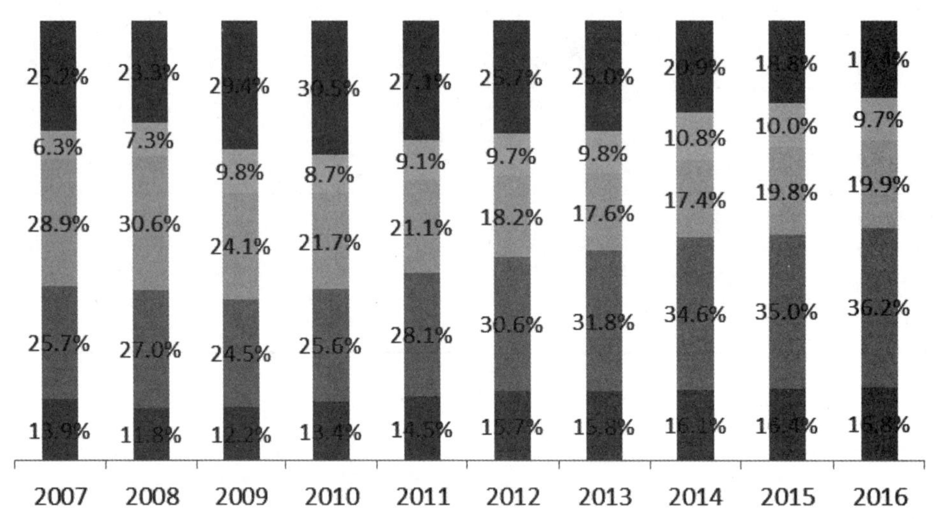

图5 各车系近几年占有率走势

（数据来源：全国乘用车市场联席会）

欧美的强势得益于产品力的强大。新帕萨特与迈腾在换代后持续保持B级轿车前两名，占据B级车市近18%的份额；朗逸、速腾、捷达等传统欧系车型在购置税政策利好下在A级车的表现十分抢眼，福睿斯、威朗等新车型上市以来表现不俗等；高尔夫、嘉旅、两厢福克斯、郎行在两厢市场继续受到消费者的认可；而豪华车市场上的德系三强的竞争也是愈演愈烈，宝马5系连续多年排名第二，在16年超过奥迪A6排名第一（见表4）。欧系车依靠良好的消费者口碑、自身的技术优势储备、继续扩大自己的领先优势，美系也正在改变高油耗的印象，推出更多入门级的轿车产品，为越来越多的家用消费者所接受。

表4 从豪华车市场看德系品牌竞争优势

C级			
排名	车型	销量	市场份额
1	宝马5系	148,059	27.8%
2	奥迪A6	137,696	25.9%
3	奔驰E系	54,102	10.2%

日系品牌在2016年市场份额略有提升，日系品牌在2015年主要得益于近两年上市的新产品，新卡罗拉、雷凌、蓝鸟等新产品上市都采取了激进的价格策略。2016年站在占有率高位能保持增长，一方面没有受到政治事件的影响，另一方面也得益卡罗拉、新思域等明星轿车的热销。目前日系的新产品表现逐步上升，期待着在今后的市场上大展拳脚。

韩系品牌在经历了过去几年的高速发展后保持着稳定的增长，推出的领动等新产品也逐步得到了市场的肯定，但16年下半年受到了萨德事件的负面影响，销量表现不佳。虽然萨德事件没有当年钓鱼岛事件对日系品牌的影响严重，但是对韩系品牌展厅客流有明显影响，另外在16年竞争异常激烈的轿车市场中，萨德事件对韩系的影响无疑是巨大的。

自主品牌在经历了2009—2010年辉煌时期后，轿车中自主品牌市场份额一路下滑。随着越来越多合资品牌车型价格的下探，自主品牌轿车的细分市场被不断挤压。虽然如帝豪EC7、远景、艾瑞泽5等高质量车型得到消费者的认可，但是自主品牌整体的产品竞争力与合资品牌还存在差距，这是导致2016年自主品牌在轿车份额下滑的原因。另一方面，随着SUV的热销，如长城、长安等企业更多将新产品重点投入SUV市场，轿车细分市场未能得到特别的关注，这也进一步导致2016年份额下滑。

2016年各车系发展情况虽然差异较大，但基本都延续了近几年的发展趋势。欧美品牌尤其是欧系车不断走强，韩系品牌受到萨德事件影响表现低迷，日系在经历了前一年的快速提升之后又略微提升，而自主品牌受到合资品牌的压力，且更多投放产品在SUV产品，出现了较大的份额下滑。

3. 各级别城市发展情况

近几年来中国汽车市场呈现明显的二元发展结构，体现显示为一二线城市和三四五线城市的整体市场增长速率以及对品牌和车型的具体需求出现显著的不同。一二线城市作为中国较早开始发展的汽车市场，消费者们对汽车的需求已经开始由轿车逐渐转变为多样化的车型需求。与成熟汽车市场发展的趋势类似，SUV和MPV车型在更为成熟的汽车市场以及二次购车需求更多的情况下越来越受到青睐；同时一二线城市，尤其是一线城市，既受到限牌的的负面影响，也得到新能源车型的短期增量，在整体趋势上一二线市场的占有率会缓慢下滑。三四五线城市的汽车市场目前还处于导入期阶段，增长潜力较大，虽然如宝骏560、哈弗H6等入门级SUV对三四五线消费者吸引力大，但仍然有一大部分消费者受传统观念的影响，愿意选择轿车作为自己的第一辆车，轿车市场在四五线城市仍然具备较大的增长潜力。

汽车市场随着发展程度的深入，消费者的需求也趋向于高端化和多样化，对汽车的认识也不再仅仅局限于轿车的范畴。一般来说，千人保有量越高、发展越成熟的汽车市场，轿车份额下降得也越快。一二线城市中轿车的份额逐步下降，轿车也会很快进入发展的瓶颈，而轿车市场的发展将要寄希望于三四五线新兴市场的动力。

2016年多功能乘用车（MPV）市场

全国乘用车市场信息联席会　唐奕奕

引言

作为国民经济支柱产业之一的汽车产业，因受政策利好因素的影响，2016年汽车市场销量大幅增长，成为国民经济中的亮点行业。全年国产MPV销量达249.6万辆，同比增长18.4%。

一、产销概况

2016年国内整个市场都处于政策的亢奋期，全年国产汽车销量达2802.81万辆，同比增长13.7%，其中狭义乘用车销量为2369.34万辆，同比增长17.8%；商用车销量365.12万辆，同比增长5.8%；交叉车型销量68.35万辆，同比下降37.8%（见表1）。

在狭义乘用车中，国产MPV累计销售249.65万辆，同比增长18.4%，全年呈“前高中低后高”的“V”

字型走势（见图 1）；全年进口 MPV 为 20.62 万辆，出口 MPV 为 1.21 万辆，由此可见 MPV 国内需求为 269.06 万辆，同比增长 13.8%。

表 1　2016 年国产狭义乘用车及商用车、汽车销量

品类	2016 12	2015 12	同比增长	2016 1—12	2015 1—12	同比增长
轿车	1,254,585	1,280,885	—2.1%	12,149,861	11,745,433	3.4%
MPV	271,749	272,650	—0.3%	2,496,529	2,108,866	18.4%
SUV	1,082,149	793,959	36.3%	9,047,010	6,256,912	44.6%
狭义乘用车	2,608,483	2,347,494	11.1%	23,693,400	20,111,211	17.8%
交叉车型	63,781	94,632	—32.6%	683,502	1,099,128	—37.8%
商用车	385,076	343,387	12.1%	3,651,273	3,451,263	5.8%
汽车	3,057,340	2,785,513	9.8%	28,028,175	24,661,602	13.7%

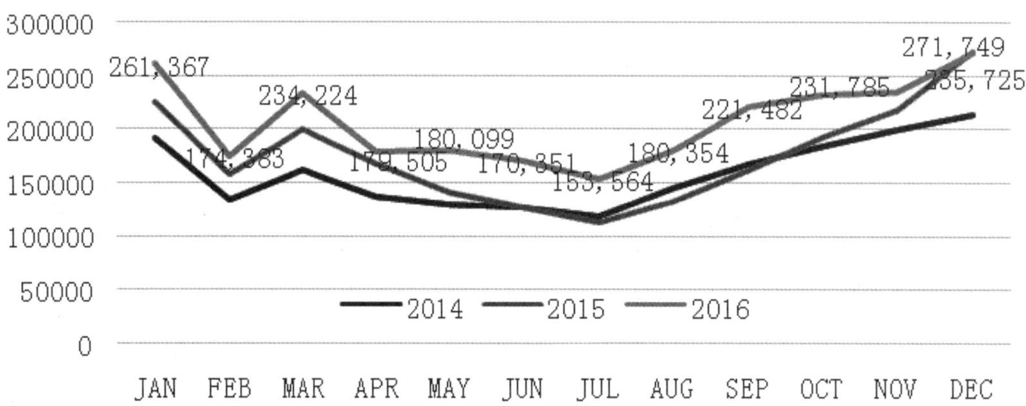

图 1　2016 年国产 MPV 市场月度销量走势

二、市场发展情况

1. 市场集中度分化

与 2015 年同期相比较，国产 MPV“前五强”集中度有所提升，达 58.5%，“前十强”集中度有所下降，为 75.3%；排名第 11—30 位的产品销量占比是 21.5%；剩余的 31 款车型销量为 7.85 万辆，同比下降 44.6%，仅占 3.1% 市场份额（见表 2）。MPV 市场体现了“强者恒强”的发展态势。

MPV 市场前五强都是近年来投放的新款 MPV 车型，五菱宏光、宝骏 730；东风小康风光；长安欧诺、欧尚；呈“三企五车”的竞争形势，其中上通五菱和长安汽车是由传统微车厂商“转场”而来，它们的华丽转身，使业务全面换挡提速，五菱宏光和宝骏 730 累计销量达 102.01 万辆；长安欧诺欧尚合计销量达 27.08 万辆；东风小康也是异军突起，代表了东风系的新生力量，销售了 16.85 万辆。五车合计销量达 145.95 万辆，净增 24 万辆。至此，上汽、长安和东风在 MPV 界都有了领军地位。

表 2 2016 年 MPV 车型累计销量及同比

No.	厂家	车型	2016 年销量 / 辆	2015 年销量 / 辆	增长率 (%)	2016 份额 (%)
1	上通五菱	宏光	650,018	655,531	—0.8%	26.04%
2	上通五菱	宝骏 730	370,169	321,069	15.3%	14.83%
3	东风小康	风光	168,579	99,622	69.2%	6.75%
4	长安汽车	欧诺	152,607	142,344	7.2%	6.11%
5	长安汽车	欧尚	118,185	972	12059%	4.73%
6	北汽银翔	幻速 H3	106,634	17,537	508.1%	4.27%
7	东风柳州	菱智	90,700	116,896	—22.4%	3.63%
8	北汽股份	威旺 M20/30	87,916	84,606	3.9%	3.52%
9	东风柳州	S500	71,653	10021	615%	2.87%
10	江淮瑞风	瑞风	64,523	58,706	9.9%	2.58%
11	奇瑞汽车	Q26	59,277	46,402	27.7%	2.37%
12	华晨金杯	金杯 750	54,781	25,178	117.6%	2.19%
13	上汽通用	新 GL8	44,827	40,000	12.1%	1.80%
14	广州本田	奥德赛	40,029	45,230	—11.5%	1.60%
15	上汽通用	GL8	34,773	38,985	—10.8%	1.39%
16	北汽银翔	威旺 M20	32,996	62,793	—47.5%	1.32%
17	东风本田	杰德	32,024	52,636	—39.2%	1.28%
18	东风本田	艾力绅	31,097	7,404	320.0%	1.25%
19	江西昌河	福瑞达 M50	30,979	20,579	50.5%	1.24%
20	上汽大众	新途安	29,036	13	223254%	1.16%
21	上汽商用车	大通 G10	18,573	13,985	32.8%	0.74%
22	上汽大众	途安	17,667	32,481	—45.6%	0.71%
23	上通五菱	征程	17,611	23,407	—24.8%	0.71%
24	潍柴汽车	英致 737	16,835	12,030	39.9%	0.67%
25	北汽银翔	幻速 H2	14,055	18,818	—25.3%	0.56%
26	华晨金杯	阁瑞斯	13,931	12,014	16.0%	0.56%
27	北汽股份	威旺 M50	13,157	0	\	0.53%
28	福田汽车	伽途 ix	12,840	0	\	0.51%
29	一汽海马	福美来七座版	12,081	0	\	0.48%
30	郑州日产	NV200	10,460	7,961	31.4%	0.42%
其他 31 款车型小计			78,516	141,646	—44.6%	3.15%
合计			**2,496,529**	**2,108,866**	**18.4%**	**100.00%**

注：上表中，第 5、20、27、28、29 为新车。

2. 中系车成国产 MPV 市场中流砥柱，占有近九成份额

中系品牌 MPV 销量在整体 MPV 市场中占有绝对优势。2016 年中系车累计销量达 223.76 万辆，同比增长 19.9%，占有率 89.6%；欧系车（含德国和少量 Volvo 车型）销量 5.77 万辆，同比增长了 45.3%，市场占有率为 2.3%；美系车销量 7.96 万辆，同比微增 0.8%，市场占有率为 3.2%；日系车销量 12.16 万辆，同比微降 2.2%，占有率为 4.9%（见表 3）。低端 MPV 拥有国内普罗大众的千万粉丝，是国外市场所不具备的优势，这是我国具有高度中国特色的 MPV 市场。

表 3　2016 年 MPV 车系销量及市场占有率

来源地	2016 年销量 / 辆	2015 年销量 / 辆	增长率（%）	2016 份额（%）
中系	2,237,613	1,865,809	19.9%	89.6%
欧系	57,712	39,712	45.3%	2.3%
美系	79,600	78,985	0.8%	3.2%
日系	121,604	124,360	—2.2%	4.9%
合计	2,496,529	2,108,866	18.4%	100%

3. 传统 MPV 与非传统 MPV 的需求量旗鼓相当，各占 50%

如果按 2012 年传统口径来观察 MPV 市场的话，2016 年国产“传统 MPV”销量达 122.83 万辆，同比增长 15.8%，而非传统（即小型商用）MPV 的销量是 126.81 万辆，同比增长 20.9%，总体上说，传统与非传统 MPV 的销量旗鼓相当，各占 50%。我国近 10 年多功能主旋律车型经历了三个阶段，即从具有草根特色的“交叉车型阶段”，跳跃到以五菱宏光为代表的“自主小型商用 MPV 阶段”，现在又进入了以宝骏 730 等车型为主角的“兼用型 MPV”阶段。兼用型 MPV 市场的扩大，其实是带动了传统 MPV 市场的增长。从长远看，对多座乘用车的需求已经明显增长。如果符合生育条件的人群中有 10% 的人有愿望生二孩，那么届时二孩家庭对多座车型的需求将会大幅增长（见表 4）。

表 4　传统与非传统（小型商用）MPV 销量及市场占有率对比

新旧统计法	2016 年销量 / 辆	2015 年销量 / 辆	增长率（%）	2016 份额（%）
传统 MPV	1,228,364	1,060,360	15.8%	49.2%
非传统 MPV	1,268,165	1,048,506	20.9%	50.8%
合计	2,496,529	2,108,866	18.4%	100%

4. 1.6L 以下排量的 MPV 成为 2016 年市场主流

2016 年由于购置税减半优惠政策的正面作用，匹配 1.6L 以下排量发动机的 MPV 成为市场主流，销量达 219.62 万辆，同比增长 24.3%，市场占有率达 88%，新上市的车型一般也都有 1.6L 以下发动机车款的选项；1.6—2.0L 档的 MPV 占 5.6%；2.0—2.5L 档 MPV 占整个 MPV 的 5.7%，两个区段基本相差无几；2.5—3.0L 及 3.0 以上的 MPV 车型已经离开主流（见表 5）。

表 5　排量大小对 MPV 市场销量的影响

排量	2014 年销量 / 辆	2015 年销量 / 辆	2016 年销量 / 辆	16 年增长率	16 年占比
1.0—1.6L	1,501,660	1,766,757	2,196,263	24.3%	88.0%
1.6—2.0L	149,828	117,953	140,685	19.3%	5.6%
2.0—2.5L	228,180	197,885	143,058	—27.7%	5.7%
2.5—3.0L	34,041	23,942	16,234	—32.2%	0.7%
>3.0	546	192	289	50.5%	0.0%
合计	1,914,255	2,106,729	2,496,529	18.5%	100%

5. MPV 区域流向排名分析

区域流向是个多层次较复杂的问题，而且高端 MPV 与低端 MPV 的流向有本质的区别，不能混为一谈。所以本文取以 GL8、奥德赛和艾力绅为代表的高端 MPV 作为对象进行研究，得到的结论是越是经济发达的地区，其高端 MPV 销量越多，排在前三位的是广东、北京、上海（这里既有“生产地效应”，又有经济为基础的市场规律在起作用）；而近年来蓬勃发展起来的小型商用 MPV 也有它自己的生态圈，本文以五菱宏光为代表车型，发现排名前列的都是经济水平中等，人口密度相对较高的地区，如需求量排名前三的是河南、山东和云南（见表 6）。

表 6　MPV 区域流向与经济发展水平密不可分

排名 / 类别	No.1	No.2	No.3	No.4	No.5	No.6	No.7	No.8	No.9	No.10
大型商务 MPV	广东	北京	上海	山东	江苏	浙江	河南	河北	辽宁	四川
小型商用 MPV	河南	山东	云南	广西	广东	河北	江苏	湖南	浙江	安徽

6. 进口 MPV 销售 20.62 万辆，需求下降 22.0%，占进口车 19.1%

进口 MPV 也是我国 MPV 市场的一个重要组成部分。2016 年以来，随着国际政经走势错综复杂，国内供给侧改革不断深化，进口车也进入了深度调整期。2016 年全年 MPV 进口量达 20.62 万辆，同比下降 22.0%，而乘用车中，轿车进口量 37.73 万辆，同比增长 7.1%；SUV 进口 46.57 万辆，同比下降了 1.3%，进口 SUV 这块市场一反过去强劲增长的态势，下跌 1.3%，众多豪华品牌 SUV 都纷纷走国产的道路，如凯迪拉克 XT5，就是原来一直从墨西哥进口的凯迪拉克 SRX；捷豹路虎纷纷国产发现神行、揽胜极光等，由此也让国产 SUV 替代进口成为事实并初见成效；进口的狭义乘用车整体出现负增长（—3.6%），但进口 MPV 负增长最甚（—22.0%），MPV 拖了整个进口车市场的后腿了。进口的狭义乘用车进口量占进口汽车总量的 97.4%（见表 7）。

表 7　进口 MPV 及轿车、SUV 的进口量及市场占有率对比

类别	2016 年进口量 / 辆	2015 年进口量 / 辆	同比增长率（%）	占有率（%）
轿车	377,373	352,460	7.1%	35.0%
MPV	206,190	264,340	—22.0%	19.1%
SUV	465,739	471,750	—1.3%	43.2%
乘用车合计	1,049,302	1,088,550	—3.6%	97.4%
汽车	1,076,987	1,101,892	—2.3%	100.0%

7. 2016 年 MPV 二手车交易 56.17 万辆，约占二手车交易量的 5.4%

近年来，二手车交易越来越被业内人士所重视。像美国这样成熟市场，一般新旧车之比为 1:2—1:3。但是在我国，据中汽流通协会的报告，2016 年全年二手车交易已超过 1000 万辆，达 1039.07 万辆，其中 MPV 二手车交易占到 5.4%，即我国二手 MPV 交易量达 56.17 万辆。由此可见，我国现阶段 MPV 新旧车交易量之比，已是 4:1（比往年已有所提高）。只有旧车置换顺畅，我国的新车才能顺利销售。期望在各地取消二手车限迁政策落实后，2017 年二手 MPV 车交易量有进一步改善和提高。

8. MPV 新能源车市场难以撬动市场

在国内新能源车蓬勃兴起的今天，国产新能源类乘用车已达 39 个款型，其中 MPV 仅 2 款。2 款 MPV 的电动车销量分别是：比亚迪 T3 的 5 辆和大通 eG10 的 56 辆。出于电池容量的考虑，一般新能源车都是配备在 A 级甚至 A0 级轿车上，较少为具有大空间的 MPV 车型配置 / 生产电动车，除非将来电池能量密度有较大提高，否则 MPV 电动车不会有太大的市场。

9. 2016 年内需：269.06 万辆，进口 MPV 占我国 MPV 内需的 7.6%

2016 年国内 MPV 市场都处于旺销、亢奋中，全年国产 MPV 销量为 249.6 万辆，进口 MPV 为 20.61 万辆，出口 MPV 为 1.21 万辆，由此推导出国内需求是 269.06 万辆，同比增长 13.8%（见表 8）。由下表可以推导出，出口 MPV 只占国产 MPV 销量的 0.5%，几乎可以忽略不计，但进口 MPV 占我国 MPV 内需的 7.6%。

表 8　2016 年国内内需 MPV 及其增长率

MPV 内需	2016	2015	增长率
国产	2,496,529	2,106,729	18.5%
进口	206,190	264,340	—22.0%
出口	12,106	7,755	56.1%
合计内需	2,690,613	2,363,314	13.8%

三、细分市场发展情况

MPV 出现哑铃型增长趋势，自主兼用型 MPV 成为增长最快的赢家

根据产品分类，本文把 MPV 市场分为五大细分市场 (合资商务、合资兼用、自主商务、自主兼用、自主小型商用)，其中合资商务 MPV 以本田艾力绅、新奥德赛和别克 GL8 为代表；合资兼用 MPV 以大众途安、本田杰德为代表；自主商务 MPV 以柳汽菱智为代表；自主兼用 MPV 以宝骏 730、柳汽 S500 等为代表。

2016 年，国产 MPV 市场整体增长 18.4%，合资商务、自主兼用和自主小型商用 MPV 在继续增长；而合资兼用与自主商务子市场规模压缩，均出现负增长。从 2015 年开始，自主兼用 MPV 和自主小型商用 MPV 共同大幅增长，目前 MPV 市场基本上呈现“哑铃型”增长态势，未来也有可能成“金字塔”型增长趋势，即自主兼用和自主小型商用依然呈高速自主态势，而自主高端 MPV 却增长出现萎缩的局面（见表 9）。

表 9　五大品类国产 MPV 车型销量及市场占有率对比

品类	2016 年销量 / 辆	2015 年销量 / 辆	增长率（%）	市占率（%）
合资商务	173,122	146,376	18.3%	6.9%
合资兼用	85,794	96,681	—11.3%	3.4%
自主商务	209,413	235,646	—11.1%	8.4%
自主兼用	760,035	581,657	30.7%	30.4%
小型商用	1,268,165	1,048,506	20.9%	50.8%
合计	2,496,529	2,108,866	18.4%	100.0%

1．在合资商务MPV市场中，东风本田的艾力绅以价换量，促进销量大增（320%）；新奥德赛定位高于艾力绅，销量出现同比小幅下滑（—11.5%）；别克新GL8有小幅增长（12.1%），GL8销量同比却出现下滑（—10.8%），别克与本田两大品牌四个车型的销量占合资商务市场的87%，所以这个市场主要是别克与本田两个玩家的私人领地。合资商务MPV历来在国内MPV市场中具有风向标作用。2016年11月，别克GL8华丽转身，推出全新一代别克GL8豪华商旅车（Avenir），呈现更为豪华的细节和品质，定位覆盖到从商务到精英家庭，喊出了“GL8在哪里，家就在哪里”的保姆式关怀服务，2017年2月，又推出了全新一代别克GL8商旅车。至此，别克GL8已经全部更新为全新一代GL8，共有三大系列8个款型的车型，价格覆盖到22.98万元到44.99万元的区间；同期奥德赛也不示弱，在广州车展上推出了定价在35万元的至尊福祉版，2017年两强争霸，试看谁能“坐享其程”。

2．在自主兼用型MPV市场中，由宝骏730、东风柳汽S500、英致737、北汽威旺M50F等构成的宜商宜家MPV车型，近年来成为MPV市场增长最快的主力军，价格非常亲民，一般都在10万元以下，这对富裕起来的三、四线城市的用户来说，是一种实惠，是“够得到”的理想家用车兼生产资料。

表10　2016年MPV前10家企业排名

No.	车企	2016年销量／辆	2015年销量／辆	增长率	占有率
1	上通五菱	1,037,798	1,000,007	3.8%	41.6%
2	长安汽车	277,973	180,838	53.7%	11.1%
3	东风小康	168,579	99,622	69.2%	6.8%
4	东风柳汽	165,297	158,951	4.0%	6.6%
5	北汽银翔	153,881	99,148	55.2%	6.2%
6	北汽股份	101,073	84,606	19.5%	4.0%
7	上汽通用	79,600	78,985	0.8%	3.2%
8	华晨金杯	73233	47199	55.2%	2.9%
9	江淮瑞风	64,523	58,706	9.9%	2.6%
10	东风本田	63,121	60,040	5.1%	2.5%
TOP 10合计		2,185,078	1,868,102	17.0%	87.5%
占MPV比例		87.5%	88.6%	\	\

四、主要企业销售情况与市场份额

1. TOP10企业排名 2016年MPV市场在政策的积极影响下，企业不断投放新车，取得了良好业绩。从年度排名中可以看出，前十家企业的销量占整个MPV销量的87.5%，比前一年稍有逊色，集中度下降一个百分点（见表10）。在前10企业排名中，合资企业仅有两家（上汽通用和东风本田，而且它们的排名也比较靠后，第7和第10位），其余八家均是自主品牌企业。

2. TOP10车型排名 2016年MPV市场新车爆款不断，人气高涨，新车效应明显，销售也取得佳绩。从年度排行榜中可以看出，前10个车型品牌排名已经全部被小型商用MPV占据（别克GL8被分解为“GL8豪华商旅车”与“GL8商旅车”，所以未入榜），业绩令人羡慕。前十个车型品牌的销量占整个MPV销量的75.3%，集中度比前一年有四个百分点的提升（见表11）。

表 11　2016 年 MPV 前 10 个车型品牌排名表

No.	车型	2016 年销量 / 辆	2015 年销量 / 辆	增长率	占有率
1	宏光	650,018	655,531	—0.8%	26.0%
2	宝骏 730	370,169	321,069	15.3%	14.8%
3	风光	168,579	99,622	69.2%	6.8%
4	欧诺	152,607	142,344	7.2%	6.1%
5	欧尚	118,185	972	12059.0%	4.7%
6	幻速 H3	106,634	17,537	508.1%	4.3%
7	菱智	90,700	116,896	—22.4%	3.6%
8	威旺 M20/30	87,916	84,606	3.9%	3.5%
9	S500	71,653	10021	615.0%	2.9%
10	瑞风	64,523	58,706	9.9%	2.6%
TOP 10 合计		1,880,984	1,507,304	24.8%	75.3%
占 MPV 比例		75.3%	71.5%	\	\

五、影响市场发展的因素

1. 利好因素。

2016 年中央提出的供给侧结构性改革初见成效，提高了改革整体效能，扩大了改革受益面，进一步拓展和增强了经济增长的新动能，拉动 GDP 的增长，老百姓预期收入提高；购置税减半的政策使 1.6L 以下 MPV 成为黄金排量，小型 MPV 仍将是未来 MPV 市场主基调；2016 年底我国常住人口城镇化率已达 57.3%，到 2020 年要超过 60%，城镇化发展进程还有一定空间；得益于政府鼓励一对夫妻生育二孩的政策，不少家庭将会对车型需求转向多座；由于消费升级，MPV 有从交叉车型市场升级中分得一杯羹的可能，这些因素对 MPV 生产销售厂家非常有利。

2. 制约因素。

我们依然面临通缩风险与潜在通胀、滞涨并存的压力，MPV 市场需求不确定性增加；MPV 刚需有被 SUV 和两厢车分流的风险；城市密度高，停车、行车都受到制约；限购城市越来越多，购买需求被限制；越来越多的厂家进入 MPV 市场，对原有厂家形成一定压力；越来越严的平均燃料耗值对 MPV 无疑也是难题，这迫使厂家研制更低油耗的动力总成或走新能源的道路。

注：数据来源于全国乘用车市场信息联席会与中汽协《产销快讯》。

2016 年皮卡市场

中国汽车流通协会汽车市场研究分会（乘联会） 杨再舜

从 2004 年至 2016 年，整体皮卡车市场与总体汽车市场发展运行的轨迹相吻合，只是在个别年份上略有差异性，这主要是因经济发展与政策车市导致的结果。不过在国家三部委颁发的“四省份对皮卡进城解禁”一文通知、国四\国五排放标准升级以及皮卡车市场恢复性增长与适销对路的新锐产品不断下线上市的刺激下，2016 年下半年开始发力实现了全年正增长率的运行态势。

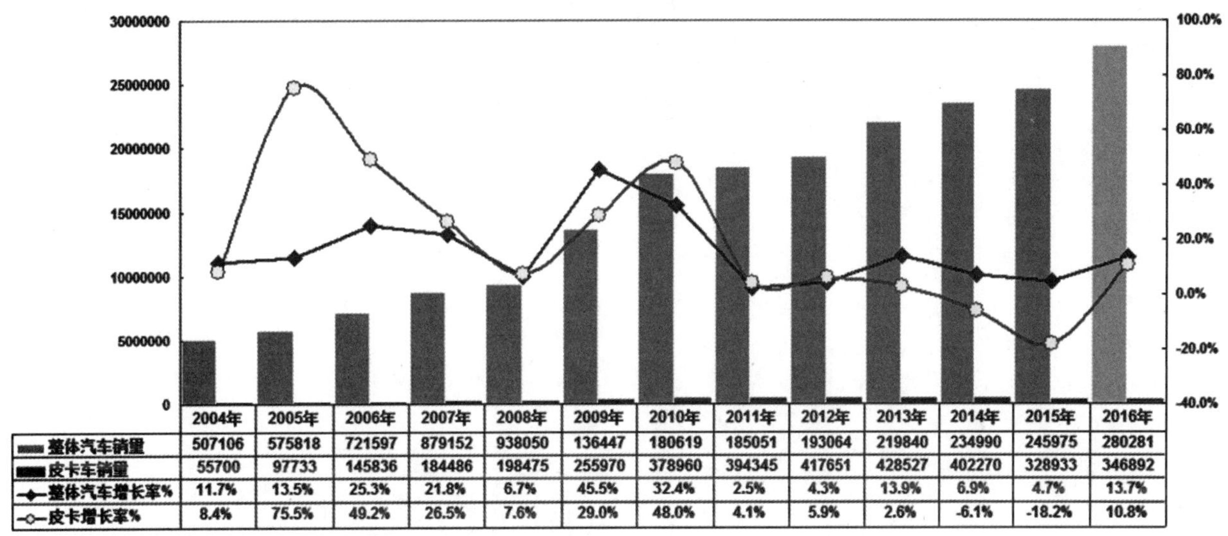

	2004年	2005年	2006年	2007年	2008年	2009年	2010年	2011年	2012年	2013年	2014年	2015年	2016年
整体汽车销量	507106	575818	721597	879152	938050	136447	180619	185051	193064	219840	234990	245975	280281
皮卡车销量	55700	97733	145836	184486	198475	255970	378960	394345	417651	428527	402270	328933	346892
整体汽车增长率%	11.7%	13.5%	25.3%	21.8%	6.7%	45.5%	32.4%	2.5%	4.3%	13.9%	6.9%	4.7%	13.7%
皮卡增长率%	8.4%	75.5%	49.2%	26.5%	7.6%	29.0%	48.0%	4.1%	5.9%	2.6%	-6.1%	-18.2%	10.8%

图 1 2004 － 2016 年整体汽车与皮卡销量及增长率图表

从 2004 年至 2016 年，皮卡的主要竞争车型—微型卡车与皮卡车的增长率在一些年份是相互重叠的，尤其从 2012 年开始相互竞争的关系越发紧密，2016 年二者的增长率都在十个百分点以上。皮卡车的次要竞争车型——轻型卡车的增长率从 2011 年的微增长到 2012 年至 2016 年的五年期间，市场销量呈持续下降中，其中最主要的品系低端短轴矩窄体轻卡的下滑速率最高。未来只要能对皮卡进城解禁政策放开的话，单排或排半宽体长货厢皮卡车将会进一步替代少量部分的小轻卡和大微卡。

全国皮卡车市场在历经 2009 年和 2010 年销量大增之后，在回归 2011 年至 2013 年的三年市场销量微增长后，2014 年 2015 年市场销量呈现出下滑大跌之势，2015 年竟下滑近 20 个百分点的负增长率，直至 2016 年的第三季度开始才由负转正而扭转乾坤，并且以 10 个百分点以上的增长率而出乎意料之外地胜利收官。

2016 年前一季度，整体皮卡车市场呈 V 字型，二月份因春节因素而跌入谷底，三月份开始强劲抬升后一直处于平稳低增长率中，直至到年末的最后二个月，才开始重新发力直冲 35 万辆的市场销量目标预期。2017 年将会在天时地利人和的主客观条件下，整体皮卡车市场将会达到或超过 40 万辆销量而基本上无悬念。若在全国范围中对皮卡进城全面解禁的话，极有可能实现 45—50 万辆的市场销量，其增长率可与 SUV 比肩，并由“小众”车型快速向“大众”车型转变。

从 2016 年全年皮卡车市场逐月销量同比走势来看，其中前四月与同期相比为负增长率，后八个月与去年同为正增长，但与往年同期相比却呈负增长率。

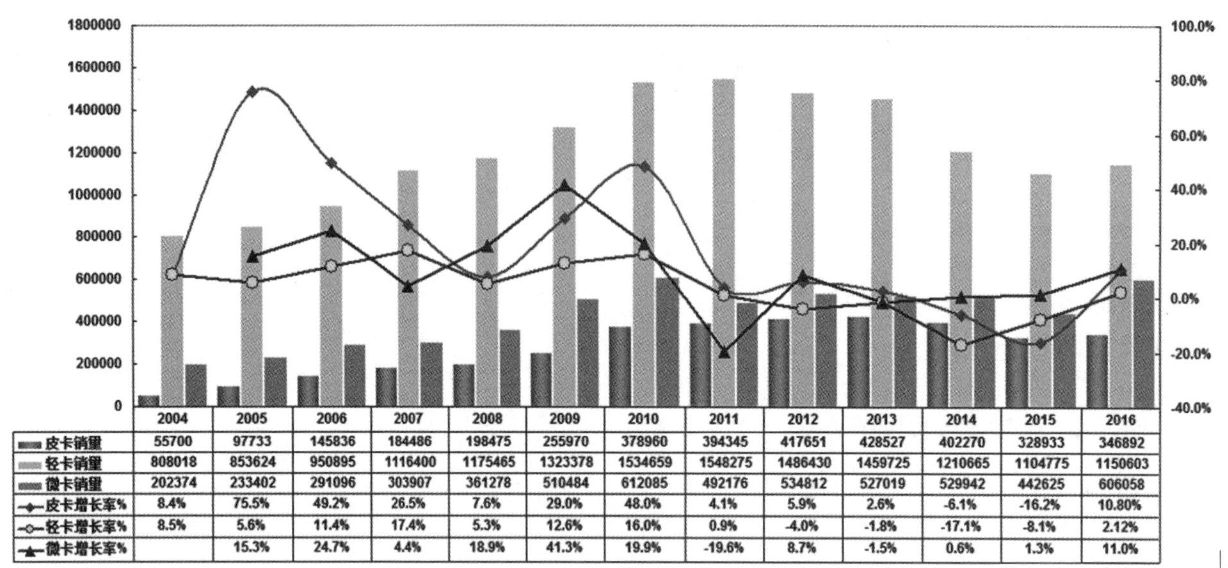

	2004	2005	2006	2007	2008	2009	2010	2011	2012	2013	2014	2015	2016
皮卡销量	55700	97733	145836	184486	198475	255970	378960	394345	417651	428527	402270	328933	346892
轻卡销量	808018	853624	950895	1116400	1175465	1323378	1534659	1548275	1486430	1459725	1210665	1104775	1150603
微卡销量	202374	233402	291096	303907	361278	510484	612085	492176	534812	527019	529942	442625	606058
皮卡增长率%	8.4%	75.5%	49.2%	26.5%	7.6%	29.0%	48.0%	4.1%	5.9%	2.6%	-6.1%	-16.2%	10.80%
轻卡增长率%	8.5%	5.6%	11.4%	17.4%	5.3%	12.6%	16.0%	0.9%	-4.0%	-1.8%	-17.1%	-8.1%	2.12%
微卡增长率%		15.3%	24.7%	4.4%	18.9%	41.3%	19.9%	-19.6%	8.7%	-1.5%	0.6%	1.3%	11.0%

图 2　历年皮卡 / 轻卡 / 微卡销量及增长率图表

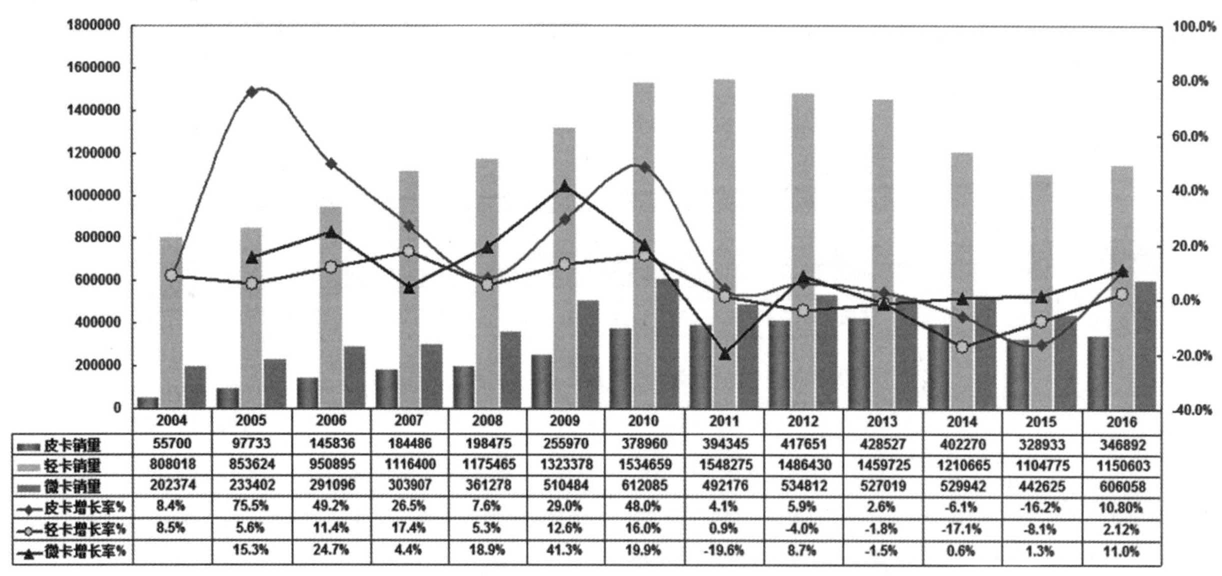

	2004	2005	2006	2007	2008	2009	2010	2011	2012	2013	2014	2015	2016
皮卡销量	55700	97733	145836	184486	198475	255970	378960	394345	417651	428527	402270	328933	346892
轻卡销量	808018	853624	950895	1116400	1175465	1323378	1534659	1548275	1486430	1459725	1210665	1104775	1150603
微卡销量	202374	233402	291096	303907	361278	510484	612085	492176	534812	527019	529942	442625	606058
皮卡增长率%	8.4%	75.5%	49.2%	26.5%	7.6%	29.0%	48.0%	4.1%	5.9%	2.6%	-6.1%	-16.2%	10.80%
轻卡增长率%	8.5%	5.6%	11.4%	17.4%	5.3%	12.6%	16.0%	0.9%	-4.0%	-1.8%	-17.1%	-8.1%	2.12%
微卡增长率%		15.3%	24.7%	4.4%	18.9%	41.3%	19.9%	-19.6%	8.7%	-1.5%	0.6%	1.3%	11.0%

图 3　2004 年－2016 年主流品牌皮卡销量及增长率图表

不过从近几年来皮卡车市场逐月市场走势可以看出，几皆呈“W”起伏状，这不仅印证了皮卡车市场的季度性特征，而且也充分证明了皮卡车市场深受政策性影响之大之深。皮卡车完全是政策性车市的“受害者”或“受益者”。

从 2016 年全年整体皮卡车市场逐月环比销量走势来看，基本上与往期一样具有皮卡车市场特有的季节性规律特征性，一般二季度和四季度为高峰期，而二季度和三季度为淡季，但 2016 年初在国家对四省一市的皮卡进城解禁政策的刺激影响下，下半年市场销量有所一定的抬升。

从 2010 年始，中国皮卡车市场格局基本上已形成了六大方阵，第一方阵为长城皮卡与第二方阵为江铃皮卡地位牢不可破，而第三和第四方阵格局经常互换位置，第五和第六方阵的市场格局已经被近年来新进入者所替代，其余的也然，这充分证明了市场经济在

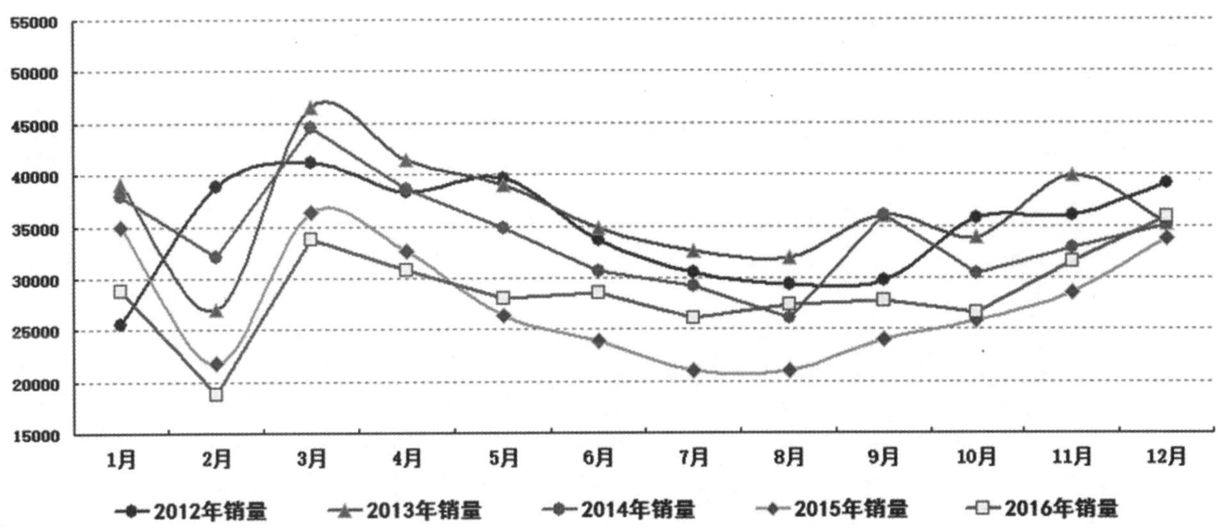

图 4　2011 年 – 2016 年皮卡销量分月份走势图

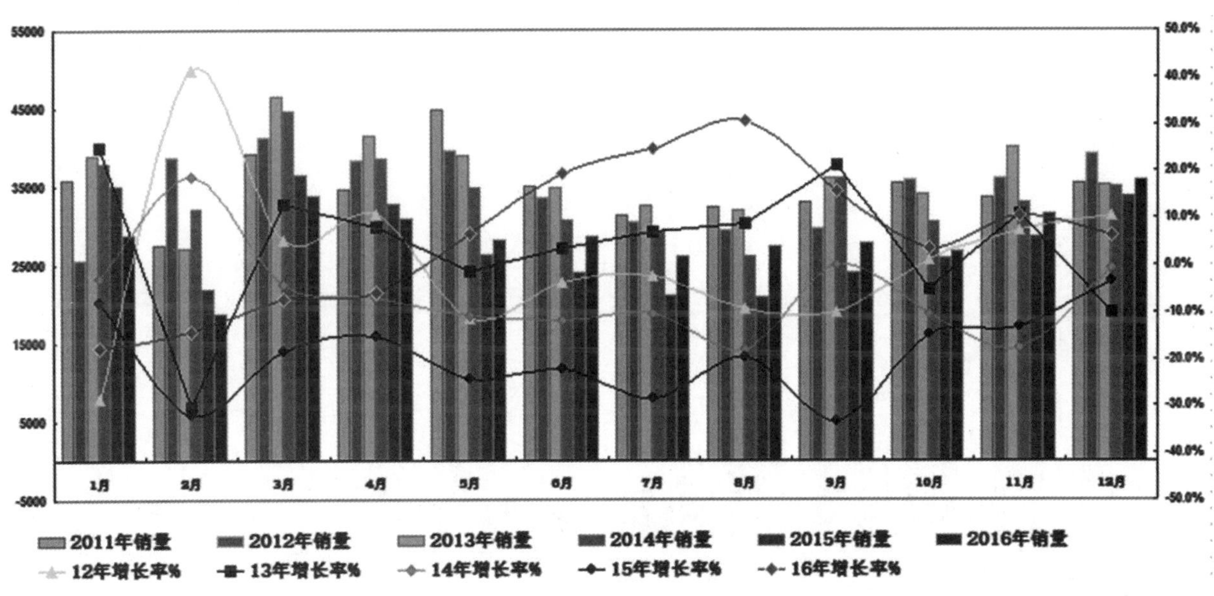

图 5　2011 年 – 2016 年分月销量及增长率情况

发挥大浪淘沙和优胜劣汰的作用，导致了一些不能与时俱进的老品牌皮卡。新进入者基本上都是以“黑马”的冲击力而改变了皮卡车市场格局，说明了皮卡车市场的开放性与竞争性是非常适合具有强大综合竞争能力的新进入挑战者，当下如江淮皮卡、江铃轻汽皮卡、江西五十铃皮卡、长安皮卡以及起死回生的东风皮卡和未来的另一匹综合实力更强大的“黑马”—上汽大通皮卡。

以江淮帅铃系列产品皮卡、江铃轻汽骐铃系列产品皮卡、江西五十铃皮卡、卡威皮卡以及长安皮卡 F 系列产品为代表的新进入皮卡品牌，正在快速蚕食老品牌皮卡的市场份额，其市场占比在逐年扩大中，而一些市场综合竞争能力不足的老品牌皮卡却正在被取代和淘汰运作中。

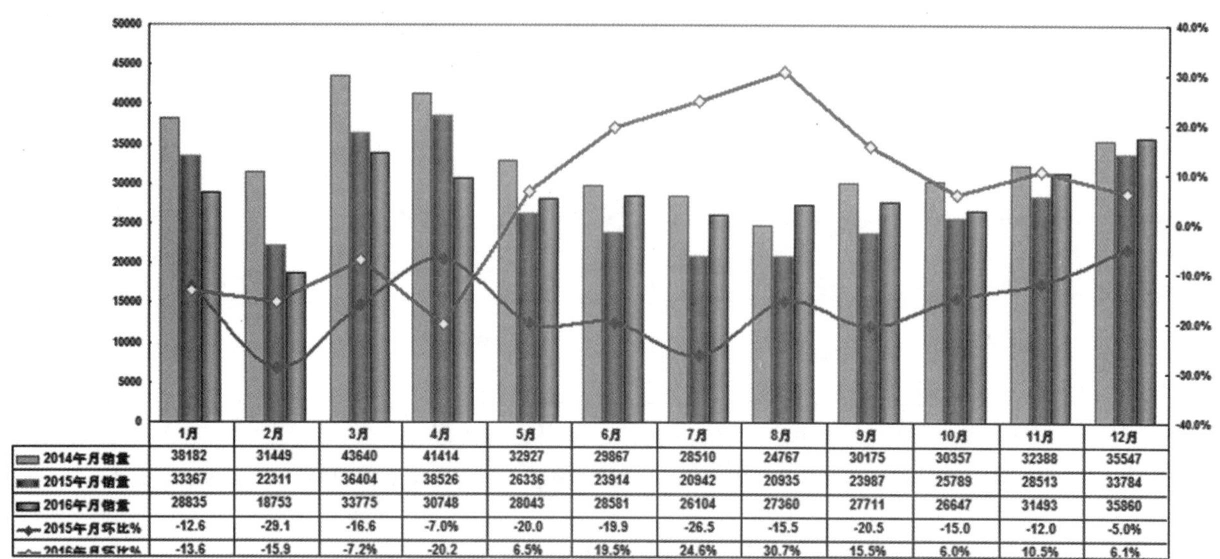

	1月	2月	3月	4月	5月	6月	7月	8月	9月	10月	11月	12月
2014年月销量	38182	31449	43640	41414	32927	29867	28510	24767	30175	30357	32388	35547
2015年月销量	33367	22311	36404	38526	26336	23914	20942	20935	23987	25789	28513	33784
2016年月销量	28835	18753	33775	30748	28043	28581	26104	27360	27711	26647	31493	35860
2015年月环比%	-12.6	-29.1	-16.6	-7.0%	-20.0	-19.9	-26.5	-15.5	-20.5	-15.0	-12.0	-5.0%
2016年月环比%	-13.6	-15.9	-7.2%	-20.2	6.5%	19.5%	24.6%	30.7%	15.5%	6.0%	10.5%	6.1%

图 6　2016 年整体皮卡分月份销量环比增长率图表

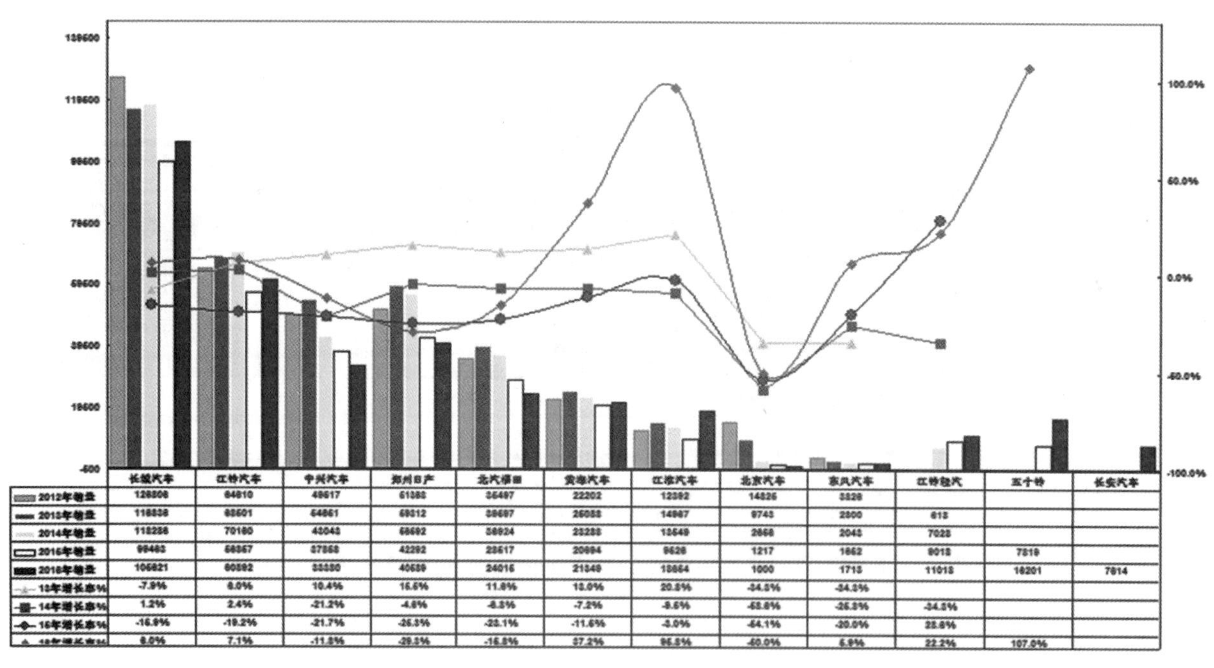

	长城汽车	江铃汽车	中兴汽车	郑州日产	北汽福田	黄海汽车	江淮汽车	北京汽车	东风汽车	江铃轻汽	五十铃	长安汽车
2012年销量	128806	64810	49617	61388	35497	22202	12392	14826	3828			
2013年销量	118838	68601	54861	69812	38697	26088	14987	9743	2800	618		
2014年销量	118288	70180	43043	68692	36924	23288	13549	2868	2043	7023		
2015年销量	99483	68867	37858	42292	28617	20894	9628	1217	1862	9013	7819	
2016年销量	105821	60892	33330	40589	24016	21349	18864	1000	1713	11013	16201	7814
13年增长率%	-7.9%	6.0%	10.4%	16.6%	11.8%	18.0%	20.9%	-34.3%	-34.2%			
14年增长率%	1.2%	2.4%	-21.2%	-4.8%	-8.3%	-7.2%	-9.6%	-68.6%	-26.3%	-34.3%		
15年增长率%	-16.9%	-19.2%	-21.7%	-26.3%	-22.1%	-11.6%	-3.0%	-64.1%	-20.0%	28.8%		
16年增长率%	6.0%	7.1%	-11.8%	-29.3%	-16.8%	37.2%	95.5%	-60.0%	6.9%	22.2%	107.0%	

图 7　2012 年－ 2016 年各品牌皮卡销量及增长率图表

以江淮皮卡、江铃轻汽皮卡、江西五十铃皮卡等新生代以及以微型卡车衍生型皮卡的长安皮卡，快速替代和淘汰一批传统老品牌皮卡，前三者已经进入销量排序的前十名，充分说明虽皮卡现阶段还系小众车型，且生产车企为 20 家左右，但其市场竞争的空间依然较大，只要拥有在产品与市场上的综合性能价格比之优势，必定会受到市场的认定与欢迎，其市场也印证了这一硬道理。

2015 年分品牌皮卡销量排序图

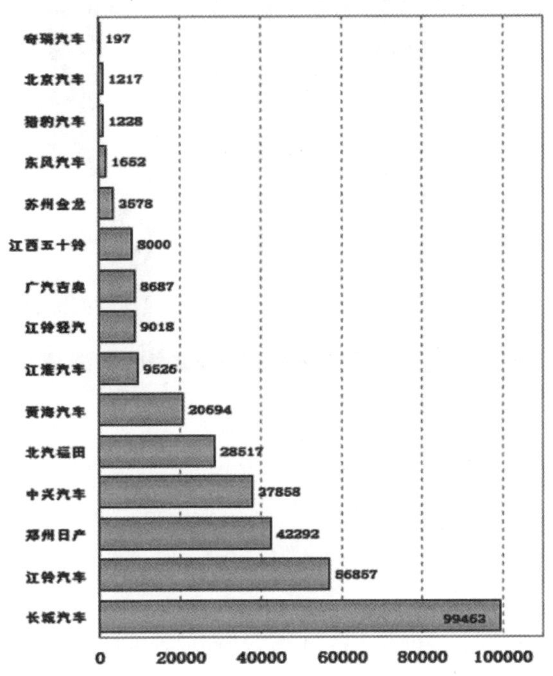

2016 年分品牌皮卡销量排序图

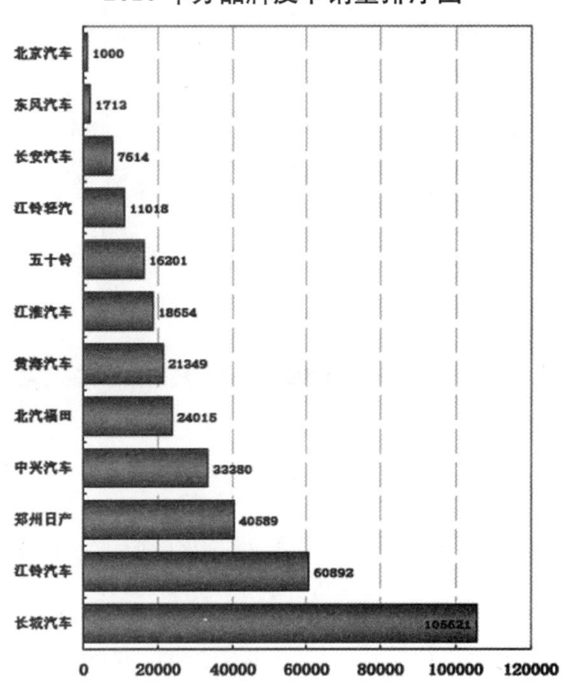

图 8

2016 年各品牌皮卡市场份额图

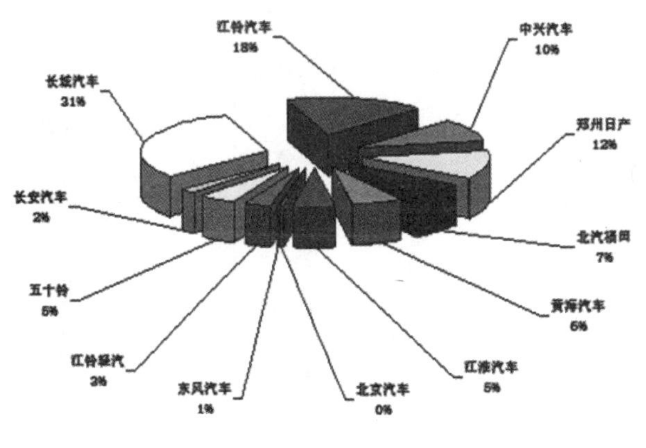

2015 年各品牌皮卡市场份额图

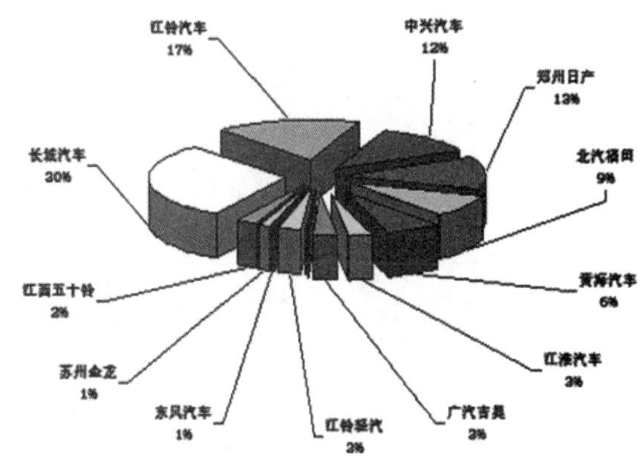

图 9

近年来，国产皮卡产品发展趋向于加长货厢尺寸与宽体驾驶室， 标准货厢的市场份额比重在日趋快速萎缩中。未来随着单排和一排半皮卡以及更多的微卡型准皮卡的下线上市后，市场对其长货厢的需求量将会越来越大，而且更易于做改装车与各类专用车。

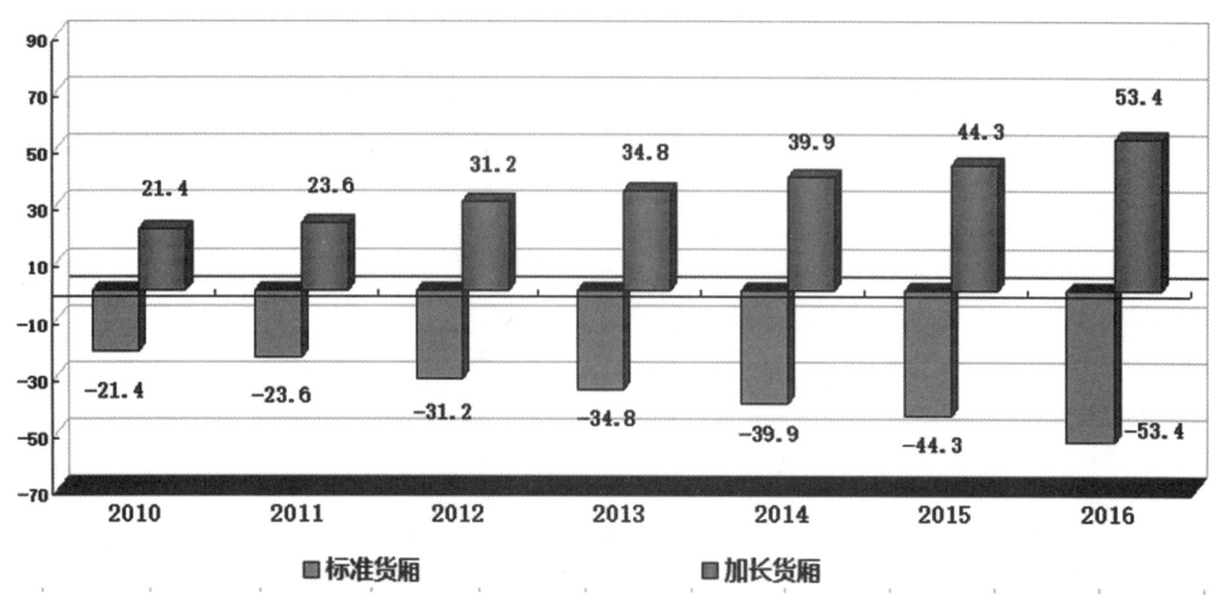

图 10　2010 年－2016 年皮卡货厢容量

这些年来，由于国产皮卡车的 SUV 化以及海外市场需求所需，四驱型皮卡的市场销量及份额逐年加大，尤其是 2016 年以来这一趋势愈加显著，基本上已经四六开的产品和市场格局了。预期随着单排和排半皮卡车市场的扩大后，这一发展趋势也将会发生重大变化，业内将会持续关注与跟进中而随时调整产品结构。

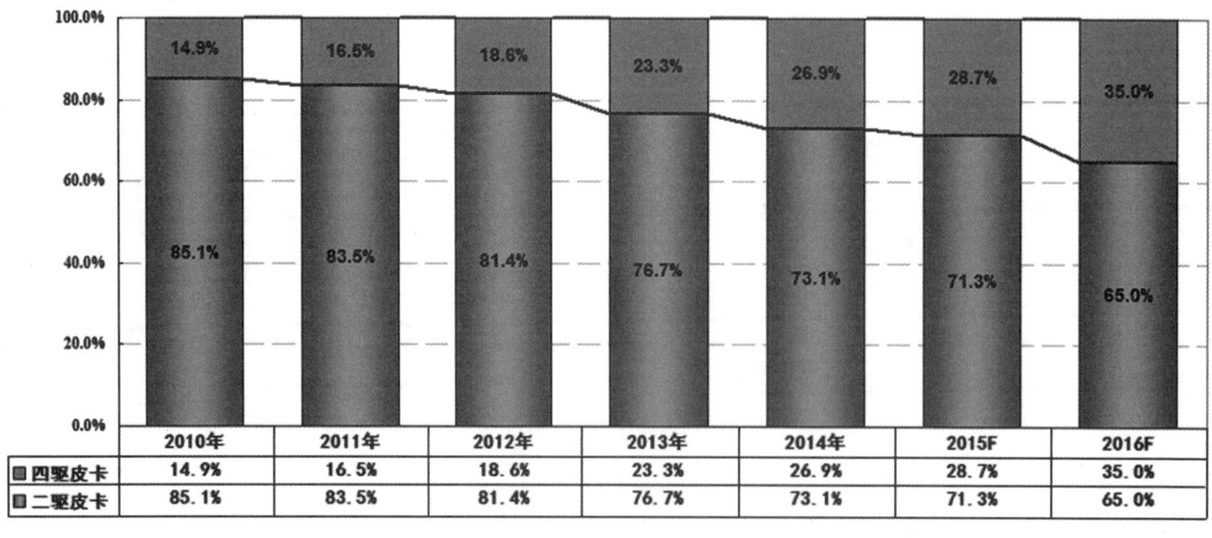

	2010年	2011年	2012年	2013年	2014年	2015F	2016F
四驱皮卡	14.9%	16.5%	18.6%	23.3%	26.9%	28.7%	35.0%
二驱皮卡	85.1%	83.5%	81.4%	76.7%	73.1%	71.3%	65.0%

图 11　2010 年－2016 年主流皮卡驱动型式发展趋势

从 2011 年—2016 年，国产皮卡车市场总体上汽油机型皮卡份额比重是在下降而柴油机型皮卡的市场份额在上升，但 2016 年却是个例外，由于国家国四和国五排放标准的不断升级和严格按时实施，一些皮卡车企柴油机不能达标而被市场淘汰。另加上 2016 年北方地区异常极端的酷寒气候因素，进而导致了汽油机型皮卡市场销量有所渐进或暂时性地增长。

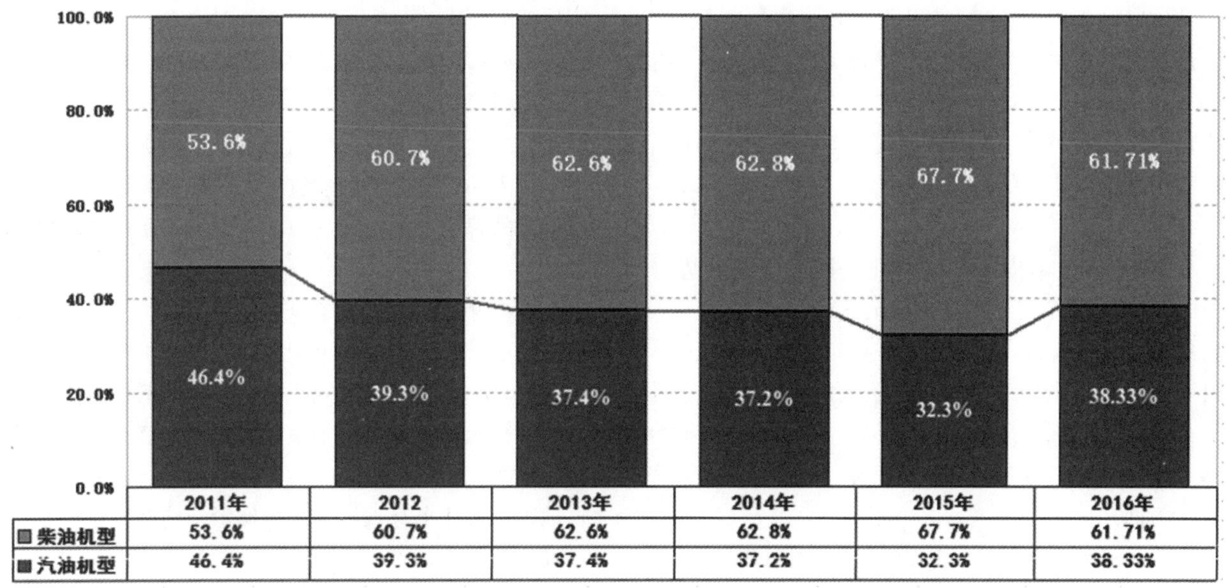

	2011年	2012	2013年	2014年	2015年	2016年
■柴油机型	53.6%	60.7%	62.6%	62.8%	67.7%	61.71%
■汽油机型	46.4%	39.3%	37.4%	37.2%	32.3%	38.33%

图 12　2011 年－ 2016 年七家皮卡品牌汽 \ 柴油机比重

从上图表可见，从 2010 年至 2016 年的七年之中，国产皮卡车由于合资品牌的强势进入以及这些年来“大跃进”式的排放标准不断升级，导致发动机也随之被迫升级价格上扬。与此同时，皮卡车由于乘用车化功能性配置不断增加，故形成皮卡有向中高端发展之趋势愈加显著，致使其市场售价水涨船高。预期未来这一产品与市场发展趋势还将继续延续下去，国产皮卡车型将会越来越乘商一体化。

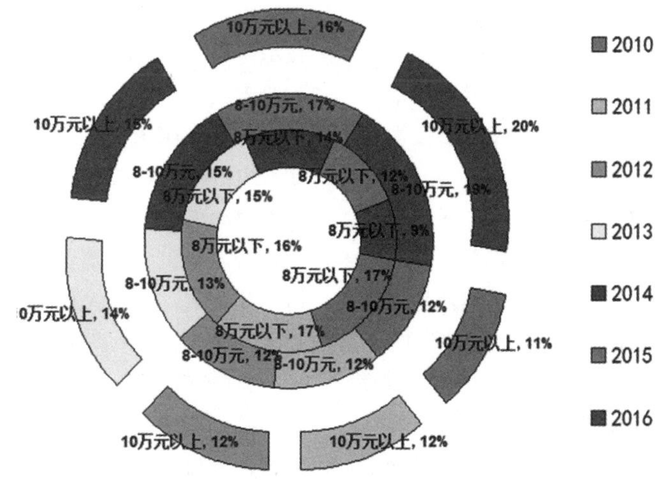

图 13　2010 年－ 2016 年主流品牌皮卡价位图

据不完全统计，2016年合资（含合资自主）与自主品牌下线上市的新锐车型以及商改车型约50余款皮卡，为历年来之最。这些车型含盖动力系统（如新能源\国V）与车身结构（长宽货厢）的升级换代。且在外观造型和功能性配置上，趋向于CAR和SUV化。与此同时，各类改装车、专用车型皮卡也层出不穷，为历年鲜见。2016年国产皮卡车新锐车型与商改车型的下线上市量已明显超过乘用车，为历年所罕见，其中以新生代为堪。这充分说明皮卡车的生命周期在缩短和产品更新换代在不断加速中。

2016年上市皮卡产品特征及技术发展趋势

从2016年新老品牌皮卡车企下线上市的新锐产品特征可以看出：国产皮卡产品在与国际接轨以及中国社会需求分工愈加细化，特别是乘用型功能性愈发强大的情况下，国产皮卡车的产品正快速向乘用车化和多功能化方向发展的趋势越发明显，具体体现在如下几大方面：

1. *加长加宽货厢/加长轴距型已成发展潮流* 今年以来，国产皮卡车向全尺寸发展趋势明显增强，加长加宽车身和加长加宽加深货箱尺寸已成发展潮流，以增大货运的载重量。但与此同时，轻量化是目标之一；

2. *单排皮卡将被市场重新认识并重新发力* 单排皮卡改装各类专用车的空间较大，如市政工程车、军警用车以及海外中东及北非战区有更大的市场需求；

3. *电动皮卡市场化运作需待时日* 我国纯电动皮卡产品基本上系在原传统燃油皮卡基础上衍生而来的，并非专门研发设计而应市的。电动皮卡若要真正市场化，亟待突破和攻克无数在技术上的瓶颈以及充电辅助设施的完善；

4. *自动挡皮卡可能成为发展潮流* 皮卡车的乘用车化与多功能化，因果关系就必然导致离合器技术上趋向于AT自动化；

5. *带“T”涡轮增压动力已成发展趋势* 带涡轮增压发动机的产品不仅达到了国IV或国V汽车尾气排放标准，而且还具备升级国VI的潜能。虽然涡轮增压发动机增加了整车成本，但却是其发展大趋势所在；

6. *功能性配置越来越乘用车化* 新锐皮卡及商改车型不仅在外观造型上趋同SUV与CAR，且功能性配置越来越乘用车化，许多原选装型的配置现已标定为标准配置，同时售价也在上扬之中。随着经济的发展与国际接轨，未来单排、排半与双排皮卡车的货运与乘用车化运载功能叠加的结果，而呈现多样性并越加显示卓著超越的综合多功能性。

2016年以来，一些自主皮卡品牌或合资皮卡品牌下线上市了多款新锐车型，有正向开发和逆向开发的产品，但基本上都采用了全新的造型设计，不仅高颜值颇具现代感，而且还融入了SUV与概念车型的设计元素，内饰及功能性配置愈加CAR和SUV乘用车风格化。随着我国皮卡产品的更新换代不断与国际接轨以及社会分工不断细化导致市场需求的加速升级，特别是自主品牌皮卡中高端皮卡产品迅速崛起，大有赶超合资品牌皮卡之趋势，与国际先进技术接轨越来越快。

7. *车身设计* 打破了以往只有双排座车型的产品格局，单排、双排、排半和大、中、小货箱以及跨界元素皮卡—微型卡车三类底盘衍生嬗变的微卡型皮卡车（货箱无轮鼓且地板平整，并三面开启式，更便捷装卸货物，实现了空间的最大化利用）。同时流行加长轴距大尺寸车身设计，采用梯形结构专用越野底盘也成时尚，以满足市场差异化需求。

8. *动力总成* 采用VGT可变截面涡轮增压共轨技术，EGR+双DOC技术也得到广泛应用，使得升功率进一步加大。此外，纯电动动力源驱动皮卡也在逐步走向市场化运用。

9. *变速器* 匹配5MT和7AT变速器或与全球同步的搭载6MT和7AT变速器已经成为当下流行时尚，动力传输的效率和操控性进一步得到提升。

10. *智能化配置* 现阶段国产皮卡车辆功能性配置的科技含量也越来越高，具体反映在舒适性、安全性、承载性、操控性和智能化等方面进行了升级，乘用车化水平更高。如中控彩色大屏、ESP+TPMS（胎压监测）行车安全稳定系统、在线互联智能联网系统、语音识别、GPS导航+倒车影像+蓝牙电话、购物和远程控制、ABS+EBD、安全气囊、功能方向盘（音响控制）、前后电动车窗、后视镜电动调节、电动高度调节大灯、铝合金轮圈、多侧踏板和皮革座椅等CAR和SUV乘用车化配置，可极大程度满足人们对安全性、操控性需求，并已成为中高端皮卡的主要标志。

11. *专用车化* 自去年至今年以来，无论合资抑或自主品牌皮卡车企，在各类底盘上改装的专用车层出不穷，不仅有房车还有各类城市市政工程车、电信、电力抢修车、地质勘探工程车、军用皮卡、驾校教练车、油田工程等等。

2016 年载货汽车市场

中国汽车技术研究中心 潘增友

一、载货车行业情况

2016年，在国家稳增长、去产能、去库存政策作用下，国内工业行业供需矛盾有所缓解，库存、销量均出现向好态势，加之国际市场原油、铁矿石等大宗商品行情有所好转，国内工业品价格持续回升。我国工业生产者出厂价格指数(PPI)指数自2012年3月以来首度转正。同时全国居民消费价格指数(CPI)自2016年8月见底后，开始回升。剔除食品和能源等供给主导的影响因素，2016年核心CPI一直呈现波动向上的趋势，CPI作为消费的领先指标，说明国内消费已经企稳，并且消费升级对于中国经济的带动作用已经开始显现。

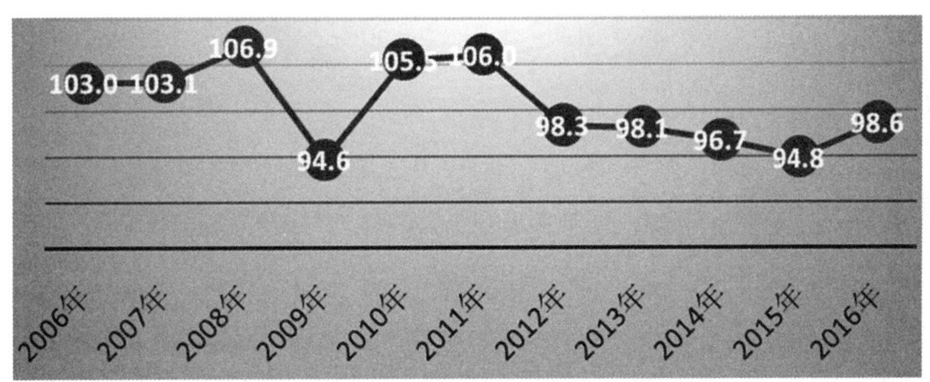

图 1 工业生产者出厂价格指数（PPI）情况

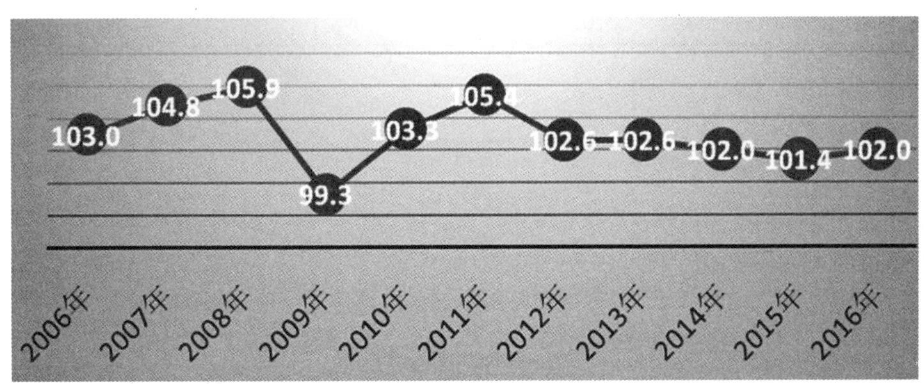

图 2 全国居民消费价格指数（PPI）

生产和销费同时反弹，直接推动生产和投资趋势向好，带动了载货车市场需求增长。2016年共实现载货车销售3107860辆，销售同比增长8.8%。其中重型载货车销售732919辆，销售同比增长33.1%；中型载货车销售229063辆，销售同比增长14.3%；轻型载货车销售1539820辆，销售同比下降1.2%；微型载货车销售606058辆，销售同比增长11.0%。

表 1　2016 年载货汽车细分市场情况　　　　**单位：辆**

	2016 年生产	2015 年生产	2016 年销售	2015 年销售	2016 年销售同比增长
重型载货车	741362	536089	732919	550716	33.1%
中型载货车	231437	204029	229063	200414	14.3%
轻型载货车	1550172	1553734	1539820	1558543	—1.2%
微型载货车	628169	539174	606058	546208	11.0%
载货车合计	3151140	2833026	3107860	2855881	8.8%

1. 重型货车行业

2016 年在矿产能源价格复苏、固定资产投资增加及物流业运营模式变化带动下，重型载货车市场需求大幅增长。特别是在产品结构上，牵引运输在市场中地位进一步提升。

在细分市场上，2016 年实现销售整车 161437 辆，市场份额降至 22.0%；半挂牵引车市场份额连续 5 年保持快速增长，全年销售 387980 辆，占重型载货车市场总量的 52.9%；非完整车辆销售 183502 辆，市场份额跌至 25.0%。

表 2　重型载货车细分市场情况　　　　**单位：辆**

	2007 年	2008 年	2009 年	2010 年	2011 年	2012 年	2013 年	2014 年	2015 年	2016 年
重型货车整车	93087	106746	134281	247698	269907	202121	219967	198944	129995	161437
半挂牵引车总计	177776	194155	211106	354623	257574	190645	263383	278990	250180	387980
重型货车非完整车	216618	239547	290784	415112	353160	243235	290754	266057	170541	183502
合计	487481	540448	636171	1017433	880641	636001	774104	743991	550716	732919

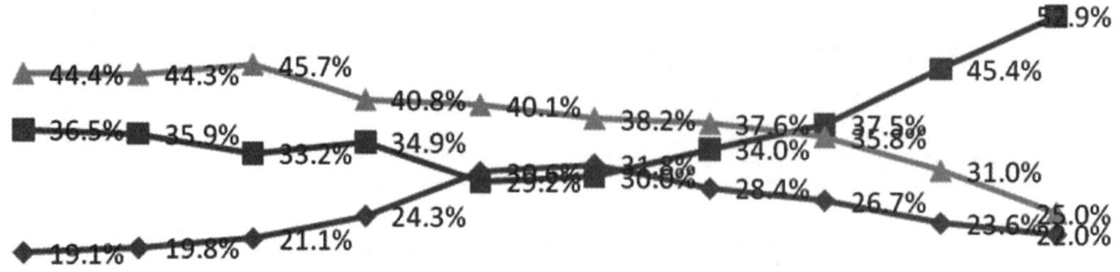

图 3　2007 — 2016 年重型载货车细分市场份额

2. 中型货车行业

2016 年中型载货车市场需求结束了之前连续 4 年的回落。在细分市场上，中型载货车整车市场需求同比增长达 32.7%，全年整车销售 145871 辆，占中型载货车市场 63.7%，较 2015 年增长近 9 个百分点；非完整车辆销售 83192 辆，较 2015 年销量减少约 7000 辆，市场份额降至 36.3%。

表 3　中型载货车细分市场情况　　单位：辆

	2007 年	2008 年	2009 年	2010 年	2011 年	2012 年	2013 年	2014 年	2015 年	2016 年
中型货车整车	131256	124563	181577	179424	191843	184050	175897	150278	109905	145871
中型货车非完整车	105466	82546	76389	92342	100116	106219	110942	97561	90509	83192
合计	236722	207109	257966	271766	291959	290269	286839	247839	200414	229063

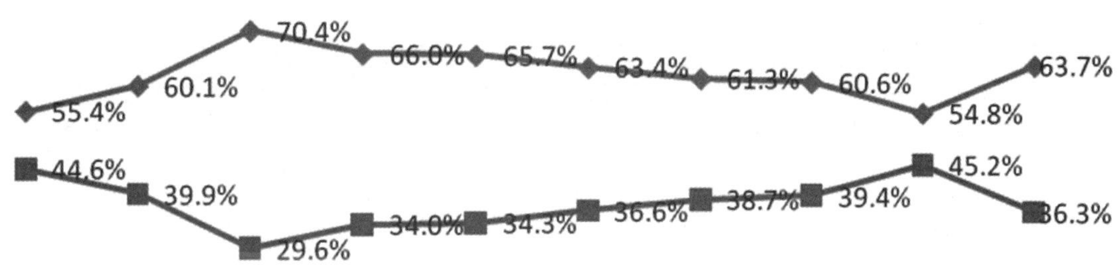

图 4　2007 — 2016 年中型载货车细分市场份额

3. 轻型载货车行业

2016 年轻型载货车市场继续下跌，全年销售同比下降 1.2%。在细分市场上，轻型载货车非完整车辆销售 79339 辆，市场份额进一步降至 5.2%。轻型载货车整车销售 1460481 辆，市场份额增至 94.8%。

表 4　轻型载货车细分市场情况　　单位：辆

	2007 年	2008 年	2009 年	2010 年	2011 年	2012 年	2013 年	2014 年	2015 年	2016 年
轻型货车整车	1016787	1103597	1461371	1883634	1756188	1733974	1803504	1559520	1470901	1460481
轻型货车非完整车	99613	96306	98227	141987	123872	108736	104824	103114	87642	79339
合计	1116400	1199903	1559598	2025621	1880060	1842710	1908328	1662634	1558543	1539820

◆整车 ■非完整车

91.1% 92.0% 93.7% 93.0% 93.4% 94.1% 94.5% 93.8% 94.4% 94.8%

8.9% 8.0% 6.3% 7.0% 6.6% 5.9% 5.5% 6.2% 5.6% 5.2%

2007年 2008年 2009年 2010年 2011年 2012年 2013年 2014年 2015年 2016年

图 5　2007 － 2016 年轻型载货车细分市场份额

4. 微型货车行业

2016 年微型载货车销量同比增长 11%。细分市场上，微型载货车非完整车辆全年首次销售为 0，微型载货车行业需求品类单一，少数整车企业掌控市场供应是近 7 年微车非完整车辆快速减少至 0 的根本原因。

表 5　微型载货车细分市场情况　　　单位：辆

	2007 年	2008 年	2009 年	2010 年	2011 年	2012 年	2013 年	2014 年	2015 年	2016 年
微型货车整车	275245	261466	472914	520539	484020	533247	526527	527751	545695	606058
微型货车非完整车	28662	31186	32776	25732	8156	1565	492	2191	513	0
合计	303907	292652	505690	546271	492176	534812	527019	529942	546208	606058

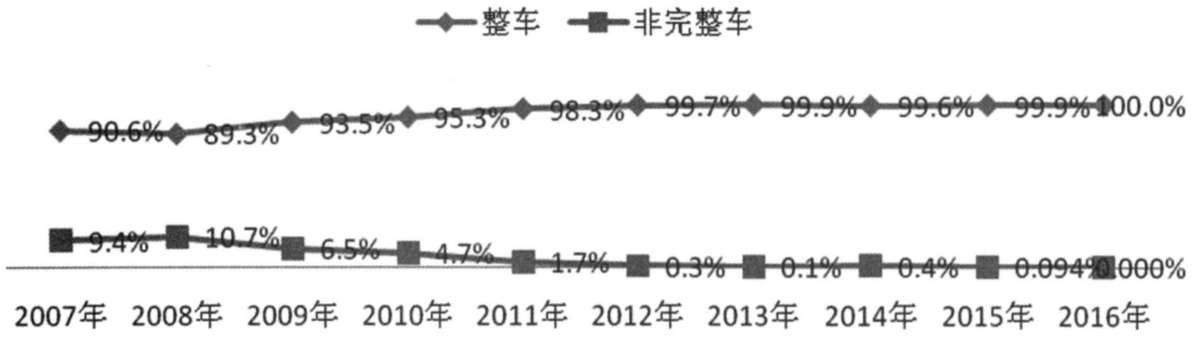

◆整车 ■非完整车

90.6% 89.3% 93.5% 95.3% 98.3% 99.7% 99.9% 99.6% 99.9% 100.0%

9.4% 10.7% 6.5% 4.7% 1.7% 0.3% 0.1% 0.4% 0.094% 0.000%

2007年 2008年 2009年 2010年 2011年 2012年 2013年 2014年 2015年 2016年

图 6　2007 － 2016 年微型载货细分市场份额

二、载货车进口情况

2016 年我国进口各类载货类汽车 11960 辆，其中重型载货车进口约 4860 台辆，占进口载货车总量的 40.7%，与国内重型载货车销售比 0.66%，较 2015 年略降。

表 6　2008—2016 年进口重型载货车与国内重型载货车销量比

时间	2008 年	2009 年	2010 年	2011 年	2012 年	2013 年	2014 年	2015 年	2016 年
比例	1.71%	1.28%	1.33%	1.86%	2.43%	0.89%	0.51%	0.69%	0.66%

表 7　2008—2016 年，载货车进口情况　　单位：辆

车型类别			2008 年	2009 年	2010 年	2011 年	2012 年	2013 年	2014 年	2015 年	2016 年
货车整车	柴油	车总重≤ 5t	253	119	65	37	81	85	83	104	57
		5t< 车总重≤ 14t	418	213	146	161	209	283	102	108	108
		14t< 车总重≤ 20t	289	140	60	170	144	206	146	135	189
		车总重 >20t	6461	6038	11454	14630	13766	5035	1812	1138	764
	汽油	车总重≤ 5t	1268	607	1599	2984	3703	3750	7374	3295	6512
		5t< 车总重≤ 8t	10	9	8	16	36	26	18	32	5
		车总重 >8t	6	1	14	18	37	39	22	64	58
	非公路用自卸车	电动轮货运自卸车	72	87	60	79	61	18	8	0	0
		其他	131	135	124	163	181	216	99	39	27
	半挂车专用的公路牵引车		1249	836	1443	1177	1213	1537	1823	2139	3821
	其他货运机动车辆		14	16	4	18	21	2	14	8	1
	货车合计		10171	8201	14977	19453	19452	11197	11501	7062	11542
特种车	特种车合计		498	375	333	214	235	224	298	211	179
货车底盘	货车底盘	车总重≥ 14t	526	510	445	128	105	26	0	2	5
		车总重＜ 14t	11	15	0	18	28	60	156	328	209
	汽车起重机底盘		0	0	0	0	1	0	0	0	0
	非公路用自卸车底盘		0	0	0	0	0	1	0	0	0
	其它		6	31	407	658	205	77	22	61	25
	货车底盘合计		543	556	852	804	339	164	178	391	239
载货类车辆合计			11212	9132	16162	20471	20026	11585	11977	7664	11960

三、载货车企业

1．重型载货车企业

2016年前五家重型载货车企业销售600059辆，占重型载货车市场81.9%份额，较2015年的83.2%下降1.3个百分点。前十家企业实现销售706593辆，占市场份额96.4%，同比下降0.6个百分点。

2016年主要重型载货车生产企业销售均实现同比增长，但增速差别大。其中一汽集团实现销售14.8万辆，同比增长达71.7%，市场份额从15.7%增至20.2%，重新回到重型载货第一位置；东风汽车销售14.2万辆，市场份额下降1.8个百分点，排在2016年重型货车销售第二位；中国重汽销售12.2万辆，市场份额下降1.2个百分点，行业排名从第二降至第三；陕汽市场份额和排名没有变化，依然排在第四位；北汽福田市场份额出现2.9个百分点下降，排在行业第五位，是主要企业中下降幅度最大的。

表8　前10家重型载货车生产企业销售情况

序号	企业名称	2016年销售	2015年销售	销售同比增长	2016年份额	2015年份额
	总计	732919	550716	33.1%	100.0%	100.0%
1	中国第一汽车集团公司	148034	86205	71.7%	20.2%	15.7%
2	东风汽车公司	142640	117151	21.8%	19.5%	21.3%
3	中国重型汽车集团有限公司	122850	98823	24.3%	16.8%	17.9%
4	陕西汽车集团有限责任公司	108060	80960	33.5%	14.7%	14.7%
5	北汽福田汽车股份有限公司	78475	74912	4.8%	10.7%	13.6%
6	安徽江淮汽车股份有限公司	42878	29935	43.2%	5.9%	5.4%
7	成都大运汽车集团有限公司	23592	15202	55.2%	3.2%	2.8%
8	上汽依维柯红岩商用车有限公司	15517	8708	78.2%	2.1%	1.6%
9	安徽华菱汽车有限公司	14529	13167	10.3%	2.0%	2.4%
10	北奔重型汽车集团有限公司	10018	9071	10.4%	1.4%	1.6%

2．中型载货车企业

2016年前五家中型载货车企业销售191434辆，占中型载货车市场83.6%份额，较2015年的82.3%上涨1.3个百分点。前十家企业实现销售223255辆，占市场份额97.5%，同比增长0.1个百分点。

2016年重庆力帆销售达69664辆，同比增长70.7%，市场份额达到30.4%，行业排名从第三位升至第一位；东风汽车实现销售56503辆，较2015年销量同比增长2.4%，市场份额降至24.7%，排在行业第二位；一汽实现销售37187辆，销量下降13.1%，市场份额降至16.2%，排在行业第三位；江淮汽车市场份额同比增长2.5个百分占，排在行业第四位；庆铃市场份额下降2.1个百分点，排在行业第五位。

表 9　前 10 家中型载货车生产企业销售情况

序号	企业名称	2016 年销售	2015 年销售	销售同比增长	2016 年份额	2015 年份额
	总计	229063	200414	14.3%	100.0%	100.0%
1	重庆力帆汽车有限公司	69664	40819	70.7%	30.4%	20.4%
2	东风汽车公司	56503	55168	2.4%	24.7%	27.5%
3	中国第一汽车集团公司	37187	42813	—13.1%	16.2%	21.4%
4	安徽江淮汽车股份有限公司	14916	8017	86.1%	6.5%	4.0%
5	庆铃汽车（集团）有限公司	13164	15750	—16.4%	5.7%	7.9%
6	成都大运汽车集团有限公司	11175	7026	59.1%	4.9%	3.5%
7	中国重型汽车集团有限公司	7791	5736	35.8%	3.4%	2.9%
8	北汽福田汽车股份有限公司	5553	6138	—9.5%	2.4%	3.1%
9	四川现代汽车有限公司	4489	10351	—56.6%	2.0%	5.2%
10	山东唐骏欧铃汽车制造有限公司	2813	3322	—15.3%	1.2%	1.7%

3．轻型载货车企业

2016 年，前五家轻型载货车生产企业实现销售 853628 辆，市场份额合计 55.4%，市场份额与 2015 年持平；前十家企业实现销售 1173797 辆，市场份额 76.2%，同比下降 3.3 个百分点。

2016 年主要轻型载货车企业中，北汽福田依然以 17.5% 的市场份额占据第一位，江淮汽车销售同比增长 11%，以 12% 的市场份额排在第二位；江铃汽车销量略有下降排在行业第三位。金杯汽车销售大幅下降 59%，市场份额大幅下降 5.2 个百分点，从 2015 年第 4 位，跌至第 9 位。其他企业在市场份额和行业排名方面没有大的变化。

表 10　前 10 家轻型载货车生产企业销售情况

序号	企业名称	2016 年销售	2015 年销售	销售同比增长	2016 年份额	2015 年份额
	总计	229063	200414	14.3%	100.0%	100.0%
1	重庆力帆汽车有限公司	69664	40819	70.7%	30.4%	20.4%
2	东风汽车公司	56503	55168	2.4%	24.7%	27.5%
3	中国第一汽车集团公司	37187	42813	—13.1%	16.2%	21.4%
4	安徽江淮汽车股份有限公司	14916	8017	86.1%	6.5%	4.0%
5	庆铃汽车（集团）有限公司	13164	15750	—16.4%	5.7%	7.9%
6	成都大运汽车集团有限公司	11175	7026	59.1%	4.9%	3.5%
7	中国重型汽车集团有限公司	7791	5736	35.8%	3.4%	2.9%
8	北汽福田汽车股份有限公司	5553	6138	—9.5%	2.4%	3.1%
9	四川现代汽车有限公司	4489	10351	—56.6%	2.0%	5.2%
10	山东唐骏欧铃汽车制造有限公司	2813	3322	—15.3%	1.2%	1.7%

4．微型载货车企业

2016年排名前五家微型载货车企业合计销售微型货车516786辆，销量同比增长，但市场份额85.3%，较2015年89.6%市场份额，下降4.3个百分点。

2016年主要微车企业竞争格局没有大的变化，上汽通用五菱市场销量增长低于行业水平，全年实现销售251981辆，较同期增长4.0%，市场份额从44.4%降至41.6%，但依然保持绝对领导地位；重庆长安实现销售85003辆，同比下降0.9%，但因2015年排在第二位的北汽福田市场销售同比下降达7.2%，因此在行业排名上，重庆长安从第三位升级第2位，北汽福田降至第三；东风汽车销售71073辆，市场份额增至11.7%排在第四位；重庆力帆微车从无到有，当年实现销售近2.7万辆，市场份额4.4%，排在第五位。

表11　前10名微型载货车生产企业销售情况

序号	企业名称	2016年销售	2015年销售	销售同比增长	2016年份额	2015年份额
	总计	606058	546208	11.0%	100.0%	100.0%
1	上汽通用五菱汽车股份有限公司	251981	242399	4.0%	41.6%	44.4%
2	重庆长安汽车股份有限公司	85003	85736	—0.9%	14.0%	15.7%
3	北汽福田汽车股份有限公司	81782	88102	—7.2%	13.5%	16.1%
4	东风汽车公司	71073	54088	31.4%	11.7%	9.9%
5	重庆力帆汽车有限公司	26947	0	#DIV/0!	4.4%	0.0%
6	四川现代汽车有限公司	25438	4028	531.5%	4.2%	0.7%
7	奇瑞汽车股份有限公司	17754	15428	15.1%	2.9%	2.8%
8	山东凯马汽车制造有限公司	15561	17948	—13.3%	2.6%	3.3%
9	金杯汽车股份有限公司	15623	19026	—17.9%	2.6%	3.5%
10	中国第一汽车集团公司	7975	15563	—48.8%	1.3%	2.8%

2016年微型载货车市场

中国汽车流通协会汽车市场研究分会（乘联会）　杨再舜

2016年商用车中的重型卡车（含各类底盘）市场呈高速增长之势；中型卡车（含各类底盘）和微型卡车（含各类底盘）市场呈快速增长之势；轻型卡车（不含皮卡车）呈微增长之势，这充分说明2016年是商用车市场逐步恢复之年，不过中、重卡会透支2017年一季度或上半年的部分结构性市场销量。微型卡车从2004年至2016年的市场销量及增长率走势都在逐年平稳地上升中。2010年因国家为拉动经济，而出台了“汽车下乡上山”强刺激性政策，微卡等车型的超高增长率与2011年的理性回归以及2016年的恢复性增长都是在可以预期范围之中。

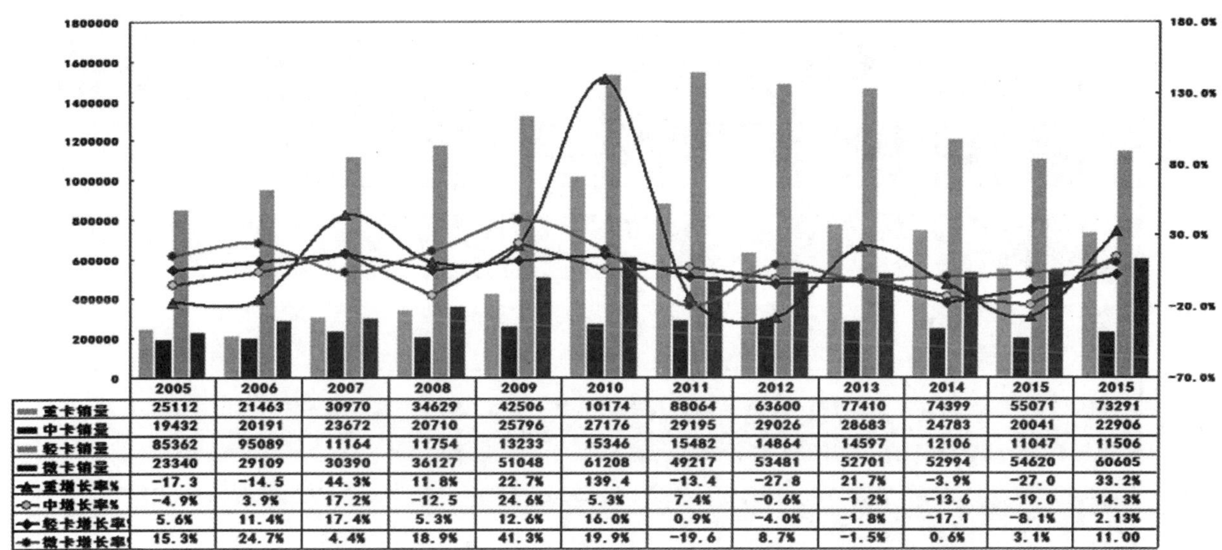

	2005	2006	2007	2008	2009	2010	2011	2012	2013	2014	2015	2015
重卡销量	25112	21463	30970	34629	42506	10174	88064	63600	77410	74399	55071	73291
中卡销量	19432	20191	23672	20710	25796	27176	29195	29026	28683	24783	20041	22906
轻卡销量	85362	95089	11164	11754	13233	15346	15482	14864	14597	12106	11047	11506
微卡销量	23340	29109	30390	36127	51048	61208	49217	53481	52701	52994	54620	60605
重增长率%	-17.3	-14.5	44.3%	11.8%	22.7%	139.4	-13.4	-27.8	21.7%	-3.9%	-27.0	33.2%
中增长率%	-4.9%	3.9%	17.2%	-12.5	24.6%	5.3%	7.4%	-0.6%	-1.2%	-13.6	-19.0	14.3%
轻卡增长率	5.6%	11.4%	17.4%	5.3%	12.6%	16.0%	0.9%	-4.0%	-1.8%	-17.1	-8.1%	2.13%
微卡增长率	15.3%	24.7%	4.4%	18.9%	41.3%	19.9%	-19.6	8.7%	-1.5%	0.6%	3.1%	11.00

图 1　2005 年－ 2016 年载货卡车类销量及增长率

从 2006 年至 2016 年的十年期间，重型卡车、微型卡车的市场占比有逐年扩大之势，而与此同时轻型卡车和中型卡车的市场比重却在相应减少，甚至萎缩中，此消彼涨的发展态势未来还将延续中。中型卡车的下压与大型微型卡车的上挤系导致轻型卡车销量萎缩的主因，此外就是政策限制性因素使然。而中型卡车的市场占比日趋减少，与长轴矩宽体轻卡的上逼和准重卡的下挤而密不可分。重型卡车市场的扩大是国民经济发展、道路运输发展与国际接轨的必然结果。微型卡车的市场走高不仅与城市物流和农村经济发展相关，而且与中国国情、社会分工的不断细化而相关联，其相对优势的性能价格比而无与伦比，这也是这些年来微型卡车不断做大做精做全的主要动因。

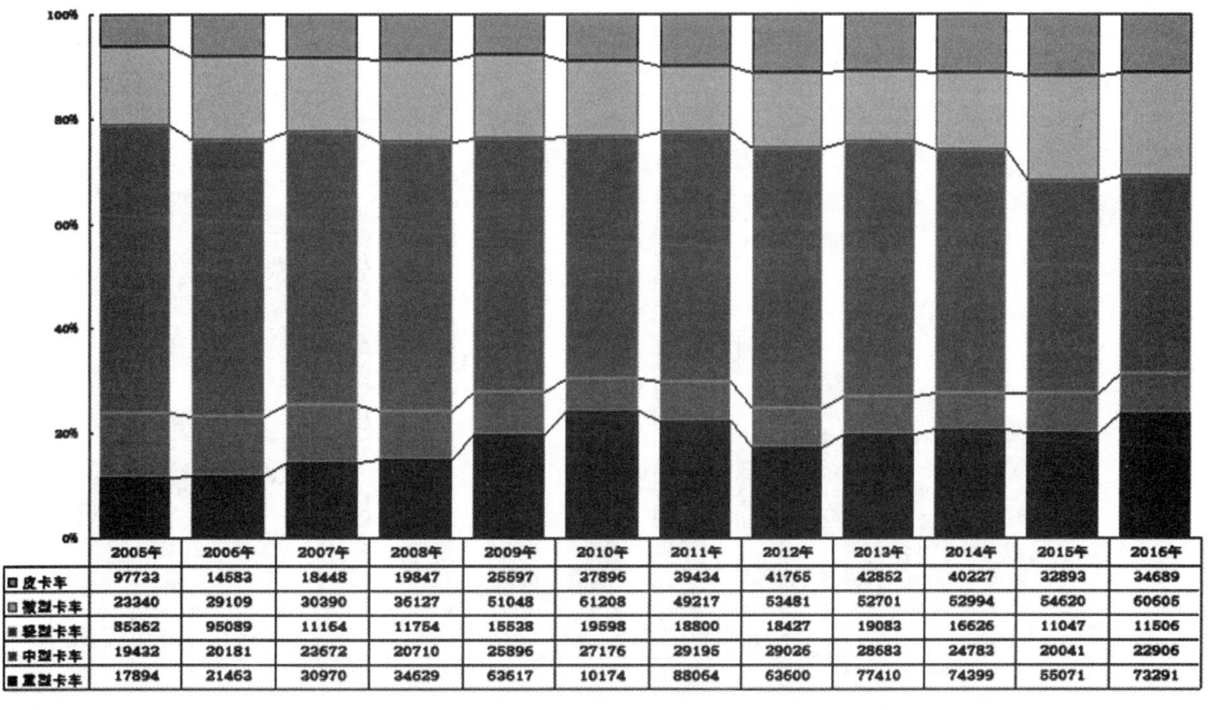

	2005年	2006年	2007年	2008年	2009年	2010年	2011年	2012年	2013年	2014年	2015年	2016年
皮卡车	97733	14583	18448	19847	25597	37896	39434	41765	42852	40227	32893	34689
微型卡车	23340	29109	30390	36127	51048	61208	49217	53481	52701	52994	54620	60605
轻型卡车	85362	95089	11164	11754	15538	19598	18800	18427	19083	16626	11047	11506
中型卡车	19432	20181	23672	20710	25896	27176	29195	29026	28683	24783	20041	22906
重型卡车	17894	21463	30970	34629	63617	10174	88064	63600	77410	74399	55071	73291

图 2　2015 年－ 2016 年卡车类分车型市场占比图表

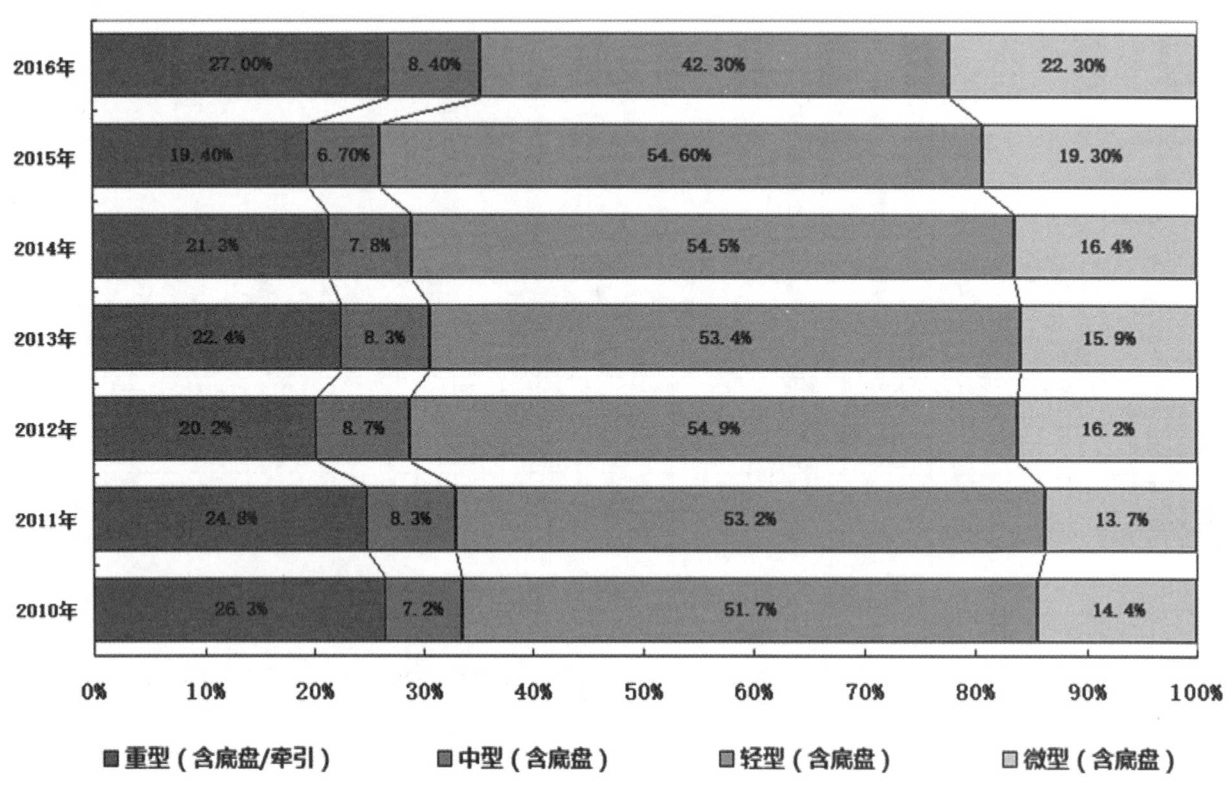

图 3　2010 年－2016 年广义卡车分车型市场份额推移图

2005 年至 2016 年的十二年之中，微型卡车市场销量增长率只有二年为负增长率，其他十年全为正增长率，而为其他车型所罕见的成功案例。这主要得力于产品适销对路和非常接地气的营销商务政策的运作。

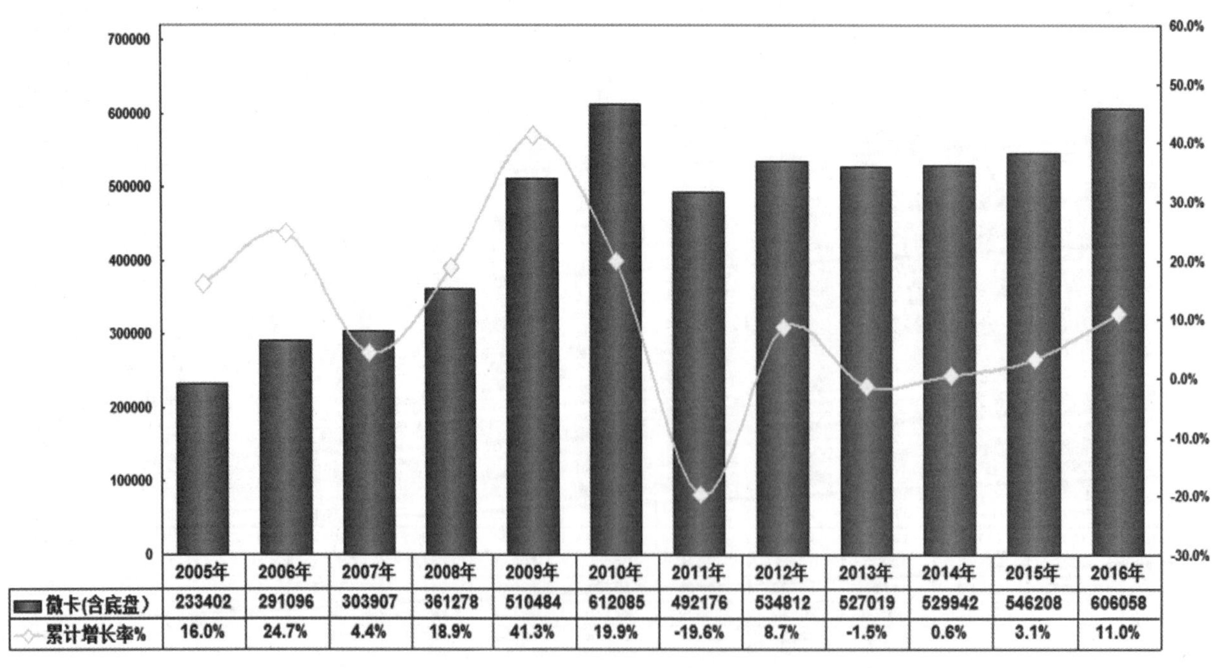

	2005年	2006年	2007年	2008年	2009年	2010年	2011年	2012年	2013年	2014年	2015年	2016年
微卡(含底盘)	233402	291096	303907	361278	510484	612085	492176	534812	527019	529942	546208	606058
累计增长率%	16.0%	24.7%	4.4%	18.9%	41.3%	19.9%	-19.6%	8.7%	-1.5%	0.6%	3.1%	11.0%

图 4　2015 年－2016 年微型卡车销量及增长图表

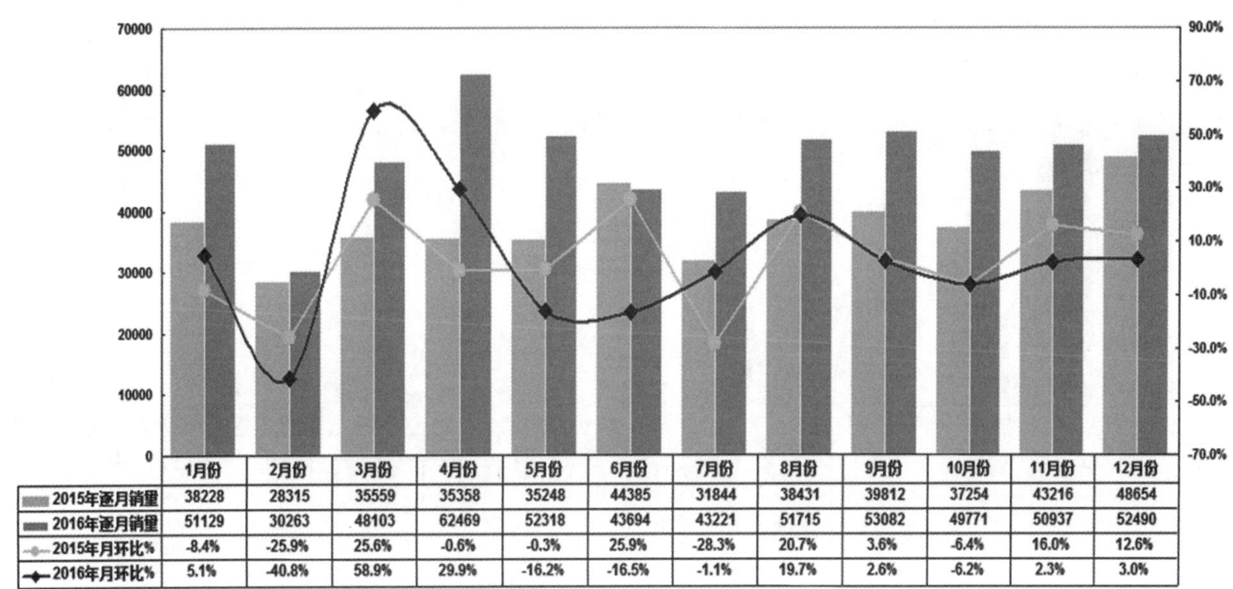

	1月份	2月份	3月份	4月份	5月份	6月份	7月份	8月份	9月份	10月份	11月份	12月份
2015年逐月销量	38228	28315	35559	35358	35248	44385	31844	38431	39812	37254	43216	48654
2016年逐月销量	51129	30263	48103	62469	52318	43694	43221	51715	53082	49771	50937	52490
2015年月环比%	-8.4%	-25.9%	25.6%	-0.6%	-0.3%	25.9%	-28.3%	20.7%	3.6%	-6.4%	16.0%	12.6%
2016年月环比%	5.1%	-40.8%	58.9%	29.9%	-16.2%	-16.5%	-1.1%	19.7%	2.6%	-6.2%	2.3%	3.0%

图 5　2016 年微型卡车分月销量及环比图表

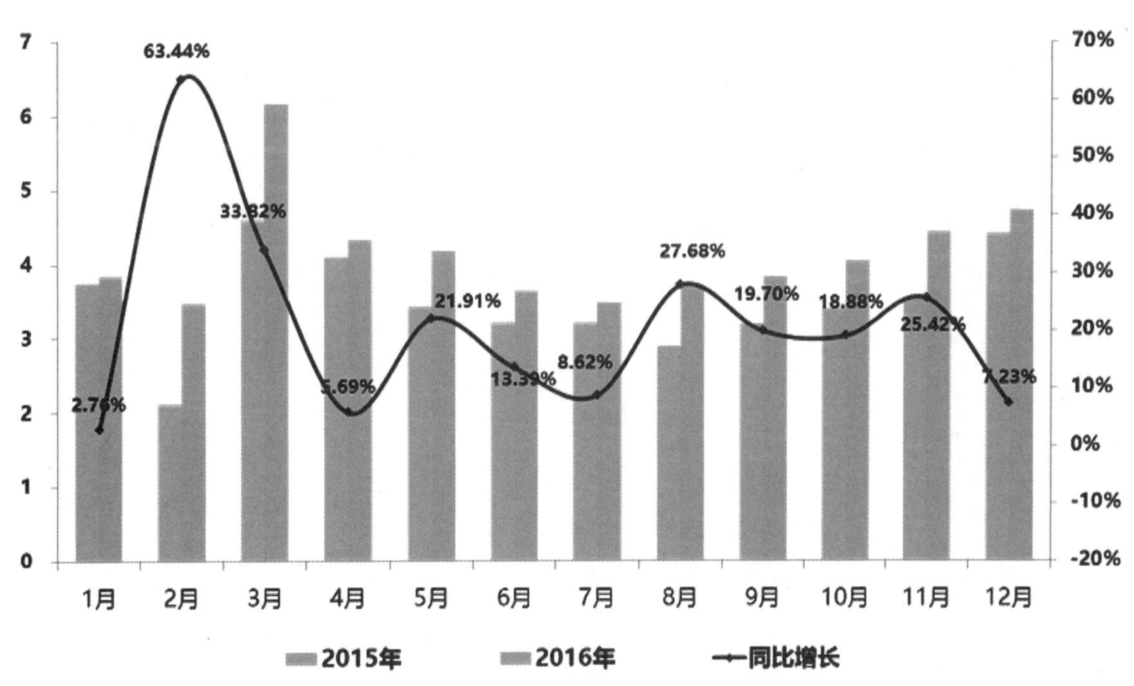

图 6　2016 年微型卡车逐月销量同比图

2016 年与 2015 年相比，分月销量略逊色，但最后二个月的销量拉高势头较猛，增长率也有所拉高。其逐月同比也与分月销量环比增长率似乎同步，但年底时还是以 7 个百分比以上的增长率胜利收官。

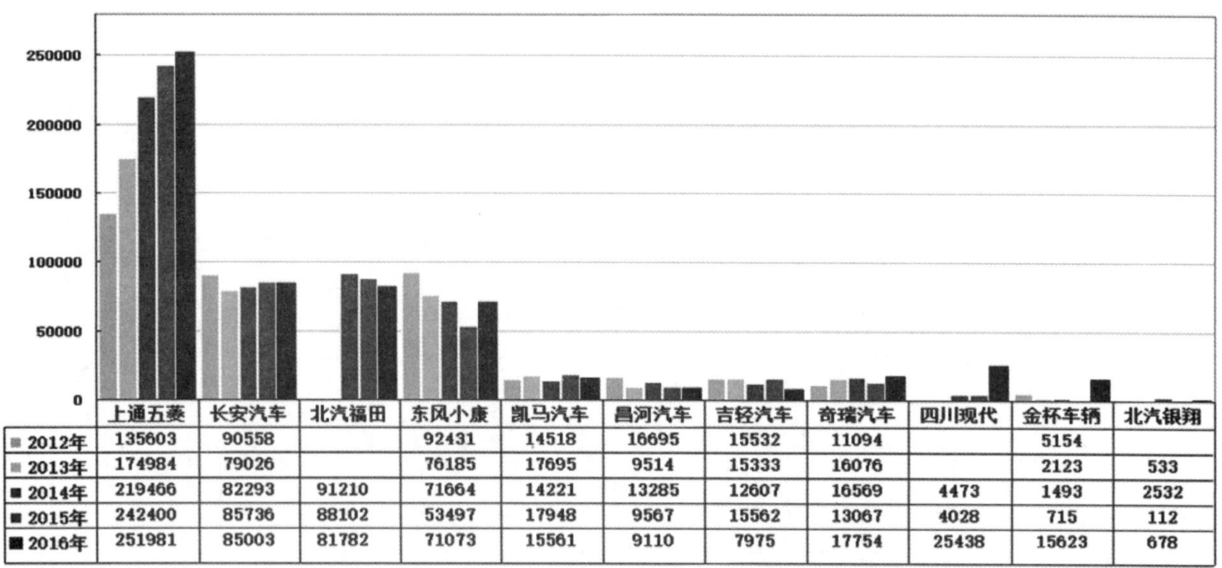

	上通五菱	长安汽车	北汽福田	东风小康	凯马汽车	昌河汽车	吉轻汽车	奇瑞汽车	四川现代	金杯车辆	北汽银翔
2012年	135603	90558		92431	14518	16695	15532	11094		5154	
2013年	174984	79026		76185	17695	9514	15333	16076		2123	533
2014年	219466	82293	91210	71664	14221	13285	12607	16569	4473	1493	2532
2015年	242400	85736	88102	53497	17948	9567	15562	13067	4028	715	112
2016年	251981	85003	81782	71073	15561	9110	7975	17754	25438	15623	678

图 7　2012 年－2016 年微型卡车分品牌销量

多年来，微型卡车行业的龙头老大五菱汽车稳居第一阵营，而第二阵营为长安汽车、东风小康以及前年刚杀入微卡领域的北汽福田。而其他第二阵营以下的凯马汽车市场表现最为抢眼，而传统老牌微卡车企如昌河汽车和吉轻汽车已经彻底消退，现已主攻专营乘用车领域。2016 年，传统微货各企业均增长，东风小康同比增长 49.6%； 而四川现代作为纯货车企业，所经营的微货同比增长 151.4%，成为增幅最快的车企。

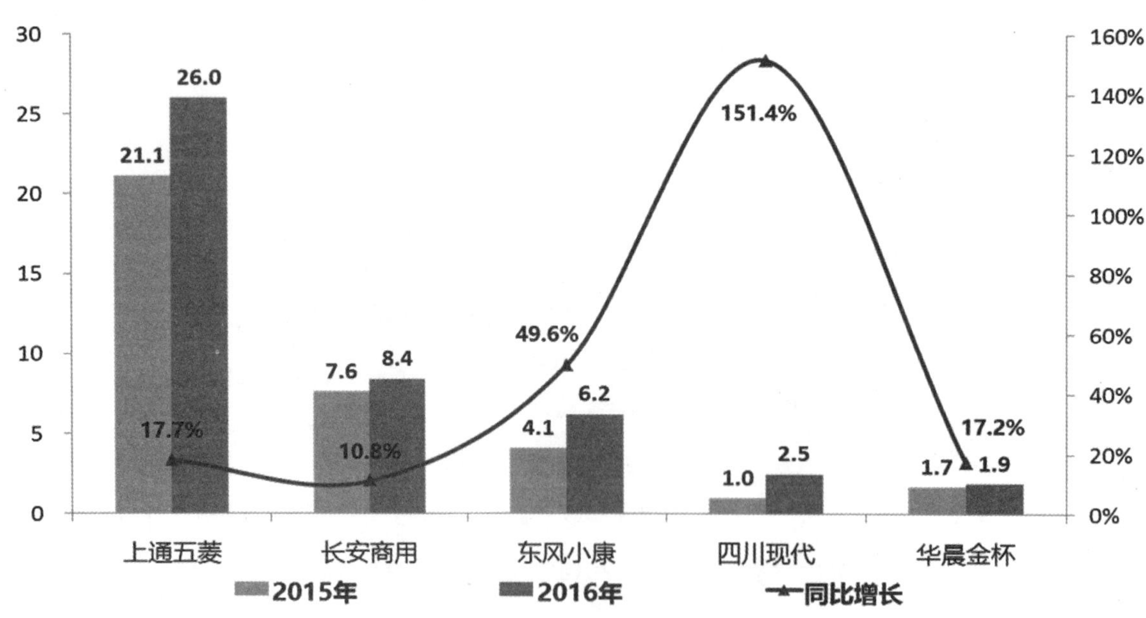

图 8　2016 年五大微型卡车品牌增长率走势曲线图

从历年微型卡车市场份额占比中，可以发现强者越强，而弱者越弱。2016 年传统微货中，上汽通用五菱市占率 52.3%，长安商用 16.9%，东风小康 12.2%，TOP3 占比达 81.3%，TOP5 占比达 90%。

2013 年微卡分品牌市场份额图

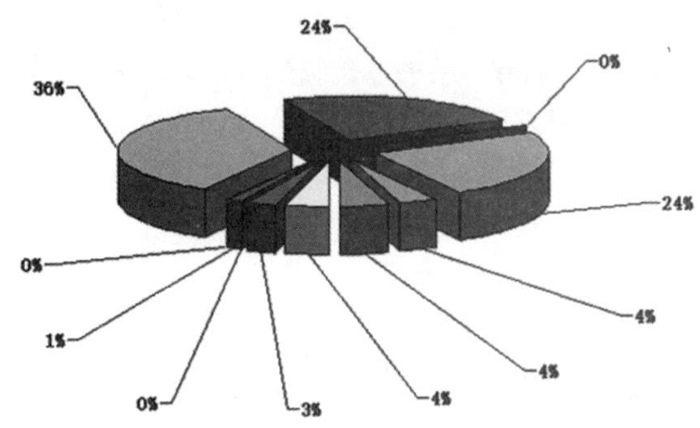

2014 年微卡分品牌市场份额图

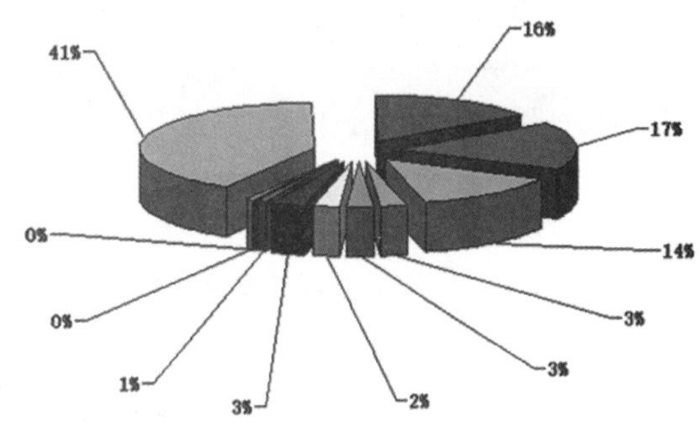

2015 年微卡车分品牌市场份额图

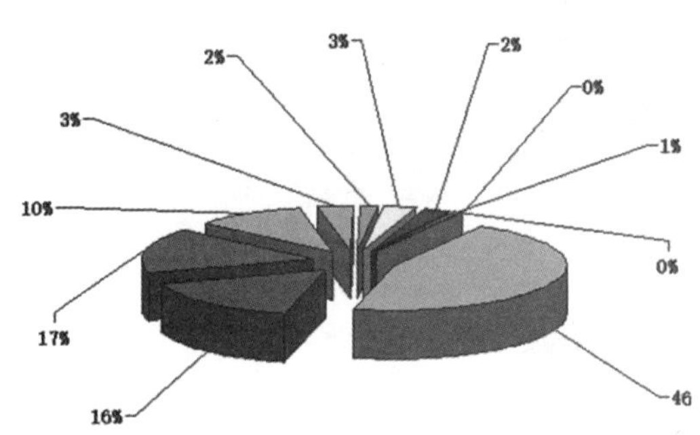

2016 年微卡分品牌市场份额图

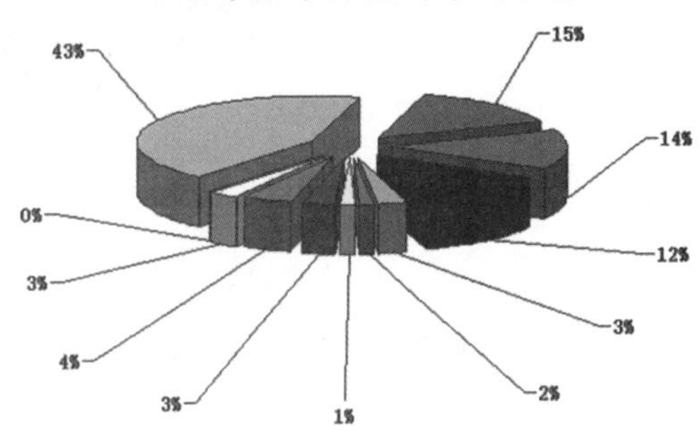

图 9

2016 年，传统微型卡车市场容量份额占比排序如图：河南、广东、浙江、河北、山东、安徽、云南、四川等 8 省，人口多或流动人口多，占据整体销量的 50% 以上。主流品牌传统微货市场容量排序：河南、广东、浙江、河北、山东、安徽、云南、四川等 8 省，人口多或流动人口多，占据整体微型卡车市场销量的半壁江山以上的份额。

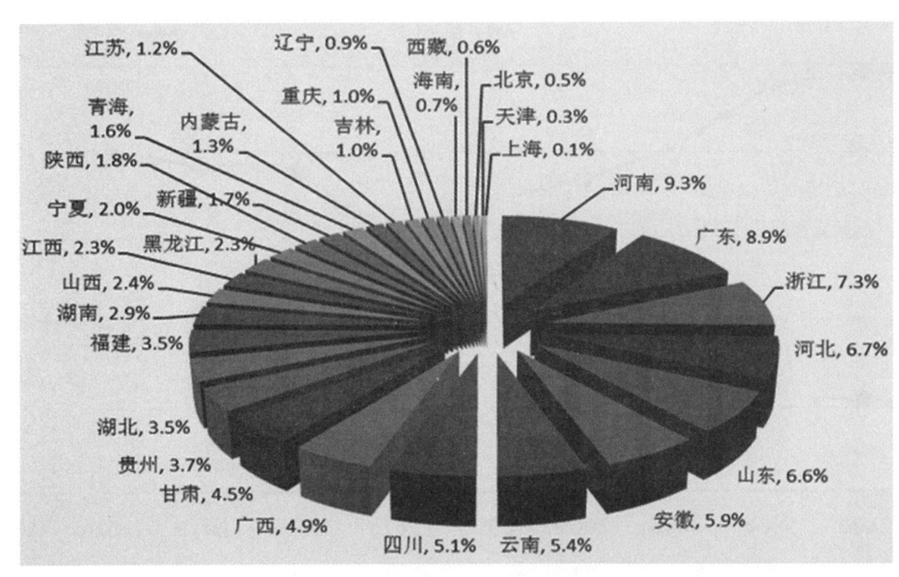

图 10　2016 年传统微型卡车分区域市场份额占比图

2012年，传统微货的发动机排量，以1.1L及以下排量为主；而到了2016年，1.2L与1.5L发动机排量各占40%，特别是1.5L发动机的占比提升较快，传统微货的大排量发动机占比在逐年提升中。上汽通用五菱、长安、东风小康传统微型卡车，均以微型客车平台，其产品特征：以汽油机型为主，发动机排量在1.0—1.5L、半承载式车身，货厢规格为：单排2.5—2.7米，双排1.9—2.1米，代表车型有：五菱荣光、长安星卡、小康C31、C32。以北汽福田（除福田伽途）、山东凯马、唐骏欧铃的非传统微型卡车，其产品特征：以柴油机型为主，发动机排量在1.6—2.2L、非承载式车身，货厢规格为：单排2.7—3.0米，双排2.1—2.3米，主要代表车型有：时代驾驭、福田驭菱等。

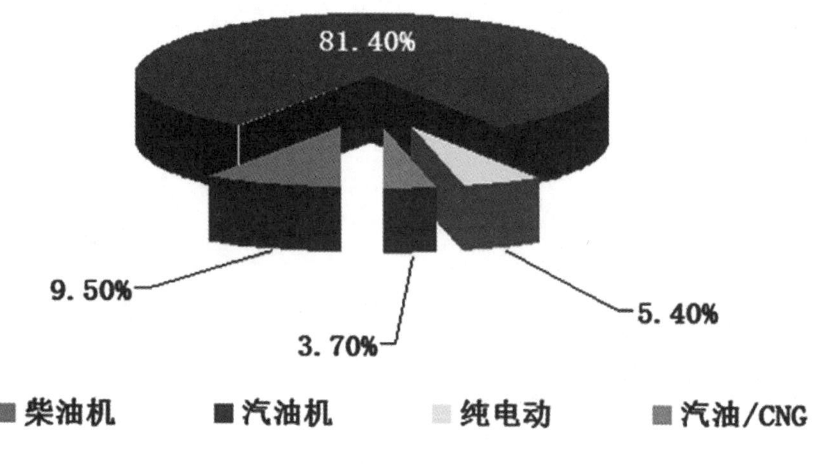

图11　2016年微型卡车燃料分类比重

从2005年至2016年，传统微型卡车单排座车型市场销量逐年走低，而与此同时，双排座微型卡车市场销量却逐年走高。但从2012年至2016年，微型卡车单、双排座车型市场占比基本稳定在4:6开的市场格局，2016年单排座的市场销量走势又有抬升的迹象，这与其各类底盘便于改装成各类实用型专用车莫无关联性。

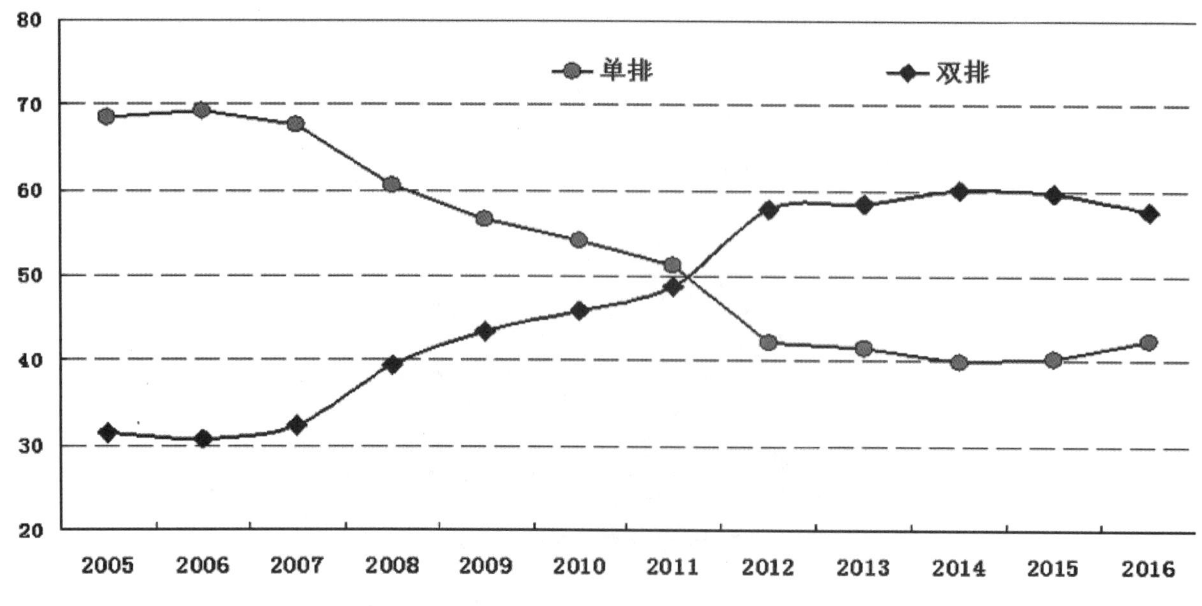

图12　2005年－2016年微型卡车分车型增长率情况

2016年高端微型卡车（3.5万左右，）双排占比高达46%，高端单排占比为28%，其代表车型有：五菱荣光、长安新长安之星S201\D201以及东风小康C31\C32等，传统微型卡车市场全面呈高端化趋势。

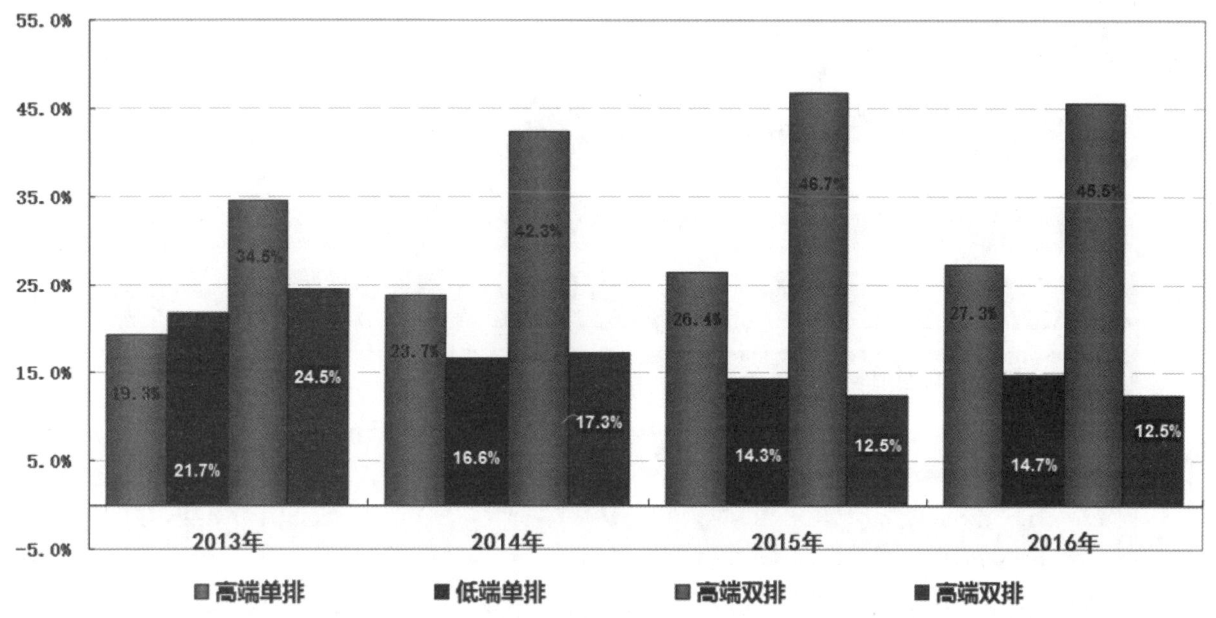

图13 2013年－2016年微型卡车细分市场结构图表

2016年轻型载货车市场

中国汽车流通协会汽车市场研究分会（乘联会） 杨再舜

一、政策法规分析

商用车历来素有国民经济的“风向标”、“晴雨表”和民生民计“体温计”之称，而与此同时，政策法规对其的影响力巨大，可以说能决定某些车企品系是“死”还是“活”，尤其是2016年国家相关部委密集出台的一系列路管政策与技术法规，不仅对重型卡车市场产生了重大影响，而与此同时对轻型卡车市场也产生了相应的影响作用。

2016年3月份，出台“关于贯彻实施《道路运输车辆技术管理规定》的通知”；4月份出台“关于征求《危险货物道路运输安全管理办法（征求意见稿）》意见的函”；5月份出台“中共中央 国务院关于全面振兴东北地区等老工业基地的若干意见　　”，同月又出台“《轻型汽车污染物排放限值及测量方法（中国第六阶段）（征求意见稿）》”和“关于进一步规范排放检验加强机动车环境监督管理工作的通知”；7月份，出台“关于N1类汽车、多用途货车新产品实施GB11551—2014《汽车正面碰撞的乘员保护》标准的通知”；8月份颁布实施“关于发布《超限运输车辆行驶公路管理规定》的令”；8月份发布实施最严厉的“新版GB1589标准”以及一致性政策和治超政策联动的严格实施，对轻型车市场冲击影响最大和对其研发设计、生产要求将会越来越严格。

2016 年 9 月 21 日五部委为配合 GB1589 实施而开展超载超限联合执法行动前后，导致在“288”批公告中的公告撤销数量竟达二千多车型，由于可见其威力之大之狠！GB1589 的每一次发布都对道路运输车型走向影响力巨大。

二、市场发展态势分析

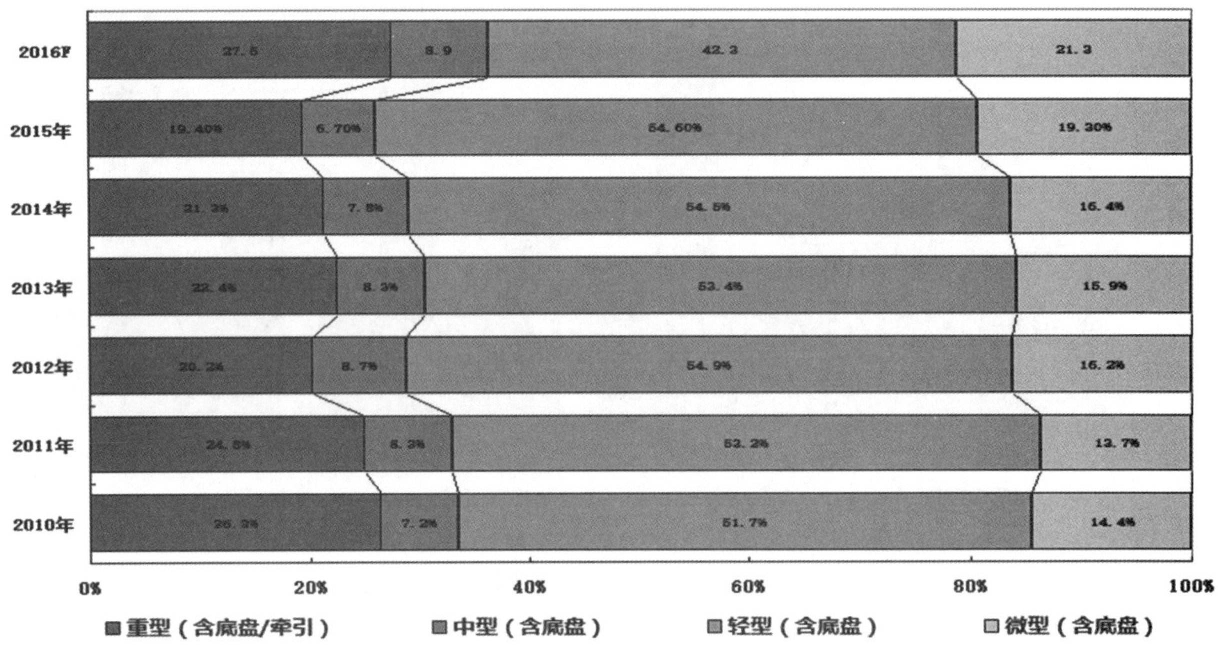

图 1 2010 年－2016 年广义卡车分车型市场占比图

从 2010 年至 2016 年，在重、中、轻、微卡车市场份额占比上，轻型卡车的比重在逐年削减中，尤其是 2016 年其市场比重萎缩较大，部分中型卡车和大型双后轮微型卡车对其替代性较大。此外，一些不能达标日趋升级的国 IV、国 V 排放标准的柴油机型轻卡市场销量被削减。

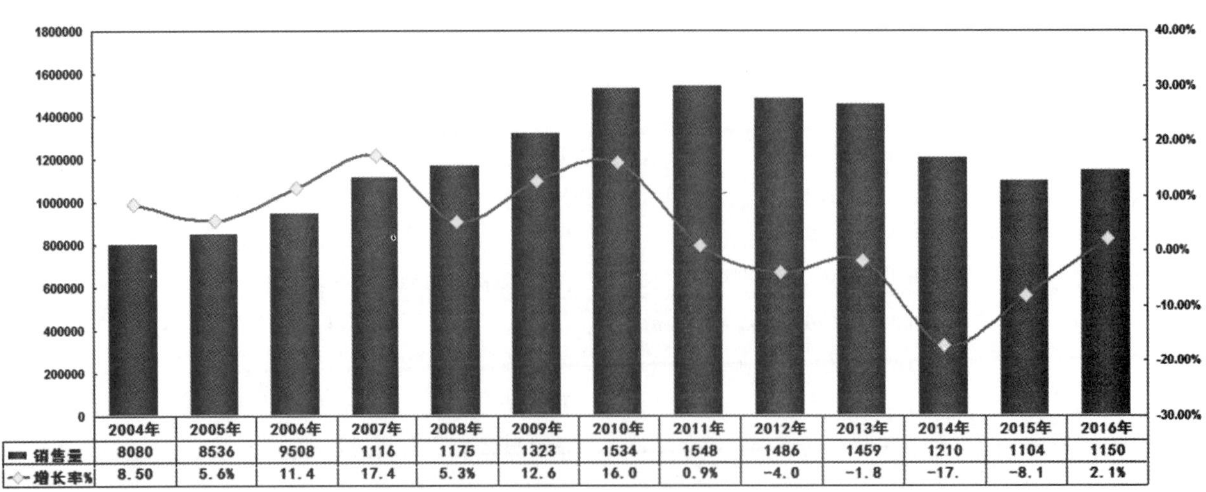

	2004年	2005年	2006年	2007年	2008年	2009年	2010年	2011年	2012年	2013年	2014年	2015年	2016年
销售量	8080	8536	9508	1116	1175	1323	1534	1548	1486	1459	1210	1104	1150
增长率%	8.50	5.6%	11.4	17.4	5.3%	12.6	16.0	0.9%	-4.0	-1.8	-17.	-8.1	2.1%

图 2 2005 年－2016 年主流轻型卡车品牌销路走势图

2004 年至 2016 年的十三年期间，若以 2011 年为其标志，前八年市场销量为正增长率；后五年为负增长率。若究其原因：一是中型卡车的下压；二是大型微型卡车的上逼；三是深四轮低速汽车的部分替代冲击；四是柴油机型轻卡因跟不上排放不断升级；五是对轻卡型黄标车的淘汰不力；六是部分大城市全面禁限宽体长货厢进城等，故导致其市场销量下滑。

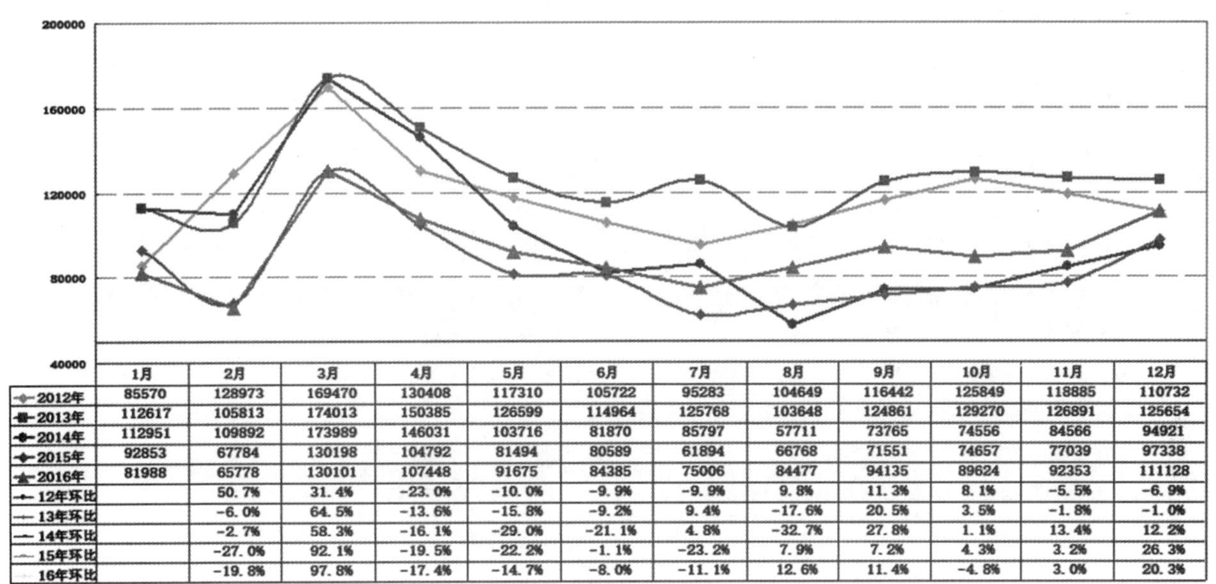

	1月	2月	3月	4月	5月	6月	7月	8月	9月	10月	11月	12月
2012年	85570	128973	169470	130408	117310	105722	95283	104649	116442	125849	118885	110732
2013年	112617	105813	174013	150385	126599	114964	125768	103648	124861	129270	126891	125654
2014年	112951	109892	173989	146031	103716	81870	85797	57711	73765	74556	84566	94921
2015年	92853	67784	130198	104792	81494	80589	61894	66768	71551	74657	77039	97338
2016年	81988	65778	130101	107448	91675	84385	75006	84477	94135	89624	92353	111128
12年环比		50.7%	31.4%	-23.0%	-10.0%	-9.9%	-9.9%	9.8%	11.3%	8.1%	-5.5%	-6.9%
13年环比		-6.0%	64.5%	-13.6%	-15.8%	-9.2%	9.4%	-17.6%	20.5%	3.5%	-1.8%	-1.0%
14年环比		-2.7%	58.3%	-16.1%	-29.0%	-21.1%	4.8%	-32.7%	27.8%	1.1%	13.4%	12.2%
15年环比		-27.0%	92.1%	-19.5%	-22.2%	-1.1%	-23.2%	7.9%	7.2%	4.3%	3.2%	26.3%
16年环比		-19.8%	97.8%	-17.4%	-14.7%	-8.0%	-11.1%	12.6%	11.4%	-4.8%	3.0%	20.3%

图 3　2012 年 – 2016 年轻型卡车逐月份销量环比走势图

从 2012 年至 2016 年，各品牌轻型卡车逐月销量环比总是处于高开低走的发展趋势，从第三季度起至年底，旺季不旺淡季更淡已成常态。

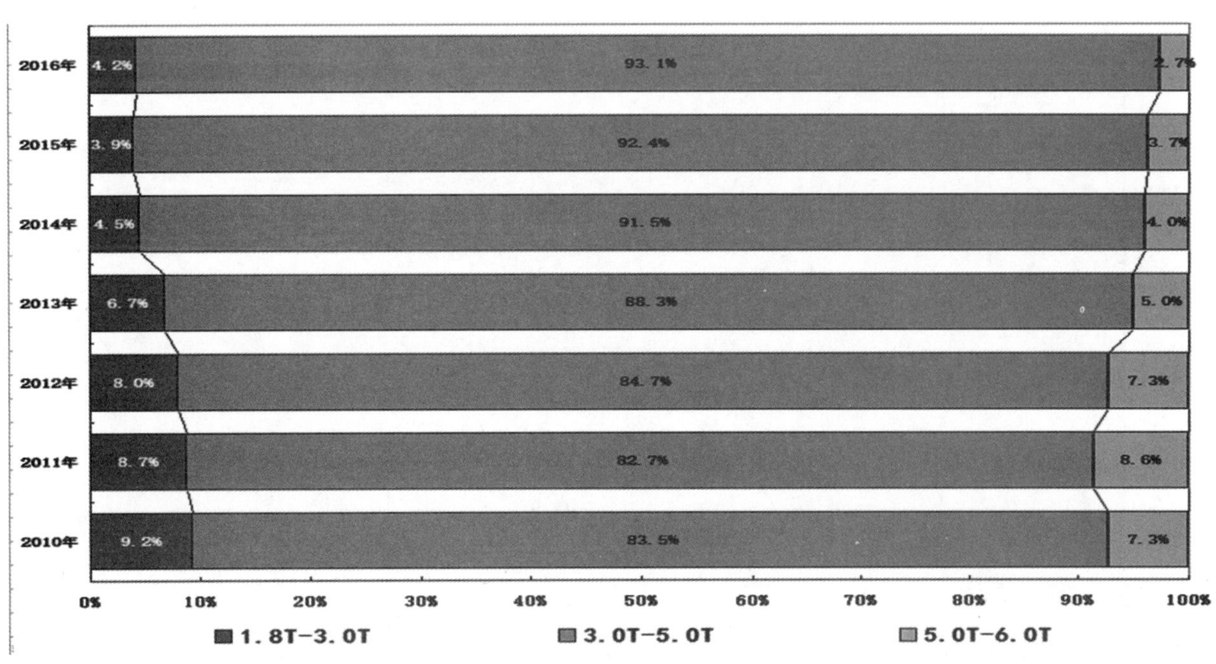

图 4　2010 年 – 2016 年轻卡分吨位市场比重图（单位 %）

据不完全统计，主要品牌轻卡的市场吨位分布在3T—5T，5T—6T市场销量在不断萎缩中，而18T—3T的小轻卡市场销量2016年却有所小幅度上升，以抢占城市物流市场及部分经济欠发达的国家或地区的出口市场。

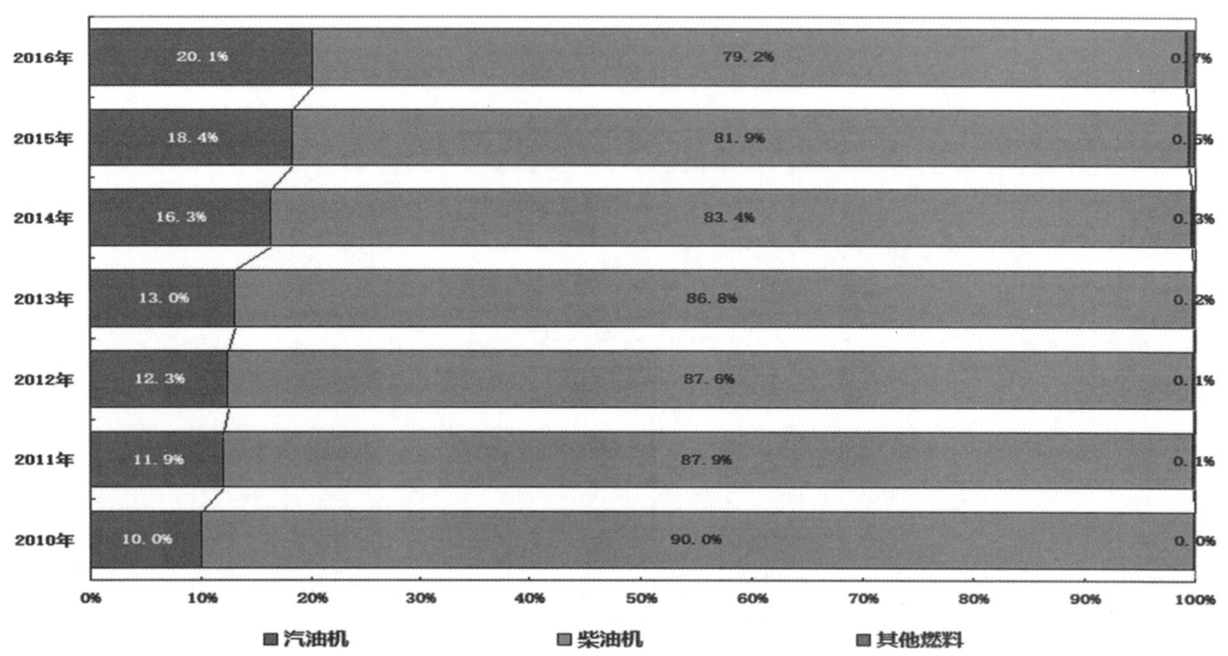

图5 2010年－2016年轻卡分燃油类型市场占比

另据不完全对主流品牌轻卡统计：由于这些年来随着排放标准的不断升级，以及一些极寒天气的出现，故直接导致了汽柴油机型轻卡市场占比有所扩大。与此同时，柴油机型轻型卡车市场份额却相应减少。此外，以纯电动型轻卡的市场销量也有所上升，但始终未能形成气候，预期也难以形成规模化生产。

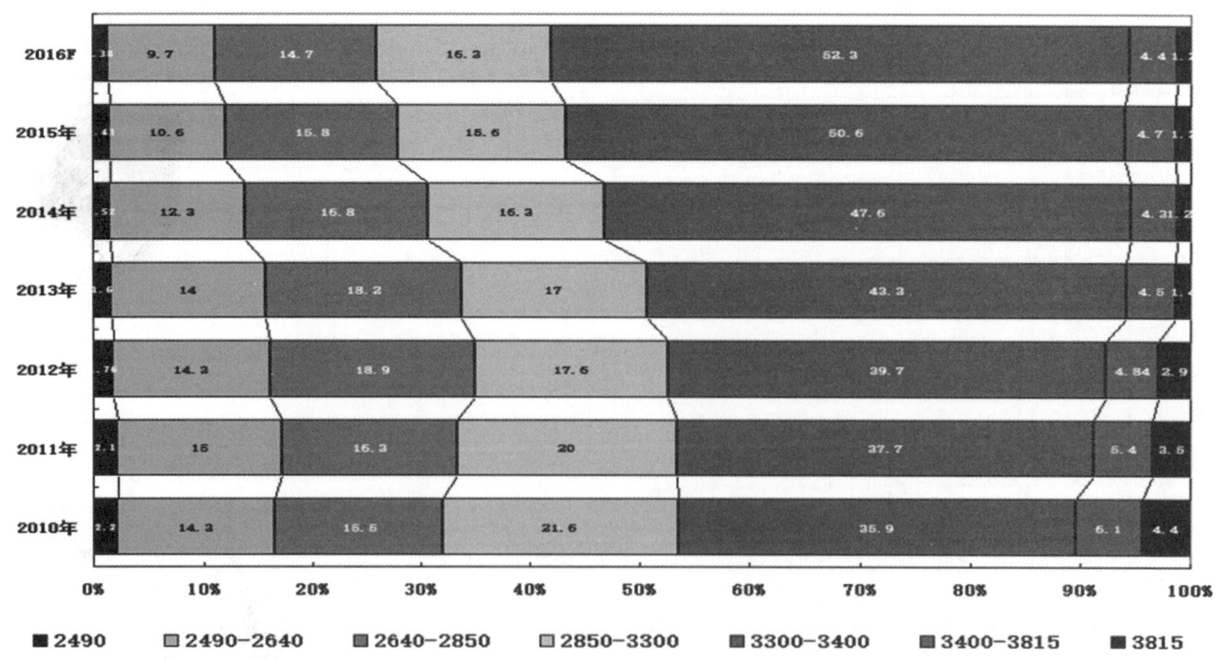

图6 2010年－2016年F轻卡按轴矩市场占比

在对 2010 年至 2016 年的不完全统计中，3300—3400MM 轴矩的轻型卡车仍然占据市场需求量的主导地位，并且还在不断地扩张中。

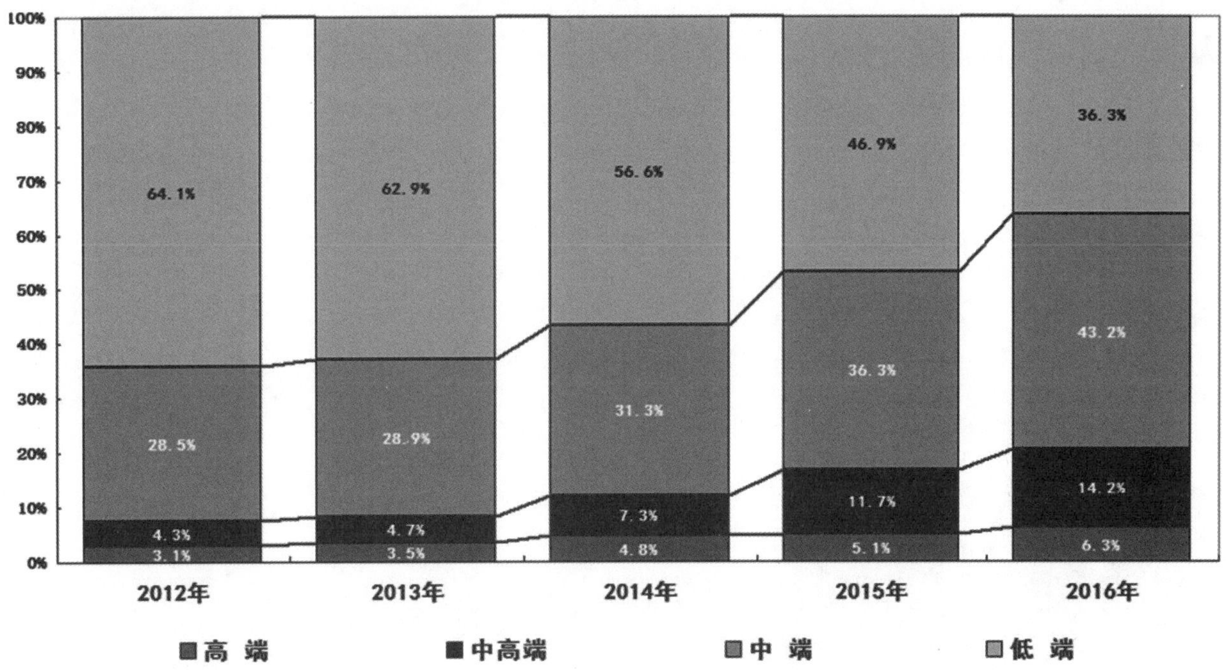

图 7 2010 年 – 2016 年 F 轻型卡车产品结构图

再据东风有限公司对 2016 年轻卡产品区隔结构分析，这五年来，无论是轻抛、标载或重载轻卡市场向中高端发展已成大趋势。

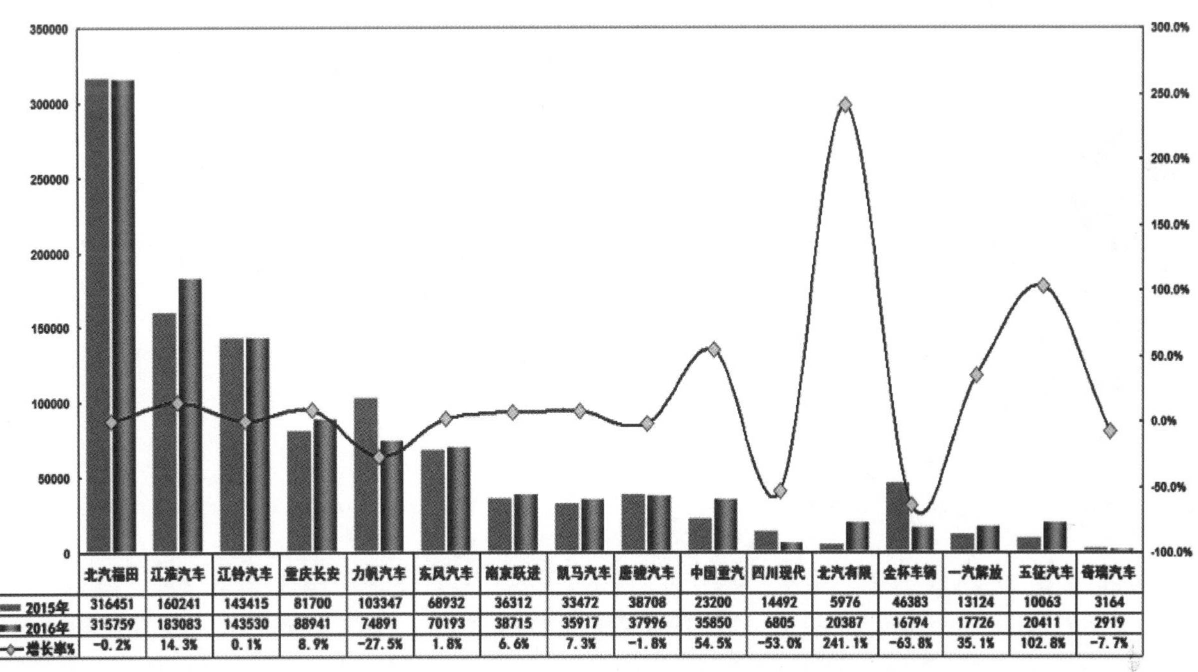

	北汽福田	江淮汽车	江铃汽车	重庆长安	力帆汽车	东风汽车	南京跃进	凯马汽车	唐骏汽车	中国重汽	四川现代	北汽有限	金杯车辆	一汽解放	五征汽车	奇瑞汽车
2015年	316451	160241	143415	81700	103347	68932	36312	33472	38708	23200	14492	5976	46383	13124	10063	3164
2016年	315759	183083	143530	88941	74891	70193	38715	35917	37996	35850	6805	20387	16794	17726	20411	2919
增长率%	-0.2%	14.3%	0.1%	8.9%	-27.5%	1.8%	6.6%	7.3%	-1.8%	54.5%	-53.0%	241.1%	-63.8%	35.1%	102.8%	-7.7%

图 8 2015 年 – 2016 年主要轻型卡车品牌销量及增长率

轻卡市场第一阵营仍为北汽福田，第二阵营为江淮汽车和江铃汽车，第三阵营中的后起之秀重庆长安与力帆汽车的崛起与传统老品牌如东风汽车、南汽跃进、一汽解放、金杯车辆等后退形成了强烈的反差。

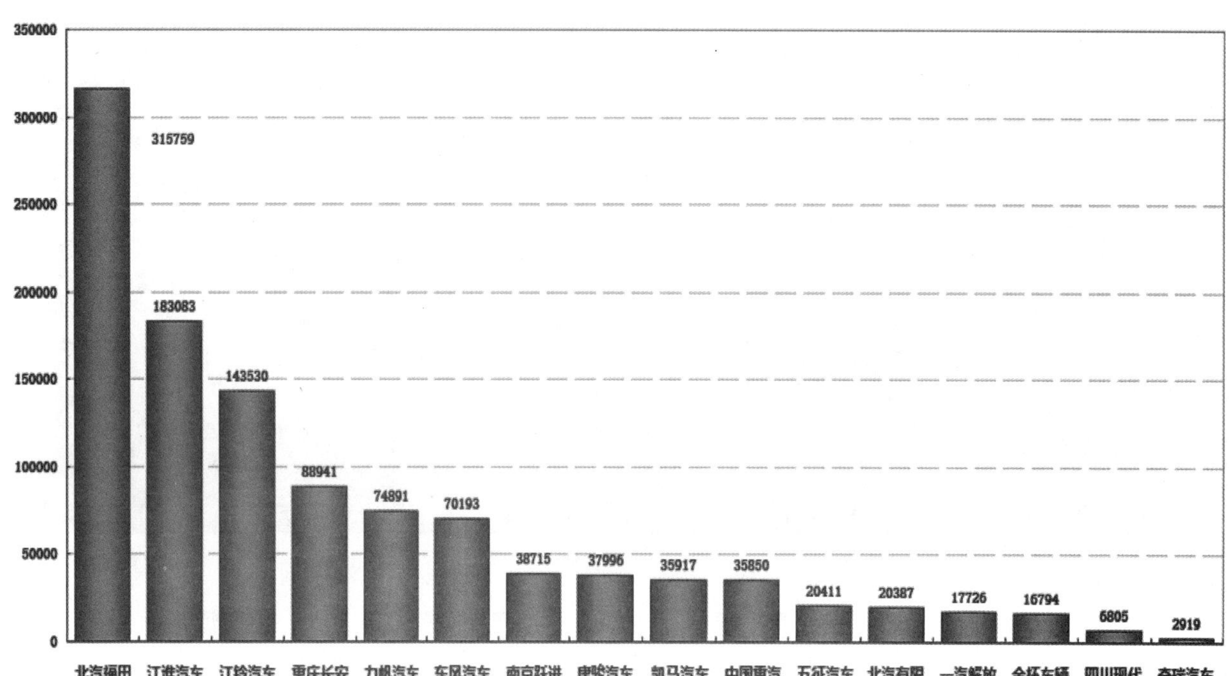

图 9　2016 年轻型卡车分品牌销量排序图

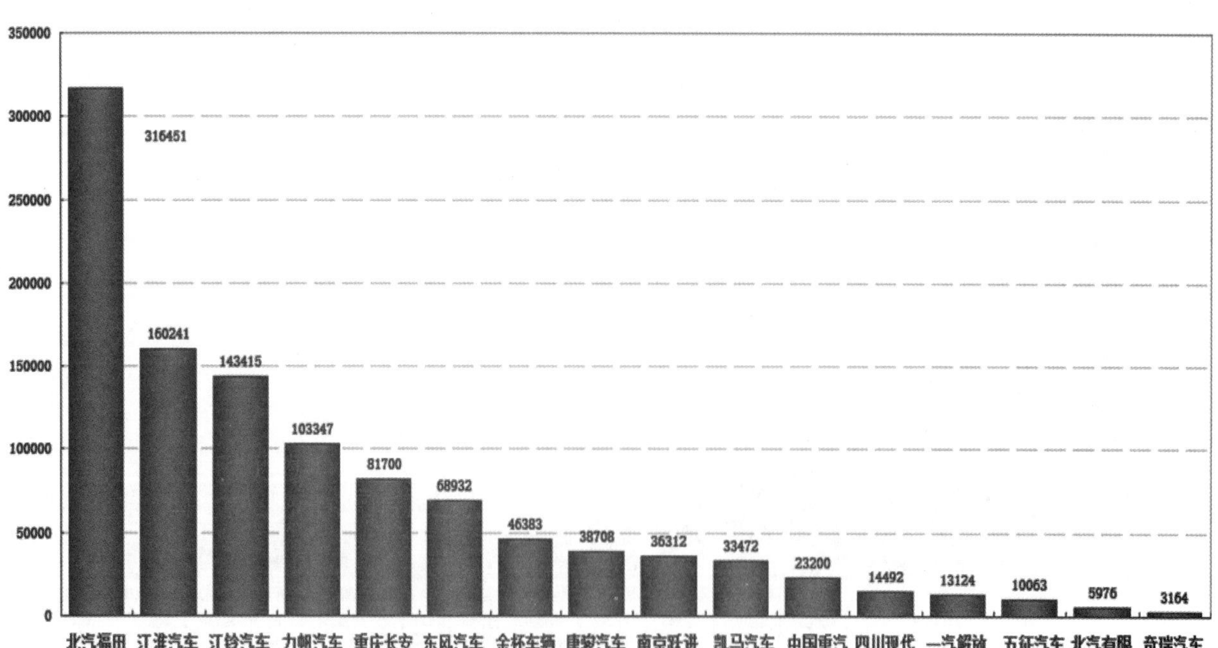

图 10　2015 年轻型卡车分品牌销量排序图

2015 年主流轻卡分品牌市场份额图

江淮汽车 15%
江铃汽车 13%
北汽福田 30%
力帆汽车 9%
奇瑞汽车 0%
重庆长安 7%
北汽有限 1%
东风汽车 6%
五征汽车 1%
金杯车辆 4%
一汽解放 1%
唐骏汽车 4%
四川现代 1%
中国重汽 2%
凯马汽车 3%
南京跃进 3%

2016 年主流轻卡分品牌市场份额图

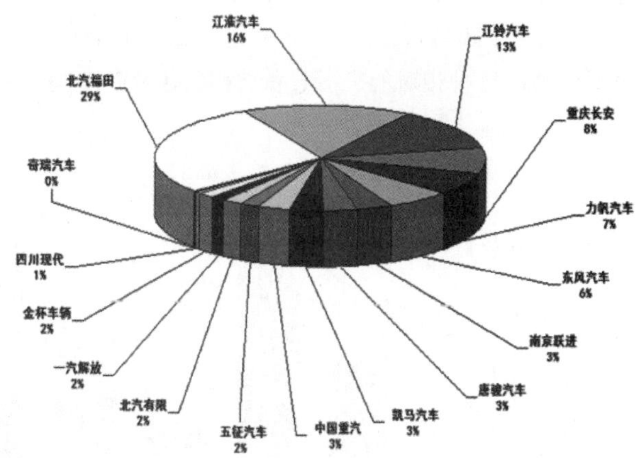

图 11

轻型卡车市场格局过去与当下已经和正在发生巅覆性的变化中。根据东风公司统计的市场占比变化：中国重汽市占率提升 1.6%，庆铃、江铃市占率下降超过 1%；江淮：仅 5m、8m 车略微下滑，主要增长为 5m 气刹、6m 车 VM、迈斯福、云内 D25；北汽福田：主要下滑在 5m 车，主要增长为 6m—L 的 ISF2.8；江铃汽车：江铃今年一直处于下滑态势，仅 7 月单月同比增长 48%；东风：东风主要下滑在 V/W、5m、9m，下滑幅度均超过 20%。

出库同比：增长较大为 6m 和 9m，7m 和 8m 基本持平，5m 下滑约 2 万台，6m 车中，下滑最大为中宽，宽体增长约 4 万台；结构比变化：6m 提高 2.8%，9m 提高 1.5%，6m 车中窄体和中宽均下降 4%，宽体增长 8%；5m 车：朝柴 485 气刹产品增长 300%，江淮新导入了云内雷默 1.9L 发动机（目前出库 1957 台）；6m—L：主要增量在 ISF2.8、VM、迈斯福、云内 2.5 等 3.0L 级发动机，合资品牌 +3.0L 级更受青睐；9m：主要增量在 6 缸 180 发动机。

2016 年重型载货车市场

中国汽车流通协会汽车市场研究分会（乘联会） 杨再舜

一、政策法规分析

我国重型卡车市场历来都是最重要最典型的国民经济的“风向标”、“晴雨表”与“温度计”，尤其与 GDP 休戚与共和休戚相关，具体表现在其市场走势与 GDP 的关联性。但有的年份由于特殊的政策与法规出台，而使其发生重大剧烈的变化。从 2005 年至 2016 年的十一年期间，重型卡车市场前五年系平稳发展期，2010 年在拉动内需经济的“汽车上山下乡”中，由于有政策补贴，于是重卡市场一下冲高至百万辆以上水平，2011 年对其补贴政策退坡和取消后，市场销量迅速下滑。2013 年又呈恢复性增长，2014 年至 2015 年直至 2016 年上半年，重型卡车市场再次出现持续二年半的严重下挫，2015 年重卡市场销量竟然下跌近 30 个百分点的负增长率，治超限载的 GB1589 政策法规的实施以及国四国五排放标准的出台，以及重型卡车市场恢复地增长都是刺激和推动其下半年出现出乎预期之外的超高速正增长之态势。如果以2010年为分水岭的话，重型卡车市场载货车、底盘改装类专用车及驱动形式与马力的产品相对走势还算比较平稳；2010年后，这种相对的平衡关系被打破了，各车型市场表现是起伏不定波浪式走势，充分证明了产品技术与市场细分结构最为复杂的重型卡车市场运行走势的不可捉摸性。

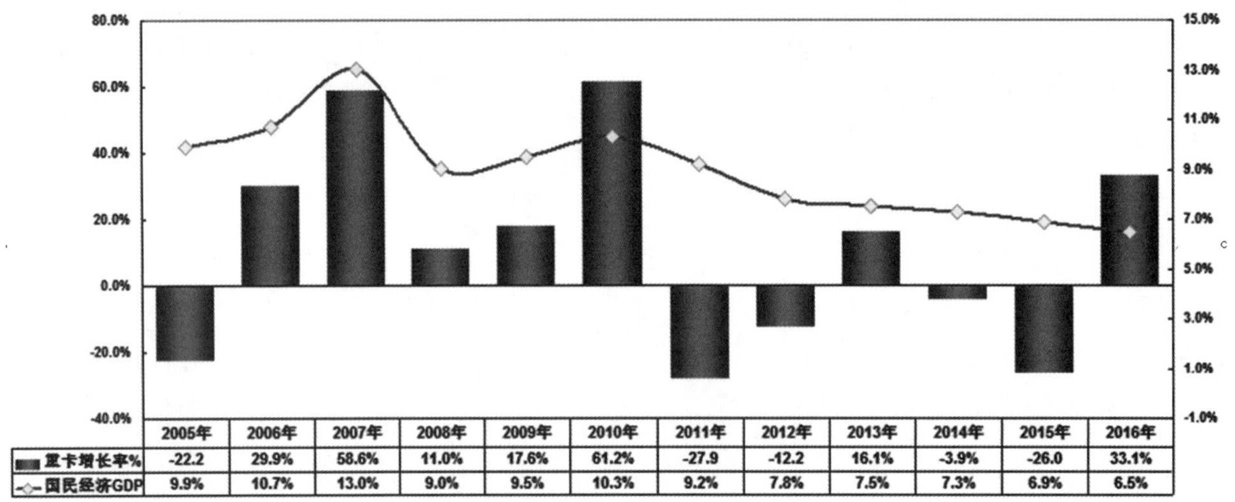

	2005年	2006年	2007年	2008年	2009年	2010年	2011年	2012年	2013年	2014年	2015年	2016年
重卡增长率%	-22.2	29.9%	58.6%	11.0%	17.6%	61.2%	-27.9	-12.2	16.1%	-3.9%	-26.0	33.1%
国民经济GDP	9.9%	10.7%	13.0%	9.0%	9.5%	10.3%	9.2%	7.8%	7.5%	7.3%	6.9%	6.5%

图1　历年国民GDP与重卡走势关系图

2016年8月交通部、发改委、工信部、公安部、国家质检总局五部委联合制定了《整治公路货车违法超限超载行为专项行动方案》。此治超新政的快速实施，促使物流企业加速更新改造不合规的车辆运输车，导致单车运力下降并在很大程度上带动重卡市场需求快速释放。

2016年9月21日起，在全国各地将严格执行GB1589新国标，禁止“双排车”通行，并计划2017年年底前完成60%不合规车辆运输车的更新改造，2018年7月1日，符合新标准的车辆比重将达100%。根据GB1589—2016新法规和《超限运输车辆行驶公路管理规定》，公安部和交通部从9月21日启动整治公路货车违法超限超载行为专项行动。

新国标GB1589的出台以及921政策的实施，对车辆的长度和重量都做了严格的限制。新版GB1589是在老版本的基础上升级，主要针对车辆的外廓尺寸、轴荷和重量进行了部分调整。新版GB1589在这方面的变动还是较大，这关系到用户在新规下对于车辆的选择。尤其在冷藏车方面，宽度由原来的2550mm增加到2600mm，在厢体内可以平行放置两个1200mm*1000mm的托盘，这对于冷藏车无疑是利好。

新版GB1589的发布使我国卡车行业向着标准化、规范化的进程迈出了坚实的一步，促进了市场的良性循环与公平竞争，改善了卡车销售大环境。面对同一个法规，处于同一条起跑线上，主机厂会根据不同战略需求选择主攻的市场方向，例如新版本GB1589增加的中置轴车型，结合当地市场需求，增添并推出更多适销车型惠顾，经销商则会根据主机厂的战略部署进行市场推广。

根据新的超载认定标准：货运市场主流的6×4六轴车车货总重从55吨下降到49吨；双前轴6×2牵引车组成的六轴半挂车总重从55吨下降46吨；8×4载货车总重从40吨下降到31吨。这直接导致了社会上很多6×2运煤车、物流车和散配货车辆的用户再也无法超限超载，迫使将其现6×2车辆换成6×4牵引车，占据其七、八成市场份额的6×2牵引车，作为曾经的六轴车主力车型会被6×4六轴车车型所取代，进而推动市场换车高潮的提前到来。

值得关注的是：新版GB1589对货车限制长度为12米，但并未限轴，二轴列车还可以通过增加一轴挂车，将总重限额增加至27吨。这正如卡车之家指出的：“虽然看车型标示的是中置轴挂车列车，大概需要A2

证，但增加这 9 吨载重之后，二轴车可算质变了。货车列车是中置轴挂车和全挂列车两种车型的总称，这次新国标规定货车列车总长度上限为 20 米，相较半挂车的 17.1 米限值，长度多出来 2.9 米。虽然因为最大车货总重和半挂车一致，货车列车也无法载得更重，但多出来的这 2.9 米长度可以转化为空间，增加货箱容积。这对于快递货物或者集团物流，弥足珍贵。二轴列车完全可以填补超长集装箱半挂车被限造成的市场空缺，安全性、成本等方面也都更有保证。而且拆下来挂车就是 9.6 米大单桥，做到利益最大化。”

新版 GB1589 法规的实施，虽然带动了现阶段重卡市场的繁荣，尤其是拉动 6×4 牵引车增量，但又严重压制了市场上被普遍运用的 6×2 车型的市场销量。新版 GB1589 法规规定：6×2 车型总重不能超过 46 吨，而 6×4 车型总重不得超过 49 吨。由于 6×4 车型能够比 6×2 车型多拉 2 吨多的货物，因此在现阶段受到市场的欢迎，从而带动了当前市场的销售热度。无论是 6×4 还是 6×2 车型都可载重 55 吨，但由于 6×2 车型自重轻、价格低，因此优势明显。新法规实施后，6×4 车型的载重能力更好，拉得更多，能够为重载用户带来更高的利润，因此，用户选择第一时间购买 6×4 车型。从目前看，购买 6×4 车型的用户多为散户，他们更迭车辆的周期较长，从长期使用角度看，6×4 车型更具优势。而车队更迭车辆周期较短，6×2 车型价格低，显然性价比更高一些，诸如快递、散货类运输等对车辆载重要求较低的市场，6×2 车型更具优势。

二、市场走势分析

2016 年，重卡（含各类底盘）累计销售 73.29 万辆，累计同比增长 33.1%，远超卡车行业增速 8.82%。从 2016 年 2 月重卡销量增速转正后，二、三、四季度重卡市场销量持续强劲放量，这一罕见的市场“井喷”态势依然在延续，导致无车可卖，但这也会透支 2017 年一季度或上半年的市场销量。

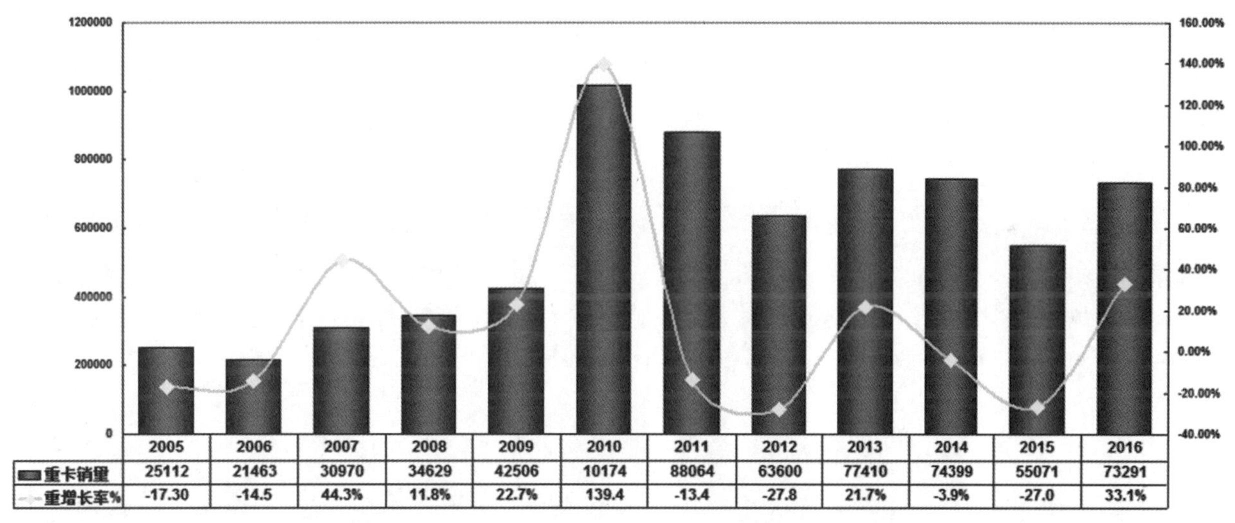

	2005	2006	2007	2008	2009	2010	2011	2012	2013	2014	2015	2016
重卡销量	25112	21463	30970	34629	42506	10174	88064	63600	77410	74399	55071	73291
重增长率%	-17.30	-14.5	44.3%	11.8%	22.7%	139.4	-13.4	-27.8	21.7%	-3.9%	-27.0	33.1%

图 2　2005 年 – 2016 年重型卡车销量及增长率情况

2016 年，在整体物流市场环境的变化和法规的利好影响下，重卡市场销量出现井喷火爆既在意料之中，也在意料之外。尤其是在下半年，除治超限载新政重磅实施外，重型卡车市场亦迎来了淘汰黄标车以及更新老旧车的换车高峰期，重型卡车的新老车的换车更新周期一般为 5 年左右（使用工况恶劣的工程车例外，绝大多数为 3—4 年）。2010—2014 年我国重卡产销量处于历史需求高峰期，本应前年和去年为大范围大规模的换车期，因国民经济和运输行业不景气，故导致重卡新老车型替换周期推迟了 1—2 年，预计从 2016 年起至 2017 年上半年，正值更新换代之际，新政的出台对于重卡的型号要求及年检各方面进一步规范，加速了重卡老旧车辆的淘汰，将会出现一个换车需求逐渐走强的高峰期，特别是轻量化车型成为首选目标车型，导致这部分车辆出现卖断货的情况。由此可见，未来节能减排环保的轻量化车型将会成为主流

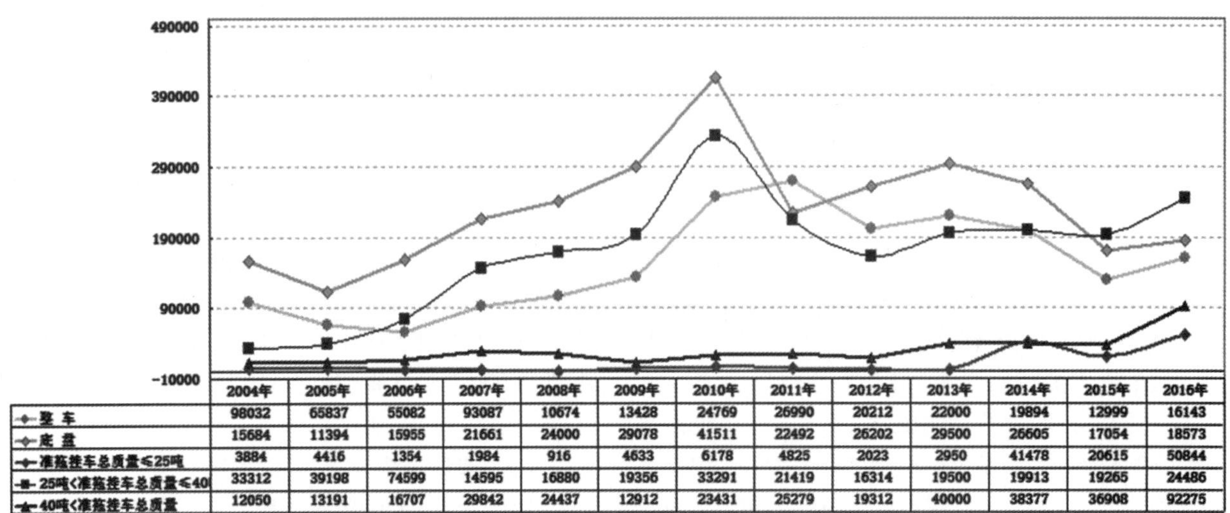

	2004年	2005年	2006年	2007年	2008年	2009年	2010年	2011年	2012年	2013年	2014年	2015年	2016年
整车	98032	65837	55082	93087	10674	13428	24769	26990	20212	22000	19894	12999	16143
底盘	15684	11394	15955	21661	24000	29078	41511	22492	26202	29500	26605	17054	18573
准拖挂车总质量≤25吨	3884	4416	1354	1984	916	4633	6178	4825	2023	2950	41478	20615	50844
25吨<准拖挂车总质量≤40	33312	39198	74599	14595	16880	19356	33291	21419	16314	19500	19913	19265	24486
40吨<准拖挂车总质量	12050	13191	16707	29842	24437	12912	23431	25279	19312	40000	38377	36908	92275

图 3　2004 年－2016 年整体重卡销路走势图

主力车辆。

从 2010 年至 2016 年的七年之中，在重型卡车市场结构中，可以发现货车整车以及底盘类市场的逐年走低萎缩；而各驱动形式的牵引车市场却在走高扩大比重中，这是我国经济发展、社会结构性分工不断细化导致各类专用车市场需求增量与城乡物流市场发生了较大变化的共同结果使然，预期这种发展趋势将会继续延续下去。

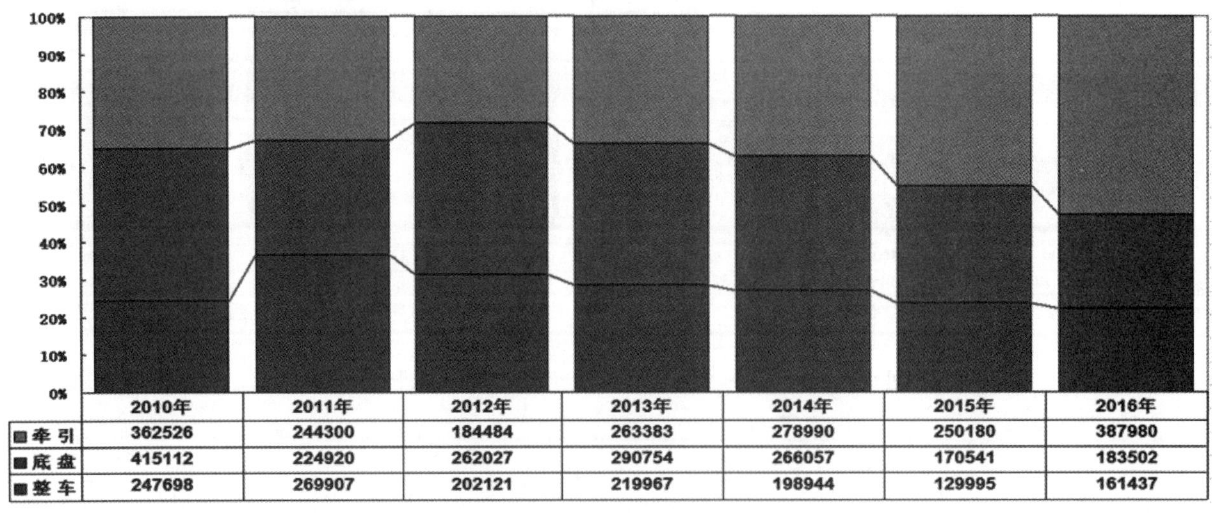

	2010年	2011年	2012年	2013年	2014年	2015年	2016年
牵引	362526	244300	184484	263383	278990	250180	387980
底盘	415112	224920	262027	290754	266057	170541	183502
整车	247698	269907	202121	219967	198944	129995	161437

图 4　2010 年－2016 年重型卡车市场结构图表

从 2004 年至 2016 年，无论是政策法规、排放及各项技术标准，以及治超限载，重型卡车产品与市场的发展趋势是高速重载大马力、多轴与轻量化以及节能环保化。此外，专用和特种趋势化也在不断地扩大中。当下我国重型卡车市场已经呈现出“百花齐放、百家争鸣”的与国际接轨发展大趋势，代表着我国汽车科技的最高水平。

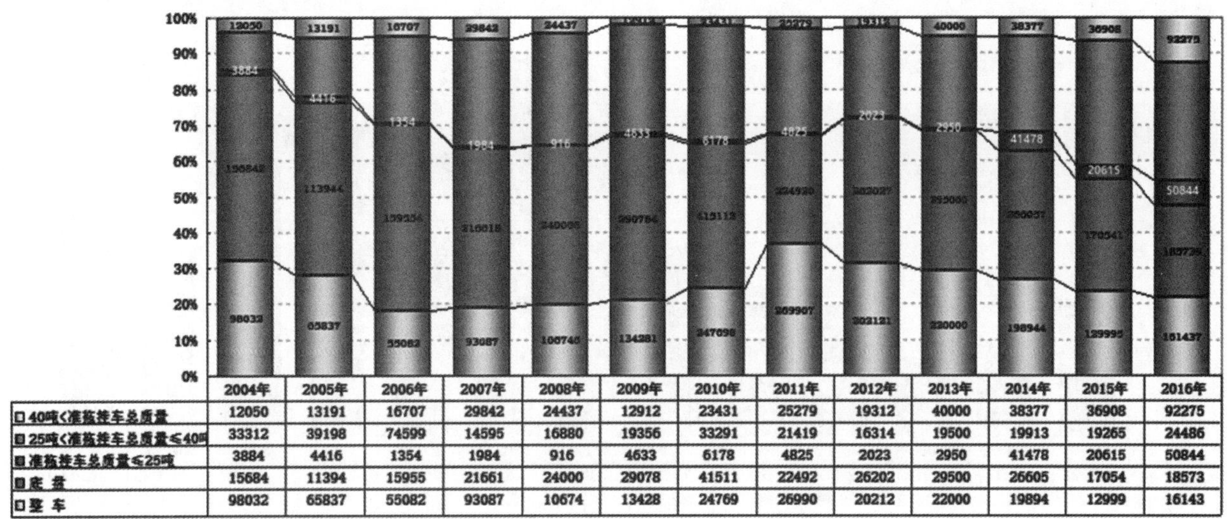

	2004年	2005年	2006年	2007年	2008年	2009年	2010年	2011年	2012年	2013年	2014年	2015年	2016年
40吨<准牵挂车总质量	12050	13191	16707	29842	24437	12912	23431	25279	19312	40000	38377	36908	92275
25吨<准牵挂车总质量≤40吨	33312	39198	74599	14595	16880	19356	33291	21419	16314	19500	19913	19265	24486
准牵挂车总质量≤25吨	3884	4416	1354	1984	916	4633	6178	4825	2023	2950	41478	20615	50844
底盘	15684	11394	15955	21661	24000	29078	41511	22492	26202	29500	26605	17054	18573
整车	98032	65837	55082	93087	10674	13428	24769	26990	20212	22000	19894	12999	16143

图 5　2004 年 – 2016 年重型卡车分车型市场份额比重图

从 2016 年重型卡车市场分月销量走势可以看出，上半年低于前年而略高于去年；下半年三季度基本上与前年持平而高于去年，四季度市场销量开始全面发力而高于前年和去年同期，总体重型卡车市场走势还是按照往常的销量淡旺季节性性变化而变化。

在 2010 年之前，我国重型卡车市场以载货卡车为主，牵引车及专用车为辅，但 2010 开始至今，则以之相反，这是中国社会经济高速发展、社会分工进一步细化与物流业快速发展与最优化方案选择的必然结果。重载化、轻量化、大马力化以及多轴化将成为发展大方向和总趋势。

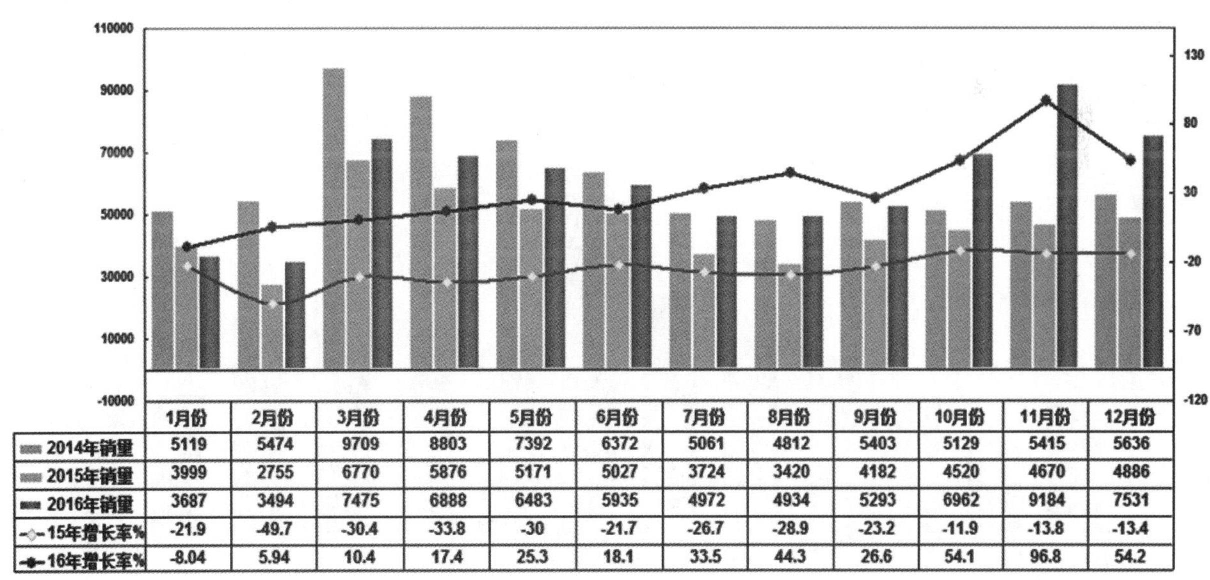

	1月份	2月份	3月份	4月份	5月份	6月份	7月份	8月份	9月份	10月份	11月份	12月份
2014年销量	5119	5474	9709	8803	7392	6372	5061	4812	5403	5129	5415	5636
2015年销量	3999	2755	6770	5876	5171	5027	3724	3420	4182	4520	4670	4886
2016年销量	3687	3494	7475	6888	6483	5935	4972	4934	5293	6962	9184	7531
15年增长率%	-21.9	-49.7	-30.4	-33.8	-30	-21.7	-26.7	-28.9	-23.2	-11.9	-13.8	-13.4
16年增长率%	-8.04	5.94	10.4	17.4	25.3	18.1	33.5	44.3	26.6	54.1	96.8	54.2

图 6　2014 年 – 2016 年重型卡车分月份销量同比图表

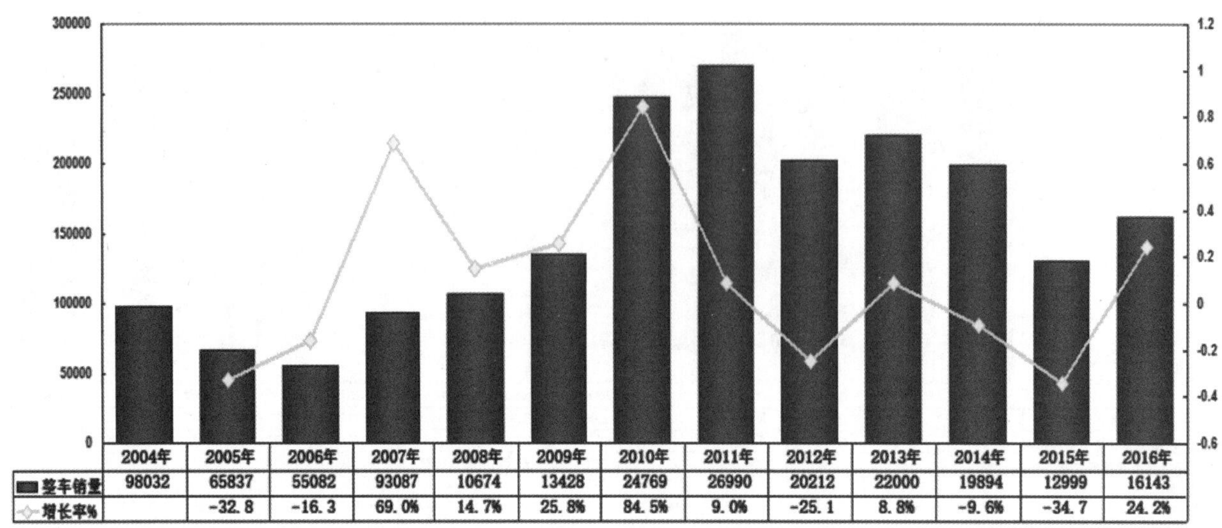

	2004年	2005年	2006年	2007年	2008年	2009年	2010年	2011年	2012年	2013年	2014年	2015年	2016年
整车销量	98032	65837	55082	93087	10674	13428	24769	26990	20212	22000	19894	12999	16143
增长率%		-32.8	-16.3	69.0%	14.7%	25.8%	84.5%	9.0%	-25.1	8.8%	-9.6%	-34.7	24.2%

图 7　2005 年 – 2016 年整车销量及增长率情况

从 2004 年至 2010 年，重型卡车底盘市场呈现出快速发展之势，这是一些专业特种行业的需求所致，如建筑行业的砼车、军、警用车、工程类的搅拌车、自卸车、渣土车以及消防车、冷链车、物流厢式车等。2011 年至今，重卡底盘类随着国民经济的低速增长与刺激性政策的减少，国家、地方上大、中、小基建工程的停建、缓建，其市场销量大幅回落而回归理性的发展态势。预期未来随着国民经济的恢复性增长以及社会需求，其市场销量也将有所相应性地增长。

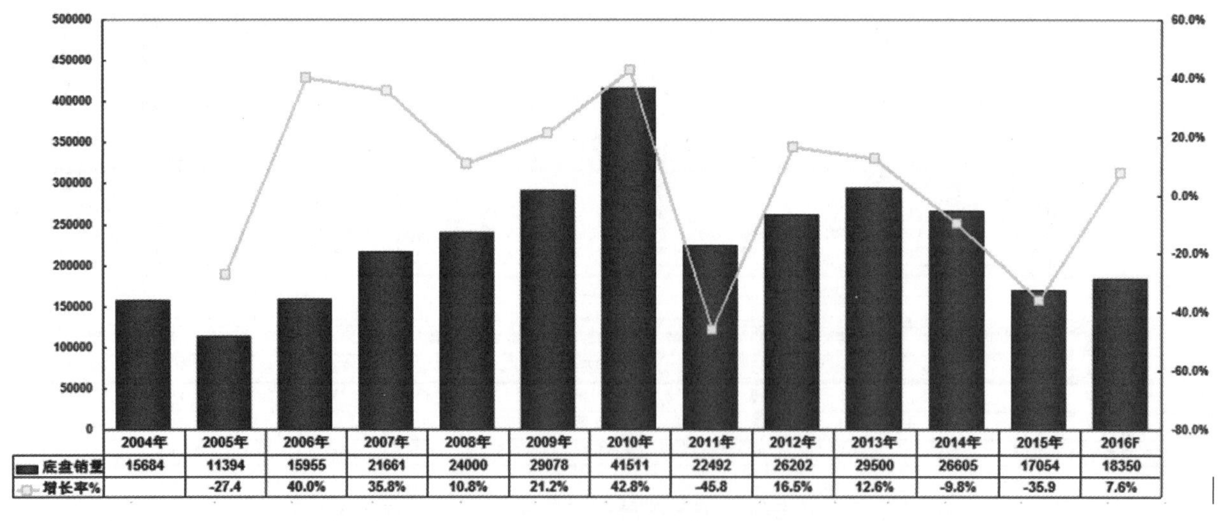

	2004年	2005年	2006年	2007年	2008年	2009年	2010年	2011年	2012年	2013年	2014年	2015年	2016F
底盘销量	15684	11394	15955	21661	24000	29078	41511	22492	26202	29500	26605	17054	18350
增长率%		-27.4	40.0%	35.8%	10.8%	21.2%	42.8%	-45.8	16.5%	12.6%	-9.8%	-35.9	7.6%

图 8　2005 年 – 2016 年重卡底盘销量及增长率情况

低吨位载质量的重型卡车市场在 2013 年之前一直处于低速或负增长率的发展态势，此后的四年中除 2015 年市场销量严重下降外，2016 年再次出现高速增长态势，这与治超限载与部分宽体长轴矩长货厢中卡升级后迫使重型卡车产品下移争夺战的结果。

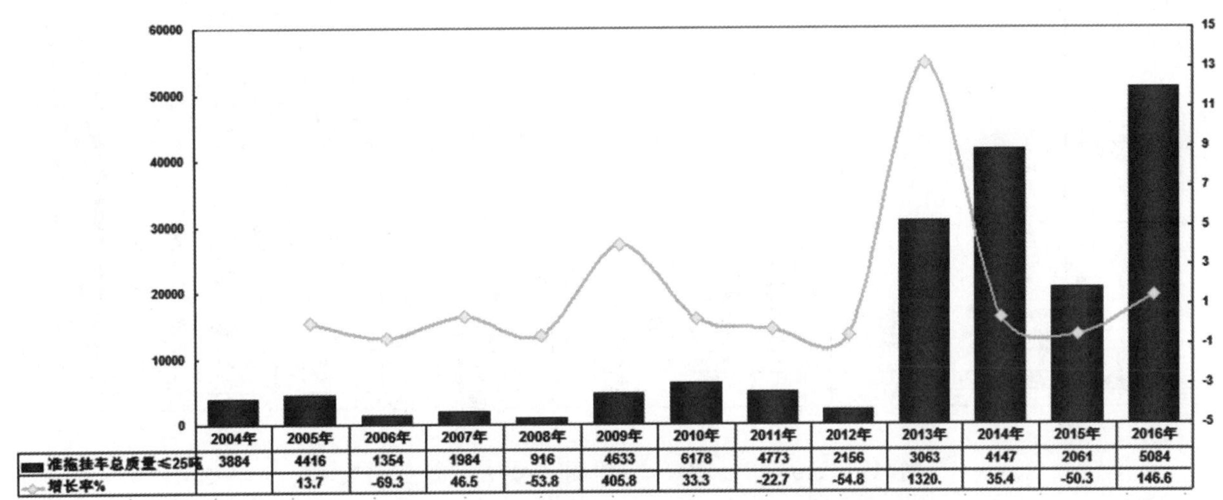

图 9　2004 年 – 2016 年≤ 25 吨重卡销量及增长率情况

如果以 2010 年为标志，这一年这一吨位段的重型卡车市场呈现出超高速的增长率极不正常，这是经济刺激性政策的结果。若剔除这一年份，从 2007 年至 2016 年这一吨位段的市场销量最大，且市场走势还是尚属比较平稳而起伏性不大的发展状态，因这一吨位的重型卡车市场份额占比最大，其市场走势决定了重型卡车市场的走势格局。

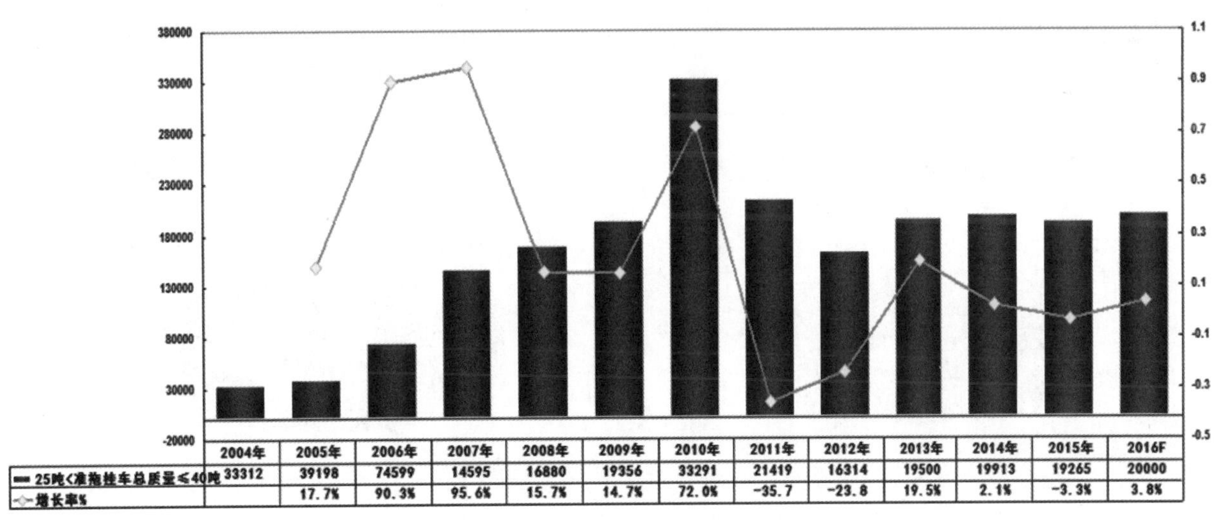

图 10　2005 年—2016 年 25 吨＜准拖挂车总质量≤ 40 吨销量及增长率

从 2004 年至今的十三年期间，整体上这一大吨位段的重卡产品的市场销量走势趋向于加大，尽管在前几年的“治超限载”政策以及 20016 年 GB1589 号治超限载政策如何严厉，但还是抵挡不住这一与世界汽车接轨后节能环保的大马力、重载轻量化这一大发展趋势，这是现阶段我国经济发展与市场发展的必然选择的结果。

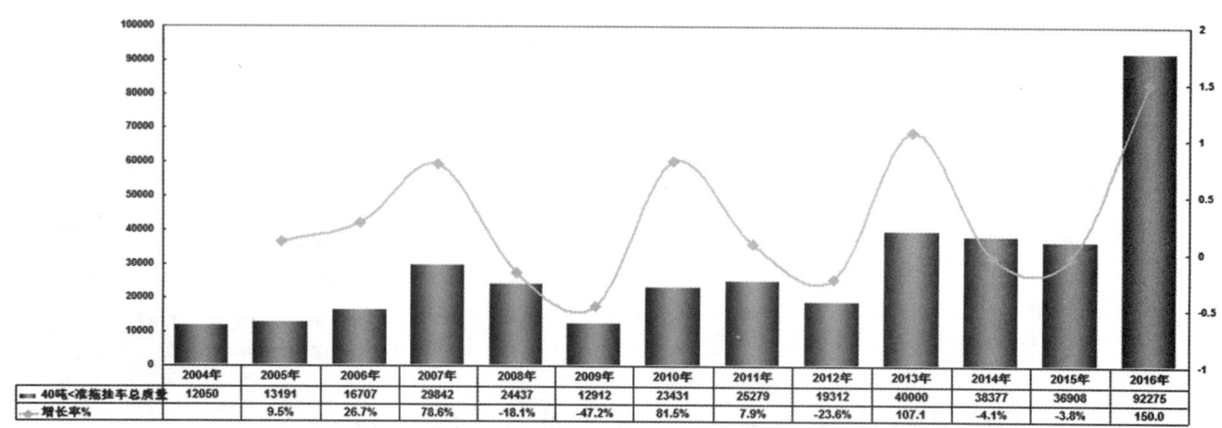

	2004年	2005年	2006年	2007年	2008年	2009年	2010年	2011年	2012年	2013年	2014年	2015年	2016年
40吨<准拖挂车总质量	12050	13191	16707	29842	24437	12912	23431	25279	19312	40000	38377	36908	92275
增长率%		9.5%	26.7%	78.6%	-18.1%	-47.2%	81.5%	7.9%	-23.6%	107.1	-4.1%	-3.8%	150.0

图 11　2005 年—2016 年 40 吨＜重卡销量及增长率

2013 年重型卡车分车型市场比重

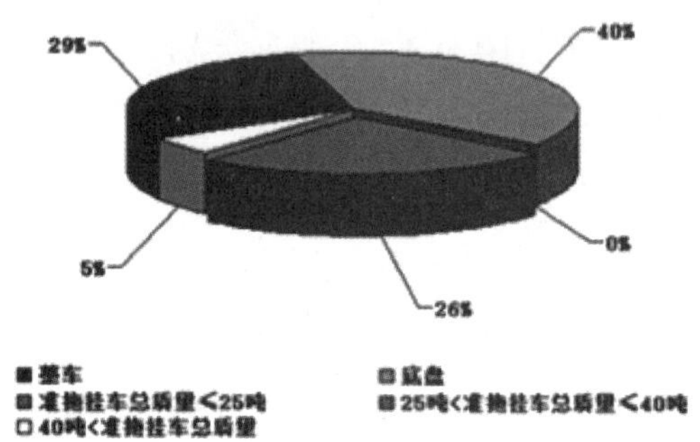

2014 年重型卡车分车型市场比重

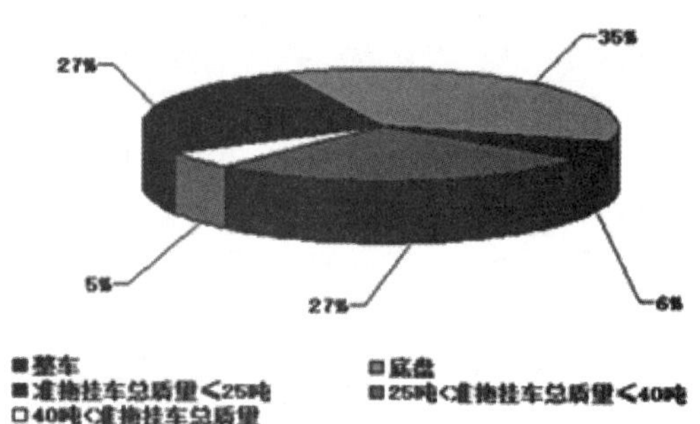

2015 年重型卡车分车型市场比重

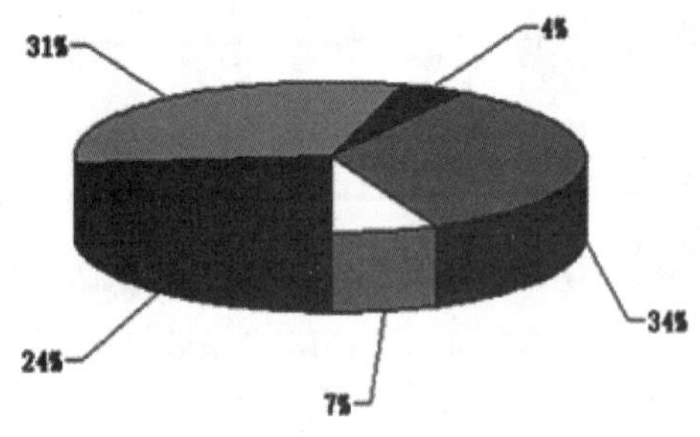

2016 年重型卡车分车型市场比重

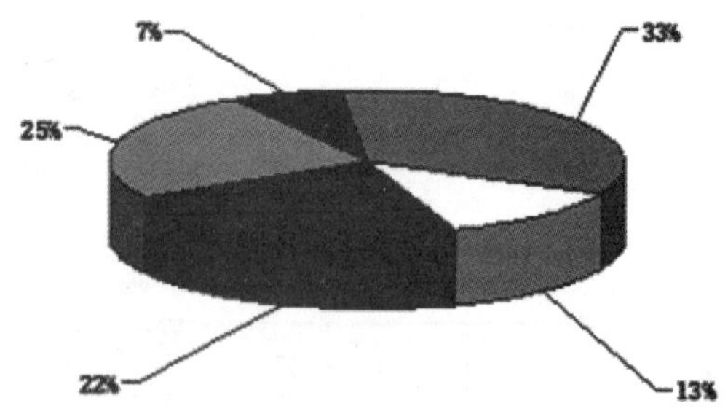

图 12

三、分品牌市场销量分析

2015 年，各大主流重卡品牌市场销量全部呈负增长率状态；2016 年则与之相反，各大细分车型品牌都全呈两位数的正增长率，尤其以合资重卡车企为甚，自主品牌重卡市场也是成绩菲然而可圈可点，虽市场竞争异常惨烈但其总体市场格局却基本变化不大。

准拖挂车总质量≤25 吨，这一载质量（吨位）段市场以一汽解放为主，但 2016 年以江淮重卡的强势介入并打破了多年以来的市场格局。

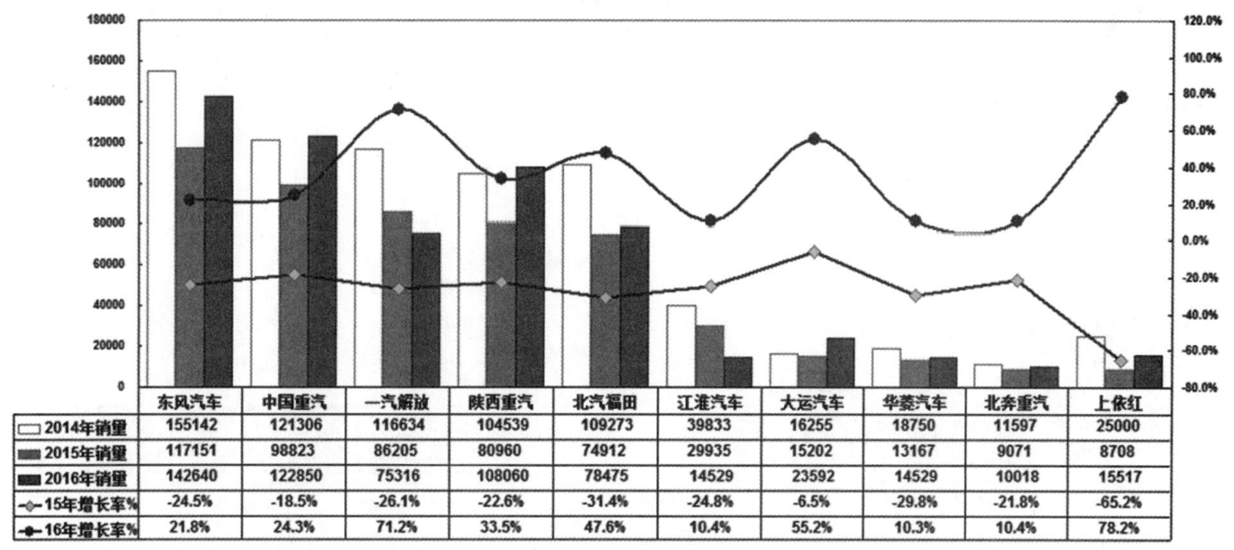

	东风汽车	中国重汽	一汽解放	陕西重汽	北汽福田	江淮汽车	大运汽车	华菱汽车	北奔重汽	上依红
2014年销量	155142	121306	116634	104539	109273	39833	16255	18750	11597	25000
2015年销量	117151	98823	86205	80960	74912	29935	15202	13167	9071	8708
2016年销量	142640	122850	75316	108060	78475	14529	23592	14529	10018	15517
15年增长率%	-24.5%	-18.5%	-26.1%	-22.6%	-31.4%	-24.8%	-6.5%	-29.8%	-21.8%	-65.2%
16年增长率%	21.8%	24.3%	71.2%	33.5%	47.6%	10.4%	55.2%	10.3%	10.4%	78.2%

图 13　2014 年－ 2016 年主流重卡品牌水量及增长率图表

2014 年重型卡车分品牌市场份额

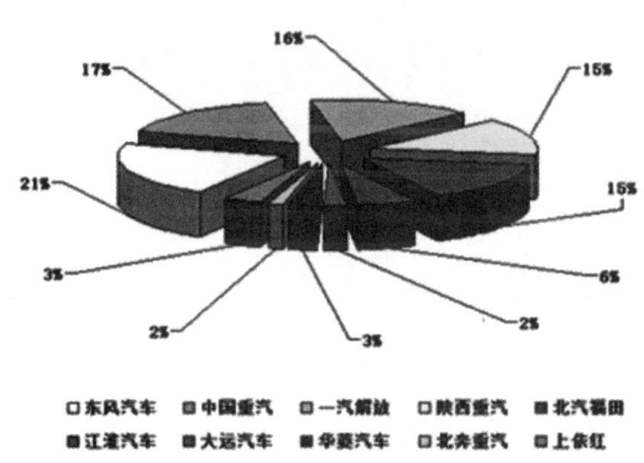

2015 年重型卡车分品牌市场份额

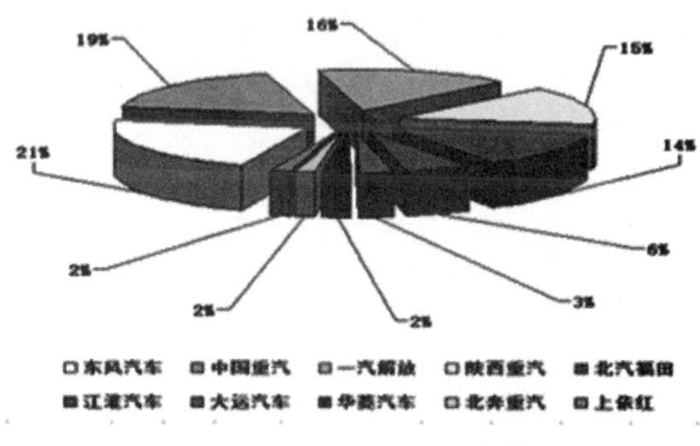

2016 年重型卡车分品牌市场份额

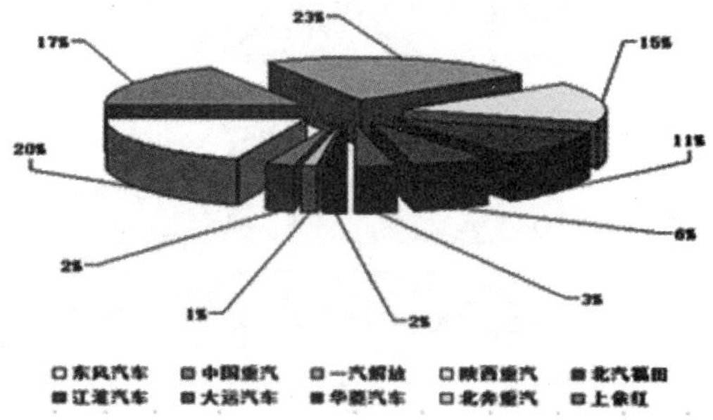

图 14

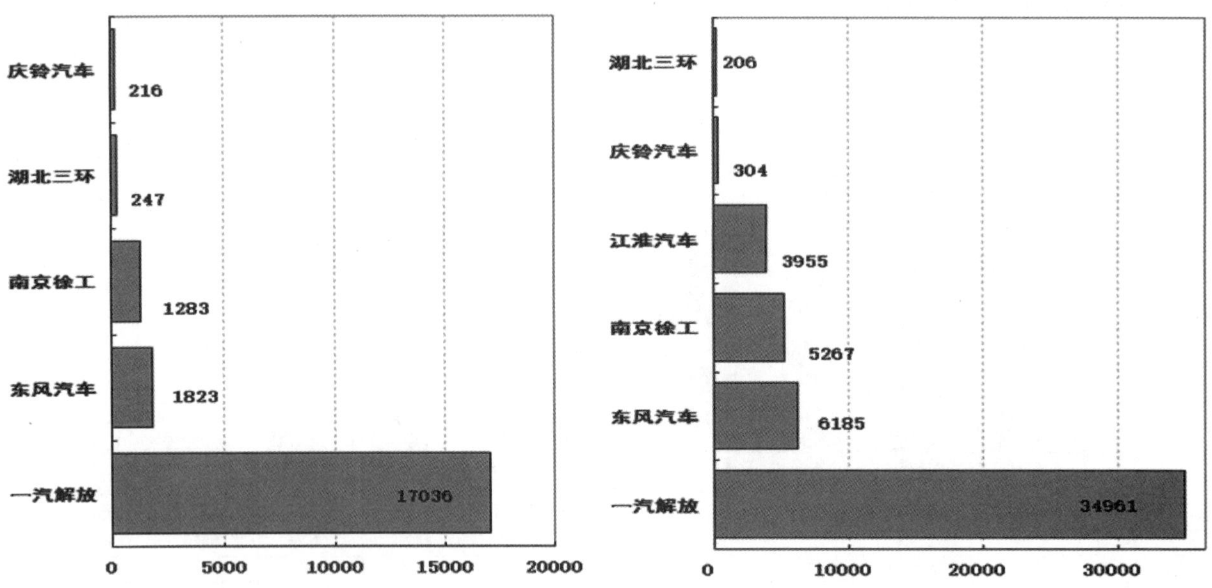

图 15

25 吨＜准拖挂车总质量≤ 40 吨，这一载质量（吨位）段市场格局多年来相对比较稳定，特别大的此消彼涨的发展态势并没发生。

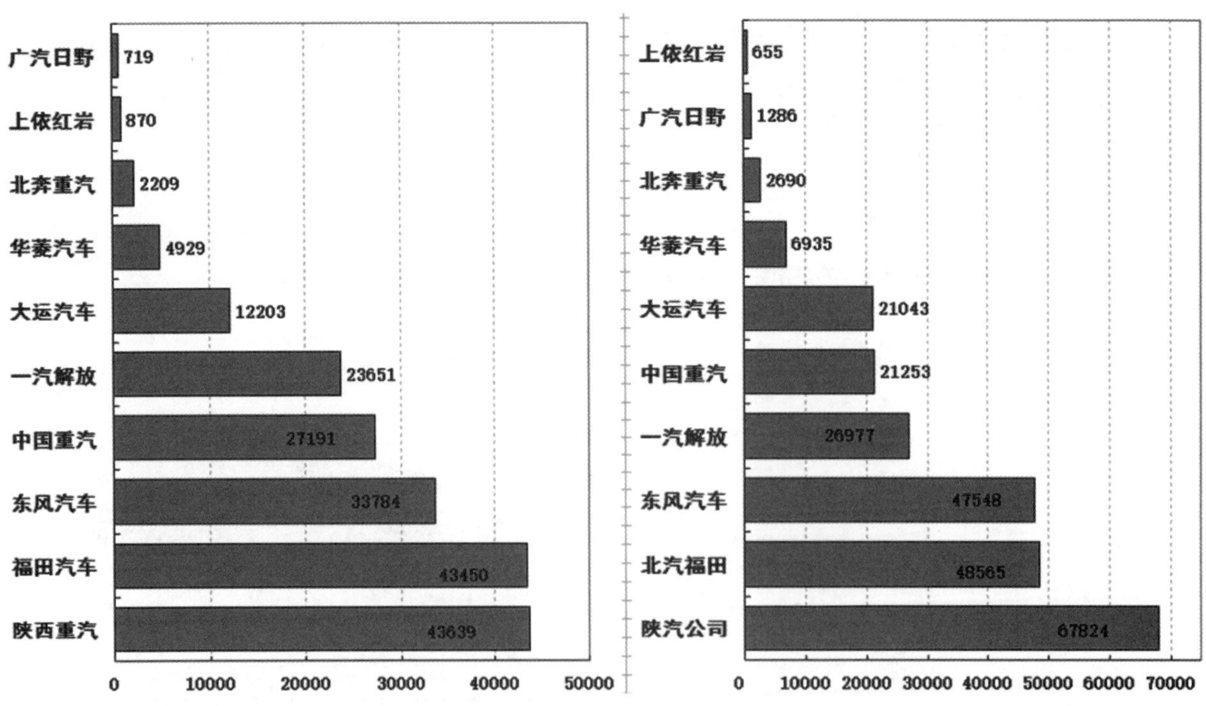

图 16

40 吨 < 准拖挂车总质量度，这一载质量（吨位）段市场格局越来越集中，以自制生产大马力重卡车企为主而称王称霸。

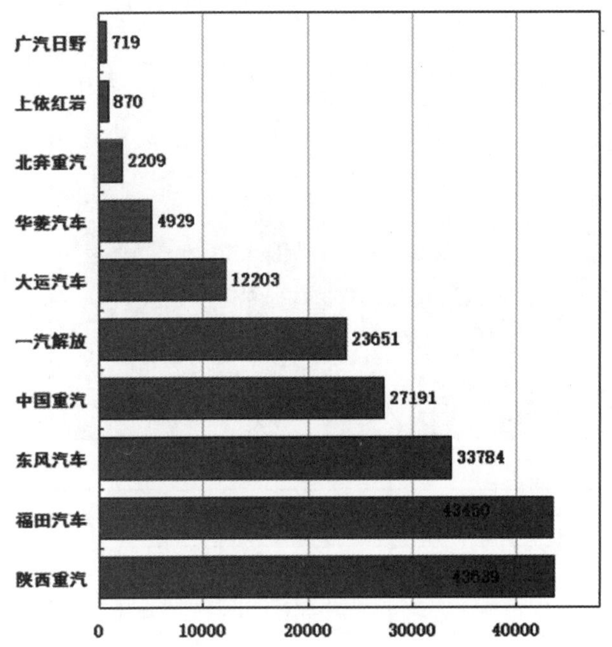

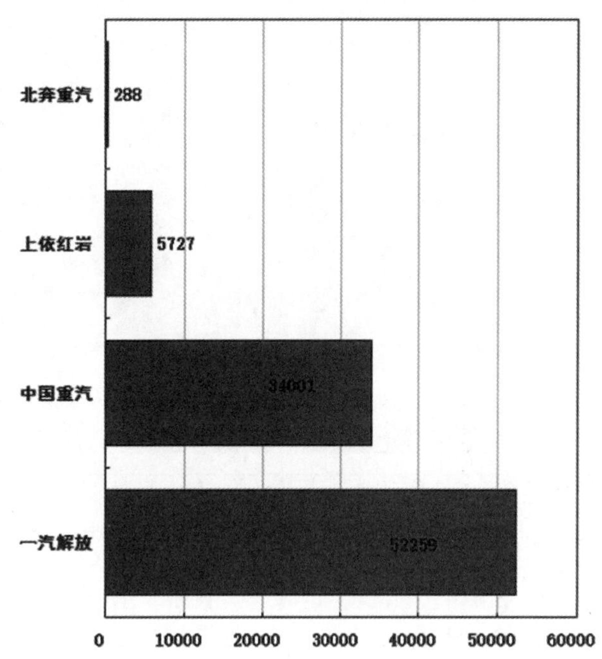

图 17

2016 年低速汽车市场

中国农业机械工业协会农用运输车分会 吕树盛

2016 年 12 月 31 日，诞生于农村、服务于“三农”的低速货车彻底退出历史舞台。只具备低速货车生产资质的企业除了部分转型为专用汽车企业外，其余的低速货车生产企业彻底失去了原有的农村汽车市场。低速货车生产企业在最后一年以清库存为重点的营销活动中表现差强人意，但三轮汽车市场却保持了稳定的发展态势。

一、低速汽车市场整体情况

根据中国农机工业协会农用运输车辆分会的统计，2016 年低速汽车总产量达到 299.17 万辆，同比减少了 1.05%。其中三轮汽车总产量 261.85 万辆，同比增长了 1.06%；低速货车总产量 37.32 万辆，同比下降了 13.69 个百分点。低速货车产销量的下降，抵消了三轮汽车微增长对整个低速市场的拉动作用。

工信部 2014 年发文要求，2016 年低速货车新产品执行与轻型载货汽车同等的节能与排放标准。根据《道路机动车辆生产企业及产品公告》发布信息显示，2016 年低速货车并无安装与汽车排放等同的发动机新产品公告的发布，低速汽车新产品还是以三轮汽车为主。

低速货车虽然同比减少了近 6 万辆，但销量却超过 37 万辆，低速货车在 2016 年清库存的过程中，表现还算差强人意，并没有出现大规模滞销现象或大幅下降现象，低速货车基本完成了库存的清理整顿工作。三轮汽车也未因低速货车的清库存而导致产销量大幅下滑。

从近几年的产销数据看，低速货车实际的产销量整体比较稳定，2011 年—2016 年低速货车产销量平均维持在 42 万辆左右；三轮汽车除 2014 年增速同比下降较快外，近三年增速基本持平，产销稳定（见图 1）。

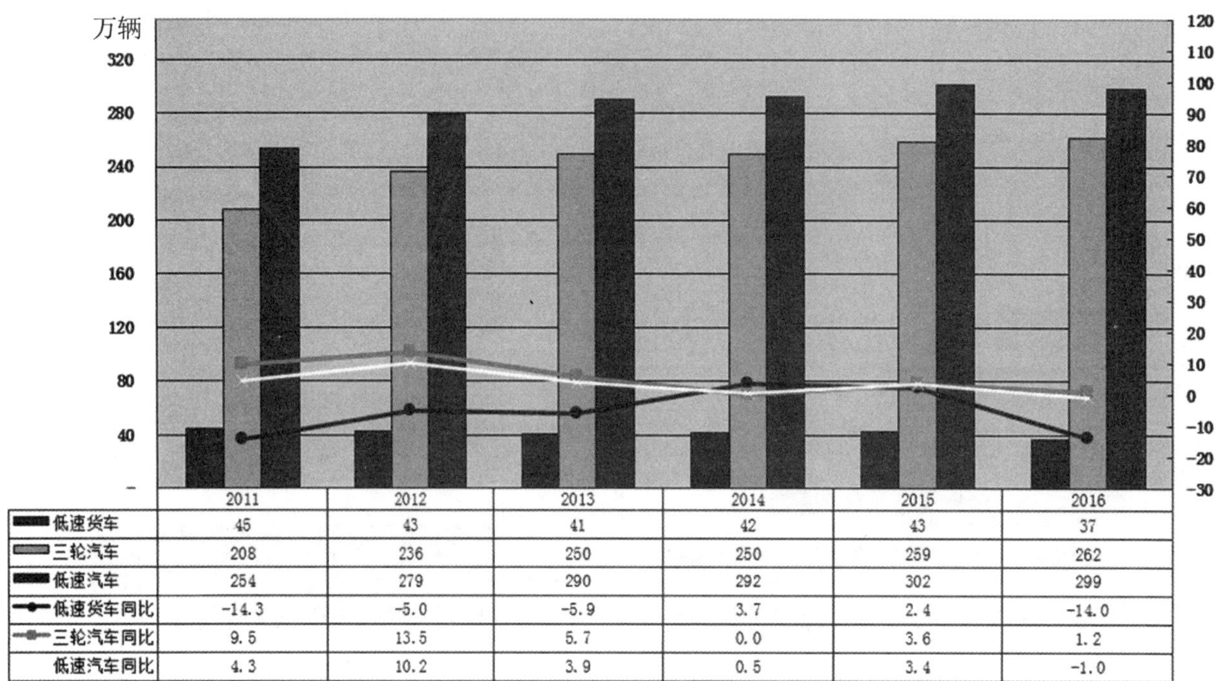

	2011	2012	2013	2014	2015	2016
低速货车	45	43	41	42	43	37
三轮汽车	208	236	250	250	259	262
低速汽车	254	279	290	292	302	299
低速货车同比	-14.3	-5.0	-5.9	3.7	2.4	-14.0
三轮汽车同比	9.5	13.5	5.7	0.0	3.6	1.2
低速汽车同比	4.3	10.2	3.9	0.5	3.4	-1.0

图 1　2011 年 – 2016 年三轮汽车和低速货车产量走势图

二、低速汽车产量月度情况

1. 低速货车

2016 年低速货车月度销售同比都进入了下降期，但下降比例低于预期。1 月份的开局，本已进入“寒冬”的低速货车产销量同比下降了 17.6 个百分点，产销减少了 4800 多辆，整个行业销售信心受到了重大打击。不过进入 2 月份后，低速货车月销售量表现较好，3 月份的产量达到了 3.87 万辆，基本达到全年月度产量的最高点，但降幅同比开始下降。直到 5 月份，低速货车的产销量同比仅下降了 1.5 个百分点。但是进入 6 月份，低速货车同比下降了 33 个百分点，产销量仅有 2.2 万辆，同比减少了 1 万多辆。7 月份，低速货车的降幅大幅回落，仅下降了 14.4 个百分点，8 月份的同比降幅仅为个位数字，下降了 9.4 个百分点。进入 9 月份，低速货车产销量再次同比下降 12 个百分点，10 月份下降比例与 8 月份基本相同，但 11 月份的产量同比基本持平，但 12 月份低速货车产量大幅下滑，下降了 25 个百分点。这与低速货车 2016 年以大规模清理库存，减少产量，按订单生产有莫大关系（见图 2）。

2. 三轮汽车

2016 年三轮汽车开局表现不俗，同比增长了 7 个百分点，产销增加了 1 万多辆。三轮汽车前 5 个月产销量均有不同程度的增加，增长态势平稳。6 月份、7 月份和 8 月份，三轮汽车产销量持续下滑，累计产销量减少了 4.5 万辆。特别是 6 月份三轮汽车产销量达到了今年的最大降幅，同比减少了 9.17 个百分点，产销量减少 1.7 万辆。进入 9 月份，产销量有所回升，增长了 7.02 个百分点； 10 月份的产销量的增长达到了全年的最高点，增长了 9 个百分点，产量一度达到 2.22 万辆。进入 11 月份，三轮汽车的产量小幅增长，增长了 5400 多辆，12 月份虽然再次下降，但下降幅度不大仅有 3.3 个百分点，9 月份到 11 月份的稳定增长，拉回了全年有四个月下降对整个行业的不利影响（见图 3）。

三、行业生产集中度情况

2016 年，低速货车前 10 位企业产量之和占全行业的 94.15%，同比 2015 年增加了 8 个百分点，但前

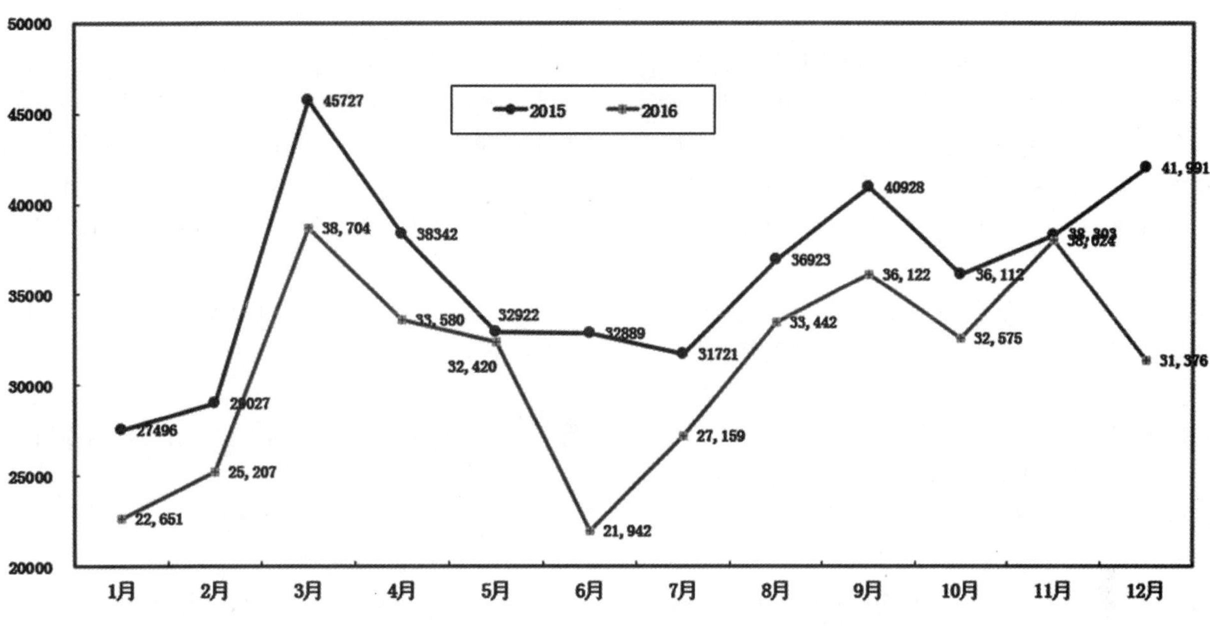

图 2　2015 年－ 2016 年低速货车月产量走势图

产量/量

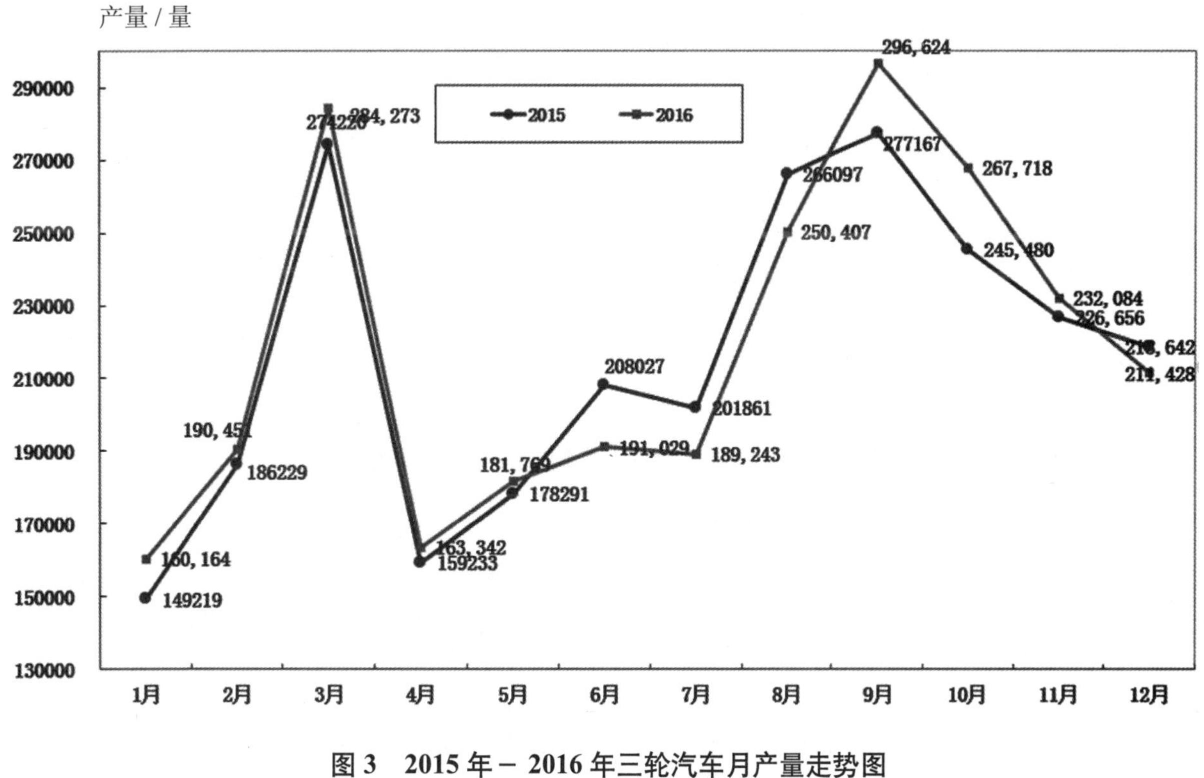

图 3　2015 年－ 2016 年三轮汽车月产量走势图

10 位企业总产量却下降了 5.54 个百分点。三轮汽车前 10 位企业的市场集中度及总产量均保持稳定增长，前 10 名产量之和占全行业的 99.89%，同比增幅 0.6 个百分点，但前 10 名总产量增长 1.6%。

从生产企业看，无论是低速货车或三轮汽车传统的生产量较大的企业，排名基本未发生实质性变化，时风、五征、奔马、福田依然占据着前几名的位置。但后五位的企业变化较大。

从低速货车前10位的企业看，南骏汽车集团有限公司由于申请升级汽车生产资质，2015年位居第5位今年则退出了前10位的争夺，从中国农机工业协会农用运输车分会统计数据看，南骏公司2016年仅销售了4600多辆；同样2015年第7位的江西英田公司，2016年则停产整顿，285批《公告》显示其原车型产品已取消。重汽王牌公司和钦州力顺公司虽然在今年分别位居第8位和第9位，但产销量仅有10200多辆和6900多辆。2016年后3位企业产销量总和仅与2015年第6位的企业产销量接近。

从三轮汽车前10位的企业看，东方曼公司和兰驼集团退出了前10位的争夺，取而代之的分别是2016年排名第8位的五丰机械厂和排名第10位的信阳大别山公司，但产销量分别仅有4700多辆和1900多辆。值得注意的是，排名第7位的企业汝南广源公司三轮汽车产品也仅有11700多辆，同比下降超过20%。三轮汽车产品的市场集中度越来越向前6位集中，前6位三轮汽车总产量占全行业总产量的99.3%，与2015年前十位的总产量占全行业总产量基本一致。

四、低速汽车产品结构情况

与2015年同期相比，2016年三轮汽车依然以载质量500kg、半封闭、自卸、盘式、电启动产品为主，但全封闭驾驶室的三轮汽车增长了近5个百分点，电启动的增长了三个百分点，市场对舒适性、启动性好的三轮汽车需求渐涨；低速货车仍然以载质量1500kg、自卸、排半、四缸机为主流产品，其中自卸低速货车增长了10个百分点，排半低速货车增长了8个百分点，四缸低速货车增长了近9个百分点。低速货车在清理库存的过程中，载重大、自卸型多缸低速货车市场需求较旺盛。

五、行业转型升级情况

2016年低速汽车生产企业转型升级速度进一步加快，截至12月底，累计有32家低速汽车取消资质，转型为专用车或被摩托车等行业合并，其中低速货车取消资质22家，三轮汽车取消资质4家，既有三轮汽车又有低速货车资质的企业取消6家。

2016年轻型客车市场

中国汽车流通协会汽车市场研究分会（乘联会）　杨再舜

2016年全国21家主流狭义轻型客车品牌市场销量为322632辆，累比增长率—16.94%，为2014年以来第三个销量连续下滑的年份。导致轻型客车市场销量持续低迷下跌的主客观因素错综复杂，但作为商用车之一的轻客市场与国民经济息息相关，国民经济的多年不景气系导致其市场需求低迷的主因之外，同时大型微型客车以其性价比的相对优势大举进入日系海狮轻客市场领域；大型低端MPV也抢占了相当一部分的短轴矩低端欧系轻客的市场份额。此外，物流化厢式中型客车也蚕食了一部分长轴矩的日、欧系轻客货运市场。在车管政策上2014年国家两部委联合下发的453文件，自2015年7月1日起，9座及9座以下，长度大于4500mm、宽度大于1680mm，且发动机中置没有ABS的轻客中置发动机产品将不能上牌，日系客货混装车退出舞台。受此强烈政策的影响，进一步导致欧系轻客及前置大型微客更受市场的欢迎。“453法规”直接导致了标准轻客市场主流产品日系海狮类M1车型销量的大幅下降，而宽体轻客趁势逆转，其市场份额已经超过一半

与此同时，2016年对新能源汽车的打假打击整治骗补的强大措施，以及国家/地方政府补贴退坡等，直接导致了下半年纯电动轻客市场销量的大幅下降，骗补和众多假纯电动轻客退出市场，为此纯电动轻客的市场销量锐减。另外，以一些非主流准日系海狮轻客品牌为代表的少量柴油机型轻客产品，因达不到国四或国五标准，进而迫使其被动地退出了市场而被欧

系轻客所填补，尤其是欧系轻客物流车的火热也推动了整体轻客动力总成的“柴油化”发展大趋势。

从这些年我国轻型客车市场发展趋势来看，以日系海狮轻客为代表产品正处于江河日下的态势；而与此同时，以欧美系轻客为代表的产品正处于快速与替代期。此外，另一种介于欧系和日系之间的跨界自主品牌混合型轻客产品也处于方兴未艾的发展变化之中，当下和未来几年中，国产轻型客车市场将会出现日系退而欧系进以及日欧系杂合型轻客的“春秋战国”的市场竞争格局。

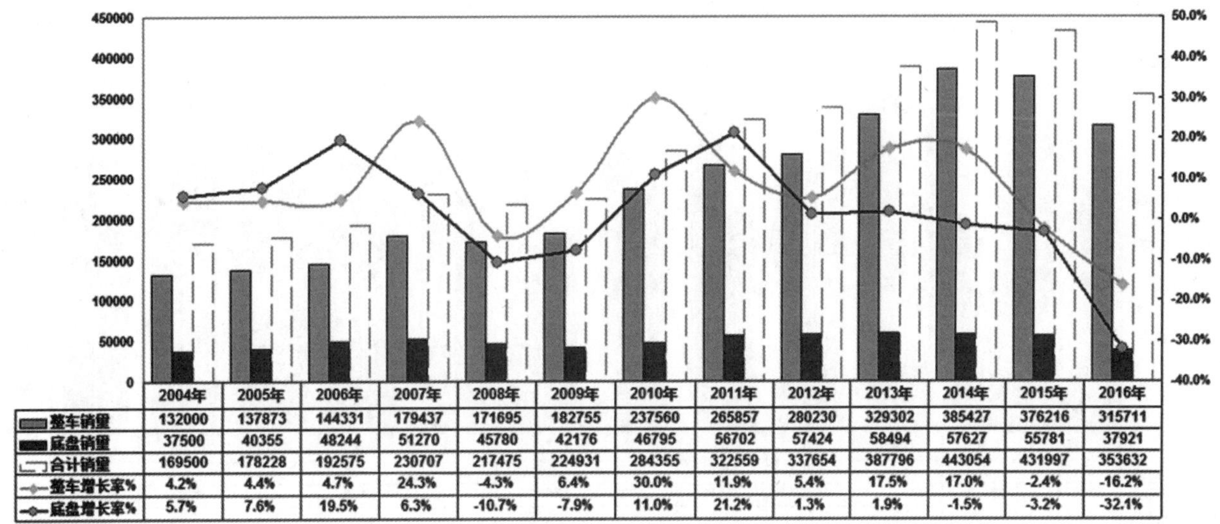

	2004年	2005年	2006年	2007年	2008年	2009年	2010年	2011年	2012年	2013年	2014年	2015年	2016年
整车销量	132000	137873	144331	179437	171695	182755	237560	265857	280230	329302	385427	376216	315711
底盘销量	37500	40355	48244	51270	45780	42176	46795	56702	57424	58494	57627	55781	37921
合计销量	169500	178228	192575	230707	217475	224931	284355	322559	337654	387796	443054	431997	353632
整车增长率%	4.2%	4.4%	4.7%	24.3%	-4.3%	6.4%	30.0%	11.9%	5.4%	17.5%	17.0%	-2.4%	-16.2%
底盘增长率%	5.7%	7.6%	19.5%	6.3%	-10.7%	-7.9%	11.0%	21.2%	1.3%	1.9%	-1.5%	-3.2%	-32.1%

图 1　2016 广义轻型客车销量及增长率图表

从上图表广义轻客销量及增长率可以看出，轻客整车市场销量系从 2015 年才开始下滑，而轻客各类底盘市场销量则从 2014 年就开始下跌至今，进一步拉大了整个轻型客车的市场销量。预期 2017 年随着轻客类各种改装车和各类底盘改装的专用车市场需求量的加大，轻客底盘类的市场容量也将会“水涨船高”，直接或间接地拉高整体轻型客车的市场需求量。从近年来轻客各类产品结构的市场表现看，其宽体化、柴油化、物流化以及专用化这“四化”已经成为发展总体趋势。

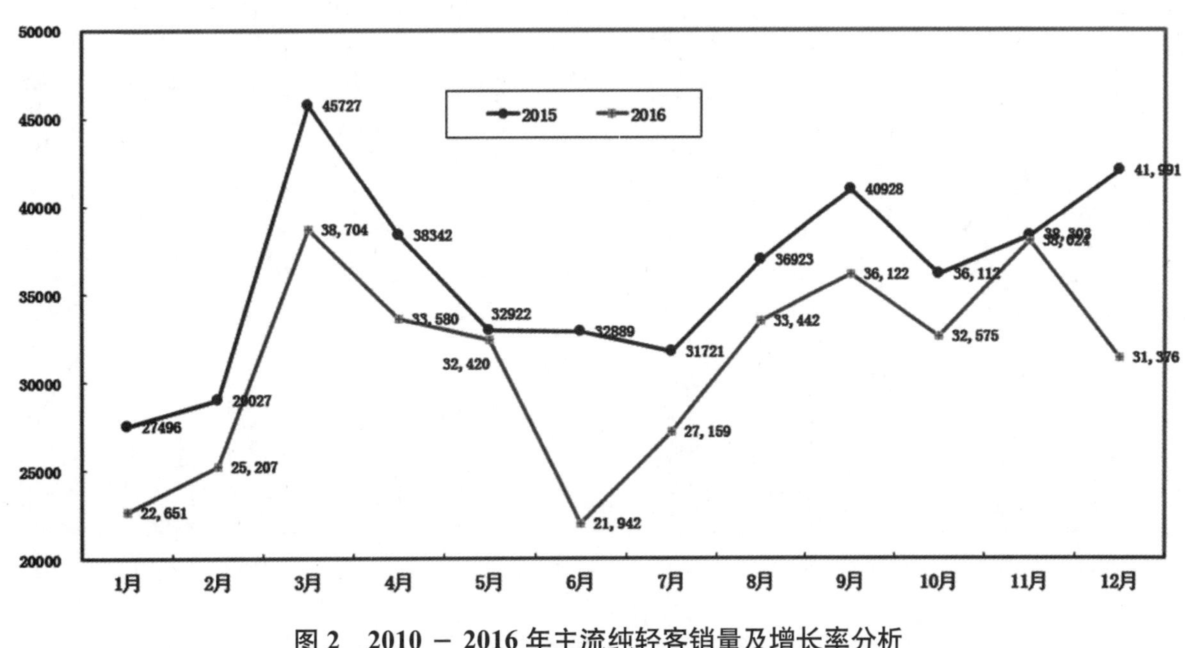

图 2　2010 － 2016 年主流纯轻客销量及增长率分析

从上图表狭义轻客销量及增长率可以看出，2015年狭义轻客市场销量增长率只是跌落近4个百分点，2016年已下滑20个百分点以上，为十年来市场销量下降最大的年份，同时也是近年来商用车类持续市场不景气下挫较严重的车型品系，依此市场销量快速下挫的惯性，预计这一市场下滑的惯性将会持续延伸至明年上半年或全年之中，而不容乐观，特别是在政策上没有支持的给力信息将会发生的情况下，市场难以挂上快速档，预期2017年其市场表现也不容乐观。

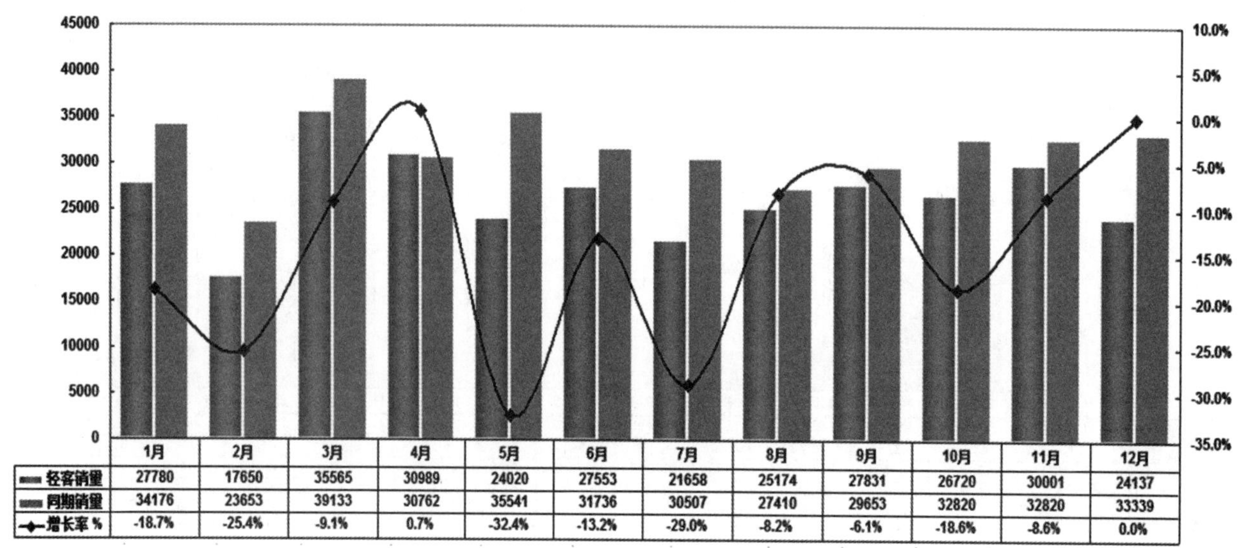

	1月	2月	3月	4月	5月	6月	7月	8月	9月	10月	11月	12月
轻客销量	27780	17650	35565	30989	24020	27553	21658	25174	27831	26720	30001	24137
同期销量	34176	23653	39133	30762	35541	31736	30507	27410	29653	32820	32820	33339
增长率 %	-18.7%	-25.4%	-9.1%	0.7%	-32.4%	-13.2%	-29.0%	-8.2%	-6.1%	-18.6%	-8.6%	0.0%

图3　2016年主流纯轻客逐月销路走势图

从上图表狭义轻客逐月销量及增长率可以看出，2016年逐月销量与同期相比，全呈下降之态势，最大降幅竟达30多个百分点，既使到了历年的所谓销售旺季，但也呈现出萎靡不振和冲量不足的情况，这尤其主要表现在日系轻客与个别欧系轻客市场销量上的继续低迷状态。

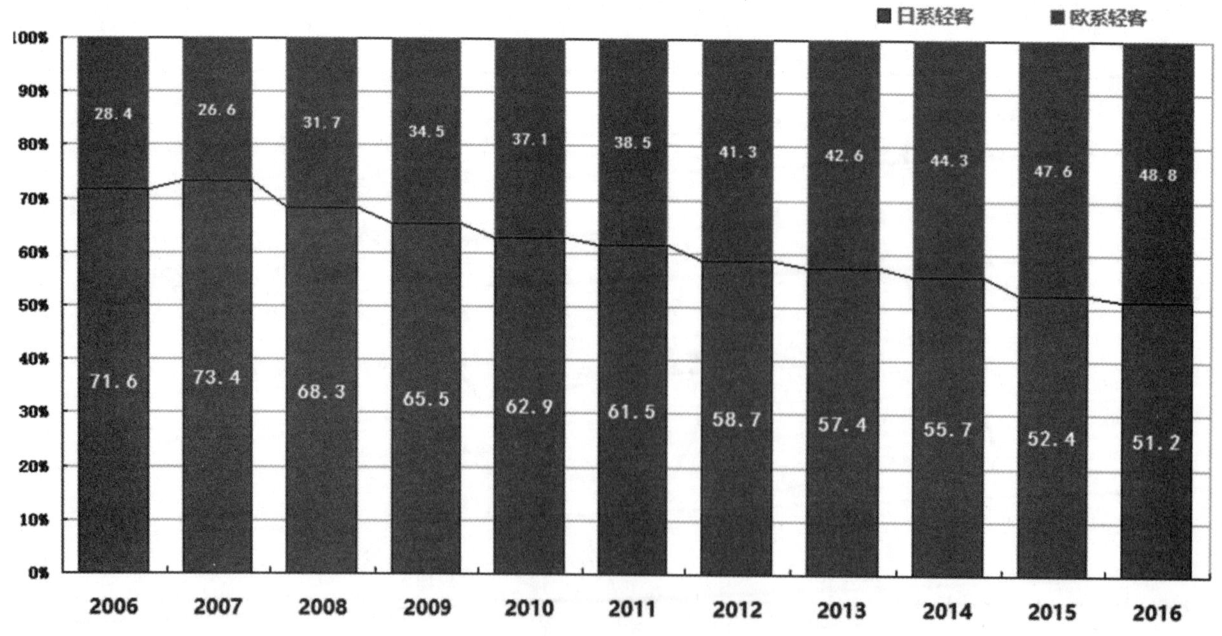

图4　历年日期/欧系轻客市场份额占比图

从上图日系轻客与欧系轻客的逐年市场份额占比不难发现：2006 年日欧系轻客的市场比重为三七开，而到了 2016 年，预计日欧系轻客的市场比重将各占半壁江山，日系轻客市场销量的逐年萎缩化与欧系轻客的逐年扩张化，形成了极其强烈的反差对比。预期 2020 年，欧、日系与日欧“杂交”型轻客将会出现 6:3:1 的市场发展态势。日、欧系轻客市场份额比重渐进似地发生了巅覆性的大逆转，欧系轻客（含准欧系）市场需求不断走强，而日系轻客则反其道而行之且日趋呈现出萎缩之势。尽管以金客为代表的日系海狮轻客不断推出大轻客，但也难以挽回其颓势。

日系海狮轻客近年来的市场格局总体上还算相对稳定；而欧系轻客近年来的市场格局一直处于变化动荡中。

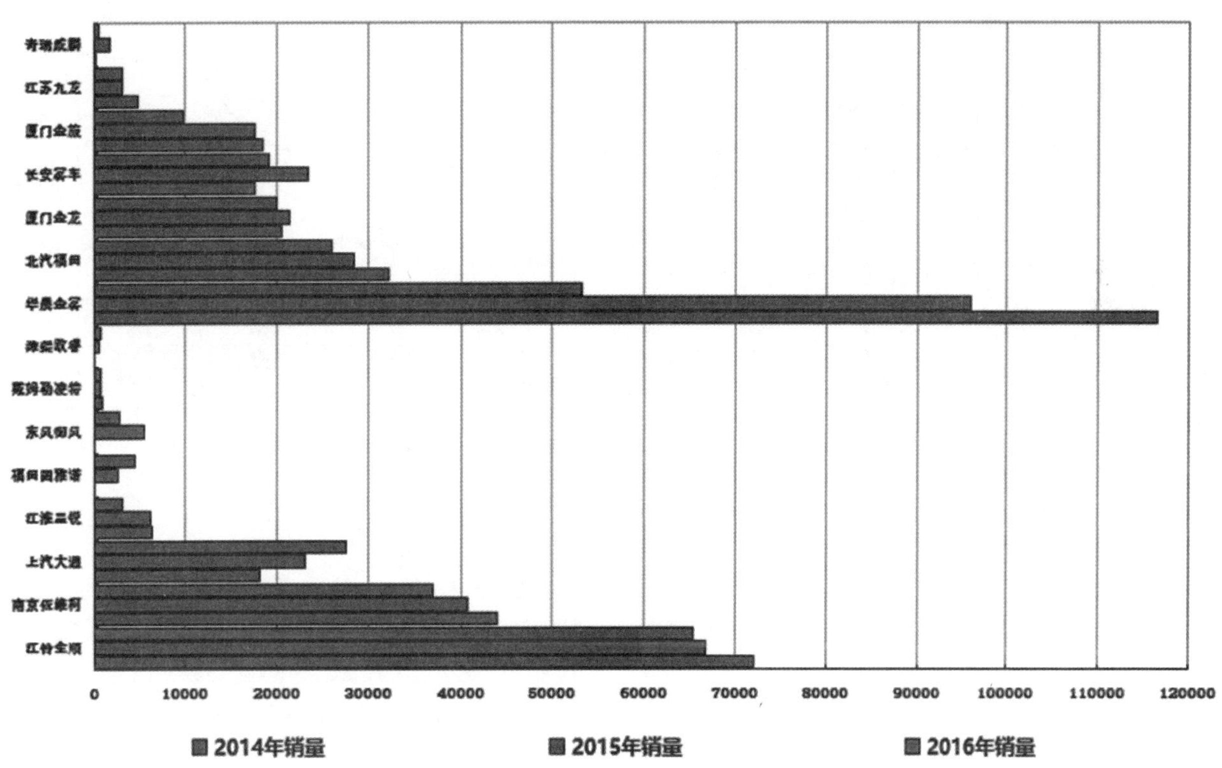

图 5　2014 年 – 2016 年欧 / 日系轻客销量排序图

2016 年八大欧系轻客市场占有率

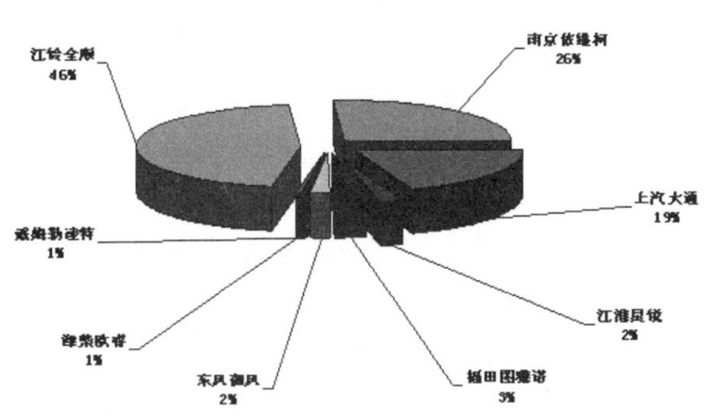

2016 年七大日期系海狮轻客市场份额

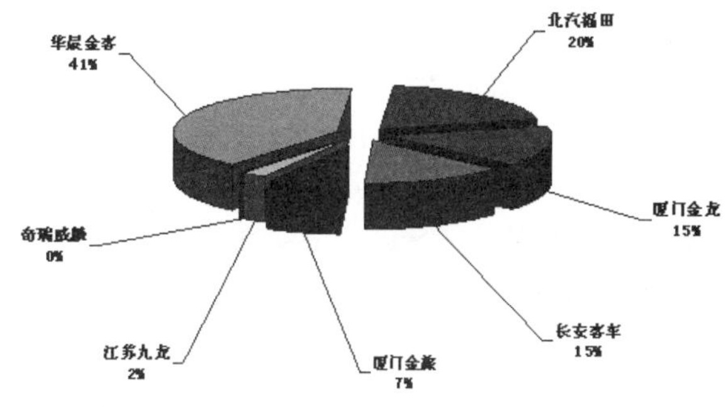

图 6

从上图日系轻客与欧系轻客的逐年市场销量排序及市场份额占比图可以发现：除上汽大通V80与长安轻客市场销量猛涨以及东风轻客市场销量的逆势大增长外，其他各品牌轻客市场销量，这三年来基本上都处于一个并不很大的此起彼落的市场发展态势，总体上市场格局没有发生重大的变化。不过随着政策车市的演化、排放要求的不断升级以及经济发展、技术进步和社会需求的细化，未来轻型客车市场格局将会发生一系列剧烈变化，其市场格局肯定会发生重大转折性的变化。

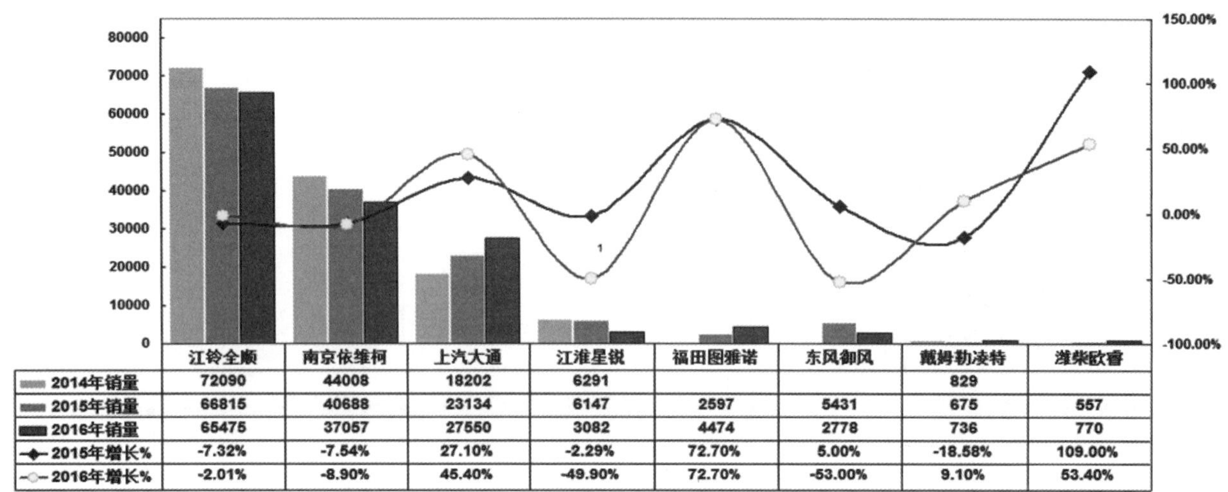

	江铃全顺	南京依维柯	上汽大通	江淮星锐	福田图雅诺	东风御风	戴姆勒凌特	潍柴欧睿
2014年销量	72090	44008	18202	6291			829	
2015年销量	66815	40688	23134	6147	2597	5431	675	557
2016年销量	65475	37057	27550	3082	4474	2778	736	770
2015年增长%	-7.32%	-7.54%	27.10%	-2.29%	72.70%	5.00%	-18.58%	109.00%
2016年增长%	-2.01%	-8.90%	45.40%	-49.90%	72.70%	-53.00%	9.10%	53.40%

图7 2016年欧系（含准欧系）八大轻客车企销量及增长率情况

从上图表欧系轻客三年来各品牌市场表现可以看出，江铃全顺后来者居上，这三年之中，连续推出了“新全顺”、“特顺”和“途睿欧”，“经典全顺”将会垂直换代，V362 AT新品和VE83特顺厢式轻客下线上市。2016年，全面升级的新一代江铃福特新全顺正式上市。搭载福特2.0T PUMA柴油发动机和福特2.0升EcoBoostGTDi汽油发动机。福特2.0T PUMA柴油发动机：最大功率达89千瓦，转速1500—2500时的峰值扭矩可达300牛•米。这款发动机采用轻量化设计，通过涡轮增压器、中冷技术、双顶置凸轮轴、16气门，再加上大陆第二代电控高压共轨燃油喷射系统和EGR电控水冷废气再循环系统，从根本上提升发动机燃烧效率，控制有害排放物，达到欧V排放标准。其中福特2.0升EcoBoostGTDi汽油发动机：最大功率达149千瓦，转速3000时的峰值扭矩可达300牛•米。这款发动机集成了涡轮增压、燃油直喷和双独立可变气门正时三项核心技术。福特新全顺短轴低顶车型的长宽高分别为：4974毫米/2032毫米/2066毫米，轴距2933毫米；中轴中顶车型的长宽高分别为5341毫米/2032毫米/2412毫米，轴距3300毫米。

与此同时，2016年下线上市的全新康明斯动力图雅诺S—SCR新品，整车承载、制动、悬架系统、传动系统、操控系统以及密封噪音等均达到严苛的标准，配备美国康明斯ISF2.8国五发动机运用BOSCH涡轮增压共轨技术，采用SCR（催化还原）闭环控制尿素喷射技术，输出功率最大96kw，在很宽泛的转速区间内都能发挥最大扭矩315N•m，持续加速和爬坡能力强，为重载提供强劲的动力储备。

此外，南汽依维柯这几年及未来几年中却鲜有新锐产品推出，出口量也锐减，与江铃全顺和上汽大通V80轻客的差距越来越大，预计2017年上汽大通V80的产销量将会一举超越南汽依维柯。此外，2016年准欧系轻客—江淮星锐与东风御风的市场销量的不景气又与准欧系轻客—北汽福田图雅诺的高增长率形成强烈的反差。高端纯欧系轻客—戴姆勒凌特的市场销量的逆转与纯欧系—上汽大通V80轻客的高速增长率成为拉动今年整体欧系轻客的助推器。V80欧系轻客近年来的市场表现有目共睹，尤其是在底盘专用车上更是大手笔。与此同时，准欧系轻客的北汽福田图雅诺也是轻客行业内刚杀出的一匹“黑马”而引人关注。

2016年，日系海狮轻客除北汽福田风景海狮轻客略有增长外，奇瑞威麟、江苏九龙、厦门金旅行、

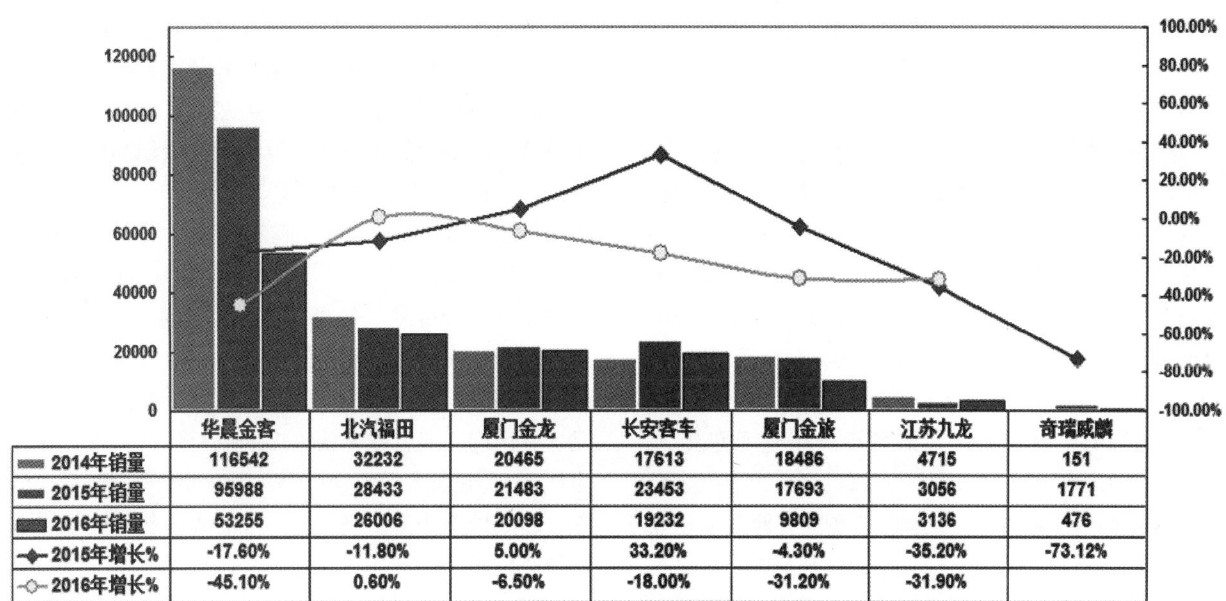

	华晨金客	北汽福田	厦门金龙	长安客车	厦门金旅	江苏九龙	奇瑞威麟
2014年销量	116542	32232	20465	17613	18486	4715	151
2015年销量	95988	28433	21483	23453	17693	3056	1771
2016年销量	53255	26006	20098	19232	9809	3136	476
2015年增长%	-17.60%	-11.80%	5.00%	33.20%	-4.30%	-35.20%	-73.12%
2016年增长%	-45.10%	0.60%	-6.50%	-18.00%	-31.20%	-31.90%	

图 8　2016 年七大主流日系海狮轻客销量及增长率情况

长安客车与华晨金客皆为二位数的速滑率，市场预期不容乐观。纯日系海狮轻客——华晨金杯的产销量继续呈现出大滑之势而不可逆转，这对整体日系海狮轻客的市场格局之影响非常之大。 2016 年，金杯大海狮 LL 上市。金杯大海狮 LL 宽体商旅车型长近 6 米，3720mm 轴距超越经典。4 米内舱，18 座舱布局，搭配多种座椅布置方案，满足乘客与行李空间的灵活转换，可提供汽油、柴油双重动力。汽油版搭载 TZ 汽油发动机；柴油版搭载 2.8T 排量五十铃柴油发动机。ABS+EBD、制动加力装置搭配车身高张性强度钢板，前部吸能结构、侧门防撞杆，四片变截面钢板弹簧，通过对后桥的多处强化、16 寸铝车轮替代大海狮 L 的 15 寸车轮，整车承载力提升至 3920Kg 的物流运载能力。与此同时，北汽福田的风景海狮市场销量也由负转正。厦门金龙和厦门金旅由于出口量持续大增，进而在总体轻型客车市场不景气的情况下，也实现了正增长率。长城客车尽管今年产销量为负增长率，但在轻型车领域这匹脱缰的“黑马”其市场表现也令业界刮目相看。此外，江苏九龙轻客由于中止了为苏州金龙代工后以及纯电动轻客产销量的下滑，导致了今年

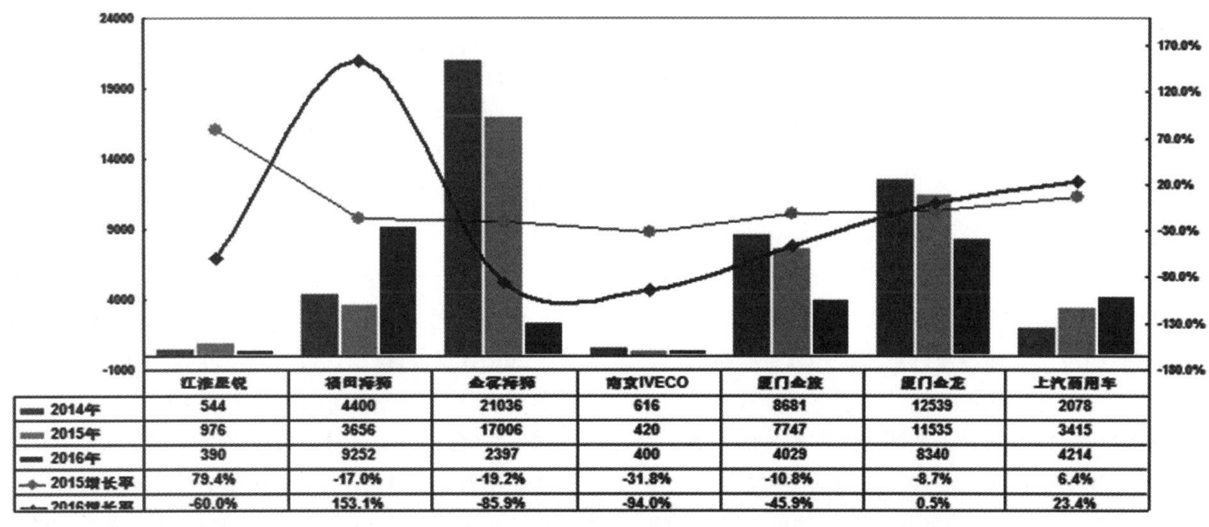

	江淮星锐	福田海狮	金杯海狮	南京IVECO	厦门金旅	厦门金龙	上汽商用车
2014年	544	4400	21036	616	8681	12539	2078
2015年	976	3656	17006	420	7747	11535	3415
2016年	390	9252	2397	400	4029	8340	4214
2015增长率	79.4%	-17.0%	-19.2%	-31.8%	-10.8%	-8.7%	6.4%
2016增长率	-60.0%	153.1%	-85.9%	-94.0%	-45.9%	0.5%	23.4%

图 9　2016 年主要品牌轻客车企出口情况

市场销量下降比较严重。奇瑞汽车威麟轻客由于市场和产品的定位不精准，加上售价偏高进而影响了市场销量。

从图9“2016年主要品牌轻客车企出口情况”可做如下分析：七家主流轻客车企出口量中，五家为很大的负增长率、二家为正增长率，其中厦门金龙公司和上汽大通商用车公司的出口量多年持续呈现出较大的增长率。预期明后年随着国民经济的“三驾马车”全面运转正常后，轻型客车出口市场将会出现逆转。

二、2016年日系轻客市场及产品发展变化

近年来，随着低顶短轴矩欧系轻客、大型微客以及长轴矩微客型准MPV等车型品系的大肆入侵以及两部委联合下发的453文件政策的强烈影响，本来就属于小众车型的日系海狮受到的冲击也将更加严重，虽然在部分市场还可以以迂回的方式生存，但大势难逆。在此艰难曲折求生存和发展的情况下，国产日系海狮轻客的市场需求结构以及商改和新锐车型都已发生了显著和重大的变化，随着社会分工的更加细化与市场需求的物流化与专业化，日系海狮轻客产品也在趋向功能性多元化方向发展的态势。

产品总体上除覆盖商务接待车、通勤旅游车、客货两用车三大类别车型基础上，动力节能环保化，服务类专用车、改装车的市场需求和份额也将进一步提升，进而导致轻客产品单极走向多元的市场竞争与市场需求呈现更加细化、专业化、多样化、个性化的消费趋势特点。以日系海狮轻客年产销量最大的华晨轻客为例，已经出现了六代换代型与大型海狮轻客，其中今年下线上市的大海狮LL以18座宽体车身舒展从容视界，采用全新的制造工艺，从专业配备、高效空间与灵活操控三个方面，充分体现了双效动力刷新商旅效能，填补了宽体商旅车型的市场空白。目前，华晨金杯旗下百余款产品已覆盖公检法司、医疗卫生、旅游客运、邮政物流等多个领域。此外，在技术上升级较大的有北汽福田的风景海狮以及厦门金龙和厦金旅的日系海狮轻客产品等。

与此同时，其他主流日系海狮轻客车企也对其产品进行了“改良”或“革命”性的更新换代，有些还是垂直换代，每年都有年型新车的不断推陈出新，产品的新陈代谢也在应市而变，汽柴油机型版、柴油机型版、长短轴矩、长头宽体、中低顶车型也在层出不穷，推陈出新与更新换代成为主旋律，产品线型谱更宽，底盘专用细分化、多功能化以及客货兼容化的特征方向呈迅猛发展特征。虽然日系海狮轻客近年来市场还在尴尬地不断缩小萎缩中，但仍然在整体轻型客车市场份额比重中占据半壁江山以上而难以撼动，在中国汽车市场长袖善舞而宝刀不老。

从2016年日系海狮主流轻客品牌在市场上表现分析，日系海狮轻客除在中、短途客运市场上虽不及中、长轴矩欧系轻客外，但在城市商旅、通勤、物流(厢式物流专用车)依然是较便捷和性能价格比系最高的车型品系。同时，日系海狮轻客已将价位探底到六万元价格区间，况且在全国许多的农村地区，还将其做为“校车”在大范围的使用中，并成为农村客运和二、三、四线城市物流中坚力量，进而成为替代微型客车的最实用普及型车型。

三、2016年欧系轻客市场及产品发展变化

2016年欧系轻客在物流用车、行业用车、载客用车的三大细分市场都在强劲发力，成为拉动整体轻型客车市场的引擎，尤其是在城市中短途物流用车市场上，以其产品排放标准达标、承载空间大与时尚前卫外观造型而成为全国众多物流公司以及私营物车主的首选，特别是宽体车身格外受到青睐。

在行业用车市场， 由于欧系轻客动力系统可选择的燃料方式（汽、柴油机型及纯电动新能源）与动力性要比日系轻客较宽，以及具有空间相对较大和多功能的特性，因此自然而然地就成为众多行业的改装车与专用车的首选目标车型。

在载客用车市场，由于欧系轻客具有长、中、短轴矩以及宽、窄体车身，这就决定了其无论是在长途、中长途或短途的省际、市际、城市通勤、公商务接待以及二、三、四线城市校车上面不仅有相对优势，而且在性能价格比上更具绝对性优势，其宽系列的产品线已能覆盖中型客车、日系海狮轻客、大型微客以及大型MPV等。

此外，在一些更加细分市场的特种用车上，欧系轻客更占有强大的多功能优势，如在银行押运车、救护车、电力电信抢修车、等都以强大的功能性无与伦比，吸引更多的行业用户选择其车型。这也是近年以来，尤其是今年以来，克隆拷贝欧系轻客越来越多的主因，表现在准欧系轻客新产品投放速度明显加快，特别是纯电动轻客基本上全是高仿克隆戴姆勒—奔驰凌特的外观造型，没有丝毫的创新元素。据悉，未来还将会

有几款高仿真奔驰凌特的准欧系轻客将会高调下线上市。众多准欧系轻客新产品大量入市，虽然一方面扩大了消费者的选择余地，但另一方面鱼龙混杂也加剧了市场无序竞争，而不利于市场公平竞争。

与此同时，由于国家对排放标准的日趋提升，在一些一线城市非国五车型已经上不了牌，2017 年又全国性的实施国五汽车排放标准要求，这导致了许多不能达标的柴油机型轻客销量锐减，部分对载质量要求不高的客户转向汽油车产品，进而成就了汽柴油机型轻客（尤其是日系轻客）的市场销量大增，因汽柴油机型轻客比较容易实现排放技术达标要求。另外，随着客户对驾乘舒适性需求的不断提高，欧系轻客长轴化以更大的内部空间满足载客、载货的不同需求的同时，或短轴 MPV 多功能化以其高端化配置、舒适空间以满足公商务接待需求已成流行趋势，这将大规模地导致自动挡产品大幅提升，其 AT 市场销量比重也将会直线走高，这已经成为一种发展态势。

各地汽车流通协会

中国汽车流通协会

2016 年以来，在理事会的领导下，在全体会员的大力支持下，中国汽车流通协会秘书处按照五届一次理事会提出的工作目标与五届二次理事会上列出的工作计划，主要做了以下几个方面的工作：

一、积极反映行业诉求，努力当好政府助手，充分发挥桥梁纽带作用

一年来，协会积极配合政府收集行业信息、开展市场调查研究、制定行业政策和行业标准等。主要工作有：

（一）配合国务院办公厅出台二手车行业政策，辅助国务院督察部门推进政策落实

多次召开行业工作会议，成立专项工作小组并向相关政府部门递交政策建议，力促国务院办公厅出台《关于促进二手车便利交易的若干意见》。配合国务院办公厅督查室督查各地政策落实情况，与各省市相关政府部门沟通，推进落实各地取消二手车限迁工作，促进二手车市场大流通。

（二）协助国家政府有关部门进行行业反垄断事项的调查、调研，辅助政府主管部门起草《关于汽车业的反垄断指南》

1. 配合国家发改委价格监督检查与反垄断局就汽车生产企业限定经销商最低销售价格、限制区域销售等商务政策进行调研，并多次协助政府部门召开有关经销商座谈会，了解相关情况，为政府决策提供依据。

2. 协助发改委进行《关于汽车业的反垄断指南》起草工作，征求意见稿出台后组织行业企业及专家学者开展多次研讨，并向发改委反馈行业修改意见。

3. 协助商务部反垄断局完成对有关汽车流通行业经销商收购、并购等经营者集中反垄断案件的审查。

（三）协助商务部修订《汽车品牌销售管理实施办法》

辅助商务部主管部门修订《汽车品牌销售管理实

施办法》。《汽车销售管理办法》（征求意见稿）出台后多次组织会员单位、行业企业、专家学者召开专项研讨会研究修改意见，并向商务部主管部门进行反馈。

（四）及时向国家政府部门提出政策建议，辅助政府决策

1．在二手车税收改革方面，积极与财政部、税务总局沟通，递交行业报告，并在今年召开了多次调研会，同税务师事务所签订服务协议，将税改工作推向新的阶段。

2．多次应国务院、发改委、商务部、财政部等相关政府部门要求提供行业报告与行业数据，针对政府部门需求开展专项调研，传达行业声音，辅助政府决策。

（五）做好《汽车售后服务规范》、《汽车售后服务测评规范》、《汽车4S店管理与服务规范》、《汽车零配件市场服务规范》等四项国家标准编制工作，《二手车流通企业经营管理规范》等两个行业标准的贯标工作以及《平行进口汽车市场售后服务规范》等团体标准的编制与贯标工作

与国家标准化研究院共同组织编制国家标准化委员会下达的《汽车售后服务规范》、《汽车售后服务测评规范》、《汽车4S店管理与服务规范》、《汽车零配件市场服务规范》四项标准编制任务。该四项国标的制定既能规范市场行为、指导企业经营、保护消费者权益，促进汽车售后市场健康发展，又能符合企业和市场的实际需求。目前四项国标处于编辑起草阶段。

行业标准方面，《代驾经营服务规范》、《二手车流通企业经营管理规范》已经颁布实施。为深入贯彻执行《代驾经营服务规范》，规范代驾企业服务，保证代驾人员的技能水平，协会开展了代驾员的考培工作，目前已完成培训考试的有16万人，已有82231人获取《代驾员注册证》。此外另有五项行业标准已报商务部待批准发布或转化团标。

与此同时，根据2015年3月11日国务院印发的《深化标准化工作改革方案》中的“培育和发展团体标准”这一改革精神，协会完成了《平行进口汽车市场售后服务规范》、《汽车自驾游基地建设管理规范》、《旅居车（房车）租赁服务规范》、《汽车救援服务管理规范》等四项团体标准的编写工作并已颁布实施；《汽车延长保修规范》、《汽车俱乐部服务管理规范》等两项团体标准已完成立项，有望年底报批；《汽车膜分级认证体系标准》、《代驾员服务标准》、《汽车修补漆标准》等多项团体标准计划立项。

协会还将根据汽车市场的发展需求，制定更多有效的团体标准，借此服务于汽车市场的健康有序发展。

（六）努力完成政府主管部门交办的其他工作

1．协助商务部完成2015年度《中国二手车市场行业分析报告》。

2．多次应邀参加政府相关主管部门组织的专题研讨会，介绍行业情况，发出行业声音，维护行业利益。

二、当好行业代言人，维护会员合法权益

维护会员利益，当好行业代言人，是协会落实服务宗旨的具体体现。因此，协会非常注重会员的维权问题。

2016年初，协会收到力天集团求助函，其集团下路虎4S店因正常PDI程序遭消费者投诉，并被法院判决“退一赔三”。协会在收集了大量一手材料后，代表行业向温州市法院出具专业意见并发出证明函，证明PDI程序（交车前检查）是行业惯例，最终使法院二审更改了退一赔三的判决。

同时，为规范PDI检测流程，维护行业企业与消费者合法权益，协会已着手开展《新车售车检测行业服务规范》的编写工作。

三、做好产业协调工作，促进汽车产业和谐发展

为解决汽车流通企业发展中遇到的实际问题，做到厂、商间“平等互惠、和谐共赢”，协会做了大量具体工作，与生产企业建立通畅的沟通渠道，从多方面、多角度协调产业关系。

（一）搭建行业沟通桥梁

首次举办厂家和汽车经销商集团负责人的圆桌会议，得到了广大汽车生产厂家与经销商集团的积极支持和响应，共计30余家企业参会，为汽车流通行业上下游间搭建了一个畅通的、常态化的沟通平台。

（二）做好汽车经销商库存系数和库存预警指数的调查与发布

从2012年7月份开始至今，协会的库存预警指数和系数，在每月的汽车流通行业月度形势分析会上发布，引起了社会强烈反响和生产企业的高度关注。

2016年，协会强化了对上报库存数据的会员单位的数据服务，得到了会员单位的积极反馈，有效样本

数量有所增加，保证了库存调查的代表性和样本覆盖。

2016 年我国汽车市场实现恢复性增长，市场形势复杂多变，库存预警指数成为市场冷暖变动的重要指标，得到汽车厂家、经销商以及政府部门的高度关注。

（三）完成质检总局部署的提升售后服务质量专项活动的组织实施

为使国家质检总局汽车三包规定得到更好的落实，在上年工作基础上，协会认真贯彻落实《质检总局关于开展“汽车售后服务质量提升”行动的通知》精神，进一步加大工作力度，采取多种有效措施推动工作。

1. 大力开展测评推广工作。联合中国标准化研究院，按照“贯彻落实汽车三包、提升汽车售后服务质量”专项活动要求，双方共同开展汽车售后服务质量测评活动。围绕汽车三包规定的落实情况，以汽车 4S 店为测评对象，发挥第三方测评机构作用，开展汽车售后服务质量测评工作，发布测评结果，引导公众消费，推动汽车经营企业提高服务质量。该项工作得到了国家质检总局的高度肯定，达到了提升行业的售后服务水平、树立诚信经营意识、保护消费者合法权益的目的。

2. 注重信息平台建设。为更好地完成国家质检总局在全国开展的“汽车售后服务质量提升”行动，与行业企业合作，全方位打造汽车售后服务质量调查展示信息平台，落实企业质量主体责任，较好地促进了汽车售后服务行业诚信意识、质量水平和监管能力提升，保障消费者合法权益，促进行业规范发展。

3. 注重发挥典型引领作用。5 月 27 日，广汇汽车售后服务质量对比提升暨企业服务标准自我声明公开现场会在北京召开，广汇汽车旗下 497 家 4s 店对售后服务质量进行了公开承诺。作为国内最大的汽车经销商集团，广汇汽车的企业服务标准声明公开为行业企业竖立了标杆，发挥了龙头企业的引领作用。

（四）做好汽车经销商满意度调查工作

为进一步加强厂家对汽车经销商的了解，集中反馈经销商在经营过程中的诉求，协调供应商与经销商之间的关系，促进汽车市场健康有序发展，协会自 2008 年起开始启动经销商满意度调查工作，从定购、管理、库存、培训、金融等多层面设定指标，考量经销商对供应商的满意情况，收到了良好的社会效应，也得到了汽车生产企业的高度重视。

2016 年度汽车经销商满意度调查工作目前正在开展过程中。

四、密切联系企业，加强会员发展和服务工作

（一）加强与会员企业沟通

2016 年，协会领导班子分别多次走访会员单位，与企业交流协会的工作思路，听取对协会工作的意见和建议，拉近了协会与会员企业之间的距离，有效提升了协会的凝聚力。

（二）举办多种形式的会员交流活动

2016 年，协会秘书处各职能部门按照业务对应关系开展多种形式的交流活动，增进了协会与会员单位的关系，分别组织了新车经销商之间的交流、二手车交易市场之间的交流、二手车经销商之间的交流、省市汽车、二手车流通协（商）会之间的交流等。形式多种多样，效果很好，大大提升了协会的凝聚力。

（三）成立厂家渠道分会（汽车品牌网络规划与发展联席会），筹备成立厂家售后分会

组织汽车厂家网络部负责人员，就新常态下厂家与经销商关系、厂家对渠道管理的新思维等议题展开讨论和交流。筹备成立汽车厂家售后分会，组织售后服务负责人就新政下售后服务合规、售后服务模式创新等议题进行交流。

（四）为优秀会员单位进行宣传服务

开展“走进优秀会员单位”宣传服务工作，为核心会员单位、行业具有影响力的企业提供正面宣传，帮助企业提升品牌形象与行业影响力。

（五）梳理行业专家库，做好会员服务

协会于 2016 年 8 月启动专家委员会换届及选聘工作，专家组将参与制定国家汽车行业发展规划、行业标准，开展汽车市场调查研究，承接会员委托项目，为会员企业开展竞争能力评估、消费者满意度调查、企业经营状况综合诊断等咨询服务，开展学术研究、学术交流和技术培训等活动，组织各项研讨、论坛、现场会等，提供更加专业的会员服务。

（六）加强会员发展和服务工作

协会采取多种有效方式加强与会员单位的沟通、联系，提高服务质量，以推动协会组织的发展。

随着服务会员的功能逐步完善和各项工作的渐次深入，会员队伍不断壮大。

截止到 2016 年 10 月 31 日，协会共有会员 6649 家，比 2015 年 6303 家增加了 346 家单位会员。

五、组织发布“2015年度中国汽车经销商100强”

从2009年起，中国汽车流通协会已连续7年发布中国汽车经销商集团百强排行榜，2016年继续发布了“2015年度中国汽车经销商100强”排行榜，并同期组织了“为爱而走”环雁栖湖“悦马汇”健步走活动、2016中国车商新能源汽车高峰论坛与2016年中国汽车经销商百强集团售后服务论坛。

中国汽车经销商百强的发布，揭示了汽车流通领域里经销企业集团化、规模化发展的大趋势，成为了汽车流通行业的风向标，并能给更多的经销商以启示，从而引领行业向更健康的方向发展。

六、组织开展行业“反垄断”培训，帮助企业规范经营行为，规避法律风险

为加强行业自律，规范企业销售和售后服务行为，协会2016年组织《反垄断法》专家对现代、广汽菲克、奔驰、宝马等品牌生产企业与经销商进行了12个班次的培训，累计培训各品牌厂商与经销店管理人员900余人。通过培训和与专家互动交流，经营管理人员了解了在销售和售后等经营方面《反垄断法》禁止的条款，降低了经营风险。

七、每月举行“中国汽车流通行业月度形势分析会”

月度形势分析会发布平台的搭建，及时有效地向行业与社会传递行业信息，为汽车流通领域创造更丰富的信息交流平台，为媒体提供流通领域新闻渠道，为汽车经销商服务并解读流通行业热点，同时打造出了协会自己的信息发布平台。

八、组织完成第四届全国二手车交易市场百强排行榜发布活动

为进一步促进全国二手车市场整体健康发展，推动二手车交易市场的品牌化、规模化、规范化进程，树立二手车交易市场诚信形象，推动二手车新型经营模式健康成长，中国汽车流通协会于2016年7月发布了“第四届全国二手车交易市场百强排行榜”，受到了社会各界高度关注。

九、成功召开2016中国二手车大会

2016年7月2日，协会在重庆成功举办了2016中国二手车大会，得到了业内的热烈反响与广泛好评。

本届二手车大会涵盖了二手车行业政策解读、二手车行业发展模式分析、二手车市场需求的深度剖析、二手车经营模式的思考与实践、二手车生态圈的建设步伐等内容，研究讨论了互联网技术在二手车领域的发展趋势、二手车行业新的资本动向、二手车金融的新思维以及2016中国二手车市场发展趋势前瞻等诸多行业焦点议题。

同时，大会同期举行的品牌认证二手车主题展，首次以行业的名义向广大消费者集中展示品牌二手车的整体形象，集中展现了行业的诚信建设成果。

十、发布了2015—2016年度《中国汽车流通行业发展报告》（中国汽车流通行业蓝皮书）

《中国汽车流通行业发展报告》是揭示我国汽车流通行业发展历程的一项重要工作。《发展报告》全面梳理了2015—2016年度一系列推动汽车流通行业发展政策的内容与作用，系统分析了中国汽车市场的供求关系的最新变化，深入剖析了新车、二手车、进口车、汽车用品等各细分市场的最新特征，多角度展示优秀企业先进经验与风采，权威预测行业未来发展趋势与商机。

十一、发行《中国汽车流通》会员刊，搭建会员交流平台

协会会员刊物《中国汽车流通》的发行，为协会与会员、会员与服务商、会员与会员间搭建了相互交流的平台。

十二、召开二手车交易市场诚信建设工作会议

为加强二手车交易市场诚信体系建设，协会于9月在青海省西宁市组织召开了2016二手车交易市场诚信建设工作会议。会议总结了2016年以来我国二手车交易市场开展的诚信体系建设工作成果，加强了各地二手车交易市场之间的沟通了解，为各市场负责人提供了先进发展经验的交流平台。

十三、抓好分支机构建设，为会员提供专业化服务

（一）支持分支机构工作，帮助分会组织各项活动。

协会秘书处定期与不定期听取各分支机构工作进展情况；帮助有形汽车市场会、汽车营销分会、汽车俱乐部等分支机构组织年会；定时召开奔驰经销商联会、进口大众经销商联会、保时捷经销商联会的季度、年度会议，使会员单位与主机厂之间的业务交流更加及时、顺畅。

（二）成立“宝马经销商联会”、“捷豹路虎经销商联会”，按品牌分类加强与品牌汽车经销商会员之间的紧密联系。

继“奔驰经销商联会”、“进口大众经销商联会”、“保时捷经销商联会”相继揭牌成立后，协会又在2016年成立了“宝马经销商联会”与“捷豹路虎经销商联会”，“奥迪经销商联会”也即将成立，协会的服务工作得到了很好的延伸。未来还将有更多品牌经销商联会陆续成立，成为厂、商间重要的沟通交流平台。

十四、加强信息工作，及时准确发布行业相关信息

2016年，中国汽车流通行业信息统计工作取得了长足的进步，面向全行业公布的全国二手车交易情况已成为目前中国唯一的关于二手车市场运营状况的权威信息来源。根据2016年汽车流通行业的变化与特点，二手车信息统计发布工作在原有常规信息发布的基础上增加了二手车电商交易情况、二手车拍卖情况以及二手车区域流通特征等内容的发布，对辅助相关政府管理部门了解行业动态、指导企业经营发挥了更积极的作用。此外，加强信息统计手段建设成为2016年协会信息统计工作的一大亮点。针对汽车流通信息统计工作涉及范围广、数据量大、统计周期长等特点，协会加强了资源整合力度，利用汽车营销研究分会、乘用车联席会以及进口车专业委员会同处协会平台的优势，提升了乘用车和进口车统计数据的及时性与准确性。

与此同时，协会通过一系列信息产品与信息平台，及时、准确地发布行业相关信息，成为了解行业发展现状、展望行业发展趋势的重要参考。

在年鉴编委会的领导下，按照“体现特色、坚持本真、内容全面”的工作要求，经过近五个月的征集、整理、编辑等流程，2015年《中国汽车市场年鉴》已于10月底顺利出版。

完成《2016中国二手车行业发展报告》（二手车白皮书）的编辑工作，并在2016中国二手车大会上向行业发布。

完成2015年与2016年上半年汽车经销商上市公司报告整理分析，通过对财报专业、客观、全面的分析，把握整体行业发展趋势，为经销商集团发展以及行业研究提供数据与资料。

每日官方微信推送，系统地搭建协会新闻传播渠道，为协会对外宣传建立畅通的端口，对协会工作与行业热点进行实时播报，引起各界对流通行业的高度关注。

协会门户网站，是展示协会形象和对外宣传的窗口，也是广大会员与行业同仁的交流平台。未来协会官网将不断丰富内容，以更好地贴近行业、符合会员的需要。

此外，《中国汽车流通月报》等基础信息产品也在之前的基础上提高了其发布的时效性，力争使我们提供的信息能更好地服务于行业、服务于社会。

十五、逐步推进CADA培训体系建设，向行业输送实用人才

（一）二手车鉴定评估师培训班

“二手车鉴定评估师培训”是协会传统培训项目。自2013年启用结合国家标准《二手车鉴定评估师技术规范》编写的新版教材，对中级二手车鉴定评估师进行职业资格培训，至今已完成培训2000余人，并同时完成了注册工作。2016年1—10月，协会共培训520人，注册630人，年审500人。

（二）新增高级二手车鉴定评估师培训

为满足行业对高级二手车鉴定评估师的迫切需求，协会已正式开展高级二手车鉴定评估师的培训工作。该项工作的开展受到了培训机构和广大二手车鉴定评估师的积极响应，在年底前完成高级培训若干期。

（三）注册培训班

为更好地服务行业，加强二手车鉴定评估师人才管理，为二手车从业人员提供更多的就业机会，向二手车市场输送合格人才，协会全面开展持有二手车鉴定评估师职业资格证书人员的注册登记工作。

（四）与各地方协会、培训机构建立合作关系

协会开展二手车鉴定评估师培训得到了各地方协会、生产厂家及培训机构的多方支持，至今已在沈阳、杭州、银川、哈尔滨、重庆、贵阳、南京、天津、昆明等地共设立了9个培训点。

（五）与中青高级人才培训中心及北京交通大学

建立合作关系，开展汽车 EMBA 联合办学项目

为适应国家经济建设和社会发展的需要，提高汽车行业各级管理人员特别是中高层管理人员综合素质，2016 年协会与中青高级人才培训中心及北京交通大学经济管理学院建立合作关系，委托北京交通大学经济管理学院培养高级管理人员工商管理硕士。该培训按照国家教育部、国务院学位办规定，聘请国内外著名教授、学者完成。符合条件的学员通过入学考试后，录取为正式 EMBA 研究生，修完全部课程，成绩合格且通过论文答辩者将获得国家承认的 EMBA 硕士学位证书。

（六）与团中央中青高级人才培训中心共同申报新能源汽车自学本科考培项目。

随着新能源汽车推广应用的步伐逐渐加快，各大汽车品牌均推出新能源车型，新能源汽车会很快走进家庭。作为新兴市场，目前新能源汽车专业人才缺口很大。为培养新能源汽车通用性和针对性人才，协会与团中央中青高级人才培训中心共同申报新能源汽车自学本科考培项目，以满足新能源汽车市场对人才的需求。

（七）联合全国中等职业学校联合招生合作办学协作会，开展汽车文化系列活动

为贯彻落实全国职业教育工作会议精神和《国务院关于加快发展现代职业教育的决定》，加强校企合作，加快行业紧缺人才培养，协会联合全国中等职业学校联合招生合作办学协作会，开展了以“互联网＋汽车”为主题的汽车文化进校园系列活动。

十六、大力推广“行”认证品牌

“行”认证品牌自 2014 年 8 月落地以来，经过两年的发展，在检测认证量、授权合作机构数量、人员培训、服务体系建设等方面取得了良好的业绩。

2016 年度，“行”认证共检测车辆 26782 辆，符合认证标准车辆 20517 辆，平均每月认证 1709 辆。同比 2015 年，“行”认证年度检测量增加 30%，其中符合认证条件车辆增加超过 25%。

2016 年度“行”认证新增 58 同城、宁夏二手车流通行业协会、宁夏昊驰旧机动车鉴定评估有限公司、重庆衡圣机动车鉴定评估有限公司、广东中车检汽车服务咨询有限公司、福建吉诺二手车销售服务有限公司、江苏开心好车信息科技有限公司、北京现代首选二手车、浙江丽水市嘉鹰二手车鉴定评估事务所有限公司等 9 家授权机构，此外正在与包括上汽集团、长安汽车等汽车生产厂家在内的 5 家机构洽谈合作。

人员培训方面，按计划组织安排符合要求的鉴定评估师参加“行”认证岗前培训继续教育工作。本年度“行”认证组织安排 3 次培训课程，共计约 90 人参加“行”认证岗前培训并顺利通过考核。

服务体系建设方面，从多维度设计“行”服务产品体系，与第三方维修保养查询平台合作，提高车况透明度；与宝固、怡安沃泰、华奥、万高、美延质保等多家企业达成合作，为“行”认证授权机构提供费率低、出保快、质量高的二手车延保产品；为授权机构、有形市场、经销商集团、二手车经销商提供“行”认证配套金融方案，为购买“行”认证二手车的普通消费者提供多样化的二手车购买方案及个人消费信贷服务。

同时，确定打造“行”认证品牌二手车生态链的战略布局。售前，通过“行”认证检测体系，为消费者提供所购车辆真实信息，通过提供检测认证服务、车辆维保记录查询服务、购车金融服务等使消费者实现购车无忧；车辆出售后，为消费者提供“行”认证标准维修保养服务（记录存档）与车辆质保、延保增值服务，提高“行”认证品牌价值。通过“行”认证二手车品牌管理体系帮助二手车车商增加额外销售利润，助力二手车商自有品牌升级；通过“行”认证售后记录的备案，提高消费者与车商的粘度，帮助经销商增加回头客、减少库存压力，提升二手车置换率。

十七、拓展会展业务，活跃汽车市场

1. **理清工作思路，抓好会展实施。**年初，召开了会展工作会议，认真分析经济发展现状，并结合协会任务要求，研究制定了切实可行的会展工作计划，以承办好一会（协会年会）、配合好两展为工作目标，细化职能，使会展工作有章可循。在年会筹备方面，制定相关计划，严格把关，明确最终招商及实施方案；同时加大细节协商力度，努力确保年会各个环节顺利实施。在配合地方展会举办方面，由中国汽车流通协会主办的沈阳车展、南昌车展、重庆车展、郑州车展、南宁车展、贵阳汽车文化节、武汉汽车文化节、中国西部惠民汽车巡回展、萧山汽车展等各大专业展会均顺利开展。

2. **加大宣传力度，营造良好氛围。**为进一步做好协会会展工作，提高知名度，协会多次召开专项工作会议，研究部署会展工作。通过召开企业老总座谈会、各类会展推介活动等形式介绍办展环境、宣传会展品牌，充分利用各种网络媒体等平台加大会展工作宣传力度。

十八、积极开展国际交流

1. 加强与各国协会的经验交流

向各国协会宣传中国汽车流通行业、中国汽车流通协会、中国汽车流通行业年会。在政府相关政策和法律法规、协会组织架构和工作内容、年会和展会组织开展上，时刻保持与各国协会的顺畅沟通。本次年会成功邀请美国、加拿大、俄罗斯、巴西、德国、法国、意大利、英国、澳大利亚等国的汽车流通协会会长率团出席年会，促进协会国际化交流。

2. 组织流通行业同仁考察国际市场

协会多次组织会员企业先后赴美国、加拿大、意大利参加经销商协会年会，并考察当地企业。同时也邀请国外同行到协会进行业务交流，这种“走出去、请进来”的国际交流合作，受到会员的一致好评。

3. 引进国际先进培训课程

先后两次前往美国 NADA 总部，与 NADA 大学有关领导及导师就如何发展与引进相关培训课程开展了第一轮为期一周的讨论，并对包括领导者头脑风暴课程、经销商二手车运营、经销商零部件运营管理、20 集团管理测评、新车销售运营管理、客户服务、金融服务与管理等课程进行了试听。

十九、加强协会自身建设，建立和完善各项内部管理制度

协会在组织建设方面，主要抓了两方面工作：

一是注重协会工作机构建设

目前，协会秘书处共有办公室、行业发展部、会员部、信息部、会展部、财务部、国际合作部、专家工作委员会、产业协调部、二手车专业委员会、二手车鉴定评估管理办公室、中国汽车市场年鉴编辑部、法务部、标准工作部、行认证办公室、分支机构管理部等 16 个职能部门，专职工作人员 27 名。2016 年，协会秘书处制定了明确的组织机构建设思路及员工在职培训计划，使当前协会工作人员的配置、年龄结构、知识层次日趋合理，团队整体凝聚力、执行力得到有效提升。

分支机构方面，包括今年成立的渠道发展分会、新能源汽车分会以及即将在年会成立的售后零部件分会，协会目前拥有品牌经销商联会、二手车经销商商会、商用车商会、市场营销研究分会、二手车流通与鉴定评估专业委员会、汽车有形市场商会、汽车俱乐部分会、汽车美容装饰及用品专业委员会、进口汽车工作委员会、汽车及零部件进出口专业委员会、车联网分会、人力资源分会、汽车金融专业委员会、房车分会等 17 个分支机构，几乎涵盖了整个汽车流通服务链条。同时，为适应市场和行业的发展需要，协会在已成立的奔驰经销商联会、进口大众经销商联会、保时捷经销商联会基础上，今年又成立了宝马经销商联会与捷豹路虎经销商联会，奥迪经销商联会也在筹备中，协会的服务工作进一步得到延伸。

二是注重协会各项制度建设

为保证协会工作的正常运转，激励员工爱岗敬业，调动工作人员的积极性，规范各分支机构的正常运作，今年协会修订、完善了多项管理制度与规定，使协会的工作效率与公信力得到了极大提高。

江西省汽车流通行业协会

【协会简况】 江西省汽车流通行业协会成立于2011年12月30日，是由江西省主流品牌汽车4S店经销商集团发起成立，汽车流通行业相关单位（汽配用品、汽车金融租赁、汽车俱乐部和汽车院校等汽车后市场产业链单位）自愿组成的，由江西省商务厅主管、经省民政厅批准注册的行业性民间社团组织。现有会员单位300余家，涵盖全省地市汽车流通服务行业。协会下设“汽车三包咨询专家委员会”、“豪华品牌分会”、“二手车分会”、“教育培训分会”、“汽车金融分会”、“新能源汽车分会”和“汽车俱乐部分会”等。

【服务宗旨】 服务会员、反映诉求、自律行为、维护权益、整合资源、协同发展。

【特色】 精准务实、高效整合，专业人办会，专职人少而精，善用兼职团队。

【工作概况】 协会成立六年来，在构建江西省汽车流通业交流合作服务平台、主动沟通政府主管部门，反映诉求争取政策支持、组织大型车展和论坛讲座、与省内外同行业交流考察、整合相关资源为会员单位服务、提升行业影响力、为汽车院校学生提供实训基地和就业机会等方面做了大量实事：

1. 做好信息服务。秘书处与车管所、车购税分局、商务部门、统计局保持长期合作关系，每年都为会员单位提供全国、全省和南昌市汽车市场数据分析资料。

2. 每年3月15日，积极配合省市工商局和省市消协在八一（秋水）广场举办的“3.15消费者权益日宣传咨询服务活动”。起草《消费者购车与售后服务指南》，现场发放并派专家解答市民关于购车、维护保养等方面的咨询。与省市消协合作对二十多起重大客户投诉进行专业评估与公正调解，受到车主和和车商的好评；2016年3月江西省消费者保护委员会成立大会上，本会秘书长章新挺当选江西省消保委常务理事（在一百多家省级行业协会中仅有两位协会代表当选）。

3. 及时反映行业诉求。近年来汽车流通业进入新常态，本协会代表行业多次向主管部门商务厅（局）书面和口头反映会员车商的实际困难和促进江西省汽车市场消费政策改善的建议。

4. 2015年省汽协与省工商局、省消协联合制定颁发了《江西省汽车买卖合同（示范文本）》，在制订过程中提出了大量专业规范、务实可操作性的意见被采纳，并在2016年出台实施过程中做了大量宣传推广培训工作。

5. 通过组织汽协专业分会（二手车、教育、金融、新能源等），积极整合汽车流通产业链资源为会员单位服务，搭建了跨界交流合作的服务平台。在江西省南昌市二手车市场打破“限迁”及规范管理做了大量调研疏导工作。

6. 组织公益活动，实施精准扶贫。2016年协会三次组织副会长单位到汽协近郊精准扶贫点考察，与当地镇、村领导共同策划精准扶贫新模式—结合当地资源优势和汽车行业特点，以可持续务实项目带动精准扶贫，确定了三年精准扶贫项目：合建村民健身休闲广场、合格子弟4S店就业、周末市民自驾游基地、郊游农家乐钓鱼/采摘/餐饮、绿色生态食品等。

江西省汽车流通行业协会将秉承“精准服务会员”宗旨和“共享创新发展”理念，下一步将根据会员的共性需求和各地市分会行业区域特点，整合汽车流通产业链资源，加强与周边省汽协与车商的交流合作，搭建省级汽车流通行业公共服务平台，为江西汽车流通行业可持续发展和车商会员转型贡献力量。

武汉汽车流通行业协会

【协会简介】 武汉汽车流通行业协会成立于2014年10月，是由武汉主要汽车市场、汽车经销商集团发起成立；汽车流通相关单位（汽车经销商、二手车商、汽车用品、配件、汽车维修、后市场服务商、电子商务、汽车物流等）自愿组成的。由武汉市商务局主管；武汉市民政局批准登记注册的民间行业社团组织。

【服务宗旨】 遵守国家法律、法规和社会道德风尚，贯彻执行党和国家汽车产业政策、贸易政策；维护行业整体利益，保护会员单位的合法权益，为会员单位提供服务，做政府的纽带、发挥桥梁作用；开展各项活动协助会员单位经营，推动武汉汽车流通行业健康发展。

【特色】 政府的参谋部，行业的信息库，会员温馨的家 企业的服务员。

【2016年武汉汽车市场情况】 据国税局车购税分局提供数据，表明2016年全市共办理车辆车购税纳税申报413965辆，总体情况比去年同期增长3.61%。从2016年4月份开始出现连续4个月负增长持续到7月；不过全年1月份和12月份创造2次新高销量，特别是12月，5.78万辆突破5万辆大关，全年销售情况仍是历年来最高。

武汉市2016年汽车销售统计（购置税申报数量）

同2015年统计数据比较；2015年全年增长18.86%；2016年全年增长3.61%；增长速度明显放缓。总体增长趋势未变，淡季销售出现连续负增长，旺季销售增幅明显增幅大。

月份	2015/月度统计	2015/全年累计	2016/月度统计	2016/全年累计	月度同比%	年度同比%
1月	39668	39668	45971	45971	15.89	15.89
2月	27668	67336	22685	68656	—18.01	1.96
3月	32700	100036	34652	103308	5.97	3.27
4月	31438	131474	26642	129950	—15.26	—1.16
5月	27759	159233	26002	155972	—6.33	—2.05
6月	34208	193441	29989	185961	—12.33	—3.87
7月	30228	223669	23284	209245	—22.97	—6.45
8月	28120	251800	34589	243834	23.00	—3.16
9月	31258	272138	36274	280008	16.05	2.89
10月	36492	319539	33454	313462	—8.33	—1.90
11月	35348	354887	42703	356165	20.81	0.36
12月	44647	399534	57800	413965	29.46	3.61

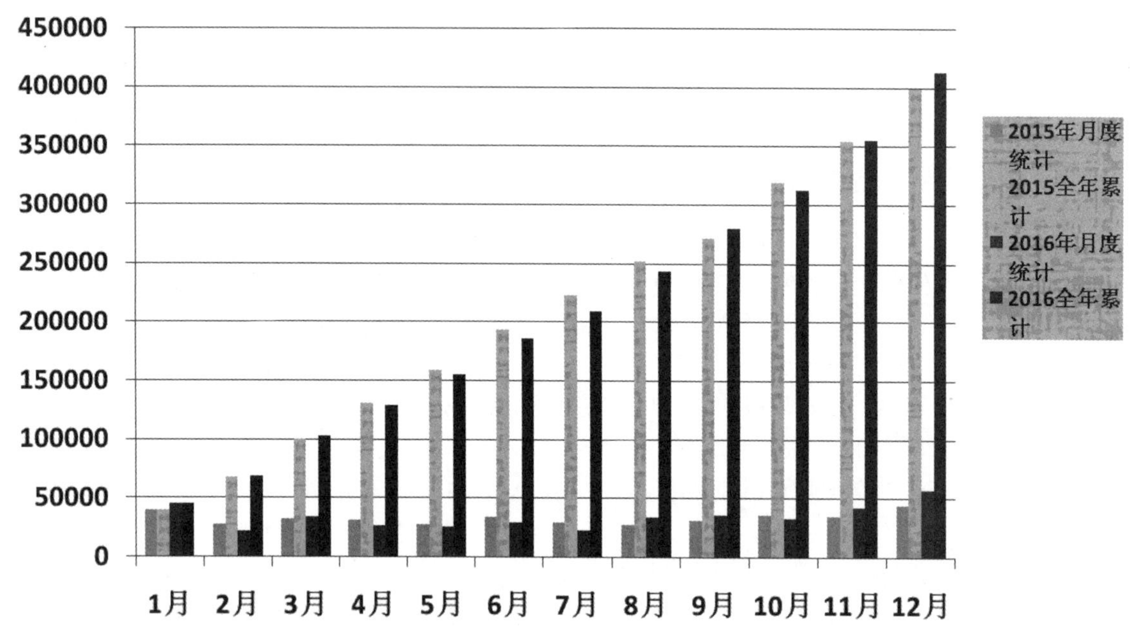

参考分析：

一是全国经济下行的环境影响；汽车流通行业也无例外，2015年全国一二线城市汽车销量已经开始出现下滑；

二是据2012年交通蓝皮书230万辆限购红线一说；2015年有很多购车一族提前消费；导致2016年淡季更淡；

三是政策影响；政策影响有2个方面，1，实施半年居住证政策开始，大部分外来人口在本市购车转为暂缓购车或者异地购车；居住证政策调整以后，汽车销售解开了政策束缚，加上金九银十传统旺季作用，8月份开始大幅回升；2，2017年1.6升及以下车辆购置税减半政策到期，促进了小排量汽车消费拉升；

四是房市影响；2016年上半年房市上涨，吸引消费者资金买房。下半年交房，部分新楼盘小区公共交通尚不发达，导致家庭购车需求增长；

五是年前购车过年返乡，已经成为武汉车市消费特点；

六是限购传闻影响。

2016年武汉1.6排量以下汽车销量统计

（2016年，全市共办理1.6升及以下排量乘用车减税车辆24.56万辆，占总量的59.34%；2015年10—12月，共有66274辆1.6升及以下排量乘用车；2016年10—12月办理80603辆，增长超过20%。）

月份	当月销量	全年累计	月增幅 %
1月	25999	25999	
2月	13443	39442	51.71
3月	20694	60136	52.47
4月	16127	76263	26.82
5月	15431	91694	20.23
6月	17183	108877	18.74
7月	13758	122635	12.64
8月	20717	143352	16.89
9月	21645	164997	15.10
10月	19279	184276	11.68
11月	24952	209228	13.54
12月	36372	245600	17.38

2016年武汉进口汽车销量统计

（2016年，办理进口汽车车购税纳税申报20498辆，比去年23907辆同期下降14.2%。）

月份	当月销量	全年累计	月增幅 %
1 月	2285	2285	
2—3 月	3061	5346	133.96
4 月	1327	6673	24.82
5 月	1431	8104	21.44
6 月	1570	9674	19.37
7 月	1493	11167	15.43
8 月	1704	12871	15.26
9 月	1802	14673	14.00
10 月	1472	16145	10.03
11 月	2052	18197	12.71
12 月	2301	20498	12.64
12 月	36372	245600	17.38

2016 年武汉地区汽车市场车型销量分布

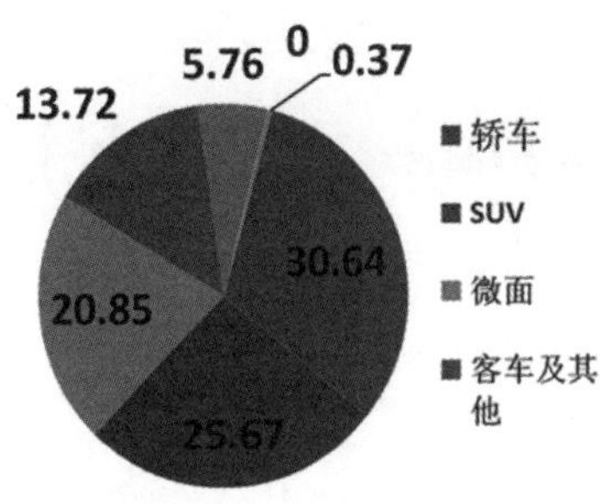

截止 2016 年底；武汉市新能源汽车完成 15936 辆推广任务；2016 年全年完成 5400 辆；2013—2015 年完成 10304 辆；超过前三年总和半数以上；增长稳定。充电桩增长迅速；据市科技局 9 月份发布的半年数据；截止 2016 年 6 月底；全市建桩 3363 个；全市车桩比为 3.9:1；在全市 14 家充电桩企业中；特来电贡献最大；占比 49%；其次是万帮和交投。

新能源汽车分布饼图

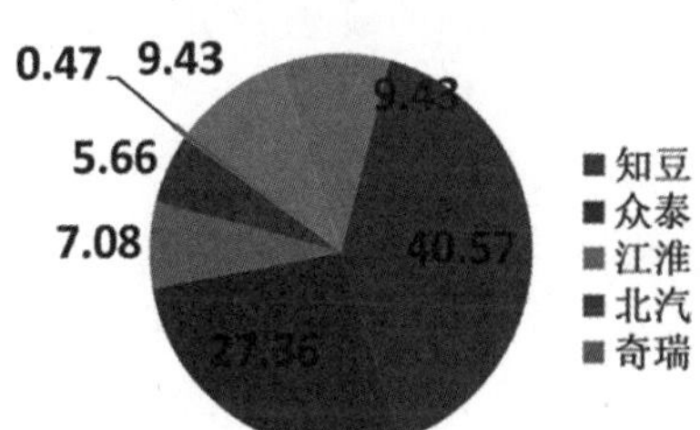

各地大型汽车交易市场概况

2016年国内汽车有形市场变化和发展

中国汽车流通协会有形市场商会 苏晖

在连续几年中国成为世界第一产销大国的大好形势下，在一批汽车市场新政即将全面实施的新形势下，2016年可以说是汽车产业、汽车行业、汽车市场形成大调整、大变化、大创新、大发展的一年，汽车产业面临着来自三大创新的颠覆：汽车共享、电动汽车、自动驾驶。在此形势下，汽车市场特别是汽车有形市场和汽车后市场，如何更好地生存、创新、发展，已经对我们提出了重大挑战。尽管挑战和机遇都有，但挑战的巨大压力已经形成，其中汽车新政落地的重大调整和形势变化，尤其是三四线城市规划的大调整，以及大环境的巨大变化，还有汽车电商和互联网的巨大冲击，汽车有形市场和汽车后市场生存与发展同样重要，必须给予足够的重视研究和思考。

一、国内汽车市场基本情况分析

1. 2016年全国汽车产销量已经达到2800万辆。

2. 一批汽车新政早已出台，目前多数没有落地，2017年有望落地。

3. 国内数万家4S店，数千家汽车园区，二手车汽车市场、汽车配件及用品市场，特别是近千家汽车电商和汽车互联网企业，既有快速的发展创新，又面临着在新形势下转型升级。

4. 传统的经营模式、传统的思维方式、传统的服务方式、传统的收益方式，都面临着巨大的挑战，甚至面临着被颠覆的风险。在这之前是因为有了市场才去开拓，如今已经在新形势下转变为必须先去开拓，然后才是寻找市场。

5. 汽车后市场正在从后台走向前台，在国务院的相关汽车行业，有关文件中已经明确汽车后市场的概念。在一定意义上可以说，汽车后市场将决定汽车市场的未来。

6. 汽车电商、汽车互联网、汽车物联网，以及新经济、新市场、新服务、新思维，将汽车市场竞争推向新的历史阶段。这是汽车大市场、汽车有形市场和汽车后市场必须面临的机遇和挑战。

7. 随着形势和市场的变化发展，国内汽车行业和汽车市场仍将有一批汽车新政和规定出台，必将对汽车市场产生重大影响。

二、国内汽车有形市场的变化情况分析

（一）政策调整变化对有形市场的影响分析

1. 新的《汽车销售管理办法》明确了国内汽车市场主要的模式，及汽车专卖店、汽车综合展厅、汽车交易市场、汽车电商和汽车互联网，虽然明确了汽车交易市场为国内汽车销售市场的主流模式之一，但由于国内汽车市场的高速发展，快速变化，汽车销售市场的模式又有了新的变化和发展，而且今后还会出现越来越多的汽车市场新模式，因此，多种营销模式并存将成为主流。

2. 2016年国家发布了一批支持汽车自驾游营地，房车露营地以及特色小镇的相关政策规定，给予了大力的支持和鼓励，相关的汽车园区高速发展，对一线以下的城市和地区，影响巨大。如：国内对特色小镇包括汽车小镇给予了相当大的关注和支持，一大批以汽车为主的特色小镇正在兴起，影响了汽车园区的规划理念。

3．2016年全国旅游人数高达32亿人次，政府部门给予了高度的重视和支持，并列为今后一段时期重点发展，重点支持的市场。其中有54%的旅游人员，支持并参与了汽车自驾游，因此，旅游包括汽车自驾游，包括房车露营，将成为汽车有形市场应当关注的市场配套及服务功能。

4．2016年国务院出台了关于便利二手车交易的重大政策规定，这一规定将是历史性的，一旦全面落实将全面改变国内二手车市场，从交易模式、交易形式、交易流程、以及全国性的二手车流通方式，将出现重大改革，因此汽车有形市场对此应当高度重视，高度关注，千方百计在此政策规定下，进行重要的创新，迎接二手车市场历史性的变化和发展。

（二）专业有形市场与综合有形市场共同发展

从国内国情出发，一是我们拥有14亿人，二是东西南北城乡发展不平衡，一种模式很难适应这种状况，多种形式并存必将经历一段历史时期。

（三）中国经济的高速发展，城市规划变化影响巨大

国内汽车商业综合体和汽车城市综合体，已经得到各级政府部门的高度关注与支持，发展迅速，形成国内汽车交易市场的主流方向之一，但是由于城市发展过快，特别是城市规划变化巨大，正在形成新的调整，如：有的城市将正在规划之中的巨大规模的汽车城市综合体调整为城市的重大交通枢纽工程。又如：近两年来特色小镇快速发展，将正在规划建设之中的汽车园区调整为汽车特色小镇，以符合城市规划的调整变化，取得政府部门的支持。

（四）汽车社会的到来对有形市场影响很大

由于汽车保有量的快速增长，相当一部分城市和地区已经进入了汽车社会（通用标准即每百户家庭拥有25辆汽车），汽车生活已经形成社会的主题，汽车文化、汽车运动、汽车休闲娱乐，已经成为社会的重要组成部分，发展越来越快，规模越来越大，以汽车文化和汽车运动为主题的大型汽车园区不断涌现。

（五）汽车商业地产兴起快速发展

在国内巨大的房地产发展的同时，作为转型之一汽车商业地产已经兴起，并且快速发展，已经形成了汽车有形市场重要的发展模式之一，尤其在三四线城市发展更快，甚至形成了地方的经济发展重要支柱之一。受宏观经济和大环境的影响，目前面临着新的挑战和转型升级。

（六）汽车电商和汽车互联网如何与有形市场结合

汽车电商和汽车互联网如何发展目前难以预料，但其冲击和影响是巨大的，有一点是肯定的，汽车电商和互联网将颠覆汽车实体经济并未形成，也不客观，而且目前的舆论是实体经济将呈现爆发式的增长，线上与线下如何完美的结合，才是发展方向，因此汽车有形市场转型升级的重要目标之一即如何用好汽车电商，如何拥抱汽车互联网。不发展汽车电商，不拥抱汽车互联网，将有可能出局。如何拥抱好，如何结合是我们应当共同高度重视的课题。

（七）汽车市场融合、跨界的变化发展

随着汽车市场的高速发展，尤其是汽车生活，对城市的影响程度越来越大，广大汽车消费者对汽车生活的需求越来越大，因此对汽车有形市场多业态融合发展，对实现跨界经营服务提出了更高水平的要求，因此融合跨界发展是必然的趋势，但由于各地方情况差异较大，因此要求汽车有形市场不仅要主题突出，特色突出，而且要求因地制宜，融合哪些功能因地区不同，主题不同，没有统一的标准和模式，需要创新。跨界经营不仅丰富了有形市场的配套功能，而且将有形市场有效的融入到城市之中，大大提升了有形市场的社会地位，但也需要因地制宜，针对不同地区不同需求偏好而定。

（八）汽车有形市场多样化发展

由于国内汽车市场的高速发展，汽车有形市场、汽车后市场、汽车服务市场、汽车电商和互联网越来越受到社会各界的高度关注，特别是国内外投资公司，投资集团，投资人的高度重视，形成目前和今后一段时期市场投资的热点，由于投资主体和投资人来自社会各个方面，因此对于汽车有形市场，除了政府部门和政府领导的规划主导之外，其思路理念有了更广的变化和发展。对汽车有形市场有着决定性的作用。对有形市场的规划、市场定位、市场功能配置、产生重大影响，也造就了汽车有形市场多样化的发展模式。这种状况，将在相当长的一段时期存在。

（九）汽车营销模式的创新

由于国内汽车市场竞争异常的激烈，汽车制造领域竞争也非常激烈，由于汽车新政的出台与落地，迫使汽车制造商也创新新的汽车营销模式。如：当前的微型4S店，汽车维修服务直营店，汽车多品牌统一经营店，以及汽车制造商与大的电商互联网企业的合作，

都会创新出新的汽车营销模式，也一定会影响到汽车有形市场的功能配置调整，在此方面汽车制造商的动作越来越快，步子迈得越来越大，必将形成对汽车有形市场的重大挑战。

三、汽车有形市场面临的新情况、新课题、新挑战

（一）宏观经济对国内汽车市场影响重大

宏观经济对国内汽车市场的影响是重大的，与政策和规定对汽车市场的影响同样重大。如：2016年汽车宏观上非常好，产销量高达2800万辆，但具体到微观上经销商经济效益普遍不高，2016年汽车市场增长速度确实高，其中很重要的影响因素是国家和政府部门出台了一系列调整政策和规定，大大刺激了市场购买汽车。

（二）高度关注和重视交通拥堵、空气污染

各大城市交通拥堵，空气污染严重均与机动车和汽车有很大关联。这种状况已经引起了全国各界的高度关注和重视，因此汽车在一个城市总量调控是必然的，虽然不太可能出现新的限购城市，但是控制使用很可能形成新的热点。限行已经提上议事日程，包括老旧汽车的报废更新，都将影响到新车销售市场和二手车交易市场的增长速度和市场需求。而且调控的力度会越来越大。

（三）高度重视新能源汽车发展

新能源汽车的发展得到了政府部门和社会各界的高度重视，国家已经出台了购买新能源汽车不限行不限购的国家政策，大大刺激了广大国民购买新能源汽车的热情，也制定了快速发展的一系列的支持鼓励政策，新能源汽车必将有一个更大更快的发展，因此如何应对新能源汽车的这种发展和变化，对汽车有形市场提出了重大的课题。

（四）汽车电商和互联网的发展正在形成新的挑战

尽管汽车电商和互联网在汽车配件、用品市场，二手车交易市场，有着高速的发展，有些甚至是颠覆性的发展，特别是新经济、新服务的快速发展，影响重大，但是对4S店和汽车有形市场目前冲击还未显现，但在这一领域，已经开始了转型和改革试验。

1．较早的、突出的有：成都金恒德汽车园区，全园区普及了汽车电商，建立了园区的互联网平台，并与大的互联网平台对接，实现了真正意义上的汽车电商和汽车互联网。也是国内首家大型的汽车园区，实现了汽车电商和互联网的强强联合。

2．2013年郑州天荣汽配城大型汽车互联网平台正式开张营业，并与汽配城内1000余家汽配用品商对接，同时与社会大互联网公司合作对接，成为国内第一家超大型汽配用品园区，实现了汽车电商和互联网对接。

3．2016年初，北京五方天雅汽配城在市场转型中正在实现与汽车电商和互联网结合。并在2月15日正式开业运营。在国内汽车、汽配和用品市场领域影响很大。甚至将几十年形成的北京五方天雅汽配城正式更名为：五方天雅互联网+汽车产品市场。可见汽车互联网影响之大。

4．如今一批汽车城、汽车园区及大多数汽车制造商，全力探索与汽车互联网实现战略的合作。

（五）关于汽车小镇的快速发展

在国内汽车园区快速发展的同时，由于城市规划发展的变化，特色小镇、汽车小镇由后台全面走向前台，甚至将特色小镇的规划建设提高到国家新农村建设，新型城镇化，在新时期、新常态下的新举措、新模式。2016年浙江省决定创建100个省级特色小镇，不少小镇已经投入运行或规划之中，一大批省市千方百计推进小镇规划建设。其中酷车小镇也如雨后春笋般地走向前台。

1. 北京酷车小镇，在全国领先早已建成，成为全国的典范。

2. 浙江台州酷车小镇，2015年12月正式启动，历经一年的规划建设，目前已经进入招商试营业阶段，将小镇定位为汽车文化创意产业园区特色小镇。实现赏车、买车、改车、养车、玩车为一体的汽车文化及汽车消费体验。

3. 台州吉利沃尔沃小镇。预计2020年建成，投资36个亿，占地6平方公里，市场定位为工厂式旅游景点，以汽车生产为主要特色观光旅游。

4. 浙江奉化溪口已建成房车风情小镇。

5. 浙江金华新能源汽车小镇。

6. 陕西韩城新能源汽车创业小镇，占地2300亩，投资25亿元。

7. 郑州濮阳汽车小镇，占地1800亩，该小镇原名为郑州濮阳国际汽车园区。

8. 广州番禺ACT汽车小镇。

总之由于政府政策的调整，汽车小镇正在风起云

涌。

（六）新动向、新市场、新信息产生重大影响

1. 上汽大众、一汽大众在2016年早已开始实施，汽车销售市场调整战略，明确了在国内各建1000—2000家汽车售后服务直营店，不仅将会影响到4S店的布局，而且也会影响到有形市场的应对。

2. 2016年11月份，在北京大众“3体”4S店，正式开业运营（即一汽大众、上汽大众、进口大众，三个品牌合为一体店），这个信号明确告知市场，汽车制造商的营销调整将会出现一系列的大动作，新动态。

3. 苏宁易购两家实体店，2016年10月在北京联想桥和旧宫门店正式开卖汽车，同时国美也声称不止卖家电，还要卖汽车，其旗下1700家门店中，大部分门店实现改造，形成综合卖场模式，这样的全国性的家电市场，开卖汽车，京东也于3月初宣布要在全国再开一万家实体店，也将涉及卖车。必将对汽车销售市场产生重大影响。

（七）更多的投资主体、投资集团、投资人加入到汽车有形市场投资队伍之中

1．现有的汽车园区或汽车城以及二手车汽配市场投资人，规划投资新的汽车园区，这种趋势发展很快。

2．股市、钢铁、煤炭、化工等一批企业，转型调整进入到汽车有形市场领域，目前国内有一大批这样的投资集团转型。

3．江浙一代的老板，加快向中西部地区发展，主要投资建设汽车园区和相关项目。

4．一批社会投资集团投资企业，非常关注汽车有形市场的发展变化，通过各种机构了解汽车有形市场发展前景和投资机会。

5．各地方政府鼓励和支持江浙一带的老板到该地区去投资汽车有形市场的建设，

6．汽车运动正在形成国内汽车市场的热点，国内外一批投资商投资人，很有兴趣参与投资。

7．汽车生活的快速发展，促使汽车文化、汽车运动、汽车休闲娱乐快速发展，促使一批投资公司投资集团参与其中。

8．地方政府部门也正在快速参与其中。

四、关于汽车园区转型升级的若干建议

1. 传统思维、模式、方式，已远远适应不了当前的大变化，首先是思维方式转变，不是在建汽车交易市场，而是搭建汽车后市场交易平台，包括汽车电商和汽车互联网的引进推广。

2. 要由为广大商户搭建扩大市场销售的交易市场，转变为为广大商户搭建若干服务平台、网络平台、仓储物流平台、汽车电商平台、汽车互联网平台、汽车消费体验平台、汽车文化生活平台，适应当前汽车市场的重大变化和调整，以及正在进行的改革创新。

3. 汽车新政及实施细则并不明朗，因此不能冒进，不能盲目转型升级，转什么型，升什么级，及其复杂，政策不明朗，目标就不可能明确，升级换代难以真正实现，不变必输，赢在改变，改变什么，有几项已经十分明确，如：与汽车电商相结合、与汽车互联网相结合，与之配套的大型仓储物流必备。新车销售商多品牌代理，而4S店必须转型，汽配汽车用品、二手车、电商化是必然趋势，汽车后市场将取代汽车市场成为主流趋势，汽车文化生活形成新的热点，汽车流通渠道、流通模式、流通方式都将在创新的推动下颠覆传统。

4. 对于大多数市场来说，实体店绝不是不重要，而是非常重要，没有强大的实体店，汽车电商将形成空中楼阁，因此包括汽车在内，做好实体店是硬基础是关键，同时要做品牌，形成有巨大影响力的社会品牌，汽车电商和互联网是手段，而并非渠道，很多实体店转型升级改做汽车电商或互联网，成功的可能性很小，失败的可能性巨大，因此不能盲目的地转型，做好实体店是生存和发展的基础。

5. 汽车后市场及企业的唯一性、权威性，是必须达到的目标，国内汽车后市场成千上万家，但分类总结，各有特色，有一点非常突出，几乎都是唯一的，不可复制的，名字可以复制，品牌不可以复制，因此，特色是关键，创新是关键，社会影响力是关键。

6. 体验式市场成为当今世界最为热点的话题，已经在世界范围内形成特色，国内汽车市场体验式消费越来越重要，影响巨大，甚至正在改变国内汽车市场。市场融合发展，市场跨界发展形成主流。

2016年有形汽车市场(园区)情况

2016年1—12月有形汽车市场（园区）开工建设情况汇总

浙江首个互联网汽车产业园开建

2016年12月28日，互联网生态汽车产业园——乐视生态汽车产业园在湖州德清莫干山开工建设。产业园分汽车智能生产、产业配套及体验园区等部分，规划总面积约4300亩。产业园一期项目拟投资约110亿元，一、二期项目建成后，将有望实现40万辆电动车的年生产能力。2016年8月10日，浙江省政府与LeEco乐视在杭州召开发布会，宣布双方正式启动包括乐视超级汽车生态体验园区、智能汽车产业基金、互联网金融等多个重大项目的战略合作。根据规划，项目总投资额为近200亿元，第一阶段规划用地约4300亩，计划年产40万台整车。

高安市汽车商贸物流产业园开工建设

2016年12月2日报道，落户高安市中汽投资50亿元兴建的汽车物流产业园正式开工建设。该物流城被列为江西省重大项目，占地五千亩，以建设国家级汽车物流产业园为目标，将打造全国的汽车物流信息中心、全国最大最规范最诚信的二手车交易中心、全国的卡车商贸展销中心、全国的汽车零部件生产制造中心。

临泉国际汽车城开建

2016年10月10日报道，位于安徽省临泉县临庐现代产业园区的临泉国际汽车城开工，预计于2017年年底建成。临泉国际汽车城是招商引资项目，由中汽联投资管理（北京）有限公司、阜阳光华投资有限公司共同投资，临泉银泰置业有限公司负责开发建设，总投资8亿元，占地198亩，是集汽车销售、汽车配件、汽车维修、二手车等十大业态为一体的专业市场。

中和银都机械汽配城双流开建

位于成都市双流区现代商贸集中发展区的西部国际工程机械暨重型汽配博览中心奠基，正式动工建设。该项目建成，将形成一个集摩托车配件到工程机械、重型汽车汽配等产业的完整产业集群。项目位于双流区九江街道星空路，占地310亩，总建筑面积26万平米，总投资15亿元左右，预计2017年6月投入运营。

“乌镇乐＋国际汽车露营地”项目开工

2016年9月25日，“乌镇乐＋国际汽车露营地”项目正式在桐乡乌镇开工。乌镇的旅游新格局再添新生力量。该汽车露营地项目以“建设5A智慧营地”为主线，规划建设房车精品酒店区、房车主题营位区、梦幻童话区、综合活动区、动漫体验区等五个区域，并围绕江南文化、田园牧歌、亲子娱乐、教育拓展等主题，通过互联网技术、物联网云技术、先进电子技术等高新技术，实现营区的高度智能化，更能体验智慧、舒适、轻松的营地生活。该露营地位于乌镇大道和环河路交叉口，项目总占地约216亩，总投资约7.5亿元，分两期建设，一期规划建设房车精品营位、房车科普馆、房车展销集市、游客服务中心、特色餐饮等，计划在2018年正式投入运营。在二期规划中，有很大一部分将建成高端房车营位，设计成高端房车度假区。

阿拉善沙漠汽车主题园开建

2016年9月11日，内蒙古自治区级重点文化旅游项目——越野e族阿拉善梦想沙漠汽车、航空文化主题乐园开工建设。项目位于巴彦浩特镇西南50公里处的腾格里沙漠东缘，是由阿拉善梦想汽车文化控股有限公司投资建设，计划总投资40.2亿元，总体规划用地约10845亩，按照国家5A级旅游景区标准建设，分三期完成。梦想汽车文化主题乐园功能区建设，包括中心酒店、音乐广场、汽车风情小镇、蒙元文化村、商业中心街、免税购物广场、汽车嘉年华、特色体验营地、沙漠赛道、越野e族大队营地、特色加油站等特色建筑。项目落成后，可在主题乐园内举办各类汽车体育赛事、汽车文化展、大型音乐节、汽车文化旅游和大型展会等各项特色活动。

赣州龙兴国际汽车城开建

2016 年 6 月 29 日，赣州南部地区规模最大的多功能现代汽车城——龙兴 • 国际汽车博览城项目开工建设。项目建成后，龙南、定南、全南等地的群众可就近享受买车休闲一条龙服务。据悉，汽车博览城项目位于龙南县里仁高速出入口东侧，项目总用地面积 35000 平方米（约 52.5 亩），总建筑面积 7 万多平方米，项目总投资约 1.5 亿元。项目规划有 4S 店集群、综合服务管理中心、汽车主题文化广场、精品公寓等功能区块，将打造成一个集汽车商贸、休闲娱乐、电子商务、行政服务为一体的汽车产业专业市场综合体。

无人驾驶汽车测试基地开园

2016 年 6 月 7 日，由工信部批准的国内首个“国家智能网联汽车（上海）试点示范区”封闭测试区在嘉定举行开园仪式，可以为无人驾驶汽车提供综合性的测试场地和功能要求，这也标志着作为全球测试功能场景最多、DSRC 和 LTE—V 等 V2X 通讯技术最丰富，覆盖安全、效率、信息服务和新能源汽车应用等四类领域的国际领先的封闭测试区（一期）正式投入运营。

襄阳东风合运汽车零部件物流项目开工

2016 年 4 月 11 日报道，位于襄阳北物流园的襄阳东风合运汽车零部件物流项目全面开工建设。襄阳东风合运物流是襄阳市唯一一家 5A 级物流企业，项目计划总投资 10.3 亿元，总规划用地面积 311 亩，容积率 1.6；二期总建设面积 22 万方，包含第三方物流和仓储配送区 12 万方，形成大型的物流配送中心，主要用于东风股份汽车零部件的存放及配送；汽车后市场及二手车市场 10 万方，按照其标准分区管理。

华北汽车公元首期工程开工

2016 年 3 月 18 日，石家庄市鹿泉区重点项目暨华北汽车公元首期工程开工仪式举行。华北汽车公元规划用地面积 1500 亩，预计总投资 35 亿元。项目位于石家庄市鹿泉区，省政府批复的石家庄市西北物流产业聚集区的中心地带。项目规划有新车市场园区、二手车市场园区、汽车配件园区、汽车改装用品园区、工程机械及配件园区、仓储物流园区、汽车维修园区、综合服务园区、汽车回收及拆解园区、汽车主题公园园区等十大功能园区，是华北地区规模最大、功能最全、服务最优的汽车服务产业园区。

法拉利主题公园将落户中国

2016 年 3 月 18 日报道，据法拉利官方消息，法拉利股份有限公司旗下的意大利全资子公司法拉利公司联手北京汽车集团有限公司、北汽恒盛置业有限公司，已经就法拉利主题公园的设计、建造及运营许可签订谅解备忘录。据悉，全新打造的法拉利主题公园将于中国大陆的一线大城市选址落户，北京、上海、广州、深圳等其一或成为选择。由于有北京汽车集团的参与，很多网友猜测称公园极有可能落户北京，也有说在上海。法拉利主题公园“法拉利世界”（Ferrari World）斥资 400 亿美元打造，坐落在阿联酋亚斯岛开发区一个庞大的三角形红屋顶下。第二座法拉利主题公园 在西班牙巴塞罗那，斥资 1.4 亿美元，预计 2016 年开放。对于未来落户中国的法拉利公园，目前还没有更详细的信息。

郑州国际汽车公园合作签约

2016 年 3 月 17 日，昌建博泰 • 郑州国际汽车公园与交通银行战略合作签约。作为省市双重点项目，郑州国际汽车公园将以汽车文化为驱动力，以国际标准 F3 赛道为主导，依托汽车文旅、汽车产业、服务配套三大板块的强力支撑，为整个区域的经济、文化发展带来强大的推动作用。根据协议，交通银行将为昌建博泰 • 郑州国际汽车公园提供各类授信和融资 20 亿元，并逐步扩大合作范围，支持昌建博泰 • 郑州国际汽车公园以汽车文化为主题的专业性园区项目的开发建设、运营管理等领域，提供全面的金融战略合作。

盐城将建一体化汽车城

2016 年 3 月 15 日报道，江苏盐城汽车城将建成一体化汽车服务全产业链，目前 6 万平方米汽车城项目一期在上半年全面启动建设，2016 年底前一期正式投入运营。盐城汽车城项目位于盐城新都路以南、开创路以西，占地 260 亩，建筑面积 10 万平方米，将按照“扩大市场规模、坚持高端取向、丰富经营业态、实现跨界融合”的要求，规划新建集二手车交易、汽车配件用品、快修美容、金融保险、汽车会展、汽车文化、电商交易平台及综合服务功能于一体，辐射周边城市的汽车后服务市场。

大庆将建零配件和二手车中心

2016年3月8日报道，大庆市高新区将依托沃尔沃项目，建设汽车零配件和二手车交易中心，并以此为基础不断做大汽车后市场，以此启动建设辐射全市的高端商务区。在零部件配套建设上，将继续扩大零部件产业园建设，加快引进汽车底盘、座椅、汽车内饰及外饰等项目。在发展汽车后市场方面，重点发展汽车金融、租赁、展示、交易、废车回收等。同时，探索发展互联网汽车、二手车交易O2O平台等。按照计划，项目一期将启动二手车交易市场建设（包含精品展示区、散户区、综合服务大厅、检测评估站、二手车保修厂等，同时会启动新车交易展示平台）。据介绍，上述汽车零配件和二手车交易中心部分工程，预计可在年底前实现主体封顶。

永州潇湘汽车城在规划设计

永州市2016年3月3日召开潇湘汽车城建设调度会。潇湘汽车城选址初定于永州大道以东、永连公路以北、阳明大道以西、东湖路以南范围，规划占地面积约1200亩。项目定位以汽车零配件贸易为主，集汽车商务、美容、改装、博览、休闲娱乐等功能于一体的创新型汽配城；涵盖汽配维修、汽车展销、工农机械、商务金融、二手车交易租赁、汽车公园、仓储物流和生活配套等十大功能分区。

天门奋力打造汽车城

2016年3月2日，湖北省天门市承天国际车城三期建筑工地目前正在进行土地平整，项目一期配套工程和二期基础建设工程已开工建设。承天国际车城项目被纳为湖北省100个重点项目，建设周期5年。项目前期规划建设汽车品牌展示中心、汽车4S店集群、特色商业综合体等，后继规划有商用车中心、二手车交易中心、新能源车交易中心等，涵盖汽车前、后市场及综合商业配套，建成后将辐射半径100公里范围内的消费人群，项目计划分四期完成，旨在打造一个以汽车4S店为标签的城市综合体。

株洲将建汽车博览园

2016年1月29日报道，株洲市把汽车产业上升为全力打造的五大千亿产业之一，株洲汽车博览园的建设规划已对外公示。汽车博览园作为市重点工程，将规划建设汽车主题公园、汽车赛事基地。项目以汽车产业为基础，总体规划面积约7.67平方公里，打造长株潭地区集汽车贸易、汽车物流、汽车赛事、市民休闲、文化体验、节庆活动为一体的综合型汽车博览园。目前，汽车博览园内部基础设施建设正在稳步推进，园区已签约30余家4S店，其中，沃尔沃、雪佛兰等4S店已进入试营业阶段，预计年内还约有10家4S店落成并开业。

巴南将建汽车公园 可享一站式多元化服务

2016年1月29日报道，重庆协信集团将在巴南区南彭贸易物流基地投入超100亿元，打造一座拥有200万平方米超大建筑规模的协信汽车公园。建成后，一站式多元化服务将极大地提高消费者的体验。汽车公园建好以后，原来八公里机动车交易市场将整体搬迁到“新家”。位于巴南区八公里的重庆西部机动车交易市场占地约160亩，计划投资20—30亿元进行改造，新业态将以小轿车4S店、汽车用品、汽车改装等为主。

铜川汽车园将实施重点项目16项

1月24日报道，鄂尔多斯铜川汽车博览园2016年计划投资3.6亿元，实施重点项目16项。其中有速博二手车市场项目、全地形车旅游项目。

2016年1—12月有形汽车市场（园区）开业汇总

丽水国际车城交易市场开业

2016年12月31日，浙江丽水首届二手车展暨丽水国际车城汽车交易市场开业。丽水国际车城是省级重点项目，也是丽水汽车交易流通产业总部和集散中心，位于南城商贸中心地带，是一个多功能、现代化综合专业汽车市场。2016年随着90家二手车经营户入驻市场，功能更加完善。

车享家汽车生活馆开业

2016年12月28日，全国首家车享家生活馆落户徐州。在生活馆，可感受一种和传统4S店不一样的气氛，有手磨咖啡、儿童游乐场。生活馆开业之际为车主们提供优惠活动，多款爆款车型限量发售，最高折扣可达25000元。生活馆还有汽车销售、保险、金融、售后维保、二手车及租赁等业务。

西藏首家一站式汽车服务会所开业

2016年12月27日报道，近日，拉萨康达汽贸旗下的洁新特一站式汽车服务会所开业。这是西藏首家按照高标准规划和建设的一站式汽车服务中心，占地面积超过8000平方米，是按照高端汽车4S店标准进行规划和建设的，主要服务于中高档汽车，经营业务包括车辆清洗、美容装具、改装升级、维修保养、钣金喷漆、保险理赔、承保车务、车辆交易等。引进了国内外先进的技术及设备和汽车各种配件。

一猫汽车网首家合资店开业

2016年12月24日，一猫汽车网与靖远新长城汽车销售有限公司的合作店开业。一猫汽车网线下合资店是其布局三、四、五线市场的重要战略举措，在行业内堪称首创。靖远新长城汽车销售旗舰店是一猫汽车网2016年千店目标的一个，该店是一猫汽车网合资店项目的首家落地店。靖远新长城汽车销售在靖远、平川有两家五菱直营店（靖远五菱直营店、平川五菱直营店），提供整车销售、维修服务、配件供应、汽车金融及车辆保险全方位服务。

海正二手车日照开业

12月24日，海正汽车集团海正二手车公司在日照奎山汽车城开业。海正二手车公司是通过东风日产厂家认证全国仅十家的易诚标准二手车公司，有严格的评估流程，背靠强大的海正汽车集团，一站式服务，安全方便快捷。海正汽车集团旗下东风日产、北京现代、日照江淮、陆星别克、悦达起亚联合促销，凡购买海正汽车集团旗下品牌车辆，均可享受最高优惠政策。

东南汽车皖鄂10店联动开业

12月18日，东南汽车安徽省阜阳博宏4S店开业。与此同时，东南汽车皖鄂十店喜迎开业，东南汽车发力终端销售服务。东南汽车新增了50家经销商，绝大部分新经销商都实现了当年投产、当年盈利。同时，东南汽车还大力发展直营网点和专营二级网点，让消费者能够更便捷地体验优秀的产品，截至目前，东南汽车在全国的网点已接近500家。

一汽丰田哈尔滨运通二手车中心开业

12月9日，一汽丰田哈尔滨运通二手车中心正式开业。此次成立的二手车中心是一汽丰田在全国建立的第14家二手车中心。它的成立凸显了一汽丰田在二手车业务领域的加速布局。哈尔滨运通丰田是黑龙江省最大的一汽丰田4S店，在二手车业务开展过程中，通过了厂家的一系列二手车技术整备和业务流程培训，在车辆商品化、服务标准化方面达到了专业和标准的要求，成为了一汽丰田在哈尔滨授权的第一家二手车中心。

长沙市望城区平行汽车城开业

2016年12月8日，国内中部地区最大的平行进口汽车城——开利星空长沙国际汽车城在长沙市望城区正式开业，实现了天津自贸区平行进口汽车试点平台与长沙汽车消费市场的无缝对接。开利星空长沙国际汽车城由天津滨海国际汽车城开发，总投资10亿元，综合展厅面积近3万平方米，汇集了22个高端进口汽车品牌、79款车型，可容纳300余款汽车进行集中展览销售，是一个涵盖汽车销售、售后维修与保养、汽车信息咨询服务、汽车金融服务、汽车物流、会员服务等业务为一体的综合性服务平台。

台州汽车文化广场试营业

2016年12月3日，台州德逸•车之星汽车文化广场试营业。广场位于台州市经济开发区开发大道，以互联网＋汽车＋创业＋创新思维模式，打造台州汽车文化旅游特色的地标性广场，广场占地20万平方米，首期2万平方米二手车名车馆，其中豪车馆五千平方的豪华展厅、餐饮娱乐休闲中心、二手车评估中心、数据中心、二手车电商交易中心、二手车金融中心投入使用，二、三期主要包括汽车文化主题酒店、百年汽车文化展馆等。

吉利汽车华北十八店联动开业

2016年11月20日，吉利汽车华北18店联合开业庆典在北京、河北、山西与内蒙古四省市同步举行。吉利汽车华北18家店分别是：北京2家，河北7家，山西7家，内蒙古2家。其中，新加盟商家9家、异址新建3家、现店扩建 & 升级6家，18家新开业经销商共耗资1.6亿元，全面进入新形象、新标准。在庆典仪式上，18 家经销商还与吉利汽车签订了《销售服务运营标准 3.0 提升承诺书》。

云南卡盟汽车开业

2016 年 11 月 17 日，云南卡盟汽车服务有限公司开业仪式在经开区国际汽车城举行。公司于 11 月成立，为打造汽车电商平台，采取线上订车、线下提车方式，为客户提供省钱、省时、省力的汽车购买服务。云南卡盟汽车主要以传统汽车销售、汽车金融（保险、车贷）、汽车电商为主。传统汽车主要以长安马自达、比亚迪、斯威、金杯四大品牌为主线，同时配合平行进口及其他品牌汽车共同销售，还代理金融服务。

石家庄车航汽车人车生活馆开业

2016 年 11 月 12 日，石家庄车航汽车人车生活馆盛大开业。位于石家庄市东二环与裕华路交口，是隶属于秦明集团汽车板块的核心功能性场馆。生活馆围绕平行进口车、二手车、新能源车等购车热点，为车主提供省时省钱的平价维保服务，并且依托互联网功能，实现了实时透明的维保状态查询、用车知识传授、各类信息对接等服务功能。

涪陵 VR 汽车体验中心开业

2016 年 11 月 9 日，梅林实业 •VR 汽车生活体验中心开业，体验中心不仅是常规汽车 4S 店，还有“汽车主题餐厅”（自助餐、下午茶、简餐）、汽车百货超市（机油、装配件、装饰）、VR• 汽车生活体验中心（VR 沉浸式汽车体验），集汽车销售、产品展示、餐饮娱乐、精品购物和 VR 体验于一身。

奇瑞 18 城 18 店同时开业

2016 年 11 月 6 日，奇瑞汽车西南大区云贵川渝四地 18 城 18 个奇瑞三代形象店联动开业。此次 18 城 18 店联动开业是奇瑞战略 2.0 阶段第三代形象店的全新升级，也是奇瑞品牌终端硬件升级的代表。自 2016 年 1 月到 10 月，奇瑞新建或改建第三代形象店总计已达 70 家，预计年底将达 160 家。

新能源汽车体验中心开业

2016 年 10 月 22 日，由集美控股集团、庞大集团和首资新能源联手打造的“新能源汽车体验中心”开业，体验中心建筑面积 1 万多平方米，可同时容纳展示近百台车。体验中心囊括了国内外众多汽车品牌，展示规模阵容强大。中心分 3 层展厅，分别展示新能源纯电动汽车、平行进口汽车和混合动力汽车，可同时容纳展示近百台车。“新能源汽车体验中心”采取轻资产发展模式，打破传统 4S 店单店销售模式，不再局限于单个品牌，而是让购车者足不出厅，即可体验各种汽车品牌，购买更加容易。

中山汽车酒店开业，配独立车库

2016 年 10 月 13 日报道，位于中山沙溪镇的凯谋概念酒店开门。这是中山首家汽车酒店，共有 39 间客房，每间客房都有自己的独立车库和楼梯或电梯，车子停好后客人可以直接到达自己的房间。入住时，客人将车开入车库后，可以按墙上的按钮，车库卷闸门便可放下。然后通过专属电梯直达房间，只要不出房间，不会与其他客人碰面。房间外还设立送餐台，送餐人员会通过员工通道，将餐点放于台上，再通知客人来取。

奇瑞汽车鲁豫 15 城 15 店联动开业

2016 年 9 月 25 日，奇瑞汽车鲁豫大区 15 城 15 店联动开业，以郑州盈丰奇祥 4S 店为主场的开业仪式暨瑞虎 7 上市，在山东、河南两地同时展开，标志着奇瑞汽车第三代直营店以崭新的形象矗立于汽车市场。盈丰投资集团（芜湖）指导旗下各个奇瑞 4S 店为用户做好全方位服务。郑州盈丰奇祥是奇瑞汽车标准旗舰店，集整车销售、备件供销、售后服务及信息反馈四位于一体。

汽车超人首家线下体验店开业

2016 年 9 月 6 日，汽车后市场 O2O 服务电商汽车超人首家线下体验店开业。汽车超人体验店，与汽车服务连锁企业美车堂合作共同开设。美车堂拥有数十年汽车服务经验，全国直营连锁门店近 300 家，每年服务车主车辆上百万台次。体验店是公司对线下服务门店标准化流程的摸索与尝试。汽车超人目前在线下拥有近 30000 家合作门店，体验店的开设有利于公司了解和制定标准化的服务流程。

吉利汽车西北九店联动开业

8 月 22 日，吉利汽车西北九城九店联合开业仪式在青海西宁举行，此次开业的九城九店，共耗资 2 亿元，分别对原有店面进行不同程度的改造升级，使之成为吉利旗舰店和吉利A级4S店。其中，新疆4家，陕西2家，宁夏、甘肃、青海各1家。随着博瑞、博越、帝豪GS等第三代精品车型相继上市，吉利汽车已全面迈进“精品车3.0时代”，进入快速发展的阶段。

凤城承业汽车物流商贸城开业

2016年8月20日，辽宁省凤城市承业汽车物流商贸城有限公司开业，为一站式汽车物流服务商贸城。商贸城项目2014年入驻现代产业园区，由辽宁蓝跃实业集团公司投资建设，项目总投资1.8亿元，规划用地7.2万平方米。业务涵盖全品牌汽车展示和销售、二手车展示和交易、汽车维修、配件、装潢、保险和相关税务服务、仓储物流服务以及旅游交通、食宿等相关服务。

长春易融汽车开业

2016年8月8日，长春市易融汽车销售服务有限公司开业，公司主营汽车贷款和汽车融资性租赁，是上海易鑫融资租赁公司的长春核心代理商。长春市易融汽车销售创建于2014年，在新车、二手车开辟市场，推出多元化产品。主要业务专注于乘用车的融资租赁业务；公司注册地在上海，注册资金总额4亿美金；主要股东易车网、腾讯、京东。

小榄永南汽车配件精品城开业

2016年6月18日，小榄永南汽车配件精品城开业。永南汽配城作为中山首家精品汽配城，致力于打造中山首家一站式服务的汽车产业平台。永南汽配城位于小榄镇菊城大道西，覆盖周边20多个镇区。场地达10万㎡，满足1000个车位停车需求，是中山目前最大规模的汽配城。

杭州车百用产业园开业

2016年6月18日，位于西湖区的车百用汽车产业园开业，为杭州地区汽车用户提供一站式汽车管家服务。整个园区建筑面积5000平方米，地上两层连体建筑，包括接待、客户休息、汽车美容以及维修车间、维修实训等在内。其中，维修工位36个、美容工位8个、标准化轮胎工位4个、电脑自动洗车机1台，能满足每天300车次的汽车维修保养服务。北侧二层高级维修工培训场地建筑面积1000平方米，有2个培训教室，能接纳100人同时培训。车百用的一项特色服务是移动车间。电话预约后，可上门服务。此外，车主下载车百用APP，可在线咨询、保养下单，24小时免费救援。

多品牌新能源车体验店深圳开业

2016年5月28日，华南地区首家多品牌电动汽车体验店“聚电车间”在位于深圳科技园区软件产业基地揭牌。“聚电车间”是对城市新能源汽车综合解决方案的新尝试，内容包括电动汽车销售、充电服务、充电桩建设和售后等。该体验店将不同品牌的车型集中展示销售，目前入驻品牌包括腾势、北汽、江淮、奇瑞等。

海西房车超市落户福州

2016年5月28日，海峡酷车地带房车超市开业暨房车露营体验中心启动仪式，在海峡汽车文化广场召开。房车超市分为改装维修区、汽车精品展销区、房车展销区、户外运动自家用品展销区、汽车生活馆区、车友会俱乐部区这七大功能区。做为省内第一家房车体验中心和集结中心，形成集零售、批发、展示、租赁、二手车交易及售后体验为一体的综合中心。

西安NOVA卡丁车俱乐部开业

5月15日，西安NOVA卡丁车俱乐部开业。西安NOVA卡丁车俱乐部是西北首家专业户外卡丁车俱乐部，拥有最潮集装箱卡丁车会所，意大利旗舰卡丁车品牌CRG竞赛车、娱乐车等40多辆，MYLAPS—X2专业计时系统，NEXUS专业护栏。赛道全长700米，直线冲刺距离120米，多个极具挑战性的W弯，可同时12辆车同场竞速。西安NOVA卡丁车俱乐部成立于2015年，隶属于西安万有引力汽车运动有限公司，位于欧亚三路与辛王路交叉口。俱乐部会所三层，一层为赛道和出发区（PIT区）；二层是陈列室、观景台、办公室、会议室、主控室及露天看台; 三层是前（吧）台、休息区及洗手间。会所采用红、黄、黑白四种主色调，分别代表激情、时尚与速度。会所的最大亮点是全部采用落地窗玻璃的设计，即使在休息时也能观赏比赛。

东莞悦途名车汽车城开业

2016年5月7日，东莞水乡片区大型汽车城——悦途名车开业。东莞市悦途汽车销售有限公司成立于2016年，位于东莞市中堂镇，经营总面积20000平方米。是集平行进口车、国产精品汽车、高档二手车销售，越野俱乐部、汽车文化活动策划、汽车个性改装、维修保养美容等服务为一体的汽车销售服务企业。

东营东汇汽车开业

2016年4月15日，互联网+汽车综合服务产业链——东汇汽车东营分公司开业。分公司位于东营市西四路与菏泽路交汇处，有东汇汽车互联网+汽车销售+汽车金融+汽车线上销售+后市场+汽车装潢改装，严格按照东汇汽车特约店统一形象和“前店后市场”模式建设，是全球统一标准的蓝盒子。提供新车销售、售后服务、零配件供应、二手车、分期金融、信息反馈、保险代理、定损理赔、个性化装饰改装等服务。另在南京基地，拥有80万辆整车及零部件销售能力，具备发动机、变速器等核心零部件的自主配套能力。东汇汽车是由三汇投资集团（前身为东汇集团下属江苏三汇融资租赁有限公司）组建的全国连锁性专业汽车综合服务公司。

渭南汽车城具雏形

2016年3月17日报道，总投资20亿元的陕西省渭南申华汽车博展园项目，是西北地区集“文化性、体验式、一站式”功能于一体的汽车城。目前，项目一期工程已完成投资近4亿元，其中渭南国际展览中心项目主体结构吊装已完成，被誉为“渭南鸟巢”的这一项目呼之欲出。作为汽博园的重点配套项目——930米长的汽车体验赛道，春节前已竣工，可满足全系车型的性能展示和试乘试驾。在建的综合展厅内，为其配套的金融、保险、报户、完税等“一站式”服务窗口，以及餐饮、汽车影院等也在同步进行。建成后，整个园区分5个功能板块：4S店集聚板块、美容装饰改装汽配板块、综合商业配套板块、汽车文化体验板块、汽车体验赛道。

成都长缘汽车园将开业

2016年3月15日报道，由广汽商贸联手成都捷龙汽车共同打造的成都长缘汽车园将于4月下旬开业。园区位于锦江区皇经楼路，目前售后服务中心以及广汽本田、广汽传祺展厅正在施工。建成后，园区将涵盖广汽本田、广汽传祺、广汽三菱、东风悦达起亚四个品牌销售店和一个综合售后服务中心，为消费者提供购车、维修、保养等方面的服务。四家销售店共用一个售后服务中心，将解决目前4S店技术设备闲置、服务团队工作不饱和的问题，同时也有利于团队在管理和技术方面的融合。

佛山狮山“汽车城”现雏形

2016年3月14日报道，狮山镇“汽车城”战略布局已现雏形，形成了以一汽大众整车为中心，日系关键零部件企业为基础，大批民营企业为强力后盾的汽车产业集群。2004年起，本田、丰田等多家世界知名企业进驻狮山镇，形成了本田、丰田、日产零部件供应商齐聚的格局。2010年，狮山镇又引入一汽大众，成为华南地区德系车生产基地，实现了由“狮山汽配”到“狮山整车”的锐变。目前，已进驻狮山镇的汽车及零部件的世界五百强企业包括德国大众、丰田、本田等企业；已进驻的国内知名企业有福迪汽车、福耀玻璃、华涛、华翼等。

临沂鲁南汽车城开展3月促销

2016年3月10日，临沂鲁南汽车城开展3月展销活动，汽贸、财险、金融等多家单位协同参加，举办2016年大型卡车展销会，展销涵盖了当下最主流的货车品牌，主要有福田、时代、欧马可、瑞沃、跃进、长安等。展销活动集结各方力量，打破底价，让客户真正买到质量上乘、价格公道的货车。展销会采取线下、线上传播方式，以大展场实体为主，辅以自媒体平台，让每一位客户感受到便捷。

浙江车立方首家省外加盟店开业

2016年3月5日，杭州车立方二手车交易连锁浙江省外首家加盟店—徽蒙城店正式开业。蒙城二手车市场拥有较大开发潜力，而且与其他地区相比，当地二手车市场竞争还不够规范，车立方的入驻将给这个城市的二手车行业带来新秩序。

汽车赛道主题公园将亮相金桥国际

2016年3月1日，三源色集团与大汉集团在长沙就金桥国际月亮河区域打造汽车赛道主题公园项目签署合作协议。三源色集团旗下拥有50多个专业试驾基地，覆盖36座国内城市，具备汽车试驾、越野体验、汽车培训等功能。大汉集团联手19家企业打造的金桥国际市场集群是大型商贸物流园区。此次签约共建的月亮河汽车赛道主题公园位于金桥国际项目中心位置，占地300亩，将规划建设标准F3汽车赛道，建成后将成为长沙汽车、汽配、汽车用品各大厂家、经销商体验试车、日常练车以及产品测试、新品发布的新平台。此外，三源色将引进汽车电影、房车营地等产业。同时，金桥国际将促进主题公园与项目自身仓储物流、电子商务、金融后台等相关产业结合，联合汽车经销商集团、汽车厂家，打造试驾、选车、买车、维修、金融等一站式的新型汽车交易中心。

沈阳庞大汽车城开业

2016 年 1 月 30 日，沈阳庞大汽车城开业，这是目前庞大集团在东北地区建设投资最大的汽车城，是由庞大投资建设的综合型汽车专业卖场，提供专业、全面的买车、检车、验车、上牌、保养、改装以及过户二手车等服务，打造“一站式”汽车服务综合体。计划 2016 年底完成建设汽车超市 100 家，目前已经完成 94 家。沈阳庞大汽车城在北二路与兴工街交汇处，集平行进口车、新能源车、国产中高端车、城市微公交、旅游房车租售，金融保险会员俱乐部，精品平价超市与维修快保中心为一体。还将引入机动车登记服务，买车后能快捷的办理上牌手续。

邳州中汇国际汽车城一周年

2016 年 1 月 26 日，开业一周年的江苏邳州中汇国际汽车城以汽车文化为主题，强调体验、休闲、娱乐的 15 万方新城唯一综合性商业中心，同时也是淮海经济区首个以汽车为主题的商业综合体。在这里，从汽车销售、按揭、保险、上牌、二手车交易，到汽车保养、检测、救援、维修、装潢、理赔、汽车城线上线下平台，得到一站式、一条龙服务，一种全新的“文化 + 生活 + 服务 + 互联网 +”四位一体的汽车经营理念。现已成为当地规模最大业态最全的汽车消费市场，汽车综合大卖场、二手车交易市场、邳州车管所中汇登记服务站、交通事故理赔处理中心、金融保险、汽车检测站、装潢维修、车辆救援、车友会俱乐部、汽车运动馆等已经进驻集中一条龙服务。

安徽南翔汽车智慧新城开业

2016 年 1 月 23 日，安徽南翔汽车智慧新城开业。南翔车都精品二手车展览会、南翔车市汽配用品特惠展等活动同时开展。南翔汽车智慧新城是区重点工程项目，开业后以“产城融合”发展理念，升级区域产业资源，推进市场繁荣。

攀枝花上村房车露营公园开业

2016 年 1 月 19 日报道，四川攀枝花市上村汽车房车露营公园开始对外营业，公园占地面积 1000 亩（目前投建 400 亩），项目总投资 5 亿元。露营公园是集直升机观光旅游，汽车房车露营、红酒雪茄会馆、帐篷酒店、集装箱酒店、越野攀岩、木屋 SPA、书画中医、农事体验、西餐、特色中餐等于一体的大型综合休闲娱乐公园，是生命力旺盛的新兴服务业产业载体。营地致力于创新、向上、协作、共赢的企业文化，为有梦想的你构筑了一方绽放生命的舞台。

贵州福泉汽车城开业

2016 年 1 月 1 日，贵州省福泉市加快推进汽车产业发展大会暨国际汽车城开业庆典在福泉市汽车产业园举行。福泉国际汽车城是福泉汽车产业园的重点项目，位于福泉经济开发区核心位置，总投资 8 亿多元，项目占地 130 亩。主要以汽车、摩托车整车及零配件批发、零售为主体，涵盖汽车、摩托车展示、美容、保养维修业务。为支持福泉国际汽车城及福泉汽车产业发展，福泉市交警大队、福泉市车管所已经进驻福泉国际汽车城现场办公。

以上是由中国汽车流通协会有形市场商会根据网络媒体报道、企业提供的资料和商会了解的情况整理，主要汇总的是新车、二手车、汽配用品市场、综合性汽车服务贸易园区等有形市场项目的开工建设、开业、招商、车市运营等方面的简要情况，供大家参考。欢迎各有形市场将自己的新项目、新的运营管理情况和相关信息发给有形市场商会（邮箱：qctong@126.com），商会将继续汇总并通过微信公众号和商会网站进行宣传并与行业内同仁交流。

2016 年经销商库存指数及预警

一、2016 年经销商库存系数分析

2016 年中国汽车经销商平均库存系数为 1.35，相比 2015 年的 1.53，同比下降 11.8%。全年有 4 个月的库存系数大于 1.5。

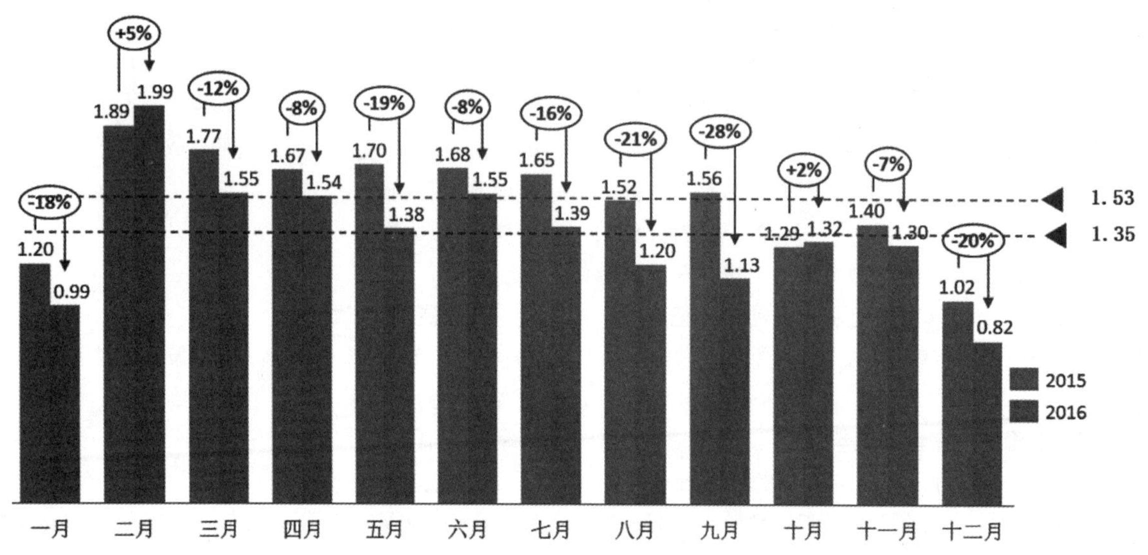

图 1 2015 － 2016 年度中国经销商库存系数

跟 2015 年相比，2016 年 1 月、3 月、4 月、5 月、6 月、7 月、8 月、9 月、11 月、12 月库存系数同比下降；2 月、10 月库存系数同比上涨。2016 年全年有八个月的库存系数处于警戒线以下，其中，2016 年 1 月、8 月、9 月、12 的库存系数处于合理范围。

1. 2016 年经销商盈利状况改善，库存压力减小

相比 2015 年，2016 年经销商的亏损面减小，盈利比例增加。根据《2016 年全国汽车经销商满意度调查》结果显示，2016 年经销商总体满意度为基本满意，达到 81.0 分。半数经销商盈利状况处于持平状态，超过三分之一的经销商盈利。导致这一变化的主要原因是 2016 年购置税优惠政策有效刺激市场需求，经销商库存状况明显改善，经销商的经营理念和管理模式开始向精细化转变，盈利能力提升。

2. 合资、进口品牌的平均库存系数略有下降、自主品牌库存系数持平

调查结果显示，2016 年，合资、进口品牌、自主品牌平均库存系数相对 2015 年均有所下降。合资品牌的库存水平处于警戒线以下，自主品牌和进口品牌的库存水平较高，超警戒线。

合资品牌 2016 年平均库存系数为 1.23，较 2015 年同比下降 8%；进口品牌 2016 年平均库存系数为 1.54，较 2015 年同比下降 32%；自主品牌 2016 年平均库存系数为 1.57，较 2015 年同比下降 10%。

2016 年，合资品牌有 3 个月库存系数位于警戒线以上，进口品牌有 7 个月库存系数位于警戒线以上，自主品牌有 7 个月库存系数位于警戒线以上。

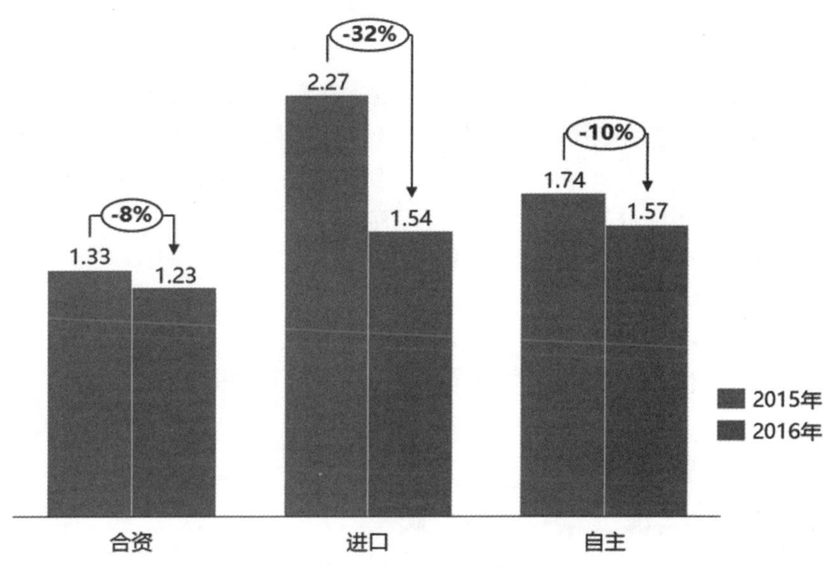

图 2　各品牌平均库存系数

3. 2016 年上汽荣威有 5 个月库存系数超 2.0

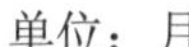

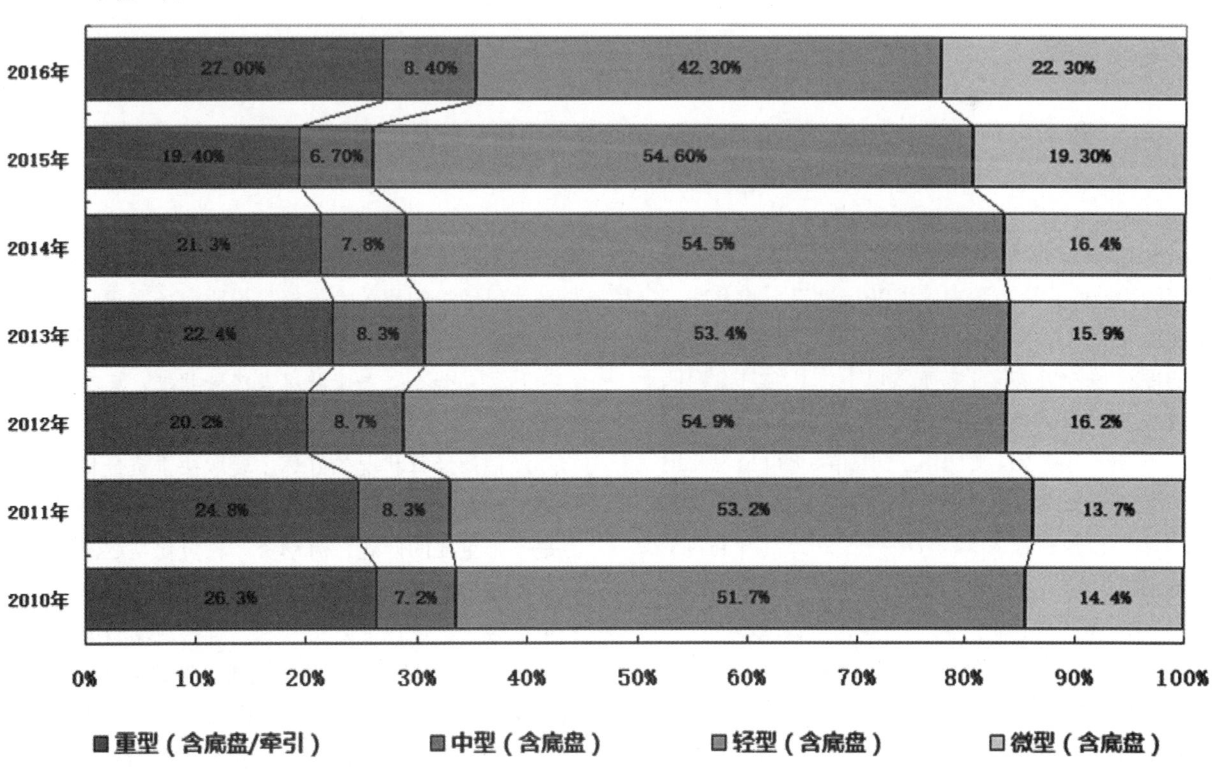

图 3　2016 年库存系数大于 2 的品牌所占月数

2016年，多个品牌库存系数超过2.0，其中上汽荣威有5个月库存系数超过2.0，长安轿车和一汽轿车有3个月超过2.0，捷豹—路虎、沃尔沃、东风标致、东风悦达起亚、吉利汽车有2个月库存系数超过2.0。

二、2016年经销商库存预警分析

2016年，中国汽车经销商库存压力相比2015年有所下降。2016年的1月、2月、8月，经销商认为库存水平高于2015年同期；2016年其他月份经销商普遍认为库存水平相比2015年下降。2016年全年，有7个月库存预警指数高于荣枯线；2016年下半年，经销商库存预警指数有5个月位于荣枯线以下，经销商库存水平回落。

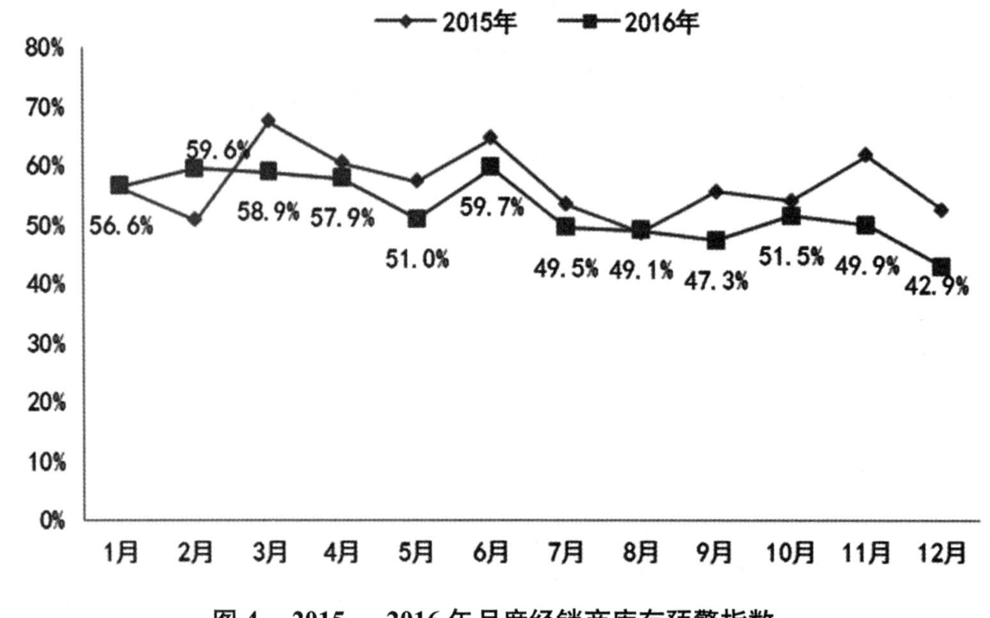

图4 2015－2016年月度经销商库存预警指数

从2016年库存预警指数图可以看出，2016年上半年经销商库存压力较大，从2016年7月份开始，汽车经销商的库存水平开始回落。2016年下半年只有10月的库存预警指数位于警戒线以上，其他月份均低于警戒线。由于汽车购置税减半政策在2016年年底到期，2016年下半年开始，购车用户增加，车市呈现翘尾现象，经销商的库存压力减轻。2016年，汽车经销商年平均库存预警指数为52.8%，相比2015年下降4.1个百分点。

2016年，经销商平均库存量指数为55.1%，相比2015年下降1.8个百分点，市场需求指数、平均日销量指数、经营状况指数、从业人员指数均高于2015年，从数据上看，2016年经销商各项分指标状况好于2015年。

1. 市场需求、成交率与平均日销量的相关性最好

经销商对平均日销量、市场需求、集客量、成交率的判断基本符合市场规律，其中市场需求、成交率与平均日销量的相关性最好，说明市场需求越好，成交率越高，销量情况越好。

2. 流动资金、融资状况与经营状况、库存量的相关性最好

经销商经营状况的好坏主要取决于资金状况，在经销商经营压力不断加大新常态下，如何缓解资金压力是一个重要的问题，流动资产轻量化是运营管理上的新思路，合理控制库存量，解决库存占用资金，并利用金融工具，保证融资顺利，解决流动资金问题。从2016年汽车经销商经营状况相关指数图可以看出，随着库存量的增加，经销商的融资难度也会随着增加。

根据以上数据分析，2016年经销商仍存在一定的库存压力，经销商应对市场保持理性判断，合理调控库存量，减少因库存压力带来的经营风险。

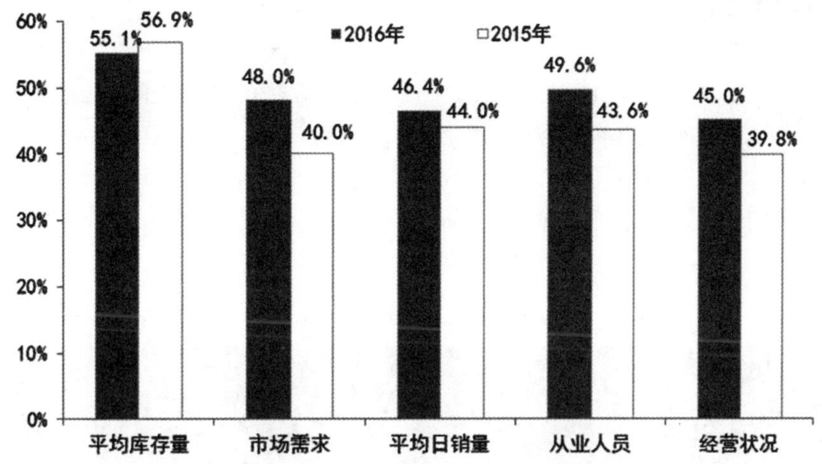

图 5　2016 年经销商库存预警分指数图

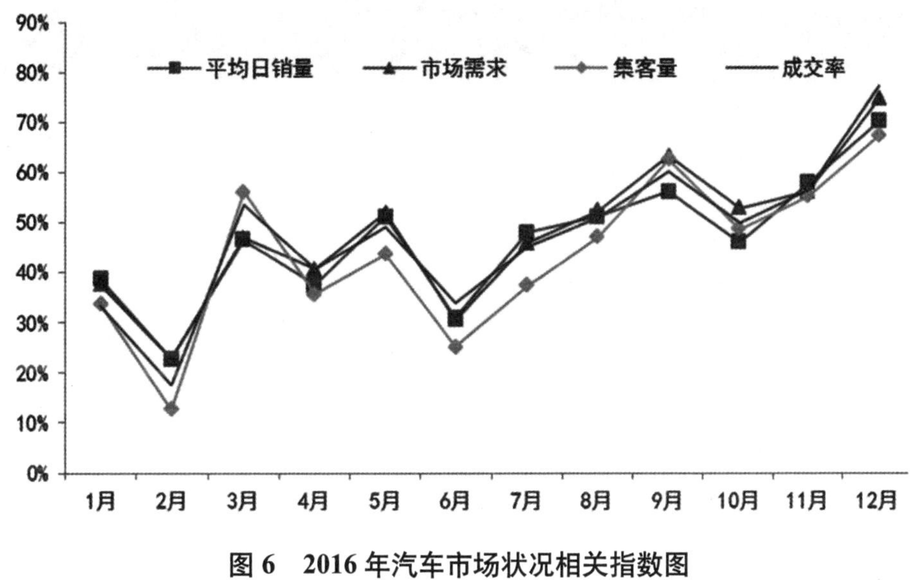

图 6　2016 年汽车市场状况相关指数图

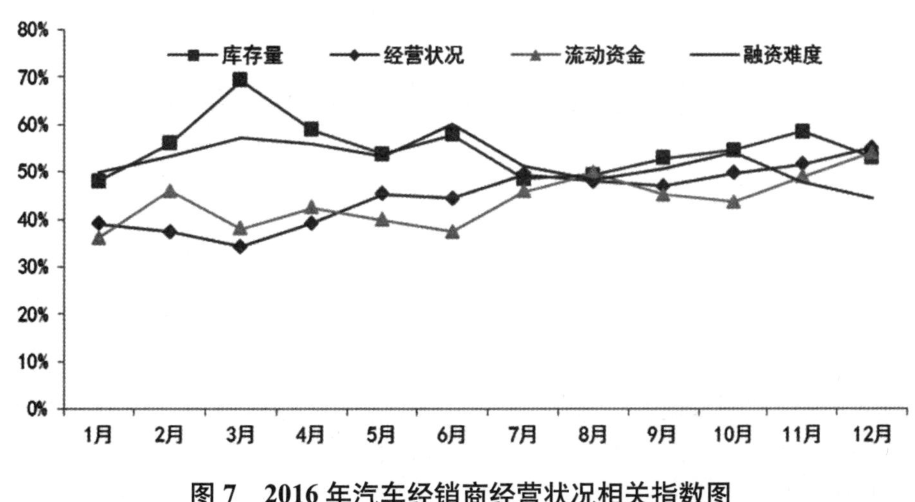

图 7　2016 年汽车经销商经营状况相关指数图

关于“2016 年中国汽车经销商库存调查”

库存系数调查对象及范围：2016 年，库存系数的调查对象以中国汽车流通行业百强经销商集团为主，通过组织地方经销商沙龙等活动增加单店样本；调查范围涉及 4S 店 1017 家，覆盖全国大部分省份；调查的品牌涵盖国内市场上主要量产销售的品牌 54 个品牌，包括进口品牌，合资品牌，自主品牌。

库存系数指标说明：根据国际同行业通行的惯例，库存系数在 0.8~1.2 之间，反映库存处在合理范围；库存系数 > 1.5，反映库存达到警戒水平，需要关注；库存系数>2.5，反映库存过高，经营压力和风险都非常大。

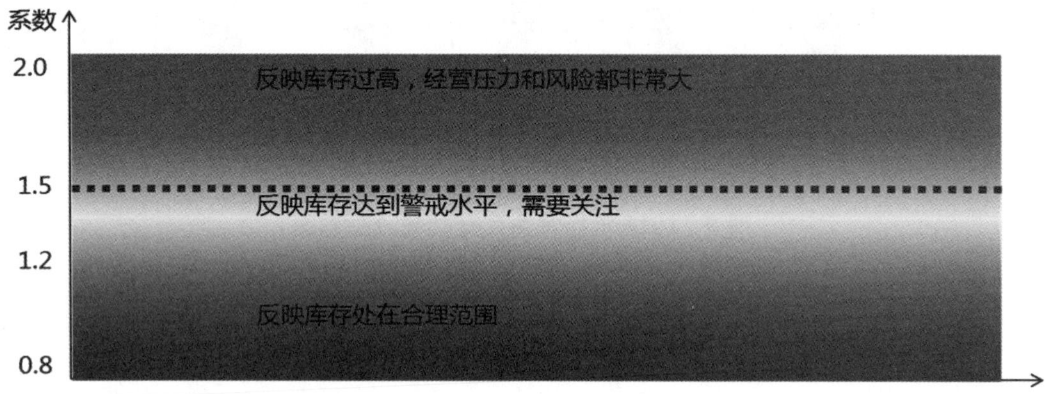

图 8

2016 年经销商满意度调查

一、全国汽车经销商满意度调查介绍

1. 调查背景

为了进一步加强经销商与厂家的相互了解，促进双方的和谐共赢，保障汽车市场健康有序和可持续发展，2016 年底中国汽车流通协会开展了第九次全国经销商满意度调查。

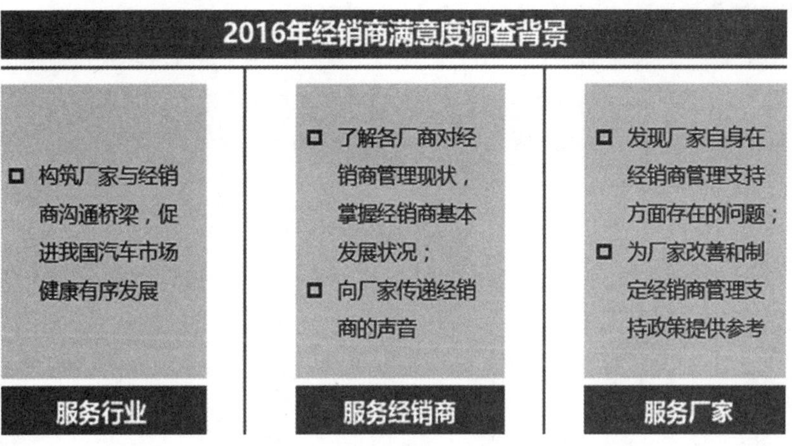

图 1

本次满意度调查结合行业发展现状，针对三大调查模块设立相应问题和评价点，调查得到了主要经销商集团和单店经销商的大力支持和配合。调查结果以其权威性、公正性、准确性和广泛性，得到了广大汽车经销商集团、汽车经销商、汽车生产厂家、政府和协会组织以及新闻媒体的热切关注和广泛认可。

2．*调查内容及调查方法*

本次调查以定量评分为主，定性调查为辅，通过品牌、系别、区域等多维度对比调查结果。在指标设计上，参照美国 NADA 的经销商满意度调查的指标体系，结合中国实际加入了盈利状况、厂家政策等内容。

对厂家的满意度调查内容

品牌价值满意度	厂商政策满意度	厂商管理满意度	厂商人员满意度	经销商生存状况
产品力满意度 渠道网络满意度 营销力满意度 盈利能力满意度	品牌授权满意度 商务政策满意度 建店政策满意度 金融支持政策满意度	整车和零部件供应 价格管理满意度 库存管理满意度 售后支持及索赔管理 区域指导满意度 营销支持及管理……	厂家基层人员满意度 厂家大区人员满意度 厂家总部管理人员满意度	经销商规模 经销商库存状况 经销商盈利状况 经销商对主机厂的诉求

图 2

2016 年经销商满意度调查采用电话调查、邮件调查和网络填答相结合的方式，在全国范围内进行问卷调查。为确保调查结果真实有效，本年度调查对象主要针对 4S 店一线运营的中高级管理人员，包括总经理、销售总监、服务总监以及市场总监等重要管理人员。通过对一线人员的调查，更准确真实地展示经销商的态度想法和运营现状。

本次满意度调查与 2016 年 10 月启动，历时四个月，于 2017 年 3 月发布调查结果，本次调查范围包括汽车经销商集团 30 余家，单店经销商 1500 多个。共计调查国内市场上主要量产销售的品牌 71 个，其中高端 / 进口品牌 8 个，合资品牌 27 个，自主品牌 36 个。本次调查区域覆盖全国 31 个省、直辖市、自治区；共回收有效问卷 1406 份，其中进口品牌、合资品牌、自主品牌经销商样本量分别占 18.5%、58.2% 和 23.2%。

二、2016 年全国经销商满意度调查发现

1．2016 年经销商对主机厂满意度

（1）2016 年经销商总体满意度提升

2016 年经销商与厂家的矛盾有所缓和，经销商与厂家的关系继续向“伙伴式、兄弟式”转变；2016 年经销商总体满意度得分为 81.0 分，比上年增加了 1.2 分。

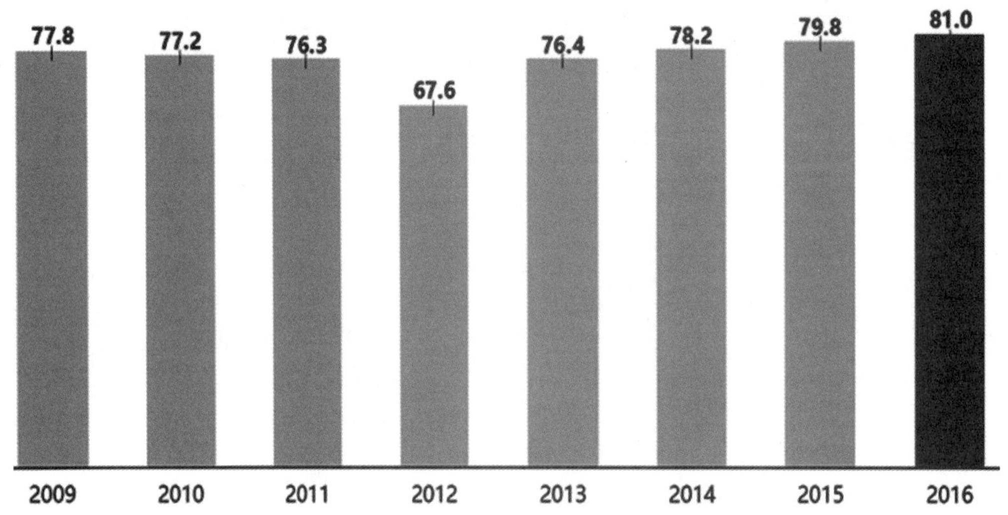

图 3　2009 － 2016 年经销商总体满意度情况

（2）高端 / 进口、合资、自主品牌的满意度均有提高

2016 年，合资、高端 / 进口、自主品牌的满意度均有提升，其中合资品牌的提升幅度最大；高端 / 进口品牌的满意度最高，为 83.8 分，合资与自主品牌的满意度相近。

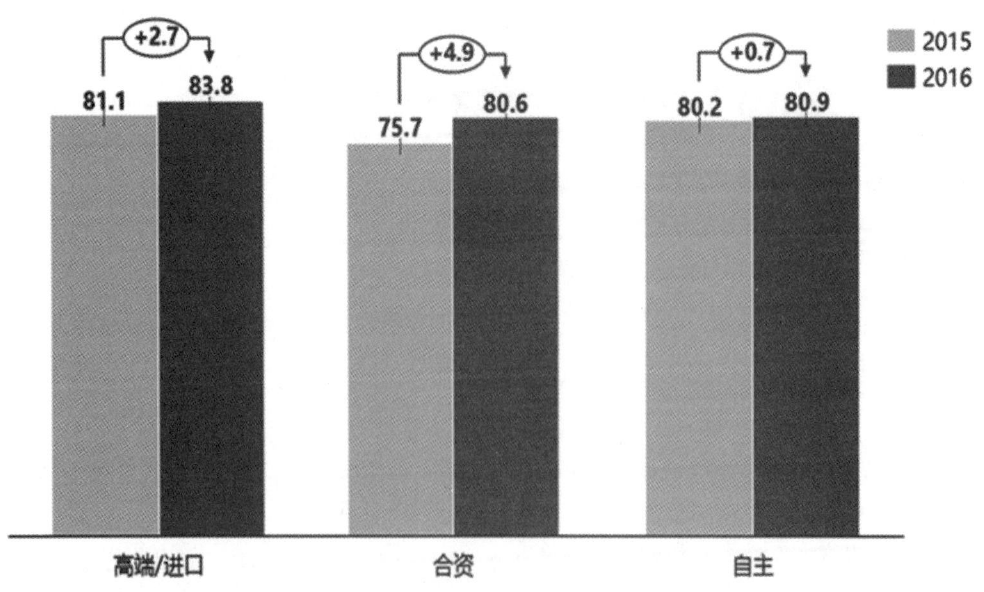

图 4　2016 年品牌类别经销商满意度得分

（3）经销商对厂商政策及管理的满意度得分最低

本次问卷设计结合行业发展现状，共设置品牌价值模块、厂商政＆管理模块、厂商人员满意度模块，包含 150 余个子项。调查结果显示，经销商对厂家政策及管理的满意度最低；对主机厂品牌价值满意度略有提升，对厂商人员满意度降幅最大。

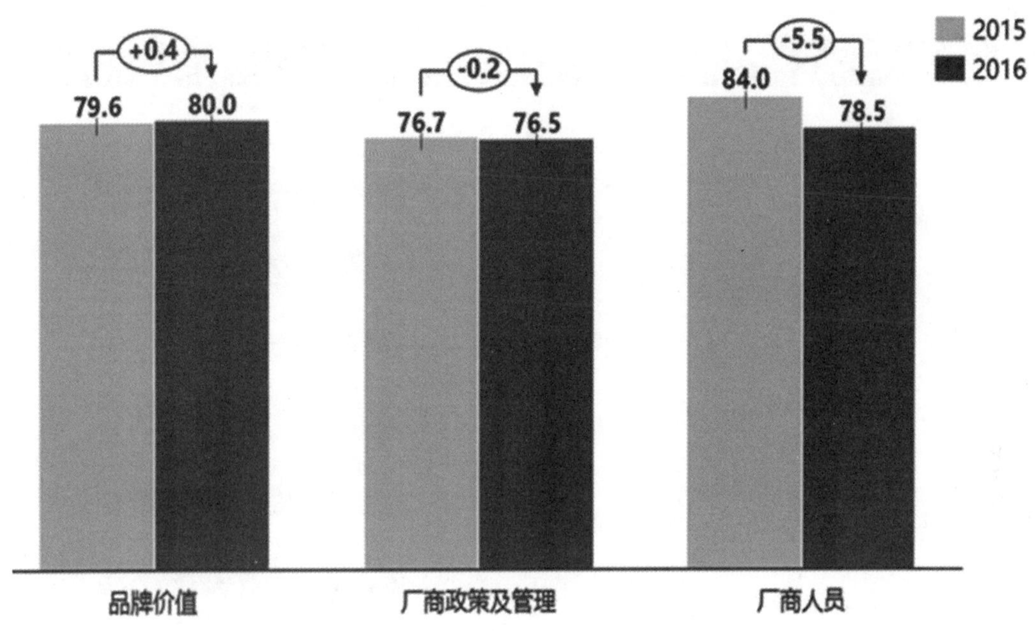

图 5　2016 年满意度子模块得分

①经销商对传统业务盈利能力满意度最低

品牌价值中产品力的满意度最高，得分为 84.7 分；对盈利能力的满意度最低，主要因为新车销售亏损面加大，售后服务市场受独立体系冲击造成利润减少。

品牌价值　厂商政策　厂商管理　厂商人员

环节名称	指标名称	得分情况
产品力	产品质量	84.7
	新产品规划	81.0
渠道网络	当地渠道网络模式	77.0
	当地渠道网络分布	76.9
营销力	互联网工具运用	76.2
	公关宣传	76.5
	广告宣传	76.4
	市场活动	76.0
盈利能力	创新业务盈利能力	74.6
	传统业务盈利能力	74.8

图 6

②厂家政策及管理

厂商政策模块：品牌授权政策满意度降幅较大，商务政策满意度略有提升，但仍是得分最低的一项。

厂家管理模块：厂商管理整体略有提升；经销商对厂家管理的满意度相差不大，在沟通机制和营销支持方面满意度最低。

厂商人员：2016 年经销商对厂商人员的满意度整体下降，对厂家总部管理人员的满意度最低。

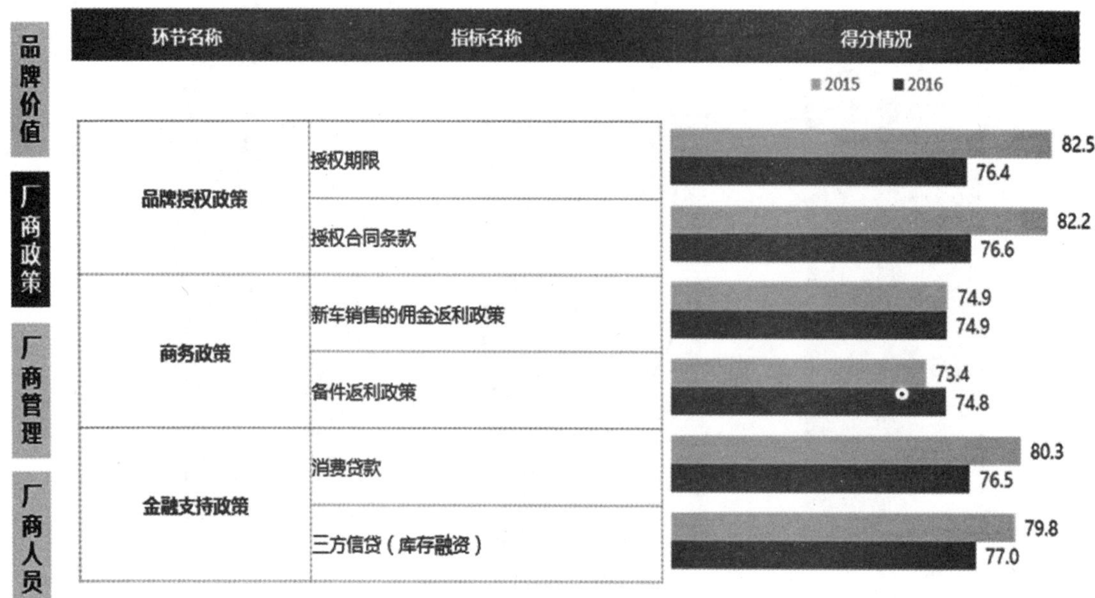

图 7

品牌价值　厂商政策　厂商管理　厂商人员

环节名称	指标名称	得分情况
整车及零部件供应	备件供应及时性	75.1
	备件供应准确性	75.7
	畅销车型供应	74.8
价格管理	新车价格	75.1
	配件价格	75.1
库存管理	新车库存	75.2
	配件库存	75.0
售后支持及索赔管理	三包索赔	77.1
	售后技术支持	77.1
	非三包索赔	76.6
区域指导	经销商销售区域划分合理性	76.0
营销支持及管理	推广活动投入力度、形式及效果	75.3
	对经销商营销费用支持的充足度	74.4
培训支持及管理	销售培训	75.8
新业务管理	电商业务（新车、二手车、售后服务等）	75.3
	汽车金融保险	75.8
	二手车业务支持	75.3
	融资租赁业务	74.6
	汽车精品附件及改装业务	74.7
经销商沟通及渠道维护	建立与经销商的沟通机制（或平台）	75.3
	沟通机制（或平台）的效果	71.4

图 8

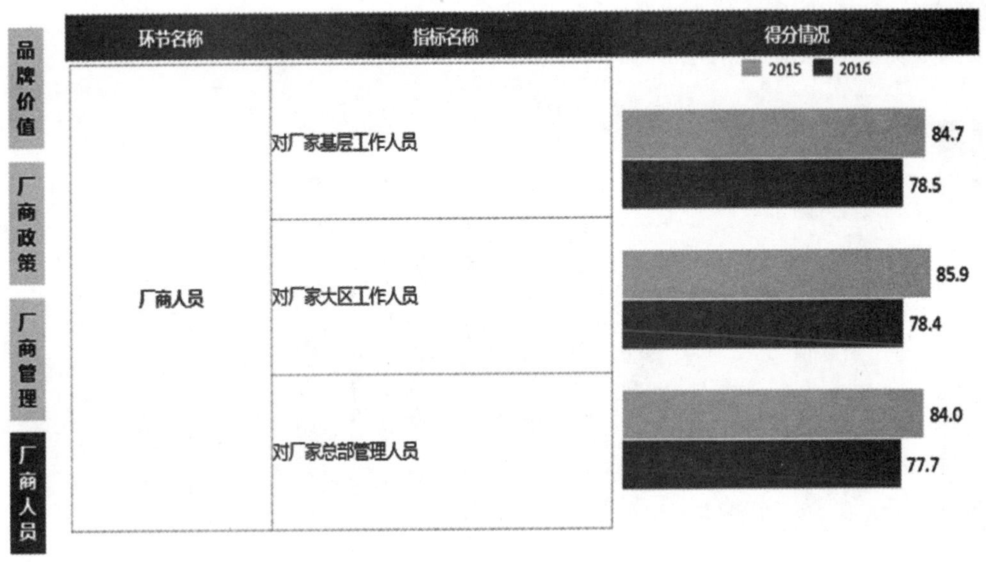

图 9

（4）2016 年分品牌满意度得分前十名

图 10

三、汽车经销商生存状况

1．经销商经营数据

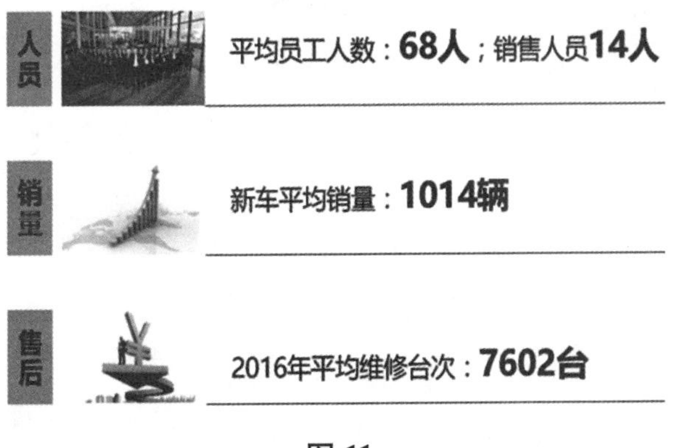

图 11

2．2016 年经销商库存压力略有缓解

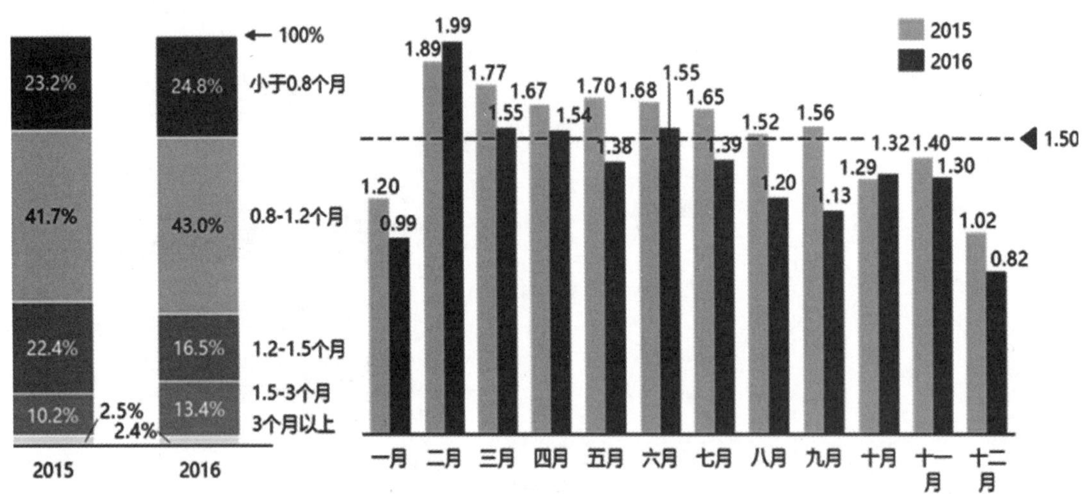

图 12　2016 － 2016 年经销商库存情况

3．厂—商合作中仍然存在厂家干预 4S 店经营管理的情况

厂家干预经销商管理依然存在甚至更为严重；在听取经销商意见，给经销商一定自主空间方面变化不大。

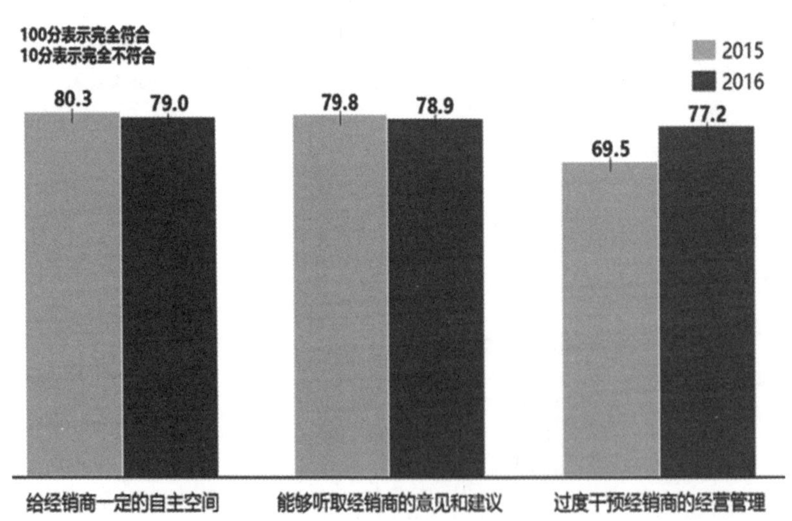

图 13　厂有与经销商的合作情况

4．对经营状况不满意的经销商比例减少

2016 年，有 11.4% 的经销商对经营状况不满意，相比 2015 年减少了 18.2 个百分点；有 46.2% 的经销商对经营状况满意，相比 2015 年增加了 26 个百分点。

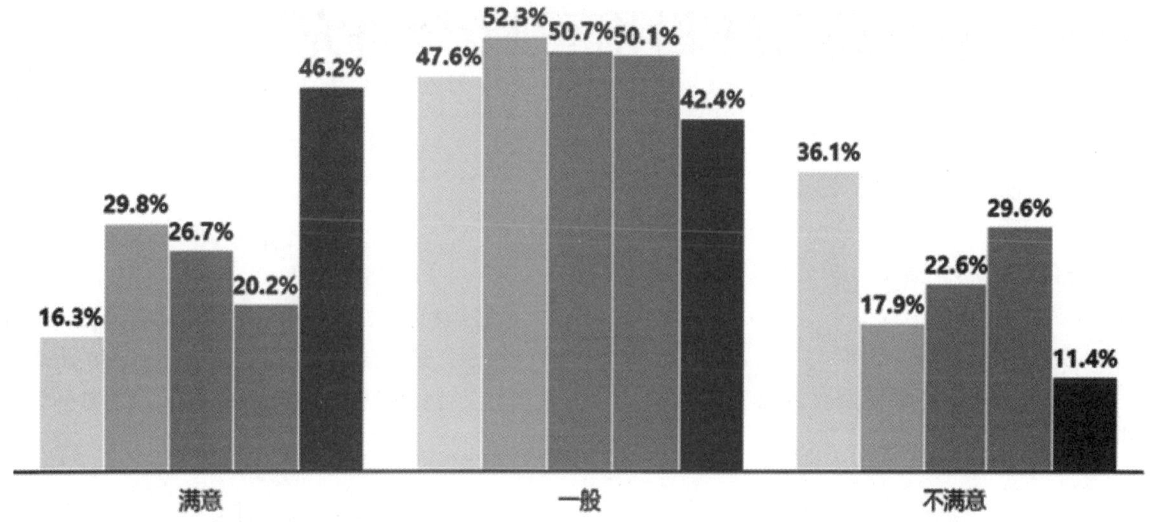

图 14　2012 年－2016 年全国经销商对经营状况的满意情况

5. 半数经销商盈利状况处于持平状态，三分之一的经销商盈利

2016 年相比去年，经销商的亏损面减小，盈利比例增加。

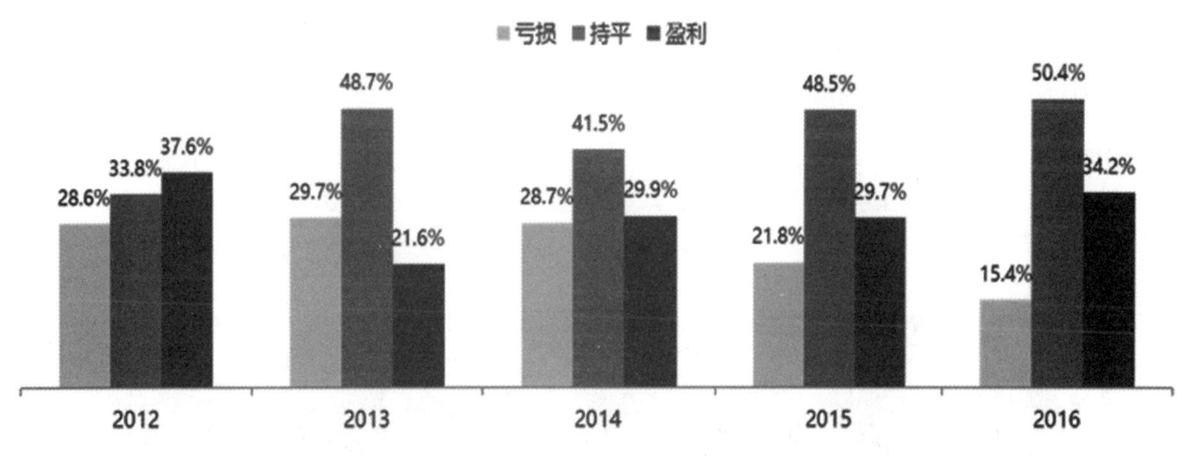

图 15　2012 年—2016 年经销商盈利状况

6. 经销商诉求

本次调查归纳总结了经销商对厂家的诉求，重点表现在销售返利、跨区域销售管控、价格管理、库存等方面。

汽车经销商集团百强专题研究报告

（本研究报告研究成果均基于2016年度汽车经销商集团经营数据分析得出）

一、中国汽车经销商集团百强排行榜发布意义和价值

1．经济价值

中国汽车经销商集团百强排行榜的发布彰显了汽车流通业对国民经济不可或缺的拉动作用，作为重要的服务业领域，促进中国经济结构的转型，同时帮助投资者发现有价值的投资标的。

2．社会价值

中国汽车经销商集团百强排行榜的发布也彰显了汽车流通业对增加税收和促进就业、社会稳定所发挥的独特作用，提高了汽车经销商的社会地位和公众认可度，并鼓励汽车经销商为消费者提供更加优质的服务。

3．产业价值

百强排行榜榜单总结发现了汽车流通产业转型升级的趋势，提高了汽车经销商集团和单店的盈利能力、以及规避风险的能力。

4．行业价值

通过发布百强排行榜榜单，推动建设更加平等的厂商关系，最大限度发挥生产和流通环节的潜力。通过树立行业标杆建立对标体系，提高行业整体发展水平。

二、中国汽车经销商集团百强排行榜的综合特征分析

百强排行榜全面特征分析体现在过去、现在及未来三维度，百强结构、企业规模、行业集中度、业务结构、盈利能力、盈利潜力、运作风险、社会价值八个方面。

1．百强结构

百强集团收入结构持续向更高梯队转化，2016年产生首家千亿经销商集团。

（1）2016年诞生首家1000亿以上经销商集团。

（2）500亿以上经销商集团连续两年有新成员加入。

（3）100亿以上经销商集团由2015年的37家增加到45家，同比增加21.6%。

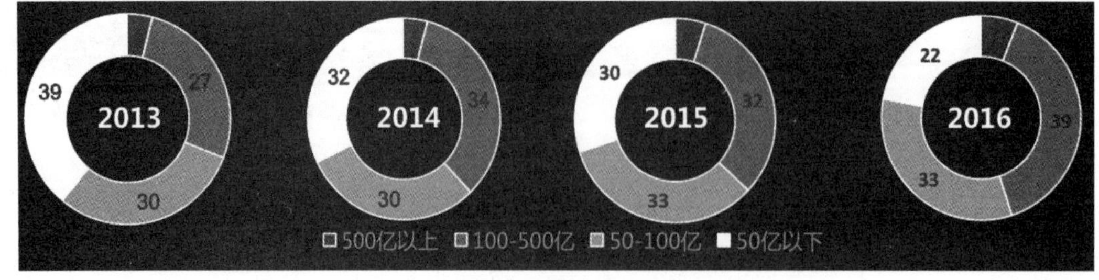

图1

2．企业规模

百强营业规模保持持续增长，网点布局更加广泛，营业收入逼近1.5万亿。

（1）4S店数量：2016年度百强集团4S网点数达到6014家，同比增长8.8%（自建＋并购），门店增长速度保持稳定。

（2）营业收入：2016 年度百强集团营业收入 14993 亿元，规模继续扩大，同比增长 17.9%。

（3）销售数量：2016 年度百强集团整车销售 783 万台，同比增长 19.8%。

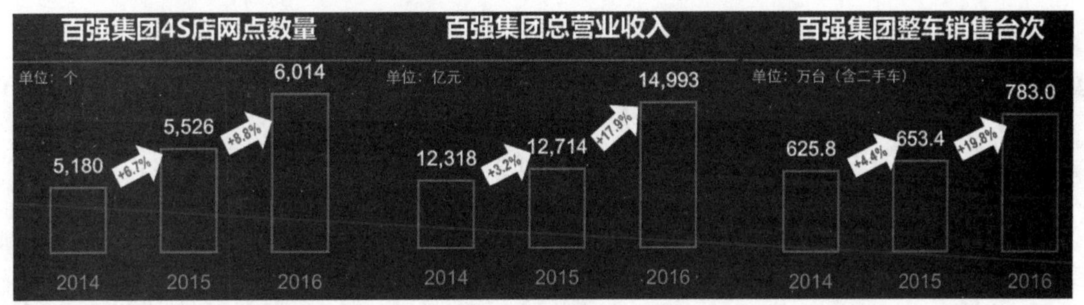

图 2

百强集团销量增长继续跑赢全国增速，二手车市场表现强劲。

（1）新车销售台次：2016 年度百强集团共销售新车 703.7 万台，同比大幅增长 15.9%，超出全国平均增速 11 个百分点（全国新车增速 14.9%）。

（2）二手车销售台次：2016 年度百强集团二手车销售台次 79.3 万台，增长超七成，各集团都在发力二手车市场。

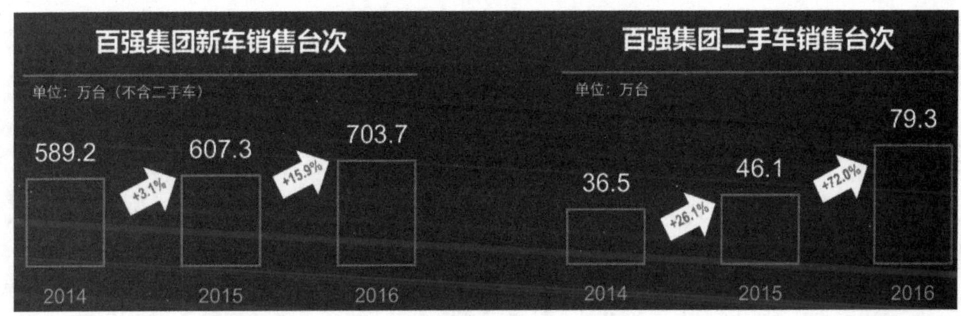

图 3

3．行业集中度

百强集团收入与销量结构进一步集中，龙头企业规模效应在进一步加强。

（1）2016 年度百强集团新车销量 703.7 万台，占全国总销量的 28.9%。

（2）2016 年度百强集团中，100 亿以上营业规模的集团贡献了百强总销量的 76.8%，百强总收入的 78.6%。

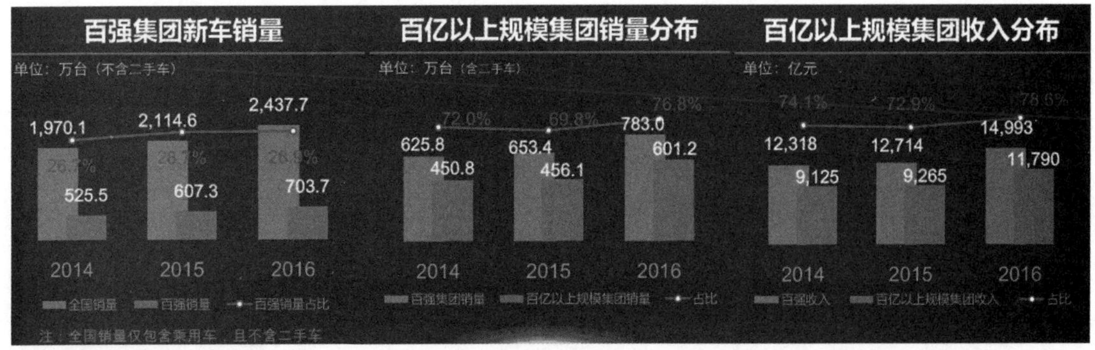

图 4

4．业务结构

汽车后市场潜力巨大，市场规模不断提升，但与美国等成熟市场仍有差距。

（1）2016 年度百强集团后市场营业规模进一步提升，其收入占营业总收入的 18.5%。

（2）中国汽车后服务市场在整个汽车市场中所占的比重仍然明显低于美国。

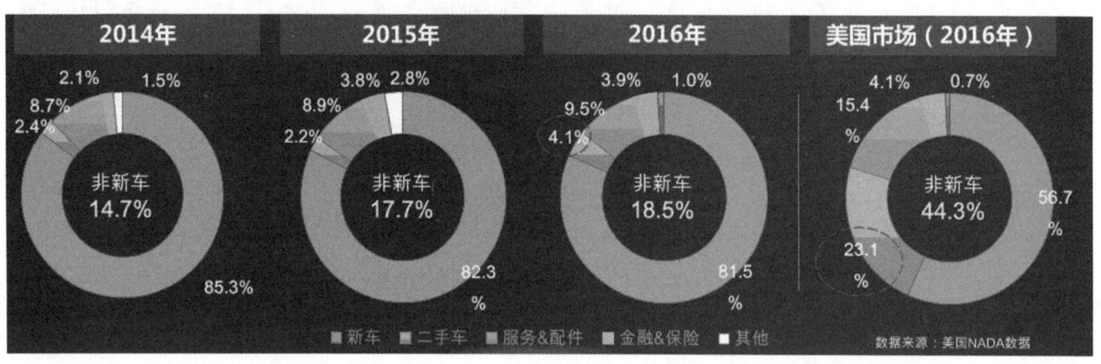

图 5

5．盈利能力

百强集团盈利规模大幅提升，各项指标均实现两位数以上增长。

2016 年度百强集团营业收入增长 17.9%，毛利总额增长 38.3%，净利润增长 34.6%。

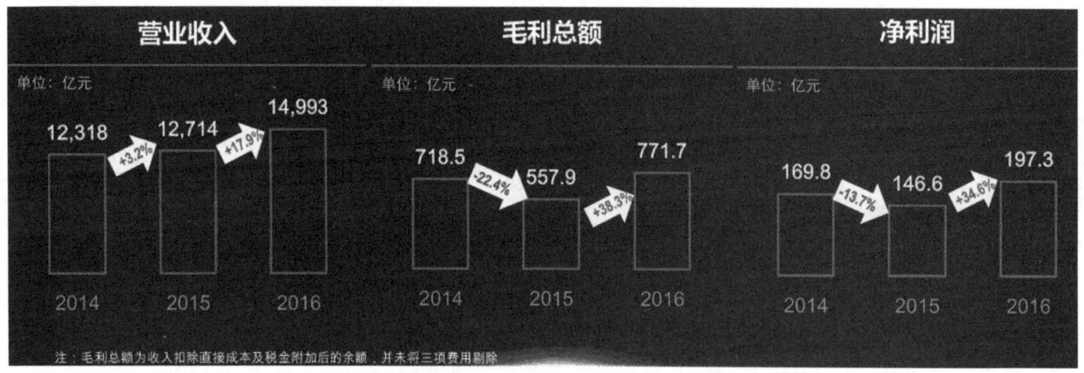

图 6

单车毛利增幅明显，售后单车毛利产值仍有较大发展潜力。

（1）2016 年度百强集团新车单车毛利达到 4752.3 元，同比增长 27.1%。

（2）售后单车毛利为 1103.5 元，同比增长 11.7%。

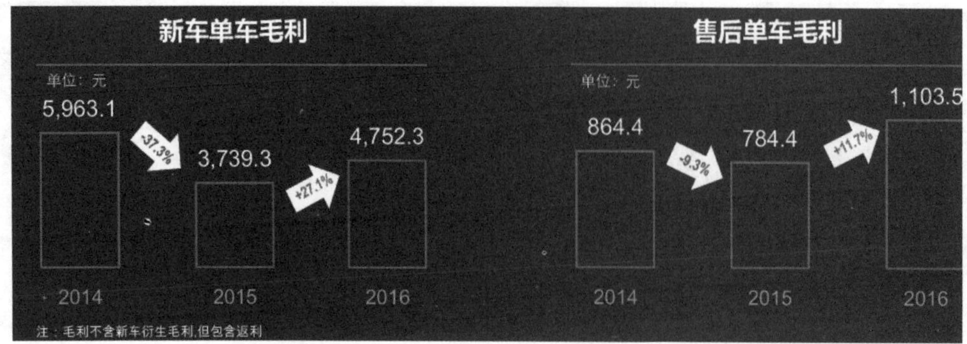

图 7

整体盈利能力明显提升，投资回报率持续改善。

（1）综合毛利率在2015年有所下降后，在2016年度有了较大幅度的提升，达到5.2%。

（2）2016年度销售净利率达到1.3%，相对2015年增长了0.1个百分点。

（3）2016年度净资产收益率达到9.3%，相对2015年增加了1.5个百分点。

图 8

6. 盈利潜力

毛利结构更趋合理化，汽车金融盈利能力持续提高。

（1）2016年度非新车毛利占比维持七成左右，与美国同期仍有10个百分点的差距。

（2）2016年度金融与保险业务毛利占比持续提高，二手车市场份额与美国相比差距较大。

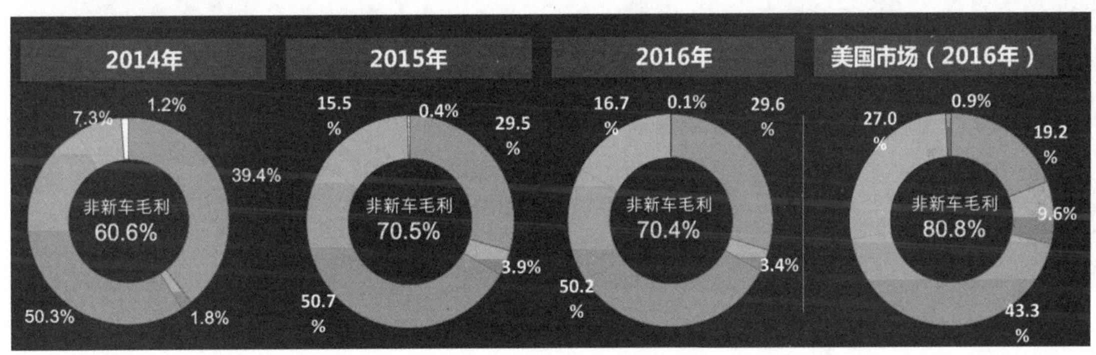

图 9

资金运行效率有所提高，后市场盈利潜力虽有改善，但仍有较大提升空间。

（1）2016年度总资产周转情况明显改善，百强集团平均总资产周转次数为2.09次。

（2）2016年度百强集团零服吸收率虽有明显提高，但风险仍然偏高，售后服务仍有较大提升空间。

（3）百强集团平均单车回厂次数为1.27次，相对2015年略有提升。

图 10

7．运作风险

资金、库存、客户运营风险均有明显降低。

（1）2016 年度百强集团资产负债率为 70.3%，连续 33 年保持平稳。

（2）2016 年度百强集团新车库存比为 1.32，处于合理水平。

（3）2016 年度百强集团平均客户流失率为 22.4%。

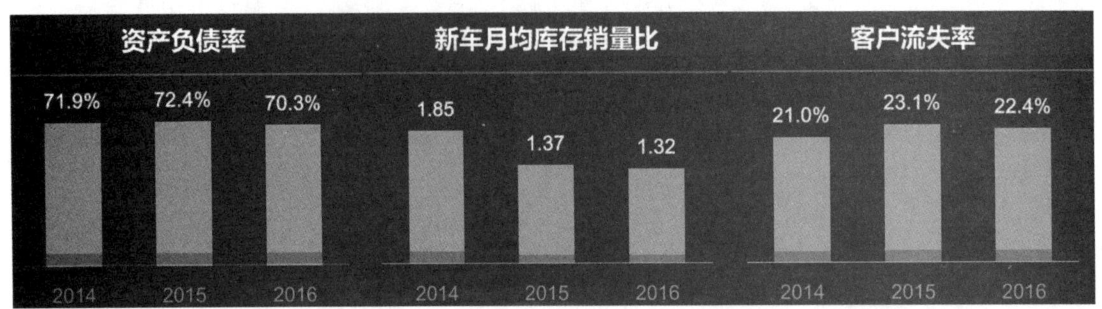

图 11

8．人力效能

4S 店人员更加精简，人均产出明显提高。

2016 年度百强集团平均单店配备人员 71.7 人，较 2015 年有所减少，但仍高于世界成熟市场水平（美国同期人员配备为 67 人）。

2016 年度百强集团人均产值 347.1 万元，同比提高 16.7%，全员人均新车销量 16.3 台，比 2015 年增长 2 台。

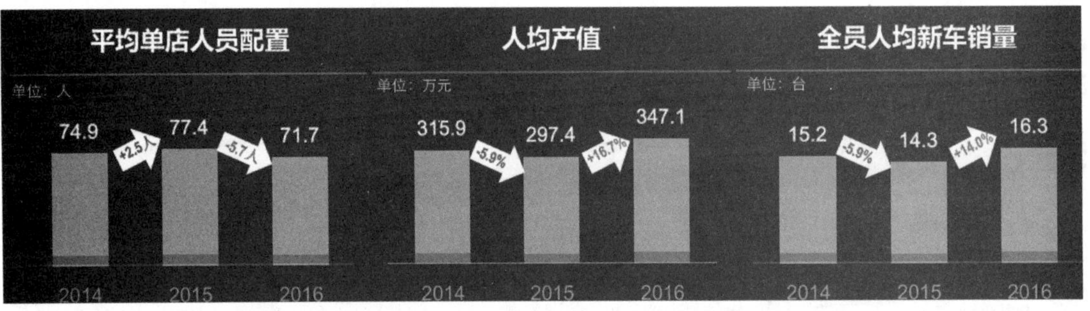

图 12

9．社会价值

百强集团在持续为社会提供良好的就业和人才发展机会。

（1）百强集团 2016 年度总薪酬福利为 368.8 亿元，同比增长 22%。

（2）百强集团 2016 年度吸纳就业人数 43.1 万人，连续三年保持增长。

（3）百强集团年度人均薪酬福利 8.6 万元，相对 2015 年增长 18.9%。

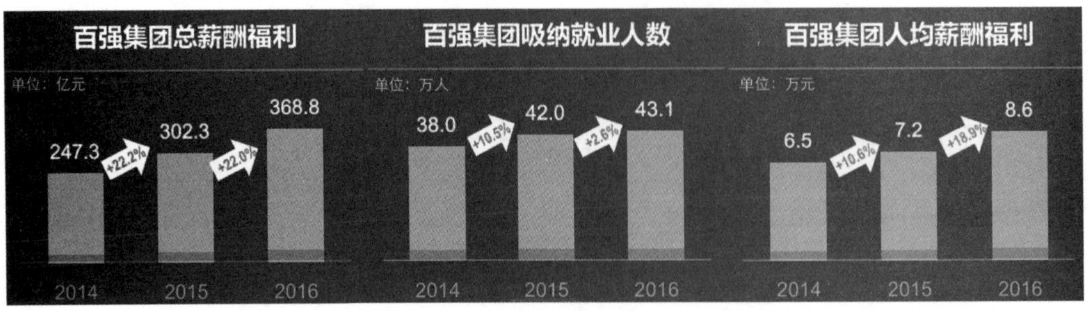

图 13

百强集团为中国汽车市场的发展壮大贡献巨大。

（1）百强集团 2016 年度贡献了 703.7 万台新车销量，占全国新车总销量的 29%。

（2）百强集团平均每家贡献新车销量 7.2 万台，其中百强榜首集团贡献 82.6 万台，占全国新车总销量的 3.3%。

（3）按照行政大区划分，华东区是中国汽车销量最高的大区，而百强集团新车销量已逼近华东区的销售体量。

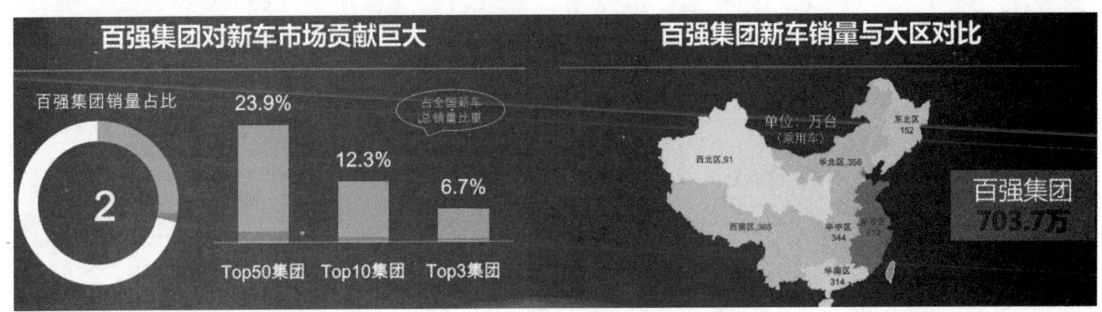

图 14

三、经销商集团百强排行榜综合能力星级评价

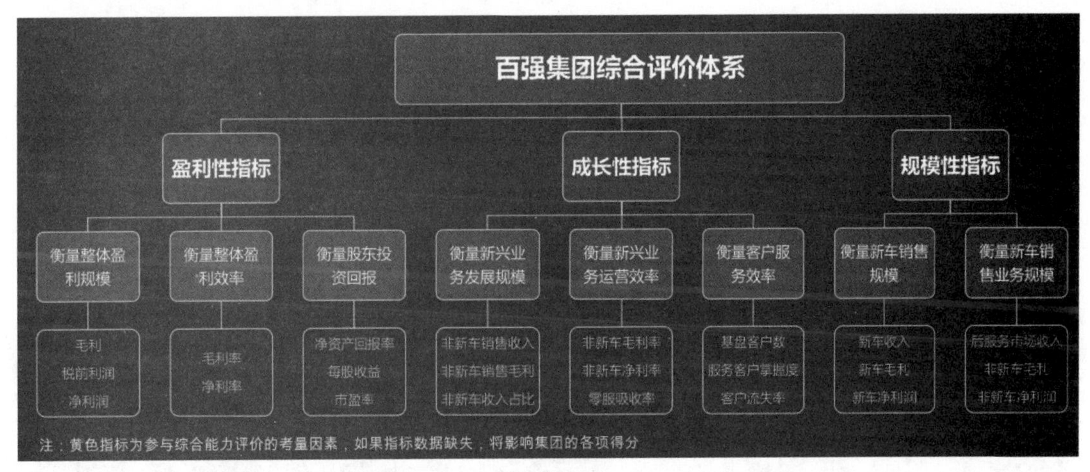

图 15

经销商集团百强排行榜综合能力星级评价指标共分为三大类：盈利型指标、成长性指标和规模性指标。

图 16

按照营业规模划分为4个群组，每个群组TOP10入选星级经销商集团，星级经销商集团按照“3—4—3”比例确定星级标准。

1．20—50亿规模经销商集团综合能力评价、

公司名称	盈利能力得分	盈利潜力得分	有效规模得分	
五洲汽车商贸集团有限公司	75.4	69.8	40.8	★★★★★
苏州华成集团有限公司	70.1	66.2	40.0	★★★★★
广东庆丰汽车集团有限公司	65.2	66.6	39.6	★★★★★
常州外事旅游汽车集团有限公司	39.5	78.2	47.3	★★★★
山东大友集团有限公司	71.2	61.9	36.4	★★★★
江苏伟杰投资实业有限公司	79.8	54.4	32.7	★★★★
国北汽车控股有限公司	50.5	72.8	33.7	★★★★
上海西上海集团汽车销售有限公司	62.1	60.8	37.6	★★★
江苏天泓汽车集团有限公司	62.1	58.9	37.8	★★★
泉州华奥汽车销售集团	50.1	69.7	34.0	★★★

图17

2．50—100亿规模经销商集团综合能力评价

公司名称	盈利能力得分	盈利潜力得分	有效规模得分	
金阳光汽车集团有限公司	90.7	79.7	43.7	★★★★★
业乔投资（集团）有限公司	84.9	76.3	47.4	★★★★★
厦门建发汽车有限公司	80.1	75.8	49.4	★★★★★
沈阳大众企业集团有限公司	82.4	70.5	54.0	★★★★
温州开元集团有限公司	86.8	69.9	49.5	★★★★
中国美东汽车控股有限公司	82.4	76.7	44.6	★★★★
福建吉诺集团有限公司	60.0	84.0	53.7	★★★★
陕西省汽车贸易公司	73.8	77.2	47.4	★★★
湖南九城投资集团有限公司	78.6	63.2	46.1	★★★
中国恒吉汽车集团控股有限公司	75.5	68.0	41.5	★★★

图18

3．100—500 亿规模经销商集团综合能力评价

公司名称	盈利能力得分	盈利潜力得分	有效规模得分	
江苏万帮金之星车业投资有限公司	97.6	80.9	66.9	★★★★★
中国正通汽车服务控股有限公司	70.1	92.4	78.4	★★★★★
恒信汽车集团股份有限公司	83.7	82.2	74.4	★★★★★
贵州通源集团	89.5	84.5	65.2	★★★★
北京运通国融投资有限公司	71.3	88.7	70.3	★★★★
吉林省长久实业集团有限公司	85.8	75.1	72.7	★★★★
仁孚汽车（中国）有限公司	91.1	73.2	59.3	★★★★
润华集团股份有限公司	82.6	75.1	60.7	★★★
山东广潍集团有限公司	82.3	75.7	59.3	★★★
北京奥吉通投资（集团）有限公司	98.2	59.6	60.7	★★★

图 19

4．500 亿以上规模经销商集团综合能力评价

公司名称	盈利能力得分	盈利潜力得分	有效规模得分	
中升集团控股有限公司	89.3	94.4	89.1	★★★★★
利星行汽车	98.2	80.4	79.2	★★★★★
广汇汽车服务股份公司	84.3	73.0	97.8	★★★★★
上海永达控股（集团）有限公司	85.0	84.5	78.5	★★★★
庞大汽贸集团股份有限公司	57.8	69.1	80.4	★★★★
国机汽车股份有限公司	69.8	30.0	49.0	★★★★

继去年获得2016百强经销商集团综合能力第一名后，2017年，中升集团再接再厉，再次斩获2017百强经销商集团综合能力第一名。

图 20

四、2017 品牌竞争力指数研究

不同的发展理念和不同的国情，造就了风格迥异的 5 大车系。他们在国内市场的发展历程和现状，体现出了中国作为世界第一大汽车市场的包容性和多样性。“欧美日韩中”各系车型从未停止博弈，各系车型都有自身的铁打地盘和薄弱区域。区域性的突破与企业品牌密切相关，也与当地渠道的能力不可分割，1 个点占有率的变化都极其困难。

本章将以”2017 经销商百强集团及单店”数据为基础，通过数据模型分析不同品牌竞争力差异。

1．通过三个维度的数据对比，分析品牌竞争力差异

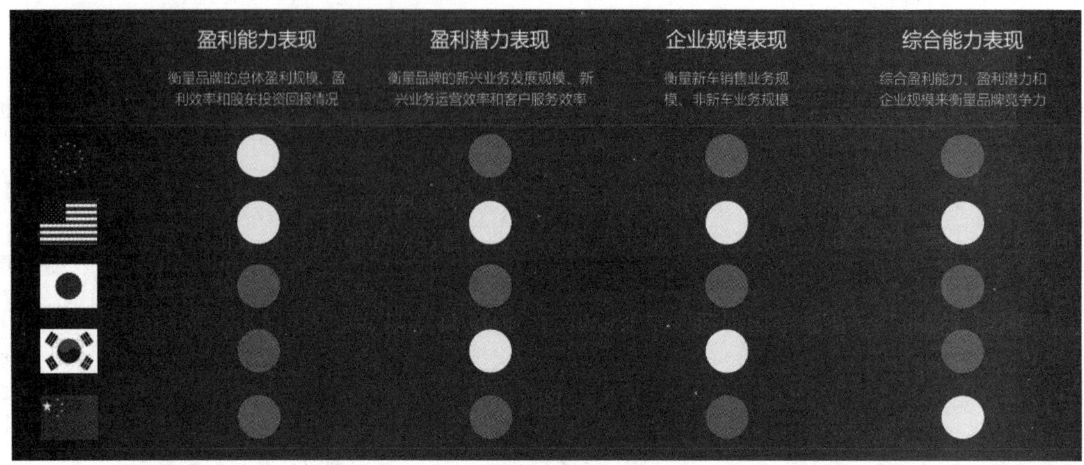

图 21

从综合能力表现来看，欧系和日系竞争力领先，美系和中系竞争力次之，韩系品牌竞争力最低。

2．日系、中系品牌在盈利能力方面表现较好

在盈利能力方面，日系、中系品牌在盈利能力方面表现较好，日系品牌依然保持了较高利润率，中系品牌的净资产回报率表现抢眼，而美系、韩系品牌利润表现弱于其他品牌车系。

图 22

3．欧系、日系品牌在盈利潜力方面表现较好

在盈利潜力方面，欧系、日系品牌在盈利潜力方面表现较好。欧系品牌已建立了星罗密布的服务网络，其非新车业务对于公司的贡献明显高于其他品牌车系。而日系品牌的售后服务业务能力较强，在零服吸收率方面的表现较其他系别品牌车系更为突出。

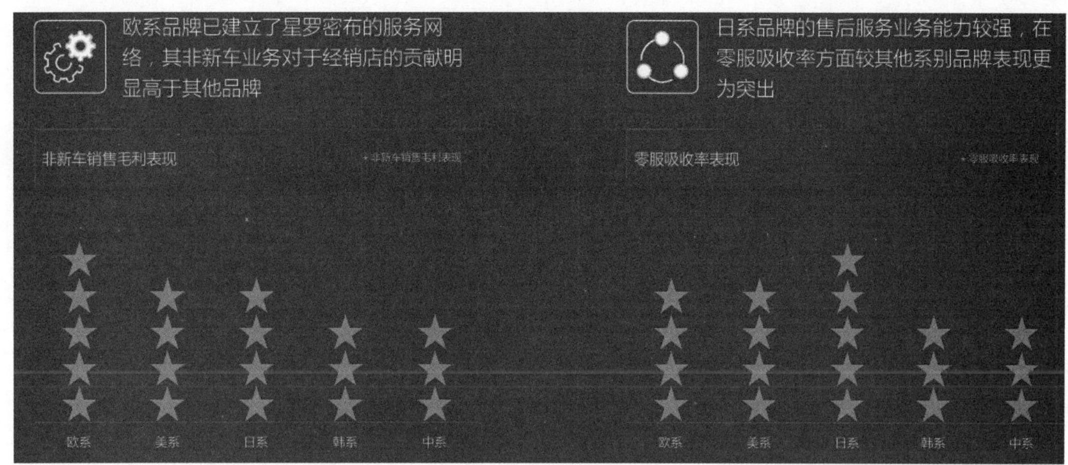

图 23

4．欧系和日系品牌在企业规模方面表现较好

从企业规模来看，欧系和日系品牌在企业规模方面表现较好。从销售收入角度来看，欧系、日系品牌领跑，美系紧随其后，而中系和韩系的表现则稍差。欧系品牌在国内建立了比较成熟的后服务市场产业链，其精品附件种类繁多、做工精良，后服务市场相对其他品牌车系有较大的优势。

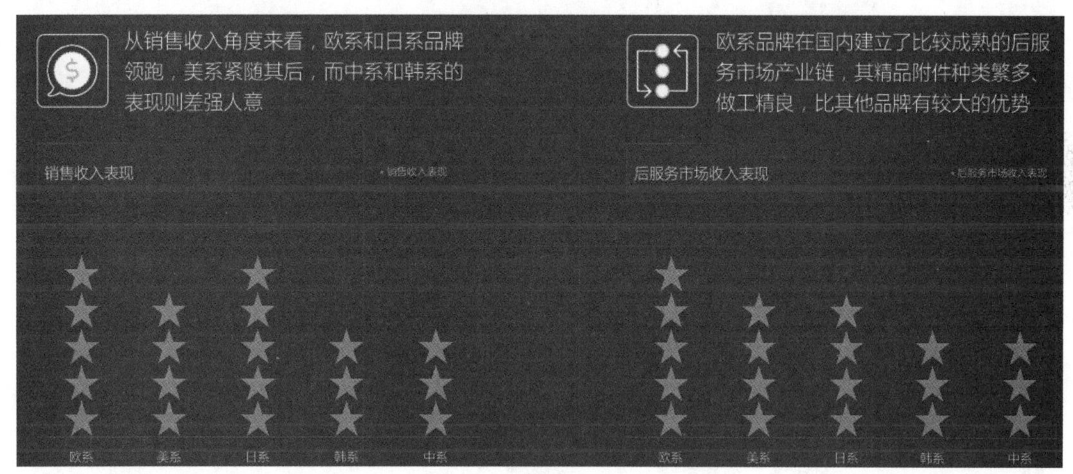

图 24

5．2016 年中国汽车百强经销商集团品牌运营标杆卡

通过以上三个维度的数据分析，凯达研究院给出了 2016 年中国汽车百强经销商集团品牌运营标杆卡。GP2>=2% 的有奔驰、保时捷、雷克萨斯、上汽通用五菱等品牌，属于绿色标杆卡品牌；0%<GP2<2% 的有上汽大众、别克、宝马等品牌，属于黄色标杆卡品牌；而 GP2<=0% 的有奥迪、福特、起亚三个品牌，属于红色标杆卡品牌。

图 25

6．各品牌市场竞争格局

（1）欧系产品的销售主要区域数量多、分布广

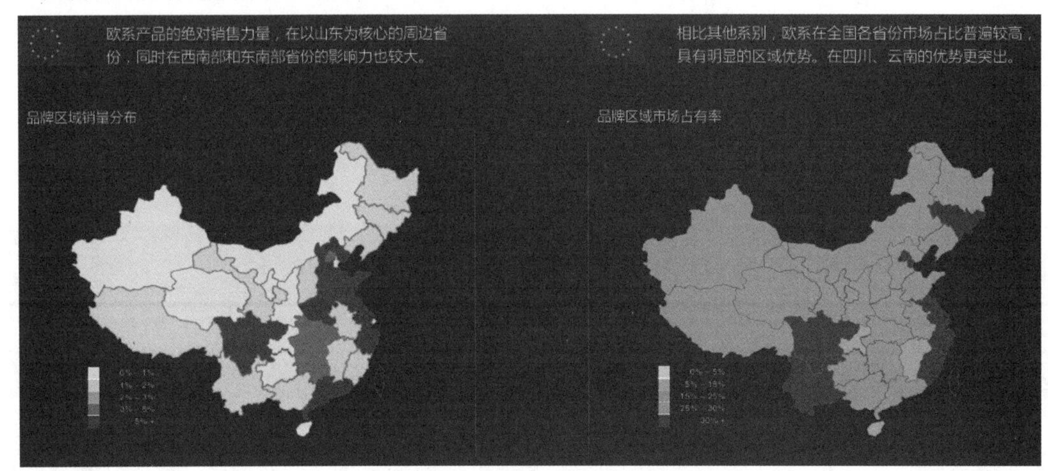

图 26

（2）美系品牌成为与欧系竞争最直接的力量

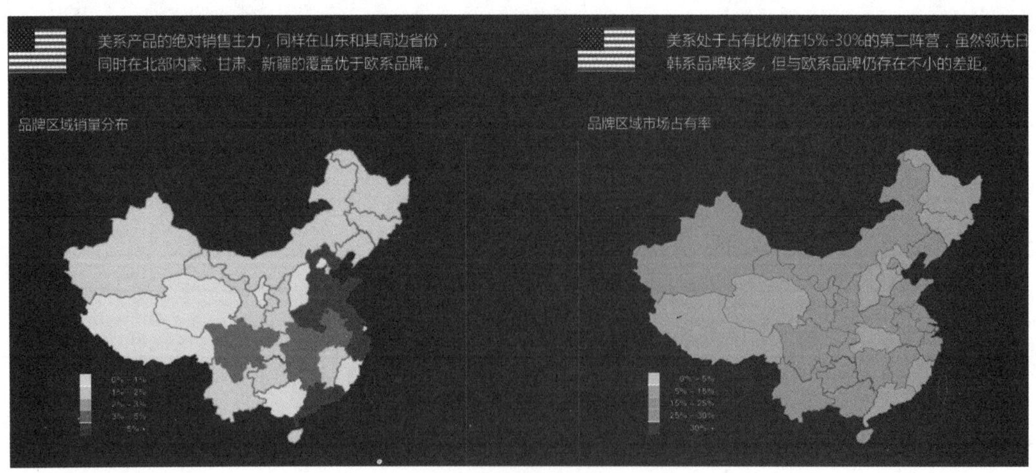

图 27

（3）日系的绝对销售主力在华东沿海及广东市场

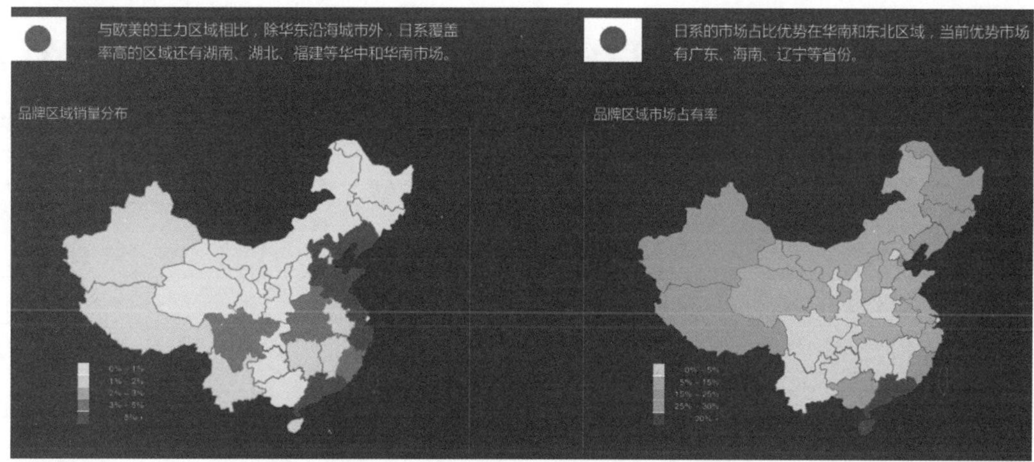

图 28

（4）韩系依托北京和江苏两大基地向中南部辐射

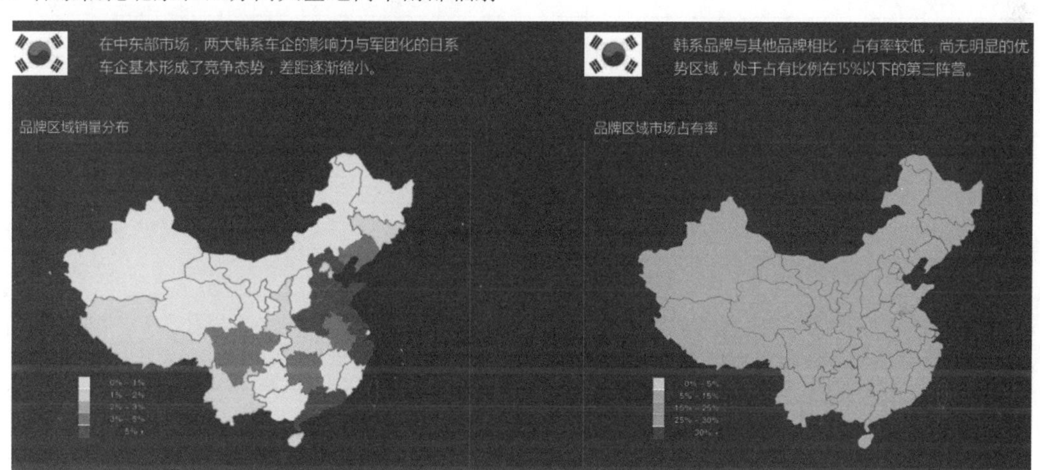

图 29

（5）中系品牌的绝对销售力量覆盖较广

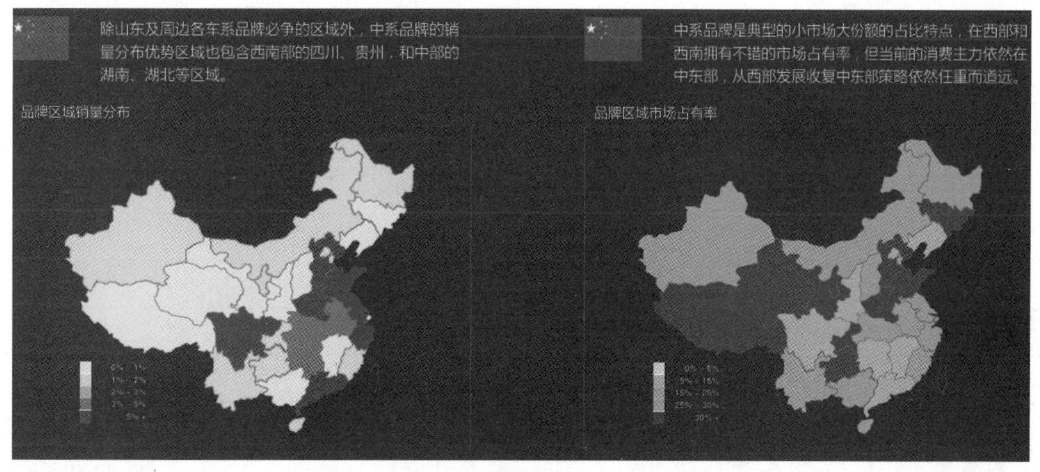

图 30

中国汽车流通行业经销商集团百强排行榜单

（本研究报告在果均基于2016年度汽车经销商集团经营数据分析得出）

序号	集团名称	营业收入（亿元）	全年销量（含二手车）
1	广汇汽车服务股份公司	1,354.22	914,954
2	中升集团控股有限公司	715.99	328,000
3	利星行汽车	661.77	157,505
4	庞大汽贸集团股份有限公司	660.09	521,761
5	上海永达控股（集团）有限公司	559.89	172,646
6	国机汽车股份有限公司	505.85	170,695
7	恒信汽车集团股份有限公司	442.84	241,167
8	大昌行集团有限公司	399.57	83,306
9	浙江物产元通汽车集团有限公司	363.94	232,000
10	中国正通汽车服务控股有限公司	315.19	105,640
11	广物汽贸股份有限公司	315.01	285,376
12	吉林省长久实业集团有限公司	292.27	180,916
13	北京运通国融投资有限公司	286.52	89,082
14	北京鹏龙行汽车贸易有限公司	285.49	57,992
15	深圳市东风南方实业集团有限公司	266.23	190,876
16	江苏万帮金之星车业投资有限公司	239.22	109,328
17	山东远通汽车贸易集团有限公司	218.93	180,837
18	天津市浩物机电汽车贸易有限公司	209.25	102,143
19	贵州通源集团	190.38	59,405
20	润东汽车集团有限公司	182.91	80,839
21	万友汽车投资有限公司	179	210,325
22	利泰集团有限公司	178.22	114,698
23	河南威佳汽车贸易集团有限公司	169.54	101,906
24	宝利德控股集团有限公司	166.93	40,865
25	上海汽车工业销售有限公司	161.97	127,537
26	润华集团股份有限公司	153.42	101,522
27	北京汇京融兴投资控股有限公司	152.46	86,864
28	北京祥龙博瑞汽车服务（集团）有限公司	144.93	100,242
29	无锡商业大厦集团东方汽车有限公司	144.28	101,587
30	广州汽车集团商贸有限公司	140.75	94,101
31	仁孚汽车（中国）有限公司	139.1	34,805

（续 1）

序号	集团名称	营业收入（亿元）	全年销量（含二手车）
32	四川华星汽车集团有限公司	137.45	34,654
33	成都建国汽车贸易有限公司	135.19	97,095
34	北京奥吉通投资（集团）有限公司	123.07	51,019
35	山东广潍集团有限公司	120.54	81,046
36	远方汽车贸易集团有限公司	118.71	59,795
37	欧龙汽车贸易集团有限公司	114.63	40,510
38	北京惠通陆华汽车销售有限公司	110.55	17,312
39	浙江康桥汽车工贸集团股份有限公司	108.19	39,756
40	蓝池集团有限公司	107.24	70,521
41	中国和谐汽车控股有限公司	106.96	27,292
42	安徽亚夏实业股份有限公司	106.38	54,366
43	湖南永通集团有限公司	103.22	61,860
44	广东鸿粤汽车销售集团有限公司	102.17	34,915
45	力天集团有限公司	100.48	19,956
46	深圳市佳鸿集团控股有限公司	98.7	20,083
47	盈众汽车集团有限公司	97.19	58,096
48	江苏明都汽车集团有限公司	93.27	50,399
49	温州开元集团有限公司	91.15	18,384
50	福建吉诺集团有限公司	86.86	45,026
51	宁波轿辰集团股份有限公司	85.91	49,044
52	四川港宏投资控股集团有限公司	81.67	46,216
53	沈阳大众企业集团有限公司	81.08	60,866
54	新丰泰集团控股有限公司	78.58	25,377
55	华宏汽车集团有限公司	74.09	32,165
56	内蒙古利丰鼎盛汽车有限公司	73.7	75,009
57	厦门建发汽车有限公司	73.66	14,342
58	广东合诚集团有限公司	72.43	36,549
59	业乔投资（集团）有限公司	72.05	15,726
60	湖南兰天集团有限公司	71.48	54,967
61	绿地汽车服务（集团）有限公司	71.07	36,676
62	陕西省汽车贸易公司	69.09	86,822
63	山西大昌汽车集团有限公司	69.02	34,247
64	广州南菱汽车股份有限公司	67.3	33,514
65	湖南九城投资集团有限公司	65.83	38,954

表1（续2）

序号	集团名称	营业收入（亿元）	全年销量（含二手车）
66	红旭集团股份公司	65.78	31,060
67	中国美东汽车控股有限公司	63.09	27,436
68	重庆百事达汽车有限公司	62.25	42,518
69	金阳光汽车集团有限公司	60.95	43,827
70	厦门国贸汽车股份有限公司	60.61	36,624
71	天津捷通达汽车投资集团有限公司	57.78	47,413
72	北京嘉华基业投资有限公司	57.09	19,674
73	重庆商社汽车贸易有限公司	56.85	32,185
74	中国恒吉汽车集团控股有限公司	56.79	31,451
75	湖南津湘投资有限责任公司	55.4	41,614
76	浙江万银汽车集团有限公司	55.33	35,628
77	广东有道汽车集团股份有限公司	52.46	38,265
78	广东新协力集团有限公司	50.67	56,268
79	常州外事旅游汽车集团有限公司	49.09	40,372
80	五洲汽车商贸集团有限公司	49.07	34,285
81	苏州华成集团有限公司	48.57	33,001
82	裕隆（中国）汽车投资有限公司	48.45	34,602
83	江苏天泓汽车集团有限公司	47.32	31,023
84	湖南力天汽车集团有限公司	45.08	17,101
85	广东庆丰汽车集团有限公司	44.83	19,191
86	山东大友集团有限公司	43.49	22,929
87	厦门市信达汽车投资集团有限公司	41.44	20,317
88	中航融展汽车贸易有限公司	41.29	28,116
89	山东银座汽车有限公司	40.79	21,955
90	江苏海鹏投资集团有限公司	40.12	24,942
91	江苏伟杰投资实业有限公司	37.34	14,398
92	上海协通集团汽车管理有限公司	37.09	21,977
93	江苏华海汽车销售集团有限公司	36.1	21,168
94	江苏益昌集团有限公司	35.55	19,832
95	泉州华奥汽车销售集团	34.17	10,329
96	南京朗驰集团有限公司	33.81	—
97	上海西上海集团汽车销售有限公司	30.76	16,839
98	浙商中拓集团股份有限公司	30.15	35,873
99	江西国力汽车集团有限公司	29.58	23,680
100	国北汽车控股有限公司	29.56	9,561

中国汽车流通行业经销商百强标杆店榜单

（本研究报告在果均基于 2016 年度汽车经销商集团经营数据分析得出）

序号	经销商名称	品牌	所属集团
1	北京燕德宝汽车销售有限公司	宝马	广汇汽车服务股份公司
2	深圳市驰宝汽车销售服务有限公司	宝马	深圳市佳鸿集团控股有限公司
3	石家庄宝翔行汽车销售服务有限公司	宝马	北京嘉华基业投资有限公司
4	济南大友宝汽车销售服务有限公司	宝马	山东大友集团有限公司
5	厦门信达通宝汽车销售服务有限公司	宝马	厦门市信达汽车投资集团有限公司
6	昆明捷众汽车有限公司	保时捷	厦门建发汽车有限公司
7	佛山东保汽车销售服务有限公司	保时捷	中国美东汽车控股有限公司
8	汕头市东保汽车销售服务有限公司	保时捷	中国美东汽车控股有限公司
9	河北盛文汽车贸易有限公司	北京现代	广汇汽车服务股份公司
10	福州中诺汽车有限公司	北京现代	福建吉诺集团有限公司
11	东莞市冠丰汽车有限公司	北京现代	中国美东汽车控股有限公司
12	安徽之星汽车销售服务有限公司	奔驰	广汇汽车服务股份公司
13	上海中升之星汽车销售服务有限公司	奔驰	中升集团控股有限公司
14	南京中升之星汽车销售服务有限公司	奔驰	中升集团控股有限公司
15	东莞中升之星汽车销售服务有限公司	奔驰	中升集团控股有限公司
16	广州仁孚汽车销售有限公司	奔驰	仁孚汽车（中国）有限公司
17	甘肃宝瑞德汽车服务有限公司	东风本田	广汇汽车服务股份公司
18	广西鑫广达博远汽车销售服务有限公司	东风本田	吉林省长久实业集团有限公司
19	无锡东方鸿润汽车销售服务有限公司	东风本田	无锡商业大厦集团东方汽车有限公司
20	湖南省长沙县兰天汽车销售有限公司	东风本田	湖南兰天集团有限公司
21	贵州乾通东远汽车销售服务有限公司	东风标致	广汇汽车服务股份公司
22	福建吉诺佳宏汽车有限公司	东风标致	福建吉诺集团有限公司
23	武汉市神龙鸿泰汽车销售服务有限公司沌口分公司	东风标致	东风鸿泰汽车销售有限公司
24	重庆中汽西南都灵汽车有限公司	东风日产	广汇汽车服务股份公司
25	辽宁中升捷通汽车销售服务有限公司	东风日产	吉林省长久实业集团有限公司
26	江门市利泰汽车销售服务有限公司	东风日产	利泰集团有限公司
27	哈尔滨瑞孚汽车销售服务有限公司	东风日产	中航融展汽车贸易有限公司
28	哈尔滨融展兴邦汽车销售服务有限公司	东风日产	中航融展汽车贸易有限公司
29	四川申蓉瑞龙汽车销售服务有限公司	东风雪铁龙	广汇汽车服务股份公司
30	重庆中汽西南凯旋汽车有限公司	东风雪铁龙	广汇汽车服务股份公司
31	乌鲁木齐捷众汽车贸易有限责任公司	东风雪铁龙	广汇汽车服务股份公司

（续1）

序号	经销商名称	品牌	所属集团
32	宁夏人和汽车销售服务有限公司	东风悦达起亚	广汇汽车服务股份公司
33	宁夏天利新华夏汽车连锁有限公司	东风悦达起亚	广汇汽车服务股份公司
34	南通嘉华汽车销售服务有限公司	东风悦达起亚	江苏益昌集团有限公司
35	贵州中致远帝利汽车销售服务有限公司	法拉利，玛莎拉蒂	广汇汽车服务股份公司
36	广东东莞玛莎法利汽车销售服务有限公司	法拉利，玛莎拉蒂	深圳市佳鸿集团控股有限公司
37	山东翔宇汽车服务有限公司	广汽本田	广汇汽车服务股份公司
38	达州蓉源汽车销售服务有限公司	广汽本田	广汇汽车服务股份公司
39	广州广汽商贸长佳汽车销售有限公司	广汽传祺	广州汽车集团商贸有限公司
40	湖南广汽长坤汽车销售有限公司	广汽传祺	广州汽车集团商贸有限公司
41	福建福盈汽车销售服务有限公司	广汽菲克	盈众汽车集团有限公司
42	新疆瑞天汽车销售服务有限公司	广汽丰田	广汇汽车服务股份公司
43	昆明中升汽车销售服务有限公司	广汽丰田	中升集团控股有限公司
44	海口中升捷丰汽车销售服务有限公司	广汽丰田	中升集团控股有限公司
45	东莞市东鑫汽车销售服务有限公司	广汽丰田	中国美东汽车控股有限公司
46	天津美利丰汽车销售服务有限公司	广汽丰田	天津捷通达汽车投资集团有限公司
47	成都运通博捷汽车销售有限公司	捷豹路虎	北京运通国融投资有限公司
48	温州欧龙汽车销售有限公司	捷豹路虎	欧龙汽车贸易集团有限公司
49	北京惠通陆华汽车服务有限公司	捷豹路虎	北京惠通陆华汽车销售有限公司
50	北京兰德陆华汽车销售有限公司	捷豹路虎	北京惠通陆华汽车销售有限公司
51	安徽骏虎汽车销售有限公司	捷豹路虎	广东鸿粤汽车销售集团有限公司
52	深圳中升雷克萨斯汽车有限公司	雷克萨斯	中升集团控股有限公司
53	广州中升凌志汽车销售服务有限公司	雷克萨斯	中升集团控股有限公司
54	东莞中升雷克萨斯汽车销售服务有限公司	雷克萨斯	中升集团控股有限公司
55	东莞美东汽车服务有限公司	雷克萨斯	中国美东汽车控股有限公司
56	广东鸿粤国誉汽车销售服务有限公司	林肯	广东鸿粤汽车销售集团有限公司
57	贵州华通众源汽车贸易服务有限公司	上汽大众	广汇汽车服务股份公司
58	重庆博众汽车销售服务有限公司	上汽大众	广汇汽车服务股份公司
59	泉州盈众福海汽车销售有限公司	上汽大众	盈众汽车集团有限公司
60	厦门致和汽车有限公司	上汽大众	盈众汽车集团有限公司
61	四川申蓉泓盛汽车贸易有限公司	上汽斯柯达	广汇汽车服务股份公司
62	天津市轩德汽车贸易有限公司	上汽斯柯达	天津市浩物机电汽车贸易有限公司
63	厦门盈海汽车有限公司	上汽斯柯达	盈众汽车集团有限公司
64	东莞市广物宝骏汽车销售服务有限公司	上汽通用五菱	广物汽贸股份有限公司
65	南通东方泓通汽车销售服务有限公司	斯巴鲁	无锡商业大厦集团东方汽车有限公司
66	无锡东方富翔汽车销售服务有限公司	斯巴鲁	无锡商业大厦集团东方汽车有限公司
67	四川申蓉九兴汽车销售服务有限公司	通用别克	广汇汽车服务股份公司

（续 2）

序号	经销商名称	品牌	所属集团
68	江西运通大创汽车销售服务有限公司	通用别克	广汇汽车服务股份公司
69	新疆天枢汽车销售服务有限公司	通用别克	广汇汽车服务股份公司
70	江西运通汽车技术服务有限公司	通用别克	广汇汽车服务股份公司
71	云南凯迪汽车贸易有限公司	通用凯迪拉克	广汇汽车服务股份公司
72	重庆中汽西南美凯汽车有限公司	通用凯迪拉克	广汇汽车服务股份公司
73	江苏华海凯迪汽车销售服务有限公司	通用凯迪拉克	江苏华海汽车销售集团有限公司
74	江西运通汽车城西销售服务有限公司	通用雪佛兰	广汇汽车服务股份公司
75	哈尔滨美通汽车贸易有限责任公司	通用雪佛兰	广汇汽车服务股份公司
76	陕西佳豪汽车服务有限公司	沃尔沃	广汇汽车服务股份公司
77	东莞市世沃汽车销售服务有限公司	沃尔沃	吉林省长久实业集团有限公司
78	福建吉诺富豪汽车贸易有限公司	沃尔沃	福建吉诺集团有限公司
79	广西弘捷汽车销售服务有限公司	一汽大众	广汇汽车服务股份公司
80	合肥欧亚汽车服务有限公司	一汽大众	广汇汽车服务股份公司
81	北京运通博恩汽车销售服务有限公司	一汽大众	北京运通国融投资有限公司
82	北京庆洋汽车服务有限公司	一汽大众	无
83	北京寰宇恒通汽车有限公司	一汽—大众奥迪	广汇汽车服务股份公司
84	安徽奥祥汽车销售服务有限公司	一汽—大众奥迪	广汇汽车服务股份公司
85	东莞市世奥汽车销售服务有限公司	一汽—大众奥迪	吉林省长久实业集团有限公司
86	北京博瑞祥云汽车销售服务有限公司	一汽—大众奥迪	北京祥龙博瑞汽车服务（集团）有限公司
87	惠州俊峰丰田汽车销售服务有限公司	一汽丰田	广汇汽车服务股份公司
88	昆明中升丰田汽车销售服务有限公司	一汽丰田	中升集团控股有限公司
89	郑州裕华丰田汽车销售服务有限公司	一汽丰田	吉林省长久实业集团有限公司
90	广州南菱丰田汽车销售服务有限公司	一汽丰田	广州南菱汽车股份有限公司
91	江门市强劲丰田汽车销售服务有限公司	一汽丰田	广东新协力集团有限公司
92	广西鑫广达汽车销售服务有限公司	一汽马自达	吉林省长久实业集团有限公司
93	大连百利加汽车贸易有限公司	一汽马自达	吉林省长久实业集团有限公司
94	北京运通博世汽车销售服务有限公司	英菲尼迪	北京运通国融投资有限公司
95	兰州赛福汽车销售服务有限公司	长安福特	广汇汽车服务股份公司
96	河北盛达汽车贸易有限公司	长安福特	广汇汽车服务股份公司
97	浙江万国汽车有限公司	长安福特	浙江万银汽车集团有限公司
98	大连众联达贸易有限公司	长安马自达	吉林省长久实业集团有限公司
99	广西鑫广达长久汽车销售服务有限公司	长安马自达	吉林省长久实业集团有限公司
100	无锡市东方运达汽车销售服务有限公司	长安马自达	无锡商业大厦集团东方汽车有限公司

DISIBULEI | XINNENGYUANQICHE

行业发展分析

2016 年新能源汽车市场应用特征分析

中国汽车技术研究中心　刘万祥

一、新能源汽车总体市场情况

（一）年增幅从 3 倍回落至 50%

2016 年新能源汽车整体产销市场归于平淡，产销增速收窄，可谓新能源汽车“冷静思考”的一年。回溯历年市场，在新能源汽车发展起步阶段，2013 年之前年度产销量不足 2 万辆，从 2014 年新能源汽车市场开始大幅提升，到 2015 年连续两年实现同比增幅超过 3 倍。其中 2014 年产销量提升至 7 万辆以上水平，2015 年借助政策引导，消费市场拓宽，销量增至 33 万辆。2016 年受国家补贴政策调整影响，新能源汽车市场归于“冷静”，产销增幅降至约 50%。

据中国汽车工业协会统计，2016 年新能源汽车产

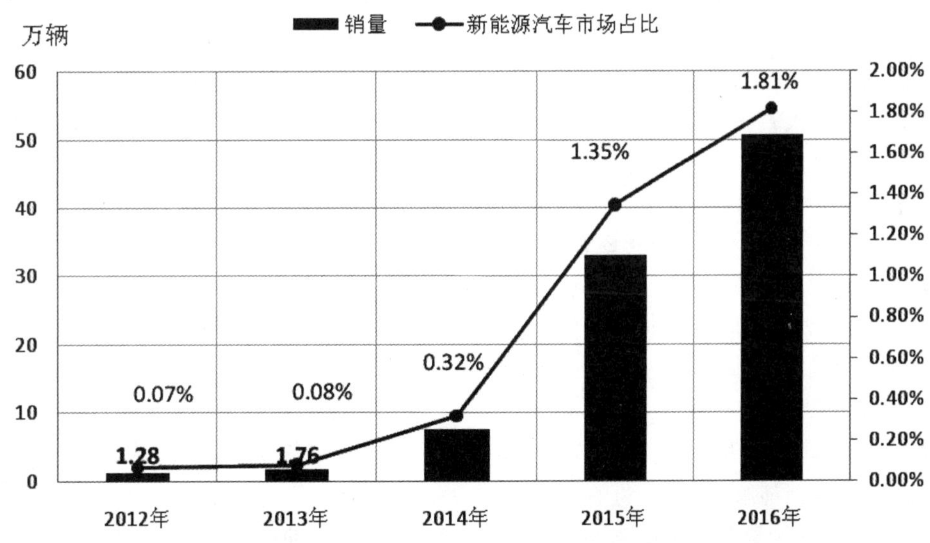

图 1　2012 － 2016 年新能源汽车销量分布

销量分别为51.7万辆和50.7万辆，远超2015年水平（产销量分别为34.0万辆和33.1万辆）。同期相比，产销增幅均有所收窄，分别达51.7%和53%。

由于新能源汽车尚处于产业化发展初期，产销量虽高速增长，但市场保有量仍较少，新能源汽车市场份额占比还处在较低水平。2014年之前新能源汽车年销量占传统汽车总量的比例远低于1%拐点，从2015年开始，新能源汽车产销实现同比大幅提升，占传统汽车总量的比例从当年1.35%提高到2016年的1.81%，市场份额持续提高。

资料来源：中国汽车工业协会月度快报

（二）月度增速延续了前低后高走势

从市场月度趋势看，历年新能源汽车月度产销增速基本都呈现前低后高的走势：即年初低产，年中开始增速，年底快速拉升。2016年我国新能源汽车市场总体也符合这一走势。

2016年第四季度产销走势延续往年年底翘尾效应，11月、12月份呈现大幅增长，环比增幅分别为48%、60%%，创下月度产销量最高值。

二、车型结构分析

（一）分车辆类型：新能源乘用车市场表现突出，增速远超商用车

1. 新能源乘用车市场份额提升至7成

根据机动车保险数据分析，2016年新能源乘用车全年销量为30.2万辆，全年销量增速达60%，超过整体市场增幅（53%），所占比重提高至69%。据分析，主要原因可归结于以下三点：其一，车企推出车型种类逐步增多，覆盖小型、中型轿车及SUV车型，产品种类进一步丰富；其二，消费者对新能源车型的认知、接受度进一步提高，私人领域消费意愿增强；其三，在经济发达城市，政府优惠扶持政策依旧是新能源乘用车市场发展的有力支撑，比如上海免牌照，北京不限行、免摇号等优惠鼓励措施大幅提升市场需求。

2. 新能源商用车市场表现低迷，增幅降至40%

与新能源乘用车不同的是，新能源商用车经过2015年的大幅攀升，在2016年市场表现相对平淡。2015年新能源商用车销量同比增长超过10倍，2016年同比增幅滑至近40%，占总量比例也由近40%下滑至31%。其中，2016年新能源客车销量为11.1万辆，占比26%，纯电动专用车销量为2.39万辆，占比5%。补贴标准、新能源汽车推广应用推荐车型目录、三元电池禁用纯电动客车等相关政策的调整以及对骗补企业的处理，都对商用车市场形成较大影响，产业整体发展相对低迷。

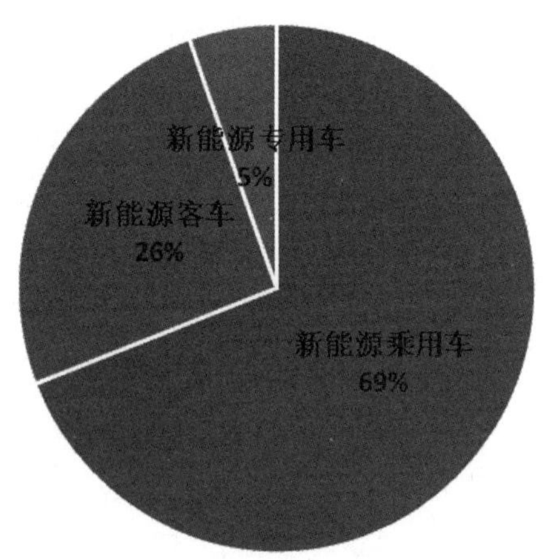

图2　2016年新能源汽车销量分布

资料来源：机动车保险数据

（二）分动力类型：BEV、PHEV车型市场八二分

1. BEV车型占比近8成，乘用车为主

新能源汽车经过近两年的发展，市场结构不断调整变化，纯电动乘用车市场份额稳步提升，专用车下滑明显。

根据新能源汽车保险数据分析，2016年新能源汽车市场应用依旧以纯电动车型为主，销售34.8万辆，占比79.6%，其中纯电动乘用车销售23.2万辆，占比52.9%，纯电动客车销售9.3万辆，占比21.2%。

与2015年相比较，2016年纯电动车型市场份额保持相对稳定，占比保持在75%以上，其中纯电动乘用车所占比例提升较明显，市场份额由2015年的39.3%提至2016年的52.9%。相对应的是纯电动专用车市场份额下滑，由2015年12.9%降至2016年的5.5%。对比2015年市场结构，2016年纯电动专用车企业多处于技术储备升级状态，导致前三个季度市场推广几近停滞，全年所占比例下滑幅度最大。预计2017年随着政策环境的优化、市场环境日臻完善，物流、环卫等领域的需求将有所释放，应用规模大幅提升。

表 1 2016 年各类新能源汽车销量分布 单位：辆

车辆种类		销量	占比	总占比
纯电动	专用车	23887	5.46%	79.61%
	乘用车	231590	52.93%	
	客车	92808	21.21%	
插电式	乘用车	70577	16.13%	20.39%
	客车	18614	4.25%	
燃料电池	客车	29	0.01%	0.01%
	乘用车	8	0.00%	

2. PHEV 车型占比近 2 成

2016 年插电式车型销售 8.92 万辆，占新能源汽车总量的比例为 20.4%，其中插电式乘用车占比 16.1%，插电式客车占比 4.3%。具体乘用车车型分布中，2016 年市场主流车型包括比亚迪秦、唐、上汽荣威 e550、荣威 e950、艾瑞泽 7e，销量合计占插电式乘用车总量的 87%。

较之 2015 年，2016 年插电式车型市场份额有小幅下滑。2015 年插电式车型占比为 23%，其中插电式乘用车占比为 17%，插电式客车占比为 6%。2016 年两车型市场份额降低近 1—2 个百分点。

3. FCV 车型开始进入市场应用

2016 年燃料电池车型开始进入市场，销售 37 辆。其中有 29 辆燃料电池客车和 8 辆燃料电池乘用车。客车分布中，有 24 辆佛山飞驰城市公交和 5 辆北汽福田大型客车分布应用于广东和北京；燃料电池乘用车仅有上汽荣威车型分布于上海。受成本、技术、基础设施等因素，目前难以实现规模化应用。

三 、分应用领域：私人、企事业单位、公共领域三分天下

（一） 私人领域

1. 2016 年私人购车比例近 3 成

从应用领域分布情况看，主要受限行限购城市对消费需求的拉动以及公务用车替换燃油车的鼓励措施影响，2016 年新能源汽车销量在私人、单位用车领域逐步扩大，两个领域全年销售 30 万辆，占比 68%，其中私人领域销售 14.2 万辆，所占比例由 2015 年的 23% 提升至 2016 年的 32%。

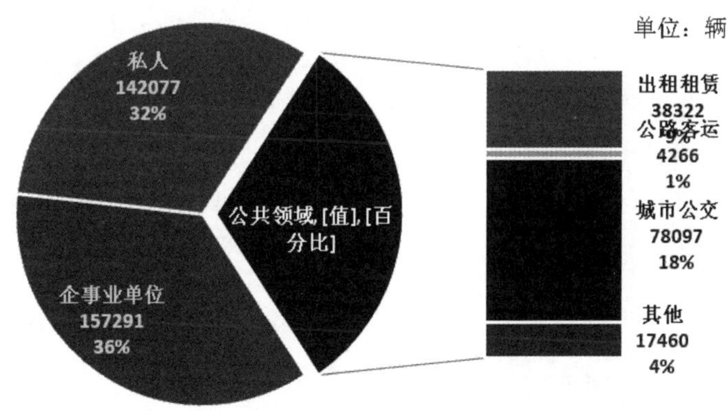

图 3 2016 年新能源汽车应用领域分布

2. 私人领域应用车型均为新能源乘用车

2016 年私人购车量均来自于新能源乘用车。在新能源乘用车销量分布中，47% 由私人购买，41% 由企事业单位采购，其他 12% 则用于租赁、客运领域（仅上汽大通 G10—MPV 和众泰 V10 应用于客运）。

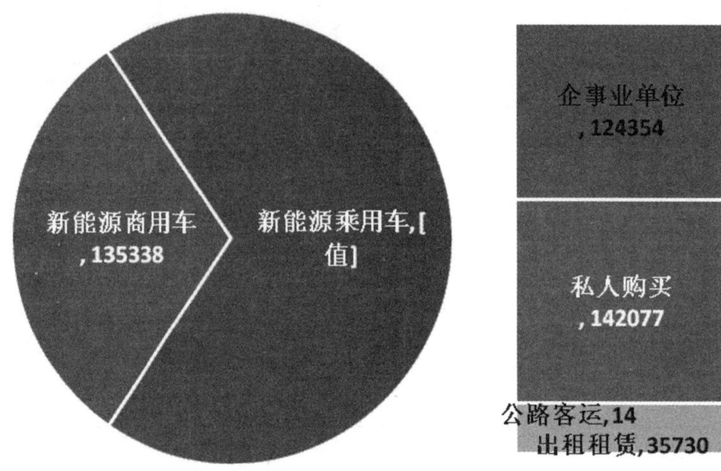

图 4　新能源乘用车应用领域分布

3. 2017 年近 7 成在售乘用车车型售价（补贴后）低于 20 万元

目前，新能源汽车私人消费市场价格敏感度较高。通过梳理 2017 年 1—4 月在售新能源乘用车车型发现，新能源乘用车车型从小型到中高级车型均有覆盖，较之 2016 年前，车型价格覆盖区间逐步扩大。其中近 4 成车型最低售价压至 10 万元以内（补贴后），甚至像北汽、江淮、众泰等车企部分产品价格已经压至 5 万元级别，价格优势为进一步拓展新能源汽车私人市场提供有力支撑。其次，10—20 万元车型占比 33%，市场潜力依旧强劲；20 万元及 30 万元以上车型产品也均有涉及，更好地适应中高端消费。

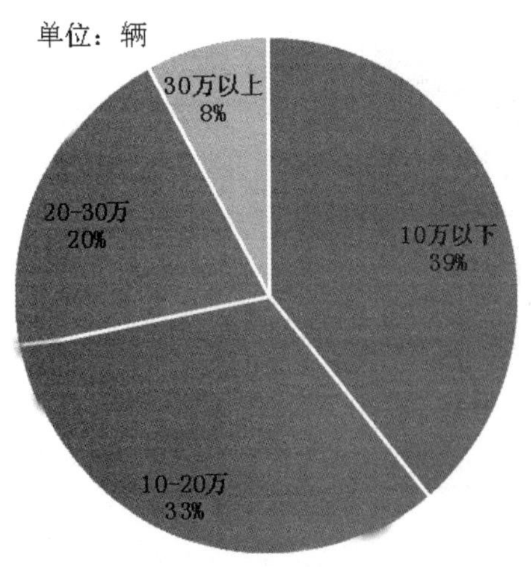

图 5　2017 年 1 － 4 月在售车型最低售价区间分布

4. 私人领域新能源汽车应用进程相对平稳

按月度趋势看，2016 年前 10 个月新能源汽车在私人、企业事业单位、公共交通三个领域的月度销量走势基本保持一致，只有在 11、12 月份，车企在公共领域、企事业单位领域加速推广，使得月度销量大幅拉升至 7 万辆水平，环比增幅均超 3 倍。私人领域，2016 年消费者整体购车意愿较强，月度平均销量达 1.2 万辆，在 2016 年前三季度一直保持领先，占比均在 40% 以上，在第四季度 10 月份销量小幅下滑调整，11 月份进入年底冲刺阶段，实现快速增长，12 月份继续大幅拉升至近 3 万辆水平，实现环比增长 85%，相对其他领域，私人购车年底月度环比增幅较小。企事业单位、公共领域新能源汽车应用数量年底月度增幅明显领先私人领域。（见图 6）

（二） 公共领域

1. 公共领域以城市公交为主

根据机动车保险数据，2016 年新能源汽车在公共领域的销量为 13.8 万辆，所占比例较之往年有所下降，为 32%（截至 2015 年底，公共领域占比超 5 成）。

2016 年公共领域新能源汽车销量分布中，城市公交和出租租赁领域占据主导。其中城市公交 7.81 万辆，占市场总量的 18%；出租租赁 3.83 万辆，占市场总量的 9%；其次公路客运以及其他营运类领域也有覆盖，销量分别为 4266 辆、1.75 万辆，占比为 1%、4%。

2. 76% 新能源商用车集中于公共领域

2016 年新能源商用车分布于企事业单位及公共领域。其中近 76% 应用于公共领域：58% 应用于城市公

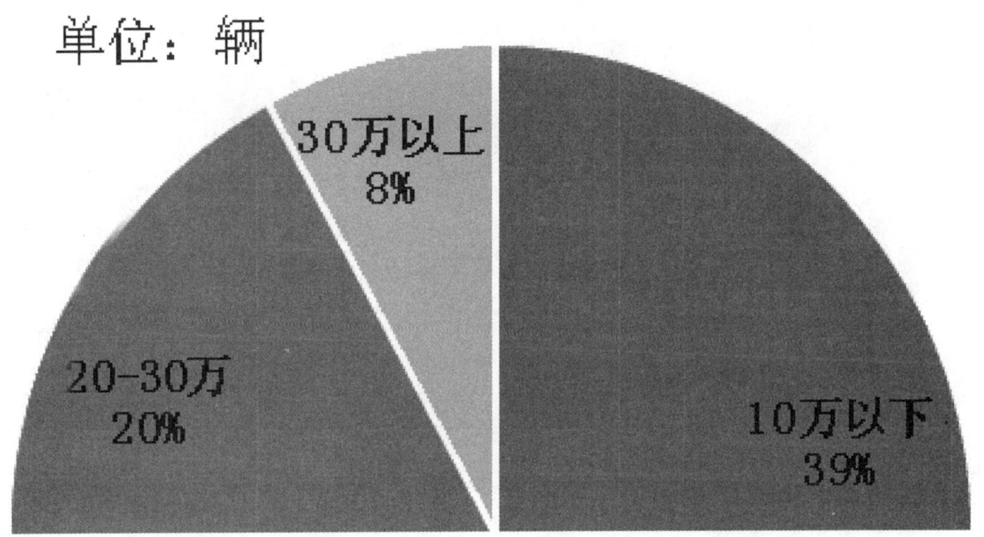

图 6　2016 年新能源汽车不同领域月度销量走势

交；3% 应用于公路客运；2% 作为租赁车型出租应用；13% 作为其他营运类车型应用。另外，公共领域中也有新能源乘用车车型分布，有近 3.57 万辆的车型主要应用于城市出租租赁等。

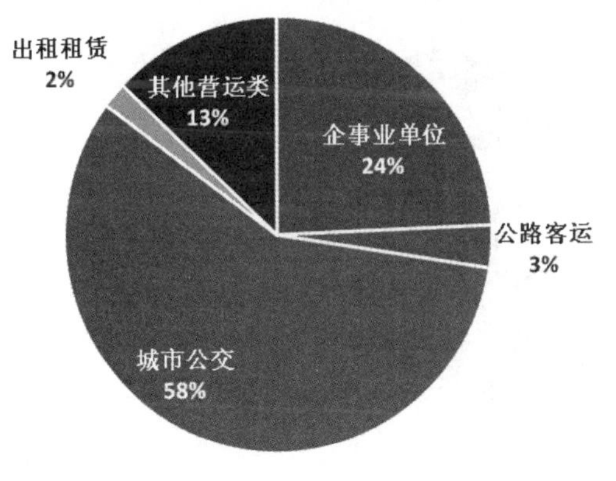

图 7　新能源商用车应用领域分布

（三）企事业单位领域

2016 新能源汽车三个应用领域中，企事业单位用车领域应用量最多，达 15.7 万辆，占总量比例为 36%。该领域车型分布中以新能源乘用车车型为主，应用数量达 12.4 万辆，占新能源乘用车总量的 41%，其中纯电动车型占 87%，插电式车型占 13%；新能源商用车应用量为 3.3 万辆，占商用车总量的 24%。

四 、新能源汽车销售区域结构分析

（一） 整体分布：京粤沪领跑，占比近 41%

新能源汽车发展初期，市场主要集中于一线城市。从 2016 年全国各省（自治区、直辖市）销量分布看，在全国 31 个省市中，销量超过 1 万辆的有 12 个，占全国总量比例为 83.9%；销量超过 2 万辆的有 7 个，占全国总量比例为 68.9%，其中北京、广东、上海、山东、山西 5 个省份年销量均超 3 万辆，累计 25.4 万辆，占全国总量的 58.1%。

排在前两位的北京、广东销量分别达 6.73 万辆、6.58 万辆，占全国总量比例均为 15%，其次，上海销售 4.76 万辆，位居第三，占全国总量的 11%。京粤沪合计占比达 41%。（见图 9）

（二） 新能源乘用车：市场集中在限购城市

目前新能源汽车市场销量主要受地方的限行限购政策挤压需求推动，这是我国新能源汽车市场区域性发展格局的主要原因。其次，沿海城市经济相对发达、市场较为繁荣，主要受先期国家激励政策的推动，也是造成影响市场发展格局的关键因素。

新能源汽车发展初期，新能源乘用车市场受政策影响较强，不限行、限购等优惠鼓励政策作用明显。2016 年新能源乘用车主销地区集中在北京、广东、上海、天津等限购城市，排名前 4 位的省市占比均超过 10%，累计达 56%；而像浙江、山东、山西、安徽等没有实施限购政策的省市，新能源汽车销量低于上述限购省市，市场发展还不均衡，非限购省市地区市场有待挖掘、激活。

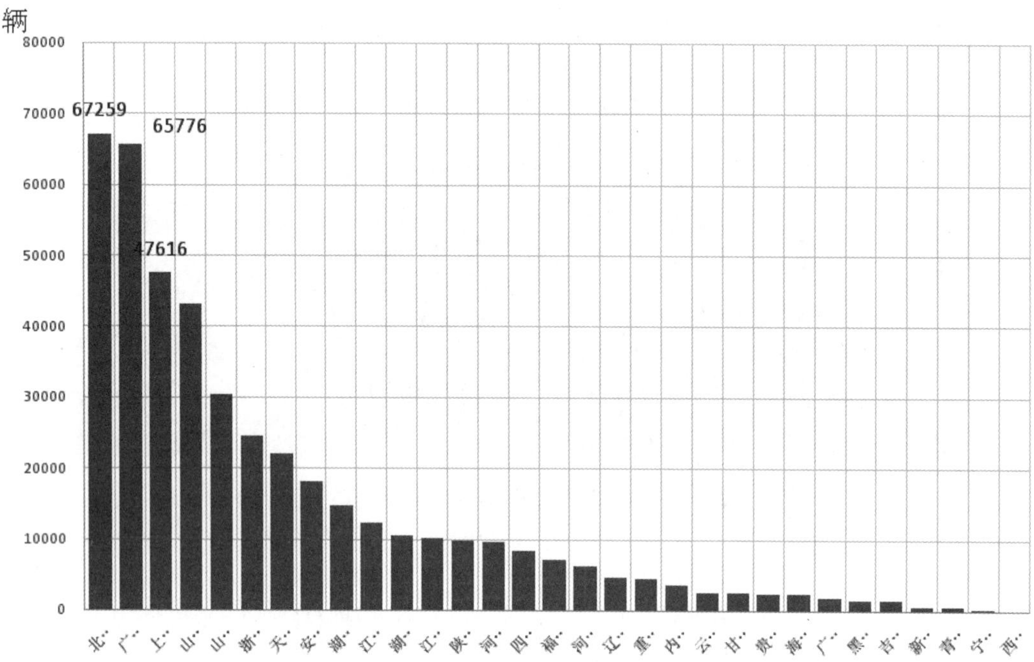

图 9　2016 年各省市新能源汽车销量排名

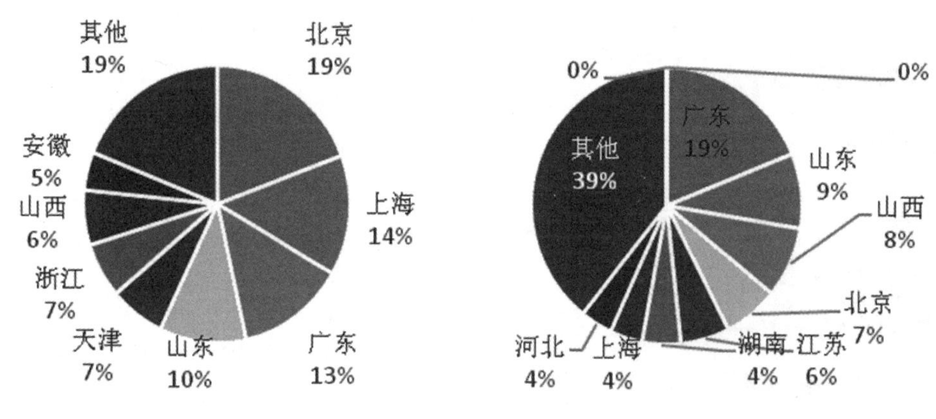

图 10　新能源乘用车主销地区（左）　新能源商用车主销地区（右）

（三）新能源商用车：粤鲁晋三省占据 36% 市场份额

新能源商用车主要受各地公交集团、物流行业燃油车替换新能源汽车的需求以及地方对公共领域发展新能源汽车的支持力度影响。2016 年新能源商用车市场比新能源乘用车集中，仅广东省销量占比就达 19%，主要因为深圳、广州在公共领域对燃油公交的替换率全国领先；而山东、山西、北京、江苏等地占比不足 10%。未来随着物流行业的发展，电动物流车的低使用成本优势将激活物流企业需求，新能源物流车市场发展潜力巨大。

（四）不同动力车型市场区域差异化明显，PHEV 集中于沪粤等地销售

受政策影响，2016 年纯电动和插电式混合动力车

型销量分布呈现较强区域性分布特点，纯电动车型销量分布省市较为分散，插电式车型销量分布省市相对集中。根据机动车保险数据分析，纯电动车型销售市场遍及北京、广东、山东、山西、浙江等多个省市，销量分布的省份较为分散；而插电式混动车型销售市场则主要集中在上海、广东两地，占该车型总量比例分别为37%和27%；燃料电池车型销量仅分布于上海、广东、北京，共计37辆。

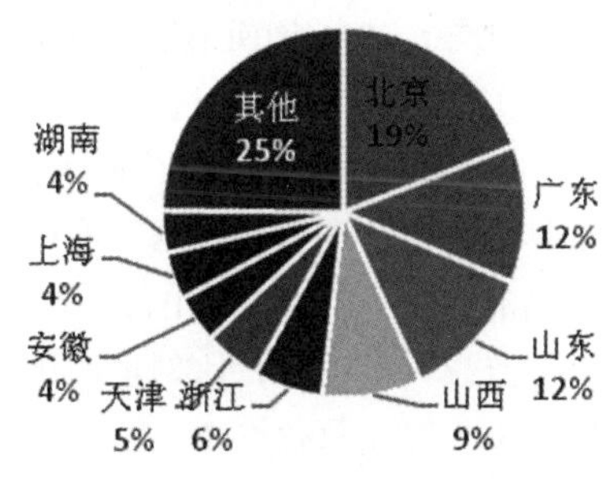

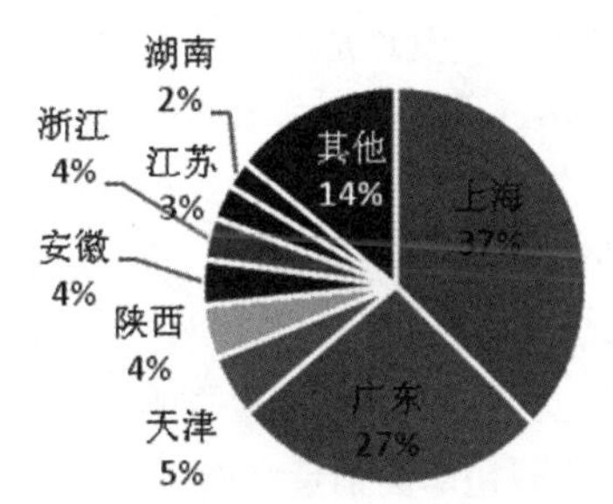

图11 纯电动车型主销地区（左） 插电式混合动力车型主销地区（右）

新能源汽车产销最大的市场——北京市基本没有插电式混合动力车型销售。主要原因是插电式混合动力车型在北京不仅不能享受地方补贴，还无法参与新能源汽车单独摇号，因此市场竞争力大大减弱，消费者更多选择纯电动汽车。在政策力度相似的上海、广州、深圳，可以长途出行的插电式混动车型——如比亚迪多款插电式混动车型唐、秦销售势头良好。

（五）不同应用领域车辆销售区域集中度不同

1. 企事业单位及公共领域分省市看，粤鲁晋位列前三

在企事业单位及公共领域，全国各省市均加大新能源汽车的推广应用力度，尤其是在公交、出租领域。2016年广东、山东、山西等省份新能源汽车推广量位居前列，广东在公共领域推广新能源汽车达4.24万辆，山东、山西、上海、北京、浙江推广量也超2万辆。其中山西对出租车领域更新超8000辆纯电动车型、深圳燃油公交车力争2017年全部电动化，其他省市也相继出台政策鼓励企事业单位公务用车更换为新能源汽车。依托于各地鼓励政策，新能源汽车使用成本优势将会进一步放大，对燃油出租车、公交车等公共领域

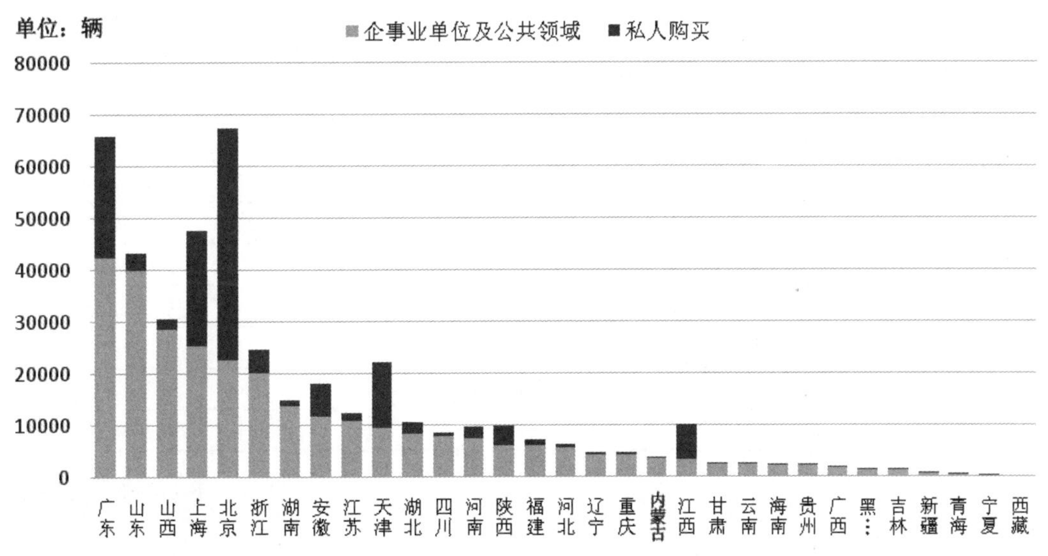

图12 2016年各省区市分领域新能源汽车销量

用车替换将是未来趋势，公共领域新能源汽车的渗透率也将会继续走高，尤其以纯电动车型为主的运营主体将加速布局市场。

2. 私人领域销售区域集中于京沪粤津

私人领域购买新能源汽车的省市主要集中于北京、上海、天津、广东省较发达地区，私人购车占当地新能源汽车销量比例近一半。一是受各地对新能源汽车不限购、不限牌等政策的推动，导致存在购车刚需的消费者被动选择新能源车型。其二，政府对新能源汽车大力度补贴以及免购置税等优惠措施，弥补了与同级别燃油乘用车的劣势，提高消费者购车意愿，带动了私人领域新能源乘用车的销量增长。

（六）东部市场区域分布呈现北强南弱态势

根据机动车保险数据梳理，2016 年新能源汽车主销地区分布在沿海省市，占比达 68%。从八大经济区域看，北京、天津等北部沿海省市新能源汽车销量占比最大，为 31.75%。沿海城市中，尤其北京、上海、广东省对新能源汽车不限行、不限购、免牌照等优惠鼓励支持力度较大，经济也相对发达，消费者对新能源汽车接受度较高，使得该区域销量相对集中。而东北、大西北地区新能源汽车销售规模较小，2016 年销售占比仅 1.74%。主要受低温环境导致电池性能衰减及充电便利性差等不利因素影响，使得新能源在使用体验方面目前还不能支撑大规模应用。

此外，2016 年南部沿海城市新能源汽车销量占比仅为 17.1%，市场有待进一步开拓。主要潜在优势有：其一，南部城市人均可支配收入高，并且消费意愿强。根据国家统计局最新数据显示，在人均可支配收入及人均消费支出排名省市中，广东、福建省均位居前 7 位，人均支出占人均收入比例也均达 75%，相对北京、河南、山东等北部省市（人均支出占比均在 70% 以下）消费意愿相对较大。其二，受比亚迪区域辐射影响，南部城市新能源汽车潜在消费群体庞大。新能源汽车领域的主力军比亚迪地处深圳，销售区域集中于广东、上海等地，周边辐射效应较强。在行业发展初期，能够有效提高消费者对新能源汽车的认知度，整体带动对新能源汽车接受度，为新能源汽车市场拓展提供有利条件。

表 2　八大经济区新能源汽车销量分布　　单位：辆

经济区	省市	占比	合计
北部沿海	北京	15.37%	31.75%
	天津	5.06%	
	河北	1.42%	
	山东	9.89%	
东部沿海	上海	10.88%	19.32%
	江苏	2.81%	
	浙江	5.63%	
南部沿海	广东	15.03%	17.21%
	福建	1.65%	
	海南	0.53%	
西南地区	四川	1.92%	4.52%
	重庆	1.03%	
	贵州	0.53%	
	广西	0.44%	
	云南	0.60%	

经济区	省市	占比	合计
黄河中游	山西	6.97%	12.25%
	陕西	2.24%	
	河南	2.19%	
	内蒙古	0.85%	
长江中游	安徽	4.14%	12.26%
	湖南	3.40%	
	湖北	2.40%	
	江西	2.32%	
大西北地区	新疆	0.16%	0.95%
	青海	0.12%	
	宁夏	0.06%	
	西藏	0.02%	
	甘肃	0.60%	
东北地区	辽宁	1.07%	1.74%
	黑龙江	0.34%	
	吉林	0.33%	

资料来源：机动车保险数据

注：转载自 中国汽车技术研究中心、日产（中国）投资有限公司、东风汽车有限公司编著的《新能源汽车蓝皮书——中国新能源汽车产业发展报告（2017）

乘用车行业发展综述

2016 年中国新能源乘用车行业发展综述

中国汽车技术研究中心　周玮

2016 年是新能源汽车行业发展的调整升级之年，经历了骗补风波、目录延迟发布等事件后，市场增速显著回落。但国内各大车企对发展新能源汽车的热情并未消退，投入不断加大，大量新车型投放市场，产品整体技术水平获得显著提升。行业快速增长导致行业内部竞争加剧，市场份额争夺激烈。越来越多的企业开始寻求与上下游企业开展合作，协同发展以提高竞争力。

一、中国新能源乘用车市场发展概况

（一）中国稳居全球新能源乘用车最大市场

2016 年，全球新能源乘用车销售 77.4 万辆，同比增长约 40%。其中，中国以 33.6 万辆的销量继续引领全球，同比增长达到 62%，甚至超过了 2016 年销量排名第二至第十位的国家之和，成为全球新能源乘用车市场增长的绝对引擎。

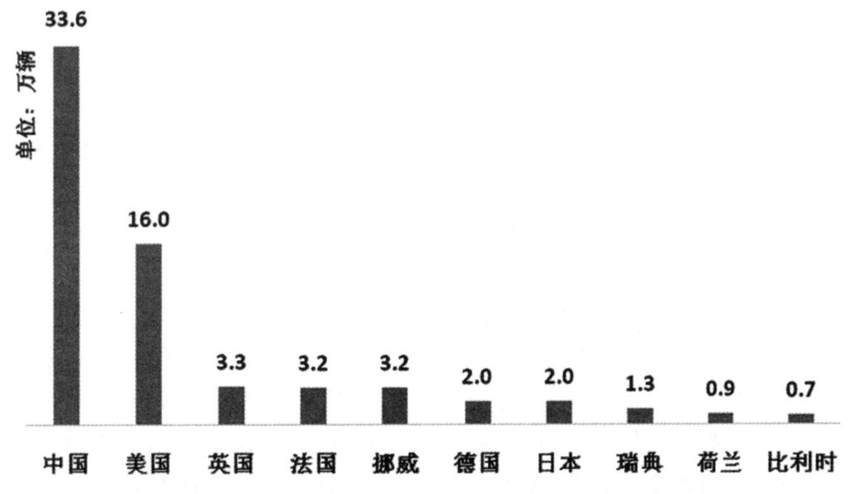

图 1　2016 年新能源乘用车销量前十名国家

资料来源：EV Sales

据中汽协会统计，我国新能源汽车2016年产销分别达到51.7万辆和50.7万辆，分别增长51.7%和53%。其中，纯电动乘用车产销分别达到26.3万辆和25.7万辆，同比分别增长73.1%和75.1%；插电式混合动力乘用车产销分别完成8.1万辆和7.9万辆，同比分别增长29.9%和30.9%。纯电动乘用车已成为新能源乘用车产销的绝对主力军，占全年销量的比例达到76%，而插电式混合动力乘用车的占比仅为24%。

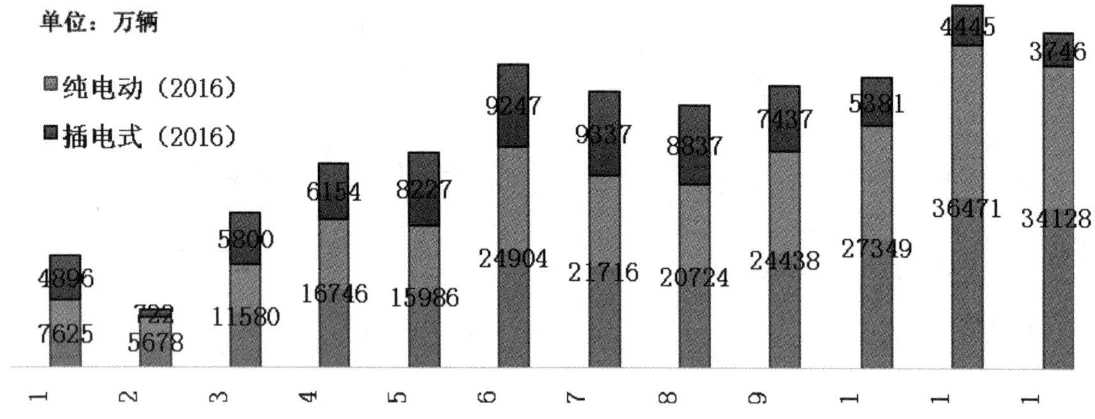

图2　2016年我国新能源乘用车分动力类型产量情况

资料来源：工信部机动车出厂合格证数据

与中国市场不同，美国纯电动乘用车与插电式混合动力乘用车的市场份额分别为54%和46%，比例较为均衡。这种差别，一是由于北京等新能源乘用车主要销售城市对插电式混合动力乘用车有所限制，二是由于目前中国推出插电式混合动力乘用车产品的企业数量较少，车型数量尚有待提升，因此市场多元化程度较美国仍有一定差距。

（二）新能源乘用车企业竞争日趋激烈，行业走向市场化良性发展

据机动车交强险数据统计，2016年比亚迪以8.1万辆的销量继续保持新能源乘用车市场龙头地位，占据全国四分之一的市场份额，超过第二名近一倍。吉利尽管凭借4.5万辆的销量暂时保持住了第二名的位置，但受旗下知豆、康迪品牌产品销量下滑影响，市场份额由2015年的24.7%下降到2016年的14.9%。北汽则以4.4万辆的成绩跃居第三位，增长近1.4倍。

我国新能源乘用车行业市场化竞争加剧导致产业集中度下降。2016年新能源乘用车销量超过1万辆的企业达到8家，比2015年增加2家。值得注意的是，前三名新能源乘用车生产企业销量合计约为17万辆，占新能源乘用车总销量56%，同比下降10%。竞争的加剧成为我国新能源乘用车行业走向市场化良性发展的重要特征。（见表1）

（三）乘用车市场百花齐放，本土企业占据主导

从2016年的新能源乘用车销量可以看出，中国新能源乘用车市场已形成多点开花局面，不仅是冠军比亚迪，其他国内汽车品牌如吉利、北汽、上汽等品牌新能源乘用车市场表现同样不错。共有比亚迪、吉利、北汽、奇瑞、众泰、上汽等6家企业的11款车型销量过万，且拥有较好的用户口碑。其中，比亚迪新能源乘用车销量突破8万辆，旗下唐、秦、e6、e5等车型均进入销量前十。比亚迪不仅车型数量多，还形成了覆盖纯电动、插电式等动力类型，及轿车、SUV、MPV的较全面的车型种类，成为2016年新能源乘用车市场最大的赢家。

新能源乘用车市场由自主品牌车企主导。2016年新能源乘用车销量排名前40位的车型，仅有东风日产e30和沃尔沃S60L PHEV两款合资车型位列其中，分别排名第34位和第39位。（见表2）

与国外市场中纯电动与插电式分庭抗礼所不同，中国纯电动乘用车依然是绝对市场主力，插电式混合动力乘用车则被比亚迪、上汽荣威等个别品牌所垄断。

2016 年纯电动乘用车的市场份额达到 76.6%，同比增长 4 个百分点。而在欧美实际有许多插电式混合动力车型市场表现不错，但目前大多没有正式引进中国。

表 1　2016 年新能源乘用车企业销量排名　　单位：万辆

排名	企业	纯电动	插电式	合计	市场份额
1	比亚迪	3.5	4.5	8.1	26.8%
2	吉利	4.5	0	4.5	14.9%
3	北汽	4.4	0	4.4	14.6%
4	众泰	3.6	0	3.6	11.9%
5	奇瑞	1.7	0.3	2	6.6%
6	上汽	0.1	1.7	1.9	6.3%
7	江淮	1.8	0	1.8	6.0%
8	江铃	1.5	0	1.5	5.0%
9	长安	0.5	0	0.5	1.7%
10	东风股份	0.4	0	0.4	1.3%
	其它	1	0.5	1.5	5.0%
总计		**23.2**	**7.1**	**30.2**	**100.0%**

资料来源：机动车交强险数据

表 2　2016 年新能源乘用车车型销量排名　　单位：万辆

排名	车型	企业	动力类型	销量
1	唐	比亚迪	PHEV	2.65
2	秦	比亚迪	PHEV	1.89
3	帝豪 EV	吉利	BEV	1.69
4	EU260	北汽	BEV	1.66
5	奇瑞 eQ	奇瑞	BEV	1.6
6	众泰云 100	众泰	BEV	1.53
7	荣威 e550	上汽	PHEV	1.42
8	众泰 E200	众泰	BEV	1.42
9	e6	比亚迪	BEV	1.38
10	e5	比亚迪	BEV	1.14
……				
34	晨风 e30	东风日产	BEV	0.2
……				
39	沃尔沃 S60L PHEV	沃尔沃	PHEV	0.1

资料来源：机动车交强险数据

二、外资品牌加速布局中国市场，上下游企业协同发展深化

（一）国内外企业加速布局新能源汽车业务，新能源汽车产品逐步进入密集投放期

在政府大力推动下，内资企业陆续发布新能源汽车战略规划，并确定将新能源汽车作为企业未来重要的发展方向。鉴于中国政府已经明确2020年后补贴政策将退出，这也让自主品牌新能源汽车企业将与跨国汽车集团站在同一水平线上展开竞争，届时新能源汽车行业将进入完全市场化竞争阶段。近段时期多家跨国汽车集团更新了在华新能源汽车战略，从其所公布的战略规划来看，它们对2020年后中国新能源市场表现出了极大的决心，并开始加速产品的导入，2017年将有更多外资品牌新能源汽车产品投放市场。

表3 部分整车企业新能源汽车发展战略

企业集团	产品技术路线	车型规划	销量目标
比亚迪	以插电式混合动力车型为推广主力	2017年将推出5款以上新车	2016~2018年产销量每年翻一番
北汽新能源	坚持纯电驱动技术路线	2017年将有5款以上的新车型投放市场	2020年销量达到50万辆
上汽	纯电动、插电式混合动力并行	未来五年要在新能源领域投资超过200亿元，投放30款以上具有国际先进水平的全新产品	到2020年力争达到60万辆的销量目标，其中自主品牌新能源车型销量要占到20万辆
江淮	以纯电动驱动技术为基础，重点发展纯电动及插电式混合动力两大技术	2017年将有3款以上的新能源车型投放市场	到2025年，新能源汽车的产销量占总产销量的30%以上
吉利	采用纯电动、插电式混合动力和油电混动三条技术路线		到2020年，销量目标为180万辆，其中插电式混合与油电混动汽车销量占比将达到65%，纯电动汽车销量占比达35%
奇瑞	A级以上产品重点发展插电式混合动力，A0、A00产品以“纯电动+增程”为主要发展方向	在2017年推出A00级小蚂蚁、艾瑞泽5纯电动和一款小型纯电动SUV车型	到2020年，新能源汽车的销量达20万辆
广汽	将形成混动、增程、纯电3大产品系列	未来5年，传祺总计将推出7款新能源车型	自主与合资新能源汽车2020年产销量突破20万
长安	纯电动、插电式混合动力并行	在未来十年投入180亿元，并向市场推出24款全新新能源车型，包括11款插电式混合动力车型和13款纯电动车	2020年累计销量达到60万辆，到2025年累计销量将达到400万辆
通用	纯电动、插电式混合动力（含增程式）并行	到2020年将在中国市场推出10余款新能源汽车，涵盖别克、雪佛兰、凯迪拉克以及宝骏四大品牌	新能源车销量将占上汽通用汽车总销量的5%（10万量以上）
宝马	纯电动、插电式混合动力（含增程式）并行	在华提供5个车系9款新能源车型，其中源自BMW i创新平台的BMW eDrive电力驱动技术将拓展到BMW全系主力车型	2017年销售新能源汽车10万辆，2025年新能源汽车占其总销量的15%~25%

表 3（续表 1）

企业集团	产品技术路线	车型规划	销量目标
大众	前期以插电式混动汽车技术路线为重点，逐渐向纯电动汽车扩展，最终纯电动汽车占据较大比例	未来 3~5 年将基于三大平台推出 15 款全新新能源车型，中远期将新能源布局全线车型产品覆盖所有汽车细分市场	2020 年实现在华销售新能源汽车 40 万辆，2025 年实现 150 万辆的目标
福特	以插电式混动以及混动技术为主	2020 年之间会在华投放 20 款新车，未来全系福特新能源车都会引入中国市场	新能源车销量将占到品牌 10%—25% 的份额
现代起亚	现代汽车已积累了混动、纯电动、插电混动、燃料电池驱动技术，未来将应用于北京现代旗下产品之上	到 2020 年北京现代将打造四大新能源平台，同时推出 9 款新能源产品	北京现代计划在十三五末期实现新能源车销量占比超过 10% 的目标

资料来源：网络公开资料整理

（二）产业链企业协同发展进一步深化

2016 年以来，行业对产业链深度整合也逐步达成共识，以整车企业与动力电池企业深度战略协作为代表的产业链合作渐成主流。越来越多的企业倾向通过开展深度合作，达到动力电池价格可控、性能可控，并最终体现成企业新能源汽车产品核心竞争能力。目前国内主流的整车企业与电池企业合作模式大致分成传统采购、战略合作和资本合作三类。传统采购模式是此前最普遍的合作模式，整车企业可以灵活地选择动力电池供应商，购买市场上的电池产品为自己使用。第二类是针对产品开发、市场开拓、商业模式创新等多维度考量而形成的深度战略合作模式。整车与电池企业开展深入的技术交流和共同研发合作，形成技术和市场壁垒。例如 CATL 与东风通过开展深入的技术交流和研发合作，共建产业生态。这种模式不仅可以有效提高车企与电池企业的研发效率，还可以有效提升动力电池产品的匹配性、安全性、经济性等。最后一种是共同出资设立合资公司等建立在资本基础上的合作。例如北汽新能源与国轩高科合资建设青岛动力电池项目、上汽与宁德时代组建动力电池企业和 PACK 企业等。这种模式中，整车与动力电池企业之间关系更为紧密和稳定，并能够有效协调产业链运作，提高产业链整体能力。

表 4　整车与动力电池企业典型合作模式

合作模式	合作深度	合作稳定性	特征	典型案例
传统采购模式	浅	松散	整车企业选择性较灵活，动力电池企业多提供简单配套方案，更多由整车企业自行完成总成设计	一般整车企业与电池企业合作
战略合作模式	较深	较稳定	整车与动力电池企业共同研发，产品匹配程度更高，安全性、经济型较好	东风 + 宁德时代
资本合作模式	深	稳定	在研发、制造、销售等方面开展全方位深度合作，双方形成利益共同体，进一步提高运行效率并降低成本	北汽新能源 + 国轩高科 上汽 + 宁德时代

资料来源：根据网络公开资料整理

三、产品加速多元化，新车型大量上市，产品种类进一步丰富

2016年我国新能源乘用车产品迎来大规模上市潮，据不完全统计2016年以来已有近20款全新、换代车型上市。插电式混合动力乘用车方面，比亚迪、上汽、宝马均有新车型上市，市售PHEV车型数量近乎翻番，其中上汽荣威eRX5、宝马X1 xDrive 25Le的上市更是打破了比亚迪唐在插电式混合动力SUV车型领域一枝独秀的情况。纯电动乘用车方面，多款长续驶里程车型上市，可显著缓解里程焦虑，扩大消费者选择空间。

表5 2016年以来上市新能源乘用车车型信息（部分）

序号	企业	车型名称	动力类型	车辆级别	上市时间	纯电续驶里程（km）	厂家指导价（万元）
1	比亚迪	宋	PHEV	紧凑型SUV	2016年1季度	70	21.59-24.59
2	比亚迪	秦EV 300	EV	紧凑型三厢车	2016年1季度	300	23.59-25.59
3	比亚迪	e5 300	EV	紧凑型三厢车	2016年1季度	305	19.59-24.98
4	比亚迪	唐100	PHEV	中型SUV	2017年1季度	100	29.99
5	比亚迪	秦100	PHEV	紧凑型SUV	2017年1季度	100	22.99
6	比亚迪	宋EV300	EV	紧凑型SUV	2017年2季度	300	26.59-27.59
7	北汽	EU260	EV	紧凑型三厢车	2016年1季度	260	20.59-21.59
8	北汽	EX260	EV	紧凑型SUV	2017年1季度	260	19.29-20.29
9	北汽	EC180	EV	微型两厢车	2017年1季度	156	15.18-15.78
10	长安新能源	新奔奔EV	EV	微型两厢车	2016年4季度	180/210	15.48-17.18
11	奇瑞	eQ1（小蚂蚁）	EV	微型两厢车	2017年1季度	180	15.59-20.59
12	奇瑞	瑞艾瑞泽7e PHEV	PHEV	紧凑型三厢车	2016年3季度	50	11.99-21.29
13	上汽	荣威e950	PHEV	中型三厢车	2016年2季度	60	28.88-30.88
14	上汽	荣威eRX5	PHEV	紧凑型SUV	2016年4季度	60	26.59-28.59
15	上汽	荣威ei6	PHEV	紧凑型三厢车	2017年2季度	53	20.18-22.28
16	江淮	iEV6s	EV	紧凑型三厢车	2016年2季度	253	21.98

资料来源：根据网络公开资料整理

四、存在的问题与建议

（一）行业亟需由政策驱动向市场驱动转变

我国对新能源汽车的补贴额度位居世界前列，目前我国新能源汽车产业已取得的成果，很大程度上应归功于国家强有力的扶持鼓励政策作用。但高额的补贴也导致部分企业产生依赖，甚至出现个别企业铤而走险违规谋取补贴。2016年底，财政部等四部委联合发布实施《关于调整新能源汽车推广应用财政补贴政策的通知》（财建〔2016〕958号），进一步提高了补贴技术门槛，并大幅降低了新能源汽车补贴标准。同时，相关部委明确提出2020年后新能源汽车购置补贴政策将退出。鉴于目前新能源汽车仍处于发展初期，在补贴大幅减少直至退出情况下，产业发展将面临断崖式下降风险，亟需国家综合运用非补贴政策手段，接力财税补贴政策，进一步完善推广工作的其他政策环境，将新能源汽车产业推向以市场导向为主的快速发展轨道上去。

（二）技术领域仍存差距，需集中资源实现突破

我国新能源汽车整体技术水平迅速提升，关键零部件进步显著，但在部分领域与国际先进水平仍存差距。如电机控制器最核心的部件IGBT仍然依赖进口；动力电池产业规模尽管较大，但在生产一致性上需要大幅度提升；在整车一体化设计、轻量化设计等方面有待于提高；插电式混合动力汽车，混合动力状态下油耗仍较高。《中国制造2025》中提出要通过政府引导，整合资源，集中力量，实施绿色制造等重大工程，实

现长期制约制造业发展的关键共性技术突破。推进相关企业共谋发展，形成产业聚集和内部良性竞争环境，推进整个新能源汽车产业的良性互动发展。

（三）基础设施严重滞后，应加强督导确保支持政策落实

目前充电设施不足已成为制约我国新能源汽车发展的关键因素。截至2016年底，我国新能源汽车累计产销量已超过100万辆。与新能源汽车产销规模的快速增长相比，充电基础设施的建设较为落后。据国家能源局统计，截至2016年底，我国累计建成公共充电桩15万个，远不能满足全国上百万辆新能源汽车的使用需求。下一步应继续合理规划和扶持充电基础设施的建设，加大相关基础设施方面的投入，为推广新能源汽车打好基础。还需明确地方政府、居民、开发商、物业和电网企业等相关各方权责利，落实住宅区和机关单位、公共场所及社会停车场等配备充电设施的需求。

（四）市场发展不均衡，需政企携手开拓三、四线城市市场

在全国近百个新能源汽车推广应用城市中，排名前几位的城市推广量占据绝大部分比例。北京、上海等一线城市消费者对新能源汽车的认可程度显著高于二、三、四线城市。造成此局面一是由于一线城市强大的财政实力和严峻的节能环保压力导致补贴力度相对较大；二是一线城市对新能源汽车免限行限购的政策推动；三是一线城市充电设施的配备、售后服务的提供相对更加完备；四是一线发达城市居民收入较高，价格承受能力更强。而三、四线城市财政难以提供高额补贴，导致相同配置的新能源汽车价格较高，当地消费者难以承受，加之充电桩问题和电动汽车自身的续航问题带来的不便，也很大程度阻碍这些地区电动汽车的推广。

因此，建议：一是加强三、四线城市的政策落实力度。随着新能源汽车向二三四线城市拓展，车企将更加关注这类地区的市场。亟需落实三四线城市的优惠政策实施，完善基础设施建设，提高消费者的使用接受度。二是建议企业因地制宜研发和推广老百姓可承受范围内的新能源汽车产品。随着新能源汽车售价逐渐降低，这使新能源汽车向经济相对欠发达的非限购性城市转移提供有利条件。

注：转载自 中国汽车技术研究中心、日产（中国）投资有限公司、东风汽车有限公司编著的《新能源汽车蓝皮书——中国新能源汽车产业发展报告（2017）

客车行业发展综述

2016年新能源客车行业发展综述

李鲁苗 朱光海 李飞强 李欣欣 王秋杰

2016年，我国新能源客车行业发展遇到重要挑战，包括补贴政策调整、重审推荐目录、三元电池禁用纯电动客车等相关规范政策的调整，以及骗补核查处理等，逐渐提升产业技术水平、加强安全监管等，有效整顿新能源客车企业及产品环境，保证市场趋向理性平稳增长。新能源客车的高额补贴及爆发增长刺激市场资本，加快客车产业重组，市场竞争较为激烈，促使产业链内的强强联合成为赢取市场的重要举措。作

为新能源汽车行业的重要发展领域之一，新能源客车产业需要国家政策支持，有效解决行业发展中遇到的问题。

一、发展环境逐步完善

2016年，新能源客车行业主要出现“骗补”及“安全事故”问题，对新能源汽车产业发展造成严重的影响。为了有效整顿新能源客车行业，国家适时调整新能源汽车财政补贴，明确新能源客车生产企业安全主体责任，不断提升产品技术水平、加强安全监管。

（一）国家政策加强产业规范

1. 突出扶优扶强宗旨

2016年1月，工信部、财政部、科技部和发改委联合启动新能源汽车骗补核查工作，针对“有牌无车”、“有车无电”、“标识不符”等骗补行为进行全面调查和整顿。9月，财政部发布《关于地方预决算公开和新能源汽车推广应用补助资金专项检查的通报》，对苏州吉姆西、苏州金龙、深圳五洲龙、奇瑞万达贵州客车、河南少林5家涉嫌骗取财政补贴的典型客车企业进行重点通报。其中，5家典型客车企业在2015年通过各种方式骗取的财政补贴总额高达10多亿元，对新能源客车产业的健康稳定发展产生重大负面影响。

因此，根据新能源客车行业技术水平及发展形势，财政补贴政策需要适时调整，一方面坚持国家对新能源客车行业的大力支持，另一方面实现扶优扶强、建立市场化的竞争机制。2016年12月，财政部四部委联合发布实施《关于调整新能源汽车推广应用财政补贴政策的通知》（财建〔2016〕958号），对新能源客车提高技术门槛，并大幅度降低补贴额度。财政补贴政策具体调整方案包括以下方面：

（1）优化、完善补贴准入技术门槛：设定能耗水平（单位载质量能量消耗量）、续驶里程、电池系统/整车质量比、电池性能水平等；其中，续驶里程测试方法将适时由等速法调整为工况法，对新能源客车的技术水平提出更高要求。

（2）以不同动力类型客车的关键技术指标设置补贴系数：对非快充类纯电动客车、快充类纯电动客车、插电式混合动力客车分别以电池能量密度水平、充电倍率、节油率指标设置不同技术档次下对应的补贴系数，突出国家积极引导企业提高新能源客车产品和技术要求的目的，有效避免低档次产品出现过度补贴现象。

（3）调整单车最高补贴金额：充分考虑不同动力类型客车的生产成本和技术进步水平，对不同长度段下的客车设定单车最高补贴，倒逼企业重视对整车技术研发投入，特别是加强对电池技术的研发与匹配选择。

2. 加强安全监管力度

2016年，我国新能源汽车安全事故主要以起火为主，公布的事故共计29起；其中，新能源客车造成的起火安全事故共计18起，占比高达60%以上，是新能源汽车安全事故的高发区域，严重危害消费者的人身安全，同时也给新能源客车的市场推广带来严重的社会负面影响。为控制安全风险，2016年1月起，暂缓将三元电池客车列入推荐车型目录，启动安全风险评估，进一步强调新能源客车安全监管的重要性。

因此，安全监管成为新能源客车行业健康可持续发展的重要因素。2016年11月，工信部发布《关于进一步做好新能源汽车推广应用安全监管工作的通知》，要求新能源汽车生产企业加强成为安全第一责任人的意识。一方面，加强产品质量安全水平提升，要求自2017年1月1日起，电动客车安全国家标准出台前，所有新生产的新能源客车暂按《电动客车安全技术条件》的要求执行；另一方面，建立健全企业监测平台，并要求将公共服务领域车辆包括公交车等相关安全状态信息上传至地方监测平台。其中，《电动客车安全技术条件》对新能源客车在防水防尘、防火、控制系统、充电安全、车辆碰撞、可充电储能系统等方面提出严格的技术要求，提升行业安全技术水平。其中，2017年1月1日起，使用三元电池的客车新申请《推荐车型目录》同时补交满足《电动客车安全技术条件》要求的第三方检测报告，标志着三元电池可配套客车使用。（见表1）

（二）技术路线引导产业技术进步

国家政策趋向逐渐向扶优扶强转变，支持技术先进的企业和优秀产品，推动形成优胜劣汰的市场机制。2016年10月，中国汽车工程学会牵头编制的《节能与新能源汽车技术路线图》中，对纯电动客车整车电耗，燃料电池客车续航里程、燃料经济性、最高车速等性能指标和成本指标提出明确发展要求。2016年10月，科技部发布的《新能源汽车试点专项2017年申报指南》中，对纯电动客车整车电耗、工况法下续航里程、加速时间等性能指标提出明确要求；其中，中通客车的“高效纯电动客车动力平台及整车集成关键技术”进入试点立项。（见表2）

表 1 新能源客车重点安全技术条件

项目	技术要求	技术内容说明
范围	包括纯电动、混合动力客车 / 城市客车，燃料电池客车 / 城市客车可参照使用	适用于车长≥ 6m 的电动客车
防水防尘	涉水深度≥ 30cm	相比 GB18384 要求 10cm，提升涉水深度
	零部件及系统防护等级	绝缘阻值提升至 1MΩ；B 级电压部件防护等级提高至 IP67
	整车在 50cm 水中浸水 24h，不发生起火、爆炸	新增要求
防火	内饰材料阻燃级别	提升内饰材料阻燃性能，燃烧速度从 70mm/min 降至 50mm/min
	B 级电压部件所用的绝缘材料及防护管阻燃性能	阻燃性能提高至水平 HB 级和垂直 V—0 级
	可充电储能系统内配置火灾监测自动报警系统	新增要求
可充电储能系统	蓄电池单元进行热失控测试	新增要求
	蓄电池包进行热失控扩展测试	新增要求
控制系统	当制动、加速信号同时发生，只响应制动信号	制动优先，保证安全
	行驶异常需断电时，在车速 >5km/h 时保持转向系统维持助力状态	行驶中异常断电，维持转向助力
监控	车辆应安装车载终端，并实现和监控平台实时通讯	要求加装车载终端
车辆碰撞防护	可充电储能装置安装在底部或者侧面，需要进行碰撞防护检测	新增要求
整车	动力转向系统	新增要求
	前风窗安装除霜除雾装置	新增要求

资料来源：《电动客车安全技术条件》

表 2 新能源客车技术指标要求

车型	技术参数	2020 年	2025 年	2030 年
纯电动公交车	整车电耗（法规工况）	<3.5kW·h/100km·t	<3.2kW·h/100km·t	<3.0kW·h/100km·t
燃料电池公交车（以 12 米客车为典型车型）	续航里程	500km	600km	>600km
	0~50km/h 加速时间	20s	18s	16s
	燃料经济性 *	＜ 7.0kg/100km	＜ 6.5kg/100km	＜ 6.0kg/100km
	最高车速	80km/h	80km/h	80km/h
	寿命	40 万 km	80 万 km	100 万 km
	成本	<150 万元	<100 万元	<60 万元

* 燃料经济性的测试工况采用的是中国典型城市公交工况（满载）

资料来源：《节能与新能源汽车技术路线图》

（三）地方政策加强市场推广

新能源客车推广应用以公交车等公共服务领域为主，地方推广新能源客车的政策措施主要是推广应用数量、购置补贴和运营补贴。

在推广应用政策方面，主要城市布局新能源客车推广计划，尤其是加强在新能源公交领域的推广量，积极响应国家在《关于完善城市公交车成品油价格补助政策 加快新能源汽车推广应用的通知》中对不同区域的新能源公交更换或新增比例要求。2016 年，全国共新增及更换 70000 辆新能源公交车，同比增加 20%。

表 3　主要地区新能源公交车市场推广政策汇总

城市	内容
京津冀	到 2020 年，京津冀地区新增或更新城市公交车中，新能源汽车比例不低于 35%
上海	新增或更新的新能源公交车比例不低于 60%
广东	到 2020 年，全省新能源公交车保有量占全部公交车比例超 75%，珠三角地区新能源公交车保有量占比超 85%
深圳	公交车更新、新增使用纯电动汽车比例不低于 70%
山东	“十三五”期间，新增营运客车、公交车、出租车中清洁能源和新能源车辆比例分别达到 30%、70%、100%
山西	2016 年，全省新增及更换的公交车中，电动公交车比例不低于 50%
天津	2017 年公交领域将新增及更换不少于 670 辆新能源车
江苏	2016 年新能源公交车推广数量占当年新增及更换公交车的 50% 以上
河北	2016—2019 年新增及更换的公交车中新能源公交车比重应分别达到 50%、60%、70%、80%
陕西	新能源公交车达到 7000 辆以上，占到全省公交车保有量的 50%；公务车新能源汽车采购量不低于 30%
浙江	“十三五”期间，公交等公共领域新能源汽车应用比例不低于 30%
武汉	2016 年在政府公务、公交、市政环卫领域新增或更新车辆，新能源汽车比例不低于 50%

资料来源：根据公开资料整理

在新能源客车财政补贴方面，2016 年大部分城市采取与中央 1:1 的标准进行新能源客车补贴。在新能源客车运营补贴方面，深圳和上海等针对当地实际新能源公交车运行情况，制定推动新能源公交车发展的运营补贴政策。2016 年 12 月，新能源汽车补贴调整方案出台，要求地方补贴不得超过中央财政单车补贴额的 50%。

二、市场进入平稳增长

新能源客车行业对政策依赖性仍比较突出，市场发展受新能源汽车财政补贴影响较大。2016 年新能源汽车财政补贴政策调整，有效引导新能源客车市场保持稳定增长；6—8 米新能源客车恢复理性市场需求发展，8—10 米新能源客车市场优势明显。随着技术水平提升、政策支持引导，新能源公路车将成为新能源客车发展的重要细分市场。

（一）整体市场保持稳定持续增长

自 2012 年以后，国家在推广应用、财税补贴、技术路线创新、基础设施建设等方面制定和发布全方位的政策体系，新能源客车产量年均复合增长率为 168%，市场占比从 2012 年的 0.61% 快速增长为 2016 年的 27.51%。其中，2015 年是 2013~2015 年新能源汽车财政补贴政策的最后一年，整体市场爆发，生产新能源客车 11.23 万辆，同比增长 331%，相当于之前 4 年累计产量的 3 倍。2016 年生产新能源客车 13.5 万辆，同比增长 22%；纯电动客车生产 11.57 万辆，同比增长 31%，增长速度放缓，但继续保持增长势头；插电式混合动力客车生产 1.96 万辆，同比下降 19%，占市场比例较小，但仍有较大的发展空间；燃料电池客车仍处于技术研发积累和示范推广阶段，生产 33 辆。

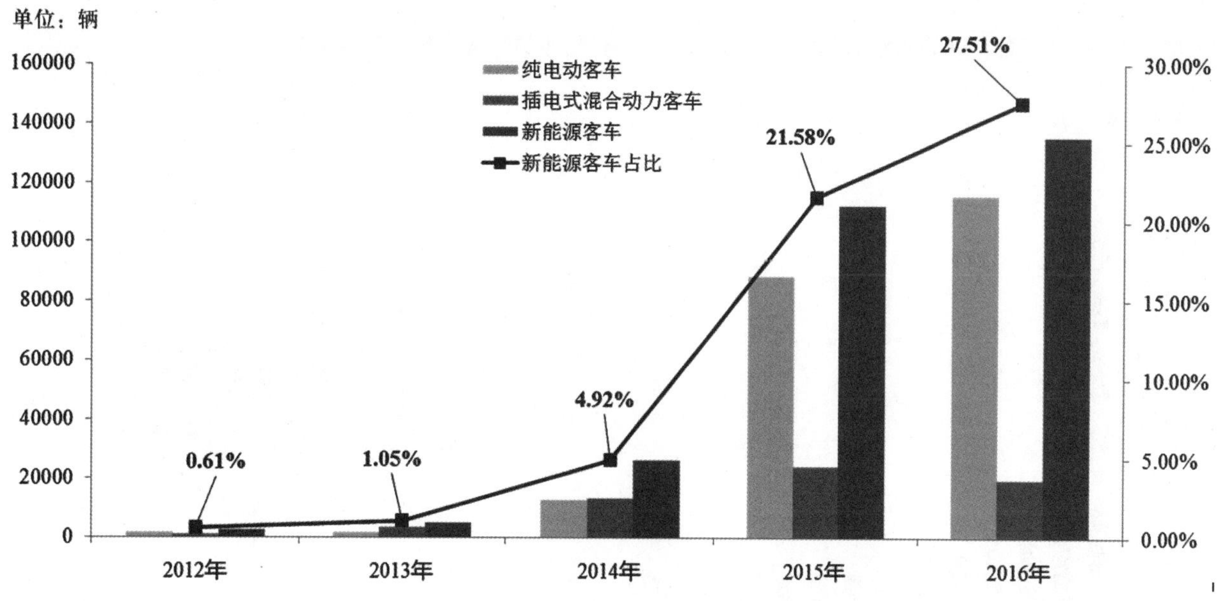

图 1　2011 － 2016 年新能源客车产量及市场占比

数据来源：CATARC

（二）月度市场受政策影响明显

受新能源汽车骗补核查、补贴政策调整、推荐目录等规范政策影响，2016 年 1—10 月新能源客车月度产量增长幅度相对较小。12 月份，新能源汽车财政补贴政策调整确定、第四批和第五批推荐车型目录的发布促进了新能源客车市场，产量同比和环比分别增长 23% 和 46%。此外，11 月、12 月是 2016 年补贴政策的最后期限，也是新能源汽车冲量的最后时机。

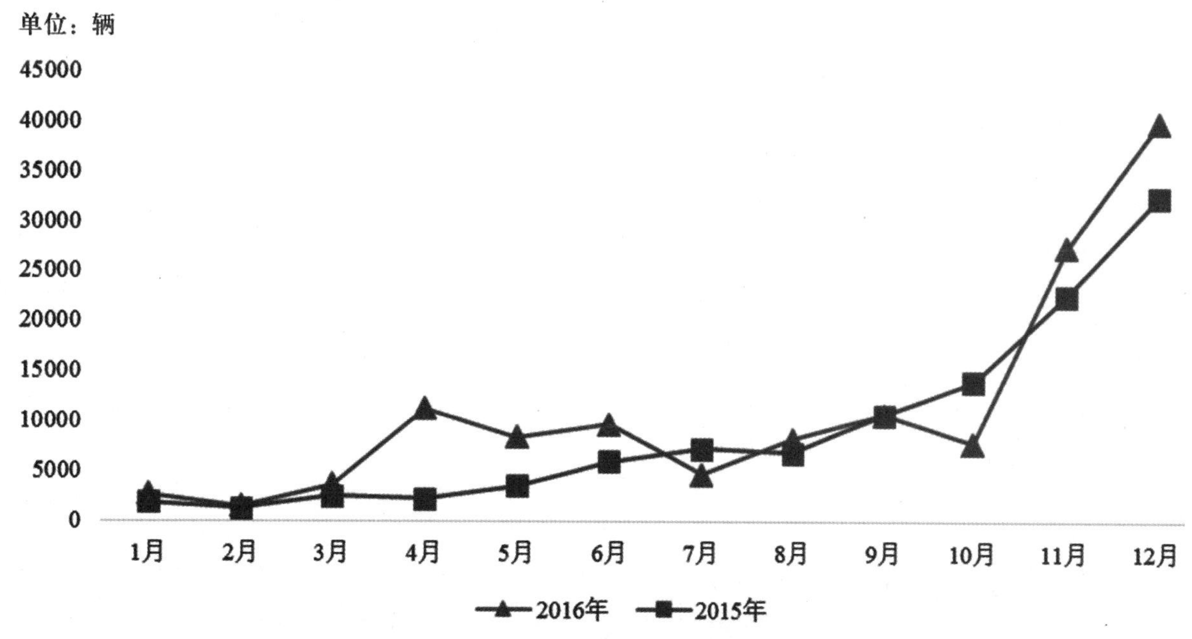

图 2　2015 － 2016 年按月份新能源客车产量

数据来源：CATARC

（三） 市场区域集中度较高

2016年新能源客车销量11.3万辆，主要销售区域是积极支持新能源客车推广应用的大气污染治理重点省市，销量前四名的广东、山东、山西、江苏总和占新能源客车总销量的比例接近40%。目前，新能源客车企业主要销售区域重叠性比较高，集中在中东部和沿海区域，而气候、地形等使用环境较为复杂的东北和西部区域的销售量比较少。

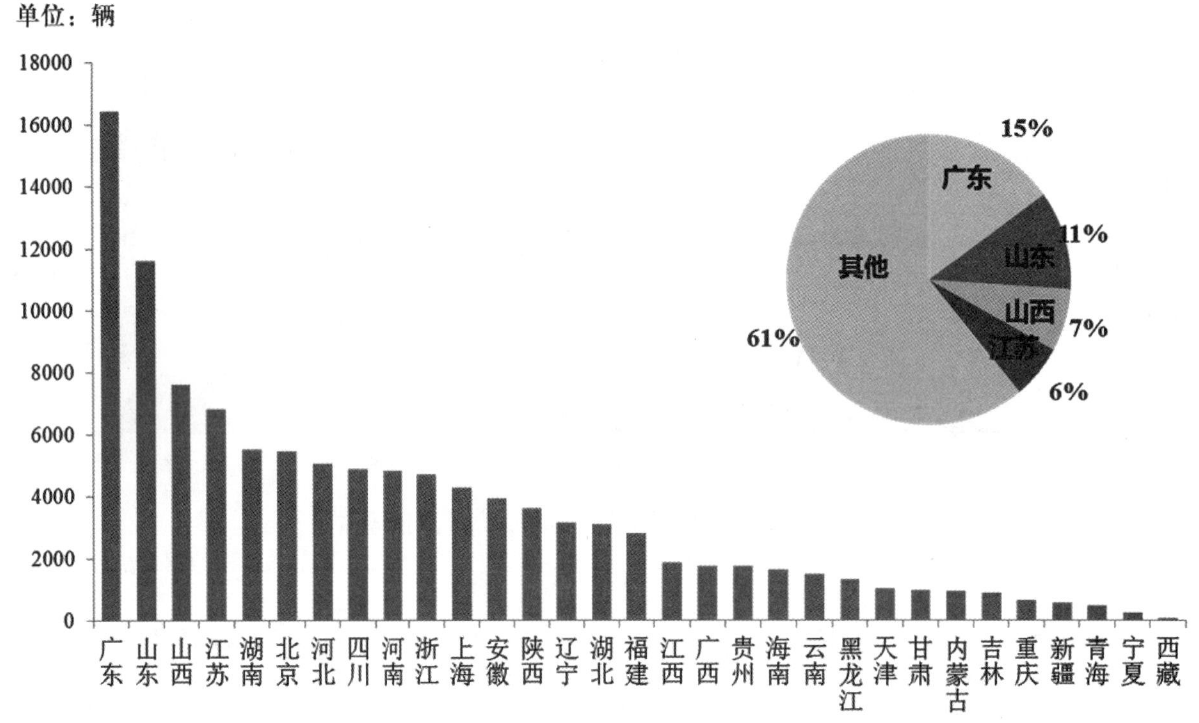

图3　2016年新能源客车销售区域分布

数据来源：机动车保险数据

（四） 细分市场分化加剧

从细分长度段上分析，2016年新能源客车主要以8—10米及10米以上为主，分别占新能源客车总产量的35.7%和37.2%，主要与2016年新能源客车补贴政策中对6—8米补贴金额降幅较大、对8米以上客车补贴金额影响较小有关。2015年，6—8米新能源客车过度补贴造成市场超常规增长，其产量占总产量的49%左右；受2016年财政补贴政策调整影响，6—8米新能源客车市场逐渐理性发展，8—10米新能源客车市场表现突出。因此，补贴政策对不同长度段客车类型有较大的影响。（见图4）

从动力类型上分析，10米以下新能源客车主要以纯电动车型为主，10米以上新能源客车的纯电动与插电式车型比例大概2.3:1。纯电动客车在不同长度段客车占据市场优势，一方面跟我国新能源汽车坚持以纯电驱动的发展战略有关；另一方面，公共服务领域内车辆包括公交车对节能减排要求严格，纯电动公交车最大程度实现零排放。（见图5）

从运营用途上分析，得益于中央及各地方政府对公共领域推广新能源汽车的支持，新能源客车以公交车为主，2016年新能源公交车占整体公交市场高达80%以上，占整体客车市场20%以上，已成为红海市场。2015年，交通运输部批准发布交通行业标准《营运客车类型划分及等级评定》和《公共汽车类型划分及等级评定》第1号修改单，正式开展新能源客车的等级评定工作，突破了新能源客车进入公路客运市场的政策瓶颈。随着团体、租赁用户对新能源座位客车的市场需求增加，公路客车将成为未来新能源客车的蓝海市场。2016年新能源座位客车占整体座位客车的市场份额占比为12%，而在2014年同期的占比仅为2.81%。

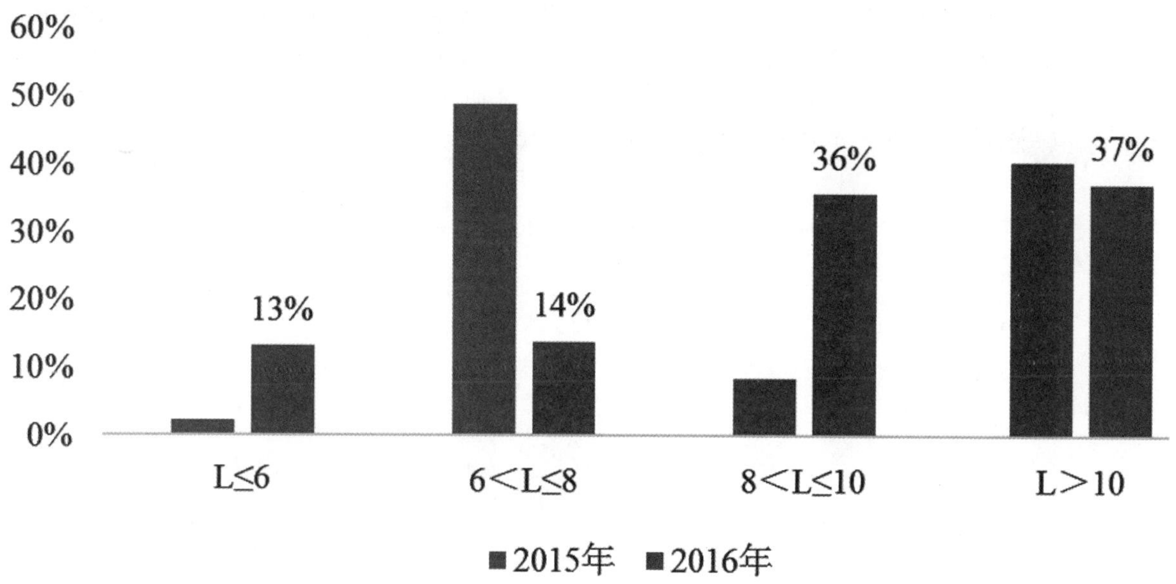

图 4 2015 － 2016 年新能源客车细分车型产量占比

数据来源：CATARC

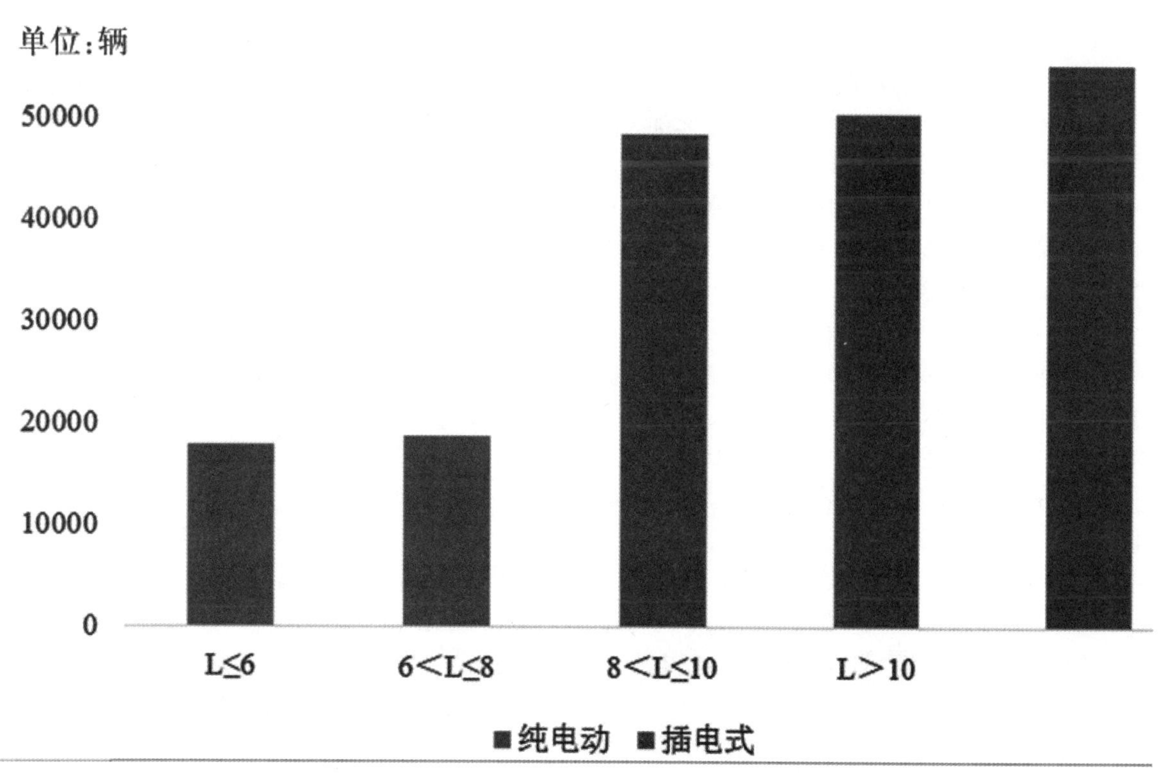

图 5 2016 年新能源客车细分车型市场产量

数据来源：CATARC

（五）产品种类日益丰富

相对于乘用车产品，新能源客车产品种类比较丰富，充分满足市场客运需求，市场选择性多，产品市场竞争也比较激烈。2016 年，在五批新能源汽车推荐车型目录中，新能源客车产品数量为 1558 个，占目录产品总数的 71%，其中纯电动客车产品数量占比 78%，插电式混合动力客车产品数量占比 22%，共有 4 款燃料电池客车。

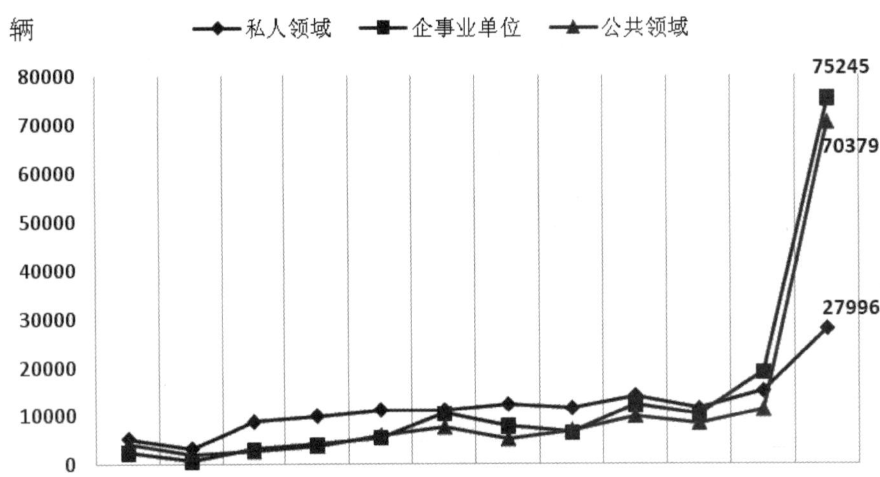

图 6　2016 年 5 批新能源汽车推荐目录中客车产品分析

数据来源：2016 年 5 批新能源汽车推荐车型目录

三、产业格局走向逐渐稳定

新能源客车市场的爆发增长吸引市场资本加大资本投入，新能源客车产业重组加剧。随着准入要求不断加严、财政补贴门槛逐步提高、产业链强强联合格局形成，新能源客车市场竞争将更加激烈，逐渐由“数量”竞争转向“品质”竞争。

（一）企业市场竞争较为激烈

2011—2015 年，前 10 家客车企业的新能源客车产量市场集中度有所下降，2015 年市场占比达到最低为 68%，2016 年有所恢复性增长到 70%。2016 年，我国新能源客车有产量的企业总数超过 90 家，其中有 3 家企业产量超过 10000 辆，占总产量的 40.7%；有 4 家企业产量介于 5000—辆，占总产量的 19.1%；15 家企业产量介于 1000—5000 辆，占总产量的 28.9%；73 家企业产量不足 1000 辆，占总产量的 11.3%。（见图 7）

2016 年，新能源客车产销前 10 名企业中，主要客车企业将纯电动客车作为主要技术路线，尤其是比亚迪和珠海广通仅生产纯电动客车。其中，宇通新能源客车市场占比已接近 20%，占据绝对市场竞争优势。比亚迪、南京金龙、珠海广通和湖南南车紧抓新能源转型机遇，将新能源客车领域作为企业重要发展战略，逐渐改变新能源客车竞争格局；尤其是比亚迪纯电动客车在海外市场表现突出，在客车领域打造出“中国制造”的市场效应。随着国家对企业和产品准入、补贴门槛、安全监管等政策方面不断趋严，具备先进技术水平、高品质产品的新能源客车企业才能在激烈的竞争中抢占市场。（见图 8）

（二）市场覆盖发展潜力较大

受地方政府补贴等因素的影响，地方新能源客车市场主要以当地客车制造企业的车型为主。在市场排名前 10 家客车企业中，宇通客车市场覆盖省份数量最多为 31 个，比亚迪和湖南南车市场覆盖省份小于 15 个，其他客车企业的市场覆盖省份超过 20 个。因此，新能源客车企业在拓展市场方面仍有较大的发展潜力，但也面临着当地客车企业的市场竞争。（见图 9）

（三）资本市场加快产业重组

在新能源客车高额补贴政策的刺激下，零部件企业、乘用车企业、新进企业等均加快新能源客车产业布局，甚至部分公司通过收购重组“僵尸客车企业”意图进入新能源汽车领域，加入到市场竞争中。

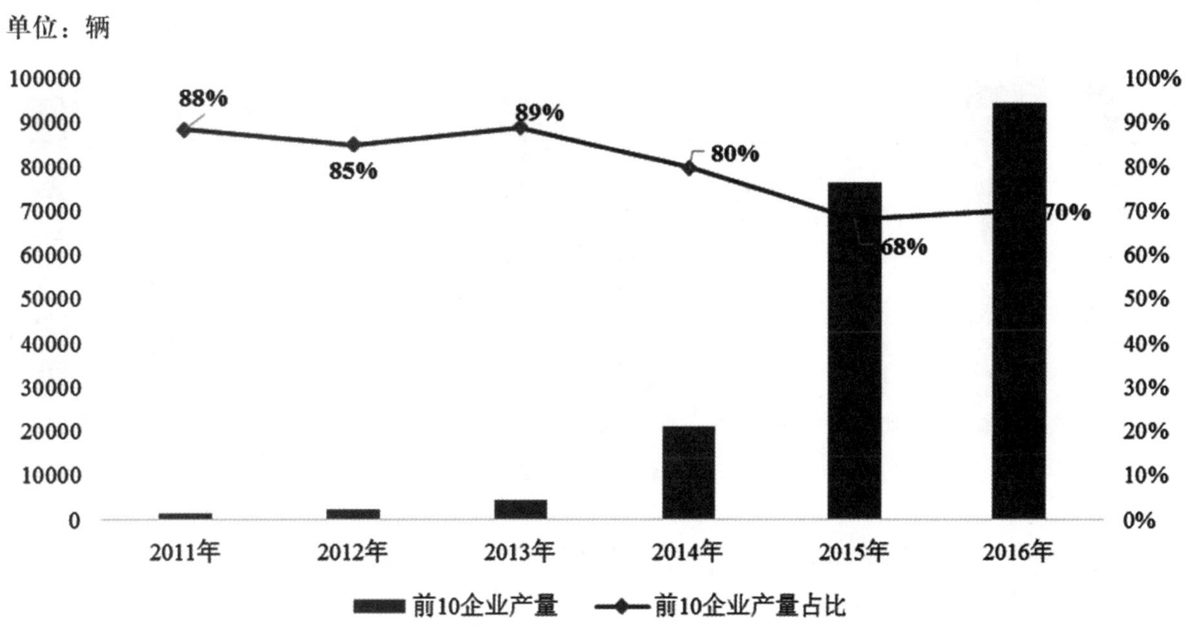

图 7　2011 － 2016 年前 10 名新能源客车企业总产量及占比

数据来源：CATARC

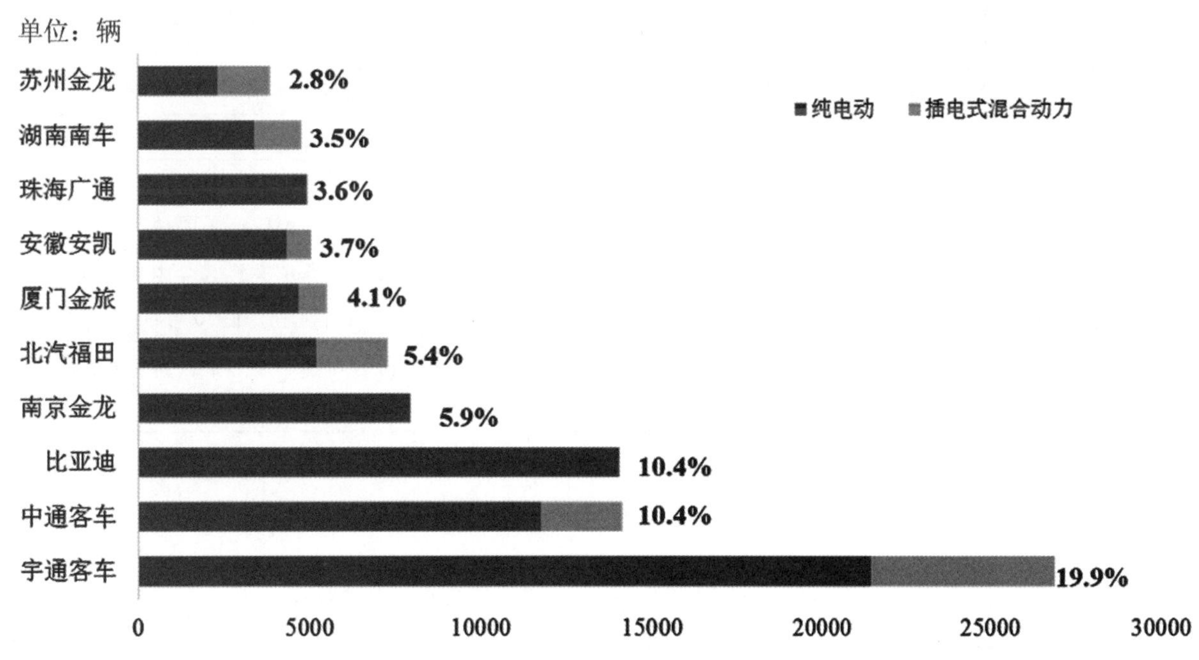

图 8　2016 年前 10 名新能源客车产量及占比

数据来源：CATARC

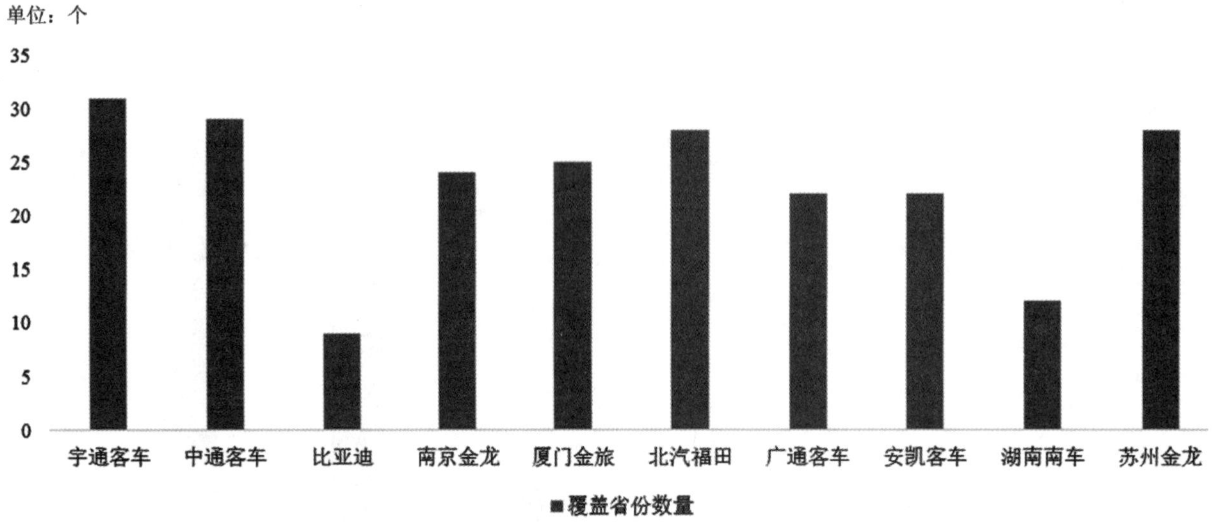

图 9　2016 年前 10 名新能源客车企业市场覆盖分布

数据来源：机动车保险数据

表 4　2016 年新能源客车行业重组案例分析

时间	对象	规划 / 目标
2016.1.22	善林金融重组安源客车	计划两年内将安源客车上市
2016.1.27	碳博士超过 2 亿元并购苏州益茂电动客车	建设年产 10 万台新能源商用车
2016.3.4	吉利 79 亿元收购东风南充	建成年产 10 万台新能源商用车
2016.4	香港五龙电动车（集团）有限公司注资重组后更名为杭州长江汽车有限公司	生产纯电动中巴和轻中型商务客车以及 SUV 系列产品，一期设计产能为年产 10 万辆
2016.9.13	北汽收购常州客车，持股 57%	未来产品覆盖大中型客车、轻客、皮卡、SUV 及专用车等多个领域，规划产能 30 万辆
2016.10.22	中兴通讯收购广通客车	形成年产新能源客车整车 1 万辆，新能源专用车 2 万辆的生产能力

资料来源：根据公开资料整理

（四）产业链强强联合模式凸显

由于新能源客车财政补贴政策红利大幅减少，且在准入门槛、安全监管、财政补贴等方面提高技术门槛，新能源客车行业发展亟需发展变革，不断加强在提高技术进步、降低成本等方面的优势，在市场化竞争中培育核心竞争力。目前，新能源客车行业强强联合模式主要有三种类型，分别是产业创新联盟、技术合作、产品配套。

一是包括整车、零部件、运营商等全产业链企业的产业创新联盟模式。产业创新联盟涵盖了新能源汽车研发、生产、制造、运营等全产业链环节在内的相关企业，一方面加强技术研发交流，另一方面大幅度降低生产成本，为新能源客车企业提供技术支持和产品市场优势。

二是关键技术创新合作弥补产业发展短板。新能源客车产业仍面临着续航里程、充电时间、购置成本、安全运行等方面的短板，相对比传统燃油客车不具有市场推广竞争优势。因此，技术合作可以充分发挥各自技术优势，利用内外部资源，有效解决关键技术瓶颈，抢占市场发展优势。

三是稳定的产品配套降低生产成本。大部分新能源客车企业以外部采购关键零部件为主，其关键零部件成本占整车成本的50%以上，从而造成新能源客车生产成本较高。客车整车企业和关键零部件企业之间形成稳定的配套合作关系，一方面有效降低整车企业采购成本，从而降低整车成本，提高市场竞争力；另一方面为客车在使用环节的售后服务提供保障。

（五）燃料电池客车热度大增

在国家政策鼓励下，以大巴为代表的燃料电池商用车异军突起，国内近十家公司纷纷推出燃料电池大巴车示范样车。宇通、福田在燃料电池客车方面起步较早，目前已经获得生产与销售资质；尤其是宇通客车把燃料电池客车列入企业未来几年的重要发展方向，技术方面进行了电—电混合动力系统匹配与仿真、整车控制策略开发及验证、整车控制网络开发，面向城市、团体等细分市场，基于宇通成熟纯电动平台，完成12米公交和8米团体燃料电池客车开发，获得三款燃料电池客车产品公告。此外，广东国鸿氢能公司联合加拿大巴拉德、清华亿华通、佛山飞驰等单位，成功研制出11米城市燃料电池客车；2016年底，首批28台氢燃料电池11米城市客车，在示范线试运营。

四、存在问题及发展建议

由于国家政策和地方政府支持下的短期内爆发增长，新能源客车行业在市场化发展、技术水平、安全监管、商业模式等方面仍面临着突出的问题，亟需采取有效的措施。

一是政策依赖性市场发展有待改善。新能源客车存在着购置成本高、应用领域相对固定等特点，得益于国家鼓励政策的支持，新能源客车相比于传统燃油客车具有市场竞争优势，市场推广才出现爆发式增长。由于新能源客车行业存在严重的“骗补”现象，国家在产品准入及补贴方面加严技术门槛，并大幅度降低补贴金额，造成新能源客车短期内市场大幅度下滑。因此，新能源客车市场发展对政策变化比较敏感，仍属于政策市场，需要国家从宏观层面上加强市场化发展引导。

二是安全监管管理体制有待完善。新能源客车主要用途是公交车，其安全问题关系到最重要的人身安全，在防水、防火、防触电、电池安全、碰撞安全等方面都提出严格要求，在生产制造环节保证新能源客车的安全。但是，新能源客车在使用环节仍面临着运营组织安全问题，其故障率明显高于传统燃油客车。运营企业尚未形成对新能源公交车的专业技术保障能力和管理能力，缺乏市场运营车辆的安全保障体系建设。

三是技术水平仍有待提高。新能源公交车仍面临着续航里程、充电时间、车辆可靠性等方面的问题，不能完全满足长距离运输、多频次发车等特点的运输，需要与传统燃油公交车配合运输。尤其是在极端天气下，受制于动力电池等技术性能的限制，新能源公交车大都不能投入正常使用，难以保障运输系统的正常运营。

因此，针对上述提到新能源客车行业发展存在的问题，从政策和企业两个层面分别提出建议，保障新能源客车稳定可持续发展。

在政策层面上，一是建议提高新能源客车投资准入门槛，鼓励具备先进技术研发水平、优秀人才队伍、完善生产条件等优秀企业进入行业，优化行业发展环境，避免产业内耗。二是建议将新能源客车补贴逐步由“购置环节”向“使用环节”倾斜，比如对插电式混合动力客车按照纯电行驶里程给予使用补贴，激励新能源客车企业不断加强产品创新，研发适合公交运营特点的产品，保证在市场竞争环境下提高车辆的使用性能和节能效果。三是建议探索和支持新能源客车多种技术路线或应用模式发展，支持企业在快充客车、换电客车等不同应用场景下的车型开发及推广，充分发挥不同技术路线下的能耗效率，符合节能减排发展目标。四是建议因地制宜设置不同区域的发展路线及考核目标，鼓励推广适应地方特点的新能源公交车，充分发挥当地资源优势，实现汽车产业结构升级及节能减排的双赢目标。

在企业层面上，一是建议开发适应市场化需求的产品，提升续航里程、缩短充电时长、提高安全运行保障，优化生产成本，在财政补贴大幅度退坡的情况下，保证新能源客车相对于传统客车的市场竞争力。二是建议坚持正向技术研发，不断提高整车性能和关键零部件技术水平，加强技术性能好、可靠性高的新能源客车产品开发，解决新能源客车使用过程中存在的“痛点”。三是建议不断丰富完善产业链，充分发挥“强强合作”模式优势，发挥各自资源优势，推动包括产品开发、技术研发、市场推广等全产业链发展，整合资源，降低成本，提升市场竞争力。四是建议创新发展商业模式，发挥“共享化”市场成熟模式，实现新能源客车使用的规模化、品牌化、多元化，提高不同应用场景下的资源配置效率。

注：转载自中国汽车技术研究中心、日产（中国）投资有限公司、东风汽车有限公司编著的《新能源汽车蓝皮书——中国新能源汽车产业发展报告（2017）

第5部类 二手车市场

DIWUBULEI | ERSHOUCHESHICHANG

二手车市场综述

2016 年中国二手车市场

中国汽车流通协会 罗 磊

一、2016 年二手车市场特点

据中国汽车流通协会统计，2016 年全国共交易二手车 1039.22 万辆，同比增长 10.33%，交易额 6039.27 亿元，同比增长 9.1%。乘用车交易 788 万辆，同比增长 16.28%。其中，轿车交易 628.02 万辆，同比增长 11.32%；SUV 交易 68.15 万辆，同比增长 44.11%；MPV 交易 58.89 万辆，同比增长 65.97%；交叉型乘用车交易 32.96 万辆，同比增长 7.11%。商用车共交易 206.6 万辆，同比下滑 7.98%。在商用车中，货车交易 100.38 万辆，同比下降 6.06%；客车交易 106.21 万辆，同比增长下降 7.98%。其它车共交易 44.6 万辆，同比增长 11.7%。二手车市场重回双位数增长区间。

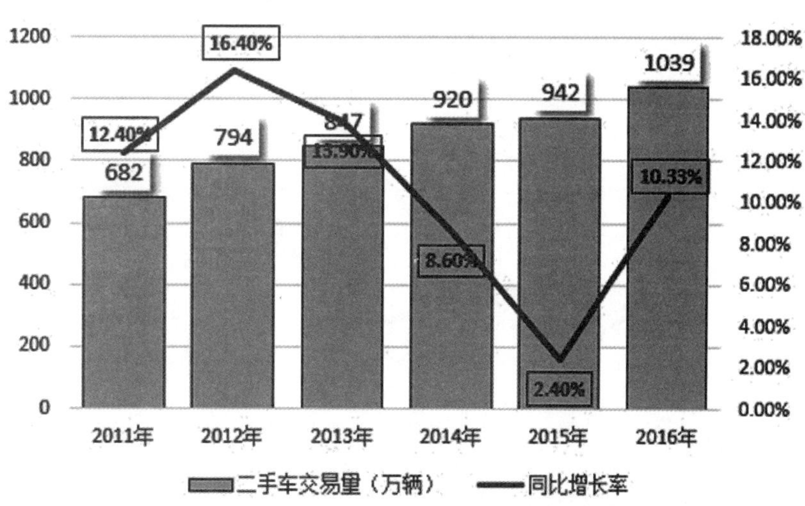

图一　近年二手车交易量与增长情况

1．二手车市场走出了低增长区域，活跃度提升

“国八条”的发布，特别是国家对地方破除限迁的督办，几十个城市取消了限迁，二手车市场的活力逐渐恢复。在全年的交易数据中，除2月份因春节长假的影响交易量比较低以外，其余各月的二手车交易量均在80万辆以上，即便是在传统淡季的二季度，交易数据也没有出现较大幅度的下降。与去年同期相比，各月均有显明的增长，且进入第三季度市场增长开始提速（见图二）。尽管年尾的12月份增长率有所回调，但108万的单月交易量已经创下历史最高。

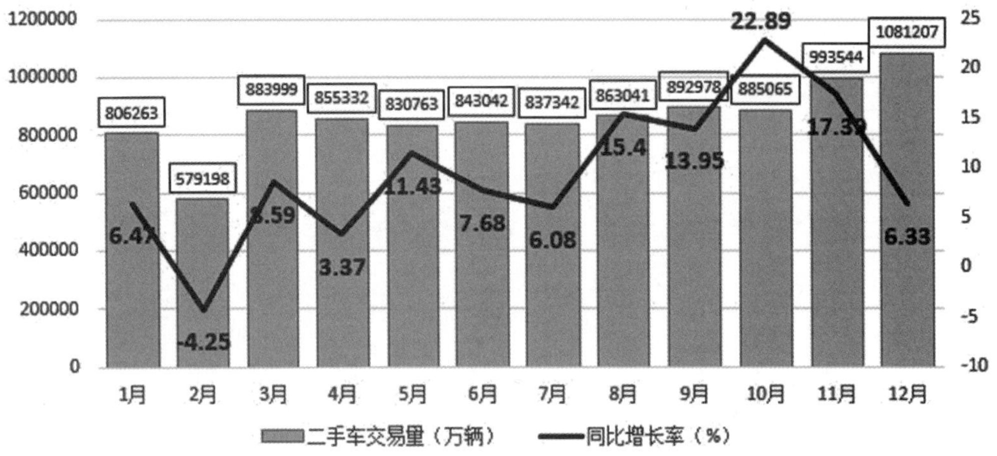

图二 2016年各月度交易量与同比增长率

2．与新车市场的关联效应

二手车市场与新车市场的关系主要体现在与入门级车辆的替代效应上。分析2016年二手车与新车增长率我们不难发现，2016年前五个月以及第四季度的两个细分市场的增长趋势几乎完全一致，而且增长率的幅度也十分接近。而到了在6月至9月的4个月的表现又几乎相反：当二手车市场增长率出现回调之时，新车销量增长幅却有了较高的增速（见图三）。这主要是由于两个细分市场2015年的表现就呈现相反的情况，特别是新车市场在2015年的6至9月出现了负增长，为今年的增长提供了较大的空间。相反，二手车市场却是在2015年的前三季度虽然也不够活跃但基本处于相对平稳状态。随着2015年10月份“小排量”政策的实施，新车市场出现的较大幅度的增长，压缩了增长空间，增速反而比9月份有所减缓；而由于小排量乘用车与二手车有较强的替代效应，2015年10月份二手车市场出现了负增长，为2016年二手车市场增长提供了较大的空间。

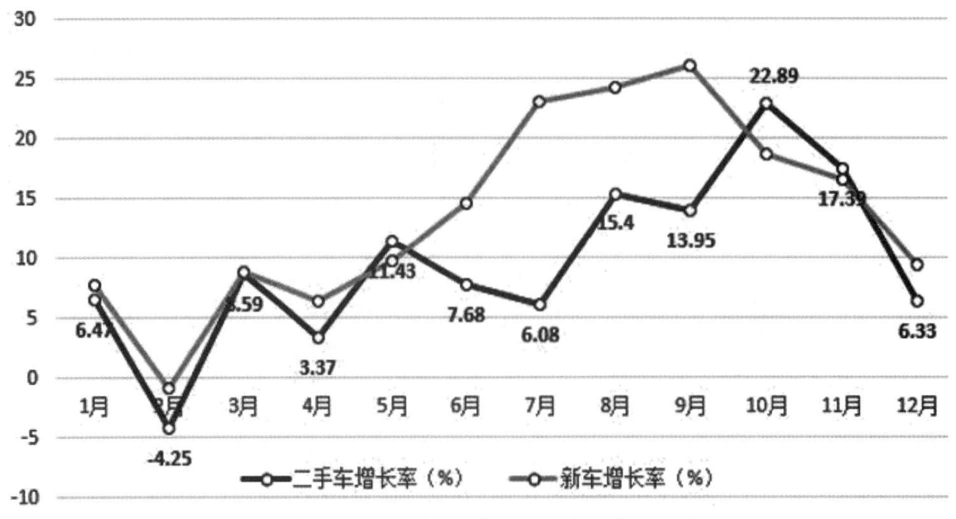

图三 二手车与新车同比增长率对比图

3．SUV 比例提升快

统计结果显示，2016 年共交易乘用车 788 万辆，占交易总量的 75.83%，比上年度又提升 4.47 个百分点。在乘用车中，轿车占市场总量的 60.43%，与上年同期变化不明显，只微增了 0.8 个百分点；MPV 占交易总量的 5.67%，占比与上年同期相比有了比较明显的增长，增长了近 2 个百分点；SUV 占交易总量的 6.56%，占比与上年相比份额也有了较明显的提升，增加了 1.71 个百分点， SUV 的表现与新车需求相呼应，保持较高的增速；交叉型乘用车占交易总量的 3.17%，这一比例与上年持平（见表一）。以上数据表明，二手车市场需求与新车市场基本上保持一致，二手 SUV 同样是抢手货。

表一　2016 年 1-10 月各车型占总交易量的份额表　　（单位：%）

车型分类	乘用车				商用车		其它车	农用车	挂车	摩托车
	轿车	MPV	SUV	交叉型	货车	客车				
2015	59.63	3.71	4.85	3.17	11.55	12.86	1.18	0.16	0.88	2.01
2016	60.43	5.67	6.56	3.17	9.66	10.22	1.69	0.2	1.13	1.27

4．北上广二手车交易活跃度不如其它地区

表二中的数据反映出一线城市二手车交易反而不如二三线地区，这或许与一线城市都采取的汽车限购有关吧。2016 年排名在前十位的省市的二手车交易数据不难发现两个有意思的现象。第一，10 年前经常排名第一、第二位的北京、上海的名次大幅度下滑，上海在 2016 年已经下滑到了第十位，北京也降至第 5 位。华北地区的河北、河南可谓异军突起，进入了二手车交易量的前 10 位；第二，与 2015 年排名前十位的省市中一半出现了负增长不同，2016 年出现负增长的省市下降到了 2 个，其中，北京受限购、限迁的影响出现了 5% 的负增长，山东出现 22% 的滑坡原因待查，其余 8 个省市均有不同程度的增长。在 2016 年数据排名中，比较抢眼的有浙江、河南和辽宁，分别增长 34.49%、47.73% 和 35.26%。正是这些区域出现的较大幅度增长成为 2016 年度二手车市场增长的主要驱动力，带动了全国二手车增长率超过 10%。

表二　交易量排名在前 10 位的省市交易量与同比增长率

省 市	累计交易（辆）	同比增长率 %
广东	986570	4.93
浙江	900844	34.49
四川	749079	1.26
江苏	741525	3
北京	642603	-5.19
河北	641227	9.87
河南	624647	47.73
辽宁	527364	35.26
山东	525523	-22.17
上海	450406	7.72

从表二中我们不难发现，2016 年除排名第 10 位的上海之外，其余 9 个区域的二手车交易量均超过 50 万辆。

5．二手车平均交易价格下降了 667 元

2016 年全国二手车平均交易价格为 58113 元，继 2015 年首次出现平均车价下降以来，再次出现了小幅

下降，与2015年相比下降了667元（见图四）。其中轿车平均交易价格为5.76万元，下降1500元；MPV平均价格8.08万元，提高了600元；SUV平均价格为10.62万元，下降幅度最大，达到4.16万元。出现二手车平均交易价格下降主要有两方面原因：一是限迁没有完全打开，特别是上半年，限迁的强度与广度达到了历史最高，二手车流通不畅，导致交易价格下降；二是与今年的新车市场相呼应，经济型、小排量的乘用车为市场主力军，反应到二手车市场，各品类的二手车也是经济型、小排量的比例提升。

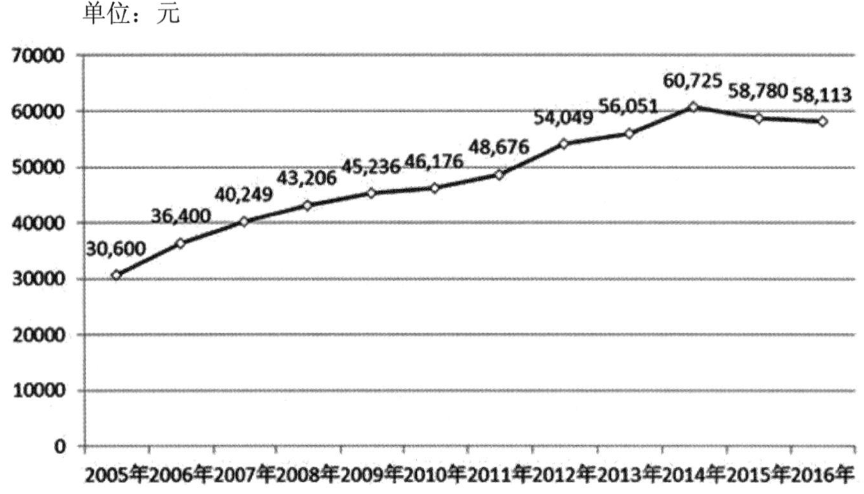

图四　二手车平均交易价格变化情况

6. *使用时间在3年以内的准新车比例达到了近四分之一*

使用年限在3年以内的准新车共交易233.34万辆，占总交易量的22.45%，与去年相比有了较大幅度的回升，增加了6.73个百分点，这一比例达到了近年最高值。当然，消费者最青睐的是3年内的准新车，也是经销商最喜欢经营的品种，但由于市场供给严重不足使得3年以内的准新车交易的比例一直在20%以内。但由于全国范围内的限迁，3年以内的准新车基本上都在国四以上排放，不受跨地区流通的限制，因而比例有了较明显的提升。当然，比例最高的仍然当数车龄在3至10年的车辆，这部分车辆的比例为69.55%，与上年相比，有了6.92个百分点的下降。把这两个数据一比对不难发现，3年以内车龄增长的份额是挤占的中段车龄。与以往一样，10年以上的老旧车份额变化不大，2016年占8%，比例有小幅提高（见图五）。

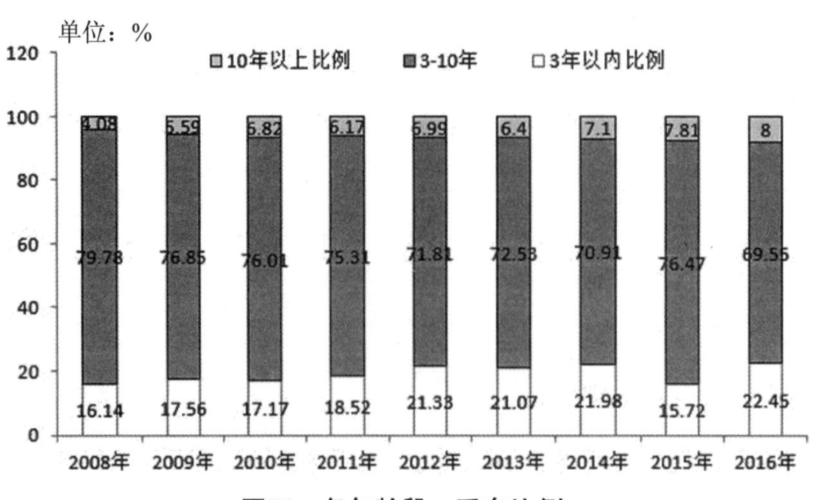

图五　各年龄段二手车比例

7. 跨区域流通比例近十年最高

2016 年二手车异地转移登记的比例为 21.43%，达到了近年来的最高点，与 2015 年相比，增长了 2.22 个百分点（见图六）。随着《国八条》的贯彻落实，2016 年全国 18 个省市出台了相应的文件，虽然说有些省市在贯彻破除限迁的工作中打了折扣，还有的省市在观望，但确有少数省市切切实实地放开了限迁，二手车市场正在逐渐恢复活力，跨区域流通比例明显提高。

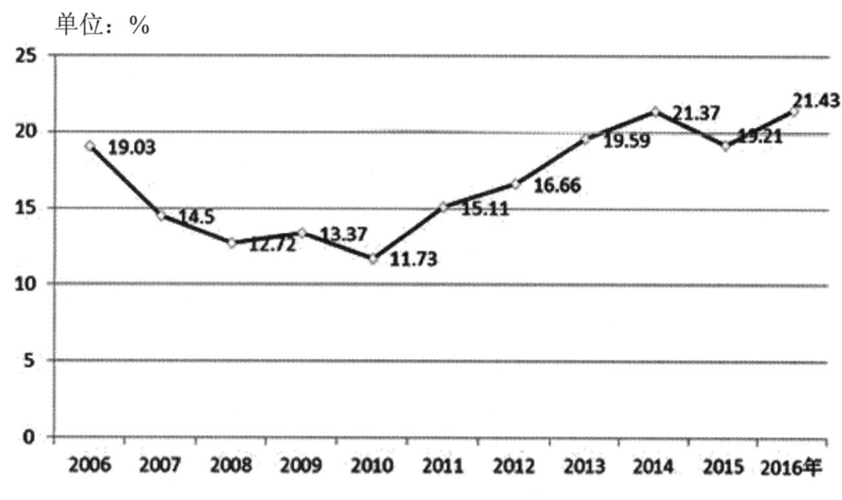

图六　各年度异地转移登记比例

分析 2016 年各月份的转籍数据也能够比较清楚地看到，《国八条》规定 2016 年 5 月 31 日是各省市打开限迁的最后期限，6 月份就开始有的省市响应，二手车跨区域交易比例开始有所提升，从 6 月份的 15.33%，7 月份一下就跃升到 20% 以上，而且一直保持在这个较高的比例。预计全年的跨区域交易也会维持在 20% 以上。

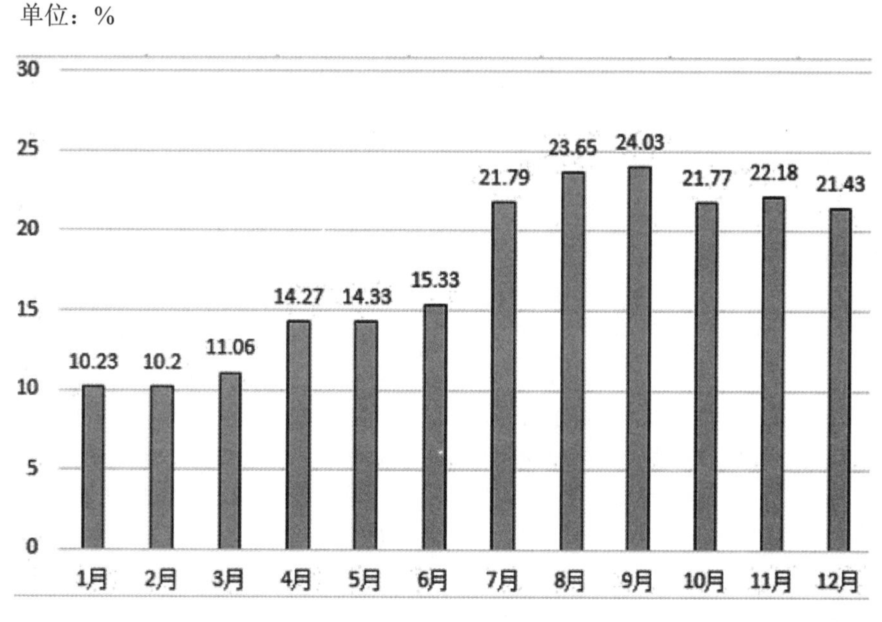

图七　2016 年月度异地转移登记比例

二、2016年二手车市场政策与环境

二手车市场从其本身的体量与发展前景，以及对整体汽车市场可持续发展的支撑作用，已经为行业内所共识。特别是对消费的贡献度将逐渐显现。从年初的政府工作报告，到《国八条》的出台，还有年底的商务部、环保部联合下发的《关于加强二手车环保达标监管工作的通知》，无不加强了政府要加强激活二手车市场的决心，二手车市场将步入快速发展通道已经成为大概率事件。

1．政策继续向好

首先是打破限迁。按照《国八条》的指导方针，中央政府将加大督办力度，敦促地方取消限迁。其实与打破限迁有关的文件，2016年中央政府一共出了3个。第一个当是由国务院办公厅下发了国办13号文件《关于促进便利二手车交易的若干意见》，明确指出要破除限迁。第二个是6月份由商务部、发改委等11部委联合下发了《关于促进二手车便利交易加快活跃二手车市场的通知》，对国务院13号文件的落实进行了细化。第三个文件是环保部和商务部联合下发的《关于加强二手车环保达标监管工作的通知》。这个《通知》明确规定二手车转入的唯一条件是“符合转入地在用车排放标准的机动车”。

第二个政策当是二手车流通增值税改革。大的经营主体、大型经销商集团要进入二手车流通领域，就必须跨越税收屏障。其实在《国八条》中已经明确提出了要“优化二手车交易税收政策。按照‘统一税制、公平税负、促进公平竞争’原则，进一步优化二手车交易税收政策。”中国汽车流通协会也已经把促进二手车增值税改革，当作协会政策工作的头号任务。而且，税收改革方案也已经得到了政府部门的高度重视，二手车增值税改革正在进行时，有望在2017年有所突破。

第三项政策，也是行业所密切关注的建立二手车临时产权登记制度政策。这项改革，涉及到现行机动车登记制度，需要从制度上改变，同时机动车的注册管理系统也需要进行调整。实施这项制度会有较大的成本和阻力。但中国汽车流通协会仍将不遗余力，在会员企业的大力支持下，协助政府主管部门加快政策改革步伐。

2．市场环境持续向好

每一位关注或研究二手车市场人士都会发现二手车流通领域正在发生改变，这个改变体现在三个方面。

第一，二手车经营主体在改变。第一个层面是二手车商群体在变。当下几乎每个城市都有为数不少的二手车精品店、二手车超市、二手车连锁企业，二手车规模经营已经成为二手车经销商们所努力的目标。以广汇、庞大、威佳等为代表的4S集团已经开始投入资源发力二手车。

第二个层面是电商发力，搅热了二手车行业。以瓜子、人人、优信为代表的二手车电商们，过亿资金的广告投放，让老百姓知道了二手车，教育了消费者。二手车电商成为时下一股巨大的洪流，在改变消费者理念的同时，也在改变着二手车流通行业经营模式。

第三个层面是二手车交易市场也在升级。这其中有上海二手车交易中心以互联网为纽带，线上线下同步的管理升级，又有浙江方林二手车交易市场以诚信为主线的升级。方林交易市场用“行”认证检测服务，透明二手车信息。通过近两年时间的推广，市场内覆盖，提升了市场在公众消费者中的信任度，不但消费者受益，二手车的经营者也通过诚信经营受益，库周期明显缩短。

第二，二手车流通价值链的改变。过去很长一个时期，二手车流通业的业务模式很简单，以车商为例，就是收车、整备、卖车，其利润点就是赚取进销差价，而且还有比较高的利润。随着市场的发展以及竞争的加剧，二手车经营的毛利润从10年前的10%至15%下降到了现在的5%左右。二手车金融在这样的背景下开始迅速发展，二手车消费信贷、融资租赁、库存贷款等多种模式的二手车金融服务群体不断壮大，金融产品日新月异，助推二手车市场向立体化、深层次方向发展。

第三，专业化的二手车鉴定评估服务价值突显。还是与过去比一下，以往二手车鉴定评估服务，多以三、四个人组成的小公司依附在二手车交易市场，以为公车处置估价及个别消费的车况检测为主要客源，长期处在解决温饱的生死线上。近一两年，跨城市的、连锁化的专业二手车鉴定评估企业开始大量出现，有的还获得了风险资本上千万资金的注入。当然，二手车鉴定评估的最高境界当属质量认证了。中国汽车流通协会自2014年推出了二手车“行”认证品牌以来，得到了全行业的积极响应，也受到了市场的追捧。截止2016年12月，共有37家第三方二手车鉴定评估机构获得了“行”认证授权，覆盖全国100个城市，认证车辆累计达5万多辆。在“行”认证引领下，品牌认证开始盛行，为净化二手车交易环境起到了重要作用。

三、主要问题

二手车市场虽然被业内外关注这一细分市场人士所看好，也得到了中央政府的高度重视，且以国务院名义发布了纲领性的指导意见，二手车整体发展态势有了较为明显的改观，但仍然存在突出问题。这些问题由来已久，政策层面上主要有三个方面，即增值税改革问题、建立二手车临时产权制度问题以及地方限迁问题；市场层面上仍然是信息不对称、经营不规范以及很大程度上的诚信体系建设薄弱等。这些业已存在的问题有的得到了一定程度的解决，有的问题解决起来依然阻力重重。

1．信息不透明、经营不规范，买二手车总是有点不踏实

无论是业内还是业外，普遍认为二手车行业“水”太深，意思是说，做二手车生意有很多的“道道”。这个行业属于发展的早期，以交易数据为例，虽然2016年二手车交易量超过了千万级别，但基础建设不到位，二手车经营没有标准，应该向消费者披露什么信息，如何规范经营等没有相关的政策法规约束。二手车企业一般不披露车辆的质量信息，大多数只告知车辆的品牌与年份，也不明示销售价格（见图八），很不规范。许多消费者在选购二手车时不得不小心翼翼，担心上当受骗。

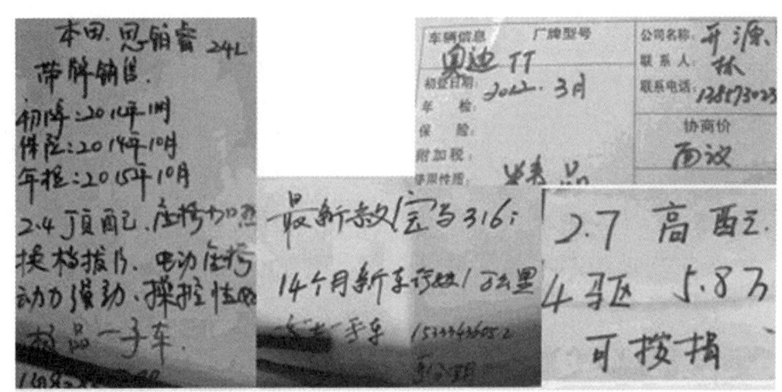

图八　常见的信息二手车披露

2．政策层面的“三座山”

二手车流通配套的税收、二手车登记管理等政策滞后，影响了二手车流通业的发展，为此，行业已经呼吁了多年，大家把限迁、税收政策不合理、二手车没有商品属性等称作“三座大山”。

第一座大山叫做限迁。《国八条》虽然规定了解除限迁的时间表，但落地并不理想，真正取消限迁的城市并不多，有的城市甚至还提高了迁入的门槛。根据实际调查，截止到年末，全国只有二十几个城市全部放开了限迁。另有山西、陕西、青海、江西、贵州、安徽、内蒙古、辽宁、吉林、山东、云南、广西等12个省区虽然出台了文件，但又明文规定限制国4以下排放的二手车迁入，有的虽然没具体说限制的标准，但执行起来仍然按照国4划线。另外还有河南、福建、西藏、宁夏等4个省市区还在观望中，至今没有出台相应的文件。

第二座大山叫做税收。按照现行的二手车增值税收政策理解是对于个人交易，一般免征，因此，二手车交易市场、经纪公司不用缴增值税；对于二手车经销企业，按照销售价的2%计征；对于拍卖企业，按照拍卖成交价的4%征收。二手车增值税的问题制约着4S群体的进入，因为2%的增值税让他们与交易市场中的经纪公司、个体户在经营成本上形成了劣势。二手车增值税的不平等，一方面导致二手车流通增值税很难收缴，另一方面也造成正规企业竞争不过个体户，规范经营吃亏，不利于二手车市场的健康发展，也导致了国家税收的流失。

第三座大山叫做登记问题。根据我国现行机动车登记制度，机动车从完成初始登记到报废拆解，始终作为用户的资产，即便在二手车流通过程中也始终作为特定人的资产而非商品，造成多次登记，提高了交易成本，程序复杂。这种管理方式只适合二手车交易以个人之间的直接交易为主的形态。随着我国汽车市场的发展，二手车交易规模不断提升，二手车通过流通企业交易形式将逐渐成为主流，经销商购买二手车并不是为了使用，而是为了获取商品。

2016年中国二手商用车市场

中国汽车流通协会商用车商会　钟渭平

根据中国汽车流通协会的统计数据，2016年全国二手车全年交易量达1039.22万辆，其中二手商用车交易量占19.88%，约为206.6万辆，与2016年全国商用车销量364万辆相比，二手商用车约占新车销量的49.5%，交易额突破2000亿元人民币，二手商用车通过长期沉淀，现已进入一个发力期。

一、政策及法规推动二手商用车爆发式增长

李克强总理在2016年政府工作报告中提到“活跃二手车市场”，被业界誉为“七字箴言”。随后国务院办公厅推出的《关于促进二手车便利交易的若干意见》（国八条）中明确提出营造二手车自由流通的市场环境，不得制定实施限制二手车迁入政策；进一步优化二手车交易税收政策；简化二手车交易登记程序等八条意见。

“国八条”的推出为二手车流通创造了宏观条件，但是真正推动二手商用车在全国范围内的暴发式增长却是《GB 1589-2016 汽车、挂车及汽车列车外廓尺寸、轴荷及质量限值》，即“GB1589”的铁腕实施。

8月18日，交通运输部、工业和信息化部、公安部、工商总局、质检总局联合召开全国货车非法改装和超限超载治理工作电视电话会，总结过去一段时期的治超工作，分析形势，明确下一阶段治超工作思路和任务。在各部门不断努力下，干线公路平均超限超载率由集中治超前的80%以上下降到5%左右。

为了推进超限超载治理工作，交通运输部《关于进一步做好货车非法改装和超限超载治理工作的意见》。意见提出，自9月21日起，严禁双排车辆运输车进入高速公路；2018年7月1日起，全面禁止不合规车辆运输车通行，普及标准货运车型。

在上述政策的引导之外，全国范围内出现了一波二手商用车处置的高潮，直接后果是导致新车供应不足，订单积压。而二手商用车的价格出现了节节攀升的现象，有的地方出现了抢车的情况、二手车当作新车销售的情况。

二、整车企业纷纷设立二手车部门

2016年，国内主流的重卡企业纷纷推出了涉及二手车的全新业务单元或部门。在前五名的重卡企业当中开展二手车业务比较快并且力度较大当属福田戴姆勒。福田戴姆勒早在2年前就已经陆续开展二手车的相关工作，2016年已经对部分经销商进行了二手商用车评估、销售等业务的职业培训；一汽解放推出了“衍生业务部”，其中将二手车业务作为2017年的工作重点，并且与金融、保险等业务并驾齐驱；东风商用车于2016年成立了水平事业部，并且已经初步筛选出十多家战略经销商进行试点经营二手车业务；陕汽重卡展开了二手车业务的培训工作，陕汽重卡高层指出2017年将是中国二手商用车流通行业蓬勃发展的重要时期，开展二手车业务将拓宽产业链条，增加企业的盈利点；中国重汽虽然还没有成立相关的部分来支持二手车业务，但“智慧重汽”的网站上已经挂上了“二手车”的链接功能，中国重汽内部已经开展了相关业务工作，大规模的业务调整即将到来。

三、《二手商用车鉴定评估技术规范》（中型、重型载货车版）正式发布实施

二手商用车鉴定评估是实现公平交易的基本保证，是依法有序发展车辆流通市场的重要保证，是二手商用车交易过程不可缺少的一环。目前中国的二手商用车鉴定评估体系还处于萌芽状态，整个二手商用车鉴定评估行业还没有一套科学、统一、严谨的鉴定评估理论和方法。个别地方只批准成立市场，但却疏于管理，个别地方发生的“私卖公高估价，公卖私低估价”，不仅扰乱了市场秩序，而且造成了国有资产和税收的大量流失，影响司法公正和相关业务的正常开展，还使广大消费者合法权益得不到保障，有效需求受到抑制，同时也使走私车、拼装车、报废车重新流入社会成为可能，为“暗箱操作”滋生腐败创造了条件。除了队伍的建设外，鉴定评估系统的缺失也是一大问题。中国的二手商用车鉴定评估方法往往采用简单的平均年限折旧法，并辅之眼观、手摸、试驾等老办法，完全凭借评估师的经验，进行价值的评估，其结果缺乏依据，具有一定的片面性，致使所定价格缺乏科学性和可信度，难以为公平的市场交易提供价值尺度。

从目前情况看，国家并没有要求所有二手商用车在交易前必须经过有关的技术检测，因此大多数二手商用车交易中心市场在二手商用车交易前并不进行技术性能检测。二手商用车交易时在鉴定评估过程中，很少企业使用检测设备，评估人员只是通过肉眼观测车辆外观和试驾来感觉底盘动态，仅凭自己的经验来对二手商用车的性能做出评估，然后仅仅根据该车的使用年限进行平均年限折旧，加上里程数和车辆状况等因素来对被评估车辆的价格进行估算。如计算二手商用车价格时，大多是将车辆现行价按使用年限折旧，只要年限、里程、车况相同，一辆二手进口品牌重卡和一辆二手国产轻卡的折旧率一模一样，这样很难对一辆二手车做出合理的估价。显而易见，即使是很有经验的评估人员，不借助任何仪器设备对车辆技术状况进行检测，仅凭主观感觉，也很难对车辆技术性能有一个全面、准确的了解，因此仅仅通过使用年限进行平均年限折旧而得出的二手商用车价格缺乏科学和准确性，很难保证二手商用车的行驶安全和卖车者的利益。

二手商用车鉴定评估环节存在的问题和由此引发的不良后果，社会各界反映强烈，也引起国家有关部门的高度重视。借鉴国外的先进经验，中国正在加快规范二手商用车市场的进程。商务部发布的《二手车流通管理办法》，其中明确了鉴定评估机构业务独立及第三方公正性。

为了解决商用车流通领域中的车辆资产处置、司法拍卖、二手商用车交易、出口等环节无标准、无专业方法、无参照标准等问题，中国汽车流通协会牵头起草并于 2016 年 11 月正式发布了《二手商用车鉴定评估技术规范》（中型、重型载货车版）。该标准于 2017 年 3 月 1 日起正式实施。《规范》的实施将为国有资产处置、交通运输管理、社会资产评估、整车以旧换新销售、二手商用车交易、司法拍卖、二手车经纪、大型物流企业车辆处置等提供合法、科学、有效的依据。

广西二手车市场状况

广西旧机动车交易市场有限责任公司 韦佳欣 曾 蓓

桂物•广西二手车市场，由广西物资集团下属广西桂物机电设备有限公司、广西旧机动车交易市场有限责任公司运营管理， 1996 年成立，是广西最早经国家和自治区主管部门批准成立的专业从事二手车相关业务的企业，主营二手车市场物业租赁和二手车交易开票、鉴定评估、受托拍卖、汽车金融保险、车管业务代办服务等。

公司成立至今，市场累计交易二手车约 25 万辆，累计交易额约 100 亿元，为广西二手车流通作出了突出贡献。2016 年交易二手车约 3 万辆，二手车交易额近 18 亿元。公司和市场先后荣获“中国租赁行业守信单位”、“全国汽车流通信息统计工作先进单位”、“改革开放 30 年中国汽车流通行业最具影响力优秀二手车交易市场”、“全国二手车交易市场 5A 级诚信单位”、“区直机关青年文明号”、“2013 年中国汽车流通行业杰出贡献奖”，2014-2015“广西诚信示范市场”、“广西守合同重信用公示企业”单位、“南宁市十佳专业市场”“全国二手车市场百强企业”、“中国汽车流通行业杰出贡献奖”、“中国汽车流通行业经营服务模式创新奖”、“全国二手车交易市场转型创业明星企业”等称号。公司关注民生，热心参与公益慈善事业，以各种方式回馈社会，积极履行企业责任，在全国二手车行业中具有很高的知名度和影响力。

随着二手车行业的快速发展，广西旧机动车交易市场有限责任公司按照广西物资集团、广西桂物机电设备有限公司的决策部署，在运营管理好桂物•广西二手车市场的同时，目前正在南宁市五象新区东风路与良玉大道交汇处开展投资建设“五象汽贸园”项目工作。该项目是广西物资集团、广西桂物机电、广西旧机动车交易市场公司引领潮流，转型升级的最新力作！

该项目位于南宁市五象新区玉洞片区东风南路 8 号，东风路与良玉大道交汇处，占地面积约 232.15 亩，总建筑面积约 20 万平方米。具有六大亮点：一是国企自有土地，50 年产权商户安心经营；二是丰富业态汇集，足不出楼享受一站式服务；三是三条地铁环绕，地铁站直通商场；四是层层首层理念，吸引人流边逛边上二层；五是金牌运营管理，历史悠久经验丰富；六是品牌项目聚集，吸引人气的不仅是汽车。规划有车辆展示区、汽车后服务区、配套服务区、汽车生活体验区四大板块。项目招商业态范围包括：新车超市、品牌认证二手车、连锁二手车、平行进口车、新能源汽车、精品装饰、汽车改装、主题车展、维修保养、车管所、检测线、购置税、银行网点、金融保险、评估拍卖、汽车协会、汽车媒体、电商平台、托运物流、中西餐厅、咖啡茶饮、游戏电玩、健身养生等。拟建成一个集新车销售——二手车交易——汽车租赁的汽车服务提供商，打造快乐汽车生活综合体，是机电行业服务模式标杆和展示中心。

广西旧机动车交易市场有限责任公司将秉承“公平、诚信、规范、高效”的经营理念和“合作共赢”的发展理念，规划加快建立区域二手车交易信息网，提供线上和线下相互融合相互促进的二手车交易信息服务；加速市场物业建设布局，逐步向桂林、柳州、贵港、北海发展，扩大二手车市场规模；开拓二手车衍生服务，进一步增强市场影响力和品牌号召力，实现跻身国内先进二手车交易市场行列，成为中国二手车行业的中坚力量。

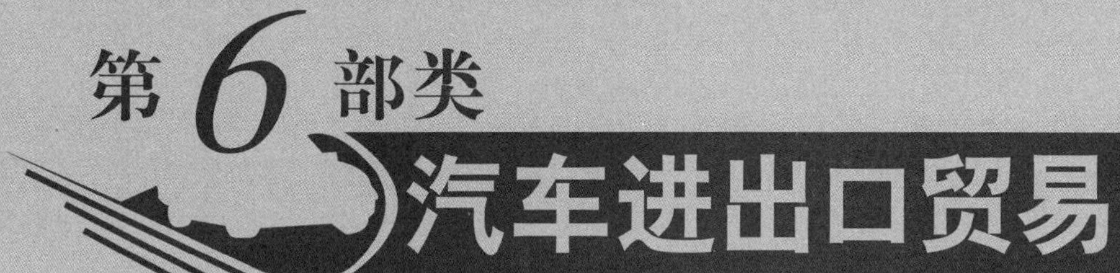

第6部类 汽车进出口贸易

DILIUBULEI | QICHEJINCHUKOUMAOYI

汽车进口贸易综述

2016年中国进口汽车市场

国机汽车股份有限公司　王存

一、进口量累计降幅继续收窄：高库存压力下，2016年中国累计进口汽车104.1万辆，同比下滑3.4%，相比2015年全年24.2%的下滑，降幅收窄20.8个百分点；经过七个季度的下滑，2016年第四季度出现5.8%的增长

作为中国汽车市场的重要组成部分，2015年中国进口汽车市场出现持续性“供需双降”。进入2016年，进口车市场供给依然延续调整态势。全年累计进口104.1万辆，同比下滑3.4%，调整态势依然明显，但降幅相比2015年全年有所收窄。

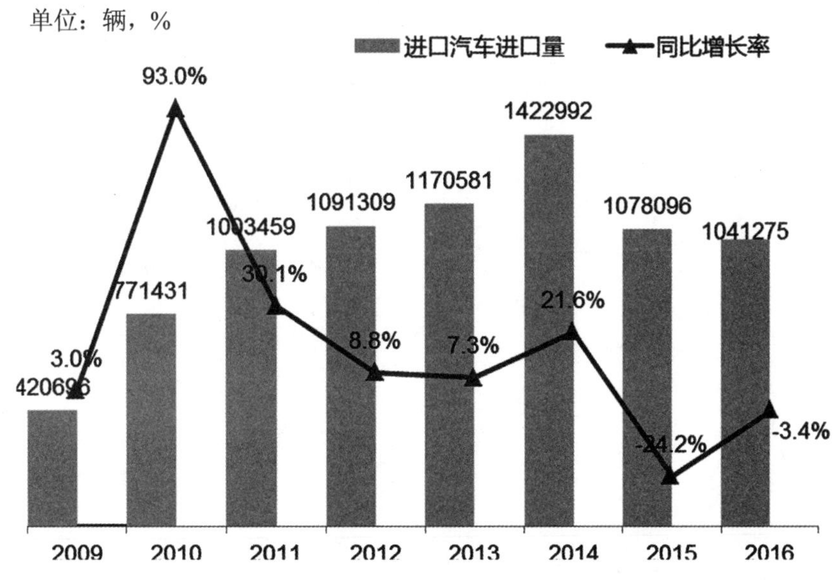

图1　2009年－2016年海关进口量

数据来源：中国进口汽车市场数据库，以下不再赘述从季度走势来看，自2015年一季度至2016年三季度，7个季度进口量均处于下滑周期中，分别下降17.1%、28.4%、25.1%、25.1%、14.6%、2.3%和3.3%，再现了2012-2013年的“去库存”调整。但是由于行业库存深度更高，因而调整周期相比2012-2013年“去库存”的3个季度调整期用时更长，但2016年第四季度出现5.8%的增长。

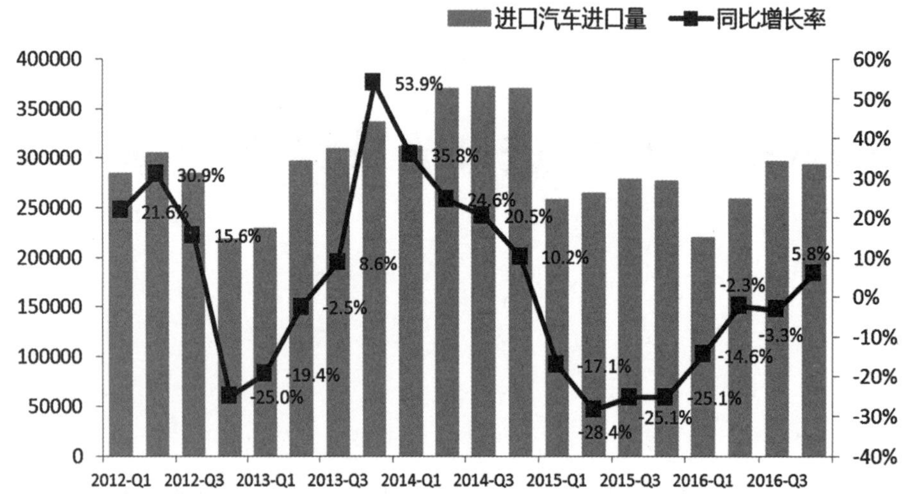

图2 2012年－2016年海关进口量季度走势

二、终端需求降幅收窄：下半年销量同比实现增长：2016年经销商交付客户进口车（AAK）销量为89.8万辆，同比下滑2.3%，相比2015年全年下滑20.6%，降幅收窄18.3个百分点，7-9月和11-12月呈现同比增长态势，下半年累计同比增长4.8%

2016年，在购置税优惠、国五排放标准实施等政策推动下，以及受进口车型国产化、经济下行压力等不利因素影响，进口汽车市场需求继续下滑，但降幅有所收窄。

根据中国进口汽车市场信息联席会统计的30个品牌经销商交付客户数据（AAK）来看，全年经销商交付客户进口车（AAK）销量为89.8万辆，同比下滑2.3%，相比2015年全年下滑20.6%，降幅收窄18.3个百分点。

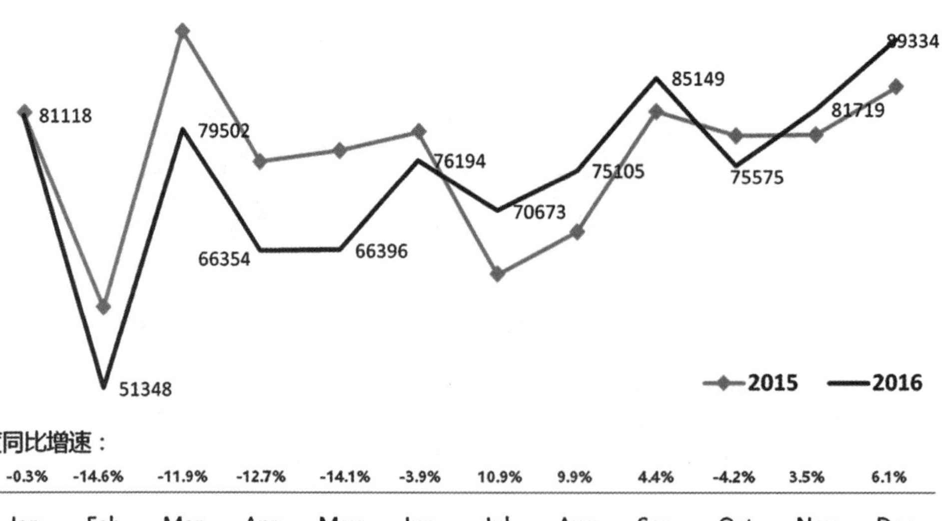

图3 2015－2016年进口汽车市场月度AAK销量

从月度走势来看，2016 年 1-6 月份进口车销售量每个月均是同比下滑，其中 2-5 月销量同比下滑幅度均超过 10%，上半年销量同比下滑 9.3%。但是进入第三季度，进口车销量出现明显增长，7-9 月的销量同比增速分别为 10.9%、9.9% 和 4.4%。11 和 12 月也呈现增长态势，2016 年下半年进口车销量累计同比增长 4.8%。

三、行业库存仍处于高位，经销商库存压力下降明显：基于持续 7 个季度供给面调整，2016 年 12 月行业库存【厂商（含平行进口商）库存 + 经销商库存】深度达 3.4 个月，环比继续下降；进口经销商库存压力下降明显，厂商（含平行进口商）库存压力大

根据中国进口汽车信息联席会采用 20 个品牌的海关进口汽车数量和市场零售数据差值来度量行业库存，进口车行业库存深度是以累计的总经销商与经销商两者的库存量除以月平均零售量计算的，合理的行业库存水平一般为 1.5—2 个月左右。经调查，2010 年底的行业库存深度为 1.5 个月，统计品牌合计的库存数量在 2014 年 10 月超过 2012 年创下的库存新高，随后库存继续攀升到 2015 年 7 月，进口车行业库存达到 5.2 个月。接着在海关进口量持续下滑的带动下，2015 年 12 月行业库存深度下降为 4.3 个月。2016 年开局，进口车库存进一步下降到 3.9 个月，12 月库存深度达到 3.4 个月，相比 2015 年同期库存压力虽有所减轻，与 2012 年和 2014 年下半年的库存深度基本相当，去库存取得相当的进展，但是从库存深度的绝对数量来看，行业库存仍处于相对高位。

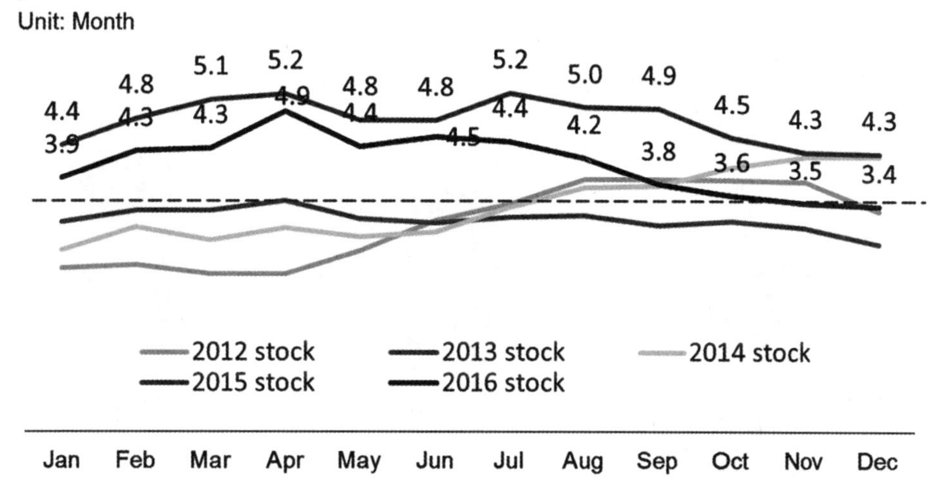

图 4　2012 年－2016 年进口乘用车市场累计库存深度走势

注：行业库存包含总经销商和经销商两部分库存

从反映库存绝对量的库存指数上来看，从 2014 年下半年开始行业库存绝对量处于快速上升趋势，随着进口量的深度调整，从 2015 年 1 月开始库存绝对量进入下行通道，反映出进口车海关进口量的下滑对去库存产生了较大的作用。库存绝对量减少趋势到 2016 年 3 月止步，随后开始反弹，到 12 月份的库存绝对量与 2012 年下半年的高点基本持平，行业库存压力犹存。（见图 5）

根据中国汽车流通协会的经销商库存调研显示，2016 年 11、12 月进口经销商的库存深度为 1.47 和 1.13 个月，库存压力下降明显，低于经销商库存的合理库存 1.5 个月的高限（注：由于该调查采取经销商抽样调查方式，因此结果与中国进口汽车信息联席会测算的行业库存 - 包含厂家和经销商库存 - 有偏差）。（见图 6）

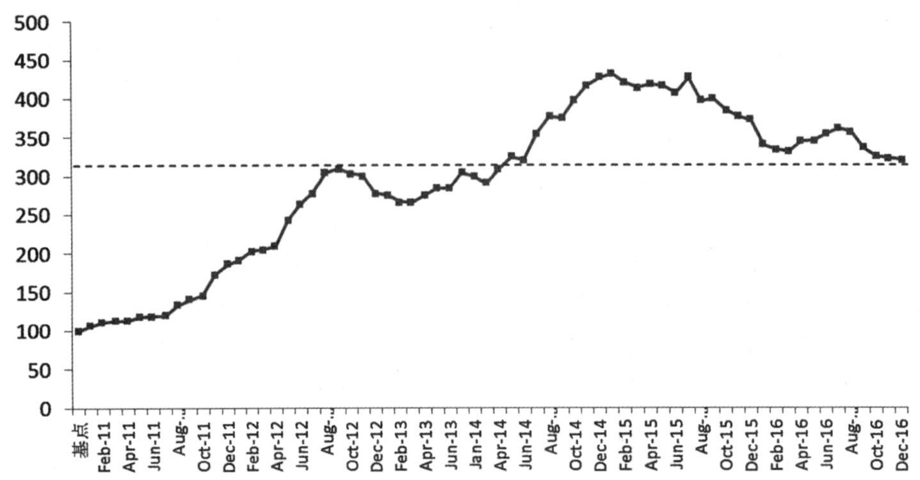

图 5　2011 年 – 2016 年进口乘用车市场累计库存指数走势

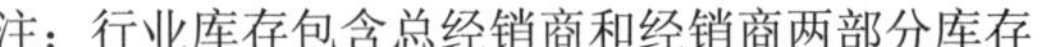
注：行业库存包含总经销商和经销商两部分库存

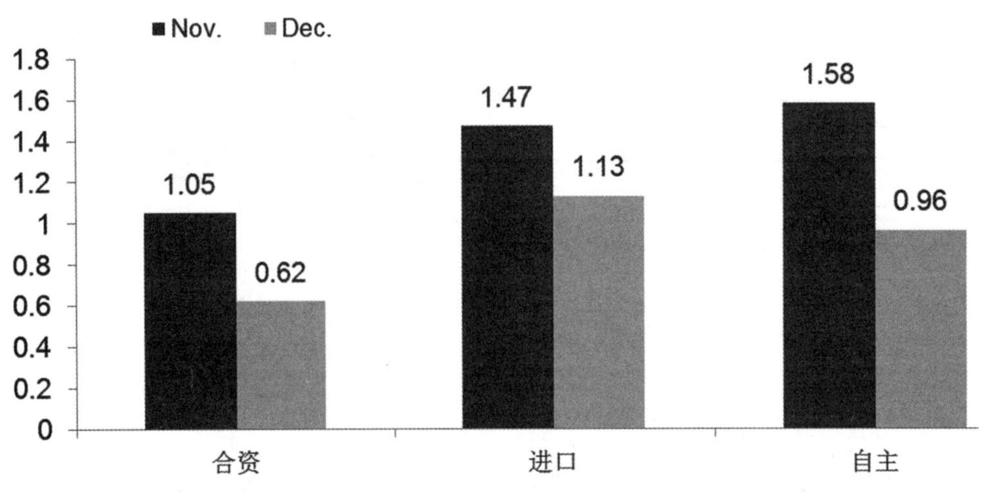

图 6　2016 年 11 – 12 月进口、合资和自主品牌经销商库存深度

数据来源：中国汽车流通协会经销商调研

四、前十品牌进口量回暖，第二集团竞争激烈：排名前十品牌中除了受国产化影响的路虎和库存深度调整的大众，其余的 8 个品牌实现正增长，林肯增长超过 80%。终端销售层面，宝马、奔驰、雷克萨斯稳居前三，第二集团竞争激烈，保时捷、大众、奥迪等品牌排名有所提升

2016 年，进口量排名前十的品牌中，有两个品牌的进口量同比下滑，分别是大众、路虎，下滑幅度分别为 34.3% 和 11.6%。大众品牌的下滑主要来自持续去库存的作用，此外，新旧车型交接也是影响进口供货减少的重要因素，包括 T5 到 T6、B7 到 B8 的换代，途锐、夏朗、甲壳虫的改款，以及未来即将换代的 Tiguan；路虎品牌进口量主要受发现神行国产影响，同比下滑 11.6。

前十品牌中，有八个品牌同比呈现增长，对进口量的调整基本完毕。其中雷克萨斯恢复最快，进口量迅猛增长 28.4%，进入进口量前三；林肯品牌因 2015 年基数较低，增长超过 100%；宝马、奔驰、奥迪的进口量也实现了 10% 以上的增长。

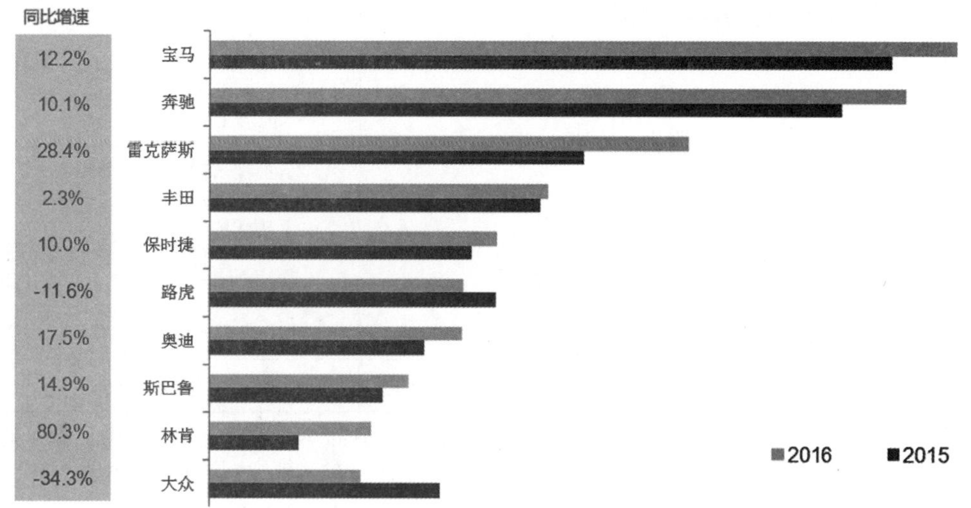

图 7 2016 年乘用车分品牌进口量与同比增速

从终端销售层面看，由于进口汽车市场竞争进一步加剧，进口品牌调整继续深化。反映在销量排名上，2016 年，宝马、奔驰、雷克萨斯仍然稳居销量前三名；第二集团竞争激烈，保时捷、大众、奥迪等品牌排名有所提升。

	2012	2013	2014	2015	2016
1	BMW	BMW	BMW	BMW	BMW
2	MB	MB	MB	MB	MB
3	VW	VW	Land Rover	Lexus	Lexus
4	Audi	Audi	Jeep	Jeep	Porsche
5	Lexus	Land Rover	VW	Porsche	VW
6	Land Rover	Lexus	Audi	Land Rover	Audi
7	Jeep	Jeep	Lexus	Audi	Subaru
8	Subaru	Volvo	Subaru	VW	Land Rover
9	Volvo	Subaru	Volvo	Subaru	MINI
10	Kia	Porsche	Porsche	MINI	Jeep
11	Porsche	Kia	Ford	Cadillac	Smart
12	Renault	MINI	Cadillac	Renault	Volvo
13	Hyundai	Cadillac	Renault	Ford	Jaguar
14	MINI	Renault	Kia	Dodge	Infiniti
15	Cadillac	Ford	MINI	Kia	Ford

图 8 2012 － 2016 年进口汽车市场各品牌销量排名

五、SUV 降幅明显，C、B 级份额均超过 A 级：2016 年全年轿车进口量增长 8.3% 至 37.9 万辆，在进口量中的占比上升至 36.8%；SUV 进口 60.6 万辆，占据进口总量的 58.9%，仍是最大细分市场，但出现 10.0% 的负增长。从车型分级看，在国产化的推动及排量降低趋势的带动下，C、B 级份额均超过 A 级，份额分别达 33.3%、27.1%

2016 年乘用车累计进口 107 万辆，同比下降 3.8%。轿车是三大车型中唯一增长车型，但 SUV 主体地位仍然稳固，在乘用车中占比位 58.9%。

受（如路虎发现神行、福特 Edge 等车型）国产化因素影响，且量销新品有限，SUV 进口 60.6 万辆，同比下降 10%，在三大车型中降幅最高；MPV 进口 4.4 万辆，同比下降 6.4%；轿车进口 37.9 万辆，同比增长 8.3%，是三大车型中唯一增长车型，主要由于雷克萨斯 ES200 等车型进口量增长及宝马全新 7 系等新车型上市所致。(见图 9）

全年，进口量前十名车型中有 9 款车型为 SUV。其中宝马 X5、丰田 LANDCRUISER、PRADO 等均为平行进口热门车型；CAR 类别则以 2.0L 及以下排量为主。

2016 年分车型进口量排名

排名	车型	进口量（辆）
1	雷克萨斯 ES	44229
2	宝马 X5	42600
3	路虎 Range Rover	42147
4	宝马 X3	39437
5	奔驰 GLE	39158
6	保时捷 Macan	32879
7	丰田 PRADO	29706
8	雷克萨斯 NX	28074
9	斯巴鲁 Forester	27000
10	丰田 LANDCRUISER	26961

从车型分级来看，随着乘用车企业平均燃料消耗量目标日趋严格，跨国汽车厂商纷纷推出 C 级乃至 D 级车小排量版本，从而在实际上降低了销售价格、提升了销量。与 2015 年相比，在 ES200、X5 28i 等产品的带动下，2016 年 C 级车份额达 33.3%，取代 A 级成为最大的细分市场。

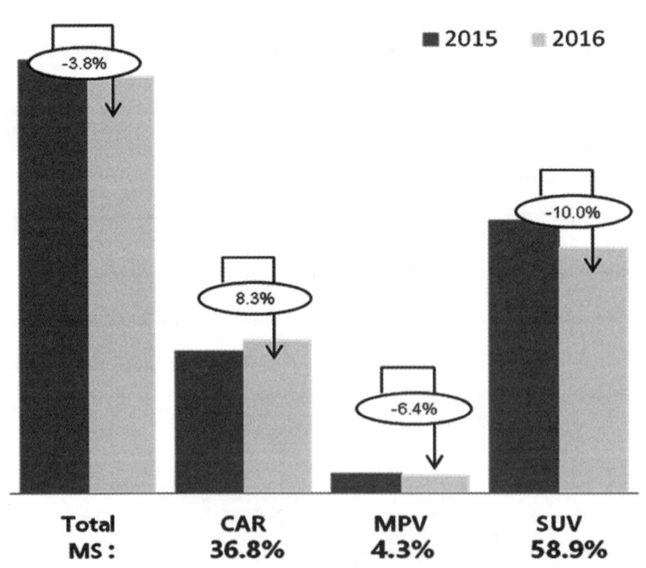

图 9　2016 年乘用车分车型进口量

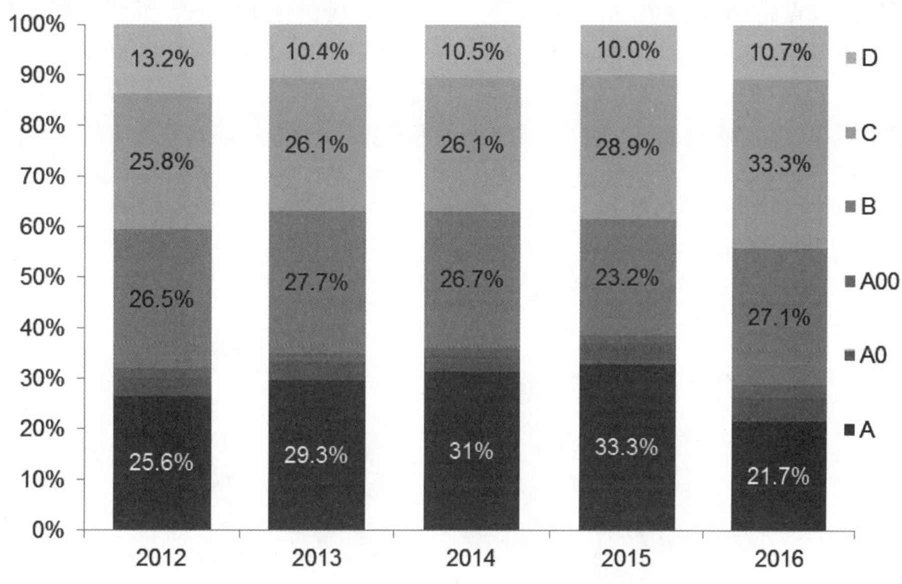

图 10　2012 年 -2016 年进口汽车市场销量份额

六、3.0L 以下排量份额略有下降，但 1.5-2.0L 份额增长明显：在平行进口大排量汽车增多的影响下，3.0L 以下排量份额相较 2015 年全年的 93.1% 下降 1.5 个百分点，达 91.6%；其中 1.5-2.0L 排量区间以 41.6% 的份额保持第一大排量区间，在 2015 年全年 37.5% 的基础上继续提升

2016 年，1.5-2.0L 排量区间以 41.6% 的份额稳居第一大排量区间且增长明显。这一排量区间的份额稳定增长主要是由于购置税政策影响、紧凑型 SUV 车型的拉动及更多 C 级 SUV 车型进入这一排量区间所导致。如雷克萨斯 NX、保时捷 Macan、斯巴鲁森林人、宝马 X3 等是这一排量区间的主力车型且进口量增幅明显。同时，捷豹 F-PACE 等全新车型，奥迪 Q7、宝马 X5 等换代、改款车型为代表的 C 级 SUV 车型也纷纷进入这一排量区间。

同时，受到以大排量车型为主的平行进口汽车市场的拉动，3.0-4.0L 排量区间比 2015 年全年份额上升了 0.9 个百分点。1.0L 以下区间份额的提升则是得益于 MINI、奔驰 SMART 等小排量车型进口量同比的显著上涨。

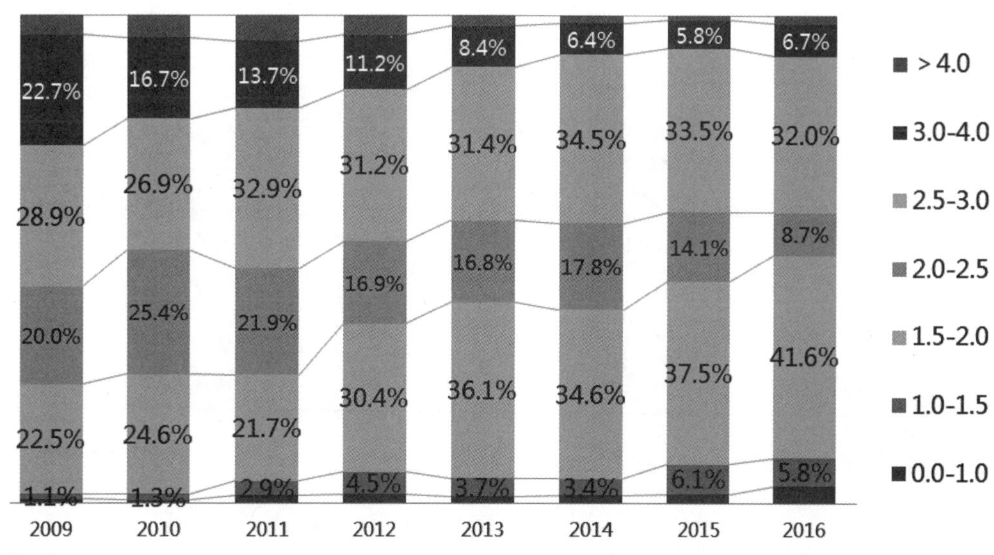

图 11　2012 年－ 2016 年进口汽车市场排量结构变化

七、平行进口试点范围继续扩大，平行进口汽车市场继续逆势增长，进口份额占比超1成：2016年汽车平行进口13.3万辆，同比增长16.3%；占进口汽车市场份额12.8%，较2015年全年市场份额10.5%，继续增长2.3个百分点

2016年，在进口汽车市场规模大幅下滑3.4%的背景下，平行进口汽车13.3万辆，同比增长16.3%，平行进口市场高于市场整体情况。（见图12）

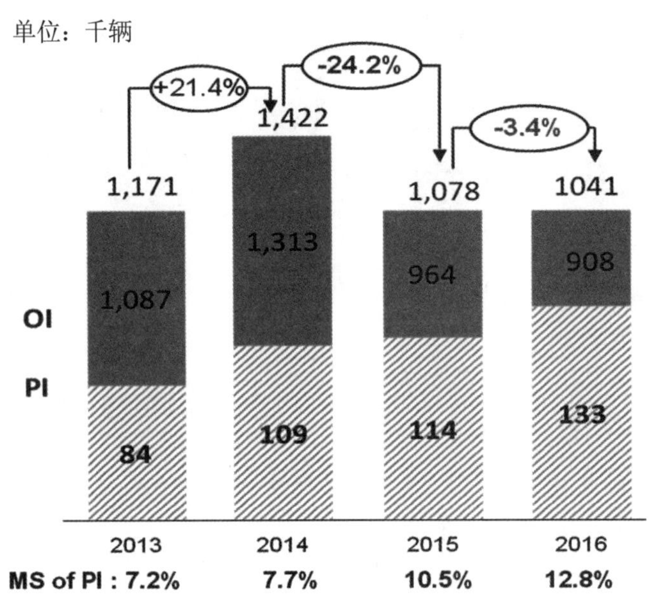

图12　2013年－2016年中国平行进口汽车市场份额

八、新能源汽车进口动力不足，产品供给有限，插电式混合动力车型初探市场：由于进口新能源汽车无法享受国家新能源汽车补贴政策，市场接受度低，因而市场供给有限，规模仅占进口

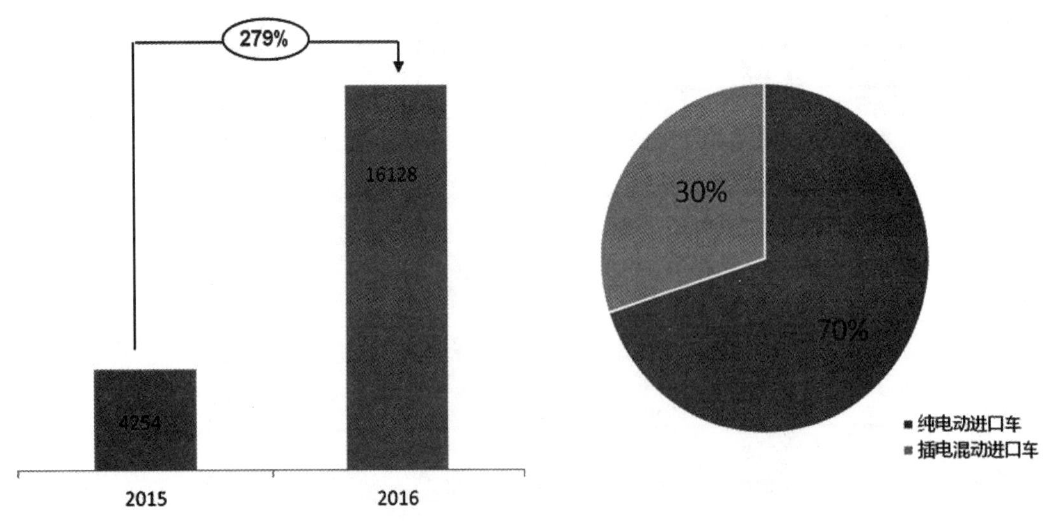

图13　2016年进口新能源汽车进口量情况

汽车总量的 1.5%；2016 年以来，插电混合车引入力度有所加大，占到新能源车进口量的三成

由于新能源汽车的补贴政策不适用于进口新能源车，因此进口车企业进口新能源汽车的动力不足，进口新能源汽车产品数量有限。根据中国进口汽车市场数据库显示，从 2015 年进口的绝对数量来看，以纯电动车型为主，产品主要有特斯拉 Model S，宝马 i3、i8，大众 E-UP！、日产 Leaf。

2016 年，进口新能源汽车达到为 1.6 万辆，占进口车整体比重仅为 1.5%，插电混合动力 SUV 产品供给有所增加，主要是 C 级 SUV 和 D 级轿车，如保时捷卡宴、帕拉梅拉、宝马 X5、7 系、奔驰 GLE、S 级等，从而插电混合动力车型进口量占比大幅增加，达到新能源车的 30%。（见图 13）

进口汽车商检

2016 年度全国进口汽车质量状况

国家质量监督检验检疫总局 员维波

随着我国国民经济的发展，汽车已经成为重要的居民生活用品。汽车的普及为汽车行业的发展提供了良好的契机，而进口汽车则更好地满足了我国国民消费多样化、个性化的高品质需求。与此同时，进口汽车也不可避免地存在一些质量安全问题，危及人民群众人身健康和财产安全。近年来，质检总局先后推动和发布了涉及进口准入、入境验证、口岸检验、缺陷召回和三包监督等进口汽车质量安全监督管理制度，并与公安部、环保部、商务部等相关部门紧密合作，共同建立进口汽车质量安全共治机制。

一、进口汽车总体概况

2016 年，商务部、质检总局等 8 部门出台《关于促进汽车平行进口试点的若干意见》，平行进口汽车试点逐步扩大；进口汽车缺陷召回管理工作持续改进，缺陷召回次数和规模创历史新高；新修订的《大气污染防治法》正式实施，对机动车和非道路移动机械质量安全监管更加完善。

2016 年全国共检验监管进口汽车 7.9 万批次，102.4 万辆，货值达 421.8 亿美元。与 2015 年同期相比，检验监管进口汽车批次数量增长 13.5%、数量减少 7.6%、货值减少约 10%。进口汽车检验监管数量呈现稳中有降的态势。

2016 年进口国别和品牌仍然相对集中。排名前十的国别进口车辆占总体数量的 89.70%，排名前十的国外品牌进口车辆占总体数量的 75.63%。

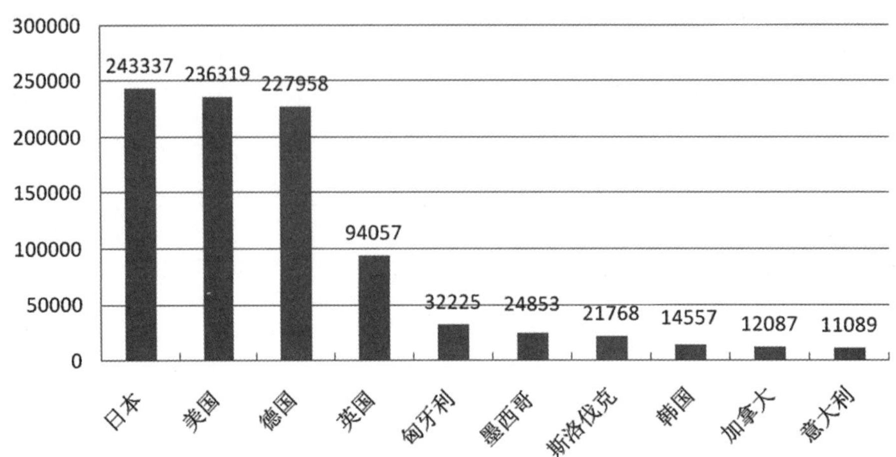

图 1　2016 年度进口量前十位的汽车来源国家

二、进口汽车质量安全状况

（一）口岸检验监管情况

2016 年全国各口岸共检出不合格进口汽车 4659 批，2.35 万辆，货值约 23.93 亿美元。比 2015 年同期分别增长 84.30%、153.99% 和 521.19%。不合格情况主要包括：进口车辆无中文警告性文字、无符合要求的号牌板、无后雾灯、车速表为英制、指示器图标与中国标准不符、后转向灯的光色与中国标准不符以及燃料消耗量标识参数与实车不符等问题，有关不合格车辆全部依法予以处置。

2016 年进口汽车口岸检验不合格率较大幅度增长，主要原因有三个方面：

一是个别新车型质量安全问题频发。例如全国部分口岸曾检出小客车车辆识别代号问题、新型号汽车内门板隔水膜工艺问题、纯电动汽车电池组模块损坏等问题。

二是 2016 年进口改装车数量明显增加。与“大贸车”相比，多数改装车是在国外市场采购后再比照中国标准进行改装，改装不到位易导致口岸检验不合格率较高。例如检出改装越野车电气设备不合格、改装车辆转向系干涉、制动系干涉、私自加装探照灯等多项不合格，截获以旧充新车辆违规进口等情况。

三是新修订的《大气污染防治法》于 2016 年 1 月 1 日起正式实施，各整车口岸出入境检验检疫机构按照法律要求，开展了进口汽车污染物排放、燃油消耗等项目核查。检出部分车型排放不符合国标第四阶段排放限值的要求。

（二）进口汽车缺陷召回情况

缺陷汽车召回是保障进口汽车质量安全，维护消费者合法权益的重要措施。2016 年质检总局及各地出入境检验检疫机构从三个方面着手优化进口汽车召回管理工作：一是改进召回备案流程，突出事中事后监管，有效提升进口缺陷汽车召回工作效率；二是强化风险预警和快速反应机制，注重从消费者、检测机构、口岸检验不合格中发现质量安全风险信息，加大缺陷汽车主动调查力度，指导企业切实履行召回责任；三是加大对汽车平行进口试点企业及改装车进口商履行缺陷召回责任情况的监督力度，敦促企业切实承担进口汽车质量安全主体责任。

2016 年先后发布进口汽车缺陷召回 118 批，涉及进口车辆 175.2 万辆。对进口汽车涉及的重大质量安全缺陷，质检总局向社会公开发布了包括污染物排放超标，安全气囊问题及行驶中熄火等有关警示通告。

第7部类

汽车后市场

DIQIBULEI | QICHEHOUSHICHANG

2016 中国汽车俱乐部行业现状

随着时代发展和人们对汽车的热切需求，不仅推动了汽车生产量的提升，同时推动汽车后服务市场的发展，为了满足车主不断增加的隐性服务需求，汽车俱乐部扮演了汽车后服务市场的专业车管家服务的主角。

随着汽车普及率的提高、汽车技术的电子科技化、功能的复杂化、环保与排放要求的提高，汽车的日常保养、维修、年检、故障、事故处理等日常问题对车主使用汽车的能力、专业要求越来越高，除了汽车专业人士，普通大众将越来越不懂车了。为了解决车主的这些烦恼，各类服务于广大车主的汽车俱乐部不断地涌现，并不断扩大经营规模和业务范围，在解决汽车应用的基本需求得到满足后，开始向金融、保险、租赁、运动、旅行等纵深需求方面发展，同时酷爱汽车旅游运动文化的特殊群体不断扩大，使得各类主题汽车俱乐部应运而生。

一、汽车俱乐部概述

1. 汽车俱乐部的定义

汽车俱乐部是以汽车为载体，为会员提供出行保障、满足会员的用车及汽车生活的不同需求、争取会员消费权益并赢得自身发展的服务机构。它主要包含以下含义：

（1）汽车俱乐部主要的任务是为车主出行提供全方位保障；开发及提供各种满足车主需求和有价值的服务。

（2）在维护车主利益的同时，开展多种经营，扩大收益，促进汽车俱乐部组织的可持续发展。

2. 汽车俱乐部的性质

（1）社会属性

汽车俱乐部的社会属性要求它为组织成员提供基本保障、社会归属和权益维护以及价值实现的需要。由此导致了它具有部分的公益性质，不仅要关心会员、为会员提供出行保障、争取会员权益，还要引导社会舆论增强政府公信力，打造汽车文化概念，进行安全驾驶教育，影响并促进汽车产业的健康发展。

（2）经济属性

在服务车主与社会的同时，结合市场和集聚社会资源，通过技术手段及市场合作共赢为俱乐部本身的发展获得经济收益。

二、汽车俱乐部行业发展特点

1. 从区域化到全国化：覆盖全国的网络化服务是对汽车俱乐部最基本的要求，实现全国服务的“品牌联盟”。

2. 从简单化到多样化：从简单的保障性的服务到维护会员的权益性服务，并引入其他社会服务行业带给车主更为广泛的服务，实现“异业联盟”。

3. 从公益化走向商业化：提供社会化的公益性服务，例如参与交通政策、汽车安全、环境保护等方面的公益活动，协助解决人、车以及社会的矛盾，维护社会和谐，运用会员资源的巨大财富进行商业价值的开发，以此支持汽车俱乐部组织的正常运转。

4. 从国内化到国际化：汽车俱乐部业务突破疆域

限制，在“一带一路” 国家战略下，促进不同国家汽车俱乐部之间的合作与交往，实现俱乐部会员享受全球服务的业务拓展。

三、中国汽车俱乐部现状分析

1. 国内汽车俱乐部具有多样性的特点

从汽车俱乐部的组建形式、服务内容以及运行特点等几个方面划分，目前大致有以下几类汽车俱乐部：

（1）专业汽车俱乐部

这类俱乐部按照国外汽车俱乐部的运营模式组建，为驾车人提供救援、保险、维修等专业汽车服务的汽车俱乐部组织。

（2）汽车品牌俱乐部

汽车经销商组织的品牌汽车俱乐部，由经销商出资，组织各类活动，开展特惠服务，以维护客户关系。

（3）网站汽车俱乐部

这类汽车俱乐部主要依托网站，既以网络为媒介发布各类信息，又以网络为手段组织各类活动。

（4）听众汽车俱乐部

以广播电台车友听众为对象组织起来的汽车俱乐部，尤其以各地的交通台为主。各地的交通台拥有大量的在线听众，靠广播运营着汽车俱乐部。

（5）兴趣汽车俱乐部

由具有共同兴趣爱好的驾车人组成的汽车俱乐部，不以车型为主，以兴趣爱好而聚合。

（6）另类汽车俱乐部

一般规模较小，以简单的服务项目为主，以老会员为核心，是各类汽车俱乐部中难以扩大会员规模的汽车俱乐部。

2. 基于十强汽车俱乐部企业评选数据，反映当前各服务业态的收入比例。

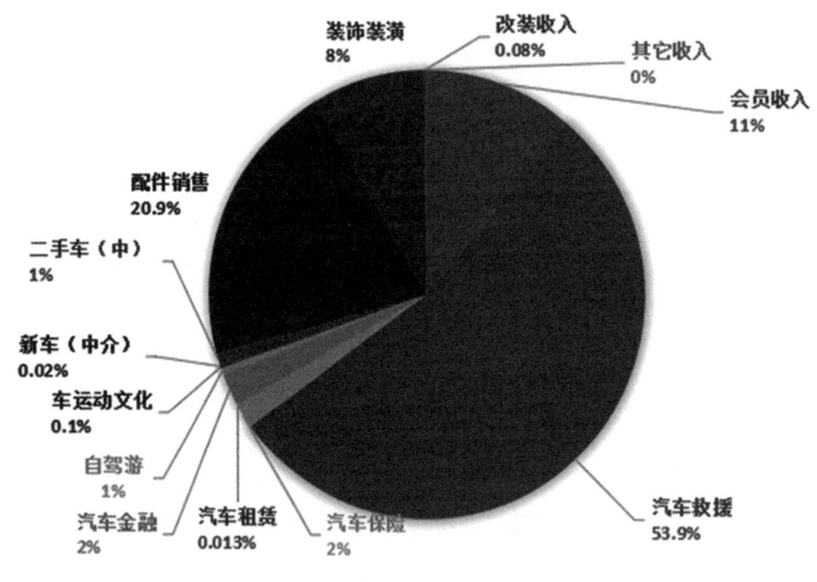

图 1　各业务收入比例

3. 汽车俱乐部营业收入与人均创收比较（以八家为例）（见图 2）

4. 2016 年度汽车俱乐部行业指标

中国汽车俱乐部行业人均产值为 118 万元 / 人，单体最高值 3735 万元；行业资产收入比为 60.6%，单体最高值 277%；行业会员流失率 3.36%，单体最高值 32.6%；行业人会员增长率 5.02%，单体最高值 34.54%；行业人客户投诉率 0.08%，单体最高值 1.23%；

存在的问题：

国内的汽车俱乐部多是只提供某些较有优势的单一服务。在服务范围和服务空间上存在很多的盲点和断层。而国外的许多汽车俱乐部却能够提供救援服务、旅游服务、金融服务、保险服务等各个领域全方位服务。

发展障碍：

1. 目前许多车主对汽车俱乐部的作用与意义缺乏认识，对俱乐部持观望态度。

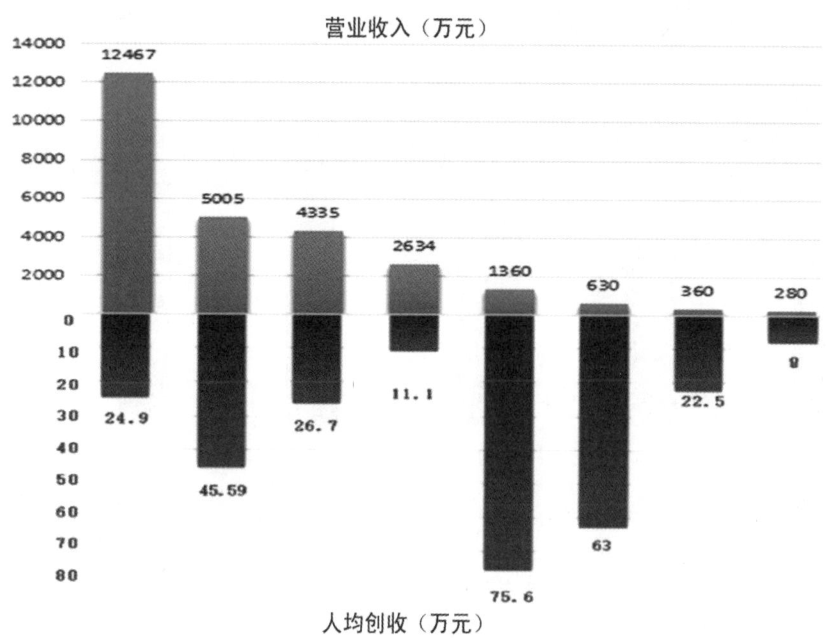

图 2

2. 许多汽车俱乐部的服务相对简单单一，缺少具有独特的服务项目，还不足以吸引消费者。

3. 各俱乐部的经营理念不同，导致了这个行业的不规范，使人们对汽车俱乐部的认识很模糊，而整个汽车俱乐部市场的鱼龙混杂，服务质量良莠不齐也使有些车主对其不太信任。

4. 目前尚未出台真正的法规能对汽车俱乐部进行有效管理与引导。

四、中国汽车俱乐部市场分析

目前在中国，经官方认可开展俱乐部业务的汽车俱乐部约有 15000 家，其中正式以汽车俱乐部命名通过工商注册的有 400 余家，如：北京大陆汽车俱乐部有限公司、车享汽车俱乐部（上海）有限公司、北京惠通陆华汽车俱乐部有限公司、浙江元通汽车俱乐部有限公司、华夏汽车俱乐部有限公司等。约有 20 家是注册资金千万人民币以上且会员数量超过 5 万的超级会员。

国家经济发展状况、汽车保有量、驾驶员数量和人们对汽车服务需求，直接影响着汽车后服务市场的大小，是决定一个国家汽车俱乐部建立与发展的基础和先决条件。

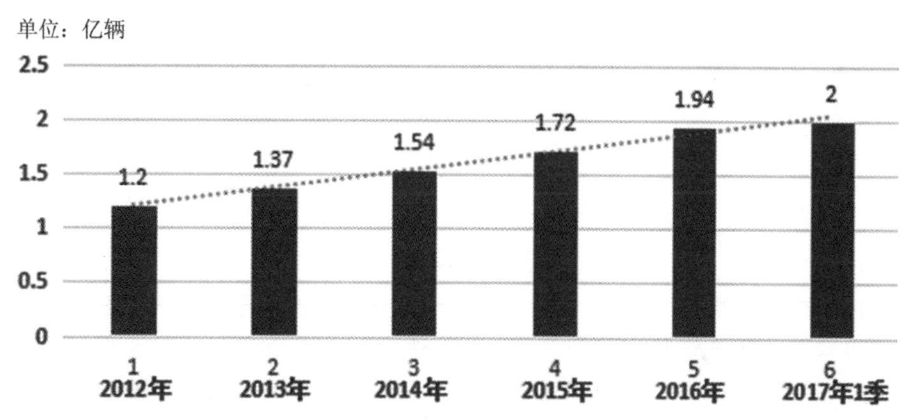

图 3　汽车保有量

截止 2012——2017 年一季度中国汽车驾驶员情况：

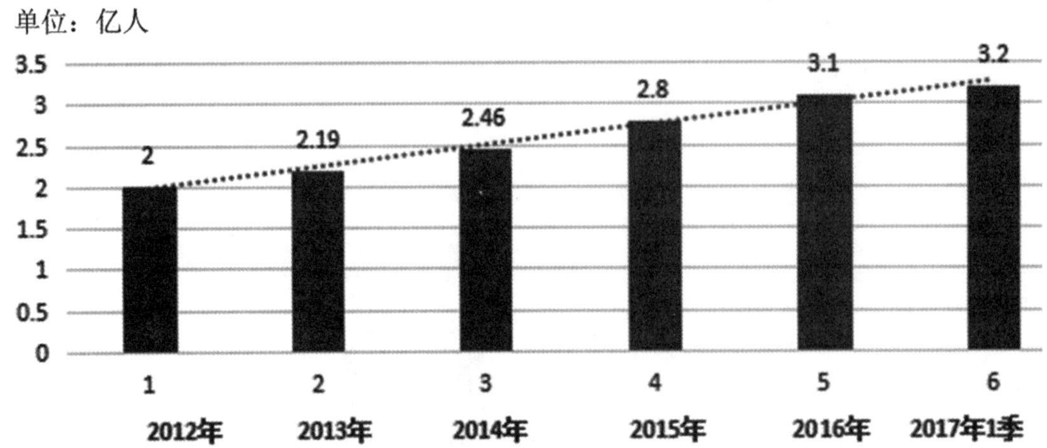

图 4　汽车驾驶员数量

目前中国具有汽车驾驶资格的有 3.2 亿人，占中国人口的 22.8%，而只有 15% 的人群拥有汽车；美国具有汽车驾驶资格的有 2.12 亿人，占美国人口的 70%，73.3% 的人群拥有汽车；因此，若要达到美国保有量的水平。中国要从目前的 2.1 亿辆达到 9.8 亿辆汽车保有量，还有 7.7 亿辆的缺口。

另外，基于中国驾驶员数量的车辆比 65.6%，有驾驶资格的人群 34.4% 无车可开 ；美国基于驾驶员数量的车辆比 103.8%，有驾驶资格的，每人拥有 1.04 辆车。

因此中国汽车产业还有较大的发展空间，同时进一步印证中国汽车俱乐部尚处于发展的初级阶段，市场较为广阔。但中国俱乐部的建设要走我们自己的道路。汽车俱乐部的发展模式，核心的焦点就在于会员发展优先还是服务拓展优先。纵观国内汽车俱乐部的发展模式，俱乐部要想发展，必须两头抓，一方面发展会员，一方面发展服务商网络。我们可以断定，谁握有大量优质的会员资源谁就主宰市场，而并非谁掌握服务商资源谁就主宰市场。

2016 中国房车行业市场概述

一、 房车标准、政策、法规

旅居车分为两大类，即自行式旅居车和拖挂式旅居车。自行式房车因沿用的是乘用车及客车驾驶资格标准，超过六米的房车因驾驶资格原因无法实现大量销售，严重遏制了客户的需求及市场的发展。

拖挂式房车是旅居车中极其重要的一大类，因自身不带动力，价格相对自行式旅居车来说要低，设备完善齐全，使用方便，在国外广受欢迎。在国内，房车标准早期主要是参照 ISO 标准体系编写，尽管已具备相关技术标准，企业在生产环节也不存在过多限制，但公安部对其上路的规范不具体，导致拖挂式房车是否能上高速及收费标准在欠发达地区存在一定争议，同时牵引拖挂式房车的驾驶资格在管理部门及车友之间还存在不同理解，目前经过企业及车友的共同努力正在逐渐改善中。

1. 《旅居车制造标准》

目前，我国已制定并出台了一些有关旅居车的技术标准，包括 QC/T 776-2007《旅居车》、GB/T 22550-2008《旅居车辆、术语及定义》、GB/T 22551-2008《旅居车辆、旅居挂车居住要求》、GB/T 22552-2008《旅居挂车、质量 / 尺寸、术语及定义》、QC/T 452-1999《住宿车通用技术条件》，强制性标准主要参照 GB7258-2012《机动车运行安全技术条件》。

2. 旅居车准驾车型

目前自行式旅居车涉及车型为：大型客车（A1）及小型客车（C1）两类车型。

目前拖挂式旅居车涉及车型为：半挂车（A2），同时道路交通管理条例说明小型客车可以牵引旅居挂车，但未说明是否可以 C1 驾驶，在驾驶资格环节，现在车主和交警之间还有明显理解上的分歧。

二、相关产业政策及影响

2009 年 12 月《国务院关于加快发展旅游业意见》把旅游房车等旅游装备制造业纳入国家鼓励类产业目录。

2011 年 12 月《中国旅游公共服务“十二五”专项规划》推进规划建设一批自驾车旅游服务区、自驾车营地与汽车旅馆。

2011 年 12 月《中国旅游业“十二五”发展规划纲要》大力发展汽车营地、房车宿营地、汽车旅馆、汽车租赁等与休闲旅游新需求相适应的设施和服务。

2013 年 2 月 2 日《国民旅游休闲纲要》保障国民旅游休闲时间，加强带薪年休假落实情况的监督检查，支持汽车旅馆、自驾车房车营地等旅游休闲基础设施建设。

2014 年 8 月 22 日《关于促进旅游业改革发展的若干意见》国发（2014）31 号，首次将房车露营产业提升至国家层面，“建立旅居全挂车营地和露营地建设标准，完善旅居全挂车上路通行的政策措施”。

2014 年 11 月 国务院印发关于加快发展体育产业第 46 号文件，将体育产业上升为“国家战略”。鼓励在有条件的地方制定专项规划，引导发展户外营地、徒步骑行服务站、汽车露营营地、航空飞行营地、船艇码头等设施。

2015 年 4 月 国家公安部交管局正式下发《关于规范旅居车上路通行管理工作的通知》，其中明确提到：为规范旅居挂车上路通行的政策措施，促进这一旅游新业态健康发展，公安部交管局要求各地公安机关交通管理部门准确理解“全挂拖斗车”的定义概念，认识旅居挂车与其他载货挂车在乘坐人数、运载质量、行驶路线、运行规律等方面的区别，小型载客汽车牵引旅居挂车不属于全挂拖斗车。

2015 年 8 月 12 日 《关于进一步促进旅游投资和消费的若干意见》国办发（2015）62 号，明确提出：加快自驾车房车营地建设，制定全国自驾车房车营地建设规划和自驾车房车营地建设标准。

2016 年 9 月 为落实国务院提出的“加快自驾车房车营地建设，2016 年建设 500 个营地”的部署，国家旅游局联合公安部、交通运输部、国土资源部、住房城乡建设部、国家工商总局等 11 部门印发《关于加快推进 2016 年自驾车房车露营地建设的通知》，部署合力推进露营地建设。完成 2016 年建设 514 个营地的任务。

国务院办公厅督查室已将自驾车营地建设列入 2017 年度专项督查内容，可以说，我国自驾车房车营地建设的制度供给越来越充足，对于破除发展中的制度难题起到关键作用。

三、宏观休闲旅游形势

1. 经济发展进入新常态，下行压力大

旅游发展远远高于国民经济增长速度，成为发展亮点，进入效益发展阶段。

总结原因如下：

（1）社会发展的必然

旅游从生活元素变成生活要素，最终变成生活目的。

（2）消费升级

贫困时期追求吃穿用，小康时期住行游，中等发达文体美，发达时期多新奇。

（3）经济下行阶段，休闲生活及旅游等特殊消费增长。

（4）巨量特征

在中国这个 13 亿多人口的国家，任何基数都是一个大的绝对量级。

2．自由行将成为未来中国旅游的主要力量

（1）2015 年国内旅游人次中，自驾游游客占 58.5% 以上，达到 23.4 亿人次。

人均花费 938 元，市场规模 3 万亿元。自驾游为主的自由行占景区接待的 75%。中国旅游车船协会预测，到"十三五"时期末，我国自驾游人数将达到 58 亿人次，约占国内旅游人数的 70% 以上。中产阶层形成主体消费，形成引领自由行风向标。

（2）追求自由行

主要成因是，旅游者成熟度提高，基础设施具备，私家车保有量巨大，有完备的出行信息指导。单一的观光模式向复合模式发展，落地自驾，出境自驾，火车自驾，追求长线，追求新奇。

（3）新消费现象

自驾车、房车、营地三大类，将成为十年中的新消费现象，迅速形成了相应的规模。以自驾为代表，房车快速起步，营地快速布局，将迎来长远发展。

（4）新的生活方式

飞机＋高铁＋汽车＋房车＋露营地＋度假酒店＋景区＋自然风光。新的生活方式，新的体验方式，追求自由，体验自然，未来的诉求满足，未来的市场增长，将迎来长远发展。

四、中国房车制造产业整体发展现状分析

1．中国房车发展现状

中国房车保有量与国际相差巨大，行业发展空间巨大。目前国内房车年销售量持续增长率在 40%-60% 左右

表 1　全球主要国家房车市场情况

2016	营地数量（个）	房车销量（辆）	房车保有量（辆）
中国	600+	6000+	3.5 万
美国	1.8 万	40 万	1060 万
欧洲	3 万	20 万	723 万
澳大利亚	1638	2.2 万	58.6 万
日本	1500	4986	9.5 万

2．中国房车市场产销状况

（1）中国房车企业车型分析

2016 年中国申报产品公告企业 97 家，共申报房车产品公告 458 个。

表 2　房车产品公告情况

年份	2012	2013	2014	2015	2016
公告数量	123	155	256	312	458
生产企业	42	55	65	88	97

（2）中国房车产产销量结构

2016 年自行式房车销量综合数据分析：

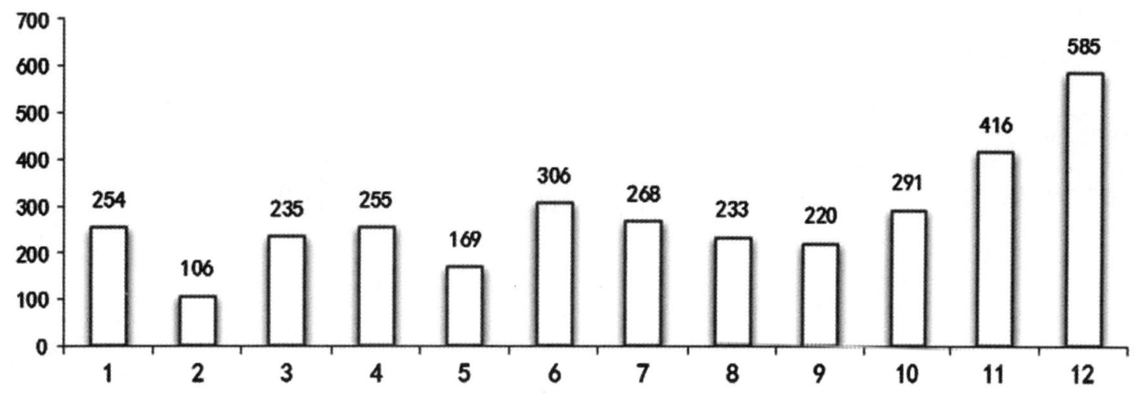

图 1　2016 年国产底盘房车各月销量情况

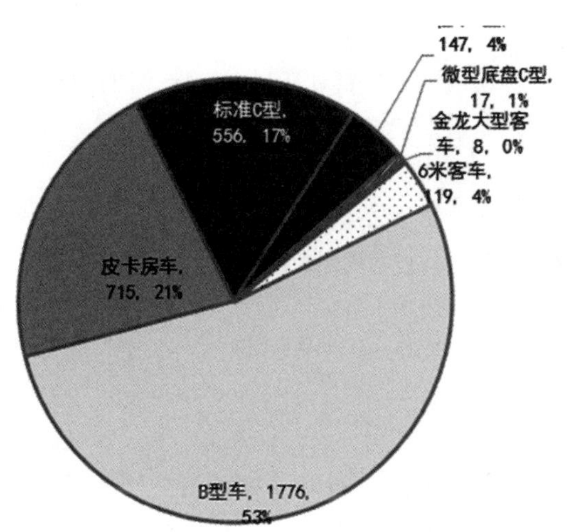

图 2　2016 年各类型房车销量

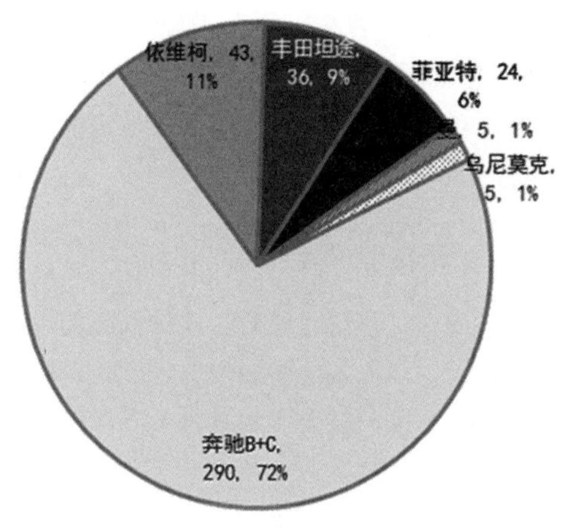

图 3　2016 年进口底盘房车销量

五、房车产销分析

1. 底盘类型涵盖大、中型客车，一类乘用车，二类重卡、轻卡、微卡底盘。

2. 目前每年至少还有 20 家以上的企业通过自己模仿或行业内代工的形式在申报产品公告，这说明中国一千多家专用车企业都在关注这个市场，部分符合生产条件的企业都期望自身的改装产品能向房车转型。同时也都在积极的同国内及国外的相关业内人士及企业进行沟通，寻求适合自己的捷径。

3. 根据公告 6 米以内车型数量比例来看，驾驶资格是厂家制造产品一个主要的决策指标。

4. 一类底盘产品较多说明企业对低门槛的产品比较青睐，说明了国内制造行业的通病，低门槛产品比较容易模仿制造，同质化严重的产品已经进入价格竞争阶段，由于各家产品质量参差不齐，房车产品的口碑和品牌将逐渐分化。各类型企业的产品方向也将逐渐清晰，坚持质量和高性价比的企业将胜出，有些企业将被淘汰。

5. 未来一段时间还将是以大通、全顺为代表的 B 型房车及以依维柯为代表的二类底盘制作的 C 型房车以及以长城为代表的皮卡房车作为房车市场的主流。大巴 A 型房车、大型卡车及非知名底盘为载体的房车短期还不会有大的市场机会。

6. 进口底盘高端房车一直保持在 10% 左右的销量，随着中国房车市场逐渐成熟，房车销量的不断增长，进口底盘房车也会随之增长，这对进口底盘经销商构成利好。

2016 中国车联网发展现状

同北美、欧盟、日韩等发达国家和地区相比，中国的车联网发展尚处于起步阶段。2005 年中国移动在沈阳成立了位置服务基地，并于 2009 年推出了“车 e 行”业务，开始为个人车辆提供一键通、POI 信息、实时交通信息等位置信息服务，同年，丰田汽车的 G-Book 和通用汽车的 Onstar（注：中文品牌为安吉星）也进入中国，于是，2009 年被业界定位成中国的 Telematics 元年。

由于 Telematics 业务融合了汽车、电子、通信、IT 等领域的前沿技术，整个产业链包括汽车制造商、电子设备供应商、移动运营商、软件供应商、内容提供商、服务提供商等各个不同角色，产业链的纵深化吸引了很多国内的科技企业和有志于汽车信息化的精英加入到该行业。

2010 年 10 月 28 日在无锡举行的中国国际物联网 (传感网) 大会传出消息，汽车移动物联网 (车联网) 项目将列为我国重大专项第三专项的重要项目，并且相关内容已上报国务院，一期拨款有望达百亿级别，预期 2020 年实现可控车辆规模达 2 亿。于是，车联网这个名词在物联网和汽车信息化的大背景下应运而生，Telematics 也被车联网这个概念所取代。

目前，国内车联网的研究仅仅是按照车辆的类型，以车辆的信息化研究为基础，进行车网互联的狭义车联网研究，并没有考虑人、车、路的有效协同，因此只能以车辆为标准，分为基于汽车信息化的乘用车车联网和基于车队管理的商用车车联网。

一、乘用车市场

由于 Telematics 概念是因为通用和丰田为了乘用车的信息化而引入中国的，先有 Telematics，再有车联网的概念，在国内乘用车销量迅速增长的大背景下，业界把眼光聚焦在乘用车这个领域，所以，起初谈车联网概念，基本上泛指乘用车信息化。业界对于车联网的理解，基本趋同于乘用车制造商为主导的 Telematics 系统，对于产品形态的理解，基本定格为类似于 G-Book 的车载信息终端。

车联网的发展离不开汽车制造商的积极参与及推动，尤其是合资品牌车厂，如 Ontar 和 G-book 在国内的大力宣传，培育了国内的市场，让消费者了解 Telematics 和车联网概念。国产品牌方面，上汽从最初的积极跟进，之后推出了 inkaNet，到后来居上，成为率先将声控技术引入到车联网领域的国产服务品牌。整车厂的积极参与，将车联网的概念深入到每一个普通消费者。

乘用车市场也分为两大阵营，其一就是以汽车制造商为主导的前装市场，另外就是以车载终端厂商或科技企业为主导的汽车后市场。在汽车后市场，又延伸出了一个保险车联网市场。

从目前的情况看，汽车后市场的企业依然是车联网发展的生力军，虽然车厂主推的车联网概念在热度方面远超于后装市场，也是得益于汽车本身的价值及车厂的品牌影响力所在。除此之外，车厂推出的车联网基本是为了给新车增加一个新的卖点，而汽车后市场的车联网更多聚焦于能否通过车联网获得新的业务增长点，并能给企业带来实质的经济利益，因此，汽车后市场在车联网领域的积极性更高。

在前装市场，比较有代表性的合资品牌有安吉星、G-book、Carwings 及纳智捷。自主品牌比较有代表性的有荣威的 inkaNet、比亚迪的云服务系统、长安的 incall、吉利的 G-NetLink、一汽的 D-Partner。自主品牌车厂基于车联网的平台虽多，但投入商用的车联网系统除了 inkaNet 和比亚迪的云服务系统之外，很多的企业为了宣传需要，只是委托车载终端厂商搭建了一个演示版本而已，并未真正投入商用。并且基于车联网的车型并没有有效地提升汽车销量。国内整车厂还属于试水阶段，平台规划尚未确定。

表一　乘用车车联网品牌列表

厂商	品牌	适用车型及说明
通用	安吉星 /onstar	凯迪拉克、别克、雪佛兰系列车型
福特	SYNC	蒙迪欧、金牛座以及所有 SUV 车型
丰田	G-Book	雷克萨斯、皇冠、凯美瑞等车型
日产	carwings	天籁、天籁公爵、逍客等车型
宝马	BMW ConnectedDrive	新 BMW 7 系、BMW 5 系、BMW 3 系
奔驰	COMAND	奔驰全系
奥迪	MMI	A1 到 A8 及 Q7、S8 等车型
沃尔沃	Sensus	V40、XC60、S60L 等车型
现代	bluelink	索纳塔等车型
观致	观致逸云	观致所有车型
东风裕隆	Think+	纳智捷所有车型
上汽	inkaNet	荣威及 MG 系列车型
比亚迪	云服务系统	思锐、秦、e6 等车型
长安	In-Call	CS35、CX30-HEV、CX20、悦翔等车型
广汽	G-Link 智联网	传祺 GS4 等车型
一汽奔腾	D-Partner	奔腾系列、欧朗、森雅、夏利、威志等车型
东风风神	WindLink	东风风神 AX7 等车型
奇瑞	奇瑞 telematics	奇瑞新 A3、风云 2、瑞麒、瑞虎、艾瑞泽等车型
吉利	G-Netlink	新帝豪等车型
长城	长城车联网	哈弗 H6 等车型
北汽	i-Link	EU260 等车型
海马	moofun	海马 M6 等车型
众泰	Tye-net 智控系统	众泰 Z700 等车型
江淮	i-BOS	和悦、瑞风、瑞鹰等车型

乘用车市场的产品形态多样，包括智能车载导航设备、后视镜导航设备、汽车卫星定位终端、带移动通信功能的电子狗、带移动通信功能的HUD以及OBD产品等。其中智能车载导航设备和后视镜导航设备有自带移动通信功能的产品，也有以蓝牙为传输介质的产品，还有以MirrorLink、APPLink为技术流的产品。这些产品的统一特点都是无法实现车载自组网，不具备车辆与车辆、车辆与道路基础设备、车辆与行人等的互联互通，只是采用不同的方式实现了车网互联。

从2009年到目前，根据产品的演变，乘用车市场车联网的发展经历了三个阶段，分别为2009至2011年的导入阶段，2012至2013年的试错阶段以及从2014年开始的变革阶段。

1. 第一阶段

第一阶段指从2009年到2011年这个时间段，这个阶段属于车联网的导入阶段，其特点是3G网络处于推广阶段，智能手机尚未普及，汽车后市场的车载操作系统以Wince为主。一键通及实时路况是这个阶段的热门关键词。

汽车制造商主导的前装市场，虽然采取车辆出厂标配捆绑销售的方式迅速积累了一些用户，但由于这个阶段的服务内容及商业模式问题，用户的粘性不高，且续费率非常低。和汽车后市场相比，其车联网产品无非是给整车的销售增加一个卖点而已。另外，对于合资品牌的车厂而言，这个阶段的服务也是普遍照搬国外成熟的平台与模式，并没有深入国内市场研究。

车载导航厂商为主导的汽车后市场，从2009年就已经开始研究与Telematics有关的技术。随着汽车导航行业的不断发展，市场竞争加剧，汽车导航产品已进入低利润时代。尤其是进入2011年，随着竞争的加剧，这些厂商为寻求新的业务增长点，纷纷进军车联网行业，以期待在新产品、新业务上有新的突破。但在推广的过程中还是出现了一些瓶颈，一方面，由于Wince车载操作系统的局限性，大多数的终端都是通过一路摸索、改造而成，受2G网络和车载操作系统的影响，车载终端无论是在操作的流畅性、界面的时尚性、网络应用的丰富性以及升级扩展的灵活性方面都差强人意，产品的用户体验不够好，在线服务的质量不高。另一方面，由于要实现车辆与云端的互联互通，设备就必须具备通讯功能，为此，势必增加相应的通讯成本，如通讯模块的成本、通讯费和内容费用，除此之外，更换车载操作系统要更换现有产品方案，需要增加硬件成本以及人力成本，为降低成本压力，很多企业只能在原有产品方案上进行改造。因此，这个阶段的汽车后市场没有取得大的进展。

在服务内容方面，虽然行业内每家企业都声称推出了一键通导航、实时路况、紧急救援、保养提醒、秘书助手、出行服务、车友互联、定位服务、车辆防盗、语音识别等安全、便捷类的服务内容，但这些服务内容中真正能落地的、最有价值的服务依然是一键通和实时路况。无论是汽车制造商主导的前装市场还是以车载导航企业主导的汽车后市场，都是以这两个基本功能作为切入点进入车联网领域。其他功能无法落地的主要原因在于服务内容，如果要做好服务，就要增加服务内容，企业就需要大量的资金，企业的资金源自于用户的服务费，而服务内容的单一又导致用户不愿意付费，这一矛盾让企业面临两难选择。

从2010年到2011年，这两年诞生了一大批专门为车联网服务的呼叫中心，甚至有很多传统的呼叫中心外包企业也纷纷通过呼叫中心进入了车联网行业。从而形成了无呼叫中心不车联网的格局。

三大电信运营商在车联网领域的表现一直非常积极，除了做管道提供之外，也在积极地布局车联网，如中国移动的位置基地，联通推出的CUTP(ChinaUnicomTelematics Pattern)以及电信的一些车联网项目。但出于各自的利益，三家运营商都没有推出相应的车联网行业服务资费标准，且通讯资费价格普遍较高。

图商主要以高德、四维为代表，高德通过布局移动互联网，从而逐步向车联网行业渗透。四维图新则以车联网服务提供商为目标，推出了趣驾服务品牌。高德通过手机端导航地图积累了大量用户，也为高德向车联网领域的渗透提供了足够的用户基础。

这个阶段的商业模式相对比较简单。前装市场在销售车辆的同时，捆绑销售车载终端，并提供一年的免费车联网服务。汽车后市场也是在销售车载终端的同时提供一年的免费车联网服务。整个市场都是第一年服务免费，第二年收费，并且由于服务免费，因此，企业要承担通讯方面的成本，存在一定的成本压力。对于第二年如何收费，用户通过何种方式以及通过何种渠道缴费，整个行业没有明确的思路。

从2009年到2011年这三年，后装市场经历了一个大起大落的过程，最后整个市场归于平静，出现这种情况与终端厂商的结构特点有关。车载终端行业属于高科技制造业，其管理模式及思维方式离不开制造业思维。车联网属于新型产业，要求企业必须对互联网及通信行业有深刻的理解与认识，而终端厂商习惯于把制造业的一些成功经验向车联网行业复制，难免出现一些不适，企业也必须经历这个阵痛期。而现实情况是，终端厂商是重资产企业，投资大，利润低，企业的转型很痛苦，一旦发现在车联网领域内的短期投资没有收益，为了企业的生存，必然会考量投资的可行性，不会考虑长线的投资。因此，在车联网发展过程中遇到瓶颈后，终端厂商在车联网领域的积极性有了明显下降。

2. 第二阶段

第二阶段指从 2012 年到 2013 年这个时间段，这个阶段的特点是第一批进入车联网的企业积极性下降，新进入者开始不断地试错，3G 网络和智能手机基本普及，android 车载操作系统在车载终端市场逐步发展，OBD 作为一种产品形态进入车联网领域，资本开始关注车联网行业。MirrorLink、OBD、Android 是这个阶段的热门关键词。

在这个阶段，受企业性质以及行业特点的限制，汽车制造商主导的前装市场依然延续着第一阶段的思路。而汽车后市场以往主推的一键通及实时路况服务，已经不再是产品的亮点。出现以上变化的主要原因主要有两个方面，一方面是一键通导航的服务粘性不高，而紧急救援业务需要支付给第三方一定的费用，商旅方面的内容需要企业花费大量的时间和经历去整合，再加上用户规模有限，无法吸引传统的商旅企业去关注。另一方面，由于智能手机的快速发展与普及，手机地图逐渐被用户所接受，手机地图不但免费，且开通实时路况的城市更多。

进入 2012 年，保养提醒，远程诊断等与安全车生活有关的内容成为新的选择，尤其是声控的概念给行业带来了新的亮点。值得肯定的是汽车后市场开始关注产业链，尤其是重视 4S 店。由于 4S 店拥有最具价值潜力的客户来源、拥有可提供长期专业服务保障的环境基础、具备独立自主的客户管理体系，因此，汽车后市场的企业积极地将 4S 店纳入整个生态环境，也陆续推出了基于位置服务的 4S 店管理系统。车联网行业也不再保守，跳出了既有的框框，开始大胆地借鉴移动互联网的经验，并开始探讨如何打造基于车联网的生态系统。

这个阶段沿袭第一阶段的商业模式，也就是第一年给用户免费，第二年收费。由于车联网的发展尚处于初级阶段，缺乏杀手级的应用，服务内容的单一导致用户对车联网的认可程度较低，服务粘性不高，续费率很低。由于第一年的通讯成本由企业承担，第二年又无法向用户收费，企业也不可能继续承担通讯成本，因此，过了免费期之后，由于通讯中断，出现了大面积的用户脱网现象。

从 2012 年开始，路畅科技等终端厂商开始陆续采用安卓操作系统，推出了安卓智能车载设备。为了解决服务内容单一和终端的成本问题，不过度依赖于有联网功能的终端，行业内提出了车载终端结合智能手机的思路，将智能手机和终端都看作是为车主服务的载体，且车载终端使用了 Android 操作系统之后为手机与终端的互联扫除了技术障碍，在这种背景下 MirrorLink、APPLink 技术应运而生。采用这种思路，可以通过手机和终端的镜像，将手机屏幕投射到终端，通过终端操作手机，从而实现终端联网，一方面降低了终端的硬件成本和通讯成本，另一方面也实现车联网的一些功能，并能将车主不在线的时间吸引到互联网上来，通过互联网开发出不同的增值服务为车主服务，这种折中方案推出之后，就受到了终端厂商的欢迎。

苹果在移动互联网领域的迅速发展，带动了整个产业，一些从事移动互联网的企业也通过手机 APP 的方式向车联网行业渗透，而 OBD 是实现这种渗透的最好载体，加上 UBI 车险的出现，于是，OBD 成为 2012 年车联网行业发展的热门话题，OBD 产品在车联网领域开始变得活跃起来，OBD 和手机 APP 的结合成为这个阶段流行的产品形态。

OBD 类产品有两大阵营，一大阵营是基于 ELM327 的蓝牙 OBD 产品，这类产品的特点是成本低，但做二次开发如里程统计、油耗分析等功能比较麻烦。蓝牙 OBD 加 APP 的产品形态更适合于发烧友使用，没有建立相应的生态链，纯属于移动互联网向车联网渗透的另类产品。另一大阵营是基于自主方案的 OBD 产品，这类产品由于增加了通讯模块以及通讯成本，虽然价格相对较高，但可以做一些增值的服务，且可扩展性比较强。

OBD 之所以被关注，一方面，得益于移动互联网企业对车联网车联网行业的关注。另一方面，基于手机的导航应用已经被大多数年轻用户所接受，手机导航再增加一些与车有关的相对比较实用服务，就能获得年轻用户的认可。OBD可以读取整车的一些数据，可实现车辆的故障诊断、油耗分析、行程分析等功能，并且和传统的车载导航相比，OBD产品的最大特点是价格便宜、免安装，并且可以迅速行成用户规模。

保险车联网也是这个阶段的新亮点。在国内，由于车险市场竞争日趋激烈，车险费率下行压力加大，为了应对市场竞争，许多保险公司积极创新产品和服务，努力寻求降低风险成本和提高客户忠诚度的有效途径，而在国外发达国家和地区，OBD已经成功应用于UBI车险。在这种背景下，一些企业以OBD产品为基础进军保险车联网市场，出现了基于OBD产品的保险车联网。

正是由于OBD的发展以及保险车联网的产生，在这个阶段，车联网行业已经成为风险投资关注的新兴领域。

3. 第三阶段

第三阶段指从2014年到目前这个时间段，这个阶段的特点是互联网巨头进入车联网行业，在车联网的基础上出现了互联网汽车、汽车互联网及智能网联汽车概念，车联网的大数据、用户体验被关注。大屏车机、后视镜导航、ADAS、互联网汽车、汽车互联网是这个阶段的热门关键词。

进入2014年，无论是前装市场还是汽车后市场，一键通导航已经成为车联网的功能性服务。百度地图目前已经支持推送位置点到宝马、比亚迪、进口大众、雷克萨斯、丰田、奔驰、MINI、奇瑞、起亚、沃尔沃、现代及英菲尼迪等品牌的原厂导航，也支持钛马和TCL康钛等后装导航。而作为老牌的导航地图厂商，高德除了在车载导航方面支持一键通导航之外，还在其手机导航软件中嵌入了一键通导航功能，如高德与安吉星的合作，车主在高德的手机导航软件上搜索地址后，可以直接将地址成功发送给安吉星手机端软件后自动下发全音控导航到车辆，完成跨平台的导航任务。腾讯地图联合四维图新推出了名为趣驾WeDrive的车联网整体解决方案，除了有四维图新的趣驾导航和趣驾T服务等服务外，腾讯也推出了send to car（发送信息点到车载导航）等功能。

从2014年开始，国内互联网巨头百度、阿里巴巴、腾讯、小米、乐视等公司开始陆续进入车联网行业。

2013年8月，百度收购图商长地万方；

2013年8月，百度导航与高德导航相继宣布手机导航免费；

2014年4月，百度硬件峰会上，百度发布了智能互联车载产品“CarNet”；

2014年4月，阿里巴巴全资收购高德；

2014年5月，腾讯发布了首个智能硬件产品路宝盒子+路宝APP，并跨界联合中国人保和壳牌公司成立“i车生活平台”。

2014年5月，腾讯投资四维图新。

2014年7月23日，上汽集团与阿里巴巴集团就互联网汽车达成战略合作；

2014年10月9日，小米科技旗下的两家投资公司包揽了凯立德8400万元定增认购。

2015年4月13日，阿里巴巴和深圳路畅科技联合推出的路畅YunOS智能车载导航在淘宝、天猫电商平台同步上市。

2015年9月14日，腾讯推出车联开放平台。

2015年11月20日，在广州车展上，乐视车联网公司的手机车机互联系统ecolink正式发布，并且搭载在北汽新能源的EU260车型上。

2015年12月10日，百度宣布，其无人驾驶汽车完成国内首次城市、环路及高速道路混合路况下的全自动驾驶。

2015年12月10日，阿里巴巴集团旗下智能操作系统YunOS 2015年度发布会在北京召开，发布了YunOS 5版本，吸引了车载终端厂商的参与。

2016年1月6日，在国际消费电子展（CES）上，乐视携手阿斯顿·马丁共同揭幕了乐视车联版Rapide S。

以上是互联网巨头的一些举措，标志着互联网巨头已进入车联网领域。

互联网巨头都是通过收购或投资导航电子地图厂商开始进入车联网领域，包括后来者小米。一方面，在移动互联网时代，地图无疑是流量的主要入口，也是实现LBS业务和打通线上线下O2O的基础。另外，导航是车主出行基础上的O2O服务，如果说在车联网的服务内容中寻找车主的刚需，导航显然排在第一。

在路况的采集方面，三大互联网巨头都有不通的渠道。高德通过与出租车公司、物流公司合作的方式，据称能掌握海量的路况数据，另外，高德通过手机端软件的众包，也采集了大量的路况数据。百度除了采用第三方的路况数据之外，还通过大数据获取路况数据。对于腾讯而言，除了可以使用四维旗下世纪高通的路况数据之外，腾讯路宝引入了微信、QQ的关系链，用户可以选择将路况信息进行分享，并且也可通过手机端软件采集路况。

在车联网终端方面，只有腾讯推出了路宝盒子，百度和阿里巴巴没有相应的终端产品。

百度先后推出了基于 CarNet 和 Carlife 的智能手机与车载终端互联方案，与车载终端厂商以及汽车制造商进行合作，其合作伙伴包括奥迪、现代、上海通用、奔驰和凯迪拉克等。

腾讯先是通过推出路宝盒子进入车联网终端市场，路宝盒子是腾讯为了其导航地图软件而推出的一款产品，虽然路宝主打行车安全和绿色出行，不是以地图导航为主进入这个市场，但其目的还是为了其导航软件。之后，腾讯又推出了腾讯车联开放平台，这个平台才是腾讯真正用于布局车联网的一套体系。平台向用户推出车载 ROM、车载 APP 和“我的车 /My Car”三套产品体系，向汽车从业者开放具备腾讯内容的服务 API。腾讯车载 ROM 目前采用后装方式，直接和后装车机厂商合作，首批合作方包括路畅集团和华阳集团。车载 ROM 基于安卓系统开发，能够保持实时联网，采用卡片式用户设计，适配多种联网车机，提供导航、信息、娱乐和安全服务，地图数据实时更新以及娱乐内容的多屏同步。车载 APP 的合作方包括博世 mySPIN、东软、福特 AppLink，奔驰和宝马的车主可以在微信和手机 QQ 上使用“我的车 /MyCar”。

阿里巴巴在车载终端方面，以 yunOS 操作系统作为突破口。2011 年，阿里巴巴正式发布了 YunOS 系统，并推出了 YunOS 1.0 版本，开始进入移动智能操作系统领域。2014 年开始，在智能手机之外，YunOS 又推出了应用于智能车载设备的 YunOS for Car，并在智能车载设备领域积累了大量的合作伙伴。

通过百度无人驾驶汽车的首测看，百度在汽车方面的主要战略在于其自动驾驶计划的核心方向——百度大脑，它可实现人与汽车的语言互动，车辆定位，驾驶辅助甚至自动驾驶等功能。

阿里巴巴通过与上汽集团的战略合作直接进军互联网汽车，Yun OS 操作系统是阿里巴巴在互联网汽车方面的突破口。2014 年 10 月 24 日，在 YunOS3.0 发布会上，上汽集团透露，上汽集团与阿里巴巴联合研发中的互联网汽车将采用 YunOS 操作系统，该车将于两年后推出。据上汽方面表示，此次双方的战略合作最终将以用户体验为导向，集成阿里巴巴集团的 YunOS 操作系统、大数据、阿里通信、高德导航、阿里云计算、虾米音乐等资源和上汽集团的整车与零部件开发、汽车服务贸易等资源，开放融合互联网和大数据，围绕用户的车生活，整合双方线上线下资源，为用户提供智慧出行服务。经过几年的努力，YunOS 已经成为第三大移动操作系统，在未来的智能车载设备方面，YunOS 将有更大的发展空间。

随着技术的不断发展、消费者安全意识的增强，最初仅用在豪华车上使用的 ADAS 技术逐渐被市场所接受，ADAS 不再是国外企业独占市场，国内企业也开始加入到 ADAS 技术的研发队伍中，在国内企业的推动下，ADAS 成本开始不断地下降，逐步向中低档车型渗透，也成为 2015 年车联网行业最热的话题之一。目前有 ADAS 功能的车辆只实现了单车的驾驶辅助，并没有通过车载自组网技术实现车辆与车辆之间、车辆与道路基础设施之间的互联互通。

2014 年 4 月，特斯拉正式进入中国，除了华丽的外形、先进的电动技术以及舒适的驾乘感之外，最吸引消费者的还有中控台上那面超大的 17 寸触摸显示屏。除了特斯拉之外，沃尔沃的 XC90、英菲尼迪 Q50 都采用了大屏智能车载设备。在车载导航产品同质化严重、行业低门槛、竞争白热化的背景下，促使汽车后市场的车载终端厂商们积极跟进，迅速地推出了大屏智能车载设备。然而由于适配的车型少、技术上的不成熟，大屏智能车载设备在整个车载终端市场的占比很少，即便少部分公司有一定的出货量，但大多都不带联网功能。终端厂商将希望寄托在各类 link 上面，通过 Link 技术实现手机和终端的互联，或者采用手机作为 WiFi 热点，终端通过连接 WiFi 热点实现联网。

OBD 产品最初被作为车联网的入口，无论在车型的适配性方面，还是在产品的稳定性方面，都存在一定的问题。在相关企业经历了长时间的验证、试错之后，终于有了清晰的定位，目前业界对 OBD 的定位就是一种数据采集模块，更适合于做智能车载设备的传感器，不适合于做独立的车联网产品。

2015 年 6 月 1 日，随着保监会启动商业车险改革试点工作，在试点地区全面启用新版商业车险条款费率，标志着我国在车险政策方面的迈出了重要的一步，保险车联网有望重启曙光。

经过近几年的不断发展，乘用车领域，车厂捆绑式的销售迅速地扩大了用户规模。另一方面后视镜导航产品以成本低、利润高、模具数量少、模具简单以及人工成本和产品的运营成本相对较低等特点在汽车后市场的爆发，急剧地增加了用户规模。主流的后视镜导航产品采用Android操作系统并带有联网功能，基于Wince操作系统的后视镜导航产品和部分车载导航产品也通过蓝牙的方式实现了一键通功能，这几类产品以低成本的方式迅速地扩大了用户量。汽车4S店逐渐所接受车联网方面的产品，4S店已经将隐蔽式的车载定位设备用于消费贷款购车的管理与监控。

二、商用车市场

从产品形态上看，商用车车联网也有多种产品形态，分别为汽车卫星定位终端、GPS/北斗双模定位终端、3G视频定位终端以及车载信息终端。前三种产品的统一特点都是无屏幕，仅用于车辆的监控。而车载信息终端只是在出租车行业有少量的应用。和乘用车所不同的是商用车车联网产品都具备移动通信功能，相同的是商用车车联网的产品也无法实现车载自组网，不具备车辆与车辆、车辆与道路基础设备、车辆与行人等的互联互通，只是采用移动通信的方式实现了车网互联。

由于商用车市场受政策的影响相对比较大，因此，从某种程度上看，车联网在商用车市场的发展速度要快于乘用车市场。从2012年开始，商用车市场的总体增速比较明显，由于政策的驱动，商用车领域以视频监控，车辆定位为主的车联网产品销量迅速增加。

从2009年开始，中国超过美国，一跃成为全球最大车市。车辆的增加加重了道路运输负担，道路运输安全隐患日趋严重，为了进一步加强道路交通管理，规范道路运输经营行为，只有对道路运输车辆实时监控，防患于未然，才能减少道路交通安全事故，保障人民群众生命财产安全。

2011年，交通部办公厅发布了《关于加强道路运输车辆动态监管工作的通知》，要求切实加强道路运输车辆动态监管工作，预防和减少道路交通运输事故，自2011年8月1日起，新出厂的“两客一危”车辆，在车辆出厂前应安装符合《道路运输车辆卫星定位系统车载终端技术要求》（JT/T794-2011）的卫星定位装置，并接入全国重点营运车辆联网联控系统，保证车辆监控数据准确、实时、完整地传输，确保车载卫星定位装置工作正常、数据准确、监控有效。对于不符合规定的车辆，工业和信息化部不予上车辆产品公告；道路运输管理部门在为车辆办理道路运输证时，要检查车辆卫星定位装置的安装和工作情况。凡未按规定安装卫星定位装置的新增车辆，交通运输部门不予核发道路运输证。

按照通知要求，对于已经取得道路运输证但尚未安装卫星定位装置的营运车辆，道路运输管理部门要督促运输企业按照规定加装卫星定位装置，并接入全国重点营运车辆联网联控系统。从2012年1月1日起，没有按照规定安装卫星定位装置或未接入全国联网联控系统的运输车辆，道路运输管理部门应暂停营运车辆资格审验。公安部门要逐步将“两客一危”车辆是否安装使用卫星定位装置纳入检验范围。自这份通知出台之后，部分省市对货运车辆也做了相关的规定，要求8吨以上的货运车辆必须安装车载终端。

2014年，交通部2014第5号文件《道路运输车辆动态监督管理办法》颁布，包括用于公路营运的载客汽车、危险货物运输车辆、半挂牵引车以及重型载货汽车（总质量为12吨及以上的普通货运车辆）。与“两客一危”9个省的覆盖范围相比，此次5号令所针对的则是全国范围的旅游客车、包车客车、三类及以上班线客车和危险货物运输车辆。并且文件要求重型载货汽车和半挂牵引车在出厂前应当安装符合标准的卫星定位装置，并接入全国道路货运车辆公共监管与服务平台。

至此，关于商用车方面的政策已经相当明朗，各级政府及主管部门鼓励企业积极参与政府组织的道路运输安全化及物流信息化建设，因此，在商用车市场，政策促进了市场的发展。由于对车载装置和监控平台制定了相应的标准及规范（JT/T794-2011），企业在技术研发的过程不再迷茫，产品和平台只需按部标即可满足行业监管的需求，而最终的用户可选择性不多。

由于商用车市场地域性很强，所以主要以B2B（即Business-to-Business）为模式的后装市场为主，且以自上而下的项目形式进行市场推广，无论是在收费方面还是在项目推进方面，要容易很多。

从市场上的产品分析，商用车车联网的主要目的一方面是用于交通主管部门的监管，另一方面，用于车辆的安全监控。和乘用车车联网类似，只是实现车网互联，但与车联网相差还很远。商用车车联网的服务内容为超速报警、电子围栏、超时驾驶报警等行车过程中对驾驶员驾驶行为管理的功能以及对车辆调度、油耗监控、位置查询、安全提醒和车况管理等功能。从目前看，商用车车联网只是用于车队管理，只解决了车辆的在线监控管理，规范了驾驶者的行为，但其车载终端无论是产品形态还是功能，都无法给驾驶者带来真正的价值，更谈不上用户体验了。虽然也有企业在产品中增如了货运导航等功能，可以帮助驾驶者避开限行、限高等路段，也只是小众市场，商用车市场的主流产品依然限定在部标的框架之内。况且，商用车市场基本受地方政策的影响，很难规模化发展。

虽然车厂也推出了相应的品牌，如宇通的安节通，三龙的 G-BOS，陕汽重卡的天行健，北汽福田的欧辉，但车厂很难做到这些车联网服务的真正落地。商用车的运营牌照由当地交通部门所颁发，必须接受当地交通部门或安全部门的监管，而地方的监管平台基本都是由当地的位置服务运营商进行管理和维护，因此，车厂的车联网服务只能交由当地运营商进行服务。另外，地方交通部门的监管平台必须接入到交通部平台统一监管。因此，无论车上安装了那个品牌的设备，只要不满足交通部或当地交通部门的要求，车辆就无法接入。

表二　商用车车联网品牌列表

厂商	品牌	适用车型及说明
东风	快召货车	手机端物流信息平台
一汽	D-Partner	解放 J6 牵引、解放 J6 载货
福田	ifoton	欧曼、欧辉、雷萨重机、工程车等系列车型
陕汽	天行健	重型载货车
上汽大通	InteCare 行翼通	V80 等车型
海格	G-BOS	海格客车系列车型
宇通	安节通	宇通客车全系列车型
重汽	智能通	危化品运输车、油罐车、城市渣土运输车
上汽依维柯	杰时达 GEN-Star 车联网系统	红岩渣土车、全新杰狮重卡等车型
江淮	卡嘉	格尔发重卡
柳汽	乘龙 V+	载货车、危运车、渣土、冷链等车型
北奔重卡	北奔重卡物联网	重卡
华菱星马	华菱星马车联网	汉马、星凯马系列重卡
联合卡车	联合通	集瑞联合卡车
安凯	安凯 e 控系统	电动客车
亚星	星云·智控	亚星客车
厦门金旅	适百科·SPARK	金旅客车
中通	中联智通	中通客车

在商用车领域，出租车行业出现了多种叫车软件，不断地颠覆着传统的出租车市场。除了手机叫车软件的爆发之外，物流车货对接软件逐渐地形成一定的市场规模，用于查询公交实时运行动态的手机端公交查询软件也形成了一定的市场规模。

三、总结

经过几年的发展，从产品的发展历程来看，企业还不断地试错，国内的车联网仍然处于摸索阶段，尤其是乘用车市场，大家纠结于车联网的杀手级应用，但又很难找出杀手级的应用。服务内容的单一导致车主对车联网的认可程度不高，服务粘性不高，续费率很低。

虽然OBD产品对于车险公司有很大的帮助，但设备毕竟是安装在用户的车辆上，因此必须要有良好的用户体验。现在市面上都是标准的OBD产品，读取的是五大协议的基本功能，其功能如故障诊断、行程分析、车况分析以及驾驶行为分析只能看做是用户的柔性需求，无法吸引用户参与体验。保险车联网市场无法活跃，一方面是政策方面的因素，另一方面，就是产品的用户体验。

从服务内容的角度分析，如果把乘用车车联网的服务内容做一个归纳，那大致分为三大类，分别为安全、便捷、舒适及娱乐。显然，安全是乘用车车联网最主要的服务内容。从目前服务商提供的内容看，离这个目标还有一定的差距。

从用户需求角度分析，在发展车联网的过程中，企业关注更多的是如何给汽车制造商或渠道或自身带来利益或价值体验，却很少去花时间去研究用户需求，满足用户的需求，不提用户体验，忘记了谁在使用车联网，这也是中国车联网的怪现象。

综上所述，从道路交通安全及社会效益方面分析，我国的车联网发展与发达国家和地区差距更大，无法做到车路的有效协同，更谈不上人、车、路的有效协同。车联网是一个跨学科、跨行业的领域，关键技术的研发和落地需要多行业、多部门的组织协调，显然只有政府才能做好组织协调工作。由于没有相关的政策和法规做指导，政府没有做好有效地引导，因此，目前的现状是仅靠科技企业在推动，汽车制造商作为最核心的角色，没有积极参与，大专院校和科研机构仅做车载自组网的理论研究。如果不改变目前的这种现状，就无法通过车联网来解决当前所面临的道路交通安全、交通拥堵以及尾气污染等问题。

汽车召回

2016 年全国汽车召回情况一览表

沈阳捷通消防车有限公司召回沃尔沃 FM 底盘车

制造商	沃尔沃汽车			
召回时间	2016-01-14 至 2017-01-11			
涉及数量	1			
车型	型号	年款	VIN 范围	
消防车	泡沫消防车	2014	起：YV2XSK0G1FA773182 止：YV2XSK0G1FA773182	
缺陷情况	所涉缺陷车辆为钢板弹簧悬架的双转向前桥，其中连接钢板弹簧和前桥的 U 型螺栓之紧固螺母可能松动，会导致转向前桥和大梁安装位置发生超过正常值的变化，容易引起转向前桥异响和轮胎早期磨损。			
可能后果	如该 U 型螺栓紧固螺母松动，会导致转向前桥和大梁安装位置发生超过正常值的变化，容易引起转向前桥异响和轮胎早期磨损。			
维修措施	首先检查转向前桥 U 型螺栓螺母紧固扭矩是否小于校验值要求，如果不小于校验值则无需对车辆做进一步操作；如果小于校验值则松开所有 U 型螺栓螺母并重新拧紧至标称扭矩。			
改进措施	2015 年第 24 周开始生产的车辆，恢复使用机器操作的方式，设定了正确的转向前桥 U 型螺栓螺母紧固扭矩至标准值即对于 FM 底盘车为 M20：630 ±85 Nm。并且将螺母的扭紧力矩和旋转角度监控记录在系统中以备复查。			
投诉情况	在中国无该缺陷的投诉、索赔及故障案例信息。			

现代汽车（中国）投资有限公司召回部分进口捷恩斯（GENESIS）车辆

制造商	现代汽车			
召回时间	2016-01-20 至 2016-04-20			
涉及数量	71			
车型	型号	年款	VIN 范围	
捷恩斯	3.0 GDI 2WD/3.0 GDI 4WD	2014-2015	起：KMHGN41D5FU013512 止：KMHGN41C9FU087782	
缺陷情况	召回范围内的部分车辆因设计原因轮胎侧壁变形部位应力分散不足，在行驶过程中轮胎可能有噪音或底盘会有异常震动。			
可能后果	长时间行驶时，部分 18 英寸韩泰轮胎侧壁面可能发生开裂现象，存在安全隐患。			
维修措施	现代汽车（中国）投资有限公司将对上述受影响的召回对象车辆，按照维修程序免费更换成 4 条锦湖轮胎，以消除该缺陷。			
改进措施	2015 年 2 月 10 日起，生产线上的车辆装配锦湖轮胎。			
投诉情况	国内无相关投诉。			

克莱斯勒（中国）汽车销售有限公司召回部分进口大切诺基及进口指挥官车型

制造商	克莱斯勒			
召回时间	2016-01-28 至 2017-01-28			
涉及数量	2334			
车型	型号	年款	VIN 范围	
Commander 指挥官	Commander 指挥官（4.7L）；Commander 指挥官（5.7L）	2008	起：1J8H358278Y100325 止：1J8H358N18Y111475	
Grand Cherokee 大切诺基	Grand Cherokee 大切诺基（5.7L） Grand Cherokee 大切诺基（3.7L）	2008	起：1J8HC58268Y100851 止：1J8GC48KX8Y113916	
缺陷情况	车辆右侧大灯的照射角度可能不符合相关的法规要求。			
可能后果	如果没有正确调整的右侧大灯的灯光照射高度过高，将可能对迎面行驶的车辆或行人产生眩目。			
维修措施	作为预防措施，戴姆勒股份公司将通过梅赛德斯 - 奔驰授权经销商召回车辆免费检查受影响车辆的大灯并根据需要进行调整。			
改进措施	在大灯调整环节增加了检查校准环节，可以保证 2015 年 4 月 21 日以后生产的车辆上不会存在该问题。			
投诉情况	中国市场未收到关于此问题的索赔记录。			

大众汽车（中国）销售有限公司召回部分进口大众汽车

制造商	大众汽车			
召回时间	2016-01-25 至 2017-01-24			
涉及数量	78083			
车型	型号	年款	VIN 范围	VIN 搜索
夏朗	夏朗 1.8TSI 舒适版，夏朗 2.0TSI 舒适版，夏朗 2.0TSI 豪华版	2012-2014	起：WVWCR57N2CV022820 止：WVWLR57N7EV041818	详细
CC	CC 3.6 顶配版，CC 2.0T 豪华版	2009-2012	起：WVWST23C39E550293 止：WVWST23C7CE553334	详细
奕鸥	奕鸥（EOS）	2010-2013	起：WVWSR31F4AV011008 止：WVWSR31FXDV001412	详细
尚酷	尚酷豪华版，尚酷风尚版	2009-2014	起：WVWS131339V026432 止：WVWS63131EV019863	详细
尚酷 R	尚酷 R	2011-2013	起：WVWR23134BV021600 止：WVWR23137DV019004	详细
跨界高尔夫	跨界高尔夫	2012	起：WVWC131K2CW524800 止：WVWC131K4CW562156	详细
迈腾	迈腾全路况车	2013-2014	起：WVWTR13C9DE025731 止：WVWTR13C3EE106287	详细
迈腾旅行轿车	2.0TSI 豪华型，2.0TSI 舒适型，R36	2010-2014	起：WVWJT13C3AE064240 止：WVWPR13C0EE126708	详细
途威	途威（Tiguan）四驱 2.0TDI 豪华版，途威（Tiguan）四驱 2.0TSI 舒适版，途威（Tiguan）四驱 2.0TSI 豪华版	2010-2014	起：WVGSH35N2BW500096 止：WVGEK35N6EW519673	详细
高尔夫 R	高尔夫 R	2011-2013	起：WVWR261KXBW214868 止：WVWR261K8DW019029	详细
高尔夫旅行版	高尔夫旅行版高配版	2010-2011	起：WVWS131K4BM673912 止：WVWS131K5CM668218	详细
缺陷情况	长头发或纤维等异物可能进入转向柱开关电子模块，极端情况下可能阻碍电子模块内部的导线（扁平电缆）并产生导线连接故障，影响驾驶员侧前气囊的功能和喇叭功能。在发生车辆碰撞时驾驶员侧前安全气囊可能无法正常展开。故障发生时仪表板上的安全气囊报警灯会点亮提醒驾驶员立即联系授权经销商进行检修。			
可能后果	极端情况下可能导致车辆发生碰撞时安全气囊无法正常展开。故障问题发生时，仪表盘的安全气囊故障指示灯会点亮并提示乘客立即前往授权经销商对车辆进行检查。基于不同的车辆配置情况，该故障也可能影响方向盘上的电话和音响按钮功能。			
维修措施	对于涉及到此次召回，安全气囊报警灯没有点亮的车辆，大众汽车（中国）销售有限公司将委托授权经销商免费为涉及召回车辆的转向柱开关电子模块加装外罩密封环，从而可以有效地防止异物的进入，避免发生此类问题。对于涉及到此次召回且安全气囊报警灯已经点亮的车辆，经销商将为需要更换转向柱开关电子模块的车辆更换此零件。			
改进措施	转向柱开关电子模块在 2012 年 12 月在供应商处进行了改进并实施了生产变更。			
投诉情况	中国市场共有 304 件相关投诉报告。			

浙江豪情汽车制造有限公司召回吉利牌 EC8 汽车

制造商	吉利汽车			
召回时间	2016-01-25 至 2016-07-31			
涉及数量	1593			
车型	型号	年款	VIN 范围	
EC8	1.8L 三厢、2.0L 三厢、2.4L 三厢	2012-2013	起：LB37964Z2CJ003051 止：LB37964Z6EJ001158	
缺陷情况	由于线束供应商制造原因，有可能导致侧气帘信号不能正确传递。			
可能后果	极端情况下，可能导致侧气帘不能正确展开，存在安全隐患。			
维修措施	浙江豪情汽车制造有限公司将为召回范围内的车辆免费检测，加装线束转接装置，以消除安全隐患。			
改进措施	室内灯线束总成左右侧安全气帘接插件变更。			
投诉情况	无			

梅赛德斯 - 奔驰（中国）汽车销售有限公司召回部分进口梅赛德斯 - 奔驰 C200 旅行轿车

制造商	奔驰汽车			
召回时间	2016-02-01 至 2017-02-01			
涉及数量	194			
车型	型号	年款	VIN 范围	
C200 旅行轿车	205242/WH4CB	2015	起：WDDWH4CB1FF183640 止：WDDWH4CB3FF194400	
缺陷情况	车辆右侧大灯的照射角度可能不符合相关的法规要求。			
可能后果	如果没有正确调整的右侧大灯的灯光照射高度过高，将可能对迎面行驶的车辆或行人产生眩目。			
维修措施	作为预防措施，戴姆勒股份公司将通过梅赛德斯 - 奔驰授权经销商召回车辆免费检查受影响车辆的大灯并根据需要进行调整。			
改进措施	在大灯调整环节增加了检查校准环节，可以保证 2015 年 4 月 21 日以后生产的车辆上不会存在该问题。			
投诉情况	中国市场未收到关于此问题的索赔记录。			

大众汽车（中国）销售有限公司召回部分进口大众途锐混合动力汽车

制造商	大众汽车			
召回时间	2016-02-18 至 2017-02-17			
涉及数量	2120			
车型	型号	年款	VIN 范围	
途锐	途锐混合动力	2011-2014	起：WVGAD97P6BD013486 止：WVGAD97P7ED055444	
缺陷情况	如果有水漏到后备厢内且无法排出，水会积蓄在后备厢地板下方且肉眼无法发现，如果水积蓄的过多，则会浸泡高压蓄电池并导致发生短路。			
可能后果	在极端情况下，可能导致高压蓄电池的两极发生烧蚀甚至引起失火。			
维修措施	大众汽车 (中国) 销售有限公司将委托授权经销商免费为涉及召回车辆的后备厢备用胎槽内安装排水阀。			
改进措施	2015 年 4 月开始为生产线上的车辆后备厢备用胎槽内安装排水阀。			
车主通知	对于拥有客户档案的用户，大众汽车（中国）销售有限公司将自召回公布之日起通过电话和书面（挂号信）的形式通知车主相关缺陷的信息。对于没有客户档案的用户，可以通过大众汽车（中国）销售有限公司官方网站（http://vico.vw.com.cn），免费服务热线电话 400-188-0888 及相关授权经销商查询;			

长城汽车股份有限公司召回部分长城 C20R 汽车

制造商	长城汽车			
召回时间	2016-03-10 至 2017-03-09			
涉及数量	8291			
车型	型号	年款	VIN 范围	
C20R	C20R 2013 款 1.5L 手动都市型、C20R 1.5L 手动豪华型	2013	起：LGWED2A40DE000006 止：LGWED2A4XDE007495	
缺陷情况	由于供应商生产制造原因，电动转向控制单元内部元器件焊接强度不足，车辆长期使用后可能会出现开焊。			
可能后果	极端情况下会导致车辆转向助力下降，转向沉重，存在安全隐患。			
维修措施	免费更换改进后的电动转向控制单元。			
改进措施	该车型已停产。			
投诉情况	收到索赔信息 42 例。			

马自达（中国）企业管理有限公司召回部分进口 Mazda6 汽车

制造商	马自达汽车			
召回时间	2016-02-02 至 2016-08-01			
涉及数量	295			
车型	型号	年款	VIN 范围	
Mazda 6	Mazda 6	2003-2004	起：JM7GG443431117185 止：JM7GG443551160954	
缺陷情况	安全气囊气体发生器在气囊展开时可能存在气体发生器因内部压力异常造成壳体破损。			
可能后果	导致气体发生器壳体碎片飞出，可能伤及车内人员，存在安全隐患。			
维修措施	对召回范围内车辆免费检查更换气体发生器，回收旧件用于调查。			
改进措施	目前原因还没有查明，作为预防措施，对涉及缺陷的安全气囊气体发生器进行回收调查。			
投诉情况	截止目前，中国售后市场未发生过上述缺陷。			

一汽轿车股份有限公司召回部分国产马自达 6 汽车

制造商	一汽马自达			
召回时间	2016-02-02 至 2016-08-02			
涉及数量	46702			
车型	型号	年款	VIN 范围	
马自达 6	马自达 6 2003 款 2.3L 自动豪华型 马自达 6 2003 款 2.3L 自动技术型 马自达 6 2004 款 2.0L 自动豪华型 马自达 6 2005 款 2.0L 手动型 马自达 6 2005 款 2.0L 自动超豪华型 马自达 6 2005 款 2.3L 自动豪华型 马自达 6 2005 款 2.3L 自动技术型 马自达 6 2005 款 2.3L 自动旗舰型	2003-2005	起：LFPH5ABC149018462 止：LFPH5ABC659037669	
缺陷情况	安全气囊气体发生器在气囊展开时可能存在气体发生器因内部压力异常造成壳体破损。			
可能后果	导致气体发生器壳体碎片飞出，可能伤及车内人员，存在安全隐患。			
维修措施	对召回范围内车辆免费检查更换气体发生器，回收旧件用于调查。			
改进措施	目前原因还没有查明，做为预防措施，对涉及缺陷的安全气囊气体发生器进行回收调查。			
投诉情况	截止目前，中国售后市场未发生过上述缺陷。			

丰田汽车（中国）投资有限公司召回部分进口雷克萨斯 LX470 汽车

制造商	丰田汽车			
召回时间	2016-03-02 至 2017-03-01			
涉及数量	749			
车型	型号	年款	VIN 范围	
Lexus LX	LX470	2004-2006	起：JTJHT00W203551864 止：JTJHT00W964018042	
缺陷情况	空气囊控制单元中，由于系统启动程序不完善，当车辆处在不平整路面泊车的状态下，起动发动机后且迅速跨越路肩等时，车辆的侧翻传感器校正的零点有可能发生偏差。因此，当车辆发生倾斜时，就可能会被误判断为车辆侧翻，从而导致帘式空气囊及座椅安全带预收紧装置工作，影响驾驶员的正常操作，存在安全隐患。			
可能后果	当车辆发生倾斜时，就可能会被误判断为车辆侧翻，从而导致帘式空气囊及座椅安全带预收紧装置工作，影响驾驶员的正常操作，存在安全隐患。			
维修措施	对所有对象车辆，更换修改了系统启动程序的空气囊控制单元。			
改进措施	不涉及。			
投诉情况	中国市场未确认到上述故障的技术报告。海外市场确认到 41 件上述故障的技术报告。			

斯巴鲁汽车（中国）有限公司召回部分进口斯巴鲁驰鹏汽车

制造商	斯巴鲁汽车			
召回时间	2016-04-01 至 2018-03-31			
涉及数量	4015			
车型	型号	年款	VIN 范围	
驰鹏	2007 款驰鹏 3.0 2008 款驰鹏 3.6 2009 款驰鹏 3.6 2010 款驰鹏 3.6 2011 款驰鹏 3.6 2012 款驰鹏 3.6	2007-2012	起：4S4WX05N674002179 止：4S4WX98H0CS034688	
缺陷情况	该当车型前机盖锁及安全锁由于锈蚀或者锈蚀所造成的异物等原因，组件可能会出现卡死的情况。			
可能后果	该当车型车辆前机盖锁及安全锁如果出现同时解锁，在行驶中，因震动和风的作用下，可能导致汽车前盖掀起，遮挡前方视野，存在安全隐患。			
维修措施	本次召回分两个阶段实施。第一阶段，免费清查召回车辆的锈蚀状况。必要时免费更换新的前机盖锁及安全锁，避免故障发生。第二阶段，为召回车辆免费具有强制闭锁功能的前机盖锁及安全锁，消除安全隐患。			
改进措施	对象车辆已经停产。			
投诉情况	无。			

大众汽车（中国）销售有限公司召回部分进口途威和夏朗汽车

制造商	大众汽车			
召回时间	2016-03-07 至 2017-03-06			
涉及数量	86			
车型	型号	年款	VIN 范围	
夏朗	夏朗 1.8TSI 标配版， 夏朗 1.8TSI 舒适版， 夏朗 2.0TSI 舒适版	2015	起：WVWCJ57N1FV030225 止：WVWLR57N9FV030577	
途威	途威四驱 2.0TSI 豪华版	2015	起：WVGEH35N0FW073777 止：WVGEH35NXFW570366	
缺陷情况	本次召回范围内的部分车辆由于供应商制造问题，驾驶员侧及副驾驶员侧安装的侧气囊可能存在制造缺陷，导致在车辆发生碰撞引起侧气囊打开时造成气囊气体发生器破裂。			
可能后果	当此问题发生时，气囊气体发生器的零件可能被推进乘客座舱内，并可能进一步导致对乘客的撞击和伤害，存在安全隐患。			
维修措施	大众汽车（中国）销售有限公司将委托授权经销商免费为安装了相应生产批次高田侧气囊的车辆安装新生产的侧气囊。			
改进措施	由于缺陷原因仍未确认，高田和大众集团仍在研究调查中。			
投诉情况	中国市场没有相关的投诉。			

一汽 - 大众汽车有限公司召回部分进口奥迪 Q5 和 SQ5 汽车

制造商	奥迪汽车			
召回时间	2016-03-07 至 2017-03-06			
涉及数量	18			
车型	型号	年款	VIN 范围	
Q5	Audi Q5 45 TFSI quattro 运动型、Audi Q5 45 TFSI quattro 越野型	2015	起：WAUCGD8R3FA087380 止：WAUCGD8R6FA088393	
SQ5	SQ5	2015	起：WAUCGD8R6FA087549 止：WAUCGD8R6FA087549	
缺陷情况	本次召回范围内部分车辆由于供应商制造问题，驾驶员侧及副驾驶员侧安装的侧气囊可能存在制造缺陷，导致在车辆发生碰撞引起侧气囊打开时造成气囊气体发生器破裂。			
可能后果	当此问题发生时，气囊气体发生器的零件可能被推进乘客座舱内，并可能进一步导致对乘客的撞击和伤害，存在安全隐患。			
维修措施	一汽 - 大众汽车有限公司将委托奥迪特许经销商免费为安装了相应生产批次的高田侧气囊的车辆安装新生产的侧气囊。			
改进措施	由于缺陷原因仍未确认，高田和大众集团仍在研究调查中。			
投诉情况	中国市场没有相关的投诉。			

克莱斯勒（中国）汽车销售有限公司召回部分进口大切诺基和指挥官汽车

制造商	克莱斯勒			
召回时间	2016-02-15 至 2017-02-15			
涉及数量	1357			
车型	型号	年款	VIN 范围	
Commander 指挥官	Commander 指挥官（4.7L） Commander 指挥官（5.7L）	2006-2007	起：1J8H358227Y545988 止：1J8H358257Y598233	
Grand Cherokee 大切诺基	Grand Cherokee 大切诺基（5.7L） Grand Cherokee 大切诺基（4.7L）	2005-2007	起：1J8HCE8287Y515605 止：1J8HC58297Y591544	
缺陷情况	因设计缺陷，钥匙可能被驾驶员膝盖触碰到，导致钥匙在运行（RUN）位置产生意外转动可能导致发动机熄火。			
可能后果	可能导致发动机，转向等失去动力，产生安全隐患。			
维修措施	克莱斯勒集团有限责任公司将检查所有可能存在该隐患的车辆，并为消费者免费更换相关部件。			
改进措施	所涉及车辆已停止生产。			
投诉情况	克莱斯勒（中国）汽车销售有限公司目前没有收到由此问题导致的车辆投诉索赔。			

克莱斯勒（中国）汽车销售有限公司召回部分进口自由光汽车

制造商	克莱斯勒			
召回时间	2016-02-28 至 2017-02-28			
涉及数量	16576			
车型	型号	年款	VIN 范围	
Cherokee 自由光	自由光 2.4L、3.2L、Limited AWD ADG 科技包精英版 2.4L、Limited AWD Base 精英版 2.4L、Longitude High 都市版 2.4L、Trail hawk 高性能版 2.4L)、Trail hawk 高性能版 3.2L	2014-2015	起：1C4PJMCB1EW106848 止：1C4PJMDB8FW712812	
缺陷情况	当液体流入至后电动尾门模块后，会引起其内部腐蚀短路，可能导致后尾门模块无法正常工作或烧蚀。			
可能后果	可能导致后尾门模块无法正常工作或烧蚀。			
维修措施	克莱斯勒会发起一次召回行动，对受影响车辆进行检查，更换受到腐蚀的后尾门模块并安装螺栓替换胶垫以增加防水性及在模块外部安装防水罩并免费更换受损模块。			
改进措施	2015 年 9 月 10 日之后生产的车辆均已使用螺栓及防水罩。			
投诉情况	克莱斯勒（中国）汽车销售有限公司截止目前没有收到因此问题而引起的投诉或索赔报告。			

东风本田汽车有限公司召回部分进口本田汽车

制造商	本田汽车			
召回时间	2016-03-28 至 2017-03-27			
涉及数量	100			
车型	型号	年款	VIN 范围	
Insight（音赛特）	Insight Hybrid	2013	起: JHMZE284XDS400006 止：JHMZE2841DS400105	
缺陷情况	本次召回范围内的车辆由于供应商问题，驾驶席前气囊在展开时，气体发生器容器可能发生损坏。			
可能后果	破裂的气体发生器导致碎片飞出，可能伤及车内人员，存在安全隐患。			
维修措施	东风本田汽车有限公司将免费为召回范围内的车辆更换驾驶席前空气囊气体发生器，以消除该安全隐患。			
改进措施	对象机种的量产已经完成，不需要对应。			
投诉情况	截至 2016 年 2 月 1 日，未收到相关问题的投诉。			

广汽本田汽车有限公司召回部分进口本田汽车

制造商	本田汽车			
召回时间	2016-07-31 至 2017-01-30			
涉及数量	50			
车型	型号	年款	VIN 范围	
Fit（飞度）	Fit Hybrid 1.3L	2013	起：JHMGP1854DS400006 止：JHMGP1856DS400055	
缺陷情况	车辆由于供应商问题，驾驶席前气囊在展开时，气体发生器容器可能发生损坏。			
可能后果	损坏的气体发生器导致碎片飞出，可能伤及车内人员，存在安全隐患。			
维修措施	广汽本田汽车有限公司将免费为召回范围内的车辆更换驾驶席前空气囊气体发生器，以消除该安全隐患。			
改进措施	正在生产的车型未使用该规格的零部件。			
投诉情况	无。			

本田技研工业（中国）投资有限公司召回部分进口讴歌汽车

制造商	本田汽车			
召回时间	2016-07-31 至 2017-07-31			
涉及数量	12019			
车型	型号	年款	VIN 范围	
ILX	13M ILX 1.5L H	2013	起：19VDE3672DE700018 止：19VDE3675DE700319	
ILX	14 款 ILX 2.0L	2014	起：19VDE1670EE700007 止：19VDE1671EE700548	
RDX	13M RDX 3.5L	2013	起：19UTB4853DL600001 止：19UTB4850DL400810	
RDX	14M RDX 3.0L	2014	起：19UTB5851EL400001 止：19UTB5854EL403068	
RDX	15M RDX 3.0L	2015	起：19UTB585XFL400001 止：19UTB5856FL403543	
RL	07M RL 3.5L 08M RL 3.5L 09M RL 3.5L 10M RL 3.5L	2007-2010	起：JH4KB165X7C400005 止：JH4KB2658AC400128	
TL	09M TL 3.5L 10M TL 3.5L 11M TL 3.5L 12M TL 3.5L	2009-2012	起：19UUA86289A400001 止：19UUA8656CA400726	
ZDX	12M ZDX 3.7L	2012	起：2HHYB1846CH200033 止：2HHYB1845CH201027	
缺陷情况	驾驶员前气囊在事故中展开时，气体发生器容器可能发生损坏。			
可能后果	气体发生器容器可能发生损坏，导致碎片飞出，可能伤及车内人员，存在一定安全隐患。			
维修措施	免费为对象范围内车辆更换驾驶员前气囊气体发生器。			
改进措施	对象机种的量产已完结，不需要对应。			
投诉情况	本田技研工业（中国）投资有限公司目前没有接到相关问题的投诉。在中国市场，Honda 公司目前未收到此问题的索赔申请。			

广汽本田汽车有限公司召回部分飞度、锋范及理念 S1 汽车

制造商	广汽本田			
召回时间	2016-03-31 至 2017-03-30			
涉及数量	382090			
车型	型号	年款	VIN 范围	
飞度	1.3MT 舒适版、1.5AT 全景天窗版、1.5MT 豪华版、1.3AT 舒适版、1.5AT 豪华版、1.3AT 舒适版、1.3MT 舒适版	2012-2014	起：LHGGE6737C2011854 止：LHGGE8887E2004203	
锋范	1.5AT 精英版 / 旗舰版、1.5MT 精英版、1.5MT 舒适版、1.8 旗舰版、1.8 舒适版、1.5AT 精英版、1.5MT 精英版、1.5MT 舒适版、1.5MT 舒适版、1.5MT 精英版、1.5AT 精英版 / 旗舰版	2012-2014	起：LHGGM2539C2000112 止：LHGGM2672E2014759	
S1	1.5AT 豪华版、1.5AT 全景天窗、1.5MT 豪华版、1.3AT 舒适版、1.3MT 舒适版、1.5AT 豪华版、1.5AT 全景天窗版、1.5MT 豪华版	2012-2013	起：LHGG11527B2023557 止：LHGG11546D2016796	
缺陷情况	驾驶席气囊在展开时，可能存在气体发生器壳体破损、壳体碎片飞出，可能伤及车内乘员的安全隐患。			
可能后果	驾驶席气囊在展开时，可能存在气体发生器壳体破损、壳体碎片飞出，可能伤及车内乘员的安全隐患。			
维修措施	广汽本田汽车有限公司将为召回范围内的车辆免费更换驾驶席气囊气体发生器，以消除安全隐患。			
改进措施	正在生产的车型没有使用该型号的零件。			
投诉情况	广汽本田汽车有限公司未接到驾驶席气囊展开时气体发生器发生破损的报告。			

东风本田汽车有限公司召回部分思威牌多用途乘用车

制造商	东风本田			
召回时间	2016-07-31 至 2017-07-30			
涉及数量	533350			
车型	型号	年款	VIN 范围	
思域（CR-V）	适时四驱 CR-V 经典版自动挡 EXI 适时四驱 CR-V 经典版手动挡 EXI 适时四驱 CR-V 豪华版自动挡 VTI 适时四驱 CR-V 豪华版手动挡 VTI 适时四驱 CR-V 豪华版自动挡 VTI-S 适时四驱 CR-V 豪华版手动挡 VTI-S 两驱 CR-V 都市版自动挡 LXI 两驱 CR-V 都市版手动挡 LXI 适时四驱 CR-V 尊贵导航版自动挡 VTI-S NAVI	2007-2011	起：LVHRE477X75000001 止：LVHRE2854B5033389	
缺陷情况	驾驶席前气囊在事故中展开时，气体发生器容器可能发生损坏。			
可能后果	气体发生器容器可能发生损坏，导致碎片飞出，可能伤及车内人员，存在安全隐患。			
维修措施	东风本田汽车有限公司将为召回范围内的车辆免费更换驾驶席前气囊气体发生器，以消除安全隐患。			
改进措施	目前量产车型采用了不同型号的气体发生器。			
投诉情况	截止到 2016 年 2 月 1 日，东风本田汽车有限公司未收到该问题的相关投诉。			

天津一汽丰田汽车有限公司召回部分国产 RAV4 汽车

制造商	天津一汽丰田			
召回时间	2016-03-31 至 2017-03-30			
涉及数量	419864			
车型	型号	年款	VIN 范围	
RAV4	2.0L 豪华 / 特享精英 / 特享经典、2.4L 豪华 / 至臻导航版 / 至臻版 / 豪华炫装版 / 特享尊崇、4WD/4WD 炫装版、经典	2009-2013	起：LFMJW30F190001533 止：LFMKV30F7D0207830	
雪佛兰创酷	雪佛兰创酷	2015		
缺陷情况	由于后排座椅坐垫金属骨架形状不恰当，受事故时冲击的影响，如果骨架与后排座椅安全带发生强烈干涉，可能导致座椅安全带损伤，可能无法起到约束乘员的作用，存在安全隐患。			
可能后果	安全带可能无法起到约束乘员的作用，存在安全隐患。			
维修措施	天津一汽丰田汽车有限公司将为所有对象车辆的后排座椅坐垫金属骨架安装树脂套。			
改进措施	天津一汽丰田汽车有限公司目前生产的所有车型的后排座椅坐垫金属骨架与本次召回涉及的零件构造不同，不存在相同问题。			
投诉情况	截至 2016 年 2 月 14 日，中国市场未确认到上述故障的技术报告。			

丰田汽车（中国）投资有限公司召回部分进口 RAV4 汽车

制造商	丰田汽车			
召回时间	2016-03-31 至 2017-03-30			
涉及数量	13474			
车型	型号	年款	VIN 范围	
RAV4	RAV4	2005-2008	起：JTMBD31V565000001 止：JTMBD31V985229350	
缺陷情况	由于后排座椅坐垫的金属骨架形状不恰当，受事故时冲击的影响，若该骨架与后排座椅安全带发生强干涉，可能导致座椅安全带受损，可能无法起到约束乘员的作用，存在安全隐患。			
可能后果	有可能无法起到约束乘员的作用，存在安全隐患。			
维修措施	在所有对象车辆的后排座椅坐垫金属骨架上安装树脂套。			
改进措施	不涉及。			
投诉情况				

三菱汽车销售（中国）有限公司召回部分进口三菱帕杰罗汽车

制造商	三菱汽车			
召回时间	2016-09-20 至 2017-09-19			
涉及数量	23195			
车型	型号	年款	VIN 范围	
帕杰罗	帕杰罗豪华版、炫酷版、旗舰版、尊贵版、豪华手动版、精英版、精英超越版	2008-2013	起：JE4MR63R48J000101 止：JE4NR52MXEJ006355	
缺陷情况	由于供应商问题，驾驶席主气囊在展开时，气体发生器容器可能发生破损。			
可能后果	气体发生器发生破损，导致碎片飞出，可能伤及车内人员，存在安全隐患。			
维修措施	作为预防措施，免费更换驾驶席主气囊气体发生器，以消除该缺陷。			
改进措施	确认原因后，另行对应。			
投诉情况	中国：0 件，全世界：0 件。			

通用汽车（中国）投资有限公司召回部分进口欧宝麦瑞纳汽车

制造商	通用汽车			
召回时间	2016-02-29 至 2017-02-28			
涉及数量	263			
车型	型号	年款	VIN 范围	
麦瑞纳	麦瑞纳豪华型、舒适型	2013-2014	起：W0LSH9EM0D4011644 止：W0LSH9EM2E4075234	
缺陷情况	由于设计原因，带高低调节功能的前座在座椅被调低时，用户进入车辆坐入座椅，部分乘客的身体会将外侧的安全带锚座固定索压倒，导致其过度折弯。			
可能后果	长期过度折弯导致安全带锚座固定索存在折断的风险，乘客安全带失去全部功能。缺陷主要影响的乘客群体包括出租车司机，残疾人和有特殊入座要求的乘客。			
维修措施	通用汽车（中国）投资有限公司将为召回范围内的车辆免费更换带高低调节功能的前座外侧安全带锚座，以消除安全隐患。			
改进措施	通用汽车（中国）投资有限公司在 2014 年 3 月 28 日之后已经停止进口欧宝车辆，因此正在生产的车辆不再销往中国。			
投诉情况	截止目前，通用汽车（中国）投资有限公司未收到此缺陷造成故障的报告。			

克莱斯勒(中国)汽车销售有限公司召回部分进口指南者、自由客汽车

制造商	克莱斯勒			
召回时间	2016-03-10 至 2017-03-10			
涉及数量	20670			
车型	型号	年款	VIN 范围	
Compass 指南者	Limited 6AT 豪华版（2.0L）Limited 豪华版（2.4L）Limited Navi 豪华导航版 （2.4L） North 舒适版 （2.4L） Sport 6AT 运动版 （2.0L）	2015	起：1C4NJDGB9FD256480 止：1C4NJDGB1FD423026	
Patriot 自由客	Sport 6AT 运动版 （2.0L） Sport 运动版 （2.4L） Limited Navi 豪华导航版 （2.4L）	2015	起：1C4NJRAB7FD255611 止：1C4NJRCBXFD411654	
缺陷情况	因转向动力油管固定夹安装位置不当导致低压回油管漏油并可能导致车辆起火。			
可能后果	引起转向油管漏油并可能导致车辆起火。			
维修措施	克莱斯勒（中国）汽车销售有限公司计划针对 2015 年款指南者与自由客车辆发起主动召回，公司将为涉及车辆转向油管固定夹进行检查并重新安装固定夹。			
改进措施	2015 年 5 月 11 日开始增加固定夹安装位置确认工艺流程。			
投诉情况	克莱斯勒（中国）汽车销售有限公司目前收到 2 起由此问题导致的车辆投诉索赔。			

长安福特汽车有限公司召回部分 2012 款新福克斯和 2013 款翼虎汽车

制造商	长安福特			
召回时间	2016-02-26 至 2018-02-25			
涉及数量	191368			
车型	型号	年款	VIN 范围	
新福克斯	新福克斯三厢 1.6 AT 风尚型； 新福克斯三厢 1.6 AT 舒适型； 新福克斯三厢 1.6 AT 尊贵型； 新福克斯两厢 1.6 AT 风尚型； 新福克斯两厢 1.6 AT 舒适型； 新福克斯三厢 2.0 AT 旗舰型； 新福克斯两厢 2.0 AT 豪华运动型； 新福克斯两厢 2.0 MT 豪华运动型；	2012	起：LVSHCFDB0DE309049 止：LVSHCADB2EE538868	
翼虎	翼虎 1.6GTDi AT 风尚型； 翼虎 1.6GTDi AT 舒适型； 翼虎 1.6GTDi AT 精英型； 翼虎 2.0GTDi AT 精英型； 翼虎 2.0GTDi AT 运动型； 翼虎 2.0GTDi AT 尊贵型	2013	起：LVSHJCAC5DE297479 止：LVSHJCAC2EE550226	
缺陷情况	召回范围内部分车辆其制动真空助力器密封圈缺少润滑油脂，导致密封圈过早磨损，极端情况下密封圈会与隔板分离，导致制动踏板变硬，车主会感觉到真空助力不足从而需要更用力地踩刹车，存在安全隐患。			
可能后果	制动助力不足，制动踏板变硬。			
维修措施	长安福特汽车有限公司将为召回范围内的车辆免费检查并更换有潜在风险的制动真空助力器。			
改进措施	召回时间范围外生产的新福克斯和翼虎汽车，制动真空助力器密封圈润滑油脂量符合规范要求。			
投诉情况	截至目前，共收到 19 条相关投诉。			

丰田汽车（中国）投资有限公司召回部分进口雷克萨斯 SC430 汽车

制造商	丰田汽车			
召回时间	2016-03-03 至 2017-03-02			
涉及数量	79			
车型	型号	年款	VIN 范围	
Lexus SC	SC430	2008-2010	起：JTHFN45Y779018422 止：JTHFN45Y9A9021605	
缺陷情况	关于副驾驶席空气囊的气体发生器（膨胀装置），尽管原因尚未明确，但在空气囊展开时，气体发生器的容器有可能发生破损，因此作为预防措施及推进原因调查，决定扩大正在实施的 LEXUS 雷克萨斯 SC430 车副驾驶空气囊气体发生器召回范围。			
可能后果	副驾驶空气囊在展开时，气体发生器容器可能发生破损，导致碎片飞出，可能伤及车内人员。			
维修措施	作为预防措施，更换所有对象车辆的副驾驶席空气囊气体发生器，此外，对更换的所有零件进行回收，调查导致容器破损的原因。			
改进措施	对象车辆已停产，现在没有使用该型号的副驾驶席空气囊气体发生器。			
投诉情况	本次对象车辆在中国国内及全球其他市场未确认到相关技术报告。			

广汽三菱汽车有限公司召回部分 2012 年款广汽三菱帕杰罗多用途乘用车

制造商	广汽三菱			
召回时间	2016-03-11 至 2017-03-10			
涉及数量	3342			
车型	型号	年款	VIN 范围	
帕杰罗	帕杰罗 V73 2012 款 3.0L AT 帕杰罗 V73 2012 款 3.0L MT	2012	起：LL62H4C09CB012723 止：LL62HBC0XEB020059	
缺陷情况	零部件厂家联络“根据其他公司市场回收件的调查结果，发现 2014 年之前生产的部分主驾驶安全气囊的 SDI 型气体发生器的火药推进剂密度波动大。”在展开时，气体发生器容器可能发生损坏，导致碎片飞出，可能伤及车内人员，存在安全隐患。			
可能后果	部分车辆驾驶席气囊在展开时，气体发生器容器可能发生损坏，导致碎片飞出，可能伤及车内人员，存在安全隐患。			
维修措施	作为预防措施，拟对 2014 年之前生产的车辆的主驾驶安全气囊气体发生器更换成新件。			
改进措施	已停产。			
投诉情况	无			

浙江豪情汽车制造有限公司召回部分 2016 款沃尔沃 XC60 及 S60L 汽车

制造商	沃尔沃亚太		
召回时间	2016-03-04 至 2017-03-04		
涉及数量	1007		
车型	型号	年款	VIN 范围
S60L	T3 智行版 /T4 智远版 /T5 智驭版 /T5 智越版 /T6 智驭（E 驱混动）版 /T6 智越（E 驱混动）版	2016	起：LYVFD29A0GB102661 止：LYVGDBLAXGB103118
XC60	T5 智进版 /T5 智行版 /T5 智远版	2016	起：LYVDF40A0GB873440 止：LYVDF40AXGB877673
缺陷情况	部分车辆的燃油管在制造过程中由于切割设备故障，可能导致部分批次燃油管损坏，随着使用时间的推移可能出现燃油气味溢出。		
可能后果	随着时间的推移可能出现燃油气味溢出，或在极端情况下可能出现燃油泄漏，存在安全隐患。		
维修措施	按照标准操作指引，更换燃油管。		
改进措施	供应商在 PLC/ 切割设备上采用新设定，可以始终监测切割刀具在完全回缩后是否在 0 位置。现生产的车辆已经使用无制造缺陷的燃油管。		
投诉情况	无。		

广汽长丰汽车股份有限公司召回部分 2011 年款三菱帕杰罗多用途乘用车

制造商	广汽长丰		
召回时间	2016-03-11 至 2017-03-10		
涉及数量	2810		
车型	型号	年款	VIN 范围
帕杰罗	帕杰罗 V73 3.0L AT 帕杰罗 V73 3.0L MT	2011	起：LL62H4C03BB009881 止：LL62H4C03CB013723
缺陷情况	零部件厂家联络“根据其他公司市场回收件的调查结果，发现 2012 年之前生产的部分主驾驶安全气囊的 SDI 型气体发生器的火药推进剂密度波动大。”在展开时，气体发生器容器可能发生损坏，导致碎片飞出，可能伤及车内人员，存在安全隐患。		
可能后果	部分车辆驾驶席气囊在展开时，气体发生器容器可能发生损坏，导致碎片飞出，可能伤及车内人员，存在安全隐患。		
维修措施	作为预防措施，拟对 2012 年生产的车辆的主驾驶安全气囊气体发生器更换成新件。		
改进措施	已停产。		
投诉情况	无。		

东南（福建）汽车工业有限公司召回部分 2011 年款东南三菱君阁多用途乘用车

制造商	东南汽车			
召回时间	2016-07-31 至 2017-07-30			
涉及数量	2334			
车型	型号	年款	VIN 范围	
君阁	2011 款 2.0L 手动舒适型 5 座 2011 款 2.0L 手动舒适型 7 座 2011 款 2.0L 手动豪华型 7 座 2011 款 2.0L 自动豪华型 7 座 2011 款 2.0L 自动旗舰型 7 座	2011	起：LDNABADK0C0007151 止：LDNABADK4F0009618	
缺陷情况	本次召回范围内的汽车由于供应商问题，驾驶席主气囊在展开时，气体发生器容器可能发生损坏，可能伤及车内人员，存在安全隐患。			
可能后果	驾驶席主气囊在展开时，气体发生器容器可能发生损坏，可能伤及车内人员，存在安全隐患。			
维修措施	免费更换驾驶座安全气囊的气体发生器。			
改进措施	该车型已结束生产。			
投诉情况	暂未接到驾驶座安全气囊异常展开的报告。			

北京奔驰汽车有限公司召回部分 2014-2015 年款 C 级（205 平台）普通乘用车

制造商	北京奔驰			
召回时间	2016-03-21 至 2017-03-20			
涉及数量	80			
车型	型号	年款	VIN 范围	
C 级	C200L（BJ7204FEL）、C200 4MATIC（BJ7204FEA）、C200 L 4MATIC（BJ7204FEAL）、C260L（BJ7204FL）、C300（BJ7204FX）	2014-2015	起：LE4WG4CBXFL001538 止：LE4WG4CB5GL082112	
缺陷情况	全景天窗接板粘接强度不符合要求。			
可能后果	在车辆行驶过程中，天窗接板可能会脱落，造成交通事故或影响道路上其他车辆或行人。			
维修措施	作为预防措施，戴姆勒股份公司将通过梅赛德斯 - 奔驰授权经销商召回车辆免费更换受影响车辆的天窗接板。			
改进措施	在生产过程中已更新了工作指导。			
投诉情况	中国市场收到 2 起关于此问题的客户投诉，无事故及人员伤亡情况。			

丰田汽车（中国）投资有限公司召回部分进口雷克萨斯 ES350 汽车

制造商	丰田汽车			
召回时间	2016-04-09 至 2017-04-08			
涉及数量	126			
车型	型号	年款	VIN 范围	
Lexus ES	ES350	2012-2015	起：JTHBK1GGXC2000719 止：JTHBK1GG4F2202556	
缺陷情况	装有 PCS 碰撞预测安全系统（减轻与前方障碍物碰撞的装置）的车辆，由于误将路面金属接缝等认知为障碍物，导致警告音响，并有可能启动辅助制动或自动制动。如果驾驶员慌乱中进行制动操作，有可能诱发后车追尾等事故。			
可能后果	警告音响，并有可能启动辅助制动或自动制动。如果驾驶员慌乱中进行制动操作，有可能诱发后车追尾等事故。			
维修措施	对所有对象车辆，更换为改良后的碰撞预测安全系统的控制电脑及毫米波雷达传感器，以提高对障碍物认知的精确度。			
改进措施	无（正在生产的 ES 车辆采用了不同的 PCS 系统）。			
投诉情况	中国国内无相关报告。			

现代汽车（中国）投资有限公司召回部分进口雅科仕及劳恩斯车辆

制造商	现代汽车			
召回时间	2016-05-01 至 2016-10-31			
涉及数量	597			
车型	型号	年款	VIN 范围	
雅科仕	3.8L GDI、3.8L GDI LIM、5.0L GDI、5.0L GDI LIM	2012-2013	起：KMHGH41E3BU044137 止：KMHGH11D7DU060012	
劳恩斯	3.0L GDI、3.3L GDI	2012	起：KMHGC41B4CU169010 止：KMHGC41C9CU200003	
缺陷情况	雨刮电机发生间歇性工作不良现象。			
可能后果	如果在恶劣天气下雨刮器无法工作，就会影响驾驶者的视野，从而增加发生碰撞的风险。			
维修措施	更换雨刮电机配件 (电机线路板及盖、盖密封垫)。			
改进措施	2015 年 4 月起，停止进口雅科仕车型；2014 年 5 月起，停止进口劳恩斯车型。			
投诉情况	无。			

宝马（中国）汽车贸易有限公司召回部分进口迷你汽车

制造商	宝马汽车			
召回时间	2016-04-08 至 2017-04-08			
涉及数量	6109			
车型	型号	年款	VIN 范围	
MINI	MINI ONE, MINI COOPER, MINI JCW	2015	起：WMWXM5101F3A18674 止：WMWXS710XGT844178	
缺陷情况	燃油泵控制单元的设计缺陷可能导致燃油泵无法正常工作。在极端条件下，燃油泵控制单元内部电子元件可能在车辆进入休眠状态或从休眠状态唤醒时的瞬间发生击穿损坏。燃油泵因此无法正常工作。发动机将无法得到燃油供给。			
可能后果	缺陷发生时，车辆将无法启动；在某些特定的条件下，供油管路中的残存燃油可能使发动机短时间运转，随后发动机熄火。			
维修措施	免费整体更换新的燃油泵控制单元。			
改进措施	2015 年 11 月 20 日起生产的车辆已换装了不会引发上述故障的燃油泵控制单元。			
投诉情况	索赔及故障案例均为 258 件（故障全部发生在车辆保修期内）。无人员伤亡情况发生。			

克莱斯勒（中国）汽车销售有限公司 召回部分进口自由光汽车

制造商	克莱斯勒			
召回时间	2016-04-25 至 2017-04-25			
涉及数量	4082			
车型	型号	年款	VIN 范围	
Cherokee 自由光	Limited AWD ADG 科技包精英版（2.4L）、Limited AWD Base 精英版（2.4L）、Longitude High 都市版（2.4L）、Trail hawk 高性能版（2.4L）	2015	起：1C4PJMCB5FW500385 止：1C4PJMDB8FW712812	
缺陷情况	因制造问题，某些情况下，车辆的空调管路布线存在错误，可能导致空调管路与排气歧管接触。			
可能后果	可能导致空调管路与排气歧管接触，可能增加车辆起火风险，存在安全隐患。			
维修措施	克莱斯勒（中国）汽车销售有限公司将为涉及车辆检查空调管路的布线，并对于错误的布线进行更换和正确的安装，以消除该缺陷。该召回行动将自 2016 年 4 月 25 日开始实施。			
改进措施	2015 年 6 月 17 日之后生产的产品，改进了空调管路的布线工艺位置，避免误操作。			
投诉情况	目前没有收到车辆事故索赔和人员伤亡报告。			

玛莎拉蒂（中国）汽车贸易有限公司召回部分进口总裁系列汽车和吉博力系列汽车

制造商	玛莎拉蒂			
召回时间	2016-03-28 至 2017-03-27			
涉及数量	20842			
车型	型号	年款	VIN 范围	
Ghibli（M157）	M157 B2 M157 B4 M157 C2	2014-2016	起：ZAMRS57E9E1077642 止：ZAMSS57E2G1181264	
Quattroporte（M156）	M156 B2 M156 B4 M156 C2 M156 V8	2014-2016	起：ZAMPP56EXE1069222 止：ZAMSP56E5G1181181	
缺陷情况	1. 驾驶员脚垫未被正确固定，造成脚垫向前移动，导致加速踏板可能被堆叠的脚垫卡住；2. 加速踏板附近地毯的安装可能不规范，导致加速踏板与其侧面的地毯之间的距离过小。			
可能后果	上述缺陷可能会导致加速踏板被卡滞在工作位置，将增加车辆发生碰撞的风险。但是，所涉及车辆均具备“制动优先”控制逻辑（即当制动踏板被踩下时，任何因加速踏板输入引起的发动机扭矩需求都将被禁止），因此当出现加速踏板卡滞的情况时，驾驶员可 以通过操作制动踏板将车辆安全减速直至静止。			
维修措施	根据车辆的生产批次，为涉及召回的车辆进行： 1. 加速踏板饰罩的更换（针对所有涉及车辆，新的加速踏板饰罩尺寸减小以尽可能增大与脚垫之间的距离，以降低踏板被未被正确固定的脚垫卡滞的可能）。 2. 驾驶员脚垫的更换（针对部分涉及车辆，新的脚垫背面增加了防滑措施以防止其向前移动，以降低踏板被未被正确固定的脚垫卡滞的可能）。 3. 检查加速踏板与其侧面的地毯之间的距离，如存在干涉，则使用专用的模板对地毯进行剪裁。			
改进措施	自 2015 年 5 月 14 日后生产的车辆，均使用了全新的驾驶员脚垫；自 2015 年 12 月 3 日后生产的车辆，均使用了全新的加速踏板饰罩。同时，在生产过程中，玛莎拉蒂加强了对加速踏板及脚垫和地毯区域的视检（100%）。			
投诉情况	目前在中国尚未收到相关事故、伤亡以及 / 或赔偿要求的报告。			

克莱斯勒（中国）汽车销售有限公司 召回部分进口自由光汽车

制造商	克莱斯勒			
召回时间	2016-04-18 至 2017-04-18			
涉及数量	60332			
车型	型号	年款	VIN 范围	
JCUV 酷威	JCUV 酷威（2.4L）、JCUV 酷威（3.6L）、Journey R/T 尊尚版（2.4L）、Journey Crossroad 旅行版（2.4L）、Journey R/T 四驱尊尚版（2.0TD）、	2013-2015	起：3C4PDCFB0ET146339 止：3C4PDCFBXFT691661	
缺陷情况	车辆因设计问题，某些情况下，部分车辆 ABS 防抱死制动系统模块会有水份进入，可能导致 ABS 防抱死制动系统与 ESC 电子稳定控制系统失效与故障。			
可能后果	ABS 防抱死制动系统与 ESC 电子稳定控制系统失效，可能增加碰撞和乘员受伤的风险，存在安全隐患。			
维修措施	克莱斯勒（中国）汽车销售有限公司将为涉及车辆 ABS 防抱死制动系统模块地线进行密封，使用双层热缩管密封线束，根据需要更换前大灯和仪表板线束，并在必要时更换 ABS 防抱死制动系统模块，以消除该缺陷。该召回行动将自 2016 年 4 月 18 日开始实施。			
改进措施	2014 年 4 月 14 日之后生产的产品，ABS 防抱死制动系统模块地线进行了双层热缩管密封。			
投诉情况	截止目前，克莱斯勒 (中国) 汽车销售有限公司收到一例车辆事故索赔，无人员伤亡事故报告。			

克莱斯勒（中国）汽车销售有限公司召回部分进口大捷龙汽车

制造商	克莱斯勒			
召回时间	2016-03-30 至 2017-03-30			
涉及数量	2			
车型	型号	年款	VIN 范围	
Grand Voyage 大捷龙	Touting 舒适版（3.6L）、Limited 豪华版（3.6L）	2015-2016	起：2C4PC1GG7FR741386 止：2CRPC1GG2GR135849	
缺陷情况	车辆因制造原因，车辆风挡玻璃可能使用了超期的风挡底漆，不符合美国联邦机动车辆安全标准（FMVSS）571.212 标准关于风挡玻璃的规定。			
可能后果	车辆发生碰撞的情况下，风挡玻璃有可能发生位移，增加乘员受伤的风险，存在安全隐患。			
维修措施	克莱斯勒（中国）汽车销售有限公司将为涉及车辆更换风挡玻璃，以消除该缺陷。该召回行动将自 2016 年 3 月 30 日开始实施。			
改进措施	2015 年 11 月 2 日之后的产品不再使用超期的风挡底漆。			
投诉情况	目前没有收到车辆事故索赔和人员伤亡的报告。			

斯巴鲁汽车（中国）有限公司召回部分进口力狮、傲虎和森林人汽车

制造商	斯巴鲁汽车			
召回时间	2016-04-22 至 2017-04-21			
涉及数量	78			
车型	型号	年款	VIN 范围	
傲虎	2016 款 OUTBACK 傲虎 2.0DIT 尊贵版	2016	起：JF1BS15A0FG028171 止：JF1BS15AXGG061907	
缺陷情况	涡轮增压发动机增压器进气歧管前端塑料成型件因生产管理不当用错材料可能导致进气歧管前端部分发生龟裂。			
可能后果	进气歧管前端部分发生龟裂，造成车辆出现怠速不稳、动力输出低下的情况发生，严重时可能造成发动机熄火，存在安全隐患。			
维修措施	对本次召回车辆的进气歧管的生产编号进行核对，为装有错误材料生产的塑料成型件的车辆，免费更换新的增压器进气歧管。			
改进措施	2015 年 12 月 17 日，公司以书面形式通知零部件制造商对缺陷问题展开调查。并要求制造商对材料的使用管理进行改善。			
投诉情况	无。			

郑州日产汽车有限公司召回部分 NV200 汽车

制造商	郑州日产			
召回时间	2016-08-10 至 2017-08-10			
涉及数量	84679			
车型	型号	年款	VIN 范围	
NV200	NV200 多用途乘用车	2010-2015	起：LJNMDV1L1AN021000 止：LJNMDV1L3FN213588	
缺陷情况	部分车辆的后背门气动撑杆外筒，在特殊环境下长时间使用后可能会引起接头处锈蚀，在极端情况下，撑杆外筒发生破损。			
可能后果	极端情况下，气动撑杆外筒锈蚀破损，可能导致气动撑杆脱出，存在安全隐患。			
维修措施	郑州日产汽车有限公司将为召回范围内车辆免费更换新的后背门气动撑杆，以消除安全隐患			
改进措施	已采用改善后的零件。			
投诉情况	目前中国市场收到类同信息 0 件。海外市场约 5 件。			

保时捷（中国）汽车销售有限公司召回部分进口凯宴系列汽车

制造商	保时捷汽车			
召回时间	2016-04-18 至 2017-04-18			
涉及数量	108910			
车型	型号	年款	VIN 范围	
Cayenne	Cayenne（凯宴）	2011-2016	起：WP1AG2921BLA60031 止：WP1AG292XGLA29089	
Cayenne	Cayenne S（凯宴 S）	2011-2016	起：WP1AB2923BLA40586 止：WP1AB2923GLA94980	
Cayenne	Cayenne GTS（凯宴 GTS）	2013-2016	起：WP1AD2925DLA70055 止：WP1AD2926GLA79562	
Cayenne	Cayenne Turbo（凯宴涡轮增压）	2011-2016	起：WP1AC2927BLA80506 止：WP1AC2927GLA88774	
Cayenne	Cayenne Turbo S（凯宴涡轮增压 S）	2014-2016	起：WP1AC2927ELA85063 止：WP1AC2920GLA86705	
Cayenne	Cayenne S Hybrid（凯宴 S 混合动力）	2011-2014	起：WP1AE2926BLA91622 止：WP1AE2A28ELA51283	
Cayenne	Cayenne S E-Hybrid（凯宴 S 混合动力）	2015-2016	起：WP1AE2923FLA50094 止：WP1AE2928GLA63621	
缺陷情况	本次召回范围内的部分车辆，制动踏板铰链上的卡簧可能松脱。如果卡簧松脱，踏板枢轴销可能会出现移位，致使踏板偏离工作轨迹。如果该问题没有被发现，继续使用车辆会导致踏板轴断裂松脱。在极端情况下，驾驶员可能无法通过松脱的踏板有效的对车辆进行制动，增加了车辆的碰撞风险，存在安全隐患。			
可能后果	如果该问题没有被发现，继续使用车辆会导致踏板轴断裂松脱。在极端情况下，驾驶员可能无法通过松脱的踏板有效的对车辆进行制动，增加了车辆的碰撞风险，存在安全隐患。			
维修措施	作为预防性的措施，保时捷（中国）汽车销售有限公司将委托授权经销商免费为召回范围内的车辆检查踏板轴承上的卡簧，并确保其已经正确。在有必要的情况下，将为车辆安装一个新的卡簧。			
改进措施	2016 年 1 月 12 日开始，供应商在生产线上新增了一道工序以确保该卡簧正确安装。			
投诉情况	中国市场没有相关案例。			

大众汽车（中国）销售有限公司召回部分进口途锐系列

制造商	大众汽车			
召回时间	2016-04-18 至 2017-04-17			
涉及数量	103569			
车型	型号	年款	VIN 范围	
途锐	途锐 R-Line 豪华版	2012-2014	WVGAB97P0CD051173 - WVGAB97PXED065584	
途锐	途锐柴油版豪华版	2011-2014	WVGA367P9BD019459- WVGB597PXED009902	
途锐	途锐汽油版标配版	2011-2014	WVGAB97P0BD012159- WVGAL97P8DD013351	
途锐	途锐汽油版豪华版	2015-2016	WVGAP67P0FD024916 - WVGAP97PXGD024750	
途锐	途锐汽油版高配版	2012-2014	WVGAX97P0ED033986 - WVGBC97PXDD008687	
途锐	途锐混合动力	2011-2014	WVGAD97P0BD016867 - WVGAD97PXDD032450	
缺陷情况	本次召回范围内的部分车辆，制动踏板铰链上的卡簧可能松脱。如果卡簧松脱，踏板枢轴销可能会出现移位，导致踏板偏离工作轨迹。如果该问题没有被发现，继续使用车辆会导致踏板轴断裂松脱。在极端情况下，驾驶员可能无法通过松脱的踏板有效的对车辆进行制动，增加了车辆的碰撞风险，存在安全隐患。			
可能后果	如果该问题没有被发现，继续使用车辆会导致踏板轴断裂松脱。在极端情况下，驾驶员可能无法通过松脱的踏板有效地对车辆进行制动，增加了车辆的碰撞风险，存在安全隐患。			
维修措施	作为预防措施，大众汽车 (中国) 销售有限公司将委托授权经销商免费为召回涉及的车辆检查踏板轴承上的卡簧，并确保其已经正确的安装。在有必要的情况下，将为车辆安装一个新的卡簧。			
改进措施	2016 年 1 月 13 日开始，在供应商的生产线上新增了一道工序，对卡簧是否正确的安装进行 100% 的确认。			
投诉情况	中国市场没有相关投诉和人员伤亡情况报告。			

宝马（中国）汽车贸易有限公司召回部分进口宝马汽车

制造商	宝马汽车			
召回时间	2016-05-25 至 2017-05-25			
涉及数量	3115			
车型	型号	年款	VIN 范围	
BMW 7 系	BMW 730Li，BMW 740Li，BMW 750Li	2015	起：WBA7E2105GGD99449 止：WBA7E0102GG562978	
缺陷情况	气囊控制单元的制造缺陷可能导致在极端情况下气囊无法正常工作。供应商制造过程中，气囊控制单元内部可能被小金属片污染。在某些极端条件下，金属片可能移动并导致控制单元内部电路短路。此时气囊控制单元将进入短暂的重启过程。重启过程中气囊控制单元将无法工作，在此期间气囊将失效。			
可能后果	缺陷发生时，车辆的气囊将失效。			
维修措施	免费整体更换新的不存在该缺陷的气囊控制单元 .			
改进措施	供应商已加强了气囊控制单元生产时的质量控制。后续生产的车辆已安装了不存在上述缺陷的气囊控制单元。			
投诉情况	中国市场没有收到关于该缺陷的投诉、索赔、故障案例及事故案例。海外市场有 2 件索赔案例。无事故及人员伤亡案例。			

现代汽车（中国）投资有限公司上海分公司召回部分进口起亚索兰托汽车

制造商	现代汽车			
召回时间	2016-04-08 至 2017-04-07			
涉及数量	8549			
车型	型号	年款	VIN 范围	
索兰托	索兰托 2.2L 5 座 4 驱至尊 UVO 版 - 国 4 / 索兰托 2.2L 7 座 4 驱至尊 UVO 版 - 国 4 / 索兰托 2.2L 5 座 4 驱至尊版 - 国 4 / 索兰托 2.2L 7 座 4 驱至尊版 - 国 4 / 索兰托 2.2L 5 座 4 驱豪华版 - 国 4 / 索兰托 2.2L 7 座 4 驱豪华版 - 国 4 / 索兰托 2.2L 5 座 4 驱舒适版 - 国 4 / 索兰托 2.2L 7 座 4 驱舒适版 - 国 4	2010-2013	起：KNAKU8142A5062742 止：KNAKU8143D5411041	
缺陷情况	本次召回范围内的车辆在使用低润滑性柴油（润滑性指数超标燃油）时，高压泵驱动部发生磨损导致共轨压力不足。行驶中发生该问题，会导致输出动力下降，同时警告灯亮，如继续行驶可能导致熄火。			
可能后果	行驶时输出动力下降，警告灯亮，继续行驶可能导致熄火。			
维修措施	现代汽车（中国）投资有限公司上海分公司将为召回范围内的车辆按照维修程序免费更换新的高压泵，以消除该缺陷。			
改进措施	2013.3.7 日起生产车辆装配了新的高压泵。			
投诉情况	保修了 454 件，无人员伤亡事故报告。			

捷豹路虎汽车贸易（上海）有限公司召回部分进口捷豹 XJ 和 XF 系列汽车

制造商	捷豹汽车			
召回时间	2016-07-01 至 2016-06-30			
涉及数量	36145			
车型	型号	年款	VIN 范围	
XJ	XJ 2013 款 2.0T 典雅商务版 2.0 I4 Ti 240PS XJ 2013 款 2.0T 全景商务版 2.0 I4 Ti 240PS XJ 2014 款 2.0L 典雅商务版 2.0L i4 Ti Luxury XJ 2014 款 2.0L 全景商务版 2.0L i4 Premium Luxury XJ 2014 款 2.0L 尊享商务版 2.0L i4 Premium Luxury Plus XJ 2015 款 2.0L 典雅商务版 2.0L i4 Ti Luxury XJ 2015 款 2.0L 全景商务版 2.0L i4 Premium Luxury XJ 2015 款 2.0L 尊享商务版 2.0L i4 Premium Luxury Plus	2013-2015	起：SAJAA22M9DPV34335 止：SAJAA20M0FPV90864	
XF	XF 2013 款 2.0T 风华版 2.0i4Ti 240PS，XF 2013 款 2.0T 豪华版 2.0i4Ti 240PS，XF 2013 款 2.0T 奢华版 2.0i4Ti 240PS，XF 2014 款 2.0 风华版 2.0i4Ti 240PS Luxury，XF 2014 款 2.0 风华版 2.0T i4Ti 240PS Premium Luxury，XF 2014 款 2.0T 奢华版 2.0i4Ti 240PS Portfolio，XF 2015 款 2.0T 风华版，XF 2015 款 2.0T 豪华版，XF 2015 款 2.0T 奢华版，XF 2015 款 Sportbrake 风华版，XF 2015 款 Sportbrake 豪华版	2013-2015	起：SAJAA06M1DPS51667 止：SAJAA05M9FPU88783	
缺陷情况	因捷豹路虎工厂为了区分不同发动机配置的惰轮，部分 2013 至 2015 年款配备 2.0 GTDi 发动机的捷豹 XJ、XF 车辆前端附件传动系统（FEAD）中的惰轮固定螺栓失效，从而使惰轮和发动机分离。可能导致 FEAD 系统失去动力。			
可能后果	消费者可能会注意到组合仪表上的蓄电池充电故障报警灯，空调故障，以及因冷却液泵失去动力从而导致的发动机过热故障提示。消费者也可能会注意到组合仪表上有故障指示灯（MIL）显示，并伴随出现转向助力减小的情况，在某些情况下会增加车辆碰撞的风险。			
维修措施	更换成防尘盖未做喷漆处理的惰轮。			
改进措施	捷豹路虎已确保提供正确的零部件用于生产。			
投诉情况	截至目前中国市场共收到 5 起相关问题的投诉。目前中国市场没有接到该故障造成任何事故或人身伤害的报告。			

斯巴鲁汽车（中国）有限公司召回部分进口傲虎汽车

制造商	斯巴鲁汽车			
召回时间	2016-04-13 至 2017-04-12			
涉及数量	14802			
车型	型号	年款	VIN 范围	
OUTBACK 傲虎	2015 款全新 OUTBACK 傲虎 2.5i 经典版（自动）、2015 款全新 OUTBACK 傲虎 2.5i 豪华导航版（自动）、2015 款全新 OUTBACK 傲虎 2.5i 运动导航版（自动）、2015 款全新 OUTBACK 傲虎 2.0DIT 尊贵版	2015	起：JF1BS22A9FG002002 止：JF1BS22A7FG030882	
缺陷情况	VDC（车辆动态控制系统）控制单元中，由于电子驻车的制动控制程序编程不当，停车时开启电子驻车制动并熄火后，在一个特定的瞬间内再次启动车辆点火开关，会导致电子驻车的制动马达持续工作，并因过热而损坏。			
可能后果	在上述情况下会造成电子驻车制动不能解除，制动马达因过热而损坏的情况发生，导致车辆无法正常使用。			
维修措施	免费为对象车辆升级 VDC 控制单元的制动程序，消除隐患，避免故障发生。			
改进措施	在生产线上已经使用升级制动程序后的ＶＤＣ控制单元生产傲虎汽车。			
投诉情况	在中国市场有 3 件投诉。			

东风汽车有限公司召回部分奇骏汽车

制造商	东风日产			
召回时间	2016-08-10 至 2017-08-10			
涉及数量	181958			
车型	型号	年款	VIN 范围	
奇骏	奇骏 2014 款 2.0L XE MT 2WD 时尚版 奇骏 2014 款 2.0L XE CVT 2WD 时尚版 奇骏 2014 款 2.0L XL CVT 2WD 舒适版 奇骏 2014 款 2.0L XL-NAVI CVT 2WD 智领版 奇骏 2014 款 2.0L XE-P CVT 4WD 智驱版 奇骏 2014 款 2.5L XL CVT 4WD 领先版 奇骏 2015 款 2.5XL CVT 4WD 领先版	2013-2015	起：LGBM4AE41DS000101 止：LGBM4AE44FD055035	
缺陷情况	部分车辆的后背门气动撑杆外筒，在特殊环境下长时间使用后可能会引起接头处锈蚀，在极端情况下，撑杆外筒发生破损。			
可能后果	极端情况下，气动撑杆外筒锈蚀破损，可能导致气动撑杆脱出，存在安全隐患。			
维修措施	东风汽车有限公司将为召回范围内车辆免费更换新的后背门气动撑杆，以消除安全隐患。			
改进措施	已采用改善后的零件。			
投诉情况	目前中国市场收到类同信息 0 件。海外市场约 5 件。			

丰田汽车（中国）投资有限公司召回部分进口雷克萨斯汽车

制造商	丰田汽车			
召回时间	2016-04-15 至 2017-04-14			
涉及数量	15322			
车型	型号	年款	VIN 范围	
LEXUS ES	ES200	2015-2016	起：JTHBJ1GG5F2087355 止：JTHBJ1GG6G2091397	
Lexus ES	ES250	2015-2016	起：JTHBT1GG1F2003073 止：JTHBT1GGXG2019029	
Lexus RX	RX200t	2016	起：JTJBAMCA6G2003255 止：JTJBAMCA1G2003812	
缺陷情况	供应商在生产过程中，由于制动执行器中的油泵检查设备不恰当，有可能未能检查出在组装时发生的油泵 O 型圈损伤的零件，进而未将问题零件报废处理。因此，可能无法正常提供制动防抱死系统（ABS）及车身稳定控制系统（VSC）等工作时所需油压，有可能影响车辆行驶稳定性，存在安全隐患。			
可能后果	可能无法正常提供制动防抱死系统（ABS）及车身稳定控制系统（VSC）等工作时所需油压，有可能影响车辆行驶稳定性，存在安全隐患。			
维修措施	确认所有对象车辆制动执行器的产品序列号，并更换问题对象制动执行器。（从气密检查记录中可追溯问题零件的产品序列号）			
改进措施	2016 年 1 月 29 日开始，供应商已经对油泵自动组装线上的气密检查设备的合格判断标准进行了变更。正在生产的产品不受影响。			
投诉情况	中国及海外其他市场未确认到上述问题的技术报告。			

天津一汽丰田汽车有限公司召回部分皇冠汽车

制造商	天津一汽丰田			
召回时间	2016-05-20 至 2017-05-19			
涉及数量	127			
车型	型号	年款	VIN 范围	
皇冠	皇冠 4.3L Royal Saloon VIP	2009-2010	起：LFMBXK9B590002504 止：LFMBXK9B4A0002661	
缺陷情况	在音频功放器内的冷却开口部附近装配有扬声器驱动元件，由于该元件未设置保护电路，如果异物混入，可能导致该元件发生短路，造成音频功放器基板烧损。严重情况下，可能导致起火，存在安全隐患。			
可能后果	严重情况下，可能导致起火，存在安全隐患。			
维修措施	天津一汽丰田汽车有限公司将为所有对象车辆更换改善后的音频功放器。			
改进措施	天津一汽丰田汽车有限公司目前生产的皇冠、锐志装配不同类型的音频功放器，且音频功放器中的扬声器驱动元件均配备保护电路，卡罗拉、花冠 EX、威驰等车型不装配音频功放器，不存在相同问题。			
投诉情况	截至 2016 年 4 月 10 日，中国市场未确认到上述故障的技术报告。			

东风汽车有限公司召回部分国产英菲尼迪汽车

制造商	东风日产			
召回时间	2016-09-20 至 2017-09-20			
涉及数量	36686			
车型	型号	年款	VIN 范围	
Q50L	Q50L	2014-2015	起：LGBW1PE0XER001001 止：LGBW1PE03GR026647	
QX50	QX50	2014-2015	起：LGBW2DE45ER001003 止：LGBW2DE4XGR012064	
缺陷情况	由于乘客分类系统控制单元内的程序问题，当成人入座副驾驶席时，系统可能误判为儿童，报警灯点亮，也有可能误判为空座的极个别情况。			
可能后果	当车辆受到足以使气囊打开的碰撞时，副驾驶席气囊有时会出现不打开的情况，导致乘员受伤，存在安全隐患。			
维修措施	把乘客分类系统控制单元更换成改进型产品。			
改进措施	在乘客分类系统控制单元中采用重新编程后的程序。			
投诉情况	国外市场发生 3 件故障，中国市场无故障报告，无事故发生。			

广汽菲亚特克莱斯勒汽车有限公司召回部分进口菲亚特菲跃系列汽车

制造商	菲亚特汽车			
召回时间	2016-04-25 至 2017-04-25			
涉及数量	2990			
车型	型号	年款	VIN 范围	
菲跃	2012 款菲跃 2.4 豪华版 2012 款菲跃 2.4 舒适版 2013 款菲跃 2.4 豪华版 2013 款菲跃 2.4 豪华导航版 2013 款菲跃 3.6L 豪华导航 2013 款菲跃 3.6 智能全驱版 2014 款菲跃 2.4 豪华版 2014 款菲跃 2.4 豪华导航版 2014 款菲跃 2.4 炫酷版 2014 款菲跃 3.6 智能全驱版	2012-2014	起：3C4PFABB0CT333243 止：3C4PFABB4ET258047	
缺陷情况	特定情况下，部分车辆会有水份进入 ABS 防抱死制动系统模块，可能导致 ABS 防抱死制动系统与 ESC 电子稳定控制系统失效与故障，可能增加碰撞和乘员受伤的风险。			
可能后果	可能导致 ABS 防抱死制动系统与 ESC 电子稳定控制系统失效与故障，可能增加碰撞和乘员受伤的风险。			
维修措施	克莱斯勒会发起一次召回行动，为涉及车辆的 ABS 防抱死制动系统模块地线进行密封，使用双层热缩管密封线束，根据需要更换前大灯和仪表板线束，并在必要时更换 ABS 防抱死制动系统模块。			
改进措施	2014 年 4 月 14 日之后生产的产品，ABS 防抱死制动系统模块地线进行了双层热缩管密封。			
投诉情况	没有收到任何投诉索赔，也没有人员伤亡事故报告。			

日产（中国）投资有限公司召回部分进口英菲尼迪汽车

制造商	日产汽车			
召回时间	2016-09-20 至 2017-09-20			
涉及数量	20962			
车型	型号	年款	VIN 范围	
英菲尼迪 JX 新名 QX60	JX35 新名 QX60	2014-2015	起：5N1CL0MM5EC508726 止：5N1CL0MN5FC561761	
英菲尼迪 Q50	Q50 2.0 Q50 3.7 Q50 混动	2014-2015	起：JNKAV71E6EM100014 止：JNKBV71E6FM130460	
缺陷情况	由于乘客分类系统控制单元内的程序问题，当成人入座副驾驶席时，系统可能误判为儿童，报警灯点亮，也有可能误判为空座的极个别情况。			
可能后果	当车辆受到足以使气囊打开的碰撞时，副驾驶席气囊有时会出现不打开的情况，导致乘员受伤，存在安全隐患。			
维修措施	把乘客分类系统控制单元更换成改进型产品。			
改进措施	在乘客分类系统控制单元中采用重新编程后的程序。			
投诉情况	中国市场无故障报告，无事故发生。			

神龙汽车有限公司扩大召回部分东风标致 408 及 308S 轿车

制造商	神龙汽车 (东风雪铁龙)			
召回时间	2016-05-16 至 2017-05-15			
涉及数量	24562			
车型	型号	年款	VIN 范围	
408	408 1.2T 自动豪华版 408 1.6THP 自动尊贵版 408 1.6THP 自动至尊版 408 1.8L 手动领先版 国五 408 1.8L 自动豪华版 国五 408 1.8L 自动领先版 国五	2014-2015	起：LDC973Y49E2294470 止：LDC973Y40F2334324	
308S	308S 1.2T 自动尚驰版 308S 1.2T 自动劲驰版 308S 1.6L 手动尚驰版 308S 1.6L 手动劲驰版 308S 1.6T 自动睿驰版 308S 1.6T 自动劲驰版	2014-2015	起：LDC961442E2297773 止：LDC961443F2339336	
缺陷情况	由于供应商制造原因，三角臂前托架紧固螺栓质量不符合要求在极端情况下，三角臂前托架紧固螺栓存在安全隐患。			
可能后果	可能出现前悬挂异响，车辆行驶过程中不稳、抖动，极端情况下出现跑偏。			
维修措施	更换合格的三角臂前托架紧固螺栓。			
改进措施	使用合格的三角臂前托架紧固螺栓。			
投诉情况	售后索赔 32 例，无人员伤亡事故报告。			

戴姆勒卡客车（中国）有限公司召回部分进口梅赛德斯 - 奔驰半挂牵引车

制造商	戴姆勒卡车			
召回时间	2016-05-13 至 2017-06-30			
涉及数量	15			
车型	型号	年款	VIN 范围	
Actros	Actros 2644	2013-2014	起：WD39HDAA4EL823111 止：WD39HDAA1FL911647	
Actros	Actros 2641	2013-2014	起：WD39HDAA1EL823132 止：WD39HDAA3EL847030	
缺陷情况	通过全球产品监测，我们发现，装配有传动轴 A974 410 1902 和直径 440mm 的差速器盘齿（销售代码 AX6）的 Actros 2641（6X4）和 Actros 2644 （6X4）车型中，个别上述受影响车辆在驾驶过程中，后桥间不当的法兰角度可能引起传动轴倾斜角度的偏差，导致万向节过热。			
可能后果	传动轴和万向节间的装配间隙随着行驶里程的增加而增大，引起噪音和振动，甚至可能导致万向节的衬套或十字轴脱落。			
维修措施	作为预防措施，戴姆勒卡客车（中国）有限公司将更换受此召回影响的车辆的后一桥和后二桥之间的传动轴；同时，在两后桥 Y 型控制臂与后桥之间加装调整垫片。			
改进措施	自 2014 年 12 月 3 日起，生产的产品已经在两后桥的 Y 型控制臂上加装了调整垫片。同时，也安装了新设计的传动轴。			
投诉情况	戴姆勒卡客车（中国）有限公司尚未收到在中国境内任何相关投诉索赔报告。			

阿斯顿马丁拉共达（中国）汽车销售有限公司召回部分进口 DB9 和征服系列汽车

制造商	阿斯顿马丁			
召回时间	2016-05-06 至 2017-05-06			
涉及数量	20			
车型	型号	年款	VIN 范围	
DB9	DB9 Coupe	2013	起：SCFEDACM9DGA14883 止：SCFEDACM9DGA14883	
Vanquish	Vanquish Volante	2015	起：SCFPMCGU6FGK02100 止：SCFPMCGU6FGK02100	
Vanquish	Vanquish Coupe	2015	起：SCFKMCEU1FGJ01964 止：SCFKMCEU6FGJ02432	
缺陷情况	本次涉及召回范围内的车辆，当右前座椅被调节至后部极限位置时，座椅的内侧滑轨有可能压迫电池电源缆线。如受到座椅滑轨的反复压迫，则可能会导致绝缘层受损而使得座椅滑轨组件与地线之间的线路短路及过热现象发生。			
可能后果	过热会导致地线性能退化，在个别情况下，车厢内可能会有烟熏味道，并最终可能导致地线中的铜线过热熔断形成开路、座椅调节功能失效，不会对车辆其他性能产生影响。			
维修措施	阿斯顿马丁将对召回范围内车辆的电池电源缆线进行检查并在电池电源缆线上安装布线导块以改变电池电源缆线的布线位置，确保座椅滑轨不会压迫到电池电源缆线。如发现电池电源缆线受损，则将对缆线增加额外的绝缘层。该工作共需要 30 分钟，并向车主免费提供。			
改进措施	对电池电源缆线的位置和走向进行了调整，右前座椅滑轨将不会碰触到电池电源缆线。			
投诉情况	截止到目前，中国市场未收到任何投诉、索赔及故障案例信息。			

丰田汽车（中国）投资有限公司召回部分进口雷克萨斯汽车

<table>
<tr><td>制造商</td><td colspan="4">丰田汽车</td></tr>
<tr><td>召回时间</td><td colspan="4">2016-05-13 至 2017-05-12</td></tr>
<tr><td>涉及数量</td><td colspan="4">19529</td></tr>
<tr><td>车型</td><td>型号</td><td>年款</td><td>VIN 范围</td><td></td></tr>
<tr><td>Lexus ES</td><td>ES200</td><td>2015-2016</td><td>起：JTHBT1GG3F2000112
止：JTHBT1GG7G2021871</td><td></td></tr>
<tr><td>缺陷情况</td><td colspan="4">因车辆发动机控制电脑中对 EGR(排气再循环)阀门控制的程序不完善，当频繁踩下加速踏板时，偶尔会发生 EGR 阀门开度与控制指令有偏差，阀门无法完全关闭的情况。在排气不断进入进气循环的情况下，可能引发发动机转速不稳，极端情况下，车辆在行驶过程中发动机可能发生熄火，从而导致后方车辆追尾进而诱发交通事故，存在安全隐患。</td></tr>
<tr><td>可能后果</td><td colspan="4">可能引发发动机转速不稳，极端情况下，车辆在行驶过程中发动机可能发生熄火，从而导致后方车辆追尾进而诱发交通事故，存在安全隐患。</td></tr>
<tr><td>维修措施</td><td colspan="4">对所有对象车辆，升级其发动机控制电脑的程序。</td></tr>
<tr><td>改进措施</td><td colspan="4">2016 年 4 月 5 日～变更了发动机控制电脑的程序，以保证 EGR 阀门在到达目标位置前，不再处理新的指令信号。丰田已经对该对策效果进行了验证，可保证搭载新程序的车辆不会出现相同问题。</td></tr>
<tr><td>投诉情况</td><td colspan="4">丰田在中国市场确认到 2 件技术报告；在中国以外其他市场确认到 18 件技术报告，故障现象均为行驶中发动机熄火，（可再起动）均未造成事故及人员伤亡。</td></tr>
</table>

上汽通用汽车有限公司召回部分 2015-2016 年款雪佛兰创酷和 2013-2015 年款雪佛兰爱唯欧汽车

制造商	上汽通用			
召回时间	2016-05-13 至 2017-05-12			
涉及数量	44096			
车型	型号	年款	VIN 范围	
创酷	1.4T 四驱旗舰型 1.4T 自动豪华型	2013-2016	起：LSGJM84J1FY000002 止：LSGJM84J3GY111135	
爱唯欧	1.6SXAT 1.6SXMT 两厢 1.6 SX AT 两厢 1.6 SX MT 三厢 1.6 SX AT 三厢 1.6 SX MT	2013-2015	起：LSGJL64M70Y001704 止：LSGJL54U1FY130244	
缺陷情况	本次召回范围内的车辆，在特定工况下，钥匙遗忘提醒功能缺失。			
可能后果	在特定工况下，钥匙遗忘提醒功能缺失，不符合国标要求。			
维修措施	免费更新收音机软件。			
改进措施	从 2016 年 4 月 25 日起生产的创酷车辆，收音机软件已经得到了改进。改进后的软件功能符合国标要求。			
投诉情况	无。			
车主通知	从 2016 年 5 月 13 日起，雪佛兰特约售后服务中心会主动与范围内的用户取得联系，安排免费检修事宜。用户可拔打上汽通用汽车有限公司雪佛兰免费客户服务热线：8008201912 进行咨询。			

神龙汽车有限公司召回部分进口 C4 Picasso 汽车 - 安全带问题

制造商	雪铁龙汽车			
召回时间	2016-05-18 至 2017-05-17			
涉及数量	49			
车型	型号	年款	VIN 范围	
C4 Picasso	大 C4 毕加索（7 座） 1.6T AT 豪华型	2015	起：VF73A5GYXFJ805661 止：VF73A5GY6FJ837636	
缺陷情况	安装在第二排后座上的安全带锁扣支架在供应商生产的过程中可能已损坏。			
可能后果	在发生碰撞事故时，安全带锁扣支架可能无法发挥作用，因此无法正确地为乘员提供约束。			
维修措施	对召回范围内的车辆按工艺进行检查，若属于缺陷范围内，即免费更换安全带锁扣支架。			
改进措施	装配合格的安全带锁扣支架。			
投诉情况	无。			

神龙汽车有限公司召回部分进口 C4 Picasso 汽车 - 门锁问题

制造商	雪铁龙汽车			
召回时间	2016-05-18 至 2017-05-17			
涉及数量	287			
车型	型号	年款	VIN 范围	
C4 Picasso	大 C4 毕加索（7 座） 1.6T AT 豪华型 大 C4 毕加索（7 座） 1.6T AT 时尚型 C4 毕加索（5 座） 1.6T AT 豪华型	2015	起：VF73A5GY9FJ772118 止：VF73A5GY6FJ837636	
缺陷情况	车辆的一个或多个车门无法关闭。			
可能后果	在极少数情况下，车门关闭后可能会解锁并突然打开，存在安全隐患。			
维修措施	对召回范围内的车辆进行检查， 对故障车门锁免费更换。			
改进措施	装配合格的车门锁。			
投诉情况	售后累计索赔 11 例（全球市场），中国市场目前未发生。			

现代汽车（中国）投资有限公司上海分公司召回部分进口起亚 K9 汽车

制造商	现代汽车			
召回时间	2016-05-27 至 2016-11-26			
涉及数量	19			
车型	型号	年款	VIN 范围	
起亚 K9	起亚 K9 旗舰版	2015	起：KNALW4131F6018182 止：KNALW4136G6030698	
缺陷情况	在组合开关的大灯控制开关长时间固定在 AUTO（自动）模式上使用时会引起开关触点的间歇性的瞬间接触不良，行驶时大灯会出现瞬间的闪烁情况，存在安全隐患。			
可能后果	行驶中大灯发生间歇性的闪烁情况，存在安全隐患。			
维修措施	免费更换组合开关组件（雨刷开关，内置改善的大灯控制逻辑）。			
改进措施	2016.1.12 日起生产车辆装配了新的组合开关。			
投诉情况	无。			
车主通知	通过起亚汽车网络，短信，电子邮件，电话，挂号信等方式通知用户。车主可以到就近起亚汽车（中国）4S 店获得此信息或可拨打客户服务热线 400-882-2060 进行咨询。			

大众汽车（中国）销售有限公司召回部分进口迈腾系列汽车

制造商	大众汽车			
召回时间	2016-05-24 至 2017-05-23			
涉及数量	486			
车型	型号	年款	VIN 范围	
迈腾四驱	迈腾四驱	2016	起：WVWAR23C0GE168472 止：WVWAR23CXGE163778	
迈腾旅行	迈腾旅行 2.0T	2016	起：WVWHR23C5GE164660 止：WVWHR23C8GE164989	
迈腾旅行	迈腾旅行 1.4T	2016	起：WVWC623C0GE094259 止：WVWC623CXGE132161	
缺陷情况	本次召回范围内的部分车辆，其全景天窗自动回缩功能的夹紧力触发上限可能过大，如果客户使用遥控钥匙开启和关闭全景天窗，且没有注意到有乘客将身体部位放置在天窗滑动区域，在少数情况下有可能造成对乘客的人身伤害，不符合国家标准的有关要求，存在安全隐患。			
可能后果	在少数情况下有可能造成对乘客的人身伤害，不符合国家标准的有关要求，存在安全隐患。			
维修措施	为了确保在车辆天窗操控过程中的乘客人身安全，大众汽车（中国）销售有限公司将委托授权经销商为涉及范围内的车辆通过软件匹配的方式关闭全景天窗的遥控钥匙开启和关闭功能，并在产品说明书当中增加相应的内容，同时在车辆天窗控制面板部位增加安全警示标记。			
改进措施	在生产线上关闭了车辆全景天窗的遥控钥匙开启和关闭功能。			
投诉情况	全球包括中国市场没有相关投诉情况。			

玛莎拉蒂（中国）汽车贸易有限公司召回部分进口和吉博力系列汽车

制造商	玛莎拉蒂			
召回时间	2016-06-13 至 2017-06-12			
涉及数量	19970			
车型	型号	年款	VIN 范围	
Ghibli（M157）	M157 B2、M157 B4、M157 C2	2014-2016	起：ZAMRT57E9E1079744 止：ZAMSS57E3G1172945	
Quattroporte（M156）	M156 B2、M156 B4、M156 C2、M156 V8	2014-2016	起：ZAMPP56E4E1069930 止：ZAMSP56E5G1173355	
缺陷情况	所涉及车辆的后轮前束调整拉杆与后轮轴承支架（即后羊角）之间的连接紧固程度不能达到设计要求。后轮前束调整拉杆的固定螺钉上的设计紧固扭矩不足，以及后轮前束调整拉杆与后轮轴承支架之间的连接的强度不适用于极端激烈驾驶。			
可能后果	上述缺陷可能会导致车辆后轮前束调整拉杆与后轮轴承支架之间的连接紧固程度下降，进而影响到车辆后轮的定位设定，并导致车辆在行驶过程中后部（悬挂部分）出现异响。如果继续极端激烈驾驶，在极限状况下可能会导致车辆失控。			
维修措施	玛莎拉蒂将对涉及召回的车辆的后轮前束调整拉杆的固定螺钉的紧固扭矩和状态进行检查，并根据检查结果采取如下措施以消除缺陷：1. 如果拉杆固定螺钉尚未松动，则需要更换拉杆固定螺钉（带有螺纹胶）及其垫圈，并增大施加在拉杆固定螺钉上的扭矩。2. 如果拉杆固定螺钉已经松动或受到磨损，则需要更换后轮轴承支架（后羊角），后轮前束调整拉杆，拉杆固定螺钉（带有螺纹胶）及其垫圈，并增大施加在拉杆固定螺钉上的扭矩。			
改进措施	自 2015 年 10 月 31 日后生产的车辆，均使用了最新的拉杆固定螺钉并在安装该螺钉时使用了螺纹胶，同时在生产过程中采用了经过重新验证的最新的紧固扭矩，从而保证了后轮前束调整拉杆与后轮轴承支架之间的紧固连接。			
投诉情况	截止至目前，已经收到 6 个关于车辆在行驶过程中后部（悬挂部分）异响的案例，并已经完成相关部件的更换和索赔。			

上汽通用汽车有限公司召回部分别克英朗和雪佛兰科鲁兹、景程、爱唯欧汽车

制造商	上汽通用			
召回时间	2016-08-15 至 2019-08-14			
涉及数量	2160779			
车型	型号	年款	VIN 范围	
英朗 GT	三厢 1.8 GL-AT 三厢 1.6 GL-MT 三厢 1.6 G-MT 三厢 1.6 GL-AT 三厢 1.6 G-AT 1.8 自动时尚版 1.6 自动舒适版 1.6 自动时尚版 1.6 手动进取版 1 .6 手动舒适版	2013-2015	起：LSGPB54RXDD000041 止：LSGPB54UXFD152165	
科鲁兹	1.6 自动豪华版 1.6 手动豪华版 1.8 SX AT 1.8 SE AT 1.6 SE AT 1.6 SE MT 1.6 SL MT 1.6 SL AT 1.6 SL AT 天地版 1.6 SL MT 天地版	2009-2016	起：LSGPC52U09F000209 止：LSGPC64U8GF094162	
爱唯欧	1.6SXAT 1.6SXMT 两厢 1.6 SX AT 两厢 1.6 SX MT 三厢 1.6 SX AT 三厢 1.6 SX MT	2012-2015	起：LSGJL64UXCY000125 止：LSGJL54U8FY130242	
景程	1.8 SX 豪华版 AT 1.8 SX 豪华版 MT 1.8 SE 舒适版 AT 1.8 SE 舒适版 MT 1.8 SL 致真版 MT 1.8 行政版 AT	2010-2015	起：LSGVA54R7AY000089 止：LSGVA54RXFY115812	
英朗 XT	两厢 1.8 GL-AT 两厢 1.6 GL-MT 两厢 1.6 G-MT 两厢 1.6 GL-AT 两厢 1.6 G-AT 1.8 自动时尚版 1.6 自动舒适版 1.6 自动时尚版 1.6 手动进取版 1 .6 手动舒适版	2013-2015	起：LSGPB64U7DD000038 止：LSGPB64U3FD295156	
缺陷情况	本次召回范围内部分车辆，发动机曲轴箱通风阀膜片耐腐蚀性不足，在长期使用后膜片可能被腐蚀。			
可能后果	极端情况下会导致发动机损坏，存在安全隐患。			
维修措施	免费更换曲轴箱通风阀，清理进气歧管。			
改进措施	从 2016 年 4 月 28 日起生产的科鲁兹车辆，其装配的曲轴箱通风阀膜片材料已重新选型，其抗腐蚀性能已经得到提升，不存在类似缺陷。其他在召回范围内的车型已停止生产。			
投诉情况	截止目前，上汽通用东岳汽车有限公司收到 18,701 例疑似此缺陷造成故障的索赔、维修等报告，未涉及人员伤亡。上汽通用（沈阳）北盛汽车有限公司收到 67,000 例疑似此缺陷造成故障的索赔、维修等报告，未涉及人员伤亡。			

鞍山轮胎有限公司召回部分 2014-2015 年生产的载重汽车普通断面斜交轮胎

制造商	鞍山轮胎			
召回时间	2016-05-26 至 2016-08-26			
涉及数量	1817			
车型	型号	年款	VIN 范围	
（轮胎 1）	6.00-13	2015	起：15052901001 止：15060135108	
（轮胎 2）	6.00-14	2014-2015	起：14060301001 止：15050235100	
（轮胎 3）	6.00-15	2014-2015	起：14080401001 止：15040135110	
（轮胎 4）	6.50-16	2014-2015	起：14060501001 止：15050335100	
（轮胎 5）	7.00-16	2014-2015	起：14060501001 止：15050435109	
缺陷情况	轮胎强度不符合国家标准 GB9744-2015 中 4.6.1 条款规定数值。			
可能后果	本次召回范围内的轮胎由于胎体使用的帘线强度不合格，导致轮胎强度不符合国家标准，可能导致爆胎，存在安全隐患。			
维修措施	鞍山轮胎有限公司将对召回范围内的所有轮胎提供免费退货服务，以消除安全隐患。			

法拉利汽车国际贸易（上海）有限公司召回部分进口意大利系列以及加利福尼亚系列汽车

制造商	法拉利汽车			
召回时间	2016-09-15 至 2018-09-14			
涉及数量	621			
车型	型号	年款	VIN 范围	
458	458	2010-2011	起：ZFF67NHE7A0172855 止：ZFF67NHE2B0181772	
California	California	2009-2011	起：ZFFLJ65E590167261 止：ZFFLJ65E4B0182114	
缺陷情况	制造该模块使用的推进剂的性能随着时间的推移而退化，在高温高湿的环境当中尤为明显。退化的推进剂在安全气囊激发时，可能会过激激发，并造成推进器壳体破碎并飞溅。			
可能后果	该缺陷可能导致以下结果：1）安全气囊激发时推进剂过激激发，并导致推进器壳体破碎。2）破碎的壳体可能飞溅并造成乘员伤害。			
维修措施	免费为涉及召回的车辆更换乘客侧前安全气囊。			
改进措施	用于更换的零件采用了全新的推进器及附属部件。			
投诉情况	到目前为止我们未收到关于法拉利的投诉或索赔。			

捷豹路虎汽车贸易（上海）有限公司召回部分进口捷豹 XF 系列汽车

制造商	捷豹汽车			
召回时间	2016-05-27 至 2017-05-31			
涉及数量	5			
车型	型号	年款	VIN 范围	
XF	XF 2010 款 5.0 V8 Portfolio	2010	起：SAJAA07P6ALR46173 止：SAJAA08R9AMR46243	
缺陷情况	捷豹路虎工程师从市场所返还的旧件上发现，油箱燃油出口法兰位置有裂缝的情况，可能导致燃油泄漏。并发现由于统计遗漏，部分涉及车辆未包含在之前召回的范围内。			
可能后果	当油箱燃油出口法兰开裂后，汽油会从裂口处渗出。但在大部分情况下，客户能通过汽油的气味，识别出该缺陷，在极端情况下，车辆底部周围区域会残留汽油，如果靠近火源的话，可能导致火灾。			
维修措施	更换新的油箱汽油滤清器上盖和垫圈。			
改进措施	捷豹路虎已确保提供正确的零部件用于生产。			
投诉情况	截至目前中国市场没有收到相关的投诉。			

福特汽车（中国）有限公司召回部分进口探险者汽车

制造商	福特汽车			
召回时间	2016-10-31 至 2017-10-31			
涉及数量	6251			
车型	型号	年款	VIN 范围	
探险者	探险者 3.5L 尊享型	2014-2015	起：1FM5K8F8XEGB55547 止：1FM5K8F89EGC42226	
缺陷情况	部分受影响车辆，后悬架前束连接臂可能存在焊接质量不良的问题，这可能会导致后悬架前束连接臂断裂。			
可能后果	没有正确焊接的后前束连接臂在车辆行驶时断裂会导致转向控制失效，增加了碰撞的风险。			
维修措施	根据维修手册步骤，拆卸和更换后前束连接臂。此维修措施不向车主收取任何费用。			
改进措施	焊接工装上增加了一个插销来确保工装在正确的位置。			
投诉情况	无车主投诉和索赔情况。			

克莱斯勒（中国）汽车销售有限公司召回部分进口自由光车辆

制造商	克莱斯勒			
召回时间	2016-06-10 至 2017-06-10			
涉及数量	13676			
车型	型号	年款	VIN 范围	
Cherokee 自由光	自由光（2.4L）、自由光（3.2L I）	2014	起：1C4PJMDB5EW104857 止：1C4PJMDS9EW322946	
缺陷情况	部分车辆由于雨刮胶条和前挡风玻璃摩擦产生的静电在前挡风玻璃上聚集，通过雨刮电机传导到 BCM 内的电力模块，可能导致雨刷无法工作。			
可能后果	前雨刮系统失效并可能增加车辆发生事故的风险。			
维修措施	克莱斯勒（中国）汽车销售有限公司计划针对 2014 年款进口自由光发起主动召回，对受影响车辆增加一个接地线圈，消除静电的聚集并更换受损的车身控制模块。			
改进措施	2014 年 6 月，菲亚特克莱斯勒北美工程中心对 2015 款切诺基车型的 BCM 进行了更新。			
投诉情况	克莱斯勒（中国）汽车销售有限公司截止目前没有收到因此问题而引起的投诉或索赔报告。			

江铃汽车股份有限公司召回部分江铃福特 2013 年款新世代全顺小型客车

制造商	江铃汽车			
召回时间	2016-06-08 至 2016-09-08			
涉及数量	355			
车型	型号	年款	VIN 范围	
新世代全顺	短轴 M1BUS 短轴经济型 长轴经济型 普通型 M2BUS 加长轴普通型 短轴普通型 M2BUS 长轴 M2BUS 加长轴经济型	2013	起：LJXCMDJD0FT103308 止：LJXCMDDB8GT012136	
缺陷情况	因部分新世代全顺转向油管缺陷导致转向液泄漏，从而导致转向系统无助力。			
可能后果	转向沉重。			
维修措施	更换转向高压油管及柯蒂斯螺母。			
改进措施	使用改进后的转向高压油管。			
投诉情况	12 例，无人员伤亡事故。			

梅赛德斯 - 奔驰（中国）汽车销售有限公司召回部分进口精灵系列汽车

制造商	奔驰汽车			
召回时间	2016-06-15 至 2017-06-15			
涉及数量	6302			
车型	型号	年款	VIN 范围	
smart	全新 smart fortwo 52kW （453343/FJ4DA）	2014-2016	起：WMEFJ4DA7FK035697 止：WMEFJ4DAXFK059427	
缺陷情况	车辆前舱盖的锁止力可能不符合要求，当车辆高速行驶时，车辆的前舱盖板存在脱开的可能性。			
可能后果	当车辆高速行驶并且遇到强风的时候，锁止机构可能会松开，造成前舱盖板从车上脱开。这可能增加发生事故的风险。			
维修措施	作为预防措施，戴姆勒股份公司将通过梅赛德斯 - 奔驰授权经销商召回车辆免费更换锁止连杆，如果需要，对前舱盖板进行调整。			
改进措施	使用了重新设计的锁止机构，可以保证 2015 年 10 月 2 日以后生产的 smart fortwo (453 平台) 车型上不会存在该问题。			
投诉情况	中国市场未收到关于此问题的索赔记录。无事故及人员伤亡报告。			

铃木（中国）投资有限公司召回部分进口速翼特系列汽车

制造商	铃木汽车			
召回时间	2016-06-28 至 2017-06-27			
涉及数量	288			
车型	型号	年款	VIN 范围	
速翼特	1.6L 两驱豪华 CVT 版 1.6L 两驱豪华手动版	2014-2015	起：JS2ZC32S1F6500002 止：JS2ZC32S4F6300747	
缺陷情况	由于后轮制动钳加工不良，部分制动钳的活塞缸径过大，导致制动钳内部密封性降低，制动液渗漏警告灯点亮。			
可能后果	制动钳内部密封性降低，制动液渗漏警告灯点亮，最坏的情况下，制动性能有可能会降低。			
维修措施	铃木（中国）投资有限公司将为涉及车辆免费更换符合规格的制动钳，以消除该隐患。			
改进措施	对于量产车辆，自 2015 年 10 月 1 日起，零部件年供应商生产线上监测刀具偏差的传感器恢复正常使用，同时停止人工检查工序。			
投诉情况	中国市场收到 0 件，全球收到 3 件。 事故 0 件、人员伤亡情况 0 件。			

东风汽车有限公司召回部分国产英菲尼迪 Q50L 汽车

制造商	东风英菲尼迪			
召回时间	2016-07-04 至 2017-07-04			
涉及数量	2924			
车型	型号	年款	VIN 范围	
Q50L	Q50L	2014-2015	起：LGBW1PE04ER001009 止：LGBW1PE0XGR027181	
缺陷情况	线控主动转向系统控制单元程序有偏差，当电瓶出现低电压时，控制单元有可能对发动机起动时方向盘的角度做出误判，导致方向盘的转角和车轮的转角可能存在差异。			
可能后果	即使方向盘转到中立位置，车轮也可能不会返回到直行位置，导致车辆不能按驾驶员意图起步前行或转向，存在安全隐患。			
维修措施	将线控主动转向系统控制单元的程序进行重新编程。			
改进措施	将线控主动转向系统控制单元的程序采用改进后的程序。			
投诉情况	国外市场收到 5 件故障报告，中国市场无故障报告，无事故发生。			

东风汽车有限公司召回部分国产英菲尼迪 Q50L 汽车

制造商	日产汽车			
召回时间	2016-07-04 至 2018-07-04			
涉及数量	3970			
车型	型号	年款	VIN 范围	
Q50	Q50 2.0 Q50 3.7 Q50 混合动力	2013-2015	起：JN1AV7AP1EM691603 止：JNKBV71E3FM130027	
缺陷情况	线控主动转向系统控制单元程序有偏差，当电瓶出现低电压时，控制单元有可能对发动机起动时方向盘的角度做出误判，导致方向盘的转角和车轮的转角可能存在差异。			
可能后果	即使方向盘转到中立位置，有时会出现车轮不返回到直行的位置、造成车辆不能按驾驶员所想的方向起步前行的情况，如果继续行驶车辆，有可能发生不按自己意图转向的情况。			
维修措施	将线控主动转向系统控制单元的程序进行重新编程。			
改进措施	将线控主动转向系统控制单元的程序采用改进后的程序。			
投诉情况	国外市场收到 5 件故障报告，中国市场无故障报告，无事故发生。			

东风本田汽车有限公司召回部分国产思威、思域、思铂睿汽车

制造商	东风本田			
召回时间	2016-07-31 至 2016-07-30			
涉及数量	1038240			
车型	型号	年款	VIN 范围	
思域（CIVIC	CIVIC 1.8L 自动挡 CIVIC 1.8L 手动挡	2006-2011	起：LVHFA157165000001 止：LVHFA163XB5060204	
思威（CR-V）	适时四驱 CR-V 经典版自动挡 EXI 适时四驱 CR-V 经典版手动挡 EXI 适时四驱 CR-V 豪华版自动挡 VTI 适时四驱 CR-V 豪华版手动挡 VTI 适时四驱 CR-V 豪华版自动挡 VTI-S 适时四驱 CR-V 豪华版手动挡 VTI-S 两驱 CR-V 都市版自动挡 LXI 两驱 CR-V 都市版手动挡 LXI 适时四驱 CR-V 尊贵导航版自动挡 VTI-S NAVI	2007-2011	起：LVHRE477X75000001 止：LVHRE2854B5033389	
思铂睿（SPIRIOR）	SPIRIOR 2.4 豪华版 SPIRIOR 2.4 尊贵版 SPIRIOR 2.4 尊贵导航版 SPIRIOR TYPE-S SPIRIOR TYPE-S NAVI	2010-2011	起：LVHCU1642A5000001 止：LVHCU269XB5022105	
缺陷情况	乘员侧前气囊在展开时气体发生器壳体可能出现破损、壳体碎片飞出等情况。			
可能后果	气体发生器容器可能发生损坏，导致碎片飞出，可能伤及车内人员，存在安全隐患。			
维修措施	免费为对象范围内车辆更换乘员侧前气囊气体发生器。			
改进措施	目前量产车型采用了不同类型的气体发生器。			
投诉情况	截止到 2016 年 6 月 7 日，东风本田汽车有限公司未收到该问题的相关投诉。			

东风本田汽车有限公司召回部分进口新思域混合动力汽车

制造商	本田汽车			
召回时间	2016-07-31 至 2017-07-30			
涉及数量	684			
车型	型号	年款	VIN 范围	
CIVIC（IMA）	CIVIC HYBRID（新混合动力 FA3）	2007-2011	起：JHMFA36317S400379 止：JHMFA3631BS400147	
缺陷情况	乘员侧前气囊在展开时气体发生器壳体可能出现破损、壳体碎片飞出等情况。			
可能后果	气体发生器容器可能发生损坏，导致碎片飞出，可能伤及车内人员，存在安全隐患。			
维修措施	免费为对象范围内车辆更换乘员侧前气囊气体发生器。			
改进措施	对象机种的量产已完结，不需要对应。			
投诉情况	截止到 2016 年 6 月 7 日，东风本田汽车有限公司未收到该问题的相关投诉。			

一汽 - 大众汽车有限公司召回部分进口奥迪 A8L 汽车

制造商	奥迪汽车			
召回时间	2016-07-20 至 2017-07-19			
涉及数量	4839			
车型	型号	年款	VIN 范围	
奥迪 A8L	Audi A8 L 3.2 FSI 标准型 Audi A8 L 3.2 FSI 豪华型 Audi A8 L 3.2 FSI 技术型 Audi A8 L 3.2 FSI 尊享型 Audi A8 L 4.2 FSI quattro 尊贵型 Audi A8 L 6.0 W12 quatttro 至尊旗舰型 Audi A8 L 2.8 FSI 标准型 Audi A8 L 2.8 FSI 豪华型	2007-2009	起：WAUKH44E07N020421 止：WAUPN54EX8N017533	
缺陷情况	由于供应商在组装遮阳天窗的过程中，针对接合框架和顶盖时的清洁工作不充分，导致在使用周期内顶盖可能发生脱离。			
可能后果	在个别情况下，车辆在行驶过程中其遮阳天窗的顶盖可能会从框架上脱离，并有可能给后方的车辆造成危险。			
维修措施	一汽 - 大众汽车有限公司将委托授权经销商免费为涉及范围内的车辆的遮阳天窗进行检查，并在其顶盖内侧采取进一步的粘接措施，确保消除可能存在的隐患。			
改进措施	2008 年 6 月以后在供应商的生产线上采取了额外的清洁措施。			
投诉情况	中国市场没有相关的投诉。			

上汽大众汽车有限公司召回部分 2004-2012 年款途安汽车

制造商	上海大众			
召回时间	2016-06-24 至 2017-12-31			
涉及数量	147955			
车型	型号	年款	VIN 范围	
途安	途安 1.4TSi 手动智雅版 途安 1.4TSi 手动智尚版 途安 1.4TSi 自动智雅版 途安 1.4TSi 自动智臻版 途安 1.4TSi 自动智臻版 7 座 途安 1.8T 手动豪华型 途安 1.8T 手动智尊版 途安 1.8T 自动豪华型 途安 18T 自动豪华型 7 座 途安 1.8T 自动智尊版 途安 1.8T 自动智尊版 7 座 途安 2.0L 手动舒适型 途安 2.0L 手动智享版 途安 2.0L 自动舒适型 途安 2.0L 自动智享版	2004-2012	起：LSVLH41T642330058 止：LSVRS61T6C2046337	
缺陷情况	本次召回范围内的部分车辆，在较高空气湿度、快速温度变化和震动等极端情况下，保护车外照明灯的一个保险丝可能因过热而失效，导致部分车外照明灯无法正常工作。但是，车辆电路可确保车辆周围部分灯光继续照明。该情况发生时，组合仪表的显示屏立即向客户发出灯光异常警告。			
可能后果	在极端情况下，保护车外照明灯的一个保险丝可能因过热而失效，导致部分车外照明灯无法正常工作。但是，车辆电路可确保车辆周围部分灯光继续照明。该情况发生时，组合仪表的显示屏立即向客户发出灯光异常警告。			
维修措施	免费为召回涉及的车辆更换改进后的灯光保险丝。			
改进措施	生产线已使用改进后的灯光保险丝。所有目前生产和销售的车辆均不受上述问题影响。			
投诉情况	277 例故障报告。无人员伤亡事故报告。			

大众汽车（中国）销售有限公司召回部分进口大众辉腾汽车

制造商	大众汽车			
召回时间	2016-07-20 至 2017-07-19			
涉及数量	623			
车型	型号	年款	VIN 范围	
辉腾	辉腾 4.2 奢享定制型	2007-2009	起：WVWFE73D098000341 止：WVWVY73DX98000317	
辉腾	辉腾 3.2 基本版	2007-2009	起：WVWFD73D088000972 止：WVWVU73DX98000152	
辉腾	辉腾 6.0 W12 豪华版	2008	起：WVWVW73D088002257 止：WVWVZ73DX88006159	
缺陷情况	由于供应商在组装遮阳天窗的过程中，针对接合框架和顶盖时的清洁工作不充分，导致在使用周期内顶盖可能发生脱离。			
可能后果	在个别情况下，车辆在行驶过程中其遮阳天窗的顶盖可能会从框架上脱离，并有可能给后方的车辆造成危险。			
维修措施	大众汽车（中国）销售有限公司将委托授权经销商免费为涉及范围内的车辆的遮阳天窗进行检查，并在其顶盖内侧采取进一步的粘接措施，确保消除可能存在的隐患。			
改进措施	2008 年 6 月以后在供应商生产线上采取了额外的清洁措施。			
投诉情况	中国市场没有相关投诉情况。			

捷豹路虎汽车贸易（上海）有限公司召回部分进口路虎越野乘用车

制造商	路虎汽车			
召回时间	2016-06-23 至 2017-07-01			
涉及数量	11282			
车型	型号	年款	VIN 范围	
揽胜运动	2012 款 3.0V6HSE 双涡轮增压柴油发动机 2012 款 3.0V6HSE 双涡轮增压柴油发动机 极致运动 2013 款 3.0 TDV6 HSE 2013 款 3.0 TDV6 HSE Lux	2012-2013	起：SALSN2F47CA752916 止：SALSN2F42DA787400	
缺陷情况	部分进口的 2012 至 2013 年款路虎发现 4，揽胜运动和 2013 年款新揽胜的曲轴位置传感器失效。			
可能后果	极端情况下缺陷可能会导致车辆无法启动，或者在无明显征兆的情况下发动机熄火。一旦发动机熄火后，车辆将会失去制动助力，但基础制动仍能发挥作用。同时车辆也会失去转向助力，车辆基础转向仍能发挥作用，但转向阻力会变大。发动机在没有警告信号的情况下熄火很可能会导致撞车事故，存在安全隐患。			
维修措施	免费更换正确的曲轴位置传感器。			
改进措施	捷豹路虎已确保提供正确的零部件用于生产。			
投诉情况	截至目前，中国市场共收到 10 起相关问题的客户投诉。无人员伤亡事故报告。			

长安马自达汽车有限公司召回部分马自达 2 汽车

制造商	长安马自达			
召回时间	2016-11-30 至 2018-11-30			
涉及数量	74310			
车型	型号	年款	VIN 范围	
马自达 2	1.3LMT 手动标准、1.3LAT 自动标准、1.5LAT 自动时尚 / 超值 / 豪华版、1.5LMT 手动时尚 / 超值版	2007-2012	起：LVSFDAMA37N000128 止：LVRFDAALXFN049204	
缺陷情况	部分车辆的乘员侧前安全气囊装配了高田公司生产的未带干燥剂的硝酸铵气体发生器。在安全气囊展开时，上述气囊的气体发生器可能发生异常破损，导致壳体碎片飞出等情况。			
可能后果	气体发生器壳体碎片飞出，可能伤及车内人员，存在安全隐患。			
维修措施	长安马自达汽车有限公司将为召回范围内的车辆免费更换乘员侧前安全气囊气体发生器，以消除安全隐患。			
改进措施	采用了不同类型的气体发生器。			
投诉情况	到目前为止，没有收到该问题的相关不良信息。			

浙江吉利汽车有限公司召回部分国产帝豪 EC7 和吉利 GC7 系列汽车

制造商	吉利汽车			
召回时间	2016-06-29 至 2017-01-29			
涉及数量	521			
车型	型号	年款	VIN 范围	
EC7	新帝豪 1.3T 两厢手动挡国五带 IUPR 新帝豪 1.3T 三厢手动挡国五带 IUPR	2016	起：L6T7814S3FN228113 止：L6T7712S0GN010721	
GC7	新远景 1.3T 三厢手动档国五带 IUPR	2015	起：LB37724S8FX120894 止：LB37724S4GX009888	
缺陷情况	由于零部件供应商制造原因，本次召回范围内部分车辆在极端工况下行驶，可能出现手动变速器第 6 档跳档现象。			
可能后果	车辆在极端情况下行驶，可能出现手动变速器第 6 档跳档现象，变速箱进入空档，车辆暂时出现动力中断。			
维修措施	浙江吉利汽车有限公司将对上述召回范围内存在缺陷隐患的车辆免费更换改进后的手动变速器总成，以消除隐患。			
改进措施	优化输入轴垫圈结构。			
投诉情况	截止目前，浙江吉利汽车有限公司收到 2 例疑似此缺陷造成故障的索赔、维修报告，未涉及人员伤亡。			

四川一汽丰田汽车有限公司召回部分国产普锐斯汽车

制造商	一汽丰越			
召回时间	2016-07-28 至 2017-07-27			
涉及数量	1042			
车型	型号	年款	VIN 范围	
普锐斯	普锐斯标准版 / 普锐斯豪华版 / 普锐斯豪华先进版	2012	起：LFMCZ34E4B3001000 止：LFMCZ34E8C3002041	
缺陷情况	对象车辆搭载的帘式空气囊的压缩气体式气体发生器，因供应商的制造原因，储气管在生产过程中润滑剂未能充分洗净，导致焊接时该部位可能产生微小龟裂，当车辆在停车场受到暴晒时，气体发生器中充入的高压气体压力随着温度上升而升高，可能超过焊接部位的强度极限而断裂，极端情况下断裂的气体发生器部分有可能飞出，存在安全隐患。			
可能后果	当车辆在停车场受到暴晒时，气体发生器中充入的高压气体压力随着温度上升而升高，可能超过焊接部位的强度极限而断裂，极端情况下断裂的气体发生器部分有可能飞出，存在安全隐患。			
维修措施	对所有对象车辆在帘式空气囊气体发生器相应部位追加防止其飞出的保护罩。			
改进措施	供应商于 2012 年 1 月开始追加对储气管内表面有无润滑剂残留检查的项目，以保证储气管的焊接质量，已在 2012 年 4 月 27 日后下线的所有整车上搭载。并从 2012 年 6 月开始对顶端未切去的储气管严禁线下处理，并规定应废弃。			
投诉情况	丰田在中国市场未确认到上述问题的技术报告。在其他市场确认到 7 件上述问题的技术报告。（美国市场 5 件、西班牙市场 1 件、日本市场 1 件）。			

三菱汽车销售（中国）有限公司补充召回部分进口帕杰罗系列汽车

制造商	三菱汽车			
召回时间	2016-09-20 至 2017-09-19			
涉及数量	7725			
车型	型号	年款	VIN 范围	
帕杰罗	帕杰罗豪华版；帕杰罗炫酷版；帕杰罗旗舰版；帕杰罗尊贵版；帕杰罗豪华手 动版；帕杰罗精 英版；帕杰罗精 英超越版；	2015-2016	起：JE4NR52MXGJ003538 止：JE4NR52M2FJ000101	
缺陷情况	从供应商及其第三方机构调查发现，该型号 (PSDI-5 型) 气体发生器内火药（硝酸铵）长时间暴露在湿气环境下，由于温度变化会发生劣化。当搭载没有干燥剂的安全气囊展开时，气体发生器有可能发生破损。			
可能后果	气体发生器发生破损，导致碎片飞出，可能伤及车内人员，存在安全隐患。			
维修措施	免费更换驾驶席安全气囊气体发生器。			
改进措施	高田公司根据原因调查结果，另行对应。			
投诉情况	中国：0 件 全世界：0 件。			

四川一汽丰田汽车有限公司召回部分国产普锐斯汽车 - 燃油吸油器法兰盘

制造商	一汽丰越			
召回时间	2016-07-28 至 2017-07-27			
涉及数量	4458			
车型	型号	年款	VIN 范围	
普锐斯	普锐斯标准版 / 普锐斯豪华版 / 普锐斯豪华先进版	2012	起：LFMCZ34E4B3001000 止：LFMCZ34E6F3005457	
缺陷情况	抑制燃油蒸发气体排出装置（燃油吸油器法兰盘）中，因蒸发气体通路（树脂材料）的端部形状不完善，在使用过程中该端部可能会发生龟裂。如果在此状态下长期持续使用，该龟裂会继续发展直至贯穿。在燃油满箱状态下，有可能发生燃油渗漏，存在安全隐患。在燃油满箱状态下，有可能发生燃油渗漏，存在安全隐患。			
可能后果	在加满燃油后，有可能发生燃油泄漏，存在安全隐患。			
维修措施	为所有对象车辆更换改良后的燃油吸油器零件。			
改进措施	对蒸发气体通路壁厚实施均一管理，使其满足内部应力要求。			
投诉情况	丰田在中国市场未确认到上述问题的技术报告。在海外市场确认到 237 件上述问题的技术报告。			

丰田汽车（中国）投资有限公司召回部分进口雷克萨斯及丰田汽车

制造商	丰田汽车			
召回时间	2016-07-29 至 2016-07-28			
涉及数量	30859			
车型	型号	年款	VIN 范围	
Lexus CT	CT200h	2011-2015	起：JTHKR5BH9B2035284 止：JTHKR5BH1F2232990	
Toyota PRUIS	Toyota PRUIS PHV (丰田普锐斯 PHV)	2012	起：JTDKN36P003018819 止：JTDKN36P103019638	
Toyota ZELAS	ZELAS (杰路驰)	2010-2013	起：JTKJF5C77A3000160 止：JTKJF5C72D3078947	
缺陷情况	抑制燃油蒸发气体排出装置（燃油吸油器法兰盘）中，因蒸发气体通路（树脂材料）的端部形状不完善，在使用过程中该端部可能会发生龟裂。如果在此状态下长期持续使用，该龟裂会继续发展直至贯穿。在燃油满箱状态下，有可能发生燃油渗漏，存在安全隐患。			
可能后果	在燃油满箱状态下，有可能发生燃油渗漏，存在安全隐患。			
维修措施	为所有对象车辆更换改良后的燃油吸油器零件。			
改进措施	对蒸发气体通路壁厚实施均一管理，使其满足内部应力要求。			
投诉情况	丰田在中国市场未确认到上述问题的技术报告。在海外市场确认到 237 件上述问题的技术报告。			

保时捷（中国）汽车销售有限公司召回部分进口 918 斯派德系列汽车

制造商	保时捷汽车			
召回时间	2016-08-05 至 2017-08-04			
涉及数量	30			
车型	型号	年款	VIN 范围	
918 Spyder	918 Spyder （斯派德）	2015	起：SCBBE53WX7C048527 止：SCBBE53W39C061218	
缺陷情况	在 918 Spyder（918 斯派德）的配件目录中，固定安全带支座和安全带卷轴的螺栓安装位置混淆了。由于该螺栓无法重复使用，一经拆卸后需要重新更换，所以在订购该新螺栓时可能会因错误的配件目录信息而导致错误的螺栓被安装到指定位置。			
可能后果	如果错误的螺栓被安装到指定位置，在事故碰撞中安全带系统的约束功能可能会受到影响，存在安全隐患。			
维修措施	作为一个预防性的措施，保时捷（中国）汽车销售有限公司将委托授权经销商免费为召回范围内的车辆检查安全带支座和安全带卷轴的固定螺栓，并确保其已经正确的安装。在必要时，将为车辆安装新的固定螺栓。			
改进措施	918 Spyder（918 斯派德）已经停止生产。			
投诉情况	中国市场没有相关案例。			

丰田汽车（中国）投资有限公司召回部分进口雷克萨斯 ct200h 汽车

制造商	丰田汽车			
召回时间	2016-07-29 至 2017-07-28			
涉及数量	7482			
车型	型号	年款	VIN 范围	
Lexus CT	CT200h	2011-2012	起：JTHKR5BH9B2035284 止：JTHKR5BH5C2103808	
缺陷情况	对象车辆搭载的帘式空气囊的压缩气体式气体发生器，因供应商的制造原因，储气管在生产过程中润滑剂未能充分洗净，导致焊接时该部位可能产生微小龟裂，当车辆在停车场受到暴晒时，气体发生器中充入的高压气体压力随着温度上升而升高，可能超过焊接部位的强度极限而断裂，极端情况下断裂的气体发生器部分有可能飞出，存在安全隐患。			
可能后果	当车辆在停车场受到暴晒时，气体发生器中充入的高压气体压力随着温度上升而升高，可能超过焊接部位的强度极限而断裂，极端情况下断裂的气体发生器部分有可能飞出，存在安全隐患。			
维修措施	对所有对象车辆在帘式空气囊气体发生器相应部位追加防止其飞出的保护罩。			
改进措施	供应商于 2012 年 1 月开始追加对储气管内表面有无润滑剂残留检查的项目，以保证储气管的焊接质量，已在 2012 年 4 月 27 日后下线的所有整车上搭载。并从 2012 年 6 月开始对顶端未切去的储气管严禁线下处理，并规定应废弃。			
投诉情况	丰田在中国市场未确认到上述问题的技术报告。在其他市场确认到 7 件上述问题的技术报告。（美国市场 5 件、西班牙市场 1 件、日本市场 1 件）			

梅赛德斯 - 奔驰（中国）汽车销售有限公司召回部分进口奔驰 AMG GT 轿跑车

制造商	奔驰汽车			
召回时间	2016-07-19 至 2017-07-18			
涉及数量	12			
车型	型号	年款	VIN 范围	
AMG GT	AMG GT, AMG GT S	2015	起：WDD1903781A003401 止：WDD1903781A004317	
缺陷情况	由于供应商的生产工艺偏差，车辆的碳纤维驱动轴和法兰之间的连接强度不足，某些情况下可能分离，影响车辆的动力传输，存在安全隐患。			
可能后果	车辆动力缺失。			
维修措施	作为预防措施，戴姆勒股份公司将通过梅赛德斯 - 奔驰授权经销商召回车辆免费检查，如果需要，更换碳纤维驱动轴。			
改进措施	供应商生产工艺进行改进保证 2015 年 7 月 24 日以后的车辆不会存在此问题。			
投诉情况	中国市场未收到关于此问题的索赔记录。			

梅赛德斯 - 奔驰（中国）汽车销售有限公司召回部分进口奔驰 A 级、GLA 和 CLA 汽车

制造商	奔驰汽车			
召回时间	2016-07-13 至 2017-07-12			
涉及数量	16			
车型	型号	年款	VIN 范围	
A 级	A 45 AMG 4MATIC	2016	起：WDDBF5CB2GJ426834 止：WDDBF5CB3GJ429340	
CLA 级	CLA 45 AMG 4MATIC	2016	起：WDDSJ5CBXGN316640 止：WDDSJ5CBXGN316640	
GLA 级	GLA 45 AMG 4MATIC	2016	起：WDCTG5CB7GJ210970 止：WDCTG5CB7GJ212217	
缺陷情况	离合器的盘和毂之间的焊缝工艺与标准存在误差可能导致开裂，影响车辆的动力传输。如果开裂，变速器将进入空档或紧急模式，车辆会滑行至停车，存在安全隐患。			
可能后果	可能造成车辆动力损失或无动力输入，根据当时的交通情况，这可能增加事故的风险。			
维修措施	作为预防措施，戴姆勒公司将通过梅赛德斯 - 奔驰授权经销商为召回车辆免费更换离合器。			
改进措施	更改了设备参数，可以保证 2015 年 11 月 30 日以后生产的车辆上不会存在该问题。			
投诉情况	中国市场未收到关于此问题的索赔记录。			

北京奔驰汽车有限公司召回部分 2016 年款北京奔驰 C 级和 GLC SUV 普通乘用车

制造商	北京奔驰			
召回时间	2016-07-26 至 2017-07-25			
涉及数量	9			
车型	型号	年款	VIN 范围	
C 级	C 200 4MATIC	2016	起：LE4WG4DB0GL127956 止：LE4WG4DB6GL134216	
GLC SUV	GLC 260 4MATIC, GLC 200 4MATIC	2016	起：LE40G4DB7GL011577 止：LE40G4GB3GL018747	
缺陷情况	车辆电子助力转向控制单元软件问题。			
可能后果	根据当时的交通状况，最常见转向失效是当车辆低速高扭矩转向停车的时候，这可能增加发生事故的风险。			
维修措施	作为预防措施，戴姆勒股份公司将通过梅赛德斯 - 奔驰授权经销商为召回车辆免费升级电子助力转向控制单元软件。			
改进措施	使用了新版本的软件，可以保证 2016 年 3 月 22 日以后生产的 C 级和 GLC SUV 车型上不会存在该问题。			
投诉情况	中国市场未收到关于此问题的索赔记录。无人员伤亡事故报告。			

大众汽车（中国）销售有限公司补充召回部分进口迈腾系列汽车

制造商	大众汽车			
召回时间	2016-07-08 至 2017-05-23			
涉及数量	7			
车型	型号	年款	VIN 范围	
迈腾四驱	迈腾四驱	2016	起：WVWAR23C3GE165615 止：WVWAR23C3GE165615	
迈腾旅行	迈腾旅行 1.4T	2016	起：WVWC623C1GE165629 止：WVWC623CXGE168030	
缺陷情况	本次召回范围内的部分车辆，其全景天窗自动回缩功能的夹紧力触发上限可能过大，如果客户使用遥控钥匙开启和关闭全景天窗，且没有注意到有乘客将身体部位放置在天窗滑动区域，在少数情况下有可能造成对乘客的人身伤害，存在安全隐患，不符合国家标准的有关要求。大众汽车（中国）销售有限公司已于 2016 年 5 月 24 日起，因相同缺陷对 2015 年 10 月 14 日至 2016 年 2 月 9 日期间生产的部分进口 2016 款迈腾旅行及迈腾四驱汽车进行召回。因产品追溯原因，大众汽车（中国）销售有限公司决定扩大召回范围。			
可能后果	本次召回范围内的部分车辆，其全景天窗自动回缩功能的夹紧力触发上限可能过大，如果客户使用遥控钥匙开启和关闭全景天窗，且没有注意到有乘客将身体部位放置在天窗滑动区域，在少数情况下有可能造成对乘客的人身伤害，存在安全隐患，不符合国家标准的有关要求。			
维修措施	为了确保在车辆天窗操控过程中的乘客人身安全，大众汽车（中国）销售有限公司将委托授权经销商为涉及范围内的车辆通过软件匹配的方式关闭全景天窗的遥控钥匙开启和关闭功能，并在产品说明书当中增加相应的内容，同时在车辆天窗控制面板部位增加安全警示标记。			
改进措施	在生产线上关闭了车辆全景天窗的遥控钥匙开启和关闭功能。			
投诉情况	全球包括中国市场没有相关投诉情况。			

东风本田汽车有限公司召回 2014 款和 2015 款思域汽车

制造商	东风本田			
召回时间	2016-08-31 至 2017-08-30			
涉及数量	67411			
车型	型号	年款	VIN 范围	
思域	CIVIC 1.8L Lxi 经典版自动档 CIVIC 1.8L Vti 豪华版自动档 CIVIC 1.8L Exi 舒适版自动档 CIVIC 1.8L Exi 舒适版手动档 CIVIC 1.8L Lxi 经典版手动档 CIVIC 2.4L 手动 Si	2014-2015	起：LVHFB2542E5000001 止：LVHFB262XF5016588	
缺陷情况	供应商将气囊控制单元中的侧气囊展开指令输出通道设置错误。			
可能后果	车辆在发生事故且达到侧气囊展开条件时，侧气囊不会展开，不能起到保护乘员的辅助安全作用。			
维修措施	免费为对象范围内车辆更换气囊控制单元。			
改进措施	目前量产车型采用了不同型号的气囊控制单元。			
投诉情况	截止到 2016 年 7 月 7 日，我司共收到 5 起相关内容的投诉。			

广汽本田汽车有限公司召回部分进口讴歌 RL 轿车

制造商	本田汽车			
召回时间	2016-08-10 至 2017-08-09			
涉及数量	282			
车型	型号	年款	VIN 范围	
Acura RL	讴歌 RL	2007-2010		
缺陷情况	部分车辆的副驾驶席前安全气囊装配了高田公司生产的未带干燥剂的硝酸铵气体发生器。在安全气囊展开时，上述气囊的气体发生器可能发生异常破损。			
可能后果	气体发生器如果发生异常破损，导致碎片飞出，可能伤及车内人员，存在安全隐患。			
维修措施	广汽本田汽车有限公司将为召回范围内的车辆免费更换副驾驶席前安全气囊气体发生器，以消除安全隐患。			
改进措施				
投诉情况				

东风汽车集团股份有限公司乘用车公司召回部分东风风神 AX7 普通乘用车

制造商	东风乘用车			
召回时间	2016-08-01 至 2017-01-31			
涉及数量	5534			
车型	型号	年款	VIN 范围	
AX7	风神 AX7 2015 款 2.0L MT 智悦型 风神 AX7 2015 款 2.0L MT 智逸型 风神 AX7 2015 款 2.0L AT 智悦型 风神 AX7 2015 款 2.0L AT 智逸型 风神 AX7 2015 款 2.3L AT 智尊型	2015	起：LGJE5FE23FM331397 止：LGJE5FE01FM359858	
缺陷情况	本次召回范围内部分车辆由于供应商制造原因，侧碰撞传感器工作异常。补充说明：AX7 侧面的碰撞传感器与前面的碰撞传感器完全相同，统一零件名称为侧碰撞传感器。侧面的碰撞传感器与前面的碰撞传感器都要更换。			
可能后果	极端情况下，可能出现气囊警告灯点亮、安全气囊自爆或车辆达到起爆条件时不起爆等情况，存在安全隐患。			
维修措施	东风汽车集团股份有限公司乘用车公司将为召回范围内的车辆免费检查和更换被动安全约束系统侧碰撞传感器，以消除安全隐患。			
改进措施	使用正常批次的侧碰撞传感器。			
投诉情况	市场共发生 4 起车辆正常行驶中，副驾驶座椅安全气囊及右侧安全气帘无预见性地异常起爆。			

广汽本田汽车有限公司召回部分国产广汽本田和理念牌汽车

制造商	广汽本田			
召回时间	2016-08-10 至 2017-08-09			
涉及数量	1823457			
车型	型号	年款	VIN 范围	
雅阁	2003 款 2.0 i-VTEC、2003 款 2.4 i-VTEC、2004 款 2.0 i-VTEC、2004 款 2.4 i-VTEC、2005 款 2.0L 普通版、2005 款 2.0L 标准版 / 舒适版、2005 款 2.4L 标准版、2006 款 2.0LAT 标准版 / 舒适版 2006 款 2.0LAT 标准版（OBD）/ 舒适版（OBD）、2006 款 2.0LMT 普通版、 2006 款 2.0LMT 普通版（OBD）、2006 款 2.4L 舒适版 / 豪华版、2006 款 2.4L 舒适版（OBD）/ 豪华版（OBD）、2007 款 2.0LAT 舒适版 / 标准版、2007 款 2.0LAT 舒适版 / 标准版（OBD）、2007 款 2.0LMT 普通版、2007 款 2.0LMT 普通版（OBD）、2007 款 2.4L 舒适版 / 豪华版、2007 款 2.4L 舒适版（OBD）/ 豪华版（OBD）。2008 款 2.4LX /EX/EX Navi、2008 款 2.4LX /EX/EX Navi、2008 款 2.0EX/ LX/EX Navi、2008 款 2.0MT、2008 款 V6 3.5、2009 款 2.4 EX Navi/LX/EX/EXL Navi、2009 款 2.0 EX NavI/EX、2009 款 2.0 MT、2009 款 ACC V6 3.5、2010 款 2.0MT、2010 款 2.4LX/EX/EXNavi/EXL Navi、2010 款 2.0EX/EX Navi、2010 款 V6 3.5、2011 款 2.4LX/EX/EX Navi/EXL Navi、2011 款 2.0EX/EX Navi、2011 款 2.0MT	2003-2011	起：LHGCM566732000005 止：LHGCP1684B8048199	
奥德赛	2005 款 标准版 / 舒适版、2006 款 标准版 / 舒适版 / 豪华版、2006 款 标准版 / 舒适版 / 豪华版（OBD）、2007 款 普通版 / 标准版 / 舒适版 / 豪华版、2007 款 舒适版 / 豪华版（OBD）/ 普通版 / 标准版（OBD） 2008 款 普通版 / 标准版 / 舒适版 / 豪华版 2008 款 普通版 / 标准版（OBD）	2005-2008	起：LHGRB184152000041 止：LHGRB187X82040892	

广汽本田汽车有限公司召回部分国产广汽本田和理念牌汽车（续）

歌诗图	2011 款 3.5 V6 尊贵版 / 旗舰版	2011	起：LHGTF1856B8000001 止：LHGTF1858B8004874	
飞度 - 两厢	2009 款 1.3L 舒适版（OBD）、2009 款 1.5L 豪华版（OBD）、2010 款 1.3 AT 舒适版（OBD）、2010 款 1.3MT 舒适版（OBD）、2010 款 1.5AT 炫酷运动版（OBD）/ 豪华版（OBD）、2010 款 1.5MT 豪华版（OBD）、2011 款 1.3AT 舒适版（OBD）、2011 款 1.3MT 舒适版（OBD） 2011 款 1.5AT 炫酷运动版（OBD）、2011 款 1.5MT 豪华版（OBD）	2009-2011	起：LHGGE673892010480 止：LHGGE6730B2010463	
锋范	2009 款锋范 1.5L 精英版 / 舒适版、2009 款锋范 1.5L 精英版、2009 款锋范 1.8L 豪华版 / 舒适版、2010 款 锋范 1.5AT 精英版、2010 款 锋范 1.5MT 精英版、 2010 款锋范 1.8 舒适 / 豪华、2011 款 1.5AT 精英版、2011 款 锋范 1.5MT 精英版、2011 款 锋范 1.8 舒适版 / 豪华版	2009-2011	起：LHGGM363092002411 止：LHGGM2559B2127040	
理念 S1	2011 款 1.3AT 舒适版、2011 款 1.3MT 舒适版、2011 款 1.5AT 豪华版、2011 款 1.5MT 运动版、舒适版 / 运动版	2011	起：LHGG11621B2000001 止：LHGG11626B2045046	

缺陷情况	部分车辆的副驾驶席前安全气囊装配了高田公司生产的未带干燥剂的硝酸铵气体发生器。在安全气囊展开时，上述气囊的气体发生器可能发生异常破损，导致碎片飞出。
可能后果	气体发生器如果发生异常破损，导致碎片飞出，可能伤及车内人员，存在安全隐患。
维修措施	广汽本田汽车有限公司将为召回范围内的车辆免费更换副驾驶席前安全气囊气体发生器，以消除安全隐患。
改进措施	正在生产的车型没有使用该型号的零件。
投诉情况	广汽本田汽车有限公司未接到副驾驶席前气囊展开时气体发生器发生破损的报告。

华晨宝马汽车有限公司召回部分华晨宝马 5 系轿车

制造商	华晨宝马			
召回时间	2016-07-26 至 2017-07-26			
涉及数量	670			
车型	型号	年款	VIN 范围	
BMW 5 系	BMW 520Li, BMW 525Li, BMW 528Li, BMW 535Li	2016	起：LBV5S3102GSM92462 止：LBV5S3108GSM95012	
缺陷情况	由于特定批次的制动助力器元件在装车前碰撞受损，召回范围内的极个别车辆的制动助力器存在外壳变形破损的可能性。			
可能后果	制动助力器的外壳破损可能导致车辆制动助力减弱。			
维修措施	检查制动助力器序列号，如为可能存在缺陷批次的产品，则更换制动助力器。			
改进措施	正在生产的车辆已使用了正常批次的制动助力器进行组装，不存在缺陷。			
投诉情况	目前没有收到投诉索赔案例。			

日产（中国）投资有限公司召回部分进口英菲尼迪车辆

制造商	日产汽车			
召回时间	2016-07-29 至 2018-07-29			
涉及数量	99			
车型	型号	年款	VIN 范围	
英菲尼迪 M 新名 Q70	M35 混合动力 Q70L 混合动力	2012-2014	起：JNKEY11E6DM520022 止：JNKEY11E3FM570007	
缺陷情况	由于混合动力动力传动系控制模块（HPCM）中的高压冷却系控制程序存在偏差，当混动系统用电动水泵发生故障时，驱动马达有时会出现温度升高的情况。			
可能后果	混动系统用电动水泵发生故障时，驱动马达有时会出现温度升高的情况。如果在这种状态下继续行驶车辆，过热保护控制装置将起作用，发动机和驱动马达有可能出现停机，导致车辆出现动力无法传送、不能行驶的情况。			
维修措施	将混合动力 动力传动系控制模块（HPCM）进行重新编程。			
改进措施	在混合动力 动力传动系控制模块内的程序采用改进后的程序			
投诉情况	中国市场收到 1 件故障报告			

汽轿车股份有限公司扩大召回部分国产马自达 6、马自达 8 汽车

制造商	一汽马自达			
召回时间	2016-09-23 至 2017-03-22			
涉及数量	845300			
车型	型号	年款	VIN 范围	
马自达 6	马自达 6 2005 款 2.0L 手动型 马自达 6 2005 款 2.0L 自动超豪华型 马自达 6 2005 款 2.3L 自动技术型 马自达 6 2005 款 2.3L 自动旗舰型 马自达 6 2005 款 2.3L 自动豪华型 马自达 6 轿跑 2006 款 2.3L 自动型 马自达 6 轿跑 2006 款 2.3L 手动型 马自达 6wagon 2006 款 2.3L 自动型 马自达 6 2007 款 2.0L 手动型 马自达 6 2007 款 2.0L 自动豪华型 马自达 6 2007 款 2.0L 自动超豪华型 马自达 6 轿跑 2007 款 2.0L 自动型 马自达 6 轿跑 2007 款 2.3L 自动型 马自达 6 2007 款 2.3L 自动旗舰型 马自达 6wagon 2007 款 2.3L 自动型 马自达 6 2008 款 2.0L 手动型 马自达 6 2008 款 2.0L 自动时尚型 马自达 6 2008 款 2.0L 自动运动型 马自达 6 2008 款 2.0L 自动豪华型 马自达 6 2008 款 2.0L 自动超豪华型 马自达 6 轿跑 2008 款 2.0L 自动型 马自达 6 2008 款 2.3L 自动旗舰型 马自达 6 轿跑 2008 款 2.3L 自动型 马自达 6wagon 2008 款 2.3L 自动型 马自达 6 睿翼 2009 款 2.0L 手动型 马自达 6 睿翼 2009 款 2.0L 自动豪华型 马自达 6 睿翼轿跑 2009 款 2.0L 自动豪华型 马自达 6 睿翼 2009 款 2.5L 自动尊贵型 马自达 6 睿翼 2009 款 2.5L 自动导航版 马自达 6 睿翼轿跑 2009 款 2.5L 自动至尊型 马自达 6 睿翼 2010 款 2.0L 自动精英型 马自达 6 睿翼轿跑 2010 款 2.0L 自动精英型 马自达 6 2011 款 2.0L 手动型 马自达 6 2011 款 2.0L 自动豪华型 马自达 6 2011 款 2.0L 自动时尚型 马自达 6 睿翼 2011 款 2.0L 自动精英导航版 马自达 6 睿翼 2011 款 2.0L 自动豪华导航版 马自达 6 睿翼轿跑 2011 款 2.0L 自动精英导航版 马自达 6 睿翼轿跑 2011 款 2.0L 自动豪华导航版 马自达 6 睿翼 2011 款 2.5L 自动至尊导航版 马自达 6 睿翼 2011 款 2.5L 自动尊贵导航版 马自达 6 2012 款 2.0L 手动型 马自达 6 2012 款 2.0L 自动经典型 马自达 6 2012 款 2.0L 自动时尚型 马自达 6 2012 款 2.0L 自动超豪华型 马自达 6 2012 款 2.0L 自动豪华型 马自达 6 睿翼 2012 款 2.0L 自动豪华型 马自达 6 睿翼 2012 款 2.0L 自动精英型 马自达 6 睿翼轿跑 2012 款 2.0L 自动精英型 马自达 6 睿翼轿跑 2012 款 2.0L 自动豪华型 马自达 6 睿翼 2012 款 2.5L 自动至尊型 马自达 6 睿翼 2012 款 2.5L 自动尊贵型 马自达 6 睿翼轿跑 2012 款 2.5L 自动至尊型 马自达 6 2013 款 2.0L 手动型 马自达 6 2013 款 2.0L 自动时尚型 马自达 6 2013 款 2.0L 自动超豪华型	2005-2013	起：LFPH4ABC369027170 止：LFPM4ACC7G1A10887	

汽轿车股份有限公司扩大召回部分国产马自达 6、马自达 8 汽车（续表）

马自达 8	2010 款 2.3L 自动精英型 2010 款 2.3L 自动尊贵型 2010 款 2.3L 自动至尊型 2013 款 2.5L 自动尊贵型 2013 款 2.5L 自动精英型 2013 款 2.5L 自动至尊型	2010-2013	起：LFBME3081AJB00025 止：LFBME3081GJB02317	
缺陷情况	安全气囊气体发生器在气囊展开时可能存在气体发生器因内部压力异常造成壳体破损。			
可能后果	导致气体发生器壳体碎片飞出，可能伤及车内人员，存在安全隐患。			
维修措施	对召回范围内车辆免费检查更换驾驶侧气体发生器。			
改进措施	目前原因还没有查明，做为预防措施，对涉及缺陷的安全气囊气体发生器进行更换。			
投诉情况	截止目前，中国售后市场未发生过上述缺陷。			

马自达（中国）企业管理有限公司召回进口马自达 RX-8 跑车

制造商	马自达汽车			
召回时间	2016-09-23 至 2017-03-22			
涉及数量	461			
车型	**型号**	**年款**	**VIN 范围**	
RX-8	RX-8 跑车	2003-2004	起：JM1FE173140131834 止：JMZSE17N590300838	
缺陷情况	安全气囊气体发生器在气囊展开时可能存在气体发生器因内部压力异常造成壳体破损。			
可能后果	导致气体发生器壳体碎片飞出，可能伤及车内人员，存在安全隐患。			
维修措施	对召回范围内车辆免费检查更换气体发生器。			
改进措施	目前原因还没有查明，作为预防措施，对涉及缺陷的安全气囊气体发生器进行更换。			
投诉情况	截止目前，中国售后市场未发生过上述缺陷。			

一汽轿车股份有限公司召回部分奔腾 X80 多用途乘用车

制造商	一汽轿车			
召回时间	2016-08-26 至 2017-02-25			
涉及数量	8603			
车型	型号	年款	VIN 范围	
奔腾 X80	奔腾 X80 2015 款 2.0MT 豪华型 奔腾 X80 2015 款 2.0AT 豪华型 奔腾 X80 2015 款 1.8TAT 豪华型 奔腾 X80 2015 款 1.8TAT 旗舰型 奔腾 X80 2015 款 1.8TAT 运动型	2015-2016	起：LFBGE3063FJD56489 止：LFBGE3069FJD90534	
缺陷情况	本次召回范围内的部分车辆由于供应商制造原因，导致侧碰传感器工作异常。可能发生气囊警告灯点亮、安全气囊自爆。			
可能后果	在极端情况下，气帘或气囊误爆，车辆可能发生交通事故，使驾乘人员受到伤害，或符合起爆条件时气帘、气囊不爆，存在安全隐患。			
维修措施	（1）对召回范围内车辆，进行免费检查确认零件生产序列号。（2）对符合更换条件的零件进行免费更换。			
改进措施	自 2015 年 12 月 10 日开始，一汽轿车已全部切换新批次零件。			
投诉情况	截止目前，一汽轿车无发生。			

大众汽车（中国）销售有限公司召回部分进口宾利品牌飞驰系列汽车

制造商	宾利汽车			
召回时间	2016-08-29 至 2017-08-28			
涉及数量	224			
车型	型号	年款	VIN 范围	
飞驰	飞驰 W12	2007-2009	起：SCBBE53WX7C048527 止：SCBBE53W39C061218	
缺陷情况	由于供应商在组装遮阳天窗的过程中，针对框架和顶盖进行粘接过程中的清洁工作不充分，导致在使用周期内顶盖可能发生脱离。			
可能后果	在个别情况下，车辆在行驶过程中其遮阳天窗的顶盖可能会从框架上脱离，并有可能给后方的车辆造成危险。			
维修措施	大众汽车（中国）销售有限公司宾利品牌将委托授权经销商免费为涉及范围内的车辆的遮阳天窗进行检查，并在其顶盖内侧采取进一步的粘接措施，确保消除可能存在的隐患。			
改进措施	2008 年 10 月以后采用的零部件在供应商生产线上已经采取了额外的清洁措施。			
投诉情况	中国市场没有相关投诉情况。			

大连奥尼斯汽车销售有限公司召回部分进口保时捷改装车

制造商	保时捷汽车			
召回时间	2016-08-16 至 2017-06-30			
涉及数量	517			
车型	型号	年款	VIN 范围	
Cayenne	Cayen ne (卡 宴 3.6)	2014 -2016	起：WP1AA2A28ELA00474 止：WP1AA2A22GKA10300	
Cayenne	Cayen ne (柴 油 3.0)	2014 -2016	起：WP1AF2A22DLA22146 止：WP1AF2A25GKA43356	
缺陷情况	本次召回范围内的部分车辆，制动踏板铰链上的卡簧可能松脱。如果卡簧松脱，踏板枢轴可能会出现移位，导致踏板偏离工作轨迹。如果该问题没有被发现，继续使用车辆会导致踏板轴断裂松脱。极端情况下，驾驶员可能无法通过松脱的踏板有效地对车辆进行制动，增加了车辆的碰撞风险，存在安全隐患。			
可能后果	如果该问题没有被发现，继续使用车辆会导致踏板轴断裂松脱。在极端的情况下，驾驶员可能无法通过松脱的踏板有效的对车辆进行制动，增加了车辆的碰撞风险，存在安全隐患。			
维修措施	作为一个预防性的措施，大连奥尼斯将委托授权经销商免费为召回范围内的车辆检查踏板轴承上的卡簧，并确保其已经正确。在有必要的情况下，将为车辆安装一个新的卡簧。			
改进措施	2016 年 1 月 12 日开始，供应商在生产线上新增了一道工序以确保该卡簧正确安装。			
投诉情况	中国市场没有相关案例。			

大连保税区嘉恒汽车销售服务有限公司召回部分进口保时捷改装车

制造商	保时捷汽车			
召回时间	2016-08-16 至 2017-05-31			
涉及数量	810			
车型	型号	年款	VIN 范围	
保时捷卡宴系列	越野乘用车（保时捷改装车 5 座）	2014	起：WP1AE2A23ELA50624 止：WP1AE2A29ELA51129	
保时捷卡宴系列	越野乘用车（保时捷改装车 5 座）	2014	起：WP1AA2A26ELA08671 止：WP1AA2A26ELA91437	
保时捷卡宴系列	越野乘用车（保时捷改装车 5 座）	2014~2015	起：WP1AF2A27ELA43012 止：WP1AF2A2XFLA43975	
缺陷情况	本次召回范围内的部分车辆，制动踏板铰链上的卡簧可能松脱。如果卡簧松脱，踏板枢轴可能会出现移位，导致踏板偏离工作轨迹。如果该问题没有被发现，继续使用车辆会导致踏板轴断裂松脱。极端情况下，驾驶员可能无法通过松脱地踏板有效的对车辆进行制动，增加了车辆的碰撞风险，存在安全隐患。			
可能后果	如果该问题没有被发现，继续使用车辆会导致踏板轴断裂松脱。在极端的情况下，驾驶员可能无法通过松脱的踏板有效地对车辆进行制动，增加了车辆的碰撞风险，存在安全隐患。			
维修措施	作为一个预防性的措施，大连保税区嘉恒汽车销售服务有限公司将委托授权经销商免费为召回范围内的车辆检查踏板轴承上的卡簧，并确保其已经正确。在有必要的情况下，将为车辆安装一个新的卡簧。			
改进措施	2016 年 1 月 10 日开始，供应商在生产线上新增了一道工序以确保该卡簧正确安装。			
投诉情况	中国市场没有相关案例。			

宝马（中国）汽车贸易有限公司召回部分进口宝马 X3、X4 汽车

制造商	宝马汽车			
召回时间	2016-09-01 至 2017-09-01			
涉及数量	156922			
车型	型号	年款	VIN 范围	
BMW X 系列	BMW X3	2010～2016	起：WBAWX5103BLJ54542 止：WBAWY9108G0T46973	
BMW X 系列	BMW X4	2014～2016	起：WBAXW5104F0E85082 止：WBAXW110XG0P49123	
缺陷情况	由于 ISOFIX 儿童安全座椅固定锚点的 U 型支架与其底板间的焊接强度不足，长期使用后 U 型支架可能发生变形，极个别极端案例中，从其底板上断裂。			
可能后果	缺陷发生时，儿童安全座椅可能无法装入，或无法牢固地同车身固定。			
维修措施	免费为召回范围内车辆焊接 ISOFIX 锚点加强件。			
改进措施	新生产的车辆 ISOFIX 锚点已采用改善过的设计，其强度已得到加强。			
投诉情况	中国市场截至目前没有收到关于该缺陷的投诉、索赔、故障案例及事故案例。			

福建奔驰汽车工业有限公司召回部分进口凌特汽车

制造商	奔驰汽车			
召回时间	2016-08-16 至 2017-08-16			
涉及数量	7			
车型	型号	年款	VIN 范围	
凌特	Panel Van (厢式车)	2015	起：WD3YE4A65FP174378 止：WD3YE4A65FP189706	
缺陷情况	由于涂料供应商制造过程中存在的临时性质量问题，导致特定期间内生产的部分多涂层漆面的车辆使用错误的化学涂料组分，而该组分的涂料无法保证车身漆面间能充分粘合。			
可能后果	当事故发生时，高强度的外力作用在车身漆面与前挡风玻璃胶合部位，由于车身漆面间不良的附着性能，我们无法排除发生事故时，前挡风玻璃从车身脱离的可能性，从而增加受伤的风险。			
维修措施	作为预防措施，戴姆勒股份公司将通过福建奔驰授权服务中心对前挡风玻璃与车身漆面的粘合处重新喷漆处理。			
改进措施	自 2015.12.01 起使用正确批次的涂料后，上述问题再未出现。			
投诉情况	福建奔驰尚未收到中国市场内的客户投诉。			

日产（中国）投资有限公司召回部分进口英菲尼迪和日产风雅汽车

制造商	日产汽车			
召回时间	2016-12-01 至 2018-12-01			
涉及数量	6961			
车型	型号	年款	VIN 范围	
英菲尼迪 M（Y50）	M35	2008~2009	起：JNKAY01E48M400007 止：JNKCY01E49M450514	
英菲尼迪 FX（S50）	FX35/FX45	2007~2008	起：JNKAS05F77X000010 止：JNKAS05F78X007203	
日产 风雅	风雅	2005~2006	起：JN1AY01E45M150008 止：JN1AY01E87M210021	
缺陷情况	副驾驶席正面安全气囊气体发生器内的火药推进剂在长期高温潮湿环境下，有可能发生劣化，在这种情况下，当气囊展开时，有可能出现气体发生器内压力异常升高，容器发生破损。			
可能后果	当气囊展开时，副驾驶席正面安全气囊气体发生器内有可能出现压力异常升高，容器破损并飞散碎片，对乘员造成伤害。			
维修措施	将副驾驶席正面安全气囊气体发生器更换成改进型产品。			
改进措施	采用抗劣化型气体发生器。			
投诉情况	目前中国市场没有收到类同信息。			

北京现代汽车有限公司召回部分全新途胜汽车

制造商	北京现代			
召回时间	2016-10-24 至 2017-04-23			
涉及数量	98684			
车型	型号	年款	VIN 范围	
全新途胜	1.6T 领先型双离合（国四）1.6T 领先型双离合（国五）1.6T 旗舰型双离合（国四）1.6T 旗舰型双离合（国五）1.6T 舒适型双离合（国四）1.6T 舒适型双离合（国五）1.6T 智能型双离合（国四）1.6T 智能型双离合（国五）1.6T 尊贵型双离合（国四）1.6T 尊贵型双离合（国五）	2015	起：LBETLBFD9FY000371 止：LBETLBFC0GY109455	
缺陷情况	召回范围内的部分车辆由于供应商制造原因，前碰撞传感器工作异常。			
缺陷情况	由于 TCU 程序存在瑕疵，车辆起步可能产生延迟。如果持续稳定踩加速踏板 1.5-2.0 秒，车辆可能恢复正常。但是，如果反复踩下加速踏板，车辆可能无法加速。			
可能后果	车辆起步可能产生延迟，车辆可能出现无法加速现象。			
维修措施	对受影响的车辆生产日期范围内和车架号范围内的车辆，免费为客户升级 TCU 程序。			
改进措施	搭载 7 速双离合变速器的全新途胜汽车装配 DTL0T16CS3 程序的 TCU。			
投诉情况	19 例投诉			

梅赛德斯 - 奔驰（中国）汽车销售有限公司召回部分进口梅赛德斯 - 奔驰 GLE 汽车

制造商	奔驰汽车			
召回时间	2016-08-18 至 2017-08-17			
涉及数量	2341			
车型	型号	年款	VIN 范围	
GLE SUV	GLE 450 AMG 4MATIC	2016- 2017	起：WDCDA6EB5GA659380 止：WDCDA6EBXGA780034	
GLE SUV	GLE 450 AMG 4MATIC 运动 SUV	2016- 2017	起：WDCED6EB6GA000249 止：WDCED6EB8GA041806	
缺陷情况	部分车辆发动机控制单元软件存在问题，可能导致车辆在即将停止时意外熄火。			
可能后果	用户可能误解为发动机的关闭是发动机起停功能在工作，但发动机无法在松开制动踏板后启动，而是需要手动启动。			
维修措施	通过梅赛德斯 - 奔驰授权经销商为召回车辆免费升级发动机控制单元软件。			
改进措施	使用了升级后发动机控制单元软件，可以保证 2016 年 6 月 7 日以后生产的车辆上不会存在该问题。			
投诉情况	中国市场未收到关于此问题的索赔记录。			

马自达（中国）企业管理有限公司召回部分进口马自达 CX-7 和 CX-9 汽车

制造商	马自达汽车			
召回时间	2016-12-12 至 2018-04-13			
涉及数量	11449			
车型	型号	年款	VIN 范围	
CX-7	CX-7 豪华型	2011	起：JM7ER09L1A0201275 止：JM7ER09L1C0245926	
CX-9	CX-9 2013 款	2013	起：JM7TB19A0D0401309 止：JM7TB19AXE0414859	
缺陷情况	车辆转向，行驶通过高低路面时，下控制臂球节松动发生异响、或者在车辆检测时检测出松动。车辆在上述状态下持续使用时，存在车辆行驶中球节脱落，导致车辆不能行驶的隐患。			
可能后果	下控制臂球节松动发生异响、或者在车辆检测时检测出松动后持续使用时，存在车辆行驶中球节脱落，导致车辆不能行驶的隐患。			
维修措施	对召回范围内车辆，免费更换改善后的下控制臂组件。			
改进措施	召回车型已经停止生产。			
投诉情况	截止目前，中国售后市场未收到过上述缺陷的报告。			

东风裕隆汽车有限公司召回部分 2015 年款纳智捷全新纳 5 和优 6 汽车

制造商	东风裕隆			
召回时间	2016-08-20 至 2017-02-20			
涉及数量	8919			
车型	型号	年款	VIN 范围	
纳智捷 5	纳智捷 全新纳 5 旗舰型 2.0T AT 纳智捷 全新纳 5 智尊型 1.8T AT 纳智捷 全新纳 5 智慧型 1.8T AT 纳智捷 全新纳 5 智慧型 1.8T MT	2015	起：LUXS71H09FB021578 止：LUXS71H01FB022871	
纳智捷 优 6 SUV	纳智捷 优 6SUV 旗舰型 2.0T AT 纳智捷 优 6SUV 智尊型 2.0T AT 纳智捷 优 6SUV 时尚升级型 1.8T AT 纳智捷 优 6SUV 时尚型 1.8T AT 纳智捷 优 6SUV 魅力升级型 1.8T AT	2015	起：LUXC71H08FB056150 止：LUXC71H04FB065038	
缺陷情况	碰撞感知器加速度芯片供应商在生产过程中出现错误，导致芯片内部分层。			
可能后果	极端情况下可能出现气囊警告灯点亮、气囊自爆或车辆达到起爆条件时不起爆等情况，存在安全隐患。			
维修措施	检查并更换其中存在风险的碰撞传感器，以消除隐患。			
改进措施	东风裕隆汽车有限公司已于 2015 年 9 月 1 日全部使用改善后的碰撞传感器。			
投诉情况	截止 2016 年 8 月 7 日暂未收到相关投诉。			

上汽通用五菱汽车股份有限公司召回部分 2016 款宝骏 560 汽车

制造商	上汽通用五菱			
召回时间	2016-08-16 至 2016-12-31			
涉及数量	12485			
车型	型号	年款	VIN 范围	
宝骏 560	2016 款宝骏 560AMT 1.8L	2016	起：LZWADAGB0GB568587 止：LZWADAGBXGB722819	
缺陷情况	变速箱传感器线束接插件端子在特定条件下可能接触不良			
可能后果	极端情况下 TCM 故障灯点亮，车辆进入空档行驶			
维修措施	免费更换 TCM 线束及 TCM 模块			
改进措施	使用新状态 TCM 线束及 TCM 模块			
投诉情况				

潍柴（重庆）汽车有限公司召回部分 2015 年款英致 737 汽车

制造商	潍柴汽车			
召回时间	2016-08-25 至 2016-10-20			
涉及数量	124			
车型	型号	年款	VIN 范围	
M110	英致 737 1.5L MT	2015	起：L3AKFEM30FY300125 止：L3AKFEM3XFY300259	
缺陷情况	碰撞传感器加速芯片在生产过程中出现错误，导致芯片内部分层。			
可能后果	碰撞传感器工作异常，可能造成气囊故障指示灯点亮，极端情况下，可能导致气囊误点爆或车辆达到点爆条件时不点爆等情况，存在安全隐患			
维修措施	检查并更换其中存在风险的碰撞传感器，以消除隐患。			
改进措施	加强对供应商质量管控。			
投诉情况				

大连华宇汽车进出口有限公司召回部分进口保时捷改装车

制造商	保时捷汽车			
召回时间	2016-08-11 至 2016-12-31			
涉及数量	1236			
车型	型号	年款	VIN 范围	
卡宴 - 混合动力	越野乘用车（保时捷改装车 - 混合动力）（5 座）	2015~2016	起：WP1AE2A20ELA50791 止：WP1AE2A2XGLA62420	
卡宴 - 柴油	越野乘用车（保时捷改装车）（5 座）	2015~2016	起：WP1AF2A20FLA31348 止：WP1AF2A2XGLA40513	
Cayenna	越野乘用车（保时捷改装车）（5 座）	2013~2014	起：WP1AA2A20ELA05426 止：WP1AA2A2XELA97225	
缺陷情况	制动踏板总成的轴承销上的卡簧。本次召回范围内的部分车辆，制动踏板铰链上的卡簧可能松脱。如果卡簧松脱，踏板枢轴销可能会出现移位，导致踏板偏离工作轨迹。			
可能后果	如果该问题没有被发现，继续使用车辆会导致踏板轴断裂松脱。在极端情况下，驾驶员可能无法通过松脱的踏板有效地对车辆进行制动，增加了车辆的碰撞风险，存在安全隐患。			
维修措施	作为一个预防性的措施，大连华宇汽车进出口有限公司将委托授权经销商免费为召回范围内的车辆检查踏板轴承上的卡簧，并确保其已经正确地安装。在有必要的情况下，将为车辆安装一个新的卡簧。			
改进措施	2016 年 1 月 12 日开始，在供应商的生产线上新增了一道工序来确保该卡簧已经正确地安装。			
投诉情况				

宝马（中国）汽车贸易有限公司召回部分进口宝马 M5 和 M6 汽车

制造商	宝马汽车			
召回时间	2016-09-01 至 2017-09-01			
涉及数量	13			
车型	型号	年款	VIN 范围	
BMW M 系列	BMW M6	2014	起：WBSLX9101FD139673 止：WBS6C9104FD386212	
BMW M 系列	BMW M5	2014	起：WBSFV9108FD095061 止：WBSFV9108FD095240	
缺陷情况	由于传动轴供应商的失误，使本应废弃的焊接过程中存在瑕疵的传动轴错误地混入了正常产品中，并最终装车。存在瑕疵的传动轴长期使用后，可能由于焊接强度不足导致破损开裂，极端情况下，可能发生断裂。			
可能后果	缺陷发生时，传动轴破损，产生振动及噪声，极端情况下传动轴可能断裂。传动轴断裂时，车辆后轮将无法获得动力，车辆失去推动力（但由于发动机仍正常运转，因此车辆的转向及制动助力不会受到影响）并向前滑行。此时若后车无法及时发现车辆异常采取规避措施，则可能增加碰撞事故发生的概率。			
维修措施	免费为召回范围内车辆检查传动轴生产日期，如为疑似缺陷批次产品，则免费更换正常品传动轴。			
改进措施	新生产的车辆安装的传动轴为正常批次产品。			
投诉情况	中国市场截至目前没有收到关于该缺陷的投诉、索赔、故障案例及事故案例。			

广汽菲亚特克莱斯勒汽车有限公司召回部分国产自由侠汽车

制造商	广汽菲克			
召回时间	2016-09-23 至 2016-12-23			
涉及数量	2509			
车型	型号	年款	VIN 范围	
自由侠系列	1.4T 劲能版 1.4T 劲能版 + 1.4T 智能版	2016	起：LWVDA2064GB000864 止：LWVDA2040GB006031	
缺陷情况	车身控制模块故障造成车辆相关功能异常，如喇叭长鸣、大灯长亮等。			
可能后果	车辆相关功能异常，如喇叭长鸣、大灯长亮等，影响车辆正常使用，极端情况下可能存在安全隐患。			
维修措施	为涉及车辆免费更换车身控制模块。			
改进措施	自 2016 年 7 月 28 日开始生产的车辆使用供应商质量改善后生产的零件。			
投诉情况	累计发生 23 例保修。			

克莱斯勒（中国）汽车销售有限公司召回部分进口 Jeep 大切诺基汽车

制造商	克莱斯勒			
召回时间	2016-10-30 至 2017-10-30			
涉及数量	12397			
车型	型号	年款	VIN 范围	
Grand Cherokee 大切诺基	大切诺基（5.7L）大切诺基（3.6L）大切诺基 SRT8（6.4L）	2011-2013	起：1J4RR6GTXBC517205 止：1C4RJFAG6CC363621	
缺陷情况	在售后维修车辆遮阳板内饰顶衬过程中，易对车辆遮阳板内的线束造成损坏，使其线束短路，造成梳妆灯失效或引起烧蚀。			
可能后果	梳妆灯失效或引起烧蚀，存在安全隐患。			
维修措施	克莱斯勒（中国）汽车销售有限公司计划针对 2011-2013 年款大切诺基车辆发起主动召回，公司将免费为涉及车辆进行检查并重新安装遮阳板。			
改进措施	召回范围之后制造的车辆已使用改进后的遮阳板。			
投诉情况	克莱斯勒（中国）汽车销售有限公司收到 3 起由此问题导致的车辆维修案例。克莱斯勒（中国）汽车销售有限公司目前没有收到由此问题导致的车辆事故与人员伤亡报告。			

丰田汽车（中国）投资有限公司召回部分进口 LEXUS 雷克萨斯 IS、ES、GX 车辆

制造商	丰田汽车			
召回时间	2016-09-30 至 2017-09-29			
涉及数量	142592			
车型	型号	年款	VIN 范围	
Lexus ES	ES240 ES350	2005 2006 2007 2008 2009 2010 2011	起：JTHBJ46G852000095 止：JTHBJ46G6B2488751	
Lexus GX	GX460	2010 2011	起：JTJJM7FX6A5024696 止：JTJJM7FX3B5043207	
Lexus IS	IS250 IS250C IS300 IS300C IS-F	2006 2007 2008 2009 2010 2011	起：JTHBG262262000103 止：JTHBK262XC5167155	
缺陷情况	对象车辆搭载的高田产副驾驶席双级控制式空气囊气体发生器（膨胀装置），其气体发生剂在防潮方面存在不完善，在温度和湿度反复变化的影响下，气体发生剂有可能劣化。在空气囊展开时，气体发生器的容器有可能发生破损，存在安全隐患。			
可能后果	在空气囊展开时，气体发生器的容器有可能发生破损，存在安全隐患。			
维修措施	作为预防措施，对所有对象车辆更换空气囊总成或者气体发生器。			
改进措施	不涉及。			
投诉情况	中国及海外其他市场未确认到上述问题的技术报告。			

丰田汽车（中国）投资有限公司召回部分进口 LEXUS 雷克萨斯 RX 汽车

制造商	丰田汽车			
召回时间	2016-11-01 至 2017-10-31			
涉及数量	762			
车型	型号	年款	VIN 范围	
Lexus RX	RX450h	2015-2016	起：JTJBGMCA9F2002565 止：JTJBGMCA1G2006465	
Lexus RX	RX200t	2015-2016	起：JTJZAMCA4F2000173 止：JTJZAMCA2G2008077	
缺陷情况	对象车辆搭载的副驾驶席空气囊气体发生器（膨胀装置），由于其高压气体封止阀的焊接不恰当，导致该阀门打开压力降低，在这种状态下，在未达到打开条件下高压气体有可能漏出，从而导致空气囊展开。存在安全隐患。			
可能后果	在未达到打开条件下高压气体有可能漏出，从而导致空气囊展开。存在安全隐患。			
维修措施	更换所有对象车辆的空气囊总成。			
改进措施	供应商对焊接工序的相关夹具进行了调整，并追加了画像检查工序及防错设施以防止不合格零件流出。目前正在生产的车辆所搭载的零件为改善后零件，不存在相同问题。			
投诉情况	丰田在中国市场未确认到上述问题的技术报告，在美国市场确认到5件上述问题的技术报告（非 LEXUS RX 车型）。			

梅赛德斯 - 奔驰（中国）汽车销售有限公司召回部分进口 smart（精灵）汽车

制造商	奔驰汽车			
召回时间	2016-09-27 至 2016-09-26			
涉及数量	39			
车型	型号	年款	VIN 范围	
smart	全新 smart fortwo 52kW / 全新 smart fortwo 66kW	2016	起：WME4533431K118988 止：WME4533531K120658	
缺陷情况	供应商组装的快速联结器可能不符合要求，车辆可能发生在“P”档无法完全驻车或者无法从“P”档换出，车辆存在风险。			
可能后果	车辆可能在“P”档无法完全驻车或者无法从“P”档换出，这可能增加发生事故的风险。			
维修措施	作为预防措施，戴姆勒股份公司将通过授权经销商为召回车辆免费检查驻车锁止线连接状态，如果需要，则对其进行调整。			
改进措施	供应商生产工艺进行了改进，可以保证 2016 年 4 月 15 日以后不会存在该问题。			
投诉情况	中国市场未收到关于此问题的索赔记录。			

克莱斯勒（中国）汽车销售有限公司召回部分进口 2002 年款 Jeep 大切诺基 (Grand Cherokee) 汽车

制造商	克莱斯勒			
召回时间	2016-09-30 至 2017-09-30			
涉及数量	43			
车型	型号	年款	VIN 范围	
Grand Cherokee 大切诺基	Grand Cherokee 4.0L 大切诺基	2002	起：1J8GW48S92Y111993 止：1J8GW58NX2Y112022	
缺陷情况	气囊控制模块内的控制集成电路元件可能会失效，导致前气囊、侧气帘会在车辆正常行驶时意外地启动。			
可能后果	缺陷可能导致侧气帘或前气囊偶发启动。			
维修措施	克莱斯勒（中国）汽车销售有限公司计划针对 2002 年款进口大切诺基发起主动召回，公司将为涉及车辆更换气囊控制模块。			
改进措施	已采用工艺改进后的气囊控制模块。			
投诉情况	克莱斯勒中国目前没有收到类似索赔报告。			

丰田汽车（中国）投资有限公司召回部分进口 LEXUS 雷克萨斯 RX 汽车

制造商	广汽吉奥			
召回时间	2016-09-30 至 2017-06-30			
涉及数量	1432			
车型	型号	年款	VIN 范围	
星朗系列	1.5L 手动精英型 1.5L 手动豪华型 1.5L 手动至尊型 14 款国五精英型 14 款国五豪华型 14 款国五至尊型 14 款国五精英型 5 座	2014	起：LCR6R5120FX613716 止：LCR6S512XGX600770	
星朗系列	国四精英型 5 座 国四精英型 7 座 国四豪华型 7 座 国四至尊型 7 座 国五精英型 5 座 国五精英型 7 座 国五豪华型 7 座 国五至尊型 7 座	2015	起：LCR6R5120FX612291 止：LCR6S512XGX602244	
缺陷情况	召回范围内的部分车辆，由于供应商制造原因，前碰撞传感器工作异常。			
可能后果	极端情况下，可能出现气囊报警灯点亮、安全气囊自爆或车辆达到起爆条件时不起爆等情况，存在安全隐患。			
维修措施	将为召回范围内车辆免费检查，对属于故障范围内部件免费更换合格的前碰撞传感器，以消除安全隐患。			
改进措施	前碰撞传感器使用了合格的元器件制造。			
投诉情况	暂无。			

天津一汽丰田汽车有限公司召回部分国产威驰、花冠、卡罗拉汽车

制造商	天津一汽丰田			
召回时间	2016-11-30 至 2018-03-30			
涉及数量	735897			
车型	型号	年款	VIN 范围	
卡罗拉	1.6L GL；1.8L GL-i；1.8L GLX-i；1.8L GL-S；1.8L GLX-S；1.8L PREMIUM	2007-2009	起：LFMARE0CX70002556 止：LFMAPE2C890154583	
威驰	1.3L GL；1.6L GL；1.6L GL-S；1.6L GLX-i	2009-2011	起：LFMAP90AX90022725 止：LFMAP92AXB0082801	
花冠 EX	1.6L	2009-2011	起：LFMAP22C090092482 止：LFMAP22C1B0349493	
缺陷情况	高田产副驾驶席及驾驶席空气囊气体发生器（膨胀装置），其气体发生剂在防潮方面存在不完善，长期在温度及湿度反复变化的影响下，气体发生剂有可能劣化。在空气囊展开时，气体发生器的容器有可能发生破损，存在安全隐患。			
可能后果	空气囊展开时，气体发生器的容器有可能发生破损，存在安全隐患。			
维修措施	天津一汽丰田汽车有限公司将为召回范围内车辆更换新品，并回收旧品调查。			
改进措施	目前原因正在调查，为安全起见，天津一汽丰田汽车有限公司将为召回范围内车辆更换新品，并回收旧品调查，根据回收零件的调查结果，必要时采取恰当的举措以消除安全隐患。			
投诉情况	截至 2016 年 10 月 23 日，中国市场未确认到上述故障的技术报告。			

比亚迪汽车工业有限公司召回部分腾势纯电动汽车

制造商	比亚迪汽车			
召回时间	2016-09-30 至 2017-09-30			
涉及数量	759			
车型	型号	年款	VIN 范围	
腾势	腾势 2014 款时尚版 腾势 2014 款尊贵版	2015	起：LC0DE6CB9F1001370 止：LC0DE6CB8F1002512	
缺陷情况	高田碰撞传感器中的主芯片内部发生变色和分层导致碰撞传感器有一定的失效概率。			
可能后果	可能会出现气囊警告灯点亮，极端情况下可能导致安全气囊误爆或车辆达到点爆条件下不点爆等情况，存在安全隐患。			
维修措施	检查并更换碰撞传感器。			
改进措施	使用新批次碰撞传感器。			
投诉情况	市场投诉 1 例			

安徽江淮汽车股份有限公司召回部分瑞风 A60 普通乘用车

制造商	江淮汽车			
召回时间	2016-10-10 至 2016-12-10			
涉及数量	999			
车型	型号	年款	VIN 范围	
江淮瑞风 A60 系列	瑞风 A60 1.5TGDI+6DCT 车型	2015-2016	起：LJ12FAU49F4002904 止：LJ12FAU42G4000929	
缺陷情况	本次召回范围内部分车辆由于供应商制造原因，碰撞传感器工作异常，可能出现气囊警告灯点亮，极端情况下可能导致安全气囊误爆或车辆达到点爆条件下不点爆等情况，存在安全隐患。			
可能后果	极限条件下，安全气囊可能误爆或车辆达到点爆条件下不点爆，存在安全隐患。			
维修措施	对召回范围内车辆进行免费检测，存在问题的故障件，给予更换处理。			
改进措施	已切换为新状态的气囊传感器。			
投诉情况	无			

东风悦达起亚汽车有限公司召回部分 KX5 汽车

制造商	东风悦达起亚			
召回时间	2016-10-24 至 2017-10-24			
涉及数量	32617			
车型	型号	年款	VIN 范围	
KX5	1.6T GL DCT 2WD 1.6T DLX DCT 2WD 1.6T Premium DCT 2WD 1.6T Prcmium DCT 4WD	2016	起：LJDXAC12XF0000138 止：LJDXAA122G0039456	
缺陷情况	由于 TCU 程序存在瑕疵，车辆起步可能产生延迟。如果持续稳定踩加速踏板 1.5-2.0 秒，车辆可能恢复正常；如果加速踏板被反复踩下和松开，在特定的驾驶条件下，车辆可能无法加速。			
可能后果	如果车辆在交通流中无法加速，可能会增大车辆发生碰撞事故的风险。			
维修措施	变速箱控制单元 (TCU) 程序升级。			
改进措施	变速箱控制单元 (TCU) 程序升级。			
投诉情况	发生投诉 6 起。			

大连圣博国际贸易有限公司补充召回部分进口保时捷改装车

制造商	保时捷汽车			
召回时间	2016-10-01 至 2017-10-30			
涉及数量	41			
车型	型号	年款	VIN 范围	
Cayenne	Cayenne (卡宴 3.6)	2016	起： WP1AA2A20GKA12370 止： WP1AA2A2XGKA12411	
Cayenne	Cayenne (油电混 合)	2016	起： WP1AE2A21GLA62760 止： WP1AE2A29GLA63235	
Cayenne	Cayenne (柴油)	2016	起 : WP1AF2A21GKA45802 止： WP1AF2A29GKA41237	
Cayenne	Cayenne S	2016	起： WP1AB2A21GLA93936 止： WP1AB2A21GLA93936	
缺陷情况	本次召回范围内的部分车辆，制动踏板铰链上的卡簧可能松脱。如果卡簧松脱，踏板枢轴可能会出现移位，导致踏板偏离工作轨迹。如果该问题没有被发现，继续使用车辆会导致踏板轴断裂松脱。极端情况下，驾驶员可能无法通过松脱的踏板有效的对车辆进行制动，增加了车辆的碰撞风险，存在安全隐患。			
可能后果	如果该问题没有被发现，继续使用车辆会导致踏板轴断裂松脱。在极端的情况下，驾驶员可能无法通过松脱的踏板有效的对车辆进行制动，增加了车辆的碰撞风险，存在安全隐患。			
维修措施	作为一个预防性的措施，大连圣博将委托授权经销商免费为召回范围内的车辆检查踏板轴承上的卡簧，并确保其已经正确。在有必要的情况下，将为车辆安装一个新的卡簧。			
改进措施	2016 年 1 月 12 日开始，供应商在生产线上新增了一道工序以确保该卡簧正确安装。			
投诉情况	中国市场没有相关案例。			

玛莎拉蒂（中国）汽车贸易有限公司召回部分进口 Quattroporte （M156）、Ghibli （M157）汽车

制造商	玛莎拉蒂			
召回时间	2016-10-10 至 2017-10-09			
涉及数量	40			
车型	型号	年款	VIN 范围	
Quattroporte（M156）	M156 C2	2015	起：ZAMSP56E1F1158687 止：ZAMSP56E0F1162326	
Ghibli（M157）	M157 C2	2015	起：ZAMSS57E0F1154904 止：ZAMSS57E7F1163003	
缺陷情况	所涉及车辆的前轮轴承，因零件制造商在感应淬火过程中放置轴承位置不符合要求，影响了轴承表面硬化的效果，导致其机械强度降低。			
可能后果	上述缺陷可能会导致车辆前轮轴承在极限载荷下损坏，在极端条件下，可能会导致车辆不易控制。			
维修措施	玛莎拉蒂将对涉及召回的车辆的前轮轴承进行更换，以消除缺陷。			
改进措施	自 2015 年 5 月 14 日后生产的车辆，均使用了经过正确感应淬火热处理加工的前轮轴承，保证了轴承本身的机械强度。			
投诉情况	截止至目前，已经收到 1 个关于车辆在行驶过程中前轮异响的案例，并已经完成相关部件的更换和索赔。			

深圳市誉诚汽车贸易有限公司召回部分进口保时捷改装车

制造商	保时捷汽车			
召回时间	2016-10-11 至 2017-10-11			
涉及数量	226			
车型	型号	年款	VIN 范围	
Cayenne	16 款卡宴 3.6 汽油	2016	起：WP1AA2A26GLA01318 止：WP1AA2A23GKA14615	
Cayenne	14 款卡宴 3.6 汽油	2014	起：WP1AA2A25DLA06487 止：WP1AA2A25ELA96287	
缺陷情况	本次召回范围内的部分车辆，制动踏板铰链上的卡簧可能松脱。			
可能后果	如果该问题没有被发现，继续使用车辆会导致踏板轴断裂松脱。在极端的情况下，驾驶员可能无法通过松脱的踏板有效地对车辆进行制动，增加了车辆的碰撞风险，存在安全隐患。			
维修措施	作为一个预防性的措施，深圳誉诚将委托授权经销商免费为召回范围内的车辆检查踏板轴承上的卡簧，并确保其已经正确。在有必要的情况下，将为车辆安装一个新的卡簧。			
改进措施	2016 年 1 月 12 日开始，供应商在生产线上新增了一道工序以确保该卡簧正确安装。			
投诉情况	中国市场没有相关案例。			

沃尔沃汽车销售（上海）有限公司召回部分进口 2016 款 XC90、2017 款 XC90 和 S90 汽车

制造商	沃尔沃汽车			
召回时间	2016-10-13 至			
涉及数量	9042			
车型	型号	年款	VIN 范围	
第二代 XC90	T5 智逸版 -5 座 T5 智逸版 -7 座 T6 智逸版 -5 座 T6 智逸版 -7 座 T6 智雅版 -5 座 T6 智雅版 -7 座 T6 智尊版 -5 座 T6 智尊版 -7 座 T8 个性运动（E 驱混动）版 -7 座 T8 智尊（E 驱混动）版 -7 座 T8 荣誉（E 驱混动）版 -4 座	20162017	起：YV4460LF2GM000064 止：YV4A22PK0H1129750	
S90	T6 AWD 智雅版 T6 AWD 智尊版	2017	起：YV1A22PS0HM000001 止：YV1PSA2D5H1005452	
缺陷情况	空调排水管内的冷凝水可能渗漏到乘客舱。			
可能后果	如果空调冷凝水发生渗漏，且未能够及时被发现，可能会引起空调系统功能故障，可能导致其他电气系统 (如发动机管理系统、安全气囊系统) 不能正常工作，存在潜在隐患。			
维修措施	检查空调排水管的安装是否正确，如有必要则更换空调排水管。			
改进措施	已经改进装配车间的安装工艺。			
投诉情况	7 例空调水管更换案例。			

上汽通用五菱汽车股份有限公司召回部分宝骏 630（1.8L）汽车

制造商	上汽通用五菱			
召回时间	2016-10-17 至 2017-10-16			
涉及数量	5882			
车型	型号	年款	VIN 范围	
宝骏 630	2013 款宝骏 630 自动档 1.8L	2013	起：LZWAEAGA0C8740371 止：LZWAEAGBXDB719623	
宝骏 630	2013 款宝骏 630 手动档 1.8L	2013	起：LZWAEAGA0C8739463 止：LZWAEAGBXDB707035	
缺陷情况	缺陷描述 本次召回范围内部分车辆，发动机曲轴箱通风阀膜片耐腐蚀性不足，在长期使用后膜片可能被腐蚀。			
可能后果	极端情况下会导致发动机损坏，存在安全隐患。			
维修措施	免费更换凸轮轴盖总成，清理进气歧管。			
改进措施	该款车型已停产。			
投诉情况	收到 34 例疑似此缺陷造成故障的索赔、维修等报告，未涉及人员伤亡。			

上汽通用五菱汽车股份有限公司召回部分宝骏 630（1.8L）汽车

制造商	上汽通用五菱			
召回时间	2016-10-17 至 2017-10-16			
涉及数量	5882			
车型	型号	年款	VIN 范围	
宝骏 630	2013 款宝骏 630 自动档 1.8L	2013	起：LZWAEAGA0C8740371 止：LZWAEAGBXDB719623	
宝骏 630	2013 款宝骏 630 手动档 1.8L	2013	起：LZWAEAGA0C8739463 止：LZWAEAGBXDB707035	
缺陷情况	缺陷描述 本次召回范围内部分车辆，发动机曲轴箱通风阀膜片耐腐蚀性不足，在长期使用后膜片可能被腐蚀。			
可能后果	极端情况下会导致发动机损坏，存在安全隐患。			
维修措施	免费更换凸轮轴盖总成，清理进气歧管。			
改进措施	该款车型已停产。			
投诉情况	收到 34 例疑似此缺陷造成故障的索赔、维修等报告，未涉及人员伤亡。			

长城汽车股份有限公司召回部分长城炫丽 AMT 汽车

制造商	长城汽车			
召回时间	2016-12-01 至 2017-11-30			
涉及数量	8908			
车型	型号	年款	VIN 范围	
炫丽	2011 款 1.3L AMT 长城炫丽 2010 款 1.3L AMT 精英型 长城炫丽 2010 款 1.3L AMT 豪华型	2010	起：LGWED2A34CE000001 止：LGWED2A36DE055017	
炫丽 CROSS	长城炫丽 CROSS 2010 款 1.3L AMT 长城炫丽 CROSS 2011 款 1.5L AMT 长城炫丽 CROSS	2010-2011	起：LGWED2A31AE018307 止：LGWED2A33AE027624	
缺陷情况	车辆长期使用后离合控制器电机传动效率下降，车辆换挡时可能偶然会出现卡滞现象。			
可能后果	变速器故障灯点亮，车辆进入空挡行驶，动力输出中断，存在安全隐患。			
维修措施	免费更换改进后的离合控制器总成，并免费更换离合分离系统，同时在车辆遮阳板上粘贴提示标识，提示用户定期到售后维修网点对离合控制器自由行程进行免费调整，以消除安全隐患。			
改进措施	该车型已停产。			
投诉情况	收到索赔信息 130 例。			

广汽丰田汽车有限公司部分国产 2012、2013 年款雅力士汽车 - 驾驶席气囊

制造商	广汽丰田			
召回时间	2016-11-30 至 2017-11-29			
涉及数量	22888			
车型	型号	年款	VIN 范围	
雅力士	1.3 E 魅动版 手动档、1.3 E 魅动版 自动档、1.3E 舒适版、 1.6 E 魅动版 手动档、1.6 E 魅动版 自动档、1.6 GS 锐动版、 1.6 G 炫动版 手动档、1.6 G 炫动版 自动档、1.6E 舒适版、 1.6G 精致版、 1.6G 精致智能版、1.6RS 至尊版、 1.6RS 至尊锐动版	2012-2013	起：LVGCU9232BG078817 止：LVGCU9236DG101681	
缺陷情况	对象车辆搭载的高田产驾驶席空气囊气体发生器（膨胀装置），其气体发生剂在防潮方面存在不完善，长期在温度和湿度反复变化的影响下，气体发生剂有可能劣化。在空气囊展开时，气体发生器的容器有可能发生破损 , 存在安全隐患。			
可能后果	在空气囊展开时，气体发生器的容器有可能发生破损，存在安全隐患。			
维修措施	作为预防措施，广汽丰田汽车有限公司将为召回范围内的车辆免费更换驾驶席空气囊气体发生器，并回收旧品调查。			
改进措施	广汽丰田生产的雅力士车型已于 2013 年 11 月停产，目前生产的产品不存在该缺陷。			
投诉情况	中国市场未确认到上述问题的技术报告。			

斯巴鲁汽车（中国）有限公司召回部分进口力狮、傲虎系列汽车

制造商	斯巴鲁汽车			
召回时间	2016-11-14 至 2017-11-13			
涉及数量	71227			
车型	型号	年款	VIN 范围	
傲虎	2010 款 OUTBACK 傲虎 2.5i 豪华导航版（自动）2010 款 OUTBACK 傲虎 2.5i 豪华版（自动）2010 款 OUTBACK 傲虎 3.6R 豪华版（自动） 2010 款 OUTBACK 傲虎 3.6R 豪华导航版（自动） 2011 款 OUTBACK 傲虎 2.5i 豪华版 2011 款 OUTBACK 傲虎 2.5i 豪华导航版 2011 款 OUTBACK 傲虎 3.6R 豪华版（自动） 2011 款 OUTBACK 傲虎 3.6R 豪华导航版（自动） 2012 款 OUTBACK 傲虎 2.5i 运动导航版（自动）2012 款 OUTBACK 傲虎 2.5i 豪华版（自动） 2012 款 OUTBACK 傲虎 2.5i 豪华导航版（自动） 2012 款 OUTBACK 傲虎 2.5i 运动版（自动） 2012 款 OUTBACK 傲虎 3.6R 豪华导航版（手动） 2012 款 OUTBACK 傲虎 3.6R 豪华版（手动） 2013 款 OUTBACK 傲虎 2.5i 运动版（自动） 2013 款 OUTBACK 傲虎 2.5i 运动导航版（自动）2013 款 OUTBACK 傲虎 2.5i 豪华版（自动） 2013 款 OUTBACK 傲虎 2.5i 豪华导航版（自动）	2010-2013	起：JF1BR96D1AG004960 止：JF1BR98D7DG152600	
力狮	2010 款 Legacy 力狮 2.0i 豪华版 2010 款 Legacy 力狮 2.0i（手动） 2010 款 Legacy 力狮 2.5i 豪华版 2010 款 Legacy 力狮 2.5GT-S 2011 款 Legacy 力狮 2.0i（手动） 2011 款 Legacy 力狮 2.0i 豪华版 2011 款 Legacy 力狮 2.5i 豪华版 2011 款 Legacy 力狮 2.5GT 豪华版 2012 款 Legacy 力狮 2.0i 豪华版 2012 款 Legacy 力狮 2.0i 旅行轿车豪华版 2012 款 Legacy 力狮 2.5i 豪华版 2012 款 Legacy 力狮 2.5GT 豪华版 2013 款 Legacy 力狮 2.5ie 2013 款 Legacy 力狮 2.5i 豪华版	2010-2013	起：JF1BM92D4AG002009 止：JF1BR51D7CG119887	

斯巴鲁汽车（中国）有限公司召回部分进口力狮、傲虎系列汽车(续表)

缺陷情况	由于前雨刷电机底盖（内有电路）制造不当，带电触点的继电器接头和蜗轮之间可能发生干涉。在前盖板上有积雪的情况下，雨刷停止时雨刷臂无法回到原本的停止位置且产生了反作用力，导致继电器触点因与蜗轮干涉而反复处于 ON/OFF 状态，触点部位发生电弧放电，发热。
可能后果	电弧放电反复发生时，前雨刷电机的底盖可能会出现熔损，严重时可能起火。
维修措施	免费为召回范围内车辆更换前雨刷电机底盖。
改进措施	该车型已停产，现在生产的车型中没有缺陷产品。
投诉情况	中国市场无投诉、索赔情况。

现代汽车（中国）投资有限公司召回部分进口雅尊系列汽车

制造商	现代汽车			
召回时间	2016-11-01 至 2017-10-31			
涉及数量	1271			
车型	型号	年款	VIN 范围	
雅尊	2.7AT-4/ 3.3AT-4	2007	起：KMHFC41B07A215211 止：KMHFC41B38A275372	
缺陷情况	电动座椅开关的钢珠在外部水分进入后，可能受到腐蚀，可能导致电动座椅自行间歇性工作。			
可能后果	驾驶席电动座椅可能在未预料的情况下发生移动，影响驾驶员操作的稳定性，存在安全隐患。			
维修措施	更换改善后的电动座椅开关，使用无腐蚀性的不锈钢钢珠。			
改进措施	已停产。			
投诉情况	无。			

斯巴鲁汽车（中国）有限公司召回部分进口力狮、森林人、翼豹汽车

制造商	斯巴鲁汽车			
召回时间	2016-11-25 至 2017-11-24			
涉及数量	9219			
车型	型号	年款	VIN 范围	
力狮	2010 款 Legacy 力狮 2.0i（手动） 2010 款 Legacy 力狮 2.0i 豪华版 2011 款 Legacy 力狮 2.0i（手动） 2011 款 Legacy 力狮 2.0i 豪华版 2012 款 Legacy 力狮 2.0i 豪华版 2012 款 Legacy 力狮 2.0i 旅行轿车豪华版	2010-2012	起：JF1BM51B0AG002677 止：JF1BR51D7CG119887	
森林人	2010 款 Forester 森林人 2.5XT 豪华版 2010 款 Forester 森林人 2.5XT 豪华导航版 2011 款 Forester 森林人 2.5XT 豪华导航版 2011 款 Forester 森林人 2.5S-EDITION 自动豪华版	2009-2012	起：JF1SH94F79G002021 止：JF1SH96F9BG234316	
翼豹	2008 年款 Impreza 翼豹 2.5STI （手动） 2009 年款 Impreza 翼豹 2.5 WRX（手动） 2011 年款 Impreza 翼豹 2.5TB （手动） 2012 年款 Impreza 翼豹 2.5TB （手动） 2014 年款 Impreza 翼豹 2.5 STI-S（手动）	2008-2014	起：JF1GE91D49G006058 止：JF1GR89K29G060315	
缺陷情况	由于控制二次空气泵的继电器触点压着力设定不当，触点 ON 时可能发生电弧放电，引起触点熔化、粘着，继电器连续通电，空气泵电机连续运转，进而导致空气泵气管内气压上升、警告灯亮起。如果在此状态下继续使用，气泵温度会升高。			
可能后果	可能引起树脂部件熔损，发出异臭、冒烟，严重时可能起火。			
维修措施	免费为对象车辆更换二次空气泵继电器。			
改进措施	该车型已停产，正在生产的车型没有使用缺陷产品。			
投诉情况	中国市场有 2 件投诉，无索赔案件。			

梅赛德斯 - 奔驰（中国）汽车销售有限公司召回部分进口 R 级系列汽车

制造商	奔驰汽车			
召回时间	2016-11-04 至 2017-11-03			
涉及数量	6			
车型	型号	年款	VIN 范围	
R 级	R 320 4MATIC,R 400 4MATIC	2016	起：WDCCB6DE9GE001705 止：WDCCB6DE0GE001740	
缺陷情况	前排座椅与车身螺栓连接不良。			
可能后果	当车辆发生碰撞时，可能导致乘客受伤。			
维修措施	作为预防措施，戴姆勒股份公司将通过梅赛德斯 - 奔驰授权经销商为召回车辆免费维修。			
改进措施	供应商对生产工艺进行改进，保证 2016 年 1 月 23 日以后的车辆不会存在此问题。			
投诉情况	中国市场未收到关于此问题的索赔记录。			

沃尔沃汽车销售（上海）有限公司召回部分进口 S60、V40 汽车

制造商	沃尔沃汽车			
召回时间	2016-11-15 至 2017-11-15			
涉及数量	11690			
车型	型号	年款	VIN 范围	
S60	1.6T DRIVe 智尚版 1.6T DRIVe 舒适版 1.6T DRIVe 智雅版	2012	起：YV1FS4850C2076607 止：YV1FS48HXC2137925	
V40	V40 智雅版 V40 智逸版 V40 智尚版 智雅 R-Design 个性运动版	2015	起：YV1MV4859F2170097 止：YV1MV4855F2249654	
缺陷情况	部分车辆在某些运行状态和气候条件下，例如寒冷气候环境中冷起动后，迅速以高转速提速或增加发动机负载等，发动机在预热过程中的温度迅速上升致使发动机缸盖局部区域压力过大，从而可能导致发动机缸盖轻微开裂。			
可能后果	可能导致冷却液泄漏或机油渗漏，严重情况下，如果渗漏的机油碰到高温表面，可能导致发动机舱有烟雾，甚至缓慢起火。			
维修措施	更换新的排气歧管垫，同时改装冷却旁通阀。			
改进措施	现生产车辆已不再搭载该型号发动机。			
投诉情况	无。			

大连保税区嘉恒汽车销售服务有限公司召回部分进口宝马 X5 改装车

制造商	宝马汽车			
召回时间	2016-11-21 至 2017-07-31			
涉及数量	59			
车型	型号	年款	VIN 范围	
X5 系列	越野乘用车（宝马 X5 改装车 5/7 座）	2014	起：5UXKR0C5XE0K44556 止：5UXKR0C5XE0K50440	
缺陷情况	本次召回涉及车辆驾驶员侧气囊，该气囊配备由 TAKATA 提供的 PSDI-X 型气体发生器。在美国市场一台装备有该型气体发生器的车辆在气囊展开时发生了气体发生器壳体破损的情况，壳体碎片损坏了车辆内饰，但未造成人员伤亡。来自 TAKATA 的初步分析显示，这可能是由于特定批次的该型气体发生器壳体在制造焊接过程中存在焊接不均匀的情况，导致壳体强度不足并在气体发生器作用时破损。出于回收零件分析及消除潜在安全风险的目的，TAKATA 建议 BMW 实施召回，同时 TAKATA 将会对更换下来的样品进行进一步分析。需说明的是该缺陷与以前的气体发生器长期受潮热环境影响后药剂变质的缺陷并无联系。关于药剂变质缺陷我们仍在分析中并将同 DPAC 持续保持沟通。			
可能后果	如果该问题没有被发现，继续使用车辆，该型气体发生器的车辆在气囊展开时发生气体发生器壳体破损，导致壳体强度不足，导致壳体碎片损坏了车辆内饰，壳体碎片对乘员的安全存在隐患。			
维修措施	为召回范围内车辆更换驾驶员侧气囊模块。			
改进措施	2016 年 1 月 20 日开始，在供应商的生产线上新增了一道工序来确保驾驶员侧气囊无任何质量问题。			
投诉情况	中国市场没有相关案例。			

捷豹路虎汽车贸易（上海）有限公司召回部分进口揽胜极光、发现神行越野乘用车

制造商	路虎汽车			
召回时间	2016-11-11 至 2017-11-11			
涉及数量	33440			
车型	型号	年款	VIN 范围	
发现神行	发现神行 2015 款 2.0 Si4 SE 发现神行 2015 款 2.0 Si4 HSE LUXURY	2015	起：SALCA2BG4FH500438 止：SALCA2BG8FH503715	
揽胜极光	揽胜极光 2014 款 2.0 Si4 5 door Pure Plus 揽胜极光 2014 款 5 door Dynamic 耀动版 揽胜极光 2015 款 2.0 Si4 5 door Pure Plus 耀享版 揽胜极光 2015 款 2.0 Si4 5 door Dynamic 耀动版	2014-2015	起：SALVA2BG3EH797015 止：SALVA2BG0FH996105	
缺陷情况	部分 2014 和 2015 年型进口揽胜极光，以及部分 2015 年型进口发现神行车辆所配备的 9 速自动变速箱的内部线束失效。			
可能后果	车辆在行驶中，变速箱可能会意外挂入空挡，因此失去动力。同时，组合仪表会显示故障指示灯（MIL）和“变速箱故障”的信息，制动助力和转向助力此时仍能正常发挥作用。			
维修措施	升级变速箱软件。			
改进措施	捷豹路虎已确保提供正确的零部件用于生产。			
投诉情况	截至目前中国市场共收到 27 起相关问题的客户投诉。			

马自达（中国）企业管理有限公司召回部分进口 RX-8 汽车

制造商	马自达汽车			
召回时间	2016-12-26 至 2017-12-25			
涉及数量	361			
车型	型号	年款	VIN 范围	
RX-8	RX-8 跑车	2005	起：JMZSE173660130516 止：JMZSE173X80150688	
缺陷情况	由于燃油箱上面的树脂泵盖部的隔热性能不足，在受到发动机、排气管产生的热影响后，燃油箱泵盖发生劣化。在此情况下持续使用时，可能导致燃油箱泵盖劣化加剧，出现裂纹，燃油箱漏油。在极端情况下，存在导致发生火灾的隐患。			
可能后果	由于燃油箱上面的树脂泵盖部的隔热性能不足，在受到发动机、排气管产生的热影响后，燃油箱泵盖发生劣化。在此情况下持续使用时，可能导致燃油箱泵盖劣化加剧，出现裂纹，燃油箱漏油。在极端情况下，存在导致发生火灾的隐患。			
维修措施	对召回车辆范围内车辆免费更换新燃油箱泵盖，并在燃油箱上面追加隔热板。			
改进措施	召回车型已经停止生产。			
投诉情况	截止目前，中国售后市场未收到过上述缺陷的报告。			

一汽 - 大众汽车有限公司召回部分进口 Q7 汽车 - 座椅问题

制造商	一汽奥迪			
召回时间	2016-11-25 至 2017-11-25			
涉及数量	2251			
车型	型号	年款	VIN 范围	
Q7	2016/2017 款 Q7 40 TFSI quattro 舒适型 2016/2017 款 Q7 40 TFSI quattro S line 运动型 2016/2017 款 Q7 45 TFSI quattro 技术型 2016/2017 款 Q7 45 TFSI quattro S line 运动型 2016/2017 款 Q7 45 TFSI quattro 尊贵型	2016-2017	起：WAUAGD4M4GD014973 止：WAUAGC4M9HD009490	
缺陷情况	此次召回范围内的车辆，在发生碰撞时，第三排座椅可能在超额负载下产生向前移位。			
可能后果	在发生碰撞时第三排座椅可能在超额负载下产生向前移位，可能会增加第三排乘客受伤的风险。			
维修措施	一汽 - 大众汽车有限公司将委托奥迪特许经销商免费为召回范围内车辆的第三排座椅安装一个固定支架。			
改进措施	2016 年 8 月 1 日以后采取了优化工艺的第三排座椅横向管。			
投诉情况	中国市场尚未收到相关的投诉。			

一汽 - 大众汽车有限公司召回部分进口 Q7 汽车 - 转向问题

制造商	一汽奥迪			
召回时间	2016-11-21 至 2017-11-21			
涉及数量	7			
车型	型号	年款	VIN 范围	
Q7	Q7 40 TFSI quattro 舒适型 Q7 40 TFSI quattro S line 运动型 Q7 45 TFSI quattro 技术型 Q7 45 TFSI quattro S line 运动型	2016	起：WAUAGC4M3GD033590 止：WAUAGC4MXGD034669	
缺陷情况	本次召回范围内车辆，个别车辆的转向助力功能受到影响。			
可能后果	由于供应商在制造过程中没有对转向控制单元电路板按照规定进行灰尘颗粒防护，在个别情况下，可能会导致电路板短路，影响车辆转向助力功能。			
维修措施	一汽 - 大众汽车有限公司将委托奥迪特许经销商免费为召回范围内车辆更换转向器总成。			
改进措施	2016 年 4 月对生产线防错装置进行了优化，以避免胶容器混淆造成的灰尘颗粒防护工艺失效。			
投诉情况	尚未收到相关的投诉。			

奇瑞捷豹路虎汽车有限公司召回部分国产路虎揽胜极光越野乘用车

制造商	奇瑞捷豹路虎			
召回时间	2016-11-11 至 2017-11-11			
涉及数量	722			
车型	型号	年款	VIN 范围	
揽胜极光	揽胜极光 2.0 Si4 五门风尚版（S） 揽胜极光 2.0 Si4 五门智耀版（SE） 揽胜极光 2.0 Si4 五门锐动版（HSE） 揽胜极光 2.0 Si4 五门致享版（HSE Luxury）	2015	起：L2CVA2BG0EG010007 止：L2CVA2BGXGG134725	
缺陷情况	部分 2015 年型国产揽胜极光车辆所配备的 9 速自动变速箱的内部线束失效。			
可能后果	车辆在行驶中，变速箱可能会意外挂入空挡，因此失去动力。同时，组合仪表会显示故障指示灯（MIL）和“变速箱故障”的信息，制动助力和转向助力此时仍能正常发挥作用。			
维修措施	升级变速箱软件。			
改进措施	已确保提供正确的零部件用于生产。			
投诉情况	截至目前中国市场没有收到相关问题投诉。			

大连华宇汽车进出口有限公司召回部分进口宝马 X5 改装车

制造商	宝马汽车			
召回时间	2016-11-22 至 2016-12-31			
涉及数量	137			
车型	型号	年款	VIN 范围	
X5	越野乘用车（宝马改装车）（5/7 座）	2014	起：5UXKR0C50E0K44940 止：5UXKR0C5XE0K48090	
缺陷情况	本次召回涉及车辆驾驶员侧气囊，该气囊配备由 TAKATA 提供的 PSDI-X 型气体发生器。在美国市场一台装备有该型气体发生器的车辆在气囊展开时发生了气体发生器壳体破损情况。			
可能后果	如果该问题没有被发现，继续使用车辆会导致侧气囊出现安全隐患，增加了车辆的碰撞时产生的风险，但全球没有收到过因为该问题而发生的事故和伤亡案例。			
维修措施	作为一个预防性的措施，大连华宇汽车进出口有限公司将委托授权经销商免费为召回范围内的车辆检查气体发生器，并确保其已经不存在破损情况。在有必要的情况下，将为车辆安装一个新的驾驶员侧气囊模块。			
改进措施	2014 年 11 月 1 日开始，在供应商的生产线上新增了一道工序来确保驾驶员侧气囊模块完好无破损情况。			
投诉情况	无			

鼎和（天津）进出口有限公司召回部分进口宝马 X5 改装车

制造商	宝马汽车			
召回时间	2016-11-28 至 2017-07-31			
涉及数量	89			
车型	型号	年款	VIN 范围	
X5	X5	2014	起：5UXKR0C50E0K44632 止：5UXKR0C5XE0K50356	
缺陷情况	本次召回涉及驾驶员侧正面气囊模块，该气囊气体发生器壳体在制造焊接过程中存在不均匀的情况，导致壳体强度不足并在气体发生器作用破损。			
可能后果	装备有该型气体发生器的车辆在气囊展开时发生了气体发生器壳体破损的情况壳体碎片可能会伤害车内乘客，存在安全隐患。			
维修措施	作为一个预防性的措施，鼎和公司将委托授权经销商免费为召回范围内的车辆免费更换驾驶员侧正面气囊模块。			
改进措施	2016 年 01 月 20 日开始，在供应商生产线上新增一道工序来确保驾史员侧安全气囊无任何质量问题。			
投诉情况	中国市场没有相关案例。			

三菱汽车销售（中国）有限公司召回部分进口 ASX 劲炫和帕杰罗劲畅汽车

制造商	三菱汽车			
召回时间	2016-12-09 至 2017-12-08			
涉及数量	21051			
车型	型号	年款	VIN 范围	
ASX 劲炫	ASX 劲炫劲尚版、ASX 劲炫劲酷版、ASX 劲炫炫悦版、ASX 劲炫炫动版、ASX 劲炫炫逸版	20112012	起：JE3AP59UXBZ000101 止：JE3AP59U7CZ004334	
帕杰罗劲畅	帕杰罗劲畅	20112012	起：MMCGYKH60BFZ05019 止：MMEMU71X9CF003200	
缺陷情况	在后车门气动支撑杆不能进行阳离子电泳的外筒盖部采用了和图纸指示不同的重视速干性能但防锈性能低下的涂料，含有盐分的水分侵入到外筒盖部内部造成腐蚀。随着腐蚀的加深外筒壁厚变薄，将无法承受被内部压力挤压的金属卡箍，造成外筒破裂。			
可能后果	打开后车门时会造成外筒破裂，有可能伤害周边人员。			
维修措施	对涉及车辆的后车门气动支撑杆进行检查，免费更换为改善零部件。			
改进措施	该车型已经生产完结。			
投诉情况	中国：0 件　全世界：0 件			

上汽通用东岳汽车有限公司召回部分国产别克昂科威汽车

制造商	上汽通用			
召回时间	2016-12-01 至 2017-11-30			
涉及数量	38786			
车型	型号	年款	VIN 范围	
昂科威	28T 四驱精英型，28T 四驱豪华型，28T 四驱全能旗舰型，28T 四驱全能运动旗舰型，20T 两驱领先型，20T 两驱精英型，20T 四驱精英型，20T 四驱豪华型	2016	起：LSGXE83L1GD110440 止：LSGXE8357GD155108	
缺陷情况	进口制动管供应商混料问题。			
可能后果	长时间使用后制动管可能发生开裂，极端情况下可能造成制动液渗漏，存在安全隐患。			
维修措施	免费更换制动管。			
改进措施	从 2016 年 3 月 18 日起生产的昂科威，其制动管已经使用了正确的材料，不存在安全隐患。			
投诉情况	疑似该缺陷引起的投诉案例共计 4 例。			

沃尔沃（中国）投资有限公司召回部分进口沃尔沃 FH 牵引车和沃尔沃 FM 牵引车

制造商	沃尔沃汽车			
召回时间	2016-11-30 至 2017-11-29			
涉及数量	332			
车型	型号	年款	VIN 范围	
FH 牵引车	FH540	2014	起：YV2RHF0D8EA767401 止：YV2RG40C8GA793160	
FH 牵引车	FH420	2014	起：YV2RTW0A2EA765308 止：YV2RSK0A2GA788618	
FH 牵引车	FH500	2014	起：YV2RBZ0C2FA779104 止：YV2RBZ0C3GA793529	
FH 牵引车	FH460	2014	起：YV2RSS0C8EA753869 止：YV2RG20C1GA795613	
FM 牵引车	FM460	2014	起：YV2RSS0C0FA776581 止：YV2RSS0C0FA776581	
缺陷情况	驾驶室内部照明装置存在设计缺陷，内部照明装置电路未设计有保险装置。如果长期在潮湿或灰尘的环境下工作，驾驶室内部照明装置存在短路风险。			
可能后果	驾驶室内部照明装置长期在潮湿或灰尘的环境下工作时不正常发热，可能存在潜在短路风险。最严重的情况下会导致照明装置电路短路，照明装置 PCB（印刷电路板）等部件烧毁。			
维修措施	该缺陷问题涉及车辆的生产日期为 2012 年第 48 周至 2016 年第 37 周，车型为 FH 牵引车和 FM 牵引车。针对该生产区间的车辆，需要按照《缺陷汽车产品召回维修作业方法》，对涉及缺陷的车辆的驾驶室内部照明装置加装带保险装置的线束。			
改进措施	2016 年第 38 周开始生产的车辆，在产品组装时已经对驾驶室内部照明装置加装带保险装置的线束			
投诉情况	国内无该缺陷的投诉、索赔及故障案例信息。			

玛莎拉蒂（中国）汽车贸易有限公司召回部分进口 2017 年款 QUATTROPORTE（总裁）和 GHIBLI（吉博力）汽车

制造商	玛莎拉蒂			
召回时间	2016-11-30 至 2017-11-29			
涉及数量	263			
车型	型号	年款	VIN 范围	
Ghibli（M157）	M157 D2	2017	起：ZAMXS57E4H1195089 止：ZAMXS57E8H1220673	
Quattroporte（M156）	M156 D2	2017	起：ZAMXP56E2H1198804 止：ZAMXP56E9H1220653	
缺陷情况	所涉及车辆的后差速器齿轮锁紧螺母的紧固扭矩未达到设计要求。			
可能后果	上述缺陷可能会导致车辆后差速器在行驶过程中产生异响，降低齿轮和轴承的寿命，还可能会导致齿轮油封漏油；如果长时间驾驶存在上述异响的车辆，在极端条件下，可能会导致后差速器内部卡滞。			
维修措施	玛莎拉蒂将对涉及召回的车辆的后差速器和传动轴进行检查，如果需要，则将更换后差速器和 / 或传动轴，以消除缺陷。			
改进措施	自 2016 年 10 月 27 日后生产的车辆，均使用了经过紧固扭矩校验的后差速器。			
投诉情况	目前在中国未收到相关赔偿要求的报告。			

上汽通用汽车有限公司召回部分国产凯迪拉克 CT6 汽车

制造商	上汽通用			
召回时间	2016-12-01 至 2017-11-30			
涉及数量	1784			
车型	型号	年款	VIN 范围	
CT6	28T 时尚型 28T 精英型 28T 豪华型 28T 领先型 28T 铂金版 40T 豪华型 40T 领先型 40T 铂金版	2016	起：LSGKR53L5GA001414 止：LSGKR5A65GA003855	
缺陷情况	进口制动管供应商混料问题。			
可能后果	长时间使用后制动管可能发生开裂，极端情况下可能造成制动液渗漏，存在安全隐患。			
维修措施	免费更换制动管。			
改进措施	从 2016 年 4 月 30 日起生产的 CT6，其制动管已经使用了正确的材料，不存在安全隐患。			
投诉情况	无。			

大连圣博国际贸易有限公司召回部分进口德宝 GLE450、GLE450 COUPE 系列汽车

制造商	宝马汽车			
召回时间	2016-12-03 至 2017-12-31			
涉及数量	108			
车型	型号	年款	VIN 范围	
GLE450	GLE450	2016~2017	起：4JGDA6EB0GA723617 止：4JGDA6EB9GA764053	
GLE450	GLE450 COUPE	2016~2017	起：4JGED6EB0GA006551 止：4JGED6EBXGA022532	
缺陷情况	发动机控制单元软件问题			
可能后果	用户可能误解为发动机的关闭是发动机起停功能在工作，但发动机无法在松开制动踏板后启动，而是需要手动启动。			
维修措施	为召回车辆免费升级发动机控制单元软件。			
改进措施	使用了升级后发动机控制单元软件，可以保证 2016 年 7 月 1 日以后生产的车辆上不会存在该问题。			
投诉情况	中国市场没有相关案例。			

大众汽车（中国）销售有限公司召回部分进口宾利添越系列汽车

制造商	大众汽车			
召回时间	2016-12-09 至 2017-12-08			
涉及数量	246			
车型	型号	年款	VIN 范围	
添越	添越	2017	起：SJAAB14V1HC011336 止：SJAAB14V5HC015163	
缺陷情况	对于本次召回涉及范围内的车辆，在生产线系统的检查过程中发现这些车辆上位于前后座椅及仪表盘位置的少部分螺栓的连接扭矩数据缺失。如果相关螺栓没有得到正确的紧固，在极端情况下可能会影响相关的座椅安全带、气囊、加速踏板及转向机下沉等功能，导致在车辆发生碰撞时，降低车辆对人员的保护并引致人员伤害。			
可能后果	如果相关螺栓没有得到正确的紧固，在极端情况下可能会影响相关的座椅安全带、气囊、加速踏板及转向机下沉等功能，导致在车辆发生碰撞时，降低车辆对人员的保护并引致人员伤害。			
维修措施	做为一项预防措施，大众汽车 (中国) 销售有限公司宾利品牌将委托授权经销商免费为涉及范围内的车辆的相关螺栓的连接状况进行检查，如发现连接扭矩不正确的情况，将会对螺栓按照正确的扭矩重新进行紧固。			
改进措施	从 2016 年 10 月开始，在生产线上对相关数据进行定期的检查。一项自动监测方案也在开发当中。			
投诉情况	中国市场没有相关投诉情况。			

捷豹路虎汽车贸易（上海）有限公司召回部分进口揽胜极光、发现神行越野乘用车

制造商	路虎汽车			
召回时间	2016-11-11 至 2017-11-11			
涉及数量	33440			
车型	型号	年款	VIN 范围	
发现神行	发现神行 2015 款 2.0 Si4 SE 发现神行 2015 款 2.0 Si4 HSE LUXURY	2015	起：SALCA2BG4FH500438 止：SALCA2BG8FH503715	
揽胜极光	揽胜极光 2014 款 2.0 Si4 5 door Pure Plus 揽胜极光 2014 款 5 door Dynamic 耀动版 揽胜极光 2015 款 2.0 Si4 5 door Pure Plus 耀享版 揽胜极光 2015 款 2.0 Si4 5 door Dynamic 耀动版	2014~2015	起：SALVA2BG3EH797015 止：SALVA2BG0FH996105	
缺陷情况	部分 2014 和 2015 年型进口揽胜极光，以及部分 2015 年型进口发现神行车辆所配备的 9 速自动变速箱的内部线束失效。			
可能后果	车辆在行驶中，变速箱可能会意外挂入空挡，因此失去动力。同时，组合仪表会显示故障指示灯（MIL）和“变速箱故障”的信息，制动助力和转向助力此时仍能正常发挥作用。			
维修措施	升级变速箱软件。			
改进措施	捷豹路虎已确保提供正确的零部件用于生产。			
投诉情况	截至目前中国市场共收到 27 起相关问题的客户投诉			

宝马（中国）汽车贸易有限公司召回部分进口宝马 1 系及 X 系列汽车

制造商	宝马汽车			
召回时间	2016-12-30 至 2017-12-30			
涉及数量	69			
车型	型号	年款	VIN 范围	
BMW 1 系	BMW 118i	2014	起：WBA1A3100FP615131 止：WBA1A3102FP615132	
BMW X 系列	BMW X3， BMW X4，BMW X5，BMW X6	2014~2015	起：WBAXW3108F0E92363 止：WBAKR010XF0M73892	
缺陷情况	此次召回涉及车辆 EPS 控制模块（集成在转向机上）。由于供应商在生产中误用本应废弃的不良品电子元件进行了组装，可能导致转向机转向助力功能失效或控制模块内电子元件因阻值增大而升温。			
可能后果	车辆转向机总成可能因电子信号故障而进入失效保护模式，转向助力功能消失，但此时机械转向结构仍能保证车辆的基本转向功能。同时，控制单元中电子元件针脚处可能因电阻增大，而在工作时发热，增大了车辆发生火灾的风险。			
维修措施	免费为召回范围内车辆整体更换转向机总成。			
改进措施	仅个别车辆因误装不良品而受到影响，2016 年 9 月起供应商执行了更严格的不良品废弃制度，避免不良品的误用。			
投诉情况	没有相关保修或索赔案件。			

大连奥尼斯汽车销售有限公司召回部分进口宝马 X5 改装车

<table>
<tr><td>制造商</td><td colspan="4">宝马汽车</td></tr>
<tr><td>召回时间</td><td colspan="4">2016-12-06 至 2017-09-30</td></tr>
<tr><td>涉及数量</td><td colspan="4">48</td></tr>
<tr><td>车型</td><td>型号</td><td>年款</td><td>VIN 范围</td><td></td></tr>
<tr><td>X5</td><td>X5(X5)</td><td>2014</td><td>起：5UXKR0C5XE0K44573
止：5UXKR0C55E0K50412</td><td></td></tr>
<tr><td>缺陷情况</td><td colspan="4">本次召回涉及车辆驾驶员侧气囊，该气囊配备由 TAKATA 提供的 PSDI-X 型气体发生器。在美国市场一台装备有该型气体发生器的车辆在气囊展开时发生了气体发生器壳体破损的情况，壳体碎片损坏了车辆内饰，但未造成人员伤亡。来自 TAKATA 的初步分析显示，这可能是由于特定批次的该型气体发生器壳体在制造焊接过程中存在焊接不均匀的情况，导致壳体强度不足并在气体发生器作用时破损。出于回收零件分析及消除潜在安全风险的目的，TAKATA 建议 BMW 实施召回，同时 TAKATA 将会对更换下来的样品进行进一步分析。需说明的是该缺陷与以前的气体发生器长期受潮热环境影响后药剂变质的缺陷并无联系。关于药剂变质缺陷我们仍在分析中并将同 DPAC 持续保持沟通。</td></tr>
<tr><td>可能后果</td><td colspan="4">如果该问题没有被发现，继续使用车辆，该型气体发生器的车辆在气囊展开时发生气体发生器壳体破损，导致壳体强度不足，并导致壳体碎片损坏了车辆内饰，壳体碎片对乘员的安全存在隐患。</td></tr>
<tr><td>维修措施</td><td colspan="4">召回范围内的车辆更换驾驶员侧正面气囊模块。</td></tr>
<tr><td>改进措施</td><td colspan="4">2016 年 01 月 20 日开始，在供应商的生产线上新增了一道工序来确保驾驶员侧正面气囊无任何质量问题。</td></tr>
<tr><td>投诉情况</td><td colspan="4">中国市场没有相关案例。</td></tr>
</table>

大连圣博国际贸易有限公司召回部分进口宝马 X5 改装车

<table>
<tr><td>制造商</td><td colspan="4">宝马汽车</td></tr>
<tr><td>召回时间</td><td colspan="4">2016-12-06 至 2017-07-31</td></tr>
<tr><td>涉及数量</td><td colspan="4">173</td></tr>
<tr><td>车型</td><td>型号</td><td>年款</td><td>VIN 范围</td><td></td></tr>
<tr><td>X5</td><td>X5</td><td>2014</td><td>起：5UXKR0C54E0K45055
止：5UXKR0C5XE0K50356</td><td></td></tr>
<tr><td>缺陷情况</td><td colspan="4">本次召回涉及车辆驾驶员侧气囊，该气囊配备由 TAKATA 提供的 PSDI-X 型气体发生器。在美国市场一台装备有该型气体发生器的车辆在气囊展开时发生了气体发生器壳体破损的情况，壳体碎片损坏了车辆内饰，但未造成人员伤亡。来自 TAKATA 的初步分析显示，这可能是由于特定批次的该型气体发生器壳体在制造焊接过程中存在焊接不均匀的情况，导致壳体强度不足并在气体发生器作用时破损。出于回收零件分析及消除潜在安全风险的目的，TAKATA 建议 BMW 实施召回，同时 TAKATA 将会对更换下来的样品进行进一步分析。需说明的是该缺陷与以前的气体发生器长期受潮热环境影响后药剂变质的缺陷并无联系。关于药剂变质缺陷我们仍在分析中并将同 DPAC 持续保持沟通。</td></tr>
<tr><td>可能后果</td><td colspan="4">如果该问题没有被发现，继续使用车辆，该型气体发生器的车辆在气囊展开时发生气体发生器壳体破损，导致壳体强度不足，导致壳体碎片损坏了车辆内饰，壳体碎片对乘员的安全存在隐患。</td></tr>
<tr><td>维修措施</td><td colspan="4">为召回范围内车辆更换驾驶员侧气囊模块。</td></tr>
<tr><td>改进措施</td><td colspan="4">在供应商的生产线上新增了一道工序来确保驾驶员侧气囊无任何质量问题。</td></tr>
<tr><td>投诉情况</td><td colspan="4">中国市场没有相关案例。</td></tr>
</table>

丰田汽车（中国）投资有限公司召回部分进口雷克萨斯 NX 系列汽车

<table>
<tr><td>制造商</td><td colspan="4">丰田汽车</td></tr>
<tr><td>召回时间</td><td colspan="4">2016-12-17 至 2017-12-16</td></tr>
<tr><td>涉及数量</td><td colspan="4">66830</td></tr>
<tr><td>车型</td><td>型号</td><td>年款</td><td>VIN 范围</td><td></td></tr>
<tr><td>Lexus NX</td><td>NX300h</td><td>2014~2016</td><td>起：JTJBJRBZ8E2000133
止：JTJBJRBZXG2057484</td><td></td></tr>
<tr><td>Lexus NX</td><td>NX200t</td><td>2014~2016</td><td>起：JTJBARBZXE2000151
止：JTJBARBZ7G2112389</td><td></td></tr>
<tr><td>Lexus NX</td><td>NX200</td><td>2014~2016</td><td>起：JTJBERBZ2E2000102
止：JTJBERBZ4G2026624</td><td></td></tr>
<tr><td>缺陷情况</td><td colspan="4">对象车辆由于制动控制电脑中的控制程序不完善，无法从制动保持状态切换到驻车制动状态，因此在车辆处在制动保持的停车状态下，如有解开座椅安全带等的操作，车辆有可能会发生前移，存在安全隐患。</td></tr>
<tr><td>可能后果</td><td colspan="4">在车辆处在制动保持的停车状态下，如有解开座椅安全带等的操作，车辆有可能会发生前移，存在安全隐患。</td></tr>
<tr><td>维修措施</td><td colspan="4">对所有对象车辆的控制程序进行升级。</td></tr>
<tr><td>改进措施</td><td colspan="4">2016 年 12 月 8 日，将制动控制电脑的控制程序修改为正确规格。丰田已经对该对策效果进行了验证，可保证搭载新程序的车辆不会出现相同问题。</td></tr>
<tr><td>投诉情况</td><td colspan="4">丰田在中国市场未确认到上述问题的技术报告，在日本市场确认到 1 件上述问题的技术报告。</td></tr>
</table>

北京奔驰汽车有限公司召回部分 2016 年款北京奔驰 E 级普通乘用车

制造商	北京奔驰			
召回时间	2016-12-09 至 2017-12-08			
涉及数量	3364			
车型	型号	年款	VIN 范围	
E 级	E200L,E300L	2016	起：LE4ZG4CB3HL002241 止：LE4ZG4CB5HL007392	
缺陷情况	油泵控制单元线束由于挤压破损。			
可能后果	一旦线束发生损坏，油泵 / 油箱压力传感器或者油量表可能失效。当油泵不工作时，发动机将由于没有燃料注入而发生熄火。			
维修措施	作为预防措施，将通过授权经销商免费为召回车辆重新固定线束。			
改进措施	生产工艺进行改进保证 2016 年 8 月 15 日以后的车辆不会存在此问题。			
投诉情况	中国市场未收到关于此问题的索赔记录。			

一汽轿车股份有限公司召回部分马自达 CX-4 轿车

制造商	一汽马自达			
召回时间	2016-12-12 至 2017-05-11			
涉及数量	5618			
车型	型号	年款	VIN 范围	
马自达 CX-4	CA7252ATE5 2.5L 6AT AWD 蓝天激情版 CA7252ABE5 2.5L 6AT AWD 蓝天无畏版	2016	起：LFPM5CPP3F1A66426 止：LFPM5CPPXG1A67980	
缺陷情况	在燃油表液位指示灯未警告时，车辆主油箱无燃油，车辆行驶中突然熄火。			
可能后果	燃油泵在 9V 电压工作时，主油箱从副油箱吸油能力不足，造成主油箱油量耗尽，导致车辆在行驶中突然熄火。存在车辆发生事故的隐患。			
维修措施	对召回范围内车辆免费刷新发动机控制单元（PCM）软件。			
改进措施	改善发动机控制单元 PCM 程序，燃油泵驱动电压 9V 变为 11.6V。			
投诉情况	截止目前，中国售后市场发生过 1 例上述缺陷。			

东风汽车有限公司召回部分国产东风日产奇骏汽车

制造商	东风日产			
召回时间	2016-12-16 至 2017-12-16			
涉及数量	28710			
车型	型号	年款	VIN 范围	
奇骏	奇骏 2014 款 2.0L XE MT 2WD 时尚版 奇骏 2014 款 2.0L XE CVT 2WD 时尚版 奇骏 2014 款 2.0L XL CVT 2WD 舒适版 奇骏 2014 款 2.0L XL-NAVI CVT 2WD 智领版 奇骏 2014 款 2.0L XE-P CVT 4WD 智驱版	2014	起：LGBM4AE40ES040381 止：LGBM4AE48FS070374	
缺陷情况	部分车辆的油箱口处的毛边压合处理不充分，可能造成密封圈局部龟裂。			
可能后果	密封圈龟裂可能出现燃油气味溢出，极端情况下，在油箱加满油时，可能会渗漏燃油，产生安全隐患。			
维修措施	为客户车辆的油箱泵口进行压合处理并更换油箱密封圈。			
改进措施	已采用改善后的零件。			
投诉情况	目前市场收到类同信息共计 237 件。			

丰田汽车（中国）投资有限公司召回部分进口海艾士汽车

制造商	丰田汽车			
召回时间	2016-12-23 至 2017-12-22			
涉及数量	4042			
车型	型号	年款	VIN 范围	
Toyota HIACE	HIACE 13 人座自动标准版	2009~2012	起：JTFSX23P096076912 止：JTFSX23P2C6125597	
缺陷情况	对象车辆搭载的自动变速箱中，由于连接换挡杆的油路切换操控杆支点部强度不足，若反复进行设想以外的迅速换档操作，支点部可能会发生磨损而产生间隙，以致无法切换到目标档位，有可能导致车辆无法行驶，或 P 档以外车辆的前进档与后退档出现乱档，存在安全隐患。			
可能后果	无法切换到目标档位，有可能导致车辆无法行驶，或 P 档以外车辆的前进档与后退档出现乱档，存在安全隐患。			
维修措施	更换所有对象车辆的油路切换操控杆。			
改进措施	供应商在 2012 年 4 月变更油路切换操控杆板厚；目前正在生产的车辆所搭载的零件为改善后零件，不存在相同问题。			
投诉情况	丰田在中国市场未确认到上述问题的技术报告，在日本市场确认到 6 件上述问题的技术报告。			

宝马（中国）汽车贸易有限公司召回部分进口劳斯莱斯古斯特汽车

制造商	劳斯莱斯			
召回时间	2016-12-16 至 2017-12-16			
涉及数量	336			
车型	型号	年款	VIN 范围	
劳斯莱斯	Rolls-Royce Ghost	2012	起：SCA664S03CUX37839 止：SCA664L00CUX67069	
缺陷情况	此次召回涉及车辆安全气囊的传感器模块。由于供应商生产过程中的软件编程错误，车辆在发生正前和（或）正后方碰撞时，安全气囊的控制模块无法接收到正确的加速度数据。			
可能后果	车辆在发生正前和（或）正后方碰撞时，安全气囊将无法启动。			
维修措施	免费为召回范围内车辆更换气囊中央传感器模块。			
改进措施	相关车型自 2012 年 7 月起使用了新型气囊中央传感器模块，2012 年 7 月后生产的车辆不受影响。			
投诉情况	没有相关保修或索赔案件。			

宝马（中国）汽车贸易有限公司召回部分进口宝马 5 系 GT、7 系汽车

制造商	宝马汽车			
召回时间	2016-12-16 至 2017-12-16			
涉及数量	22543			
车型	型号	年款	VIN 范围	
BMW 5 系	BMW 535i，BMW 550i	2012	起：WBASN2106CC908831 止：WBASP4105CC340464	
BMW 7 系	BMW 740i， BMW 740Li，BMW 750Li，BMW 760Li	2012	起：WBAKB4102CC933200 止：WBAKB4105CDX72349	
缺陷情况	此次召回涉及车辆安全气囊的传感器模块。由于供应商生产过程中的软件编程错误，车辆在发生正前和（或）正后方碰撞时，安全气囊的控制模块无法接收到正确的加速度数据。			
可能后果	车辆在发生正前和（或）正后方碰撞时，安全气囊将无法启动。			
维修措施	免费为召回范围内车辆更换气囊中央传感器模块。			
改进措施	相关车型自 2012 年 6 月起使用了新型气囊中央传感器模块，2012 年 6 月后生产的车辆不受影响。			
投诉情况	没有相关保修或索赔案件。			

依维柯（中国）商用车销售有限公司召回部分进口达意汽车

制造商	依维柯			
召回时间	2016-11-23 至 2017-11-23			
涉及数量	200			
车型	型号	年款	VIN 范围	
达意	Daily 底盘	2014	起：ZCFC250C6F5056446 止：ZCFC245C0F5074122	
达意	Daily 厢式货车	2014	起：ZCFC270C4F5057946 止：ZCFC270C5G5117427	
缺陷情况	次级驻车制动拉线的接头有可能开裂。			
可能后果	驻车制动器的功能失效或部分失效。			
维修措施	更换新的次级驻车制动拉线，其接头材料由锌铝合金更改为钢。			
改进措施	从底盘号 5119783 开始，装配新的拉线。			
投诉情况	无。			

克莱斯勒（中国）汽车销售有限公司召回部分进口吉普牧马人系列汽车

制造商	克莱斯勒			
召回时间	2016-12-25 至 2017-12-25			
涉及数量	5265			
车型	型号	年款	VIN 范围	
Wrangler 牧马人	2.8TD 撒哈拉四门舒享版（6 扬声器）3.0L 撒哈拉四门舒享版 高配（6 扬声器）3.6L 罗宾汉两门舒享版（6 扬声器） 3.6L 罗宾汉四门舒享版（6 扬声器）	2016	起：1C4BJWCG9GL295884 止：1C4BJWCG4GL124279	
缺陷情况	前部模块线束的布线不当，导致车辆在特定条件的碰撞中，气囊和安全带预紧器可能无法正常展开，可能增加乘员受伤的风险			
可能后果	车辆在特定条件的碰撞中，气囊和安全带预紧器可能无法正常展开，可能增加乘员受伤的风险。			
维修措施	克莱斯勒会发起一次召回行动，为涉及车辆更改前部模块线束的布线。			
改进措施	2016 年 8 月 14 日之后生产的车辆，前部模块的布线进行了改进。			
投诉情况	克莱斯勒 (中国) 汽车销售有限公司目前没有收到车辆事故索赔。			

梅赛德斯 - 奔驰（中国）汽车销售有限公司召回部分进口 S 级轿车 - 前大灯预配置问题

制造商	奔驰汽车			
召回时间	2016-12-27 至 2017-12-26			
涉及数量	35			
车型	型号	年款	VIN 范围	
S 级	S 500 4MATIC, S 63 AMG 4MATIC	2016	起：WDDXJ7JB7GA013679 止：WDDXJ8EBXGA017175	
缺陷情况	前大灯预配置问题。			
可能后果	前大灯设定可能不符合 GB/T 30036-2013 的要求。			
维修措施	作为预防措施，戴姆勒股份公司将通过梅赛德斯 - 奔驰授权经销商为召回车辆进行免费检查维修。			
改进措施	供应商生产工艺进行改进，保证 2016 年 2 月 5 日以后的车辆不会存在此问题。			
投诉情况	中国市场未收到关于此问题的索赔记录。			

梅赛德斯 - 奔驰（中国）汽车销售有限公司召回部分进口 S 级轿车 - 安全带延伸臂

制造商	奔驰汽车			
召回时间	2016-12-27 至 2017-12-26			
涉及数量	21			
车型	型号	年款	VIN 范围	
S 级	S 500 4MATIC, S 63 AMG 4MATIC	2016	起：WDDXJ7JB5GA014748 止：WDDXJ8EBXGA017175	
缺陷情况	安全带延伸臂无法回收。			
可能后果	延伸臂可能折断或影响安全带保护功能，增加乘客受伤的风险。			
维修措施	作为预防措施，戴姆勒股份公司将通过梅赛德斯 - 奔驰授权经销商为召回车辆进行控制单元编码调整。			
改进措施	供应商生产工艺进行改进，保证 2016 年 3 月 29 日以后的车辆不会存在此问题。			
投诉情况	中国市场未收到关于此问题的索赔记录。			

克莱斯勒（中国）汽车销售有限公司召回部分进口 2016 年款道奇酷威 (JCUV)、克莱斯勒大捷龙 (Grand Voyager) 系列汽车

制造商	克莱斯勒			
召回时间	2016-12-25 至 2017-12-25			
涉及数量	760			
车型	型号	年款	VIN 范围	
Grand Voyager 大捷龙	Limited 豪华版（3.6L）Limited 舒适版（3.6L）	2016	起：2C4PC1GG1GR135986 止：2C4PC1GG8GR135984	
JCUV 酷威	2.0TD 四驱旅行版；2.4L 旅行版	2016	起：3C4PDCGB7GT188637 止：3C4PDCGB4GT167700	
缺陷情况	因变速驱动桥油泵转子内外尺寸偏差导致转子损坏引起此问题。			
可能后果	变速驱动桥油泵受损引起动力中断。			
维修措施	克莱斯勒（中国）汽车销售有限公司计划针对 2016 年款道奇酷威与大捷龙车辆发起主动召回，公司将为涉及车辆免费更换驱动桥油泵。			
改进措施	已使用改进后的零件。			
投诉情况	克莱斯勒（中国）汽车销售有限公司没有收到由此问题引起的车辆投诉索赔。			

玛莎拉蒂（中国）汽车贸易有限公司召回部分进口 2014 年款总裁和吉博力系列汽车

制造商	玛莎拉蒂			
召回时间	2016-12-30 至 2017-12-29			
涉及数量	11234			
车型	型号	年款	VIN 范围	
Ghibli（M157）	M157 B2 M157 B4 M157 C2	2014	起：ZAMRT57E9E1079744 止：ZAMSS57EXE1122671	
Quattroporte（M156）	M156 C2 M156 V8	2014	起：ZAMPP56E4E1069930 止：ZAMPP56E2E1129087	
缺陷情况	所涉及车辆存在意外移动的风险。如果驾驶员未按照车辆使用要求进行操作和检查，在车辆的变速器仍在行驶档位上时却误认为其已经在驻车档位，可能会造成车辆的意外移动。			
可能后果	上述意外移动出现时，如果驾驶员离开车辆，可能会造成车辆对车外人员的伤害。			
维修措施	玛莎拉蒂将为涉及召回的车辆增加车辆意外移动抑制功能，以消除缺陷。需对车辆进行如下操作：1. 更换驾驶员侧车门门锁。2. 升级车辆意外移动抑制功能相关模块的软件。			
改进措施	2015 年款及其以后年款的车辆，均具备车辆意外移动抑制功能。具备了该功能的车辆，在车辆速度较低，驾驶员解除安全带并打开车门时，车辆会自动将变速器从行驶档位切换至驻车档位，以防止车辆意外移动。			
投诉情况	目前在中国未收到相关赔偿要求的报告。			

第8部类

汽车零部件

DIBABULEI | QICHELINGBUJIAN

行业发展概述

2016 中国汽车售后零部件行业发展概述

中国汽车流通协会售后零部件分会 李彤梅 刘柏玲

一、中国汽车售后零部件产业现状分析

（一）中国汽车后市场规模巨大，即将进入爆发期

2016 年中国汽车保有量达 1.94 亿辆，年均增长率超过 15%，预计 2020 年将超过美国（2.7 亿辆）。2016 年中国汽车后市场规模接近 8,800 亿元人民币，同比增长超过 20%，预计 2017 年超万亿（美国 3,000 亿美元）。根据发达国家的发展历程，一旦车龄超过 5 年，汽车后市场将进入爆发期。2015 年中国平均车龄接近 4 年，2018 年有望超过 5 年，中国汽车后市场拐点即将到来。

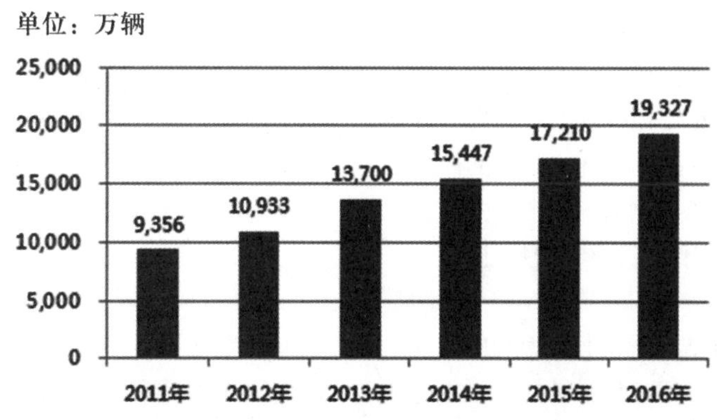

2011 － 2016 年中国汽车保有量

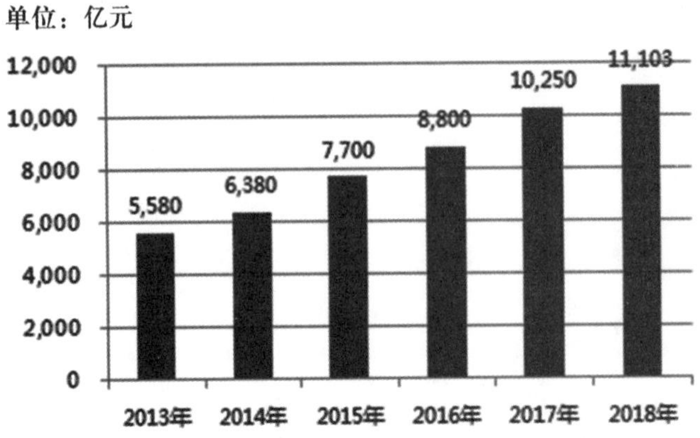

2013 － 2018 年中国汽车后市场规模

（二）生产企业现状

1. 零部件产业集群形成

截止 2016 年 9 月，中国零部件企业工业产值约为 3.8 万亿人民币，主营业务收入 3.5 万亿人民币，已基本形成东北、京津、华中、西南、长三角、珠三角等六大零部件的集中区域。

2. 国内零部件企业弱、小、多，产量大，但销售额占比小。产品结构不合理，不能适应市场变化

（1）截止 2016 年 9 月，国内零部件行业约 10 万家企业，年产值达 2000 万元以上约 1.3 万家，中小型企业占比高达 87%，大型零部件企业占比仅 9%。国内零部件行业平均利润率 6%—8%，而外资、合资企业的利润率超过 15%。我国 8 万多家零部件企业的产品占据了国内零部件市场份额的 80%，销售额却只占 20%。

（2）产品结构不合理，关键核心零部件几乎依赖进口。国内 90% 的零部件产品集中在劳动密集型、材料密集型领域。大部分零部件企业专业化生产水平较低，产品无系列或系列发展滞后，技术水平低，自主开发体系尚未形成，难以在短期内赶上世界先进零部件制造业的技术水平。高利润的关键核心零部件基本由外资企业垄断。如发动机控制系统、自动变速箱、主动安全部件、电子控制部件等几乎都依赖进口。

（3）我国汽车零部件产业是在商用车零部件的基础上发展起来的，在乘用车市场发展日新月异的今天，除了个别企业在拓展乘用车零部件市场的过程中得到发展以外，多数企业零部件投资未能充分发挥其效能，甚至失去了技术升级的机会。

3. 企业研发投入少、研发人才紧缺、核心技术产品缺乏

研发能力是汽车零部件企业最重要的核心竞争力之一。据统计，发达国家开发一辆新车，70% 的知识产权属于零部件企业。国际汽车零部件供应商十分重视研发能力的投入，很多知名企业研发上的投入达到销售收入的 6%—7%，并且拥有科学、完善的研发体系。在我国同类研发投入仅占销售收入的 2% 左右，主要集中在科技含量相对较低的机械零部件方面，一些技术含量较高的关键零部件，目前仅能仿制，许多零部件企业根本无力与整车厂同步开发。在更加重视知识产权的今天，产品研发能力已成为零部件企业可持续发展的必要条件。

4. 民族品牌缺乏品牌知名度和影响力，在竞争中处于尴尬地位

（1）对标国际品牌，中国民族品牌无知名度，品牌价值得不到彰显

对标国际品牌，中国民族品牌受制于品牌、质量、技术、个体弱小、成本上扬等因素，竞争优势逐渐丧失，整个产业的命脉控制在跨国配件商手中，无论与主机配套还是出口都仅仅作为加工厂，生产的产品走向国际舞台，而品牌却走不出去，在竞争中失去竞价的资格。

（2）对标国内副厂件，中国民族品牌无价格优势

以出口、主机配套为主的零部件生产制造企业，很向往后市场的大蛋糕，但面对无序竞争、碎片化的国内汽车售后市场，普遍感到水深力薄，无从下手；汽车售后市场品牌件混乱，为了参与竞争售后零部件厂家定价偏低，在低利润情况下很难做到极致的产品

质量，也难以打造知名品牌。国内售后零部件行业尚无统一的产品质量及服务标准，也缺乏第三方行业认证标准。维修企业及消费者无衡量配件质量的尺子，一定程度上为假冒伪劣配件提供了生存的土壤。此外高仿、换标等现象的存在使得 OE 质量承诺无法保障，市场上充斥的副厂件、高仿件进一步压低配件价格、损害品牌件在消费者心中的品牌形象，在一定程度上影响民族品牌发展。

5. 企业经营观念落后，难以进入全球采购体系

近年来，为降低成本，提升竞争力，国际跨国汽车企业开始在全球范围内采购零部件，但我国多数汽车零部件企业经营观念落后，仅仅满足于内部配套，没有进入全球采购体系的准备。国际上要求进入全球采购的汽车零部件企业必须将 TSl6949 质量体系贯彻到位，并真正领悟和受控。我国的汽车零部件企业，真正能够贯彻和严格执行运用好这个体系的还很少，有些企业虽然通过了 TS16949 认证，但是不能真正从体系层面领悟和运用，不能充分执行好管理体系，因此不具备与跨国巨头同台竞争的资格。

6. 企业生存环境恶化，发展面临较大挑战

跨国汽车巨头在中国建立了许多整车合资企业，由于长期形成的技术合作关系和民族本位主义因素，不同国家的整车企业都带进了自成体系的零部件配套商，给我国本土零部件企业的发展带来了竞争压力。同时，这几年钢材等原材料一直处于起伏波动状态，汽车整车厂为了尽可能保持利润，将其在整车市场竞争中的成本压力直接转嫁到零部件企业身上。因此，我国汽车零部件企业深受原材料起伏波动和整车厂压缩采购成本的双重压力。

（三）流通企业现状

1.4S 店 OES 渠道仍然占据主流

目前国内拥有 2.48 万家 4S 店，约占零配件和服务后市场价值总额 65%，且满意度接近 50%。55% 的被访车主认为众多影响服务满意度的因素中配件品质是最重要的。

2. 原厂件垄断严重，品牌件混乱

多年来国内汽车配件和技术垄断现象严重，主机厂只向 4S 店、特约维修店等授权机构供给汽车配件和输送维修技术，导致授权体系内的产品及服务价格高昂，汽车零整比甚至高达近十倍（2016 年 4 月奔驰 GLK 车型的零整比达到 8.7 倍）。

2016 年 4 月 100 辆车零整比数据（按零整比系数从高到低排序）

序号	车型	零整比系数	常用配件负担指数
1	2014 奔驰 GLK	869.82%	24.76
2	2015 奔驰 GLA	783.86%	29.8
3	2014 奔驰 C 级	706.14%	29.76
4	2014 奔驰 B 级	623.91%	23.92
5	2014 宝马 X1	597.85%	25.47
6	2012 宝马 1 系	585.31%	15.43
7	2014 奔驰 S 级	559.72%	20.38
8	2012 马自达 6	557.08%	17.76
9	2014 奥迪 AL8	540.22%	13.94
10	2014 宝马 X3	539.85%	20.56

授权体系外独立售后市场存在40多万家独立维修企业，服务水平良莠不齐。在整体行业处于垄断情况下，独立售后维修企业无法从正规渠道获得原厂配件，只能通过若干级代理商采购其他品牌配件，流通市场非常混乱，配件质量无法得到保证。零部件从生产厂商发出后，经过一级经销商、二级经销商、汽配城、各种维修店到达终端用户，一般至少会有5个环节，环节多、信息不对称、价格不透明，甚至中间个别经销商为了获取高额利润而导入假冒伪劣产品。

3. 经销商库存量大，压货严重，成本提高，效率低下

汽配经销商主要有三类：零配件厂的经销网点、汽车公司的配件经销网点、独立的经销网点。出于利益考虑，三者间存在重复交互批发的现象，整个汽配流通领域缺乏统一管理，使得经营者数量多、规模小、市场集中度不高。随着车型更新换代不断加速，各个经营实体备有大量车型配件，同时为了满足顾客对时效性的要求，又必须配备大量库存。高昂的配送运输及库存成本使得零配件物流成本居高不下。

4. 代表独立配件流通渠道传统经营模式的汽配城面临转型升级

90年代初，广东、浙江等省份出现了第一批汽配城。作为一种集约化经营模式，打通了经销商和生产厂家的渠道，实现了配件流通从个体路边店到汽配一条街再到汽配城的发展。汽配城配件品种繁多，规格较全，价格低廉，可以最大限度满足区域内独立维修厂和路边店配件“一站式”采购的需求，而且能够做到“最后一公里配送”。某种程度上，在覆盖的区域内，汽配城实现了“B2B”专业电商们追求的“汽车配件一站式采购平台”的实体市场形态。但是，汽配城“大而杂、多而乱”的问题和初级的物业管理模式、“现场、现金、现货”的低水平经营管理模式始终没有解决，“假冒伪劣”、“藏污纳垢”成了“汽配城”的代名词，严重影响社会信誉，阻碍国内汽车后市场的升级进程。

5. 电商与传统模式由竞争到竞合，在冲击中相互成就

互联网兴起将实体店的利润透明化，传统经销商利润大幅下降，实体店由等客户上门转变为抢客户进店。这一转变使传统行业老板开始关注客户需求，有了打造极致客户体验的意识，管理模式得到升级。互联网技术催生了一大批汽配B2B企业，前几年受到资本关注。资本的投入加上快速占领市场的愿望使得电商进入烧钱模式，盲目进行价格战，忽略品质保障，引发行业混乱。从2015年开始，电商盲目烧钱的心态逐渐冷却，回归商业本质。目前汽配B2B电商与传统供应渠道相比优势并不明显。品类方面：电商与传统供应商一样，很难囊括所有配件SKU。配送效率方面：市场上已有不少第三方专业配件物流公司，效率提升空间有限。采购价格方面：厂家为维持已有的价格体系保护经销商利益，不会给电商更多优惠。

6. 行业标准缺失，产品品质及服务质量参差不齐

目前国内售后零部件行业尚无统一的产品质量及服务标准，也缺乏第三方行业认证标准。维修企业无衡量配件质量的尺子，授权体系外独立售后市场服务水平参差不齐，一定程度上为假冒伪劣配件提供了生存的土壤。此外高仿、换标等现象的存在使得OE质量承诺无法保障，配件商及维修商难以建立信任关系。建立售后市场配件标准变得极为迫切。

目前虽无完整的汽车售后服务国家标准，但《汽车售后服务规范》、《汽车售后服务测评规范》、《汽车4S管理与服务规范》、《汽车零配件市场服务规范》正在起草，国家及行业（团体）规范的实施将会进一步改善汽车售后服务状况。

（四）维修企业发展现状

1. 独立汽车维修企业的零件采购主要来自汽配市场签约供应商

供应商多为品牌配件代理、副厂配件生产经销商、进口OE件分销商、拆车件及修复再利用配件经销商。汽车维修企业在配件市场的采购，无质量保障，无标准，因此也无法对维修服务质量作出保障和承诺。

2. 现阶段的事故车配件市场，社会综合维修厂维修比例超过4S店

据人保理赔数据显示二者比例基本达到1.4:1。由于保险公司的服务推修制度，造成独立维修市场与4S店悬殊的维修及配件定价差距。事故车定价不合理，也是假冒伪劣配件存在的市场诱因。

3. 独立维修市场准入门槛过低，服务及技术品质良莠不齐

4. 本土配件制造商品牌意识薄弱，对消费者尤其是维修技师的技术及渠道终端影响不够

维修终端以OE件及价格作为衡量汽车配件的标准。近几年，随着互联网及配件电子商务的兴起，机油、易损、易耗、汽车电子产品、汽车化学品、汽车美容清洗等产品逐渐呈现线上、线下并驱的态势。市场价

格越来越透明对传统经销企业带来巨大冲击。

5. 全车件批发企业已受到新兴配件电子商务及垂直供应链系统的冲击

价格透明、采购阳光化受到独立汽车修理企业的普遍欢迎。但配件质量的保障、金融解决方案、订货准确率以及传统工作习惯的变革还需维修企业和上游企业之间不断适应磨合，这也是传统汽车配件批发及零售企业快速拥抱互联网，利用原本的传统客户资源、人脉优势，将自身的业务模式互联网化的时间窗口和时间机会。

（五）保险公司成为后市场重要力量

保险公司越发成为影响汽车后市场格局的重要力量，正在从局中人转换为做局人。2016 年，平安保险收购汽车之家并着手推动认证品牌配件项目，太平保险推出出险代步车服务，不难看出保险公司在寻求掌控汽车后市场的话语权，进而掌控汽车后市场的标准。

（六）行业政策分析

行业政策对汽车后市场有非常重大的指导意义。近年来在汽车养护与维修板块多项政策标准出台实施。既 2014 年交通部等 10 部委出台《关于促进汽车维修业转型升级、提升服务质量的指导意见》后，《机动车维修管理规定》修订版、《汽车维修技术信息公开实施管理办法》、《汽车业反垄断指南》征求意见稿相继出台，这些政策必将促进汽车后市场的良性发展。

反垄断指南的出台旨在为独立零配件和服务供应商“打通渠道”，同时降低消费者修理成本。反垄断法、汽车销售管理办法等政策，将为独立后市场（IAM）提供强有力的政策保障，同时也势必引起当前市场占有率发生变化。这也引起主机厂的关注，力争在独立后市场中占据有利地位，如上汽集团、东风日产、神龙公司、北汽等主机厂都推出了自己的售后项目。另一方面，在汽车销售增长收窄、销售收益下滑的情况下，4S 店经营压力愈发明显，于是想方设法维持或者扩大售后利润。

二、中国汽车售后零部件产业发展方向

（一）生产企业发展方向

1. 重新定位，精益生产，质量先行

首先，根据市场需求和企业发展规划定位适合自己的产品、市场和渠道模式，定位决定企业的层次。其次，质量是企业的立足之本，只有稳定受控的产品质量，市场、品牌价值才能得到保护。公众相对认可主机配套企业的产品质量要优于非配套的企业，关键因素在于跟主机配套企业的质量管理体系一定是受控的，失误的概率会低很多。因此要做好产品质量更要做好完善受控的质量管理体系，质量管理体系认证不仅要通过，更要宣传贯彻、狠抓落实、执行到位。同时辅以精益生产，精益的核心是持续改善，不在于知，而在于行，在于十年如一日持续地做下去。精益是一门管理科学，更是一门管理艺术，关乎企业的基业长青，正确的精益思想方能逐步推进。

2. 转变观念，兼并重组形成龙头企业

生产企业转变管理理念，一方面由单个企业的单兵作战转移到优秀企业兼并重组、优势互补、专心聚力发展的方式上来，拥有技术、管理等优势的企业才更具有竞争优势。另一方面企业在满足国内配套生产的同时要积极地走出去，争取参与国际同台竞争的机会，在竞争中打磨产品质量，完善管理体系。

3. 渠道为王，助力产业升级

汽配产品很多，每类产品销售渠道不尽相同，需要根据企业产品特性及自身的实际情况来衡量和确定营销渠道，找到最好的销售渠道是建立价格体系、品牌管理体系、销售体系保障的基础。近些年互联网渠道的建设和推广对汽配来说是新鲜的事物，加之产品本身的专业性和特殊性，互联网渠道的成熟及终端的接受需要一个过程，所以我们要理性看待和运用这些资源，有效整合产品和渠道，令其真正发挥经济价值。

4. 加大研发投入，引进、培养研发人才

掌握核心技术是生产企业安身立命之本。企业需要加大对科研的投入，尽快掌握核心技术，摆脱高利润核心零部件依靠进口的现状。加大研发人才的引进及培养力度，敢于用高薪、高回报吸引优秀研发人员加入，推行校企合作，有目的地自主培养研发人员，建设行业黄埔军校。

5. 提升市场服务意识，铸造品牌价值

针对产品给终端提供服务、解决与自身产品相关的系统问题，减轻使用产品的风险，缩短每个环节的时间和工作量，用服务占领市场份额，用良好的用户体验增加用户粘性。经得住检验的产品质量和服务是品牌塑造的基础，适度的包装和营销是将品牌植入消费者心中的必要手段，一定程度上零部件厂家的定价决定了他的产品品质和品牌，纵观全世界没有一个廉价的产品做成了知名品牌，更没有一个低价的产品最终做到极致的质量。零部件企业在做定位定价时要为

品牌塑造留出空间。

未来，能够给主机厂做配套，同时又能开拓出口市场和国内售后市场的企业最具竞争优势。给外资车企配套会使企业管理体系、质量和品牌优势得到凸显，为做民族品牌、维修市场打下坚石的基础；做民族品牌能够促进民族汽车的发展，是未来持续增长和转变消费者的基础；做好维修市场，能够促进企业产品品质、品牌的传承，也是利润和配套价值的二次转换和利用，还能促进主机配套产品的提升和为技术创新打基础。

（二）流通企业发展方向

1. 升级管理模式，由传统的买和卖转变为现代服务商

针对汽配特性和产业上下游的需求，传统的买卖模式应逐步向供应链管理模式转变，利用互联网和移动互联网，线上和线下的结合，进一步提高流通效率。同时作为承上启下、流通管道的服务商，回归商业本质并深刻思考服务的本质是什么？功能到底有哪些？如何服务？怎么服务？如何通过服务提升产品价值，彰显品质？例如：提供物流服务、提供满足消费者需求的产品套餐、反馈市场信息、提供技术培训及品牌宣传；全车件服务商所经营的产品，要有明显的品牌标示，让消费者对产品价格可预期、质量可预期，形成消费习惯等。

2. 升级数据体系，构建信息数据库，建设行业的公共信息服务系统

汽配行业 SKU 千万级，缺乏行业公共的配件数据库，虽然国家出台新政打破主机厂的垄断，但是实际上效果还不明显，仍需要权威行业协会按照项目组的形式牵头推进。同时整合 SCM、ERP、SPC、SASS 系统，在多个系统中实现数据交互。构建配件车型数据库、订货系统、供应系统、仓储管理系统并与维修企业内部管理系统对接。这样维修企业就可以通过该系统出据配件采购清单给流通企业，流通企业通过订货系统、供应系统从生产企业配货并监测配件流通情况，生产企业从系统内直接接单安排生产，同时配件使用中的问题也可以通过系统实施反馈并配以解决方案。

3. 升级配件产品标准认证体系，制订行业规范

按照纵向的每个车系、横向的每个品类，出台每个细分品类的配件认证体系，促使国内高性价比、高品质的品牌配件脱颖而出。制订并推行行业统一的质量标准、服务规范和检测认证体系，用标准及指导规范推动行业发展，营造有据可依、客观、公正、透明、规范、系统的市场环境，扶优打劣，淘汰一批质量低下的生产及流通企业，净化市场环境，推动市场健康有序发展。

4. 行业组织牵头，汇聚优质资源，打通供应链，共建行业商务信息服务平台

（1）打造产业公共仓储物流平台。建立 VMI（厂商库）— RDC（中心库）— CDC（分仓）三级仓储物流体系，提供门到门的全天公交式物流配送，为汽修终端提供稳定快速交付体验。自主品牌独立搭建售后服务体系的成本非常高，可以考虑借助社会资源及第三方物流建综合仓储中心的方式。借助云计算和大数据分析，基于三级仓储物流体系的反馈机制，为配件厂商提供全程供应链看板，实现全程供应链库存数据和终端销售数据可视，指导配件厂商精准实现补货生产和大规模定制，实现最优最快的库存周转。最终打造一个产业公共仓储物流平台，为全行业提供物流基础设施，不断提升产业链整体运行效率。

（2）建立配件供应链服务云平台。包括网上商城订单平台、配件车型数据平台、供应商补货平台 VMI、仓储管理平台 WMS、运输管理平台 TMS、汽修厂内部管理 ERP 系统及解决企业在线支付的供应链金融平台等，并且为产业链上下游参与主体提供各类通道，支持随时随地快速查询、下单、支付，以及快速配送交付，为数以万计的汽修终端提供一站式服务体验。配件供应链服务云平台的资源、能力、技术向行业全开放，重塑汽车后市场行业健康生态。

（3）建设配件车型数据平台及配件供应链金融平台。建立行业公共、真实有效、品类丰富的配件适配车型数据库，基于交易数据不断纠错，实现海量配件与车型数据精准匹配。依托大数据风控等技术，打造行业配件供应链金融平台，打通上下游企业用户在线支付通路，解决上游存货、应收等资产变现问题，实现平台应收快收、应付慢付的需求，以此解决下游支付低效、账期和融资的问题。

（三）维修企业发展方向

1. 目前修理企业对配件采购的需求是重中之重

（1）独立修理企业配件采购需求集中体现在：质量保障及承诺、满足率、到货及时率、差错率、退换货承诺、价格合理、综合采购成本、专业的配件采购建议等方面。

（2）非独立汽车维修服务企业及 4S 店对配件采

购需求集中体现在：由于制造厂配件渠道限制、配件销售任务压力等因素，非独立的汽车维修服务企业及4S店配件外采是不公开的，这也是公开的秘密。随着汽车销售管理办法的修订，外采数量将会增大，这也是优秀配件经销商的福音。

2. 建立信息化、数字化管理平台

车主最看重优质服务和正品保障，维修企业应着重建立企业基于移动互联网的综合管理平台，对供应商、配件采购、配件使用、维修工时、成本进行管控。不断分析维修每一环节的成本、效率、质量，反复改进和提升，在持续改善管理服务的同时，快速集客，只有这样才能以更优价格提供相同质量的产品和服务以提升竞争优势。

3. 以客户为中心，打造极致服务体验

中国汽车后市场正在由“汽车制造和汽车消费”向“汽车服务”转型，维修企业最接近一线车主，维修已由对车的维修转为对车主的服务。对维修企业而言，做好周边3公里的客户服务，通过信息化建立O2O体系，掌握车主和车辆的“小数据”，通过提供“管家式”服务构建与客户的信任关系最关键。

4. 站在用户角度反向向配件供应商及制造商提要求，促进行业健康发展

维修企业作为配件及产品的终端使用者有权利要求供应商提供培训、质保、返修服务，各维修企业联合起来建立供应商及生产企业评价体系，以此反向促进零部件行业良性发展。

（四）保险公司对后市场布局方向

保险公司以配件采购方角度推动售后零部件行业建立简单、透明、共赢的交易生态。一方面促进配套、品牌、再制造产品产能聚合，促进供应商聚合，扶持供应商品牌；另一方面整合资源推动共享环境下的认证体系、信息技术、仓储配送及交易平台建设。

（五）政府、行业组织规范售后零部件市场方向

1. 监督维修信息公开，打开原厂配件采购渠道

为防止整车厂对配件的垄断，美国、欧盟等都立法要求整车厂公开维修信息，这是为独立维修企业与4S店、授权维修企业营造公平竞争的环境，是促进后市场配件行业健康发展的必要措施。

我国政府应成立专门监督部门对整车厂公开信息进行监管，允许配件供应商、授权经销商向AM市场开发，只有建立起统一开放、竞争有序的配件流通体系，促进原厂配件多渠道、高效地流通，售后零部件行业才能日趋规范。

2. 完善售后零部件质量标准和认证标准，建立权威标准认证体系

重点参考欧盟的BER法规，以产品质量和技术要求的核心条件，尽快修订和完善售后零部件的质量标准和认证标准，并形成相应的国家或行业标准。组织甄选第三方独立检测机构对产品质量进行监管和认证，并做到任何一个配件的重要信息都要可追溯。保证消费者能清楚知晓车辆维修所使用配件的类别、质量与来源。值得一提的是，通过公示、监督等措施，保证鉴定结果的公平、权威。

3. 严控售后零部件质量管理，奖惩并施

整车厂对4S店的货源严格把控，绝对禁止使用不良产品；政府监管部门要全面掌握本地汽车零部件的生产状况，加强对汽配城、汽车用品市场等渠道配件的质量检查，对假冒伪劣产品的生产和销售厂家处以严厉惩罚。对优质的零部件生产企业和销售企业进行奖励，并以行业网站、互联网等媒体方式进行宣传，鼓励消费者选择通过认证的配件。

4. 支持创建连锁品牌，打造若干行业龙头企业

鼓励售后零部件流通企业整合，引导企业向连锁化、规模化、品牌化方向发展，形成若干家具有行业影响力的龙头企业，建立高效的配件分销体系。

连锁经营方式既有利于零配件独立品牌的建立，同时也能更好地规范配件管理。此外，仓储物流是配件快速流通的重要保证，鼓励企业成立集储存、分拣与配送、金融、信息多种功能为一体的配送中心，通过流程优化、物流、金融管理体系创新等方式，提高配送运营效率。

5. 完善基础数据建设，建立完整的零部件数据库

随着大数据时代的来临，数据库的重要性是不言而喻的。拥有完整的产品、车型、价格适配数据库可以促进配件交易的效率，解决信息不对称、价格查询不便等诸多问题。由行业组织主导建立完整的配件数据库，各方可以资源共享。

行业典型案例分析

2016中国售后零部件行业典型案例分析

中国汽车流通协会售后零部件分会 李彤梅 刘柏玲

一、中国汽车流通协会售后零部件分会成立

1. 成立背景

在国家产业政策及市场容量的拉动下，在4S集团自身转型发展的推动下，中国汽车流通协会为满足整车经销商等主流会员的发展需求，中国汽车流通协会售后零部件分会（CADAP）顺势而生。

2. 文化理念

CADAP以推动售后零部件行业升级发展、促进汽配供应链健康发展为使命，以成就会员、服务为先、诚信正直为会员创造价值，实现多方共赢为价值观，中心任务为建标准、铸品牌、搭平台、做服务。

3. 核心工作

CADAP汇聚行业发展的中坚力量，做单个企业做不了而行业又必须做的事。主要任务是建立符合行业特性的标准、认证体系；甄选国内一线民族品牌进行品牌联合推广，助力民族零部件品牌提升影响力及品牌价值；搭建行业共享信息数据平台，提升流通效率；搭建供采对接平台，使质优品全、售后有保障的产品在供采双方间高效流通；做好政府与行业的双向服务，为产业政策的制定、宣贯实施做好上传下达；开展多种形式的服务会员活动，帮助企业提升体系能力和综合竞争力，促进企业开拓国内外售后市场。

二、以科技铸就品质的制造企业——湖北恒隆集团

1. 企业概况

湖北恒隆汽车系统集团有限公司始立于1993年，总部位于湖北省国家级荆州经济开发区。创业团队从军工背景起步，以汽车转向系统为主要业务领域，先是打入国内商用车市场，1997年进入到乘用车整车体系配套，2007年汽车转向系统产品走出国门远销海外，打破中国汽车动力转向产品被国外品牌垄断的局面，实现了跨越式的“三级跳”发展，成为极具行业影响力的领军企业。

恒隆集团致力于成为全球转向系统供应商。公司主营业务资产2004年在美国纳斯达克上市，现已形成年产750万台套的系统配套能力。2017年生产销售汽车转向系统产品预计将突破630万台，2016年营业规模达到近50亿元。是国内规模最大、品种最多、实力最强的汽车转向系统生产企业之一，同类产品市场占有率连续六年全国第一。

2. 近年创新升级核心要点

随着全球汽车产业环保节能共识的形成、新能源汽车的发展上升为国家竞争战略，汽车产业融合人工智能、互联网技术、IT通讯共享的智能驾驶方兴未艾。

恒隆集团以“科技打造恒隆品质”为发展理念，积极应对汽车转向系统电子化趋势新型竞争格局，以实施2020规划为转型战略部署，围绕技术创新、产品升级、管理转型迈出坚实步伐。

（1）技术创新，着眼前沿技术，构建国际一流研发平台

电动助力转向系统（EPS）逐步取代传统液压助力转向系统（HPS）是当代汽车转向技术发展趋势，也是环保节能、新能源汽车发展的必然选择，恒隆以集团研究院为枢纽，分别在上海、长春、北美三地建设研发基地，组建国家级产品实验室、试验场和技术（检测）中心。相继与清华大学、华中科技大学、澳大利亚BISHOP公司等知名院校及国际研发机构的合作。集成机械、电子和控制技术，构建EPS、EHPS等转向系统的核心技术。提升产品的正向研发能力，向汽车主动安全和智能驾驶方向扩展。

技术创新促进产品结构调整优化。恒隆集团自主研究的的技术和产品获163项适用新型和发明专利。陆续成功地研发生产出电动转向器（EPS）、电液转向器(EHPS)、齿轮齿条变速比动力转向器、循环球电控转向器（IRCB）、线控主动转向（DAS）国际先进水平的汽车转向系统产品。2016年恒隆实现国内自主品牌乘用车EPS产品装车配套将近90万套，是民族品牌EPS产品的最大供应商，大扭矩无刷控制系统EPS产品平台延伸涵盖到所有车型，引领中国汽车转向行业迈入电控时代。

（2）“二化融合”倾心打造智能工厂

为实现制造过程的精准控制、降低劳动强度、提高生产效率、树立智能制造企业形象，恒隆集团制定《自动化实施目标暨行动指南》，拟于2017年正式颁布，全面推行生产自动化，以此带动产品标准化、物流标准化、工艺标准化、设备管理标准化等基础工作整合，预计2017年自动化改造覆盖率达70%以上。

以现有数字化、自动化建设水平为起点，结合国际上行业领先解决方案，实现以制造为核心的集成化、智能化突破，明确恒隆智能工厂的建设方案与保障措施，以电子控制系统的EPS新技术产品、生产单元为示范窗口，打造建设全新智能工厂，实现制造单元的制造可视化、管理数字化、物流标准化、设备智能化。

恒隆集团中国制造战略除了实现产品设计技术的行业领先之外，智能装备的自主研发、自主制造则是又一个显著优势于同业的闪光点。近些年，恒隆以汽车转向系统产品加工与装配的工艺特点为切入点跻身高端装备制造业，形成独有技术水平的智能装备研发、制造体系。“用恒隆装备，造恒隆产品”，恒隆装备制造产业全心服务恒隆制造系统自动化改造建设并提供产品制造工艺工装系统解决方案，是智能化工厂智能装备的主要供应商，自主研发机器人已形成产业化能力并向国内同行输出，为推动行业装备水平的提升贡献力量。

（3）实施名牌战略，争创国际一流品牌

打造中国制造名片。一是实现以技术领先和过程能力保障的产品品质的升级跨越；二是积极参与国际竞争，实现国内市场与国际市场、OEM市场与后市场均衡发展；三是实施成本领先竞争策略，大力开展“成本风暴行动”，降低产品综合成本，提升市场竞争能力。恒隆集团的汽车转向系统产品近年不断跻进国际汽车巨头企业全球采购平台，是克莱斯勒唯一一家来自中国的总成优秀供应商，与福特汽车、菲亚特汽车、通用汽车等多个国际知名品牌开展零部件配套合作。国际市场年度增长率保持在30%以上。2016年恒隆集团荣获“中国质量奖提名奖”、“全国产品和服务质量诚信示范企业”荣誉。

在积极拓展国内外OEM市场的同时，对于后市场的深耕布局不断筹谋扩展。汽车后市场前景广阔容量巨大，而当前国内汽车后市场运行仍属于培育与发展的初期阶段，各类社会资本正在大量的涌入，渠道的扩张也非常迅速，新的业态和新的模式不断涌现。为适应后市场灼热的竞争环境和新兴商业模式，恒隆集团独具匠心全新打造了一个后市场推广品牌，以自主知识产权全面进入后市场渠道体系。恒隆集团是国内第一家获得工信部批准公示的转向系统产品再制造目录企业，再制造工厂的规划是转向系统零部件后市场战略的重要组成部分。

3. *企业发展规划*

恒隆集团于2016年初发布了2020总体发展战略，明确了恒隆到2020年前发展的奋斗目标暨“2533”战略和“两个一工程”，从决策层面回答面向未来的2020年恒隆集团的发展方向和战略布局。

所谓“2533”战略简要的概述就是在2020年前恒隆集团要创造性的实现“两个五三个三”，既立志在2020年前进入全球转向行业前五，五个以上产品或客户进入全球采购平台，EPS产品销量占总销量的三分之一以上，非转向产品业务占集团总销售额的三分之

一以上，国际市场销量占总销量的三分之一以上。而"两个一工程"就是在2020年，恒隆力争实现转向产品总销量达到1000万台，循环球动力转向器产品成为全球第一大供应商。

在"2533"战略和"两个一工程"战略目标的引领下，未来恒隆集团将继续立足于汽车零部件制造业，加快全球化布局的实施步伐，采取成本领先战略实现集团在"市场、产品、管理"三个领域的全面转型升级。

以SAB8000社会责任体系为框架，建立与企业发展相适应的社会责任体系，把社会责任规划与集团总体战略相结合，在履行社会责任过程中树立企业形象、提高综合竞争能力，将企业利益与社会利益有机融合，改善与各利益相关方的沟通，通过创造共享价值来促进企业可持续发展。

三、以完善细致的售后服务创造价值——江苏瑞安

1. 企业概况

江苏瑞安汽车实业有限公司（以下简称瑞安实业）成立于2001年，2006年位于江苏省淮安市经济开发区的生产研发基地于正式启用，注册资本4000多万元，建设总投资1.2亿元，占地面积100多亩，建筑面积5万多平方米，是集研发、生产、检测、销售为一体的国内最具规模的汽车化学品厂家之一。

瑞安实业与美国ISEL、德国WEPP（控股30%）等著名国际化学品企业长期深度合作，将欧美最新技术与中国市场需求相结合，推出TOPEND（特派）、WEPP（威仆）为龙头的系列汽车养护功能产品，同时提供售后培训、驻点支持等配套服务，以及为客户提供OEM、ODM等产品个性化订制服务。营销服务网点遍布全国32个省、市、自治区的300多个城市，分布于华中、华东、华南、华西、华北、东北6大区域；投资遍及北京、上海、重庆、深圳、南京、淮安等国内主要大中城市；从国内传统市场、主机厂合作、经销商代理、互联网营销、以及海外市场。

2. 完善细致的售后服务体系是创造价值的根本

瑞安实业发展初期为提高市场占有率，快速拿下一些品牌主机厂合作及经销商代理，但营销的突飞能进、合作伙伴的持续增加，产品销量反而下降。公司管理层快速反应，发现问题的根本在于忽略了售后配套服务等细节，售后服务的不完善反而成为营销发展的绊脚石。

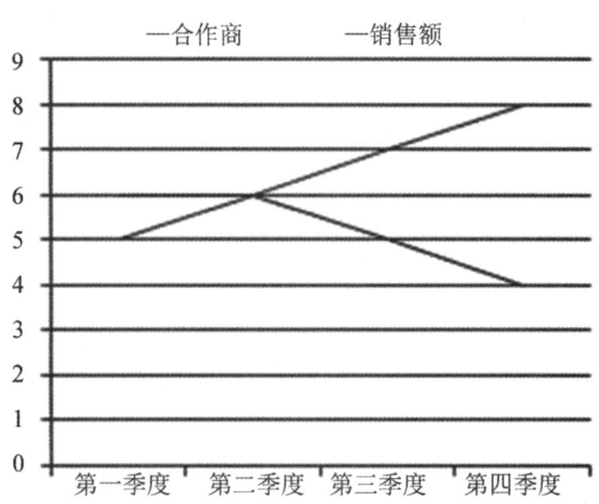

图1 市场分析

公司迅速调整战略，在坚持品质与服务同行的同时，建立完善细致的售后服务体系，通过产品知识培训、营销推广、技术问题解答、售后问题处理、横向信息反馈、驻点支持等精细化耕作服务，极大提升了合作伙伴的信赖与支持，创造了价值。以某主机厂为例，为其提供完善的售后配套服务以后，汽车养护项目从第一季度的订单金额57万提升至第三季度的91万。

项目	一季度	二季度	三季度
订单金额（万元）	57	83	91
出库金额（万元）	53	76	82
出库率	92%	91%	90%

3. 2016年内部管理与海外拓展精耕细作

为了高效达成其使命，2016年瑞安转变管理方式，推动薪酬体制革新，以获取有效的员工激励，提升工作效率及质量。瑞安实业开阔视野，在实践中探索薪酬体制改革的新路径，逐步建立健全公平竞争机制和合理淘汰机制，形成实现效益与薪酬总额的比例联动关系，从而升华员工主人翁精神，发挥自身积极性与创造性，促进公司管理升级，提高了企业工作效率。

瑞安实业积极开拓海外市场，获得了德国WEPP品牌30%控股权，WEPP品牌诞生于1971年慕尼黑，是著名的国际化学品企业，也是海外奔驰、宝马、保时捷、路虎品牌指定供应商；瑞安实业作为民族企业，不仅需要打破国外客户"Made in China"（中国制造）

的偏见，也要突破海外市场的发展障碍及壁垒，不仅让更多境外客户与合作伙伴了解瑞安实业的中国制造，同时也改变了行业合作方式，让中国企业在技术品质上掌握主导权，从而提高了海外市场占有份额，在德国、荷兰、比利时、卢森堡、英国、西班牙、罗马尼亚、奥地利、匈牙利、波兰、意大利、新西兰、澳大利亚、美国等14个国家均有合作伙伴，创造年产值300多万，原料生产环节上不输跨国公司，坚持产品创新，制造更高价值的产品，为成为具备国际优势竞争力的制造商继续开拓前进。

2016年瑞安全年配套养护品产值达1.2亿，OEM业务拓展新添三家主机厂合作商，截止目前为止已为10多家知名汽车品牌主机厂旗下的全国3000多家4S店提供深度养护产品、设备以及专业售后配套服务；全国范围内合作经销商新增至100多家；与优秀同行达成战略合作及异业联盟市场推广，树立了公司及品牌形象。

4. 公司发展里程碑

2004年起成为长安福特设备指定供应商；

2009年起为长安福特启动养护品项目，为其实现年养护品产值近3亿元；

2009年起成为长安马自达养护品唯一指定供应商；

2013年起成为东风裕隆设备与养护品指定供应商；

2014年起成为一汽海马养护品指定供应商；

2015年起成为众泰汽车养护品指定供应商；

2015年起成为广汇汽车服务股份有限公司养护品指定供应商（广汇汽车公司注册资本为40亿元，连续三年成为中国最大的乘用车经销商集团，在国内12大区域拥有380多家汽车4S专卖店，代理国内外知名汽车品牌逾80个）；

2016年起成为东风风行、吉利汽车、北汽幻速养护品指定供应商。

四、产学研相结合打造领导品牌——江苏毅合捷

1. 企业概况

江苏毅合捷汽车科技股份有限公司成立于2013年6月，研发生产的“JRONE”品牌涡轮增压器整机及核心组件覆盖国内乘用车、商用车、工程机械、农用车和户外休闲车市场，同时出口德国、英国、法国、意大利、美国等100多个国家及地区。秉承边建设、边研发、边生产、边销售的理念，资产总额、销售收入、利润总额分别从2014年的5698万元、789万元、16万元，猛增到2016年的10024万元、3842万元、112万元，平均年增长33%、120%和163%。

江苏毅合捷是毅合捷集团旗下的股份有限公司。毅合捷集团是2003年成立一家国际化企业，在国内建有江苏无锡和湖北仙桃两个涡轮增压器研发、生产、出口基地；在美国圣地亚哥和英国曼切斯顿分别建有北美、欧洲研发中心和销售物流中心，集团利用顶尖ERP生产和运营系统高效连接全球各生产单元和销售网络，产品销售覆盖世界5大洲100多个国家和地区。其中江苏毅合捷专业研发生产汽车和非公路车用涡轮增压器及核心组件，自主品牌“JRONE”也已成为世界涡轮增压器售后市场的领导品牌。

2. 产学研合作共推新品开发

为使“涡轮行天下”，公司汇聚国内外顶尖的涡轮增压器技术专家，并与清华大学、南京航空航天大学开展产学研合作，加快研究涡轮增压技术和开发涡轮增压器新产品。目前，公司已拥有22名研发人员，先后开发成功柴油发动机车用涡轮增压器、汽油发动机车用涡轮增压器、船用涡轮增压器、户外休闲车涡轮增压器等系列高端整机及核心零部件，其中长寿高效的铱铝涂层增压器涡轮、双层防护结构的钛铝合金增压器叶轮、带轴端密封结构的高效汽油机涡轮增压器、带储油槽的长寿涡轮增压器机芯、可测转速的涡轮增压器中间体5种新品，2014年以来先后被省科技厅授予“江苏省高新技术产品”；带储油槽的长寿涡轮增压器机芯、可测转速的涡轮增压器中间体2种新品，2017年1月又被市经信委列为“无锡市重点推广新产品”。

江苏毅合捷还申获国家专利30多个，其中涡轮增压器中间体的转动销焊接工装夹具、一种镍基高温涡轮材料及其熔炼工艺2项发明专利，分别于2016年3月、6月被国家知识产权局授权。公司于2015年7月、2016年11月分别被省科技厅、省民营科技企业协会授予“江苏省高新技术企业”和“江苏省民营科技企业”称号。

3. 产品覆盖范围广

2013年建筑面积2.8万平米的厂房建成后，江苏毅合捷从美国、英国、德国、瑞士和日本等国家引进世界顶尖水平的零部件加工设备、产品检测设备、全

自动清洗线和智能装配生产线，建成了涡轮加工车间、叶轮加工车间、装配生产车间等现代化生产车间，以及国际一流的涡轮增压器性能和发动机台架实验中心，使生产的高端柴油、汽油发动机涡轮增压器及涡轮、叶轮、机芯等核心组件，不仅能够配装乘用车、商用车、工程机械、农用车和户外休闲车等，还可以配装船、艇等，用途非常广泛。其“JRONE”商标2016年11月被无锡市工商行政管理局授予“知名商标”。

4. 先进的管理体系

江苏毅合捷强化质量管控体系建设，涡轮增压器及其零部件的设计与制造于2015年10月通过德国TUV TS16949质量认证，同时将先进的ERP系统运用到生产管理部分，并将CRM邮件系统与ERP软件对接，不仅强化了生产与仓库管理，还能够避免数据重复录入，使管理更加精细化与专业化。公司自主搭建的EMS4.0智能管理系统，包含ERP、PLM、MES、CRM、SCM、OA等研发、制造、销售和物流系统，公司“智能制造工厂实施项目”也被市信息化协会评为“无锡市优秀信息化项目”。

江苏毅合捷借助集团在国外建立的经销商渠道，让客户可以选择最近的经销商去购买“JRONE”品牌的涡轮增压器。通过ERP、MRP、CRM、E-Shop平台，充分把控整个供应链以及客户关系管理，利用互联网络收集客户的真实需求，通过健全的售后服务保障体系作出快速反应。并针对出口产品大部分销到欧美的现状，通过集团欧洲公司、北美公司给客户提供专业的售后服务及产品知识培训等。

专业、快速、高效的服务，使江苏毅合捷的“JRONE”品牌产品在国内OE配套市场声誉鹊起，2016年12月荣获中国汽车零部件“铃轩奖”；同时在国际市场上得到客户高度认可，已经销到德国、英国、法国、意大利、西班牙、美国、巴西等108个国家，成为世界涡轮增压器售后市场的领导品牌。

5. 下一步发展计划

公司近期目标是到“十三五”末年产整机30万台、核心组件200万套，占据涡轮增压器市场份额10%；销售收入达到5亿元，产品出口2500万美元。

毅合捷力争三至五年内上市，并在五年之内将涡轮增压器年产量提高至100万台，进一步扩大OE市场占有率；在再制造项目上加快提高产能，争取再制造增压器年产量达到20万台；“JRONE”产品年产值达到30亿元人民币，其中70%出口国际市场，成为全球涡轮增压器领导品牌之一。

为实现发展目标，毅合捷将进一步加大投入，本着“工业4.0”的先进理念，坚持推进互联网与工业融合创新，将工业控制技术应用于产品生产，提高生产效率、降低产品不良率，综合提升公司在行业中的核心竞争力。

五、诸葛修车网电商模式破灭的思考

1. 企业概况

诸葛修车网于2014年2月上线，定位于为汽车零部件买卖双方提供网络交易平台，其转型前为2010年成立的诸葛天下（北京）信息技术股份有限公司。诸葛修车网是一个在线汽配商城，包含厂家、经销商、修理厂和车主四个角色，车主直接向诸葛修车网发起修车申请，诸葛修车则从正品厂家和经销商处采购配件，然后匹配车主到修理厂，而配件也于此时送达。由于每个配件上都有出厂二维码，车主和修理厂可以直接扫码验货，诸葛修车还建立了类似于电商的支付和评价体系，以解决假冒伪劣问题。

此外创新模式还可以解决生产和采购的协调问题。中国是一个“万国车”市场，汽车配件数以亿计，在传统模式下，由于信息不对称，单个修理厂很难全面了解市场行情，会错过很多生意；另一方面，厂家和经销商无法从修理厂那里获得直接反馈，不能掌握其库存状况。诸葛修车网与配件供应商和修理厂合伙建立线下汽配服务站，有了服务站，修理厂就扩大了自身采购能力，而厂家和经销商也有了了解终端的渠道。除此之外，诸葛修车网还向修理厂提供同城两小时配送服务，大大提升了其接单效率。

2. 发展阶段

（1）快速发展阶段

诸葛修车网兼顾产业链各方需求，在资本的助推下，推出9天时间后其营业额攀升到100万元，网站上线不到5个月交易额就突破了1亿元，其营业额从1亿元到2亿元仅用了39天，从3亿元到4亿元仅用了15天，到2015年12月31日，单日交易额突破1亿元，线上交易总额则突破112亿元。到2015年底上市前，诸葛修车已覆盖全国300多地级市，吸引了215，153家修理厂、18，381家经销商、182，344名修理技师，并在线下建立了216家服务站。上市前进行了4轮融资，网站上线后第四个月获得中金裕丰A轮融资，三个月后智慧谷基金跟进投资1.45亿元，

2015 年 3 月，鼎锋子龙提供 C 轮融资，10 月又通过一次增发融资 6600 万元，整体估值则攀升至 30 亿元。

（2）发展瓶颈

1）诸葛修车的瓶颈源于平台给线下服务站的业绩奖励和返利远大于其支付给诸葛修车的网络使用费和入驻费

线下服务站是由诸葛修车与配件供应商及修理厂合伙开的线下仓储物流系统，是诸葛修车增长的动力，依照最初的设计，服务站要向诸葛修车支付网络使用费，以构成诸葛修车营收的基础。然而事实上，这一体系很难推行，一位负责人表示，服务站向公司缴纳 50 万元的入驻费用，而公司给服务站的业绩奖励和返利已经远远超过了这个数字。据不完全统计，2015 年，诸葛修车向服务站补贴了 1.45 亿元，占其总成本的 95.98%。当诸葛修车无力再支付服务站补贴时，其增长就停止了，很快陷入困境。

2）发展战略没有阶段性，一味扩张

诸葛修车没有阶段性的发展规划，一开始就面向整个汽车后市场，做全品类，并试图把全国的修理厂全部纳入旗下。到 2015 年底，诸葛修车已覆盖全国半数修理厂，还要通过 E 轮 10 亿元的融资继续跑马圈地。如果利用已有资源深耕既有的几十万家的修理厂，也许会是另外的结局。

（3）停止运营

2016 年启动的 10 亿元融资最终未获成功，11 月诸葛修车负责接受对外采访及政府沟通的于海燕辞去总经理职务，董事长祁庆接替于海燕出任总经理，但依旧找不到脱困之法，最终与吴让生签订《股权转让协议》，根据协议约定，祁庆将持有的和创万通 46% 股权转让给吴让生，转让价格为 230 万元。按照这一成交价，ST 诸葛的估值为 1225 万，而在一年前 D 轮融资时，估值还曾高达 60 亿元。

3. 各方对诸葛修车网电商模式破灭的思考

（1）创业公司要想存活就必须能挣钱，车后市场做供应链的互联网 + 的公司要么做平台赚服务费，要么赚差价。诸葛更像是前者，佣金是收取商户的，必须给商户付服务费的理由。而诸葛在这方面让商户感到不尽如人意。

（2）诸葛采取补贴交易，这是违背 B2B 常识的 B2C 做法。于是快速产生了许多刷单，融资的钱很快被刷走了，资金充足时很多商户得到了短期的好处，促使一些头脑发热的商户加入。当补贴停止后，交易迅速归零，更别提收交易佣金的能力了。

（3）汽车后市场 B2B 行业的本质就是 BSB——服务 B 端，对于 B2B 的业务，金融、物流、培训、营销等集成服务必不可少，做得越好平台就越有吸引力。

（4）也有人认为，诸葛修车网的问题出在经营落地过程中，没有认准方向，并盲目扩大融资和发展速度。

4. 诸葛修车网大事件

2014 年 2 月，诸葛修车网上线，从汽车修车案例库切入汽车后服务 B2B 网站，提供修车案例库、汽配商城、修理工就业等综合服务；

2015 年 10 月 13 日，诸葛天下挂牌新三板，并做了一轮增发，实际募资 6600 万元，估值 30 亿；

2016 年 5 月，诸葛修车网公布年度财报，营收 9576.98 万元，亏损 6.4 亿余元，并被加注 ST（ST 为风险警示）；

2016 年 6 月，诸葛天下对外宣布将于 8 月启动 10 亿元 E 轮融资。创始人祁庆表示，这将是平台的最后一轮融资，60% 用于线下云仓和物流；

2016 年 7 月 19 日，E 轮 10 亿融资失败，公司只保留商城和物流，其他部门全裁；

2016 年 7 月，诸葛修车网重庆分站因退站没有及时发放员工工资，导致欠薪员工爆发过激行为，对重庆诸葛老顶坡分站进行洗劫，门店被抢空；

六、“汽配小城”创新模式——三头六臂

1. 企业概况

三头六臂信息科技股份有限公司成立于 2015 年 4 月，由山东西水集团荣邦、广州辉胜、广州沃安、美国 NEW YORK BRAKE 等联合创立的汽车易损件综合连锁服务品牌。投资 1.2 亿与国内外品牌厂家合作，整合线上线下资源，以打破汽配传统行业模式，创造汽后服务新典范为使命。载入移动互联网工具，用互联网大数据管控；联合国内外优秀厂商，提供一站式采购服务；打破传统层级代理的渠道模式，实现垂直供应；打造生态链，产供销一体化、线上线下一体化。

三头六臂用互联网生态思维，联盟汽配源头厂家，以务实、专业、精确，细分社区化，专业开拓服务终端汽配修理厂的垂直业务平台。通过信息技术、集成技术将汽车配件交易链上的信息流、物流、资金流、商流、价值流、工作流、资源流有效规划和控制，让交易中各个利益者成为一个利益共同共生体。

2. 2016 年提出“汽配小城”创新思路

经过2015年10家店的摸索与发展，2016年提出“欧美同质，汽配小城”经营思路，以此指引三头六臂产品采购规则和战略规划，形成社区化服务经营理念，实现社区维修配件的精确、快速服务，提出30分钟配送到位口号。在“欧美同质、汽配小城”宗旨的指引下，2016年孵化出众多幸福家庭，跟幸福的三头六臂家人。

3. 公司发展里程碑

2015年5月广东三头六臂信息科技股份有限公司试运营，初期包含10家直营店；

2015年8月三头六臂正式获得营业执照，在永州、东莞、贵阳等地有了第一批加盟店；

2015年9月拥有独立知识产权的MANCANDO1.0版本正式上线；

2016年5月德国专业照明100年的欧司朗，纳入三头六臂产品线；

2016年6月拥有国际性广泛知名度的日本NGK、美国盖茨传动产品，开始服务三头六臂客户；

2016年6月三头六臂长沙运营中心成立，辐射整个湖南区域；

2016年7月美国狮魔机油与三头六臂达成中国市场服务合同，实现产品国际新里程；

2016年7月成都运营中心成立，实现西南区域加盟商快速配货服务；

2016年8月济南、北京运营中心成立，实现华东、华北区域加盟商快速配货；

2016年11月荣获慧聪网主办的“优质渠道商”奖。

第9部类

汽车物流

DIJIUBULEI | QICHEWULIU

汽车整车物流

2016年汽车物流行业发展

中国物流与采购联合会汽车物流分会 马增荣

一、汽车物流市场保持高速增长态势

汽车行业作为我国经济发展的支柱型产业之一，近些年一直保持稳定增长态势，2016年，我国汽车产品结构调整和更新步伐持续加快，汽车行业产销量均保持了高速增长态势。据中国汽车工业协会统计数据，2016年，汽车产销2811.88万辆和2802.82万辆。其中：乘用车产销分别完成2442.1辆和2437.7万辆，比上年同期分别增长15.5%和14.9%，增速高于汽车总体1.0%和1.3%，其快速增长对于汽车产销增长起到关键作用；商用车产销分别完成369.8万辆和365.1万辆，与上年同期相比产销分别增长了8%和5.8%，增幅进一步提高，分车型产销情况看，客车产销比上年同期分别下降7.4%和8.7%，货车产销比上年同期分别增长了11.2%和8.8%，货车3月起产销持续上升，拉动作用明显。

汽车产销市场快速增长直接影响了汽车物流的快速发展，汽车物流沿着零部件供应商物流、入厂物流、整车物流、售后服务备件物流等产业链的上下游纵向拓展，各环节物流发展快速。

二、整车物流行业逐渐规范运行

"全行业违规"、"超限超载"一直以来是汽车整车物流行业的顽疾，"双排车"成为汽车整车物流运输的主要工具，车辆违规运输导致了车辆安全性差、违规运输罚款成本高、带路费情况普遍、运输价格过低等一系列问题，严重影响并制约了汽车整车物流行业的发展。2016年是行业转折的一年，8月18日交通运输部、国家发展和改革委员会、工业和信息化部、公安部、国家质量监督检验检疫总局联合印发了《车辆运输车治理工作方案》（交办运〔2016〕107号），方案中明确了车辆运输车的治理思路、目标及路径，与以往治超不同的是，此次车辆运输车治理突出特点是"多部门协调，分阶段治理"，文件由交通、公安、工信、发改、质检等五部门联合印发，通过"双排"变"单排"，"单排"变"合规"的路径，利用1年9个月的时间逐步淘汰不合规的车辆，自2016年9月21日治超开始以来，基本杜绝了"双排车"上路运行，汽车整车物流行业的"顽疾"慢慢改善，虽然在治理过程中，仍存在不按过渡期执法、带路人员威胁、交带路费上路等个别现象，但整车物流运营环境得以改善，整车物流行业总体发展趋势良好。

全行业通过4个多月的治理，整车物流行业发生了巨大的变化，主要表现在以下四个方面。一是运输装备更加先进，原有的合规车型——六位半挂车，单次运输量小，运输效率低，不能满足市场的需求，新国标中增加中置轴车辆运输车这一新车型，能够有效提高运输效率，目前多家专用车厂已经研发了中置轴车辆运输车，陆续完成相关公告，预计2017年上半年

将会面向市场广泛销售。二是运输效率不断提升，车辆运输车的单车运输效率下降了近30%，为了弥补单次运力造成的运力损失，企业通过调整运输组织来增加运输效率，单车平均月运输里程有所增加。三是运输价格回归合理。由于原有的车辆运输车采取超限运输方式，成本混乱不清，因之形成的整车物流合作价格扭曲，公路运价低至0.8元/车·公里，治超后，全行业运输价格上涨，恢复到合理运输价格。四是铁路和水运能力进一步释放，综合运输体系不断发展。

三、综合运输体系建设更加深化

随着治超工作的顺利进行，公路的运输价格不断上涨，铁路和水运的优势不断显现，物流企业急迫需要通过采用多式联运、循环运输等组织模式来降低物流成本，综合运输体系建设这一年发展迅速。

1. 汽车物流铁路运输发展情况

中铁特货是全国铁路专业从事汽车物流业务的主体，对全国铁路汽车运输物流业务实行统一管理、统一组织、统一运作。2016年完成汽车整车运输量291万辆，较2015年增长55%，增加3000辆铁路商品车运输专用车辆，全国建有35个整车物流基地，占地面积达到223万平方米，可同时存储11万辆车。铁路运输效率也不断提升，2016年整车运输周转时间为11.2天，相比2015年提高23.8%。

铁路运输发展迅速，铁路具有安全、环保、大批量的运输特点，相对于公路来说，在500公里以上的中长距离运输上具有很大的优势。同时，铁路运输也在不断的创新，中铁特货采取了多种多样的铁路运输模式，主要有站到站、站到店、站到库、厂到店，可根据不同需求进行选择。其中，铁路汽车整车“库前移”模式是中铁特货公司和各主机厂、物流公司合作中最成功的一种物流运作模式，在整体物流运作上将双方的优势发挥到了极致，具有提高周转速度、产品调拨快捷、物流运输灵活、物流成本降低等诸多优势。

2. 汽车物流水路滚装运输发展情况

汽车整车水路运输主要采用滚装运输的模式，目前全国沿海沿江已经成熟开展商品车整车滚装水运业务的港口有：大连港、天津港、烟台港、上海港、广州港、海口港、重庆港、武汉港、芜湖港、南京港等，我国滚装码头布局初步成形，呈现沿海沿江进出口岸滚装码头为主，其他内陆进口口岸为辅的格局。

2016年有2个滚装码头投入使用，一是江苏盐城大丰港，于2016年1月由中甫（上海）航运有限公司的“世源”轮顺利圆满完成大丰港汽车滚装码头开港首航任务。大丰港汽车滚装码头包括一个7万总吨滚装泊位，年商品车吞吐能力40万台；二是宁波-舟山港梅西汽车滚装码头于2016年8月正式启用，在这之前韩国EUKOR海运、中甫航运、安盛船务等均在该码头做过内外贸小批量运输。

2016年，我国滚装运量约为250万辆，其中，江运发运量约95万辆，海运发运量约155万辆，汽车滚装运输占比较去年上涨3%。我国沿海沿江主要从事内贸滚装运输的企业并不多，其中，中甫航运、安盛船务主要提供沿江及沿海航线滚装运输服务；中远航运、中海汽船和深圳长航主要提供沿海航线滚装运输服务；武汉长航、民生物流主要提供沿江航线滚装运输服务。2016年的8月新增一家重庆华阳嘉川船务，提供沿江航线滚装运输服务。

目前国内内贸滚装航运企业运营中的滚装海船共有34艘，其中安盛船务有11艘沿海滚装船、深圳长航有13艘沿海滚装船、中远航运有5艘沿海滚装船、中甫航运有4艘沿海滚装船、大丰港悦达物流有1艘沿海滚装船。目前国内内贸滚装航运企业运营中的滚装江船共有39艘，其中民生物流运营17艘江船、武汉长航运营11艘江船、安盛船务运营7艘江船、华阳嘉川船务运营4艘江船。其中，2016年国内内贸滚装运输船共计新增11艘，我国水运市场发展十分迅速。

3. 汽车物流集装箱运输发展情况

集装箱是多式联运的主要载体，由于汽车产品的特殊性，目前国内对于汽车集装箱运输使用的并不广泛。中海集研发了海运集装箱运输汽车，采用汽车支架对乘用车进行装载加固，放入集装箱中进行运输，目前汽车支架可适于40英尺高箱和40英尺标准集装箱，最大可装运4辆汽车，20英尺标准集装箱最大装运2辆汽车，集装箱箱体加宽和对车架的改进以装运更多的车辆是研究热点，集装箱运输可以有效解决汽车物流多式联运过程中乘用车装载的次数，减少货损，提高运输质量，同时将汽车作为普通货物运输，减少了公铁水等专用运输装备的研发，有利于推动多式联运的发展。

四、整车后市场物流越来越受到关注

在整车物流新领域方面，主要体现在个人在用车物流、二手车物流、报废汽车物流等方面。

个人用车物流是指由于个人旅游和探亲等情况产生的异地用车物流需求，随着人们对生活质量要求的提高，人们对于旅程舒适度的要求也越来越高，异地用车的需求也较为旺盛，个人车辆的物流需求会逐渐增加，目前整车物流企业已经开始关注这一领域，实现个人用户异地使用私家车的需求。

二手车物流由于二手车异地销售引起的，由于各地限购政策不同、区域间汽车保有量不同、消费水平存在差异等因素，异地销售二手车已经成为市场趋势，据中国汽车流通协会的数据统计，2016 年全年二手车交易量累计同比增长 10.33%，达到 1039.07 万辆，市场增长带来的是旺盛的物流需求。

伴随着我国汽车保有量的不断增加，报废汽车量将不断增加，报废汽车的回收和再利用成为业内讨论的热点话题，同样带来的回收物流领域更加值得关注。

五、汽车零部件物流市场备受关注

从供应链的角度来看，目前汽车物流主要分为零部件供应商物流、零部件入厂物流、整车物流、售后服务备件物流，其中，零部件供应商物流、零部件入厂物流、售后服务备件物流属于汽车零部件物流，上游正从零部件入厂物流向汽车零部件供应商的管理上延，下游从主机厂售后服务备件物流向更广义的维修保养和美容等后市场物流服务延长，零部件物流的发展备受企业、行业的关注。

1．零部件供应商物流

汽车零部件供应物流对于主机厂的正常生产与下游零部件物流环节都有着决定和牵制的作用，在整个供应链物流中有着十分重要的作用。目前全球排名前 100 名零部件供应商中 80% 都选择在国内开展业务，对我国零部件产业发展起到利好作用，同时也对中国自主零部件生产企业造成了巨大的压力。零部件供应商物流需求十分巨大，但是运作方式相对松散，外资企业、合资企业、本土企业在零部件供应方面有各自的体系，合作发展与资源共享能力不足，今后通过利用公共信息平台等方式，实现不同企业间的物流资源整合，从而有效提高零部件供应效率，降低物流成本。

2．零部件入厂物流

零部件入厂物流是与主机厂生产最密切相关的物流环节，汽车零部件入厂物流要领先于其他行业的生产物流环节，配合主机厂订单式、JIT（Just in time 即时生产模式）等生产模式，入厂物流的精细化管理尤为重要。

在零部件供应物流与入厂物流的管理中，零部件包装器具使用与管理是与物流成本息息相关的重要内容，零部件包装器具的标准化、系列化、模块化，以及包装器具的循环使用、清洗保养、回收利用等多个方面一直是困扰零部件物流企业的难点。专业的第三方包装器具企业探索研究了多种多样的包装解决方案，为汽车物流企业提供服务，从汽车物流的实际问题出发，提供包装器具租赁和管理服务，包装器具的第三方管理模式不仅可以避免主机厂以及汽车零部件企业包装器具的一次性投入，还能提供更加专业，更加系统化的包装器具管理，减少遗失率和报废率。

3．售后服务备件物流

截至 2016 年底，全国汽车保有量达 1.94 亿辆，新注册量和年增量均达历史最高水平。汽车保有量保持迅猛增长趋势，2016 年新注册登记的汽车达 2752 万辆，保有量净增 2212 万辆，均为历史最高水平。汽车保有量的不断增加带来的是汽车后市场服务需要进一步完善，汽车售后服务备件物流是后市场物流服务中的核心板块，越来越受到重视，同时，汽车美容、保养、维修等带来的物流机遇是汽车物流行业需要抓住的重要领域，以售后服务备件物流为核心的汽车后市场物流成为各汽车物流企业关注的重点板块，未来具有巨大的发展潜力。

六、汽车物流企业业务不断拓展创新

汽车物流领域的领军企业在原有业务的基础上不断在向整个汽车产业链上下游延伸，依托互联网发展新的业务模式，拓展跨界领域，积极布局和拓展国际市场，对推动行业发展起到了至关重要的作用。

在海外业务拓展方面，安吉物流在泰国成立海外分公司，主要经营进出口、入厂、整车、售后四个物流业务，运作仓储面积达到 2.76 万平方米，运输线路覆盖全泰国地区；长久物流于 2014 年 3 月成立了德国长久全资子公司，经营“哈欧国际货运班列”，2016 年 2 月 27 日，新增“哈俄铁路线”，由此扩大了国际物流的运输规模。

在依托互联网开展新业务模式方面，安吉物流推出了“车好运 APP”，为社会车辆提供高效的车辆托运平台，所服务的对象涵盖二手车、租赁车、商务用车、旅游用车等所有类型的车辆，全面满足物流公司、中小企业及个人的长途整车运输需求；长安民生物流推出“e车运”，是一个O2O汽车托运电商服务平台，通过此平台提供整车物流、零部件仓储配送、取货物流、多式联运、国际货代、售后物流、KD件包装、出口加工及报税物流、其他增值服务等汽车和供应链物流一体化服务。

汽车物流企业业务的不断发展积极地推动了整个行业的进步，今年，长久物流作为首家在国内A股上市的企业，代表着汽车物流行业也逐步向资本市场靠近，未来汽车物流企业的发展会越来越好。

七、汽车物流标准不断完善

1．车辆运输车相关标准出台，中置轴车辆运输车合法化

2016年7月26日由工业和信息化部组织全国汽标委修订的强制性国家标准《汽车、挂车及汽车列车外廓尺寸、轴荷及质量限值》（GB1589-2016）由质检总局、国家标准委正式批准发布。GB1589中对车辆运输挂车的长度和宽度进行了调整，半挂车的长度增加为13.7m，宽度为2.55m，此次标准引入了新的车型——中置轴车辆运输列车，此车型在国外被普遍应用，可以有效提高车辆装载率，提升车辆运输效率。

国家标准《车辆运输车通用技术条件》（GB/T 26774-2016）也同时发布。此标准对于车辆运输车的通用技术做了明确规定，对于车辆通用交换性有具体要求。车辆标准的出台为汽车整车物流行业技术装备的提升起到了至关重要的作用

2．汽车物流行业标准体系继续完善。

在全国物流标准化技术委员会推动下，分会和上海海通码头、北京交通大学牵头的《汽车整车出口物流标识规范》（20132702-T-469）国家标准进入报批阶段。《乘用车物流质损判定及处理规范》、《乘用车运输服务规范》、《乘用车水路运输服务规范》、《乘用车仓储服务规范》等四项行业标准进行修订，预计2017年发布。

3．组建汽车物流团体标准化工作组。

根据《中国物流与采购联合会团体标准管理办法》（物联标字[2015]107号）文件要求，经联合会领导批准，汽车物流分会牵头组建了汽车物流团体标准化工作组，标准工作组由来自零部件物流、整车物流、标准制定等多个领域的企业、高校、协会专家构成，陆续开展团体标准制定工作。

八、行业研究工作进一步深入

汽车物流行业的研究包括行业数据统计、政策研究解读、企业项目研究、行业报告发布等多个方面，全面分析、研究、总结行业中发展遇到的问题，以及创新发展的探索。

1．汽车物流政策研究不断深入。

由汽车物流分会组织，通过专家解读、研究分析积极推动汽车物流相关政策的实施与宣传。今年，分会发布了《关于车辆运输车治理过渡期有关事宜的指导意见》，帮助企业更好的理解过渡期运行政策；同时，针对车辆运输车全行业超限超载导致的运输成本混乱不清，制定了影响整车物流公路运输成本和价格的指标体系，供企业参考。

2．行业数据统计工作持续开展。

自2015年开始，为了解汽车物流行业发展现状，分析行业发展中遇见的问题，开展了汽车物流企业统计指标的调查活动，包括汽车物流企业总体情况、零部件物流业务、整车物流业务、售后服务备件物流业务等4个板块126项指标的数据调研，并进行了数据分析和系统总结，帮助企业对标，为评选行业标杆企业提供依据。

3．行业权威报告持续发布。

2016年下半年发布了《2016中国汽车物流发展报告》，报告中涵盖了汽车物流调查报告、专题报告、创新报告等众多部分，对汽车物流年度的总结和发展起到了重要的意义。同时发布《全国整车物流多式联运节点及仓储资源分布图》，图中标注了全国汽车物流整车仓储资源，为主机企业全国布局、仓储选址、寻求优质物流合作伙伴提供规划参考，同时也推动物流企业在整车物流主营业务基础上发展其他增值业务。

4．企业创新研究不断开展。

2016年，各汽车物流企业在行业创新方面进一步探索，在汽车整车物流、零部件入厂物流、售后服务备件物流、综合类等四个方面涌现出36个优秀创新项目。

第10部类 汽车消费

DISHIBULEI | QICHEXIAOFEI

汽车金融

2016中国汽车金融概述

中国汽车流通协会汽车金融分会

一、国内市场的总体发展情况

1．2016年中国汽车金融市场发展概况

据中国汽车工业协会发布的数据显示，2016年汽车产销分别完成2811.9万辆和2802.8万辆，比上年同期分别增长14.5%和13.7%，高于上年同期11.2个和9.0个百分点。而日前，世界各国陆续公布本国2016年汽车销量，整体来看，增速放缓是全球车市的主基调，而中国市场依然呈现增长态势，以2802.8万辆的销量位居全球第一。

2016年中国车市回暖呈现的高增长，为汽车金融市场的发展提供了空间。据央行统计，2016年我国汽车金融市场规模约1.1万亿元，预计未来这一市场仍将保持25%的年增长速度，到2020年整个市场规模将超过2万亿元。汽车金融渗透率将从2016年的35%上升到2020年的50%。

但是以汽车金融渗透率这一指标来看，目前国内汽车金融的渗透率仅达到30%，与发达国家成熟汽车市场相比仍有较大差距。据德勤中国预测，到2020年，中国汽车金融的渗透率将达到50%，这一领域将有更多创新的机构、产品与服务等相继推出。

2．2016年国家对汽车金融行业的支持政策汇总

时间	发布部门	政策名称	政策主要影响
2016年1月	商务部	汽车销售管理办法（征求意见稿）	弱化品牌销售授权制度，一定程度上弱化了厂家对经销商的市场支配地位
2016年3月	国务院	关于促进二手车便利交易的若干意见（国办发[2016]13号）	除特殊区域外，取消限迁政策，同时提出加大二手车金融服务支持力度
2016年4月	人民银行、银监会	关于加大对新消费领域金融支持的指导意见（银发[2016]92号）	新能源汽车和二手车贷款自主决定首付比例，允许汽车金融公司根据消费者意愿提供附属于所购车辆的附加产品融资
2016年7月	交通部等七部门	网络预约出租汽车经营服务管理暂行办法	明确了网约车的定位及网约车平台的主体责任及条件，规范车辆及驾驶员条件等，为网约车指明发展方向
2016年12	人民银行、银监会	《关于修改<汽车贷款管理办法>的决定(征求意见稿)》	征求意见稿修改集中表现在四方面：贷款上限另行规定；贷款人可“通过内外评级组合”来确定借款人的信用级别；允许借款人可不提供担保；“个体工商户营业执照”也可作为借款人主体的法定的文件。二手车贷款首付比例望降

2016年，国家出台了一系列政策支持汽车金融行业的发展，内容涵盖汽车销售层面、二手车和新能源汽车、网约车、消费金融等领域。

二、汽车批发金融市场

1. 汽车批发金融市场概览

汽车批发金融特指金融机构针对汽车经销商提供的金融服务，涵盖库存融资、建店融资、试乘试驾车融资、并购贷款和现金管理等领域，其中库存融资占据了主要部分。汽车批发金融的参与者主要包括商业银行、汽车金融公司和融资租赁公司，其中商业银行和汽车金融公司是最主要的参与者。

商业银行向经销商提供的主要贷款产品包括库存融资、建店融资和流动资金贷款，是经销商较为推崇以及应用最广泛的融资方式，汽车金融领域参与较多的银行包括民生银行、中信银行和平安银行等，商业银行向经销商提供的金融服务同质性较强。

汽车金融公司提供的主要金融产品包括经销商贷款、零售贷款和融资租赁。经销商贷款在汽车金融公司全部业务中的占比整体呈下降趋势，从2005年的67.0%逐步下降至2015年的21.5%；零售贷款逐步占据主导地位，占比由2005年的33.0%上升至2015年的78.0%。

2. 汽车批发金融市场动态

虽然2016年车市开始回暖，但是汽车销售仍然不是很景气，汽车经销商作为汽车批发金融市场的主要需求方，面临着很大的库存及资金周转压力。一方面是部分金融机构压缩对经销商的信贷投放规模或是提升审贷标准，另一方面是经销商融资需求的快速增长，两者存在明显矛盾。因此，经销商开始对自身业务进行调整，来应对行业和市场的变化：

（1）汽车经销行业并购整合加剧，以占有更多客户资源进行产业链布局；

（2）经销商加码二手车领域，二手车库存融资需求增加；

（3）部分经销商布局新能源领域，新增新能源汽车库存融资需求；

三、汽车消费金融

1. 汽车消费金融概览

汽车零售金融又可以称之为汽车消费金融，主要是指金融机构在汽车销售过程中为消费者提供信贷服务。汽车消费金融服务商大致可分为四类，第一类是商业银行；第二类是持牌的消费金融公司；第三类是互联网消费金融公司，包括电商类、P2P类、分期购物平台，这些主题虽未获取银监会消费金融公司拍照，但从事同质业务；第四类是第三方支付机构，通过对支付的把控渗透各个汽车消费金融场景，分享市场份额。

从我国开展汽车消费金融业务以来，商业银行及汽车金融公司一直占有绝大部分市场份额。随着我国金融业的发展、融资渠道的拓宽以及市场参与主体的日趋丰富，厂商财务公司、融资租赁公司、消费金融公司、互联网金融公司甚至小贷公司等将广泛的介入到汽车消费金融行业。

据艾瑞咨询统计，2016年中国消费信贷规模22.6万亿元，剔除放贷后的其他消费金融规模占比约25%，则2016年剔除放贷后的消费金融规模体量约6万亿元。从信贷用途分析，可分为住房消费金融、汽车消费金融、信用卡以及其他消费品金融，2016年以上用途的信贷规模在消费信贷共规模的占比分别为71.2%、2.3%、15.8%、10.7%。汽车消费金融的占比虽远不如住房消费金融，但增速却非常快。

2. 汽车消费金融动态

（1）汽车消费金融资产受到资本市场青睐

在过去几年中，汽车金融公司都受到融资渠道和资本要求的限制，因为它们只能通过股东的资本投资和银行间贷款来获得融资，但是，前者对股东的要求很高，后者将会影响公司的资产负债表结构。因此，汽车金融市场曾一度被商业银行所主导。不过，从2012年开始，监管层重新允许不同的汽车金融公司发行资产支持证券以加强它们的融资渠道。信贷资产证券化已逐步成为汽车金融公司主要的融资渠道之一，改善了行业一直存在的直接融资与间接融资比例失衡的问题。Wind资讯的统计数据显示，2015年发行的信贷ABS产品中，公司信贷类资产支持证券发行额为3,178.46亿元，占比78%；而个人汽车抵押贷款支持证券发行额为337.45亿元，占比8%。2015年一年中，便有10家汽车金融公司相继发行了资产证券化产品，总发行规模达到了224.03亿元，是2014年的2.87倍。

（2）金融租赁公司加快布局汽车消费金融

当前在汽车消费金融市场快速发展之际，更多的金融租赁公司凭借雄厚的资金实力，尝试大规模开展汽车融资租赁业务。然而目前影响金融租赁公司介入汽车租赁业务的主要原因是对汽车消费金融市场的覆盖面不够，风险控制没有针对性，于是采取和专业汽车融资租赁公司合作的方式，依托专业汽车融资租赁公司在市场开拓上的深度和广度，在风控技术上的专业性，在资产监管处置上的优势，各展所长，将会打造更有竞争力的租赁商业模式

（3）互联网金融积极参与汽车消费金融

在互联网金融领域，汽车资产逐渐成为主流资产之一。互联网金融目前的资产类别主要有小微金融、供应链金融和汽车金融等，其中汽车金融资产因为流动性强、安全度高备受热捧。汽车金融面向有车一族这类高端用户群体，在消费升级的背景下，也为拓展车主日常消费及相关金融服务等车后市场增加了想象空间。互联网金融不只可以在汽车抵押贷款、购车分期上发挥所长，未来还可以将服务延伸到汽车产业的诸多领域，如融资租赁、二手车维修保养、车辆保险、汽车经销商上下游供应链等。

中国车贷联盟发布的首份《全球车贷报告》显示，2016年中国互联网汽车金融总规模约2000亿元人民币。近年来高速发展的互联网金融信贷加入了车贷市场的争夺中。网贷天眼统计数据显示，在正常运营的P2P平台中，涉及车贷业务的平台占比约为45%，几乎占据了半壁江山。

2016年，数十家互联网汽车金融服务商获得融资，微贷网、大搜车进入C轮，美利金融、丁丁金服、短融网进入B轮。行业整体走向整合阶段，独角兽隐现。此外，互联网巨头的布局也尤其值得关注。京东在与腾讯、百度一起投资汽车金融独角兽易鑫车贷之余，还布局了美利金融、OK车险等互联网汽车金融创业项目，并与惠宝金融联合推出车后消费金融产品“车车白条”。此外，360金融集团还跟投第1车贷B轮融资。

（4）经销商以融资租赁形式涉足汽车消费金融

在汽车高速增长期结束进入稳定增长期以及主机厂竞争加剧的大背景下，经销商传统主业新车销售利润受到严重挤压。经销商已经纷纷放松4S店的扩张脚步，转而向汽车后市场攫取利润。对比国内经销商中的汽车金融先驱广汇汽车，目前利润当中汽车金融的占比已经达到三分之一左右，主要就是依托融资租赁；国际经销商龙头AutoNation，其业务毛利润中汽车金融就占据四分之一。经销商为了调整利润结构，改善经营业绩，纷纷通过成立融资租赁公司的方式布局汽车消费金融领域，但很多经销商也都是刚刚成立自己的融资租赁公司，连现有销售规模中的渗透潜力都未充分发掘，但未来具有一定的市场发展空间。

四、二手车金融

1．二手车金融概览

据中国汽车流通协会的统计口径，2016年国内的二手车全年交易量首次突破了千万辆大关，达到1039.07万辆，累计同比增长10.33%。同时，协会预测2017年二手车市场将保持20%的增速，交易量有望1250万辆。到2020年，二手车交易规模将达到2920万辆，新车和二手车交易比例接近1:1。

二手车市场的发展带动了汽车产业链尤其是后市场各业务的协同发展，形成了相互影响促进的二手车生态圈。随着我国二手车经营中的作用越发重要，汽车金融的参与将帮助解决交易各方的资金问题，助力打通二手车销路。而与新车经营不同的是，二手车在评估、定价等方面存在一定难度，二手车金融的参与又进一步提高了对定价、风控水平的要求。目前，我国汽车金融的发展程度仍然很低，传统金融机构更是因缺乏专业的二手车定价评估水平对二手车金融业务“望而却步”，参与度较低。

目前，国内二手车金融的参与者主要包括传统金融机构、主机厂背景的汽车金融公司、融资租赁公司、新兴二手车金融服务平台以及二手车电商平台。其中主要的业务组成为经销商抵押贷款、库存融资、消费者购车信用贷款、融资租赁和售后延保服务。

2．二手车金融动态

汽车金融公司方面，目前各大汽车金融公司都已经开展了二手车个人金融业务，上汽通用汽车金融、奇瑞徽银汽车金融以及大众汽车金融的二手车贷款均面向所有品牌二手车开发。

融资租赁公司方面，在二手车领域内融资租赁公司可分为独立汽车融资租赁公司、经销商集团系融资租赁公司和二手车商系融资租赁公司。

二手车电商平台方面，目前，国内二手车电商交易量最大的是来自B2B、C2B竞拍模式，其主要参与者是车易拍、优信拍，两者的交易量之和超过了电商交易总和的60%。两家公司均可针对车商提供库存融资，但是规模和影响都较小。

五、汽车保险

1．汽车保险概览

据同业交流数据显示，2016年，全国累计实现车险保费收入6834.55亿元，同比增长10.25%，车险增速高于财险行业整体增速。车险市场“老三家”人保、平安、太平洋合计占据65.88%的市场份额，2016年其他市场份额在3%以上的财险公司有国寿财险（7.3%）、大地财险（3.68%）、中华财险（3.62%）和阳光财险（3.16%），太平、天安、华安、安盛天平、永安在1%以上。

2．汽车保险动态

（1）商业车险费率改革影响

据《2016—2020年中国汽车后市场深度调研及投资前景预测报告》，2015年6月1日，商业车险改革试点在黑龙江、山东、广西、重庆、陕西、青岛等六个地区全面落地，各保险主体开始销售新的商业车险产品并执行新的商业车险条款费率管理制度。2016年1月1日起，改革试点增加了天津、内蒙古、吉林、安徽、河南、湖北、湖南、广东、四川、青海、宁夏、新疆等12个地区。2016年是商业车险费率市场改革全国推进的首年，全国范围内都已完成新旧产品费率的切换，我国车险市场发展进入了一个崭新的阶段。这套监管层酝酿多年的车险费改，如今已经将车险定价权交还给公司，车险业拥有了一定的自主定价权。

（2）车贷险重启

2004年1月，保监会发布《关于规范汽车消费贷款保证保险业务有关问题的通知》，明确提出“各保险公司现行车贷险条款费率截至2004年3月31日一律废止”，要求保险公司重新制定车贷险条款费率，规范车贷险业务。第一代车贷险的时代就此宣告结束。而随着国内汽车行业的快速发展，汽车信贷市场的前景也越来越广阔。2009年6月，保监会发布《促进汽车消费贷款保证保险业务稳定发展的通知》，要求保险公司在风险可控前提下发展车贷险。陆续有保险公司重新涉足车贷险领域，至今有人保财险、安邦财险、平安产险、国寿财险、中华联合财险等将近10家财险公司的车贷险条款和费率获得批准。

目前汽车信贷资产受到资本市场的青睐，越来越多的金融机构在积极布局汽车信贷业务。但是对于部分金融机构而言，其对于汽车信贷的风险把控能力不足，需要借助外部手段降低风险，车贷险的推出能够满足金融机构的诉求。另外，现在险企开展车贷险面临的环境已经有了很大的改善，例如个人征信体系的建立、机动车登记制度的建立、大数据体系的日趋完善，风险把控能力有所增强。从长远角度看，车贷保险业务必将是金融机构和保险公司的一个新的利润增长点。

六、国外汽车金融市场及对中国市场的借鉴

罗兰贝格和建元资本联合发布的《2016中国汽车金融报告》显示，2015年，约86%的美国消费者通过金融方式购买新车（Experian Automotive, State of the Automotive finance market, 1st quarter 2016），这一数字在德国和英国分别为75%（德国AKA汽车金融协会----WCG, Germany Asset & Auto Finance Survey 2015）和90%（RB，captive）。国内35%的新车贷款渗透率与之相比，仍有较大差距。

从汽车金融的供应主体上来看，国内以商业银行为主要供给方的市场格局，与国外以汽车金融公司为主的特点形成鲜明对比。商业银行在国内汽车金融市场占据了60%的份额，而美国这一数据仅为35%，在德国市场，汽车金融公司约占市场份额的65%（euro & germany auto finance study2016）。

从国际市场经验来看，我们应借鉴国外发达国家的汽车行业先进经验，融合我国的汽车和金融产业发展的特点，发展我国的汽车行业：

（1）完善个人征信体系

（2）逐步健全相关的法律法规

（3）加强汽车金融公司在市场的主体地位

（4）开发多种多样的汽车金融产品

（5）减轻消费者税费负担

（6）树立现代消费观念

汽车融资

2016 中国汽车融资租赁发展现状

建元资本（中国）融资租赁有限公司 王炜

一、汽车融资租赁发展概况

融资租赁是集融资与融物、贸易与技术更新于一体的新型金融产业。由于其融资与融物相结合的特点，在拉动社会投资、加速技术进步、促进消费增长、完善金融市场及优化融资结构等方面具有独特优势，在国际上已发展成为仅次于资本市场、银行信贷的第三大融资方式。与传统的银行汽车消费信贷相比，汽车融资租赁方式具有更灵活、更高效的特点。

研究数据表明，目前全球范围内汽车消费 30% 是现金购车，另外 70% 都借助金融杠杆，其中普通的汽车信贷占 55%，融资租赁占 15%。尤其在北美地区，汽车金融的渗透率高达 80%，其中融资租赁 46%，普通汽车贷款仅为 34%，美国有 30% 的新车直接批发给融资租赁公司。

2016 年，利好政策的频频出台进一步促进了汽车金融的发展。《关于加大对新消费领域金融支持的指导意见》极大刺激了汽车消费信贷的增长，“国八条”在为二手车行业发展扫清障碍的同时激发了二手车金融的潜力，互联网金融行业监管细则的出台更让汽车资产成为互联网金融看好的优质资产之一。在政策的助推下，各方势力和资本争相布局汽车金融，将行业浪潮不断推向顶点。中国汽车金融总体渗透率增至 35%左右，融资租赁作为信贷之外的另一种金融购车方式异军突起，渗透率约为 5%，但与发达国家尚有较大差距。

随着中国经济高速发展，以及面对多元化的竞争格局，汽车行业的管理理念和思路方式都在不断变化，人们的消费思想和模式也逐渐发生改变，汽车融资租赁在国内开始大热，2016 年被称为汽车融资租赁的“元年”，融资租赁或将成为国内汽车金融领域新的爆发点。

二、汽车融资租赁优势分析

1．汽车融资租赁与传统汽车贷款比较

从中国开展汽车消费金融业务以来，商业银行及汽车金融公司一直占有绝大部分市场份额。随着中国金融业的发展、融资渠道的扩展以及市场参与主体的日趋丰富，厂商财务公司、融资租赁公司、消费金融公司、互联网金融公司甚至小贷公司等将广泛地介入到汽车消费金融行业。

	资金实力	专业化	渠道控制力	审批效率	放款效率	流程标准化	产品丰富度	增值服务	客户准入门槛	网店覆盖度	创新驱动力
银行	●	◔	◔	◔	◔	◑	◔	●	◕	●	○
汽车金融公司	◑	◑	●	◕	◕	●	◕	◔	◔	◔	◔
融资租赁公司	◔	◑	◑	◑	◔	◑	◑	◑	●	◔	◔

● 非常好　◕ 较好　◑ 一般　◔ 较差　○ 很差

图 1　传统汽车贷款领域的竞争图景

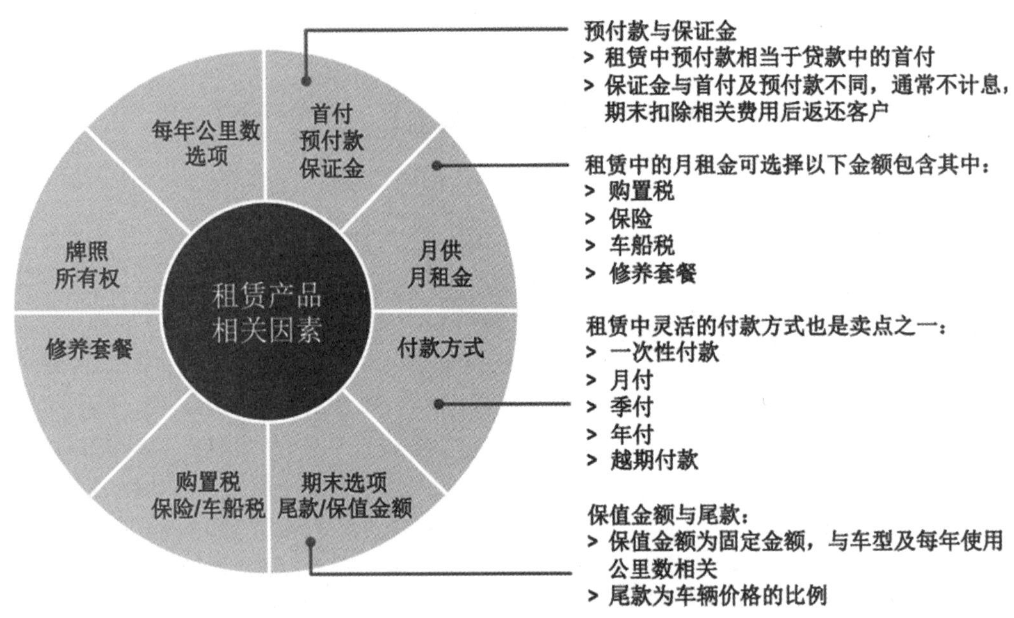

图 2　融资租赁产品相关要素分析

汽车融资租赁业务的优势有：(1) 融资租赁能够有效降低消费者的购车门槛。同传统汽车金融工具动辄30% 的首付款比例相比，融资租赁期初资金占用更少，且融资期限更长。因此可减少消费者在购车时的决策压力，降低消费者的购车门槛。(2) 融资租赁可为消费者实现超额融资。购置税、保险、牌照费用，甚至后期的维修、保养都可纳入融资范围内，使消费者在购车时更为轻松。(3) 操作简便，方案灵活。融资租赁业务办理操作非常便捷，且可为消费者提供个性化专属方案，满足消费者不同需求。(4) 融资租赁可以合法节税，加速折旧，降低税负压力。

2．*融资租赁直租模式助力厂商批量产生二手车*

汽车融资租赁的模式主要分为售后回租和直租。售后回租，是指承租人将自己拥有的车辆出售给融资租赁公司，再从融资租赁公司租回其所售车辆，并向融资租赁公司支付租金的租赁方式。售后回租的车辆牌照是在承租人名下。直接租赁，是指汽车融资租赁公司根据承租人的选择，向汽车经销商购买车辆，并将其出租给承租人使用，车辆牌照在融资租赁公司名下。目前国内市场上因为消费者对直租模式的认可度不高，汽车融资租赁以售后回租模式为主，重融资轻租赁，“类信贷”化较为严重。售后回租的盈利模式相对单一，只有利差，收益率也会相对较低；直租收益相对高些，可以发挥融资租赁资产金融和销售金融的功能。就销售金融而言，融资租赁收入有四个来源：采购数量折扣、租赁资产息差收入、资产维护服务收入、余值处置收入（对汽车来讲就是二手车的收入）。直租是能够批量生产二手车的最好的金融工具。

当消费者选择租期满后留购汽车，在这种情况下融资租赁与汽车消费贷款某种程度上起到了相同的性质。但如果消费者选择放弃拥有权，则实际上“生产”了一辆二手车。在二手车领域，当下，除了税收及车况不透明的问题外，最重要的问题在于，市场自发形成的车辆更新速度较慢，使市场上缺乏车源，更缺乏优质车源——而融资租赁则是一个可以加速转动周转的金融工具。在美国，二手车的主要来源为金融机构而非个人二手车。

直租一方面刺激了消费，更重要的是，厂商在二手车领域也拥有了更多的主动权。很多经销商都建立了二手车展厅，但是却根本没有充足的二手车；掌握不了车源，也掌握不了定价。通过与融资租赁公司合作的直租模式，厂商可以影响其二手车的价格是因为生产了该品牌。新车可以随时调价，随时推出新款，外形改变或是垂直换代都会影响在外的二手车价格，但是厂商无法决定价格。而通过融资租赁的方式，厂商将从价格的接受者成为一个二手车的价格的决定者。

3．汽车融资租赁助力新能源汽车推广

新能源汽车真正走向市场化运营不能单纯依靠补贴政策。全新的商业模式对基础设施建设、配套设施、网络运营、技术研发等均提出了更高的要求，而商业模式能够大规模复制推广的背后必将伴随着全新的金融服务模式。根据调研结果显示，除担心技术不成熟之外，担心购买车辆价格太高是阻碍消费者购买新能源汽车的一个非常重要的制约因素。此外，由于新品牌、新车型认知度不高，同时新能源汽车的残值面临很大的不确定性，客户对这一全新产品性能及残值担忧将会长期存在，这将极大阻碍新能源汽车的发展步伐。

融资租赁作为服务实体经济的创新金融工具，能够缓解充电设施建设与车辆一次性购置的资金压力，解决动力电池维护保养以及与整车寿命匹配的难题。对于终端消费者来讲，融资租赁模式降低了购车门槛，提高了购车意愿；并且有力支撑分时租赁、车辆共享等创新模式及电动出租车、电动公交、公车改革等公共机构采购，从而有效促进新能源汽车的推广应用。

厂家推出保值回购的政策，对车辆残值进行锁定，为融资租赁公司开展“带残值的租赁”奠定了基础，在降低消费者购车门槛的同时减小了消费者的残值顾虑，为新能源汽车的批量推广开拓了途径。所谓带残值的融资租赁，即用户每月所支付的租金主要由车辆贬值金额即折旧决定，折旧是厂商建议零售价（MSRP）及其租期结束后车辆残值之间的差额，即“车价 - 残值”是融资租赁成本的主要决定因素。残值越高，每月的租金成本将越低。带残值的融资租赁比不带残值的融资租赁和车贷的成本还要低，会减小用户每月的现金流压力，同时用户还可根据自己对车辆的的喜爱程度选择租赁的年限，更方便快捷地体验不同车辆的驾驶感受。目前二手新能源汽车市场的不成熟导致残值定价机制不完善，进而影响汽车融资租赁产品定价，使融资租赁产品较其他汽车金融产品而言尚未展现特殊优势。

通过保值回购政策，厂家对未来三至五年后的车辆残值进行了锁定，使融资租赁公司能够开展“带残值的租赁”。对于公交车、公共事业车和出租车来说，虽然公交公司、政府部门和出租车公司很难承受新能源汽车应用的高额成本，但采用融资租赁模式，即融资租赁公司批量采购车辆，推出带残值的融资租赁服务，上述单位仅需每月支付租金即可，此方式能够有力推动新能源汽车在这些领域的发展；对于厂商而言，能够实现新能源汽车的批量销售，提高消费者对新能源汽车的认可度。可见，保值回购与融资租赁的结合将成为未来新能源汽车大规模推广的有效途径。

汽车产品投诉

2016 年搜狐汽车投诉平台产品质量与服务质量投诉分析

中国消费者权益保护法学研究会 郝庆丰

2016 年搜狐汽车投诉平台共收到汽车投诉案例 3784 宗，其中有效投诉为 3003 宗，同比 2015 年略有下降。投诉来自全国各省、直辖市和自治区。车型包括进口品牌、合资品牌和自主品牌。涉及的汽车企业涵盖国内目前所有主流汽车品牌。

2016 年搜狐汽车投诉平台产品质量及服务质量投诉特点如下：

1. 全年收到的有效投诉案例中，质量问题投诉最多，达到1315宗，投诉比例占43.79%，位列投诉榜首。服务类投诉达到1259宗，比例占41.92%，商家诚信是消费者投诉的重点，综合性投诉（同时有质量投诉和服务投诉）投诉比例占14.29%。

2. 质量问题投诉中，发动机系统投诉比例最大，占质量投诉的28.55%，发动机异响及发动机控制系统是投诉重点；其次是变速箱系统占21.47%，投诉重点在变速箱异响及自动变速箱故障，车身附件系统占16.22%，车身附件系统投诉重点在车内异响、异味及车体锈蚀问题。

3. 从2016年投诉情况看，消费者对商家诚信投诉量为835宗，集中在经销商拖延交付合格证、违约销售、加价售车、拖欠汽车节能补贴款、库存车销售、交定金后无法提车、强制保险等问题经常发生。消费者在购车时还会遇到提车强制要求上保险、强制加装车内饰等令人无奈的问题。源于汽车销售利润的下降，多数经销商售车时往往把利益最大化，搭售延保及装饰，侵害了消费者的自主选择权。

4. 从2016年的投诉量来看，除去3月份消费者权益日的影响外，平均每月投诉量基本在240宗左右，夏季投诉重点在空调及车内异味问题；冬季投诉重点在发动机启动问题。

5. 2016年收到的有效投诉中，从投诉地区分布来看，投诉较多的地区还是以经济较发达地区为主，东部地区高于西部地区，南方地区多于北方地区。广东省的投诉量最大，占10.06%，其次为山东、江苏、北京等省市。从分布比例来看，投诉量的多少与当地汽车保有量及消费者的维权意识有一定关联。在诉求方面，更多车主要求赔偿费用，以补偿维修车辆时耽误的油费、时间、精力等。

6. 2016年新汽车三包政策的持续实施，汽车厂家针对消费者的投诉反馈有一定提升，但消费者对厂家及经销商给出的解决意见往往不太满意，甚至有个别厂家与经销商对消费者提出的诉求互踢皮球，令消费者投诉无门。

投诉具体分析：

一、2016年搜狐汽车平台投诉构成

2016年搜狐汽车投诉平台汽车用户投诉主要由质量问题投诉、服务问题投诉和综合性投诉（同时有质量问题和服务问题）组成，其中质量问题投诉最多。数据显示质量问题投诉占比43.79%，服务问题同比大幅度上升，投诉占比41.92%，综合性投诉占比14.29%。

分析表明，消费者对汽车质量投诉所占比例最大，针对质量问题的投诉达到58.07%以上（包括综合问题的投诉比例），服务投诉大比上升，其原因多出在经销商售车环节问题，不给合格证、销售欺诈、订车无车、不退订金等是投诉经销商诚信问题的重要原因。

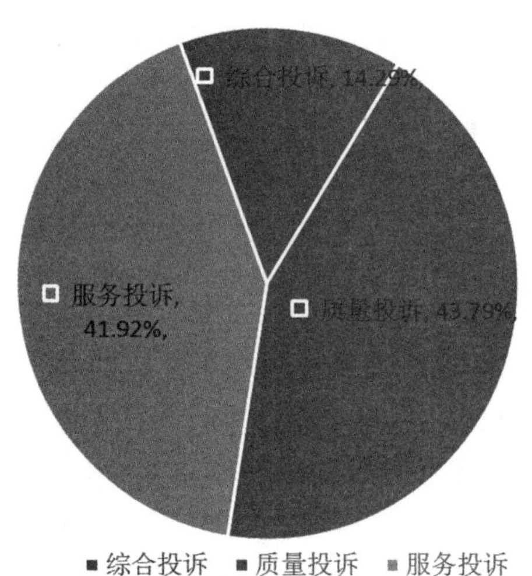

图1

二、质量问题投诉分析

1. 质量问题构成

2016年搜狐汽车投诉平台有关汽车质量问题的投诉中，投诉汽车质量问题主要在发动机、变速箱、离合器、转向系统、悬架系统、制动系统、传动系统、电子控制系统及车身附件等系统。汽车部件的异响与安全问题比较普遍。主要表现为发动机内部异响、漏油、变速箱挂挡时异响、自动变速箱故障、双离合器变速箱缺陷、离合器松合时产生的异响、制动时产生的异响、行进时底盘产生的异响及车身异响等。安全问题主要涉及轮胎、轮毂、汽车电路、安全气囊等系统，具体表现为轮胎爆胎、鼓包，汽车自燃、安全气囊打不开及非碰撞打开等问题。

统计显示，消费者针对发动机、变速箱、车身附件、电子控制系统的投诉最多，投诉比例分别占28.55%、21.47%、16.22%、9.89%，占投诉总量的76%左右。发动机系统在所有故障投诉中所占比例最高，主要集中在发动机异响、发动机电控、烧机油等问题。

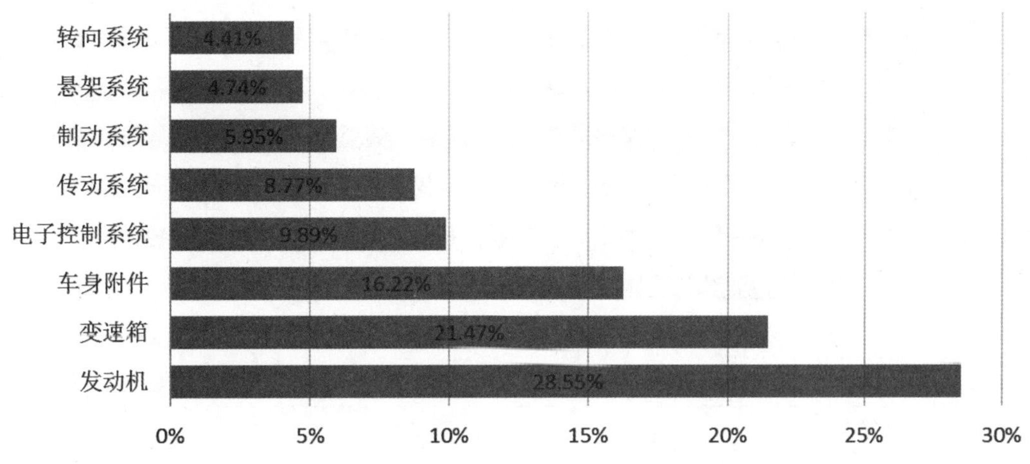

图 2

汽车质量投诉分析主要从以下八方面进行：

（1）轮胎：轮胎鼓包、胎壁开裂、异常磨损、行驶中爆胎。

（2）车身附件：升降器失效、异响，保险杠、内外饰、车门等漆面开裂，大灯进水，组合仪表故障，仪表台间隙过大，排气管生锈或异响等。

（3）发动机：发动机异响、发动机烧机油、缸体漏水、油底壳漏油、发动机异常抖动、启动不着车、缺缸等问题。

（4）变速器 ：挂不上档、换挡时异响、跳档等问题。

（5）转向系统：转向机漏油、异响，方向跑偏，方向盘沉重，转向助力失效、异响等。

（6）制动系统 ：制动跑偏，制动盘生锈、磨损异常，刹车片异响，制动失效、制动管路漏油，制动距离过长等。

（7）发动机电子系统：发动机故障灯常亮，发动机线路故障，发动机爆震等。

（8）悬架系统：减震器漏油、异响，平衡杆异响等。

2016年搜狐汽车投诉平台共接到自燃案例30例，汽车自燃的原因很多，很难鉴定。目前国内的第三方检测机构基本无针对个人业务，消费者即使做了第三方检测，厂家也不认可。有的消费者始终在厂家特约维修站做定期保养、未进行车辆改装、正常行驶的情况下，仍遭遇汽车在行驶途中或停放在停车场中突然自燃，却很难要求厂商承担赔偿责任。自燃事件中，极少有厂商通过协商支付赔偿的情况。2016 年合资品牌自动变速器问题比较突出，往往是刚过保修期变速箱就出现问题，造成车辆在行驶中突然失去动力，助力失效等，极易造成严重的交通事故。

2. *按厂商属性分析*

统计显示，2016 年搜狐汽车投诉平台合资品牌投诉要高于自主品牌和进口品牌投诉之和，占总投诉量的 68.27%。主要体现在发动机、变速箱、电子控制系统及车身附件系统等方面，投诉重点为烧机油、发动机电控、变速箱异响、自动变速箱故障、导航系统及车内异味等。自主品牌投诉占 28.54%，主要体现在发动机异响、变速箱异响及车身腐蚀等。进口品牌的投诉较少，占 4.53%，主要投诉为发动机及车身系统。(见图 3）

三、服务问题投诉分析

2016 年度搜狐汽车投诉平台服务问题投诉共有 1259 宗，同比 2015 年增加 344 宗，其中商家诚信的投诉比例最高，占服务投诉量的 66.32%，比上一年度增长近 10%；服务态度的投诉占 10.01%，保修纠纷、配件供应、服务收费、人员技术等也遭到车主不同比例的投诉。（见图 4）

针对商家诚信的投诉中，不给汽车合格证、不退订金、销售库存车、事故车等问题依然是投诉的重点。不给合格证问题在服务投诉中占很大的比例，经销商拖延汽车合格证问题十分普遍，应引起厂家的关注。在保修纠纷的投诉中，维修站多次维修同一故障始终不能得到解决，继而拖过质保期让消费者买单的现象仍时有发生。

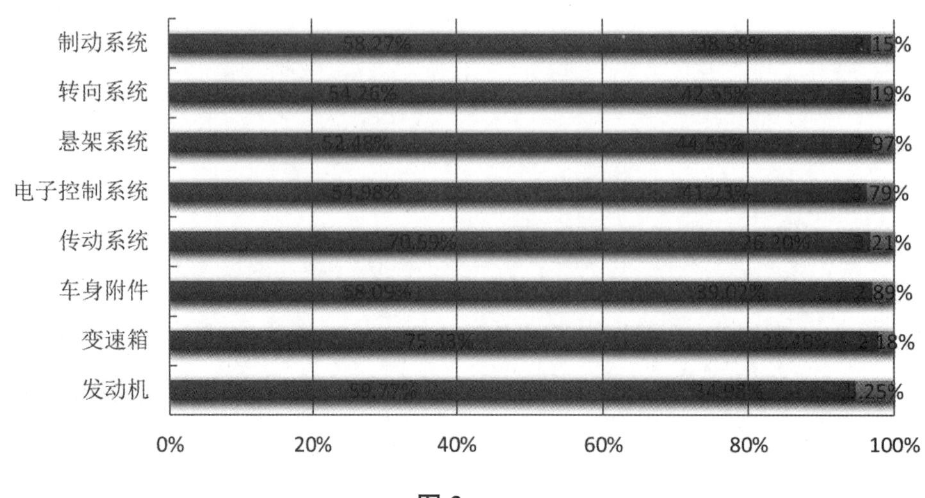

图 3

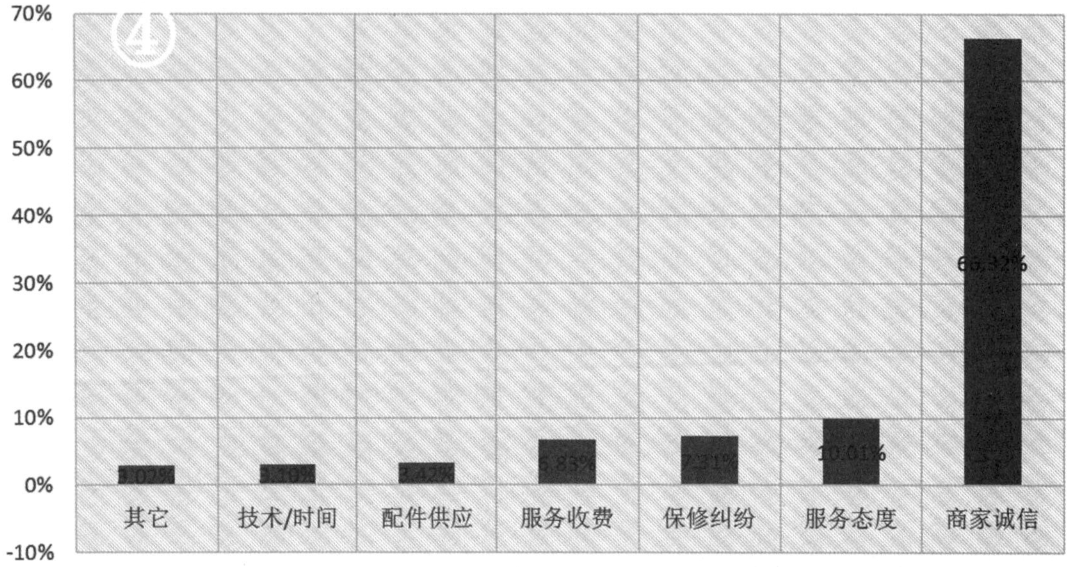

70%
60%
50%
40%
30%
20%
10%
0%
-10%

其它	技术/时间	配件供应	服务收费	保修纠纷	服务态度	商家诚信
3.02%	3.10%	3.42%	6.83%	7.31%	10.01%	66.32%

图 4

分析显示，几乎所有服务投诉发生的最终诱因出现在售前及售后维修服务环节。如果在售前满意的前提下，在维修服务环节很好地解决消费者的首要需求——把车修好、解决产品质量问题，投诉量就会大幅度下降。厂商若加大对售后服务体系的投入，改善服务态度、提高服务效率、改进保养及维修质量、完善配件供应和管理等措施，将会大大提高消费者的满意度。

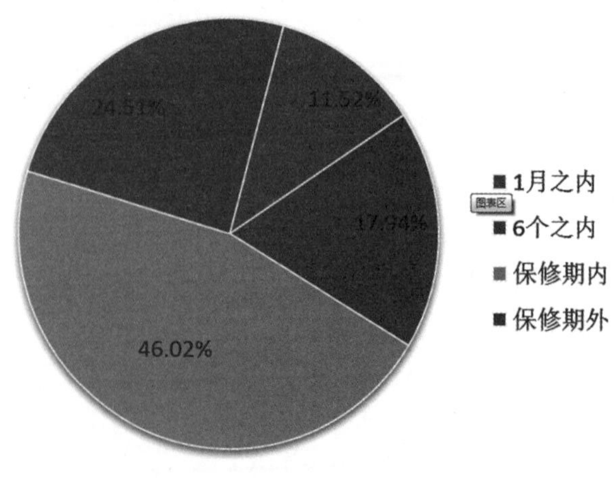

图 5

四、投诉出现时间及里程分析

1. 投诉出现时间分析

统计显示，2016 年搜狐汽车投诉平台中，保修期内的投诉占 75.49% 左右，保修期外的投诉占近 24.51%，新车高比例的投诉主要集中在服务投诉方面。

2. 投诉出现里程分析

统计显示，2016 年搜狐汽车投诉平台中，2 万公里之内出现的投诉占总投诉量 61.63% 左右，其中 5000 公里内的投诉占 23.57%。（见图 6）

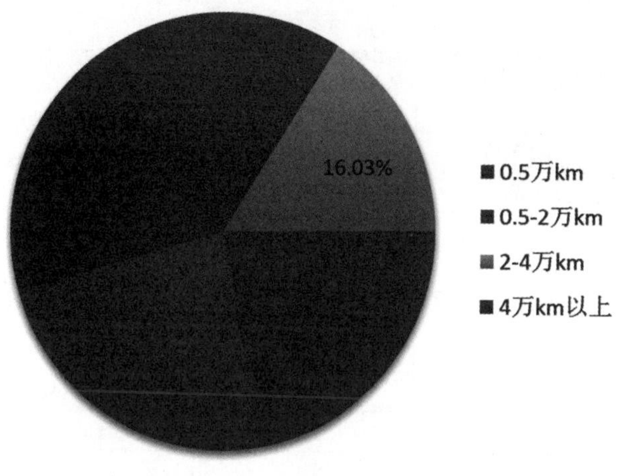

图 6

五、投诉月度、地区趋势及厂商属性分析

1. 投诉月度走势分析（见图 7）

分析表明，2016 年搜狐汽车投诉平台每月的投诉量基本保持平衡， 受到 3.15 消费者权益日的影响，3 月份的投诉形成一个波峰。

2. 投诉地区分析

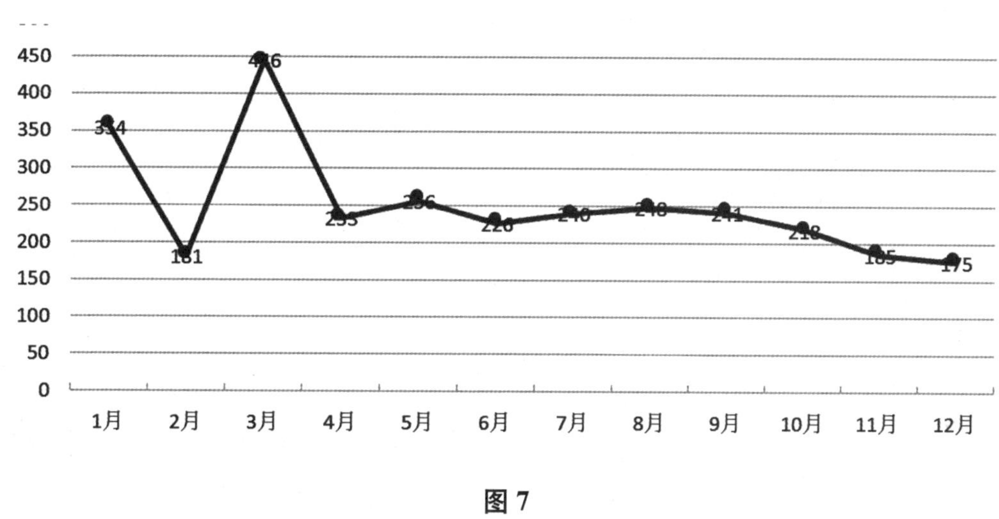

图 7

统计显示，2016 年搜狐汽车投诉平台中广东省的投诉最多，占总投诉量的 10.06%，达到 302 宗，来自山东、江苏、北京、浙江等地的投诉紧随其后，比例分别为 8.19%、8.16%、7.46% 和 6.63%。可以看出，这些高投诉地区多为人口密度较大或经济发达的沿海城市，汽车保有量大、消费者的维权意识强。（见表 1）

3. 被投诉厂商及车型属性分析

（1）按投诉厂商分析

厂商属性由自主品牌、合资品牌和进口品牌三部分组成（车型的属性由其生产厂商属性决定）

合资品牌投诉量始终占一半以上，占总投诉量的 68.27%；自主品牌投诉占 28.54%；进口品牌投诉占 4.53%。分析表明，合资品牌的投诉主要集中在发动机系统、自动变速箱及电子控制系统上，自主品牌的投诉主要集中在发动机、悬架系统上。（见图 8）

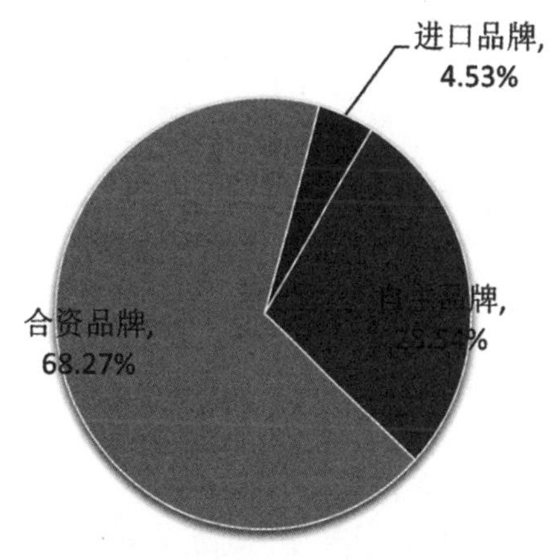

图 8

表 1

投诉地区	投诉量	比例（%）
广东省	302	10.06
山东省	246	8.19
江苏省	245	8.16
北京市	224	7.46
浙江省	199	6.63
河南省	187	6.23
河北省	174	5.79
四川省	143	4.76
上海市	125	4.16
湖北省	124	4.13
陕西省	104	3.46
辽宁省	90	3.00
安徽省	89	2.96
福建省	82	2.73
云南省	76	2.53
湖南省	67	2.23
山西省	66	2.20
江西省	55	1.83
重庆市	54	1.80
黑龙江	45	1.50
吉林省	45	1.50
贵州省	43	1.43
甘肃省	42	1.40
广西	42	1.40
新疆	40	1.33
内蒙古	36	1.20
天津市	32	1.07
宁夏	14	0.47
青海省	6	0.20
海南省	5	0.17
西藏	1	0.03

（2）按投诉汽车类型分析

统计显示，2016 年消费者投诉最多的是紧凑车型，占总投诉量的 37.23%，同比 2015 年略有上升。SUV 车型投诉比例也很高，占 28.54%；中级车型投诉占 12.69%；小型车投诉占 8.82%；高级车投诉占近 6%；MPV 车型投诉占 4.06%；混合动力及电动车型投诉占 1.13%。（见图 9）

五、汽车用户的投诉要求、售后表现

用户投诉要求分析

统计显示，2016 年搜狐汽车投诉平台消费者投诉提出的要求中，要求把车修理好的占 19.71%；要求更换配件的占 23.21%；要求退换车辆的占 8.03%；要求召回车辆的占 13.82%；要求赔偿的占 15.18%；要求退订金 / 定金的占 8.52%。（见图 10）

六、汽车品牌及具体车型分析

1. 汽车品牌分析

分析表明，在 2016 年搜狐汽车投诉中心数据中，合资品牌的投诉占 68% 左右，其中以上汽通用、上海大众、一汽大众、长安福特、东风日产等汽车厂家的投诉最多，一方面体现出以上汽车厂商的市场保有量比较大，但也不能忽视其本身质量存在的缺陷；在国产汽车品牌中，长安汽车、比亚迪汽车均在投诉前十位以内。(见图 11）

2. 汽车国别分析（见图 12）

3. 具体车型分析

分析表明，2016 年搜狐汽车投诉平台中有许多因同一故障引发的集体投诉，如自动变速箱问题，发动机异响、烧机油问题，正时系统张紧器问题以及变速箱模块问题等。

表 2

品牌	车型	投诉热点
上海通用	科鲁兹	变速箱控制模块
	君越	自动变速箱故障
	凯越	仪表板翘起
上海大众	朗逸	发动机异响
	斯柯达明锐	水泵漏水、制动异响
	帕萨特	DSG 变速箱故障
一汽大众	迈腾	双离合变速箱故障
	速腾	后悬架变形
长安福特	福克斯	变速箱异响、漏油、
	致胜	自动变速箱故障、变速箱漏油
	翼虎	轮胎起皮、制动异响
东风日产	轩逸	烧机油
	天籁	变速箱低温保护
比亚迪	F3	车体锈蚀
一汽丰田	卡罗拉	变速箱异响

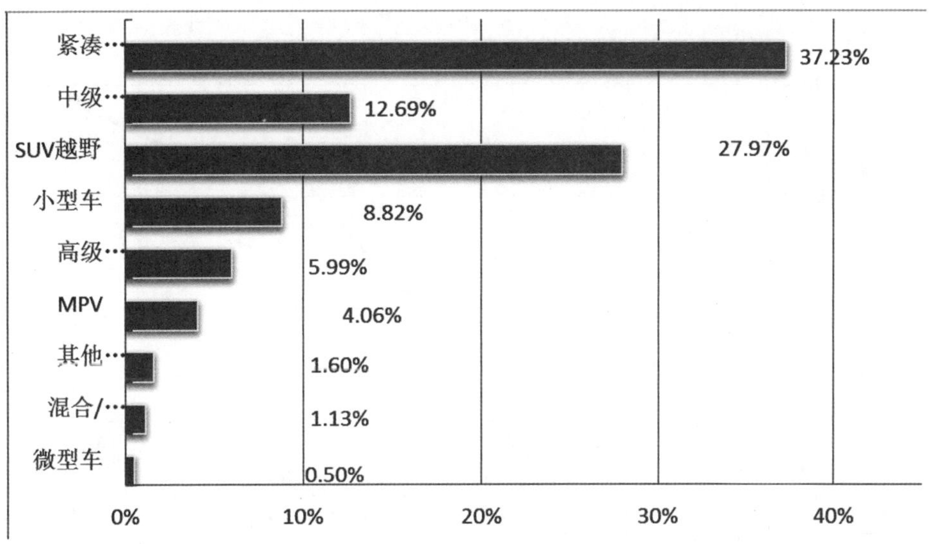

紧凑…
中级…
SUV越野
小型车
高级…
MPV
其他…
混合/…
微型车
37.23%
12.69%
27.97%
8.82%
5.99%
4.06%
1.60%
1.13%
0.50%
0%
10%
20%
30%
40%

25%
20%
15%
10%
5%
0%
要求延保 1.03%
赔礼道歉 1.93%
其他 3.40%
合格证/发票 5.16%
退换车 8.03%
订金/定金 8.52%
要求召回 13.82%
赔偿费用 15.18%
提出维修 19.71%
提出更换 23.21%

450
410
370
330
290
250
210
170
130
90
50
10
投诉量
上汽通用 415
上海大众 265
长安福特 210
一汽大众 199
东风日产 107
比亚迪 104
长安轿车 93
东风标致 92
一汽奥迪 77
吉利汽车 73

图 9

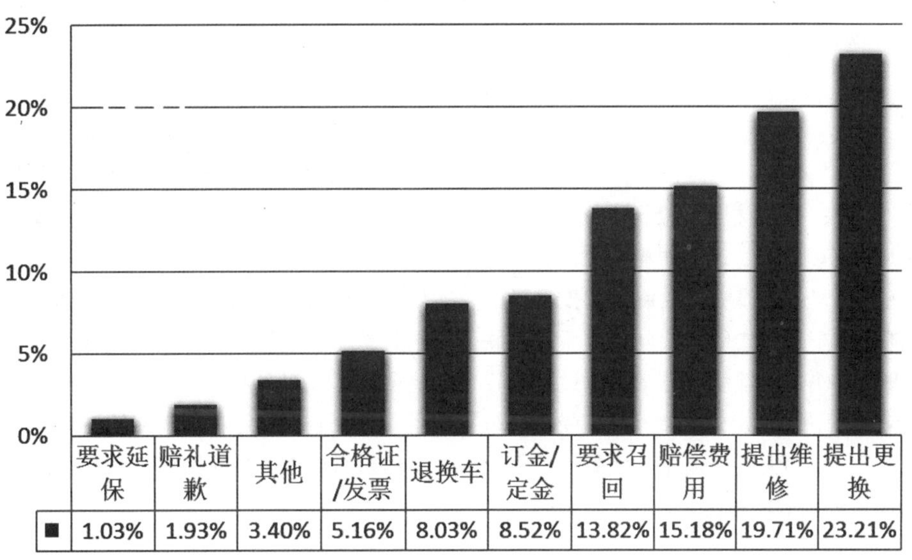

图 10

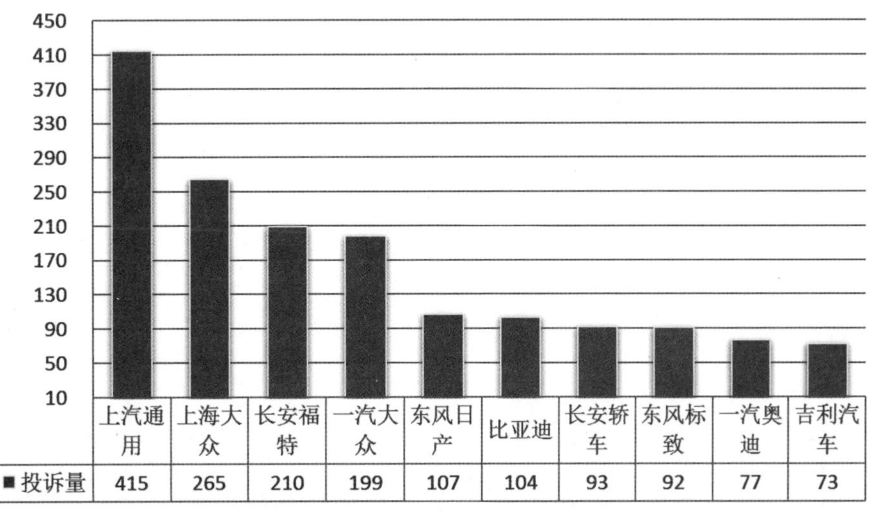

图 11

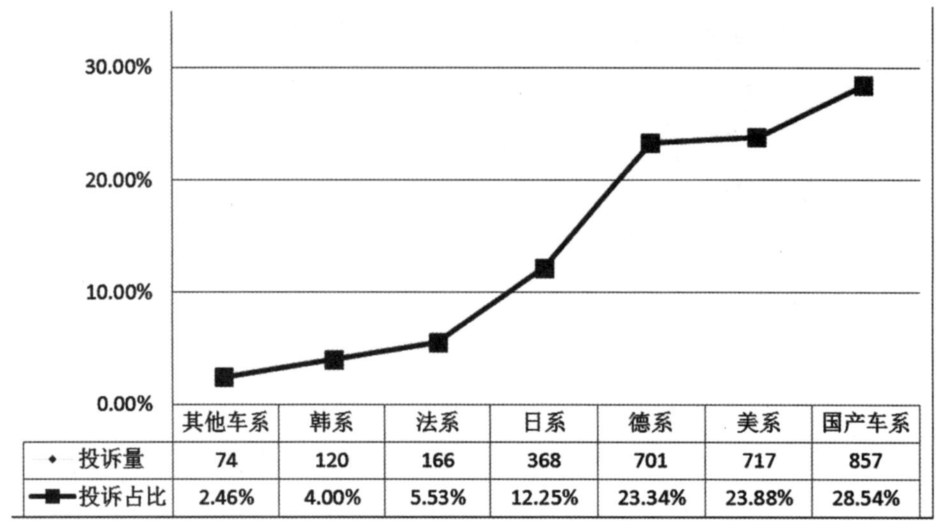

	其他车系	韩系	法系	日系	德系	美系	国产车系
投诉量	74	120	166	368	701	717	857
投诉占比	2.46%	4.00%	5.53%	12.25%	23.34%	23.88%	28.54%

图 12

七、结语

分析表明，2016 年搜狐汽车投诉平台的投诉量比 2015 年减少 784 宗，有效投诉达到 3003 宗。总结 2016 年各类投诉，可以看到，产品质量、商家诚信是投诉的主要问题，合资品牌投诉量始终占到投诉量的 68% 以上。大部分汽车企业均能在收到投诉后及时联系车主协调处理，并快速反馈解决方案。超过一半投诉能在 10 天内获得解决方案。这些提升主要受益汽车三包政策的实施，厂商加大了提高服务质量的投入，完善服务流程，使得处理效率同比去年有了较大提升。在服务投诉方面，主要集中在销售欺诈、保养欺诈、汽车金融欺诈等各类欺诈行为，以及服务态度差、费用不合理、维修技术差等问题上。服务问题多是由质量问题或其它因素引发，如经销商对车辆故障多次维修，但始终无法给出故障原因和解决方案；对于很多同款型车辆出现的通病等，厂家与经销商不能正视问题所在，仅以各种理由来搪塞，最终导致了投诉的产生；如果企业能够在经销商的管理方面做得更好的话，相信可以减少不少的投诉纠纷。

第11部类

汽车生产

DISHIYIBULEI | QICHESHENGCHAN

中国汽车工业生产综述

2016年汽车工业发展形势分析

中国汽车工业协会 陈士华 雷 滨

2016年是“十三五”开局之年，在改革创新深入推进和宏观政策效应不断释放的共同作用下，国民经济保持了总体平稳、稳中有进、稳中向好的发展态势。受此影响，汽车行业加大供给侧改革力度，产品结构调整和更新步伐持续加快，产销增速呈逐月增高态势，尤其是6月后同比更是呈现快速增长。2016年，汽车产销2811.88万辆和2802.82万辆，保持全球第一，行业经济效益指标也呈明显增长。总体而言，2016年，汽车工业发展大致呈现以下特点：

一、2016年汽车工业产销形势分析

1．*产销呈现快速增长势头，下半年增速更为明显*

2016年，汽车产销2811.88万辆和2802.82万辆，产销同比增速重回两位数较快增长，分别达到14.46%和13.65%，增幅比上年提升11.21个百分点和8.97个百分点。其中乘用车产销2442.07万辆和2437.69万辆，同比增长15.50%和14.93%，增幅比上年提升9.72个百分点和7.63个百分点；商用车产销369.81万辆和365.13万辆，同比增长8.01%和5.80%，结束了2014年以来连续两年下降趋势。

从2016年全年汽车产销变化情况来看，除2月同比略有下降外，其他各月同比均呈不同程度增长，7月-11月各月同比增速均超过15%，明显好于上半年。2016年月均产销234.32万辆和233.57万辆，创历史新高，分别高于上年29.59万辆和28.06万辆。

值得一提的是，2016年汽车产销快速增长，主要得益于1.6升及以下小排量乘用车购置税减半政策，受此影响，乘用车产销增长贡献度达到92.28%和94.06%，其中1.6升及以下小排量乘用车对于汽车产销增长贡献度分别达到88.74%和92.03%。但从汽车工业长期发展趋势来看，在产销规模超过2000万辆之后，总体呈现小幅且平稳增长，符合我国汽车工业发展的客观规律。

2．*乘用车市场需求比上年明显增长，总体呈现多元化发展格局*

①乘用车产销再创新高，中国品牌保持较快增长

2016年，乘用车产销双双超过2400万辆，再创历史新高，占汽车产销比重分别达到86.85%和86.97%，分别高出上年0.88个百分点和1个百分点。随着消费升级和产品更新步伐的加快，运动型多用途乘用车（SUV）依然受到市场追捧，多功能乘用车（MPV）也赢得更多家庭的青睐，相比较而言，基本型乘用车（轿车）占比仍呈逐年减缓态势，而交叉型乘用车（传统微型客车）表现依然低迷，2016年，交叉型乘用车产销66.59万辆和68.35万辆，同比下降38.32%和37.81%，降幅分别比上年扩大21.40个百分点和20.34个百分点，自2011年以来，连续6年呈现下降趋势。

此外，在购置税优惠政策的刺激下，1.6升及以下小排量乘用车品种继续保持较快增长。2016年，该系列品种共销售1760.70万辆，自2012年起，连续五年销量超过千万辆，同比增长21.36%，增幅比上年提升10.98个百分点，占乘用车销售总量的72.23%，占有率比上年提升3.62个百分点，对于乘用车销量增长贡献度高达97.85%。为了给消费者购车提供更多选择，汽车企业也进一步加大产品创新和研发投入，发动机及变速器等关键零部件均取得了技术上的突破，同时也增强了市场精细化和精准化营销策略，可以预见，在今后乃至更长一段时间，作为中国消费者最喜爱的“国情车”、“国民车”，1.6升及以下小排量乘用车品种仍将稳居市场主导地位。

2016年，借助SUV和MPV快速增长，中国品牌乘用车也继续保持了增长势头，共销售1052.86万辆，首次超过千万辆，同比增长20.50%，增幅高于上年5.23个百分点，高于同期行业增幅5.57个百分点；占乘用车销售总量的43.19%，占有率比上年提高2个百分点。尽管中国品牌乘用车近年来取得了长足的进步，但在中高端产品方面与合资品牌仍有较大差距，同时多数中国品牌乘用车企业成本居高不下，利润率不高，且融资渠道单一，这都在很大程度上制约了中国品牌向上突围发展。

2016年，外国品牌乘用车共销售1384.83万辆，同比增长11.63%，占乘用车销售总量的56.81%，占有率比上年减少1.86个百分点。其中：德系、日系、美系、韩系和法系乘用车分别销售451.03万辆、379.15万辆、296.46万辆、179.20万辆和64.40万辆，分别占乘用车销售总量的18.50%、15.55%、12.16%、7.35%和2.64%。与上年同期相比，上述外国品牌市场占有率均呈一定下降。

2016年，销量排名前十家的乘用车生产企业分别是：上汽大众、上汽通用、上汽通用五菱、一汽大众、长安汽车、北京现代、东风日产、长城汽车、长安福特和吉利控股，分别销售200.02万辆、188万辆、187.82万辆、187.24万辆、121.96万辆、114.20万辆、111.79万辆、96.89万辆、94.38万辆和79.92万辆，与上年同期相比，上述十家企业销量均呈增长，其中吉利控股和长城汽车增速更快。2016年，十家企业共销售1382.22万辆，占乘用车销售总量的56.70%。

② 基本型乘用车（轿车）销量小幅回升，外国品牌依然占据主导

2016年，基本型乘用车（轿车）产销1211.13万辆和1214.99万辆，同比增长3.91%和3.44%；占乘用车比重首次跌破50%，分别为49.59%和49.54%，比上年分别下降5.59个百分点和5.88个百分点。

从轿车分排量细分品种销售情况来看，1.6升及以下品种依旧占最大比重，共销售977.12万辆，同比增长10.47%，占轿车销售总量的80.42%。1.6升-2.5升以上各系列品种比上年均呈较快下降。其中1.6升＜排量≤2.0升系列共销售215.87万辆，同比下降16.66%，2.0升＜排量≤2.5升系列共销售18.27万辆，同比下降33.77%。2.5升以上各系列品种市场表现略好于上年，共销售3.73万辆，同比增长9.57%。

随着轿车市场消费升级的加大，自动档轿车保持了较快增长势头，2016年，自动档轿车共销售661.81万辆，同比增长15.79%；手动档轿车则有所下降，共销售474.47万辆，同比下降8.85%。此外，三厢轿车所占比重依然最大，共销售1069.82万辆，同比增长4.59%，占轿车销售总量的88.05%。两厢轿车共销售144.73万辆，同比下降4.59%。

2016年，新能源轿车继续保持了快速增长，尤其是纯电动轿车，随着国产纯电动轿车质量不断提升，充电桩设施不断完善，市场需求呈现旺盛增长势头。2016年，新能源轿车（汽车整车生产企业口径）共销售28.96万辆，同比增长60.97%。其中：纯电动轿车共销售24.07万辆，同比增长75.15%；插电式混合动力轿车共销售4.89万辆，同比增长15.10%。

2016年，中国品牌轿车市场占有率依然明显低于外国品牌，共销售234万辆，同比下降3.72%，占轿车销售总量的19.26%，占有率比上年下降1.43个百分点。外国品牌轿车继续保持明显优势，其中德系、日系、美系、韩系和法系轿车分别销售375.70万辆、234.81万辆、202.13万辆、118.84万辆和44.54万辆，占轿车销售总量的30.92%、19.33%、16.64%、9.78%和3.67%。与上年同期相比，法系轿车销量明显下降，韩系降幅略低，其他外国品牌轿车均呈增长，德系增速更快。

2016年，月均销量超过1万辆的轿车品牌共有33个，共销售703.48万辆，占轿车销售总量的57.90%。其中中国品牌共有5个，但只有帝豪进入销量前十，其他均为外国品牌。德系品牌最多，共有12个，美系、日系均为6个，韩系品牌有4个。2016年，轿车销量排名前十位的品牌依次为：朗逸、英朗、轩逸、

捷达、速腾、桑塔纳、卡罗拉、福睿斯、朗动和帝豪，分别销售 47.89 万辆、37.04 万辆、36.80 万辆、34.84 万辆、34.13 万辆、31.83 万辆、30.65 万辆、29.69 万辆、25.38 万辆和 24.10 万辆，与上年同期相比，朗动销量略有下降，其他九个品牌均呈较快增长。2016 年，上述十个品牌共销售 332.35 万辆，占轿车销售总量的 27.35%。

2016 年，销量排名前十位的中国品牌轿车依次为：帝豪、逸动、远景、F3、艾瑞泽 5、悦翔、奔腾、荣威 360、金刚和博瑞。分别销售 24.10 万辆、15.64 万辆、13.77 万辆、13.01 万辆、12.92 万辆、10.84 万辆、8.34 万辆、8.27 万辆、6.34 万辆和 5.18 万辆，与上年同期相比，逸动、F3、悦翔和奔腾销量有所下降，其他品牌各有增长，其中荣威 360 和博瑞增速更为明显。2016 年，上述十个品牌共销售 118.41 万辆，占轿车销售总量的 9.75%，占中国品牌轿车销售总量的 50.60%。

2016 年，销量排名前十位的轿车生产企业依次为：上汽大众、一汽大众、上汽通用、北京现代、东风日产、长安福特、吉利控股、一汽丰田、神龙汽车和东风悦达起亚，分别销售 168.50 万辆、165.40 万辆、135.87 万辆、75.75 万辆、70.26 万辆、66.26 万辆、56.47 万辆、48.78 万辆、44.17 万辆和 43.10 万辆，与上年同期相比，神龙汽车销量下降较明显，东风悦达起亚和北京现代降幅略低，其他企业均呈增长，上汽大众、一汽大众和吉利控股增速居前。2016 年，上述十家企业共销售 874.56 万辆，占轿车销售总量的 71.98%。

③ 运动型多用途乘用车（SUV）增势依然明显，中国品牌占有率继续提升

2016 年，运动型多用途乘用车（SUV）延续了上年快速增长势头，累计销量超过 900 万辆，达到 904.70 万辆，再创历史新高，同比增长 44.59%，增速比上年有所减缓，高于乘用车行业总体增幅 29.66 个百分点；占乘用车销量比重达到 37.11%，比上年提升 7.69 个百分点。

2016 年，中国品牌 SUV 市场占有率比上年继续提升，共销售 526.75 万辆，同比增长 57.57%；占 SUV 销售总量的 58.22%，占有率比上年提升 4.80 个百分点。日系、美系、德系、韩系和法系 SUV 分别销售 132.18 万辆、86.37 万辆、69.60 万辆、60.36 万辆和 19.86 万辆，占 SUV 销售总量的 14.61%、9.55%、7.69%、6.67% 和 2.20%，与上年同期相比，法系 SUV 销量略有下降，其他外国品牌呈较快增长，但增幅均低于同期中国品牌。

2016 年，销量排名前十位的 SUV 品牌依次为：哈弗 H6、传祺 GS4、宝骏 560、昂科威、途观、CS75、瑞风 S3、哈弗 H2、本田 CRV 和奇骏，分别销售 58.07 万辆、32.70 万辆、32.16 万辆、27.54 万辆、24.05 万辆、20.94 万辆、19.79 万辆、19.69 万辆、18.03 万辆和 18.02 万辆，与上年同期相比，途观销量略有下降，其他品牌呈不同程度增长，其中传祺 GS4 和宝骏 560 增速尤为显著。2016 年上述十个品牌共销售 270.99 万辆，占 SUV 销售总量的 29.95%。

2016 年，在 SUV 细分品种中，1.6 升及以下小型 SUV 品种表现依然最为突出，共销售 496.39 万辆，同比增长 77.05%，占 SUV 销售总量的 54.86%，比上年高出 9.79 个百分点。1.6 升＜排量≤ 2.0 升和 2.5 升＜排量≤ 3.0 升也呈较快增长，分别销售 351.47 万辆和 7.69 万辆，同比增长 33.06% 和 62.65%。2.0 升＜排量≤ 2.5 升和 3.0 升以上品种销量均呈明显下降，分别销售 47.06 万辆和 2.08 万辆，同比下降 35.57% 和 38.59%。

2016 年，销量排名前十位的 SUV 生产企业依次为：长城汽车、长安汽车、上汽通用、东风日产、北京现代、广汽乘用车、东风本田、上汽通用五菱、长安福特和江淮股份，分别销售 93.80 万辆、54.07 万辆、44.17 万辆、41.53 万辆、38.45 万辆、34.39 万辆、34.22 万辆、32.16 万辆、28.12 万辆和 27.57 万辆，与上年同期相比，长安福特和江淮股份销量增速略低，其他八家企业均呈快速增长，其中上汽通用五菱和广汽乘用车增速最为明显。2016 年，上述十家企业共销售 428.48 万辆，占 SUV 销售总量的 47.36%。

④ 多功能乘用车（MPV）保持较快增长，中国品牌稳居市场主导

2016 年，多功能乘用车（MPV）共销售 249.65 万辆，同比增长 18.38%，增幅比上年提升 8.33 个百分点。其中：中国品牌 MPV 共销售 223.76 万辆，同比增长 19.93%；占 MPV 销售总量的 89.63%，占有率比上年同期提升 1.15 个百分点。日系、美系和德系分别销售 12.16 万辆、7.96 万辆和 5.73 万辆，分别占 MPV 销售总量 4.87%、3.19% 和 2.30%，与上年同期相比，日系 MPV 销量略降，美系微增，德系呈较快增长。

在销量排名前十位的 MPV 品牌中，有 9 个为中国品牌，依然稳居市场主导。2016 年，销量排名前十

位的MPV品牌依次为：五菱宏光、宝骏730、欧诺、威旺、欧尚、幻速H3、风光330、菱智、别克GL8和S500，分别销售65万辆、37.02万辆、15.26万辆、12.09万辆、11.82万辆、10.66万辆、9.80万辆、9.07万辆、7.96万辆和7.17万辆，与上年同期相比，菱智和威旺销量降幅居前，风光330和五菱宏光小幅下降，其他品牌均呈一定增长，其中欧尚、S500和幻速H3增速最快。2016年，上述十个品牌共销售185.85万辆，占MPV销售总量的74.44%。

2016年，在MPV分排量细分品种中，1.6升及以下小排量品种依然占最大比重，共销售219.63万辆，同比增长24.31%，占MPV销售总量的87.98%，占有率比上年提升3.64个百分点。1.6升＜排量≤2.0升系列销售14.07万辆，同比增长17.15%；2.0升＜排量≤2.5升系列销售14.31万辆，同比下降27.71%；2.5升以上系列销售1.65万辆，同比下降31.54%。

2016年，销量排名前十位的MPV生产企业依次为：上汽通用五菱、东风汽车、长安汽车、北汽银翔、北汽股份、上汽通用、金杯汽车、江淮股份、东风本田和奇瑞汽车，分别销售103.78万辆、35.09万辆、27.80万辆、15.39万辆、10.11万辆、7.96万辆、7.32万辆、6.45万辆、6.31万辆和6.18万辆，与上年同期相比，上述十家企业销量均呈增长，其中金杯汽车、北汽银翔和长安汽车增速更为明显。2016年，上述十家企业共销售226.39万辆，占MPV销售总量的90.68%。

3. 商用车产销结束下降趋势，货车贡献度最大

① 商用车产销小幅增长，前十企业依旧保持较高市场占有率

2016年，受宏观经济形势趋稳向好影响，商用车产销形势明显好于前两年，月均产销量分别为30.82万辆和30.43万辆，比上年增加2.29万辆和1.67万辆。在商用车主要品种中，与上年相比，货车产销结束下降，呈一定增长，其中半挂牵引车销售38.80万辆，同比增长55.08%，表现最为突出；客车则结束上年增长，呈一定下降。

从商用车燃料类型细分品种销售情况来看，柴油汽车仍占最大比重，共销售264.67万辆，同比增长9.11%，占商用车销售总量的72.49%；汽油车比上年小幅下降，共销售84.65万辆，同比下降6.32%；天然气车则呈明显下降，共销售1.88万辆，同比下降41.96%。此外，新能源商用车各品种市场表现不一，其中纯电动商用车共销售12.21万辆，同比增长78.13%，插电式混合动力商用车共销售1.70万辆，同比下降7.12%。

2016年，商用车销量排名前十家企业依次为：北汽福田、东风汽车、江淮股份、上汽通用五菱、一汽集团、江铃控股、中国重型、重庆力帆、长安汽车和金杯汽车，分别销售48.09万辆、44.37万辆、27.08万辆、26.28万辆、23.95万辆、23.49万辆、19.99万辆、17.89万辆、16.02万辆和12.26万辆。与上年同期相比，金杯汽车销量呈较快下降，其他企业均呈增长，其中一汽集团和中国重型增速居前。2016年，上述十家企业共销售259.42万辆，占商用车销售总量的70.15%。

② 货车产销呈恢复性增长，重型货车表现最为突出

2016年，随着公路货运的快速增长以及"治超"和环保政策的加严，促进了中、重型运输车更新需求，尤其是半挂牵引车更成为市场的宠儿，另外，城市物流特别是快递业的迅猛发展，也在很大程度上带动了微型货车的需求。受此影响，2016年，货车（含货车非完整车辆，重型货车中还包括半挂牵引车）产销结束下降趋势，呈一定增长，产销分别达到315.11万辆和310.79万辆，同比增长11.23%和8.82%。从货车月度销量变化情况来看，除1月和6月同比小幅下降外，其他各月同比均呈增长，其中8月后不仅连续五个月保持了环比增长，而且月度同比增速均保持在10%以上。

2016年，在四大类货车品种中，重型货车产销增长最为明显，分别达到74.14万辆和73.29万辆，同比增长38.29%和33.08%。中型和微型货车也呈较快增长，其中：中型货车产销23.14万辆和22.91万辆，同比增长13.43%和14.29%；微型货车产销62.82万辆和60.61万辆，同比增长16.51%和10.96%。轻型货车降幅比上年略有收窄，产销分别达到155.02万辆和153.98万辆，同比下降0.23%和1.20%，降幅比上年收窄6.26个百分点和5.06个百分点。

2016年，货车骨干企业市场集中度总体继续保持了较高水平。其中销量排名前十位的重型货车生产企业分别是：一汽集团、东风汽车、中国重型、陕汽集团、北汽福田、江淮股份、成都大运、上汽依维柯红岩、安徽华菱和北奔重型。分别销售14.80万辆、14.26万辆、12.29万辆、10.81万辆、7.85万辆、4.29万辆、2.36万辆、1.55万辆、1.45万辆和1万辆。与上年同期相

比，上述十家企业销量均呈不同程度增长，其中一汽集团和上汽依维柯红岩增速更为明显。2016 年，上述十家企业共销售 70.66 万辆，占重型货车销售总量的 96.41%。

销量排名前十位的中型货车生产企业分别是：重庆力帆、东风汽车、一汽集团、江淮股份、庆铃汽车、成都大运、中国重型、北汽福田、四川现代和唐骏欧铃。分别销售 6.97 万辆、5.65 万辆、3.72 万辆、1.49 万辆、1.32 万辆、1.12 万辆、0.78 万辆、0.56 万辆、0.45 万辆和 0.28 万辆。与上年同期相比，四川现代、庆铃汽车、唐骏欧铃、一汽集团和北汽福田五家企业销量有所下降，其他企业各有增长，其中江淮股份增速更快。2016 年，上述十家企业共销售 22.34 万辆，占中型货车销售总量的 97.51%。

销量排名前十位的轻型货车生产企业分别是：北汽福田、江淮股份、江铃控股、东风汽车、长城汽车、重庆力帆、中国重型、长安汽车、金杯汽车和庆铃汽车。分别销售 26.95 万辆、18.49 万辆、16.61 万辆、12.75 万辆、10.56 万辆、7.49 万辆、7.01 万辆、6.52 万辆、5.63 万辆和 5.37 万辆。与上年同期相比，金杯汽车、重庆力帆和庆铃汽车销量明显下降，江铃控股略有下降，其他六家企业呈一定增长，中国重型增速更明显。2016 年，上述十家企业共销售 117.38 万辆，占轻型货车销售总量的 76.23%。

销量排名前十位的微型货车生产企业分别是：上汽通用五菱、长安汽车、北汽福田、东风汽车、重庆力帆、四川现代、奇瑞汽车、金杯汽车、山东凯马和一汽集团。分别销售 25.20 万辆、8.50 万辆、8.18 万辆、7.11 万辆、2.69 万辆、2.54 万辆、1.78 万辆、1.56 万辆、1.56 万辆和 0.80 万辆。与上年同期相比，东风汽车和奇瑞汽车销量均呈两位数较快增长，表现总体好于其他八家企业。2016 年，上述十家企业共销售 59.92 万辆，占微型货车销售总量的 98.86%。

③ 客车产销有所下降，轻型客车降幅最为明显

2016 年，客车（含客车非完整车辆）产销依然呈一定下降，分别为 54.69 万辆和 54.34 万辆，同比下降 7.44% 和 8.73%，降幅比上年扩大 4.75 个百分点和 6.83 个百分点。从客车月度销售情况来看，各月同比均呈下降，其中 2 月、5 月、7 月和 10 月降幅更为明显。

从客车产品市场表现来看，2016 年，城市客车需求呈明显增长，因此带动了中型客车产销快速增长，2016 年，中型客车产销 9.90 万辆和 9.94 万辆，同比增长 26.60% 和 26.07%。大型客车继续呈小幅增长，产销分别为 9.02 万辆和 9.04 万辆，同比增长 5.23% 和 6.91%。轻型客车降幅比上年明显扩大，产销分别为 35.77 万辆和 35.36 万辆，同比下降 16.22% 和 18.14%，降幅比上年扩大 12.19 个百分点和 15.64 个百分点。

2016 年，大型客车销量排名前十位的生产企业依次为：郑州宇通、比亚迪汽车、苏州金龙、金龙联合、北汽福田、中通客车、厦门金旅、扬州亚星、上海申龙和安徽安凯，分别销售 2.54 万辆、1.07 万辆、0.87 万辆、0.82 万辆、0.71 万辆、0.67 万辆、0.60 万辆、0.49 万辆、0.28 万辆和 0.24 万辆。与上年同期相比，苏州金龙、安徽安凯和厦门金旅销量呈较快下降，郑州宇通和金龙联合略有下降，其他五家企业呈不同程度增长，其中比亚迪汽车和扬州亚星增速最为明显。2016 年，上述十家企业共销售 8.29 万辆，占大型客车销售总量的 91.76%。

中型客车销量排名前十位的生产企业依次为：郑州宇通、东风汽车、江淮股份、中通客车、苏州金龙、厦门金旅、安徽安凯、金龙联合、一汽丰田和比亚迪汽车，分别销售 3.80 万辆、1.26 万辆、0.67 万辆、0.59 万辆、0.59 万辆、0.50 万辆、0.47 万辆、0.32 万辆、0.27 万辆和 0.26 万辆。与上年同期相比，苏州金龙、金龙联合和一汽丰田销量有所下降，其他企业均呈增长，中通客车和厦门金旅增速更为显著。2016 年，上述十家企业共销售 8.73 万辆，占中型客车销售总量的 87.81%。

轻型客车销量排名前十位的生产企业依次为：江铃控股、金杯汽车、南京依维柯、北汽福田、东风汽车、上汽大通、金龙联合、保定长安、厦门金旅和江淮股份，分别销售 7.01 万辆、5.33 万辆、3.71 万辆、3.06 万辆、2.88 万辆、2.71 万辆、2.08 万辆、1.92 万辆、1.16 万辆和 1.14 万辆。与上年同期相比，上汽大通和江铃控股销量呈两位数较快增长，北汽福田增速略低，其他企业有所下降。2016 年，上述十家企业共销售 31 万辆，占轻型客车销售总量的 87.67%。

4. 汽车企业出口同比降幅明显收窄，商用车表现依然低迷

2016 年，汽车出口仍然面临较为严峻的形势，但国内主要企业积极应对，特别是加大了乘用车细分品种市场营销和推广力度，因而乘用车出口结束了下降，呈较快增长，也带动了汽车出口整体降幅收窄。2016

年，据中汽协会对行业内整车企业报送的出口数据统计，汽车企业共出口 70.83 万辆，同比下降 2.74%，降幅比上年收窄 17.27 个百分点。从月度出口变化情况来看，1-5 月出口表现仍然低迷，但 8 月后月度同比呈明显增长，此后各月出口同比均呈增长，带动全年出口降幅明显收窄。

2016 年，乘用车共出口 47.71 万辆，同比增长 11.54%。在四大类乘用车出口品种中，与上年同期相比，多功能乘用车（MPV）和运动型多用途乘用车（SUV）出口呈快速增长，分别出口 1.21 万辆和 19.10 万辆，同比增长 56.11% 和 51.08%。基本型乘用车（轿车）降幅明显收窄，共出口 23.51 万辆，同比下降 0.97%，降幅比上年收窄 23.64 个百分点。交叉型乘用车降幅比上年有所扩大，共出口 3.89 万辆，同比下降 30.74%，降幅比上年扩大 22.39 个百分点。商用车出口表现依然低迷，共出口 23.12 万辆，同比下降 23.07%。在商用车主要出口品种中，与上年同期相比，五大类商用车品种出口量均呈明显下降，其中客车非完整车辆和半挂牵引车降幅更为显著。

2016 年，从汽车出口企业表现来看，上汽集团超过奇瑞，出口呈较快增长，此外，在出口量排名前十企业中，中国长安也呈快速增长，表现也明显好于其他企业。2016 年，出口量位居前十位的企业依次为：上汽、奇瑞、北汽、华晨、江淮、力帆、东风、长安、重汽和吉利，分别出口 12.05 万辆、8.81 万辆、7 万辆、6.78 万辆、5.70 万辆、4.35 万辆、4.17 万辆、3.67 万辆、2.66 万辆和 2.31 万辆。2016 年，上述十家企业共出口 57.50 万辆，占汽车企业出口总量的 81.18%。

5. 新能源汽车产销在高速回落，私人购车比例明显增加

2016 年，随着市场需求不断扩大，新能源汽车逐渐从商用车转向乘用车，从公交走向城市物流。与此同时，在充电设施不断完善，产品线不断丰富的促进下，私人购车比例也明显增加。以北京市场为例，在市场需求快速增长的带动下，总体呈现供需两旺的局面，一些热销产品甚至出现供不应求。在国内其他一些大中城市，新能源汽车也正逐渐走进寻常百姓家。虽然受国家治理骗补影响，二季度增速趋缓，全年产销增速总体在高速中减缓，但仍然保持了快速增长势头。

据中汽协会根据企业上报的新能源汽车（含改装车）产销数据统计，2016 年，新能源汽车累计产销双双超过 50 万辆，分别达到 51.66 万辆和 50.66 万辆，比上年分别增长 51.73% 和 53.01%。其中纯电动汽车产销分别完成 41.73 万辆和 40.87 万辆，比上年分别增长 63.87% 和 65.14%，占新能源汽车比重分别为 80.78% 和 80.68%，比上年提升 6.01 个百分点和 5.93 个百分点；插电式混合动力汽车产销分别完成 9.93 万辆和 9.79 万辆，比上年分别增长 15.71% 和 17.11%。与上年相比，增速均明显放缓。

二、2016 年全国汽车商品进出口形势分析

2016 年，世界经济增长依然乏力，发达经济体持续低迷，私人投资放缓，消费需求疲弱；新兴经济体增长虽缓中趋稳，但分化态势加剧，部分经济体经济结构单一，财政赤字偏高等结构性问题未得到根本改善。为此，国家有关部门加强了风险防范和预警机制，帮助出口企业有效规避了汇率波动、经济下滑的不利影响；出口企业也加大了产品营销力度，同时海外并购的力度不减，产品品质也不断提升，因而我国汽车商品出口在 2016 年降幅比上年有所减缓。此外，受国内市场需求快速回升的刺激，整车进口降幅同比也大幅收窄。据中国汽车工业协会编辑整理的根据海关总署提供的汽车商品进出口数据显示，2016 年，汽车商品进出口总额 1564 亿美元，同比下降 0.62%，降幅比上年收窄 13.34 个百分点。具体而言，2016 年汽车商品进、出口大致呈现以下特点：

1. 汽车商品进口情况分析

① 汽车商品进口金额同比呈小幅增长，前十国进口金额占比维持较高水平

2016 年，汽车商品进口结束下降趋势，呈小幅增长。累计进口金额 797.46 亿美元，同比增长 3.13%。从全年汽车商品进口金额变化情况来看，除 1 月外，各月进口表现总体好于同期，10 月后连续三个月月度同比较快增长，促进了全年汽车商品进口金额同比止跌回升。

在七大类汽车进口商品中，汽车整车进口金额降幅明显收窄，共进口 449.47 亿美元，同比下降 0.31%，降幅比上年收窄 25.67 个百分点。摩托车进口占比虽较低，但增速依然最快，其中 800ml 以上大排量品种表现最为突出，2016 年，该系列进口量首次超过万辆，达到 1.04 万辆，占摩托车进口总量的 49.52%；进口金额超过 1 亿美元，达到 1.30 亿美元，占摩托车进口总额的 71.43%。此外，在四大类零部件品种中，除汽车、摩托车轮胎进口金额同比小幅下降外，其他三大类品

种均呈不同程度增长，总体表现也好于上年。

2016 年，汽车商品排名前十位的进口来源国依次是：德国、日本、美国、英国、韩国、斯洛伐克、匈牙利、墨西哥、意大利和泰国，分别进口 217.29 亿美元、159.10 亿美元、145.56 亿美元、66.47 亿美元、53.76 亿美元、19 亿美元、15.55 亿美元、14.60 亿美元、13.10 亿美元和 9.71 亿美元。与上年相比，我国自墨西哥进口商品金额下降较快，韩国和英国降幅略低，其他国家呈不同程度增长，其中泰国和意大利增速更为明显。2016 年，我国自上述十国累计进口金额 714.14 亿美元，占汽车商品进口总额的 89.55%。

② 汽车整车进口降幅比上年明显收窄，轿车进口止跌回升

2016 年，国内汽车市场需求明显回升，汽车整车进口表现也好于上年，总量维持在百万辆规模，达到 107.70 万辆，同比下降 2.26%，降幅比上年收窄 20.47 个百分点。从各月汽车进口表现来看，1-4 月进口量同比均呈下降，5 月略有增长，6 月和 7 月小幅下降，8 月同比增长超过 25%，9 月呈明显下降，10 月后各月同比均呈增长。

2016 年，乘用车进口依然占最大比重，共进口 104.93 万辆，同比下降 3.61%，占汽车进口总量的 97.43%。在乘用车主要进口品种中，轿车进口止跌回升，达到 37.74 万辆，同比增长 7.07%。在轿车主要进口品种中，排量小于 1 升品种呈快速增长，共进口 2.31 万辆，同比增长 34.07%；1.5 升＜排量≤ 2.0 升系列也呈明显增长，共进口 19.69 万辆，同比增长 17.15%；2.5 升以上各系列品种继续下降，共进口 7.30 万辆，同比下降 11.45%。越野车进口 46.57 万辆，同比下降 1.27%，降幅比上年收窄 18.63 个百分点。在越野车细分品种中，4 升以上品种增速最为显著，共进口 1.31 万辆，同比增长 66.68%；1.5 升＜排量≤ 2.0 升增速居次，共进口 10.60 万辆，同比增长 10.25%；2.5 升＜排量≤ 3.0 升所占比重依旧最大，共进口 26.22 万辆，同比增长 3.92%，占越野车进口总量的 56.75%。小型客车表现依旧低迷，共进口 20.62 万辆，同比下降 22%。在小型客车细分品种中，3 升以上各系列品种呈较快增长，共进口 2.44 万辆，同比增长 30.10%；1.5 升＜排量≤ 2.0 升占比保持最高，共进口 12.81 万辆，同比下降 7.68%，占小型客车进口总量的 62.12%；上年呈迅猛增长的 1.5 升及以下小排量品种呈明显下降，共进口 0.54 万辆，同比下降 40.75%。

2016 年，汽车整车排名前十位的进口来源国依次是：日本、美国、德国、英国、匈牙利、斯洛伐克、墨西哥、法国、加拿大和比利时，分别进口 28.60 万辆、25.53 万辆、22.73 万辆、9.76 万辆、3.72 万辆、2.97 万辆、2.29 万辆、1.47 万辆、1.37 万辆和 1.28 万辆。与上年相比，我国自墨西哥进口汽车数量下降最快，法国和美国降幅略低，其他国家均呈增长，其中匈牙利和比利时增速更为明显。2016 年，我国自上述十国共进口汽车 99.72 万辆，占汽车整车进口总量的 92.59%。

③ 汽车零部件进口金额小幅增长，下半年总体表现好于同期

2016 年，汽车零部件进口也结束上年下降，呈一定增长。累计进口金额 345.96 亿美元，同比增长 7.89%。从月度汽车零部件进口金额变化情况来看，1 月同比降幅最为明显，2 月同比呈较快增长，3 月、5 月增速略低，4 月、6 月和 7 月微降，8 月后月度同比增速均呈两位数快速增长，表现明显好于其他各月。

在汽车零部件主要品种中，与上年同期相比，发动机结束了上年快速下降趋势，呈小幅增长，共进口 72.67 万台，同比增长 6.66%；进口金额 20.20 亿美元，同比增长 8.52%。汽车、摩托车轮胎进口金额降幅比上年有所收窄，共进口 5.68 亿美元，同比下降 3.28%，降幅比上年收窄 13.65 个百分点。汽车零件、附件及车身和其他汽车相关商品进口金额也结束上年下降，呈一定增长，分别进口 288.51 亿美元和 31.57 亿美元，同比增长 7.68% 和 11.83%。

2. 汽车商品出口情况分析

① 汽车商品出口金额降幅比上年略有收窄，进出口贸易再现逆差

2016 年，汽车出口形势依然较为严峻，出口商品金额降幅比上年虽有所收窄，但仍处于下行空间。2016 年，汽车商品累计出口金额 766.54 亿美元，同比下降 4.24%，降幅比上年收窄 0.82 个百分点。随着同期进口商品金额降幅明显减缓，进出口贸易再次呈现逆差，2016 年，我国汽车出口对外贸易逆差为 30.92 亿美元，总体竞争力仍然偏弱。

从月度汽车商品出口金额同比增长变化情况来看，1-2 月降幅较为明显，3 月、8 月和 11 月呈一定增长，其他各月降幅略低。

在七大类汽车出口商品中，只有发动机出口金额同比呈小幅增长，其他六大类品种均呈下降，其中汽车及半挂车降幅最为明显。

2016年，汽车商品排名前十位的出口目的国依次是：美国、日本、韩国、墨西哥、德国、伊朗、俄罗斯、英国、越南和泰国，出口金额分别为171.25亿美元、60.70亿美元、32.55亿美元、25.73亿美元、25.67亿美元、23.50亿美元、18.33亿美元、17.82亿美元、17亿美元和14.52亿美元。与上年相比，我国对越南出口商品金额下降最快，英国和日本略有下降，其他国家呈不同程度增长，伊朗增速居前。2016年，上述十个国家共出口金额407.07亿美元，占汽车商品出口总额的53.10%。

② 汽车整车出口量呈小幅增长，客车表现最为突出

2016年，汽车整车出口量结束上年下降，呈小幅增长，但整车出口金额仍呈一定下降，未出现明显好转。2016年，汽车整车共出口80.98万辆，同比增长7.19%；出口金额114.23亿美元，同比下降8.15%。出口单价1.41万美元，低于上年0.24万美元。从月度汽车出口量同比增长变化趋势来看，1月和2月下降较明显，3月、5月和7月微增，4月和6月略降，8月后同比呈较快增长。

在汽车整车出口主要品种中，客车同比增长明显，表现最为突出，轿车也结束上年下降，呈小幅增长，载货车依然呈下降趋势。2016年，上述三大类品种共出口66.24万辆，占汽车整车出口总量的81.80%，占比自2014年以来连续三年呈下降趋势。

2016年，客车共出口14.24万辆，同比增长20.26%。在客车主要品种中，小型客车（9座以下）出口量增速最为明显，共出口8.45万辆，同比增长42.64%，占客车出口总量的59.34%。大型客车（30≤座位）比上年小幅下降，共出口1.79万辆，同比下降6.58%；中轻型客车（10≤座位≤29座）同比缓中略降，共出口3.99万辆，同比下降0.04%。

轿车共出口33.41万辆，同比增长8.47%。在轿车细分品种中，与上年相比，2升及以上品种表现不佳，结束上年增长，呈较快下降，共出口1.19万辆，同比下降44.98%。小于2升各系列品种出口表现总体好于上年，其中1升及以下品种共出口1.76万辆，同比增长22.62%；1.5升＜排量≤2.0升共出口14.20万辆，同比增长21.75%；1.0升＜排量≤1.5升出口略有增长，共出口16.26万辆，同比增长4.62%。

载货车出口18.59万辆，同比下降15.05%。其中柴油载货车共出口14.24万辆，同比下降12.13%；汽油载货车共出口4.35万辆，同比下降23.28%。

③ 汽车零部件出口金额同比略有下降，贸易顺差比上年有所减少

2016年，汽车零部件出口金额比上年略有下降，累计出口金额602.50亿美元，同比下降2.69%；占汽车商品出口总额的78.60%，占有率比上年提升1.25个百分点。出口顺差达到256.54亿美元，比上年减少41.98亿美元。从月度汽车零部件出口金额同比变化情况来看，前2月同比降幅均超过10%，3月同比增幅为全年最高，4月、6月、7月、9月、10月、12月同比呈小幅下降，5月、8月、11月均呈增长，但增幅低于3月。

在四大类汽车零部件品种中，发动机出口金额增幅比上年略有减缓，2016年，发动机出口338.48万辆，同比下降0.06%；出口金额18.22亿美元，同比增长2.22%，增幅比上年减缓3.90个百分点。其他三大类零部件品种均呈小幅下降，其中汽车零件、附件及车身出口金额350.28亿美元，同比下降0.45%；汽车、摩托车轮胎出口金额117.70亿美元，同比下降7.05%；其他汽车相关商品出口金额116.30亿美元，同比下降5.34%。

④ 摩托车出口依然在低位运行，150-500ml中型排量品种呈明显增长

2016年，摩托车出口继续呈小幅下降，但降幅比上年有所收窄，累计出口813.46万辆，同比下降4.39%，降幅比上年收窄3.89个百分点；出口金额41.68亿美元，同比下降8%，降幅比上年收窄1.13个百分点。从全年摩托车出口情况来看，1月、2月和4月出口量月度同比降幅较为明显，3月、5月、6月和8月同比均呈增长，其中3月增速最快，其他各月呈小幅下降。

2016年，在摩托车主导品种中，150ml及以下品种均呈下降，其中排量≤50ml和50ml＜排量≤100ml两大系列品种降幅更为明显；150-500ml各系列品种均呈两位数较快增长，其中250ml＜排量≤400ml和400ml＜排量≤500ml增速更快。500ml以上大排量摩托车品种出口仍然呈下降趋势，表现明显不如同期进口。

三、2016年汽车工业重点企业（集团）经济运行情况分析

2016年国民经济保持了总体平稳，稳中有进的发

展态势。受此影响，汽车工业重点企业（集团）经济运行趋稳，产销增速逐月提高，据汽车工业重点企业（集团）经济指标快报显示，2016 年，重点企业（集团）主要经济指标稳步增长，企业效益明显好转。具体情况如下：

1．行业内骨干企业依然呈旺盛活力，前十企业市场占有率保持较高水平

2016 年，汽车产销形势呈良好发展，国内大型骨干企业贡献度仍然最大，不仅在传统汽车领域，在新能源汽车、智能汽车、无人驾驶等方面也有诸多建树。2016 年，汽车销量排名前十企业累计销量超过 2400 万辆，其中上汽集团销量首次突破 600 万辆。从行业前十企业市场表现来看，虽然销量占比与上年相比略有减少，但依然保持在 88% 以上。

2016 年，汽车销量排名前十位的生产企业依次为：上汽、东风、一汽、长安、北汽、广汽、长城、吉利、华晨和奇瑞，分别销售 647.16 万辆、427.67 万辆、310.57 万辆、306.34 万辆、284.67 万辆、164.92 万辆、107.45 万辆、79.92 万辆、77.44 万辆和 69.85 万辆。与上年同期相比，华晨销量小幅下降，其他企业呈一定增长，吉利和奇瑞增速更快。2016 年，十家企业共销售 2475.99 万辆，占汽车销售总量的 88.34%。

2016 年，上述十家企业共销售中国品牌汽车 1085.95 万辆，占中国品牌汽车销售总量的 77.70%。其中共销售中国品牌乘用车 871.12 万辆，占中国品牌乘用车销售总量的 82.74%；共销售中国品牌商用车 214.85 万辆，占中国品牌商用车销售总量的 62.33%。

2．工业经济效益综合指数高于上年

2016 年，汽车工业重点企业（集团）工业经济效益综合指数为 552.15，同比提高 34.59。从 2016 年工业经济效益综合指数的变动情况来看，一季度为 526.98；上半年为 531.64，比一季度提高 4.66；前三季度略有下降，为 531.12，比上半年降低 0.52；全年为 552.15，比前三季度提高 21.03。从 2016 年各月累计经济效益综合指数来看，基本呈平稳上升走势，各月累计同比均高于上年同期水平。

从汽车工业重点企业（集团）工业经济效益综合指数的构成情况来看，与上年相比，资产负债率、资产保值增值率和全员劳产率高于上年；总资产贡献率、流动资产周转率、成本费用利润率和产销率低于上年水平。

3．产出指标高于上年

2016 年汽车工业重点企业（集团）工业增加值、工业总产值和工业销售产值均高于上年。2016 年，汽车工业重点企业（集团）累计完成工业增加值 7644.81 亿元，同比增长 11.49%；累计完成工业总产值 32071.18 亿元，同比增长 14.78%；累计完成工业销售产值 31803.10 亿元，同比增长 14.11%。

从 2016 年汽车工业重点企业（集团）产出指标增长率变动表来看，一季度，工业增加值、工业总产值和工业销售产值同比分别增长 10.61%、8.01% 和 9.28%；上半年工业增加值、工业总产值和工业销售产值同比分别增长 4.77%、7.27% 和 6.43%，增幅分别比一季度回落了 5.84、0.74 和 2.85 个百分点；前三季度三项指标同比分别增长 13.25%、14.02% 和 13.35%，增幅分别比上半年提高 8.48、6.75 和 6.92 个百分点；全年三项指标累计增长率分别为 11.49%、14.78% 和 14.11%，增幅与前三季度相比，工业增加值回落了 1.76 个百分点，工业总产值和工业销售产值均提高了 0.76 个百分点。

2016 年，汽车工业重点企业（集团）产销衔接良好，产销率为 99.16%。2016 年汽车工业重点企业（集团）产销率始终保持较高水平，各月累计产销率在 97.06%—99.82% 之间。

4．营业收入较快增长

2016 年，汽车工业重点企业（集团）累计实现营业收入 36406.30 亿元，同比增长 15.66%，增幅比上年上升 15.15 个百分点。

从 2016 年汽车工业重点企业（集团）营业收入增长率变动走势来看，基本呈稳步上升走势。一季度增长率为 7.07%；上半年增长率为 9.23%，增幅比一季度提高 2.16 个百分点；前三季度增长率为 15.25%，增幅比上半年提高 6.02 个百分点；全年增长率为 15.66%，增幅比前三季度提高 0.41 个百分点。从营业收入各月累计增长率来看，同比均高于上年同期水平。

从汽车工业重点企业（集团）实现营业收入的具体情况看，在 17 家重点企业（集团）中，14 家企业营业收入高于上年（上年为 12 家），营业收入为 35637.53 亿元，占重点企业营业收入 97.89%；3 家企业营业收入低于上年（上年为 5 家）营业收入为 768.77 亿元，占重点企业营业收入 2.11%。2016 年，营业收入排名前五位的企业依次为：上汽集团、东风公司、一汽集团、北汽集团和中国长安，从前五家企业的营业收入情况来看，5 家企业营业收入均高于上

年。从其余12家企业营业收入情况来看，广汽集团、华晨集团、吉利控股、江汽集团、奇瑞汽车、东南汽车、中国重汽、陕汽集团和比亚迪公司营业收入高于上年；金龙集团、宇通集团和庆铃汽车营业收入低于上年。

5. 利润、利税总额由负增长转为正增长，企业实现利润明显提高

2016年，汽车工业重点企业（集团）利润、利税总额不断增长，扭转了利润、利税总额下降的局面。2016年，汽车工业重点企业（集团）累计实现利润总额3653.35亿元，同比增长5.66%。累计实现利税总额5985.12亿元，同比增长8.34%，其中：营业税金及附加为1183.09亿元，同比增长11.16%；应交增值税为1148.68亿元，同比增长14.60%。

从2016年汽车工业重点企业（集团）利润、利税总额增长率变动图来看，利润、利税总额先后在1-4月和1-3月由负增长转为正增长。一季度，利润总额同比下降0.64%，利税总额同比增长2.33%；上半年，利润总额同比增长1.83%，由一季度负增长转为正增长，利税总额同比增长0.64%，增幅与一季度相比，回落了1.69个百分点；前三季度，利润、利税总额同比分别增长8.44%和8.73%，增幅分别比上半年提高6.61和8.09个百分点；2016年利润、利税总额同比分别增长5.66%和8.34%，增幅分别比前三季度回落2.78和0.39个百分点。

2016年，汽车工业重点企业（集团）投资收益为1094.43亿元，同比下降11.65%，投资收益占重点企业（集团）利润总额的比重为29.96%。

2016年汽车工业重点企业（集团）利润、利税总额由降转增的主要原因：1. 汽车行业产销快速增长，产销量均突破2800万辆；2. 货车产销结束下降，并呈现一定增长。

从汽车工业重点企业（集团）实现利润总额的具体情况看，2016年，企业盈利水平明显好上于上年。在17家重点企业（集团）中，有11家企业利润总额高于上年同期（上年为10家），实现利润总额为2873.89亿元，占重点企业利润总额78.66%；3家企业利润总额为负增长（上年为5家），实现利润总额为783.87亿元，占重点企业利润总额21.46%；2家企业扭亏，实现利润总额为2.57亿元，占重点企业利润总额0.07%；1家企业亏损（上年同期为2家），亏损额为6.99亿元。

6. 应收账款增幅下降、产成品库存资金增幅上升

2016年末，汽车工业重点企业（集团）应收账款为3260.53亿元，同比增长23.87%，增加资金占用628.33亿元，增幅比11月末下降3.44个百分点。2016年末，汽车工业重点企业（集团）产成品库存资金为1281.30亿元，同比增长34.26%，增幅比11月末上升23.26个百分点，增加资金占用326.99亿元，产成品库存资金上升较快的原因：1、上年基数较低；2、受企业年末冲量影响。

2016年末，汽车工业重点企业（集团）应收账款、产成品库存资金占流动资产的比重为22.47%，比上年上升0.55个百分点。

2016年中国汽车车企TOP10情况

根据中汽协市场营销研究分会数据，2016年中国汽车生产销售保持较好势头，2016年生产2811.88万台，同比增长14.76%，销售2802.82万台，同比增长14.76%。其中主力车企表现突出。

【上通五菱】 上通五菱2016年生产214.44万台，同比增长6.94%，销售213.02万台，同比增长6.94%。

【上海大众】 上海大众2016年生产196.86万台，同比增长9.15%，销售200.02万台，同比增长9.15%。

【上海通用】 上海通用2016年生产187.63万台，同比增长8.52%，销售188万台，同比增长8.52%。

【一汽大众】 一汽大众2016年生产191.91万台，同比增长17.24%，销售187.24万台，同比增长17.24%。

【长安汽车】 长安汽车2016年生产141.75万台，同比增长10.13%，销售142.04万台，同比增长10.13%。

【北京现代】 北京现代2016年生产114.2万台，同比增长8.56%，销售114.2万台，同比增长8.56%。

【东风日产】 东风日产2016年生产111.47万台，同比增长9.27%，销售111.79万台，同比增长9.27%。

【长城汽车】 长城汽车2016年生产109.44万台，同比增长25.85%，销售107.45万台，同比增长25.85%。

【东风汽车】 东风汽车2016年生产105.01万台，同比增长17.18%，销售104.05万台，同比增长17.18%。

【长安福特】 长安福特2016年生产92.91万台，同比增长5.52%，销售94.38万台，同比增长5.52%。

【吉利汽车】 吉利汽车2016年生产81.11万台，同比增长45.62%，销售79.92万台，同比增长45.62%。

【东风悦达起亚】 东风悦达起亚2016年生产64.7万台，同比增长5.31%，销售65万台，同比增长5.31%。

【一汽丰田】 一汽丰田2016年生产65.22万台，同比增长7.5%，销售64.51万台，同比增长7.5%。

【广州本田】 广州本田2016年生产63.54万台，同比增长13.4%，销售63.88万台，同比增长13.4%。

【江淮汽车】 江淮汽车2016年生产64.1万台，同比增长11.68%，销售62.81万台，同比增长11.68%。

【奇瑞汽车】 奇瑞汽车2016年生产60.72万台，同比增长18.67%，销售61.19万台，同比增长18.67%。

【神龙汽车】 神龙汽车2016年生产59.38万台，同比增长-14.59%，销售60.02万台，同比增长-14.59%。

【东风本田】 东风本田2016年生产56.33万台，同比增长44.93%，销售57.01万台，同比增长44.93%。

【比亚迪】 比亚迪2016年生产51.1万台，同比增长12.97%，销售51.01万台，同比增长12.97%。

【北汽福田】 北汽福田2016年生产50.7万台，同比增长4.11%，销售50.11万台，同比增长4.11%。

【金杯汽车】 金杯汽车2016年生产46.42万台，同比增长-17.41%，销售46.43万台，同比增长-17.41%。

【广州丰田】 广州丰田2016年生产42.33万台，同比增长4.9%，销售42.18万台，同比增长4.9%。

【江铃汽车】 江铃汽车2016年生产39.19万台，同比增长20.85%，销售39.23万台，同比增长20.85%。

【北汽乘用车】 北汽乘用车2016年生产37.76万台，同比增长64.04%，销售38.19万台，同比增长64.04%。

【广汽乘用车】 广汽乘用车2016年生产38.16万台，同比增长101.65%，销售37.28万台，同比增长101.65%。

【众泰汽车】 众泰汽车2016年生产33.56万台，同比增长51.49%，销售33.31万台，同比增长51.49%。

【上海汽车】 上海汽车2016年生产16.01万台，同比增长90.17%，销售32.17万台，同比增长90.17%。

【北京奔驰】 北京奔驰2016年生产33.5万台，同比增长31.8%，销售31.71万台，同比增长31.8%。

【华晨宝马】 华晨宝马2016年生产30.56万台，同比增长6.09%，销售31.01万台，同比增长6.09%。

【北汽银翔】 北汽银翔2016年生产28.01万台，同比增长-14.19%，销售30.31万台，同比增长-14.19%。

【中国一汽】 中国一汽2016年生产30.33万台，同比增长41.63%，销售29.38万台，同比增长41.63%。

【重庆力帆】 重庆力帆2016年生产27.84万台，同比增长-2.04%，销售27.23万台，同比增长-2.04%。

【中国重汽】 中国重汽2016年生产19.99万台，同比增长31.35%，销售20.35万台，同比增长31.35%。

【一汽轿车】 一汽轿车2016年生产19.81万台，同比增长-13.97%，销售19.32万台，同比增长-13.97%。

【长安马自达】 长安马自达2016年生产18.86万台，同比增长23.03%，销售18.96万台，同比增长23.03%。

【东风乘用车】 东风乘用车2016年生产15.28万台，同比增长56.52%，销售14.89万台，同比增长56.52%。

【广汽菲克】 广汽菲克2016年生产15万台，同比增长274.54%，销售14.64万台，同比增长274.54%。

【东南汽车】 东南汽车2016年生产11.6万台，同比增长54.42%，销售11.83万台，同比增长54.42%。

【陕西汽车】 陕西汽车2016年生产11.6万台，同比增长35.14%，销售11.59万台，同比增长35.14%。

【长安铃木】 长安铃木2016年生产11.41万台，同比增长-5.18%，销售11.53万台，同比增长-5.18%。

【昌河汽车】 昌河汽车2016年生产11.06万台，同比增长14.29%，销售11万台，同比增长14.29%。

【上汽依维柯】 上汽依维柯2016年生产24.99万台，同比增长41.5%，销售9.13万台，同比增长41.5%。

【长丰猎豹】 长丰猎豹2016年生产8.89万台，同比增长0%，销售8.85万台，同比增长0%。

【华泰汽车】 华泰汽车2016年生产8.46万台，同比增长27.98%，销售7.3万台，同比增长27.98%。

【郑州宇通】 郑州宇通2016年生产7.1万台，同比增长4.7%，销售7.1万台，同比增长4.7%。

【沃尔沃亚太】 沃尔沃亚太2016年生产6.84万台，同比增长0%，销售7.03万台，同比增长0%。

【庆铃汽车】 庆铃汽车2016年生产6.86万台，同比增长-14.33%，销售7万台，同比增长-14.33%。

【一汽海南】 一汽海南2016年生产6.72万台，同比增长-63.13%，销售6.29万台，同比增长-63.13%。

【奇瑞路虎】 奇瑞路虎2016年生产6.42万台，同比增长0%，销售6.25万台，同比增长0%。

【成都大运】 成都大运2016年生产5.93万台，同比增长46.7%，销售5.93万台，同比增长46.7%。

【广汽三菱】 广汽三菱2016年生产5.67万台，同比增长0.53%，销售5.59万台，同比增长0.53%。

【山东凯马】 山东凯马2016年生产5.26万台，同比增长1.01%，销售5.24万台，同比增长1.01%。

【山东唐骏】 山东唐骏2016年生产4.73万台，同比增长10.77%，销售4.71万台，同比增长10.77%。

【上汽大通】 上汽大通2016年生产4.72万台，同比增长32.94%，销售4.61万台，同比增长32.94%。

【北汽有限】 北汽有限2016年生产5.06万台，同比增长46.56%，销售4.6万台，同比增长46.56%。

【东风裕隆】 东风裕隆2016年生产4.01万台，同比增长-33.51%，销售4.05万台，同比增长-33.51%。

【四川现代】 四川现代2016年生产3.78万台，同比增长21.1%，销售3.95万台，同比增长21.1%。

【四川汽车】 四川汽车2016年生产4.13万台，同比增长99.07%，销售3.9万台，同比增长99.07%。

【天津一汽】 天津一汽2016年生产3.79万台，同比增长-39.05%，销售3.83万台，同比增长-39.05%。

【潍柴英致】 潍柴英致2016年生产3.67万台，同比增长25.28%，销售3.44万台，同比增长25.28%。

【北汽制造】 北汽制造2016年生产3.15万台，同比增长57.61%，销售3.37万台，同比增长57.61%。

【河北中兴】 河北中兴2016年生产3.28万台，同比增长-12.16%，销售3.34万台，同比增长-12.16%。

【厦门金龙】 厦门金龙2016年生产3.29万台，同比增长-8.31%，销售3.22万台，同比增长-8.31%。

【浙江飞碟】 浙江飞碟2016年生产2.37万台，同比增长38.26%，销售2.43万台，同比增长38.26%。

【观致汽车】 观致汽车2016年生产2.42万台，同比增长70.15%，销售2.42万台，同比增长70.15%。

【厦门金旅】 厦门金旅2016年生产2.35万台，同

比增长 -22.21%，销售 2.26 万台，同比增长 -22.21%。

【丹东黄海】 丹东黄海 2016 年生产 2.32 万台，同比增长 -15.19%，销售 2.26 万台，同比增长 -15.19%。

【苏州金龙】 苏州金龙 2016 年生产 1.89 万台，同比增长 -32.3%，销售 1.98 万台，同比增长 -32.3%。

【江西五十铃】 江西五十铃 2016 年生产 1.85 万台，同比增长 0%，销售 1.8 万台，同比增长 0%。

【长安 PSA】 长安 PSA2016 年生产 1.51 万台，同比增长 -32.63%，销售 1.61 万台，同比增长 -32.63%。

【安徽华菱】 安徽华菱 2016 年生产 1.36 万台，同比增长 10.6%，销售 1.45 万台，同比增长 10.6%。

【中通客车】 中通客车 2016 年生产 1.27 万台，同比增长 18.94%，销售 1.27 万台，同比增长 18.94%。

【本田中国】 本田中国 2016 年生产 1.08 万台，同比增长 -12.76%，销售 1.15 万台，同比增长 -12.76%。

【福建奔驰】 福建奔驰 2016 年生产 0.89 万台，同比增长 6.23%，销售 1.14 万台，同比增长 6.23%。

【安徽安凯】 安徽安凯 2016 年生产 1.03 万台，同比增长 1.88%，销售 1.02 万台，同比增长 1.88%。

【包头北奔】 包头北奔 2016 年生产 0.9 万台，同比增长 2.32%，销售 1 万台，同比增长 2.32%。

【南京徐工】 南京徐工 2016 年生产 0.96 万台，同比增长 103.36%，销售 0.92 万台，同比增长 103.36%。

【南京金龙】 南京金龙 2016 年生产 0.87 万台，同比增长 0%，销售 0.9 万台，同比增长 0%。

【福建新福达】 福建新福达 2016 年生产 0.87 万台，同比增长 -22.79%，销售 0.87 万台，同比增长 -22.79%。

【湖北三环专用】 湖北三环专用 2016 年生产 0.86 万台，同比增长 7.48%，销售 0.81 万台，同比增长 7.48%。

【扬州亚星】 扬州亚星 2016 年生产 0.61 万台，同比增长 32.24%，销售 0.6 万台，同比增长 32.24%。

【中国一拖】 中国一拖 2016 年生产 0.6 万台，同比增长 -1.44%，销售 0.6 万台，同比增长 -1.44%。

【福建启腾】 福建启腾 2016 年生产 0.62 万台，同比增长 -43.31%，销售 0.58 万台，同比增长 -43.31%。

【桂林客车】 桂林客车 2016 年生产 0.55 万台，同比增长 -11.09%，销售 0.55 万台，同比增长 -11.09%。

【北汽新能源】 北汽新能源 2016 年生产 0.42 万台，同比增长 0%，销售 0.41 万台，同比增长 0%。

【上海申龙】 上海申龙 2016 年生产 0.34 万台，同比增长 27.07%，销售 0.32 万台，同比增长 27.07%。

【上海申沃】 上海申沃 2016 年生产 0.2 万台，同比增长 -4.61%，销售 0.2 万台，同比增长 -4.61%。

【山东汽车】 山东汽车 2016 年生产 0.19 万台，同比增长 -69.49%，销售 0.19 万台，同比增长 -69.49%。

【广汽日野】 广汽日野 2016 年生产 0.14 万台，同比增长 -36.55%，销售 0.18 万台，同比增长 -36.55%。

【河南少林】 河南少林 2016 年生产 0.11 万台，同比增长 -38.62%，销售 0.1 万台，同比增长 -38.62%。

【北京北方】 北京北方 2016 年生产 0.07 万台，同比增长 -17.46%，销售 0.07 万台，同比增长 -17.46%。

【湖北三江】 湖北三江 2016 年生产 0.07 万台，同比增长 130.1%，销售 0.07 万台，同比增长

130.1%。

【恒通客车】 恒通客车 2016 年生产 0.05 万台，同比增长 -69.98%，销售 0.05 万台，同比增长 -69.98%。

【天汽美亚】 天汽美亚 2016 年生产 0.05 万台，同比增长 2870.59%，销售 0.03 万台，同比增长 2870.59%。

【贵航成功】 贵航成功 2016 年生产 0.04 万台，同比增长 8.26%，销售 0.03 万台，同比增长 8.26%。

【莲花汽车】 莲花汽车 2016 年生产 0.03 万台，同比增长 -97.55%，销售 0.03 万台，同比增长 -97.55%。

【湖北三环汉阳】 湖北三环汉阳 2016 年生产 0.02 万台，同比增长 65.81%，销售 0.02 万台，同比增长 65.81%。

【猛狮客车】 猛狮客车 2016 年生产 0.02 万台，同比增长 6.77%，销售 0.02 万台，同比增长 6.77%。

【中联重科】 中联重科 2016 年生产 0.02 万台，同比增长 217.86%，销售 0.02 万台，同比增长 217.86%。

【西安西沃】 西安西沃 2016 年生产 0.02 万台，同比增长 -34.5%，销售 0.02 万台，同比增长 -34.5%。

【河北长征】 河北长征 2016 年生产 0.01 万台，同比增长 13.75%，销售 0.01 万台，同比增长 13.75%。

【广州汽车】 广州汽车 2016 年生产 0 万台，同比增长 -100%，销售 0 万台，同比增长 -100%。

【广汽吉奥】 广汽吉奥 2016 年生产 0 万台，同比增长 -100%，销售 0 万台，同比增长 -100%。

【东风南充】 东风南充 2016 年生产 0 万台，同比增长 -100%，销售 0 万台，同比增长 -100%。

【辽宁凌源】 辽宁凌源 2016 年生产 0 万台，同比增长 -100%，销售 0 万台，同比增长 -100%。

【哈飞汽车】 哈飞汽车 2016 年生产 0 万台，同比增长 -100%，销售 0 万台，同比增长 -100%。

【总计】 总计 2016 年生产 2811.88 万台，同比增长 14.76%，销售 2802.82 万台，同比增长 14.76%。

2016 年乘用车品牌市场占有量

企业名称	品牌	生产		批发			
		2016 年	同期	2016 年	同期	增速	市场份额
上海大众	大众	1640985	1535021	1670150	1526171	9%	7.1%
	斯柯达	323682	271792	330088	279462	18%	1.4%
上海通用	别克	1233043	1047762	1229804	1035372	19%	5.2%
	凯迪拉克	110381	53147	111532	53086	110%	0.5%
	雪佛兰	532834	627143	538668	636518	-15%	2.3%
一汽大众	大众	1359053	1147431	1336077	1140188	17%	5.7%
	奥迪	505587	489414	536289	509998	5%	2.3%
上通五菱	宝骏	732522	499070	710271	502872	41%	3.0%
	五菱	704127	664661	717650	678938	6%	3.1%
长安汽车	长安	1143280	937335	1149820	937980	23%	4.9%
北京现代	现代	1142000	1043940	1142016	1058578	8%	4.9%
东风日产	启辰	117574	118236	114383	120476	-5%	0.5%
	日产	997155	875206	1003518	880202	14%	4.3%
长城汽车	长城	988437	766827	968850	753230	29%	4.1%
长安福特	福特	929143	876755	943987	865702	9%	4.0%
	沃尔沃		1831		2975	-100%	0.0%
吉利汽车	帝豪	336333	208930	331520	208779	59%	1.4%
	吉利	469810	353882	465610	364270	28%	2.0%
	英伦帝华	1300	1804	1300	1804	-28%	0.0%
东风悦达起亚	起亚	647029	614374	650006	616096	6%	2.8%
一汽丰田	丰田	648994	603745	642904	607090	6%	2.7%
广州本田	本田	620723	560135	626651	576547	9%	2.7%
	理念	3000		4173	3521	19%	0.0%
神龙汽车	标致	347424	396846	349364	406738	-14%	1.5%
	雪铁龙	243791	292100	248509	298080	-17%	1.1%

（续表 1）

企业名称	品牌	生产		批发			
		2016 年	同期	2016 年	同期	增速	市场份额
东风本田	本田	560331	394564	566028	404115	40%	2.4%
	思铭	1081	1391	1176	2354		0.0%
奇瑞汽车	开瑞	68835	47639	72827	50104	45%	0.3%
	奇瑞	457409	408588	467107	402706	16%	2.0%
	瑞麒		3558		3627	-100%	0.0%
	威麟		1860		1860	-100%	0.0%
比亚迪	比亚迪	484824	450985	484921	452488	7%	2.1%
	腾势	3349	3151	2287	2888	-21%	0.0%
广州丰田	丰田	423275	403508	421800	403088	5%	1.8%
北汽乘用车	北京	400666	264960	401818	276861	45%	1.7%
广汽乘用车	广汽	380755	181711	370768	190123	95%	1.6%
江淮汽车	江淮	353245	347561	351865	346175	2%	1.5%
众泰汽车	众泰	328819	206710	326193	207126	57%	1.4%
	江南	6514	14317	6504	15448	-58%	0.0%
上海汽车	名爵	78412	70959	80389	70377	14%	0.3%
	荣威	241950	102296	241328	99639	142%	1.0%
北京奔驰	奔驰	335011	254178	317048	250189	27%	1.3%
华晨宝马	宝马	302132	282922	309821	287000	8%	1.3%
北汽银翔	北京	248895	265585	271452	223327	22%	1.2%
东风柳州	东风	259776	252191	261082	252689	3%	1.1%
一汽海南	海马	209027	181644	211413	180678	17%	0.9%
东风渝安	东风	202068	161173	199017	159897	24%	0.8%
长安马自达	马自达	188606	151298	185640	146122	27%	0.8%
一汽轿车	奔腾	97395	132850	97947	137778	-29%	0.4%
	马自达	81703	80804	83906	80804	4%	0.4%
	欧朗		859	90	1299	-93%	0.0%

（续表 2）

企业名称	品牌	生产		批发			
		2016 年	同期	2016 年	同期	增速	市场份额
华晨汽车	金杯	124019	98756	121794	97303	25%	0.5%
	中华	62869	81195	58958	86398	-32%	0.3%
东风乘用车	东风	150077	100842	150077	100417	49%	0.6%
广汽菲克	菲亚特	16294	31251	16836	31481	-47%	0.1%
	吉普	109444	8011	105009	8005	1212%	0.4%
东南汽车	东南	112093	67833	113557	67993	67%	0.5%
	三菱	1489	5103	2701	6082	-56%	0.0%
长安铃木	铃木	114072	120307	115330	120175	-4%	0.5%
昌河汽车	昌河	69362	28297	65156	24874	162%	0.3%
	铃木	38898	76841	40994	79032	-48%	0.2%
重庆力帆	力帆	103286	107224	105469	133140	-21%	0.4%
长丰猎豹	三菱	12090			-64	-100%	0.0%
	长丰	75588	45027	93240	45027	107%	0.4%
华晨鑫源	金杯	83173	21450	83156	20230	311%	0.4%
华泰汽车	华泰	84474	66119	73016	71172	3%	0.3%
沃尔沃亚太	沃尔沃	68834	66119	70345	64019	10%	0.3%
奇瑞路虎	捷豹	4801		5644		#DIV/0!	0.0%
	陆虎	57347		56416		#DIV/0!	0.2%
广汽三菱	三菱	58914	56280	55888	56381	-1%	0.2%
江铃汽车	福特	7673	4122	7407	4950	50%	0.0%
	江铃	49691	63832	47605	62754	-24%	0.2%
一汽吉林	一汽	50430	13559	50689	14070	260%	0.2%
凯翼汽车	凯翼	50364		50364		#DIV/0!	0.2%
东风裕隆	纳智捷	40052	60258	40502	60315	-33%	0.2%
四川汽车	野马	44215	40886	39212	40783	-4%	0.2%

（续表 3）

企业名称	品牌	生产		批发			
		2016 年	同期	2016 年	同期	增速	市场份额
北汽制造	北京	35674	8956	37009	8123	356%	0.2%
天津一汽	夏利	10579	25637	11672	26658	-56%	0.0%
	一汽	25789	36515	25114	38438	-35%	0.1%
北汽福田	福田	35607	6152	35218	6509	441%	0.1%
潍柴英致	众泰	36552	29093	34324	28537	20%	0.1%
东风雷诺	雷诺	31520		30026		#DIV/0!	0.1%
宝沃汽车	宝沃	30015		30015		#DIV/0!	0.1%
郑州日产	东风	6999	7848	6538	9868	-34%	0.0%
	日产	18909	23011	19677	25385	-22%	0.1%
东风英菲尼迪	英菲尼迪	26348	26699	26131	25467	3%	0.1%
观致汽车	观致	24226	14238	24188	14247	70%	0.1%
上汽大通	大通	18947	13642	18570	13985	33%	0.1%
长安 PSA	DS	15089	22448	16123	21451	-25%	0.1%
汉腾汽车	汉腾	16858		16117		#DIV/0!	0.1%
本田中国	本田	13995	13246	11547	12182	-5%	0.0%
福建奔驰	奔驰	8226	7687	10230	5081	101%	0.0%
河北中兴	田野	6034	19204	6401	17525	-63%	0.0%
永源汽车	飞碟	5640	7195	5989	6786	-12%	0.0%
北汽新能源	北京	4173	15208	4128	16731	-75%	0.0%
福建启腾	启腾	3016		2918		#DIV/0!	0.0%
广汽吉奥	吉奥	500	24529	311	23763	-99%	0.0%
丹东黄海	曙光	50	4550	50	4829	-99%	0.0%
天汽美亚	天汽		1	5	21	-76%	0.0%
哈飞汽车	哈飞				19	-100%	0.0%
总计		**23456580**	**20072766**	**23494593**	**20163655**	**17%**	**100.0%**

2016 年销量前 100 名轿车排名

排名	车型	企业名称	2016 年销量	同期	占比	同比增速
1	朗逸	上海大众	47.9	37.9	3.9%	26.28%
2	英朗	上海通用	37.0	29.0	3.1%	27.62%
3	轩逸	东风日产	36.8	33.4	3.0%	10.14%
4	捷达	一汽大众	34.8	27.5	2.9%	26.74%
5	速腾	一汽大众	34.1	28.0	2.8%	21.95%
6	桑塔纳	上海大众	32.0	27.6	2.6%	15.85%
7	卡罗拉	一汽丰田	30.7	25.4	2.5%	20.86%
8	福睿斯	长安福特	29.7	21.4	2.4%	38.49%
9	朗动	北京现代	25.4	26.7	2.1%	-4.97%
10	福克斯	长安福特	22.6	24.6	1.9%	-8.19%
11	帝豪 EC7	吉利汽车	22.4	20.6	1.8%	8.51%
12	宝来	一汽大众	22.2	20.4	1.8%	8.81%
13	高尔夫	一汽大众	22.1	19.2	1.8%	15.11%
14	起亚 k3	东风悦达起亚	19.3	15.6	1.6%	23.95%
15	科鲁兹	上海通用	18.9	24.6	1.6%	-23.16%
16	帕萨特	上海大众	18.8	20.6	1.6%	-8.54%
17	波罗	上海大众	18.0	17.9	1.5%	0.72%
18	威朗	上海通用	17.7	4.9	1.5%	259.17%
19	迈腾	一汽大众	17.1	15.6	1.4%	10.14%
20	雷凌	广州丰田	15.9	12.3	1.3%	29.82%
21	逸动	长安汽车	15.6	18.2	1.3%	-14.24%
22	明锐	上海大众	15.5	15.0	1.3%	3.38%
23	起亚 k2	东风悦达起亚	15.4	16.4	1.3%	-6.08%
24	名图	北京现代	14.8	15.5	1.2%	-4.10%
25	宝马 5 系	华晨宝马	14.4	14.7	1.2%	-2.45%

2016 年销量前 100 名轿车排名（续 1）

排名	车型	企业名称	2016 年销量	同期	占比	同比增速
26	凌渡	上海大众	14.3	10.4	1.2%	37.36%
27	赛欧	上海通用	14.0	21.7	1.2%	-35.24%
28	远景	吉利汽车	13.8	12.2	1.1%	12.89%
29	奥迪 A6	一汽大众	13.6	14.8	1.1%	-8.28%
30	雅阁	广州本田	13.5	12.8	1.1%	5.47%
31	昂克赛拉	长安马自达	13.3	9.4	1.1%	41.10%
32	领动	北京现代	13.2	0.0	1.1%	
33	F3	比亚迪	13.0	14.3	1.1%	-9.30%
34	艾瑞泽 5	奇瑞汽车	12.9	0.0	1.1%	
35	威驰	一汽丰田	11.7	11.4	1.0%	2.25%
36	瑞纳	北京现代	11.7	21.4	1.0%	-45.47%
37	飞度	广州本田	11.4	9.6	0.9%	18.38%
38	奔驰 C 级	北京奔驰	10.5	8.5	0.9%	23.88%
39	凯越	上海通用	10.5	17.6	0.9%	-40.40%
40	蒙迪欧	长安福特	10.5	12.6	0.9%	-17.18%
41	凯美瑞	广州丰田	10.1	12.8	0.8%	-21.43%
42	标致 408	神龙汽车	10.0	10.7	0.8%	-6.47%
43	奥迪 A4	一汽大众	9.7	11.5	0.8%	-15.40%
44	宝马 3 系	华晨宝马	9.7	9.9	0.8%	-1.70%
45	天籁	东风日产	9.0	11.2	0.7%	-19.23%
46	思域	东风本田	8.8	3.3	0.7%	167.77%
47	凌派	广州本田	8.7	11.7	0.7%	-25.15%
48	爱丽舍	神龙汽车	8.7	9.4	0.7%	-6.96%
49	迈锐宝	上海通用	8.5	8.0	0.7%	6.18%
50	奥迪 A3	一汽大众	8.5	6.4	0.7%	31.75%

2016 年销量前 100 名轿车排名（续 2）

排名	车型	企业名称	2016 年销量	同期	占比	同比增速
51	标致 308	神龙汽车	8.3	9.8	0.7%	-14.85%
52	荣威 360	上海汽车	8.3	2.5	0.7%	235.51%
53	君越	上海通用	8.1	8.5	0.7%	-4.75%
54	蓝鸟	东风日产	7.9	2.8	0.7%	183.64%
55	阳光	东风日产	7.4	9.1	0.6%	-17.85%
56	标致 301	神龙汽车	7.4	6.8	0.6%	8.34%
57	悦翔	长安汽车	7.2	7.2	0.6%	0.91%
58	锋范	广州本田	7.1	5.0	0.6%	40.82%
59	朗行	上海大众	6.9	9.4	0.6%	-25.95%
60	君威	上海通用	6.9	11.1	0.6%	-37.36%
61	昕锐	上海大众	6.7	5.8	0.6%	16.64%
62	雅力士	广州丰田	6.3	6.5	0.5%	-1.98%
63	金刚	吉利汽车	6.3	5.7	0.5%	10.50%
64	世嘉	神龙汽车	6.0	7.5	0.5%	-19.60%
65	奔驰 E 级	北京奔驰	5.7	6.0	0.5%	-4.43%
66	博瑞	吉利汽车	5.2	3.3	0.4%	59.17%
67	奔奔迷你	长安汽车	5.1	4.7	0.4%	7.81%
68	科沃兹	上海通用	5.1	0.0	0.4%	
69	宝骏 310	上通五菱	5.0	0.0	0.4%	
70	福美来	一汽海南	4.3	4.9	0.4%	-13.49%
71	荣威 350	上海汽车	4.3	5.2	0.4%	-18.72%
72	风云 2	奇瑞汽车	4.2	6.4	0.3%	-33.80%
73	昊锐	上海大众	4.2	1.8	0.3%	126.00%
74	哥瑞	东风本田	4.1	1.3	0.3%	214.35%
75	悦纳	北京现代	4.0	0.0	0.3%	

2016 年销量前 100 名轿车排名（续 3）

排名	车型	企业名称	2016 年销量	同期	占比	同比增速
76	骐达	东风日产	4.0	5.2	0.3%	-22.75%
77	奔腾 B30	一汽轿车	4.0	0.9	0.3%	347.46%
78	凯迪拉克 ATSL	上海通用	3.8	3.1	0.3%	22.19%
79	索纳塔 8 代	北京现代	3.6	6.5	0.3%	-44.54%
80	悦翔 V3	长安汽车	3.6	5.2	0.3%	-30.70%
81	起亚 k5	东风悦达起亚	3.5	3.8	0.3%	-9.64%
82	阿特兹	一汽轿车	3.4	4.2	0.3%	-18.46%
83	金牛座	长安福特	3.4	0.6	0.3%	433.92%
84	奔腾 B50	一汽轿车	3.4	5.9	0.3%	-42.82%
85	速锐	比亚迪	3.4	6.3	0.3%	-46.49%
86	凯迪拉克 XTS	上海通用	3.3	2.2	0.3%	49.39%
87	海马 M3	一汽海南	3.3	3.1	0.3%	3.84%
88	起亚 k4	东风悦达起亚	3.3	6.2	0.3%	-47.47%
89	沃尔沃 S60L	沃尔沃亚太	3.1	2.5	0.3%	21.11%
90	皇冠	一汽丰田	3.0	2.6	0.2%	16.27%
91	帝豪 GL	吉利汽车	3.0	0.0	0.2%	
92	北斗星	昌河汽车	2.9	5.0	0.2%	-41.91%
93	杰德	东风本田	2.9	5.3	0.2%	-44.62%
94	大众 CC	一汽大众	2.9	3.2	0.2%	-8.83%
95	昕动	上海大众	2.8	1.3	0.2%	105.98%
96	中华 H330	华晨汽车	2.7	4.1	0.2%	-32.84%
97	长城 C30	长城汽车	2.7	3.4	0.2%	-19.40%
98	绅宝 D50	北汽乘用车	2.5	6.0	0.2%	-58.19%
99	启辰 R50	东风日产	2.5	2.9	0.2%	-14.36%
100	思铂睿	东风本田	2.3	2.3	0.2%	2.32%

总体狭义乘用车厂家批发销量、增速、增减量

乘用车 2016 年批发前 10			去年同期批发前 10			乘用车 2016 年增减量前五	
上海大众	2000238	11%	上海大众	1805633	1	吉利汽车	273024
上海通用	1880004	9%	上海通用	1724976	2	上通五菱	246111
一汽大众	1872366	13%	一汽大众	1650186	3	一汽大众	222180
上通五菱	1427921	21%	上通五菱	1181810	4	长城汽车	215620
长安汽车	1149820	23%	北京现代	1058578	5	长安汽车	211840
北京现代	1142016	8%	东风日产	1000678	6	东风裕隆	-19813
东风日产	1117901	12%	长安汽车	937980	7	重庆力帆	-27671
长城汽车	968850	29%	长安福特	868677	8	天津一汽	-28310
长安福特	943987	9%	长城汽车	753230	9	一汽轿车	-40103
吉利汽车	795790	52%	神龙汽车	704818	10	神龙汽车	-106945
23494593	57%		20163655	58%		1168775	35%

总体狭义乘用车厂家零售销量、增速、增减量

乘用车 2016 年零售前 10			去年同期零售前 10			乘用车 2016 年增减量前五	
上海大众	1949294	12%	上海大众	1735741	1	吉利汽车	317486
一汽大众	1854188	13%	上海通用	1654569	2	上通五菱	246111
上海通用	1808217	9%	一汽大众	1633669	3	一汽大众	220519
上通五菱	1427921	21%	上通五菱	1181810	4	长城汽车	220026
长安汽车	1135658	22%	北京现代	1023766	5	上海大众	213553
北京现代	1130018	10%	东风日产	1018638	6	北汽新能源	-12603
东风日产	1128324	11%	长安汽车	931586	7	重庆力帆	-22229
长城汽车	957447	30%	长安福特	864824	8	天津一汽	-23018
长安福特	956820	11%	长城汽车	737421	9	东风裕隆	-25322
吉利汽车	799604	66%	神龙汽车	681932	10	神龙汽车	-65311
23082762	57%		19606865	58%		1217695	35%

自主品牌狭义乘用车厂家批发销量、增速、增减量

自主乘用车 2016 年批发前 10			去年同期批发前 10			自主 2016 年增减量前五	
上通五菱	1427921	21%	上通五菱	1181810	1	吉利汽车	273024
长安汽车	1149820	23%	长安汽车	937980	2	上通五菱	246111
长城汽车	968850	29%	长城汽车	753230	3	长城汽车	215620
吉利汽车	795790	52%	吉利汽车	522766	4	长安汽车	211840
奇瑞汽车	539934	18%	奇瑞汽车	458297	5	广汽乘用车	180645
比亚迪	487208	7%	比亚迪	455376	6	广汽吉奥	-23452
北汽乘用车	401818	45%	江淮汽车	346175	7	重庆力帆	-27671
广汽乘用车	370768	95%	北汽乘用车	276861	8	天津一汽	-28310
江淮汽车	351865	2%	东风柳州	252689	9	一汽轿车	-43205
众泰汽车	332697	49%	北汽银翔	223327	10	长丰猎豹	-45027
9664303	71%		7654439	71%		1127240	56%

自主品牌狭义乘用车厂家零售销量、增速、增减量

自主乘用车 2016 年零售前 10			自主去年同期零售前 10			自主 2016 年增减量前五	
上通五菱	1427921	21%	上通五菱	1181810	1	吉利汽车	317486
长安汽车	1135658	22%	长安汽车	931586	2	上通五菱	246111
长城汽车	957447	30%	长城汽车	737421	3	长城汽车	220026
吉利汽车	799604	66%	吉利汽车	482118	4	长安汽车	204072
比亚迪	463237	5%	比亚迪	441011	5	广汽乘用车	180645
北汽乘用车	397135	45%	奇瑞汽车	340918	6	重庆力帆	-22229
奇瑞汽车	393919	16%	江淮汽车	308483	7	天津一汽	-23018
广汽乘用车	370768	95%	北汽乘用车	274028	8	广汽吉奥	-23452
众泰汽车	324360	48%	东风柳州	252689	9	东风裕隆	-25322
江淮汽车	314963	2%	北汽银翔	223327	10	长丰猎豹	-45027
9287951	71%		7331508	71%		1168340	60%

狭义乘用车车型批发销量、增速、增减量

乘用车 2016 年批发前 10			去年同期批发前 10			乘用车 2016 年增减量前五	
五菱宏光	650018	-1%	五菱宏光	655531	1	哈弗 H6	207454
哈弗 H6	580683	56%	朗逸	379069	2	传祺 GS4	195890
朗逸	478699	26%	哈弗 H6	373229	3	宝骏 560	176548
英朗	370375	28%	轩逸	334087	4	领动	132210
宝骏 730	370169	15%	宝骏 730	321069	5	艾瑞泽 5	128938
轩逸	367979	10%	英朗	290213	6	科鲁兹	-56982
捷达	348437	27%	速腾	279887	7	幻速 S3	-66059
速腾	341331	22%	桑塔纳	276209	8	凯越	-71209
传祺 GS4	326906	150%	捷达	274932	9	赛欧	-76344
宝骏 560	321555	122%	朗动	267085	10	瑞纳	-97165
23462748	0.17713833		20017047	0.172418589		841040	0.24408386

SUV 车型零售销量、增速、增减量

SUV2016 年零售前 10			去年同期零售前 10			SUV2016 年增减量前五	
哈弗 H6	578724	56%	哈弗 H6	371926	1	哈弗 H6	206798
传祺 GS4	326906	150%	途观	246023	2	传祺 GS4	195890
宝骏 560	321555	122%	瑞风 S3	194380	3	宝骏 560	176548
途观	233343	-5%	长安 CS75	186360	4	途胜	121770
昂科威	223431	52%	CR-V	168390	5	瑞虎	102616
长安 CS75	208516	12%	哈弗 H2	167684	6	风光 360	-41004
哈弗 H2	195411	17%	长安 CS35	166419	7	陆风 X6	-42228
瑞风 S3	191077	-2%	幻速 S3	164436	8	比亚迪 S7	-47468
CR-V	187133	11%	奇骏	161941	9	幻速 S3	-66059
奇骏	180880	12%	昂科威	147093	10	瑞虎 3	-101216
8646300	0.306139736		6113550	0.322995968		803622	0.317292271

MPV 车型零售销量、增速、增减量

MPV2016 年零售前 10			去年同期零售前 10			MPV2016 年增减量前五	
五菱宏光	650018	-1%	五菱宏光	655531	1	威旺 M30	120865
宝骏 730	370169	15%	宝骏 730	321069	2	欧尚	117213
欧诺	152212	7%	威旺 M20	146940	3	幻速 H3	89097
威旺 M30	120865		欧诺	141840	4	宝骏 730	49100
欧尚	118185		菱智	105417	5	风行 S500	41901
幻速 H3	106634	508%	小康风光	99622	6	菱智	-14717
小康风光	98039	-2%	GL8	76607	7	星朗	-17272
菱智	90700	-14%	瑞风	57093	8	景逸	-29090
GL8	77310	1%	奥德赛	46245	9	欧力威	-30247
瑞风	63777	12%	欧力威	37428	10	威旺 M20	-146940
2360162	0.782958543		2050450	0.823132483		418176	1.350209227

自主轿车车型批发销量、增速、增减量

轿车 2016 年批发前 10			去年同期批发前 10			轿车 2016 年增减量前五	
帝豪 EC7	228644	16%	帝豪 EC7	197634	1	艾瑞泽 5	100813
远景	163395	44%	逸动	181921	2	荣威 360	58033
逸动	155856	-14%	威旺 M20	146940	3	宝骏 310	50021
F3	123414	-10%	F3	137816	4	远景	49732
艾瑞泽 5	100813	#DIV/0!	远景	113663	5	奔腾 B30	39071
荣威 360	82730	235%	瑞虎 3	101216	6	全球鹰 GX7	-36363
悦翔	72014	1%	悦翔	71535	7	风光 360	-41004
金刚	71779	18%	全球鹰 GX7	61729	8	陆风 X6	-42228
奔奔迷你	50196	10%	金刚	61057	9	瑞虎 3	-101216
宝骏 310	50021	#DIV/0!	绅宝 D50	60135	10	威旺 M20	-146940
2668779	41%		3703000	31%		297670	-29%

自主 SUV 车型批发销量、增速、增减量

SUV2016 年批发前 10			去年同期批发前 10			SUV2016 年增减量前五	
哈弗 H6	578724	56%	哈弗 H6	371926	1	哈弗 H6	206798
传祺 GS4	326906	150%	瑞风 S3	194380	2	传祺 GS4	195890
宝骏 560	321555	122%	长安 CS75	186360	3	宝骏 560	176548
长安 CS75	208516	12%	哈弗 H2	167684	4	瑞虎	102616
哈弗 H2	195411	17%	长安 CS35	166419	5	博越	92932
瑞风 S3	191077	-2%	幻速 S3	164436	6	风光 360	-41004
长安 CS35	162599	-2%	宝骏 560	145007	7	陆风 X6	-42228
众泰 T600	121521	-3%	传祺 GS4	131016	8	比亚迪 S7	-47468
中华 v3	103401	48%	众泰 T600	125672	9	幻速 S3	-66059
瑞虎	102616	#DIV/0!	瑞虎 3	101216	10	瑞虎 3	-101216
4996677	46%		3280918	53%		774784	45%

2016 年新车型

大类	级别	车系	车型	标准企业	月	厢型	车长 - 毫米	轴距 - 毫米	排量 - 升	升功率 - 千瓦 / 升	变速箱	最低价 - 万元	最高价 - 万元	款数
CAR	A0	韩	K2 三厢	东风悦达起亚	11	NB	4400	2600	1.4L	54	6AT	8.89		1
											6MT	7.29	8.59	3
									1.6L	57	6AT	10.39		1
		自主	宝骏 310	上通五菱	9	HB	4032	2550	1.2L	50	5MT	3.68	4.98	4
	A	日	骐达	东风日产	5	HB	4393	2700	1.6L	58	5MT	9.99	10.39	2
											CVT	10.99	13.49	4
			思域	东风本田	4	NB	4649	2700	1.5T	87	6MT	12.99		1
											CVT	13.99	16.99	3
			竞瑞		10	HB	4517	2600	1.5L	64	5MT	8.99		1
											CVT	9.99	12.79	4
		德	宝来	一汽大众	3	NB	4562	2614	1.4T	69	5MT	12.78		1
											7DSG	14.18	15.38	2
									1.6L	51	5MT	10.78	11.98	2
											6AT	11.98	14.38	3
			宝马 2 系旅行车	华晨宝马	3	HB	4342	2670	1.5T	67	6AT	23.69	26.99	3
									2.0T	71	8AT	29.89	33.19	2
			高尔夫嘉旅	一汽大众	5	HB	4348	2680	1.2T	68	7DSG	16.19		1
									1.4T	69	5MT	15.29		1
											7DSG	16.69	17.99	2
										79	7DSG	18.49	19.79	2
									1.6L	51	5MT	13.19		1
											6AT	14.39		1
			蔚领		11	Wagon	4559	2614	1.4T	69	5MT	13.49		1
											7DSG	14.89	16.29	2
									1.6L	51	5MT	12.59	13.99	2
											6AT	13.79	15.19	2

（续1）

大类	级别	车系	车型	标准企业	月	厢型	车长-毫米	轴距-毫米	排量-升	升功率-千瓦/升	变速箱	最低价-万元	最高价-万元	款数
CAR	A	韩	领动	北京现代	3	NB	4610	2700	1.4T	71	7DCT	13.78	15.18	2
									1.6L	59	6MT	9.98		1
										60	6AT	11.18	14.58	4
			悦纳	北京现代	10		4380	2600	1.4L	52	6AT	8.78	9.68	3
											6MT	7.28	7.78	2
			悦纳						1.6L	56	6AT	10.58		1
		美	科鲁兹	上海通用	7		4666	2700	1.4T	79	7DCT	13.99	16.99	3
									1.5L	56	6AT	12.49	13.69	2
											6MT	10.99	12.49	2
			科沃兹	上海通用	9		4544	2600	1.5L	55	5MT	7.99	9.09	2
											6AT	8.89	10.99	3
		欧	308 三厢	神龙汽车			4590	2675	1.2T	83	6AT	13.57		1
									1.6L	54	6AT	11.27	12.77	2
									1.6T	77	6AT	15.97		1
			DS4S	长安 PSA	4	HB	4435	2715	1.2T	83	6AT	14.99	16.39	2
									1.6T	77	6AT	17.19	19.99	3
									1.8T	83	6AT	20.79	22.99	2
		自主	奔腾 B50	一汽轿车	7	NB	4695	2725	1.4T	72	6AT	10.38	11.78	3
									1.6L	50	5MT	8.18	8.98	3
											6AT	9.58	10.08	2
			艾瑞泽 5	奇瑞汽车	3		4572	2670	1.5L	57	5MT	5.89	7.99	5
											7CVT	7.19	9.79	5
			路盛 E80	华泰汽车	8		4777	2678	1.5T	70	5MT	6.18	7.18	3
			锐 3	东风裕隆	9		4551	2620	1.6L	57	5MT	5.98	7.88	4
											7CVT	7.98	9.68	3
			骏派 A70	天津一汽			4610	2630	1.6L	52	5MT	6.48	7.58	3
											6AT	7.68	8.78	3
			帝豪 GL	吉利汽车			4725	2700	1.3T	73	6DCT	9.78	11.38	3
											6MT	8.78		1
									1.8L	54	6DCT	9.58		1
											6MT	7.88	8.58	2
	B	日	西玛	东风日产	4		4903	2775	2.5L	55	7CVT	23.48	26.78	3

（续 2）

大类	级别	车系	车型	标准企业	月	厢型	车长 - 毫米	轴距 - 毫米	排量 - 升	升功率 - 千瓦 / 升	变速箱	最低价 - 万元	最高价 - 万元	款数
CAR	B	德	A4L	一汽大众	9	NB	4818	2908	2.0T	71	7DSG	29.98	37.28	4
										93	7DSG	40.88	41.28	2
			迈腾		7		4866	2871	1.4T	79	7DSG	18.99	20.99	2
									1.8T	73	7DSG	20.99	25.89	4
									2.0T	82	7DSG	24.99	31.69	3
		美	迈锐宝 XL	上海通用	2		4923	2829	1.5T	84	7DCT	17.99	21.99	4
									2.5L	60	6AT	21.99	24.99	2
		欧	C6	神龙汽车	10		4980	2900	1.6T	77	6AT	18.99	20.19	2
									1.8T	86	6AT	21.89	27.99	3
	C	德	E 级	北京奔驰	8		5065	3079	2.0T	68	9AT	43.68		2
										90	9AT	47.48	49.98	4
			辉昂	上海大众	10		5074	3009	2.0T	83	7DSG	34.9	53.90	5
									3.0T	73	7DSG	52.9	65.90	3
		美	君越	上海通用	3		5018	2905	1.5T	84	7DCT	22.58	25.98	3
									2.0T	96	6AT	26.98	33.98	3
			CT6		1		5179	3109		102	8AT	43.99	61.99	5
									3.0T	100	8AT	59.99	81.88	3
		欧	捷豹 XFL	奇瑞路虎	8		5093	3100	2.0T	74	8AT	38.8	43.60	3
										89	8AT	45.6	56.80	3
									3.0T	83	8AT	61.8	68.80	2
			沃尔沃 S90	沃尔沃亚太	12		5083	3061	2.0T	71	8AT	36.98	40.68	2
										95	8AT	44.88	55.18	3
		自主	传祺 GA8	广汽乘用车	4		5003	2907	2.0T	73	6AT	17.98	29.98	4
			风神 A9	东风乘用车	4		5066	2900	1.8T	83	6AT	17.97	21.97	3
			瑞风 A60	江淮汽车	11		5005	2915	1.5T	85	6DCT	13.95	17.95	4
MPV	MPV	日	艾力绅	东风本田	1	MPV	4940	2900	2.4L	57	CVT	24.98	30.98	4
		德	途安	上海大众	3		4527	2791	1.4T	79	5MT	15.58	17.28	2
											7DSG	16.98	21.98	4
									1.8T	73	7DSG	23.08		1
			威霆	福建奔驰	9		5370	3430	2.0T	78	7AT	29.9	33.90	3
			奔驰 V 级		3					78	7AT	61.8		1
							5140	3200		78	7AT	48.9	59.80	2
		美	GL8	上海通用	11		5203	3088		96	6AT	28.99	44.99	5
			途睿欧	江铃汽车	5		4976	2933		75	5MT	17.69	20.39	2

（续3）

大类	级别	车系	车型	标准企业	月	厢型	车长-毫米	轴距-毫米	排量-升	升功率-千瓦/升	变速箱	最低价-万元	最高价-万元	款数
MPV	MPV	自主	海马 V70	一汽海南	4	MPV	4750	2800	1.5T	77	6AT	9.89	12.89	4
									2.0L	56	6MT	7.89	9.99	4
			风行 F600	东风柳州	4		5080	3200	1.5T	67	6MT	10.39	12.29	3
									2.0L	54	6MT	10.39	12.29	3
							4740	2900	1.5T	67	6MT	9.99	10.79	2
									2.0L	54	6MT	9.99	10.79	2
			瑞风 M5	江淮汽车			5100	3080	1.9T	52	6MT	14.85	16.15	2
									2.0T	65	5AT	14.95	16.25	2
											6MT	13.95	15.25	2
			幻速 H2V	北汽银翔	6		4451	2790	1.5L	50	5MT	3.58	3.98	2
			威旺 M50F	北汽乘用车	11		4724	2760	1.3T	73	6MT	7.88	9.18	3
									1.5L	57	5MT	6.78	8.08	3
			比速 M3	比速汽车	12		4760	2800		56	5MT	6.19	7.79	4
									1.5T	73	5MT	7.29	8.39	3
		#N/A	瑞风 M4	江淮汽车	10		5200	3080	2.0L	54	5MT	9.98	12.98	4
SUV	SUV	日	欧蓝德	广汽三菱	9	SUV	4705	2670		61	6CVT	15.98		1
									2.4L	60	6CVT	18.98	22.38	3
			马自达CX-4	一汽轿车	6		4633	2700	2.0L	58	6AT	15.28	18.78	4
											6MT	14.08		1
									2.5L	57	6AT	19.28	21.58	2
			讴歌 CDX	广州本田	7		4496	2660	1.5T	89	8DCT	22.98	30.98	6
			冠道		10		4816	2820	2.0T	100	9AT	26.98	32.98	5
		德	X1	华晨宝马	5		4565	2780	1.5T	67	6AT	28.6	31.90	3
									2.0T	71	8AT	34.5	38.50	2
										85	8AT	43.9		1
			途观 L	上海大众	12		4712	2791	1.8T	73	7DSG	27.68		1
									2.0T	81	7DSG	31.98	35.98	2
		韩	起亚 KX5	东风悦达起亚	3		4480	2670	1.6T	82	7DCT	16.68	23.18	4
									2.0L	61	6AT	16.18	18.98	3
											6MT	15.68		1
		美	指南者	广汽菲克	12		4415	2636	1.4T	88	6MT	15.98		1
											7DCT	16.68	19.98	4
									2.4L	54	9AT	24.18		1
			凯迪拉克 XT5	上海通用	4		4812	2857	2.0T	92	8AT	35.99	38.99	2
										99	8AT	37.99	53.99	4

（续 4）

大类	级别	车系	车型	标准企业	月	厢型	车长 - 毫米	轴距 - 毫米	排量 - 升	升功率 - 千瓦 / 升	变速箱	最低价 - 万元	最高价 - 万元	款数
SUV	SUV	欧	科雷傲	东风雷诺	11	SUV	4672	2705	2.0L	55	7CVT	17.98	20.58	3
									2.5L		7CVT	21.98	26.98	4
				东风雷诺	3		4503	2645	2.0L		7CVT	16.38	21.98	5
			自由侠	广汽菲克	5		4245	2570	1.4T	80	7DCT	14.18	17.88	5
		自主	景逸 X5	东风柳州	12		4515	2720	1.6L	57	5MT	7.99	9.59	3
											CVT	9.89	10.59	2
									2.0L	54	5MT	8.99	10.89	4
			绅宝 X55	北汽乘用车	1		4405	2650	1.5L	57	5MT	7.68	8.98	3
									1.5T	73	6MT	9.48	10.48	2
											CVT	9.68	11.98	3
			SR7	众泰汽车			4510	2680			5MT	7.38	9.28	3
											CVT	8.68	10.68	3
			昌河 Q25	昌河汽车	3		4095	2519	1.5L	57	4AT	6.89	7.59	2
											5MT	5.59	6.39	3
			博越	吉利汽车			4519	2670	1.8T	67	6MT	10.68	12.98	3
										75	6AT	12.38	15.78	5
									2.0L	52	6MT	9.88	10.88	2
			观致 5SUV	观致汽车			4587	2697	1.6T	72	6DCT	16.49	19.49	4
					4						6MT	13.99	14.99	2
			元	比亚迪			4360	2535	1.5L	53	5MT	5.99	8.59	6
									1.5T	75	6DCT	8.59	12.19	5
			CS15	长安汽车			4100	2510	1.5L	53	5MT	5.79	7.39	4
			CX70				4680	2780	1.6L	54	5MT	6.89	8.49	6
			哈弗 H7				4700	2850	2.0T	85	6DCT	14.98	16.98	3
			威旺 S50	北汽乘用车			4654	2670	1.5T	73	6MT	7.98	10.88	6
			森雅 R7	一汽吉林			4305	2600	1.6L	53	5MT	6.89	8.69	4
			BJ80	北汽乘用车			4765	2800	2.3T	80	6AT	29.8		1
											6MT	28.8		1

（续5）

大类	级别	车系	车型	标准企业	月	厢型	车长-毫米	轴距-毫米	排量-升	升功率-千瓦/升	变速箱	最低价-万元	最高价-万元	款数
SUV	SUV	自主	帝豪 GS	吉利汽车	5	SUV	4440	2700	1.3T	73	6DCT	9.48	10.88	4
											6MT	8.48	8.98	2
									1.8L	54	6DCT	9.28	9.78	2
											6MT	7.78	8.78	3
			力帆迈威	重庆力帆			4440	2720	1.5L	53	4AT	7.68		1
											5MT	5.78	6.68	3
			宝沃 BX7	宝沃汽车	4		4715	2760	2.0T	83	6AT	16.98	24.28	6
			凯翼 X3	奇瑞汽车	6		4335	2530	1.6L	58	5MT	6.66	8.69	5
											CVT	7.99	9.69	4
			风光 580	东风渝安			4680	2780	1.5T	73	6MT	8.4	9.00	2
											CVT	9.4	10.00	2
									1.8L	57	5MT	7.29	7.90	2
			绅宝 X35	北汽乘用车	5		4300	2570	1.5L		4AT	7.88	8.88	3
											5MT	6.58	7.68	3
			风行 SX6	东风柳州	7		4660	2750	1.6L		5MT	6.99	8.49	4
											CVT	8.59	10.29	3
									2.0L	54	5MT	8.59	9.19	2
			RX5	上海汽车			4545	2700	1.5T	83	5MT	9.98	11.98	3
											7DCT	12.98	14.88	3
									2.0T	81	7DCT	16.68	18.68	2
			远景 SUV	吉利汽车	8		4500	2661	1.3T	75	CVT	8.79	10.19	3
									1.8L	54	5MT	7.49	8.79	3
			昌河 Q35	昌河汽车			4286	2560	1.5L	57	4AT	7.89	8.69	3
											5MT	6.59	7.49	3
			凯翼 V3	奇瑞汽车			4606	2765	1.5L	53	4AT	7.48	7.88	3
											5MT	6.28	7.18	4
			哈弗 H2 蓝标	长城汽车	9		4365	2560	1.5T	73	6AT	10.78	11.88	3
											6MT	9.58	11.48	5
			斯威 X7	华晨鑫源	8		4710	2750	1.8L	56	5MT	8.59	10.19	3
			BJ20	北汽乘用车	9		4451	2670	1.5T	73	6MT	9.68	11.88	3
											CVT	11.88	13.98	3

（续 6）

大类	级别	车系	车型	标准企业	月	厢型	车长 - 毫米	轴距 - 毫米	排量 - 升	升功率 - 千瓦 / 升	变速箱	最低价 - 万元	最高价 - 万元	款数
SUV	SUV	自主	驭胜 S330	江铃汽车	9	SUV	4588	2712	1.5T	80	6AT	10.98	14.08	5
											6MT	8.88	9.78	2
			幻速 S3L	北汽银翔			4520	2700	1.5L	55	5MT	6.68	6.98	2
			瑞虎 7	奇瑞汽车			4505	2670	1.5T	72	6DCT	13.89	15.39	2
										75	6MT	9.79	13.29	5
									2.0L	46	7CVT	11.59	12.39	2
			DX3	东南汽车	11		4354	2610	1.5L	59	5MT	6.79	8.49	5
									1.5T	77	8CVT	8.49	10.19	5
			传祺 GS8	广汽乘用车	10		4810	2800	2.0T	74	6AT	16.38	25.98	6
			风神 AX5	东风乘用车			4501	2630	1.4T		5MT	8.97	10.67	3
											6DCT	10.17	12.87	4
			开瑞 K60	奇瑞汽车			4618	2765	1.5L	53	4AT	7.48	7.78	2
											5MT	5.88	6.98	4
			哈弗 H2s 红标	长城汽车			4195	2550	1.5T	73	6MT	8.48	8.88	2
											7DCT	9.48	10.28	3
							4146				6MT	8.38	8.78	2
											7DCT	9.38	10.18	3
			瑞虎 3x	奇瑞汽车			4200	2555	1.5L	52	4AT	6.59	8.09	4
											5MT	5.89	7.39	4
			众泰 SR9	众泰汽车			4744	2850	2.0T	70	5MT	10.88	14.88	5
											6DCT	13.18	16.18	4
			哈弗 H7 红标	长城汽车			4715	2850	2.0T	86	6DCT	16.28	18.58	4
			启辰 T90	东风日产	12		4793	2765	2.0L	53	6MT	10.98	12.68	3
											CVT	12.78	15.48	3
			比速 T3	比速汽车			4350	2565	1.3T	76	5MT	7.49	8.69	3
			风度 MX5	郑州日产	11		4720	2712	1.4T	74	5MT	10.36	11.76	2
									2.0L	54	5MT	11.96		1
											6AT	13.56		1

第12部类

汽车报废

DISHIERBULEI | QICHEBAOFEI

汽车报废政策及现状

2016 年报废汽车回收利用行业发展情况

中国物资再生协会 龙少海

一、我国报废汽车回收拆解行业的发展概况

（一）我国汽车产业发展情况

报废汽车回收拆解行业的发展与汽车工业的发展，社会汽车保有量不断积累等息息相关。据中国汽车工业协会统计显示，2016 年我国汽车产销量仍呈现较快增长，产销总量再创历史新高，汽车产销量分别完成 2811.9 万辆和 2802.8 万辆，同比分别增长 14.5% 和 13.7%；据中国海关总署提供的汽车商品进出口数据显示，2016 年我国整车进出口净增量 26.72 万辆，同比下降 20.78%；国内汽车消费量 2829.52 万辆，同比增长 13.48%。

随着我国经济社会持续快速发展，群众购车刚性需求旺盛，汽车保有量继续呈快速增长趋势。据公安部交管局发布汽车保有量的相关报告数据显示，截至 2016 年底，全国民用汽车保有量达 1.94 亿辆，同比增长 12.84%；新注册登记的汽车达 2752 万辆，同比增长 15.39%；保有量净增 2212 万辆，同比增长 24.2%。

我国汽车保有量近 10 年增速走势见图 1：

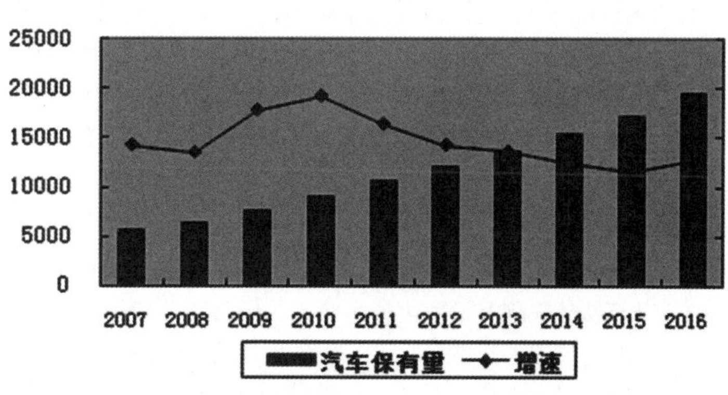

图 1　我国汽车保有量近 10 年增速走势

我国近十年汽车保有量增长近 4 倍，平均复合增长率 14.58%，由此可见，我国近十年汽车保有量积累速度保持了高速发展。

2016 年我国汽车注销量 617.52 万辆，同比减少 13.33%，汽车注销量占全国民用汽车保有量的 3.18%，同比下降 23.19%。同比下降的主要原因与前两年黄标车强制淘汰政策有关。我国近 10 年汽车注销量及占比走势见图 2：

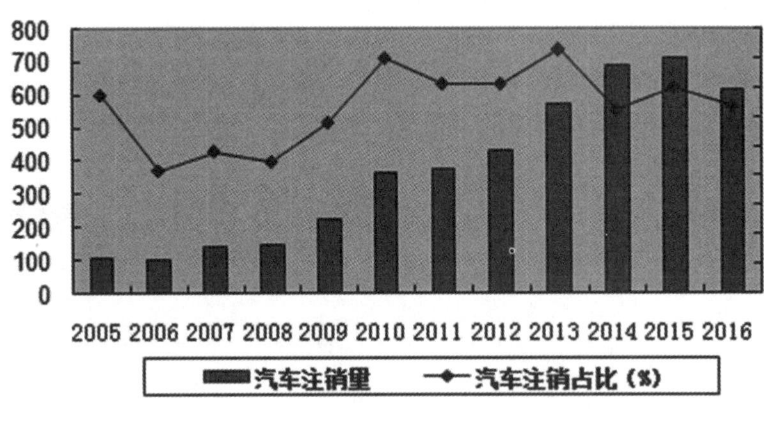

图 2　我国近 10 年汽车注销量及占比走势

2016 年我国汽车注销量占全国民用汽车保有量 3.18%，与发达国家占比达 6-8% 相比还有很大差距，其原因：一是我国汽车保有量近十年增加迅速，按照汽车使用寿命的周期还未达到汽车报废高发期；二是达到报废标准的汽车流失较为严重；三是社会上存留的“僵死”车辆也较为突出，影响了汽车保有量中实际运营数量。

（二）目前我国千人汽车保有量情况

千人汽车保有量是衡量一个国家经济发展水平和国家富有的一个重要标志。从我国千人汽车保有量情况分析，2016 年我国千人汽车保有量为 142 辆，同比增长 12.18%。千人汽车保有量最多的城市是深圳市，达到 307 辆，在全国排列第一；北京市千人汽车保有量为 279 辆，低于成都、苏州、西安，排列第五；最低的省份千人汽车保有量不足 80 辆。目前世界平均千人汽车保有量为 170 辆。比较西方发达国家，如美国 2015 年底汽车保有量 2.58 亿辆，千人汽车保有量达到 797 辆；日本汽车保有量 7718.8 辆，千人汽车保有量平均达到 591 辆（日本 2008 年末千人汽车保有量曾达到 621 辆）。日本最高的地区群马县，千人汽车保有量达到 851 辆，最低的地区是东京，千人汽车保有量 295 辆。我国目前的汽车消费者更多集中在城市，超过了 80% 比例，而美国、日本汽车消费者在城市消费不足 40%，60% 以上汽车消费是在城市郊区和乡村。

通过千人汽车保有量指标分析，如果我国平均千人汽车保有量达到 300 辆，我国的汽车总量将超过 4 亿辆，因此，在今后十年我国汽车产业的发展仍将会保持持续中高速发展势头。

（三）我国报废汽车回收拆解行业发展状况

1. 2016 年我国报废汽车回收拆解行业基本情况

2016 年我国报废汽车回收拆解行业发展缓慢，全国获得拆解资质的企业数量 635 家，同比增加 5.31%；隶属回收网点维持在 2300 个左右；从业人员近 3 万人。报废汽车回收网点已覆盖全国 80% 以上的县级行政区域。据国家商务部统计数据显示，2016 年回收拆解报废汽车 159.3 万辆，同比下降 6.71%，占汽车保有量的 0.82%，占汽车注销量的 25.8%。我国近十年报废汽车回收量及回收拆解企业数量增长情况（见图 3）：

从我国按月份收购报废机动车统计数量分析，全国月均报废汽车回收量 13.26 万辆，全年回收量最低的 2 月份受春节影响，仅收购报废汽车 4.8 万辆；回收量最高的 12 月份，月收购报废汽车 20.6 万辆，但低于去年同期收购报废汽车 36.24 万辆的水平。我国报废机动车按月份统计回收量情况见图 4：

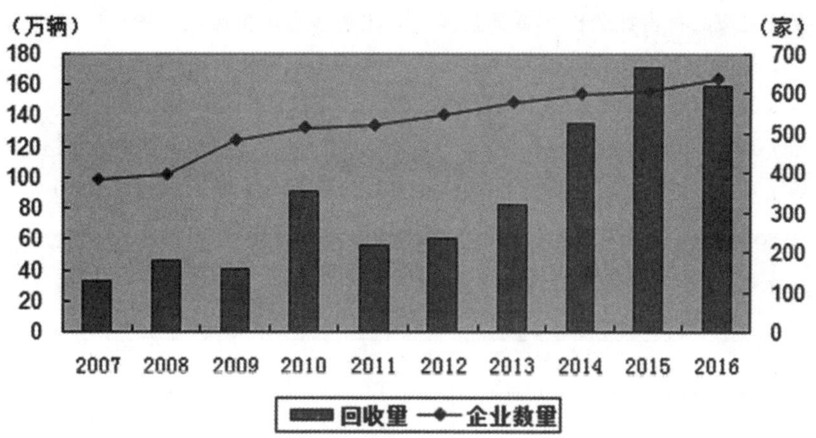

图 3　我国近十年报废汽车回收量及回收拆解企业数量增长情况

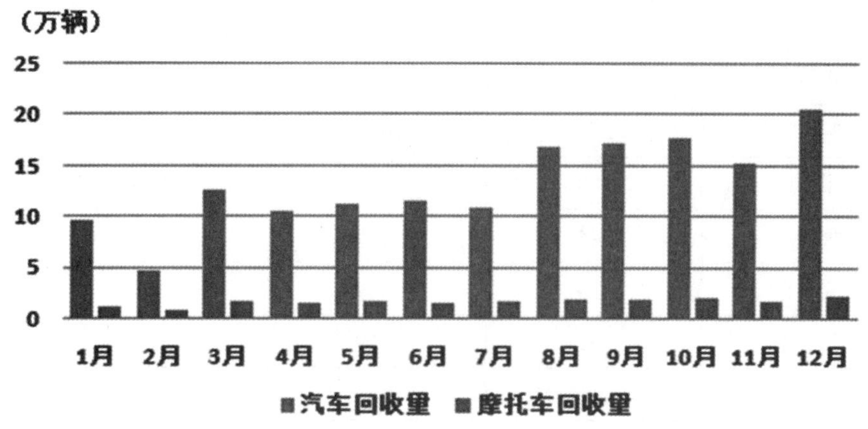

图 4　我国报废机动车按月份统计回收量情况

从上图可以看出：全国报废汽车回收量按月份统计回收量波动很大，从 2016 年下半年开始，由于一些省市逐步加大了对黄标车提前报废资金补贴的力度，促使报废汽车回收数量大幅提升。

2016 年收购报废汽车按照车辆类型分析，客车回收量 114.9 万辆，较上年同比增长 22.1%；货车 36.6 万辆，同比减少 42.2%；挂车 3.1 万辆，同比减少 63.7%；专项作业车 2.7 万辆，同比减少 10.1%；摩托车 20.56 万辆，同比增长 18.3%。2016 年全国报废机动车分品种回收占比情况见图 5：

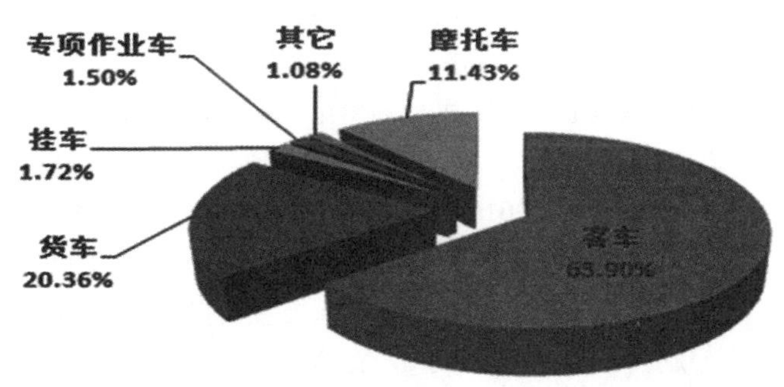

图 5　2016 年全国报废机动车分品种回收占比情况

报废机动车回收情况按品种占比分析，小微型客车和轿车回收量占比较大，达总回收量的63%以上，这主要与我国强制淘汰黄标车政策有关；摩托车回收量仅占摩托车保有量的0.29%。

综上分析，近些年来我国报废汽车回收量的回收比率（当年报废汽车统计回收量与当年汽车保有量之比）一直未超过1%的回收量水平，2016年仅为0.82%，同比下降17.32%。

2016年全国汽车保有量超过200万辆的18个城市报废汽车回收量情况见下表：

序号	城市	汽车保有量（万辆）	报废汽车回收量（万辆）	回收比例（%）	千人汽车保有量（辆）
1	北京市	548	17.15	3.13%	279
2	成都市	412	2.45	0.60%	293
3	重庆市	328	3.18	0.97%	114
4	上海市	322	4.01	1.25%	140
5	深圳市	318	2.53	0.79%	307
6	苏州市	313	1.25	0.40%	299
7	天津市	274	16.98	6.20%	212
8	郑州市	268	1.24	0.46%	311
9	西安市	244	1.85	0.76%	288
10	杭州市	234	2.24	0.96%	269
11	武汉市	231	1.19	0.51%	236
12	广州市	230	3.25	1.41%	181
13	石家庄市	227	0.92	0.40%	223
14	东莞市	224	0.60	0.27%	272
15	南京市	222	1.37	0.62%	277
16	青岛市	221	0.86	0.39%	254
17	宁波市	204	0.61	0.30%	268
18	佛山市	202	0.74	0.37%	281

如果全国报废汽车回收率都达到北京回收比例3.13%的水平，我国报废汽车回收量将超过600万辆（接近全国注销量水平），报废汽车回收拆解行业为国民经济发展贡献度将进一步增强。

依据公安部交管局统计公告的数据分析，2016年我国汽车注销量为617.52万辆，同比下降13.33%，汽车注销量占全国民用汽车保有量的3.18%，同比下降23.19%。而我国官方信息系统统计全年汽车回收量仅有159.3万辆，经对回收拆解企业调查发现，有相当数量的报废汽车收购时，由于车主不需要办理汽车注销手续而实施议价收购，这部分车辆约占回收总量的1/3企业没有录入官方信息系统，因此，我们测算2016年我国回收拆解企业实际报废汽车回收量应当在280万辆左右，占全国民用汽车保有量的1.44%，占汽车注销量的45.34%，即使如此仍约有一半以上被注销的报废车辆非法流入社会。

2. 我国报废汽车回收拆解行业经营状况及经济效益情况

2016年全国回收拆解报废机动车合计300.56万辆，同比增长7.71%，其中报废汽车回收量280万辆，同比增长 7.14%，摩托车回收量 20.56 万辆，同比下降 15.37%。拆解再生资源总量合计 721.29 万吨，同比减少 17.27%（拆解再生资源总量与回收车辆的车型有关）。拆解材料利用率 83.81%，同比下降 0.26%。报废汽车回收拆解行业全年生产产值 138.32 亿元，同比下降 6.74%。缴纳税金 41.89 亿元，同比下降 10.27%。实现企业利润 47.38 亿元，同比下降 15.55%。报废汽车拆解再生资源材料构成见图 6：

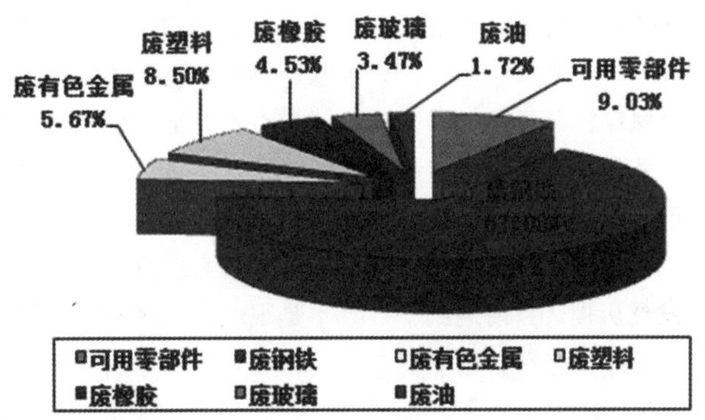

图 6　报废汽车拆解再生资源材料构成图

从行业经营效益看，我国报废汽车回收拆解行业基本属于微利行业，经营较为困难。主要原因在于：

一是拆解汽车的“五大总成”法律规定用于废金属销售，严禁用于零部件销售，拆解其它可回用零部件的销售比例低，报废汽车回收拆解企业 90% 经营利润依赖于废钢铁等再生资源材料销售，企业利润完全受制于再生资源材料市场价格波动的影响。由于近两年来废钢铁销售市场价格低迷，汽车拆解的废钢铁出现价格倒挂现象，报废汽车回收拆解企业也出现惜拆惜售现象；

二是目前汽车修理行业对汽车拆解可回用零部件需求状况不佳，且市场认知度不高，也导致汽车拆解企业其销售产值很低，直接影响了拆解企业的经济效益；

三是企业税负较重。按照财政部、国家税务总局关于印发《资源综合利用产品和劳务增值税优惠目录》的通知（财税 [2015]78 号），通知规定符合条件的资源综合利用企业自 2015 年 7 月 1 日起，执行按规定比例即征即退增值税政策。报废汽车拆解企业拆解出来的废钢铁用于炼钢炉料，销售给符合国家工信部颁布的《钢铁行业规范条件》或《铸造行业准入条件》并公告的钢铁企业或铸造企业，享受即征即退 30% 的增值税退税政策。在实际运作中，一方面，退税比例过低，企业退税后加上地方城建、教育附加综合税率仍达 11.91%，企业税负仍较重；另一方面，目前钢铁企业生产经营萎缩，支付货款困难，再加上公告的钢铁企业运送半径、供应量少等因素使供需关系难以建立，直接影响退税政策的落实。

3. 我国报废汽车回收拆解企业回收量情况分析

2016 年，全国报废汽车回收拆解企业平均年回收量 4409 辆，同比增长 2.26%。在报废汽车回收拆解企业中，回收报废汽车数量超过 2 万辆的企业有 15 家，与 2015 年数量基本持平；超过 1 万辆的回收拆解企业 28 家，远远低于 2015 年 43 家回收量达万辆以上的情况。回收量比较突出的企业：天津新能再生资源有限公司回收报废汽车由去年的第 13 位跃升到今年第一位，回收量达 9.4 万辆，成为全国报废汽车回收拆解企业中的佼佼者；其次是天津市国联报废机动车回收拆解有限公司，由去年的第 21 位跃升到今年第 2 位，回收量达 4.6 万辆，全国排列第二；全行业年回收报废汽车在 1000 辆以下的回收拆解企业达 312 家，占拆解企业总数量的 49.13%，而回收量仅占总回收量的 8.5%。更突出的是年回收报废汽车在 400 辆以下的回收拆解企业达 145 家，占拆解企业总数量的 22.83%，也就是说这些企业平均每天回收报废汽车不足 1 辆。可见，目前我国报废汽车年回收量低，有的地区资源分散，回收拆解企业生产规模比较小，经济效益低是普遍现象。

4. 目前规范我国报废汽车回收拆解行业的相关政策

一是国务院颁布的《报废汽车回收管理办法》（国务院 307 号令），这是全国报废汽车回收拆解企业的行为准则，必须依法从事。

二是两个拆解规范标准：《报废汽车回收拆解企业技术规范》（GB 22128—2008）和《报废机动车拆解环境保护技术规范》（HJ 348-2007）。两个拆解规范标准确定了拆解企业的必备条件。

三是《机动车强制报废标准规定》（商务部等四部门 2012 年颁布第 12 号令）。我国实行除非营运小型客车、轿车外的其它车辆实行强制报废制度。

鉴于国务院颁布了《报废汽车回收管理办法》（国务院 307 号令）已经过 15 年的发展历程，目前遇到了一些不可逾越的屏障，应当予以修订和完善。近期商务部、国家发展改革委、公安部和环境保护部等四部门根据即将颁布的《报废汽车回收管理办法(修正案)》，联合起草制定了《报废汽车回收管理办法实施细则》(以下简称《细则》)，予以完善目前实施的《报废汽车回收管理办法》。从目前制定的《细则》内容看，虽然取消了过去规定的设立拆解企业受限有关发展规划、总量控制的要求，但管理更加严格，准入资质门槛更高。

二、报废汽车回收拆解行业目前存在的问题

(一) 机动车回收量低，外部环境秩序混乱

我国报废汽车回收率一直低位徘徊。由于“准报废车”低廉的价格和监管力度不足，二手车商和非法经营企业变通手段灵活，大范围地高价收购报废车辆，滋长了报废车流向二手车市场的需求空间，报废车以“假转籍”、“假过户”以及车辆管理系统强行“报废”等形式大量流入黑市。另外，报废汽车私拆滥解已是公开的秘密，目前全国各地都存在“地下”拆解市场，专门从事报废车辆收购、拆解、拼装、销售。这种触目惊心的报废汽车非法拆解经营愈演愈烈，汽车回收拆解业乱象环生，而导致报废汽车市场管理混乱的重要原因，是政府相关管理部门没有形成联动长效机制和有效监管报废车辆流失的有效措施，法律和监管存在严重缺位。

(二) 回收拆解企业整体经营素质水平仍然较低

我国报废汽车回收拆解行业虽然近几年得到了较快发展，有少部分企业步入了现代管理时期，但与发达国家相比，我国报废汽车回收拆解行业整体发展水平仍然比较落后，企业仍多采取粗放式经营，管理方式、技术手段落后，设备简陋，回收拆解作业不规范、不环保、不节约等现象仍然存在。大多数企业由于规模小、效益差、资金短缺，普遍处于微利或保本经营状态，发展后劲不足，不能适应汽车消费市场快速发展的要求。

(三) 企业经营模式不适应社会经济形势发展

我国报废汽车回收拆解企业因历史原因形成集回收、拆解、剪切破碎于一体的经营模式。这种经营模式重点不突出，企业仍以销售废钢铁为主要盈利目标，忽视零部件的附加值，零部件利用率较低，而且拆解的废钢铁大部分为轻薄料和统料废钢，拆解企业经过剪切、打包工序，耗时费力，销售价格和利用效果都不是很理想，基本属于粗放型经营模式。

(四) 国家相关法规政策尚需完善

我国 2001 年颁布了《报废汽车回收管理办法》（国务院 307 号令），经过 15 年的发展历程，目前遇到了一些不可逾越的屏障，予以修订。

（五）企业税负较重，企业规避税收监管现象较为突出。

三、完善法规政策建议

1. 完善政策措施，创造良好的营商环境

国家修制订的报废机动车回收拆解管理办法应当尽快出台。各级政府相关部门要依法从报废汽车的强制报废、注销登记、回收拆解、道路行驶等多个环节，强化对报废汽车的监督管理，严防报废汽车、拼装车流向社会。建议国家相关部门（商务、环保、交通、公安、工商等）联合执法，并建立长效机制，加强对路面交通运营和拆解场地的联合执法，对“黑车”、拼装车、改装车、超标车（超过报废标准、不年检的车辆）、非法营运车辆、非法拆解行为依法治理，规范回收网点经营行为。去除“总量控制”的传统概念，实行准入退出机制，明确报废汽车拆解经营准入严格按照报废汽车回收拆解企业技术规范条件，不规范、不达标、不环保的报废汽车拆解企业应当退出，确保报废汽车拆解行业健康有序发展。

2. 制定有利于行业持续发展的税收政策

希望国家税法立法机关综合考虑当前国情和均衡税负以及节能降耗的要求，通过全面调研和合理测算，确定合宜的报废汽车回收经营行业的税收政策，以利于该行业的持久健康发展。我的建议：

（1）恢复实施全国《废旧物资收购统一发票》制度。建议国税总局尽快制定并实施《关于废旧物资收

购统一发票使用管理的意见》，恢复我国过去一些行之有效的做法，解决废旧物资回收经营企业收购凭证记账的实际问题。

（2）结合回收经营行业的特点，制定合理的税收政策。对再生资源回收经营企业采取固定低税率 3% 税收政策。其优点是：既统一完善了我国再生资源回收经营企业的税负，稳定了税源，又实现全国再生资源回收经营行业税率统一，税负公平，避免虚开，便于监管，兼顾企业，利于发展。我们不奢望优惠，只渴望公平。

（3）回收拆解企业销售分选的报废汽车可回用零部件、电子产品元器件、旧货商品，参照财政部、国家税务总局《关于旧货和旧机动车增值税政策的通知》（财税[2002]29 号）规定，按照 2% 的征收率征收增值税。回收拆解企业销售分选的报废汽车可回用零部件等，同属旧货，纳税政策应当统一，这也体现了国家鼓励对再生资源的有效利用，有利于节能减排，税源稳定，税负公平，兼顾企业，利于发展。

（4）降低回收经营企业所得税税率。鉴于国家把再生资源回收利用产业列为节能环保产业，对再生资源回收经营企业应给予一定的所得税优惠，建议参照国家需要重点扶持的高新技术企业的优惠政策，即所得税率降为 15%。

以上建议结果，既减轻了我国再生资源回收经营企业的税负负担，同时也是深入贯彻了国家节约资源和保护环境的基本国策，大力发展循环经济，加快资源节约型、环境友好型社会的建设。

3．建立报废汽车回收保证金制度

为有效提高报废汽车的回收率，有必要借鉴发达国家的成功经验，采取汽车报废回收保证金（亦称押金）制度。押金制度体现了“污染者付费”的经济公平原则，汽车制造商销售新车和汽车消费者购买新车时，均应当按照一定比率以预支的形式为未来汽车报废可能产生的污染交纳押金；当车主通过合法渠道将报废汽车交售后，预先交纳的押金被退回车主。押金在一定程度上构成了对汽车车主的行为约束，如果车主不按规定把报废汽车交售给合法回收企业，就会产生押金的损失，这样就可以促使车主将报废汽车交售给合法的回收拆解企业，因此从根本上解决报废汽车流失或随意丢弃问题。这也符合贯彻落实国务院印发的《关于印发循环经济发展战略及近期行动计划的通知》（国发〔2013〕5 号）中明确：“研究建立强制回收产品和包装物、汽车、轮胎、手机、充电器生产者责任制。”文件精神。

随着我国社会钢铁积蓄量的逐年增多，废钢铁市场价格逐年疲软，而汽车报废量也将随着汽车保有量的增加而大量产生，估计不用多久我国报废汽车也会像日本在上世纪 90 年代末期，全国废钢铁资源大量产生，市场废钢铁供过于求，价格低迷，报废汽车没人再花钱收购，导致废旧汽车随意丢弃，成了社会环保问题。因此，我国应当借鉴日本的教训和经验，尽早研究制定建立生产者责任延伸制度，把报废汽车回收责任落到实处，促进我国社会的和谐发展。

4．放宽报废汽车拆解的“五大总成”市场销售

报废汽车“五大总成”（发动机、方向机、变速器、前后桥、车架）也是商品，法律不应当约束商品的属性。法律规定拆解的“五大总成”只限于作为废金属，交售给钢铁企业作为冶炼原料，不符合国家倡导的节能减排、科学发展政策，严重地影响了社会效益和企业效益，这在任何国家都没有类似的法律限定。随着我国汽车保有量的逐年增加，报废汽车回收拆解行业也将迅速发展，如果长期限制报废汽车“五大总成”的市场销售，势必影响资源的合理有效利用。因此，建议完善修改条例条款，这也是落实国家倡导的节能减排的有效措施。

5．改进监督解体方式

我国《道路交通安全法》规定：报废的大型客、货车及其他营运车辆应当在公安机关交通管理部门的监督下解体。《报废汽车回收管理办法》（国务院令第 307 号）规定：“回收的报废营运客车，应当在公安机关的监督下解体。”法律赋予公安机关对报废的营运车辆进行监督下解体，意在避免回收拆解企业“整车”销售。虽然以上法律法规对出售报废机动车已有明确的处罚规定，但如何“监督下解体”法律却没有具体规定。各地区在执法实施中大部分采取发动机钻孔、车体压扁、大梁切割等手段，以示“监督下解体”，但这种解体方式不利于拆解零配件的合理利用。报废车辆的解体应当坚持“先利用、后回炉”的循环经济发展理念，减少破坏性的解体。拆解企业应当与所在地公安机关交通管理部门协商争取支持，逐步过渡到实施利用电子监视系统，对报废营运车辆整车进场、检查登记、预处理、拆解等各个环节实施全程监控，并将监控录像资料按日单独建档保存，公安机关交通管理部门可随时抽查。改进监督解体方式，解决目前

存在的监督等待时间长、程序复杂、监督车辆范围扩大和采取破坏性监督的方式等问题，提高社会效益和企业经济效益。

6．建立报废汽车回收拆解信息化平台

建立全国报废汽车回收拆解企业拆解信息电商平台，实现企业拆解零部件信息全国销售网络，同时通过互联网，报废汽车回收拆解企业将与再制造企业、维修行业联网，利用信息购销网络推动汽车回用零部件的销售市场。实现报废汽车回用件销售、监督、管理的信息化。

同时，引进物联网技术、GPS 技术等先进管理技术，实现报废汽车从回收、运输、拆解、利用等环节的全过程实时监控和信息分析，做到行业全程可监控、实时可分析，如此不仅能提高行业统筹管理能力，而且还降低了企业管理成本。

中国报废汽车零部件再制造产业发展现状

中国物资再生协会 龙少海

报废汽车零部件再制造产业是为适应可持续发展、节约资源、保护环境的需要而形成并正在发展的新兴研究领域和新兴产业。国家政府非常重视报废汽车零部件再制造产业的发展，先后出台的政策有：

2008 年 3 月 2 日国家发展和改革委员会办公厅印发了《关于组织开展汽车零部件再制造试点工作的通知》（发改办环资 [2008]523 号），公布了第一批 14 家汽车零部件再制造试点企业名单和《汽车零部件再制造试点管理办法》；

2010 年 2 月 20 日国家发展改革委、国家工商管理总局联合印发了《关于启用并加强汽车零部件再制造产品标志管理与保护的通知》（发改环资 [2010]294 号），确定了《汽车零部件再制造产品标志》；

2010 年 5 月 13 日国家发展改革委、科技部等 11 部门联合印发了《关于推进再制造产业发展的意见》（发改环资 [2010]991 号）；

2011 年 9 月 6 日国家发展改革委办公厅印发了《关于深化再制造试点工作的通知》（发改办环资 [2011]2170 号）；

2013 年 1 月 29 日国家发展改革委办公厅、财政部办公厅、工业和信息化部办公厅、质检总局办公厅四部门联合印发了《关于印发再制造单位质量技术控制规范（试行）的通知》（发改办环资 [2013]191 号）；

2013 年 2 月 27 日国家发展改革委办公厅印发了《关于确定第二批再制造试点的通知》（发改办环资 [2013]506 号）；

2013 年 7 月 4 日国家发展和改革委、财政部、工业和信息化部、商务部、国家质量监督检验检疫总局五部门联合印发了《关于印发再制造产品“以旧换再”试点实施方案的通知》（发改环资〔2013〕1303 号）。

通过以上的相关政策实施，极大地推动了报废汽车零部件再制造产业的发展。目前国家发改委先后两批公告了通过验收的再制造试点单位和产品名单如下表：

汽车“五大总成”及其零部件再制造试点验收单位和产品名单

序号	验收企业	产品名称
	一、汽车零部件再制造	
1	无锡大豪动力有限公司（一汽集团）	发动机再制造
2	上海幸福瑞贝德动力总成有限公司	发动机、变速箱再制造
3	潍柴动力(潍坊)再制造有限公司	发动机再制造(潍柴动力股份有限公司授权)
4	济南复强动力有限公司	发动机再制造(中国重型汽车集团有限公司授权)
5	广州市花都全球自动变速箱有限公司	变速箱再制造(东风悦达起亚汽车公司等授权)
6	陕西法士特汽车传动集团有限责任公司	变速箱再制造
7	浙江万里扬变速器股份有限公司	变速箱再制造
8	柏科(常熟)电机有限公司	发电机、起动机再制造
9	沃尔沃建筑设备（中国）有限公司	发动机再制造(沃尔沃授权)
10	采埃孚销售服务（中国）有限公司	变速箱再制造(宝马、捷豹路虎授权)
11	上海新孚美变速箱技术服务有限公司	变速箱再制造(神龙汽车，长城汽车授权)
12	张家港富瑞特种装备股份有限公司	发动机再制造(东风朝柴，萍乡科尔授权)
13	玉柴再制造工业（苏州）有限公司	发动机再制造(玉柴集团，卡特彼勒公司授权)
14	全兴精工集团有限公司	助力泵再制造
15	浙江再生手拉手汽车部件有限公司	发动机、变速箱再制造(吉利集团授权)
16	湖南机油泵股份有限公司	机油泵再制造
17	江西江铃汽车集团实业有限公司	发动机再制造(江铃汽车授权)
18	广州市跨越汽车零部件工贸有限公司	转向器再制造
19	陕西北方动力有限责任公司	发动机再制造(道依茨授权)
20	威伯科汽车控制系统（中国）有限公司	空压机再制造
21	三立（厦门）汽车配件有限公司	发电机、起动机再制造
	二、再制造专业技术服务	
22	北京奥宇可鑫表面工程技术有限公司	再制造专业技术服务
23	唐山瑞兆激光再制造技术有限公司	再制造专业技术服务
24	山东能源集团大族激光再制造有限公司	再制造专业技术服务
	三、再制造逆向物流回收体系	
25	河北省物流产业集团有限公司	旧件逆向物流回收体系
26	滁州市洪武报废汽车回收拆解利用有限公司	发电机、起动机再制造，旧件逆向物流回收体系

中国报废汽车零部件再制造产业的研究应用尚处于起步阶段，很多项目主要集中在再制造单项技术的研究，以及以概念与结构框架为主的研究上，尚少深入到再制造的生产实践中去，远没有形成产业化。从一些发达国家的发展实践来看，并结合中国的具体情况推进报废汽车零部件再制造产业的发展，要重点解决以下几个问题：

一、深入研究、开发再制造工程技术，确保再制造产品质量

发展再制造业首先要对再制造工程的有关基础理论、关键技术等进行系统的研究和开发；对产品的再制造性的设计、设计标准及产品质量控制等方面进行研究，并及时进行成果转化。再制造企业要确保再制造产品的质量，即必须坚持严格的标准使所有再制造产品的性能等同或优于原产品。应不断提高服务水平，任何环节的失误都会影响到企业甚至再制造产业的健康发展。

二、建立专业化再制造企业

建议政府及时进行宏观调控，积极引导建立一批专业化再制造企业，或将一些有条件的修理企业优化组合、改造升级为再制造企业，使其采用高新技术和产业化方式生产再制造产品。大型的装备制造企业应积极参加和支持自己产品的再制造，并在配件供应、销售和服务等方面提供方便。美国 XEROX 公司是较早应用基于生命周期成分分析进行再制造的大公司。保持并扩大产品占领的市场是公司的经营目标，再制造在产品的生产中已占有重要地位。实际上公司在设计新产品时就考虑到再制造的问题，如生产容易更换的零件和采用可以多次涂覆使用的材料。

三、制订与再制造相关的政策、法律、法规

政府有关部门应当制订一套能够促进再制造工程发展的相关政策、法律和法规。比如，严格控制对废弃物的处理；依照科技的进步，适时强制执行产品的排污、能耗、效率等标准。对一些报废量大的产品，如汽车、家电产品、电脑等等，逐步建立由企业负责回收的规定；企业建立回收公司，下设回收网络；对一些重要产品的废物环保处理费用逐步改由企业承担；允许再制造的产品经标记后在市场出售；严禁借再制造以次充好；建立由国家有关部门监督的企业质量保证体系；对采用高新技术进行产业化生产再制造产品的企业，经认证后享受贷款及税收等方面的优惠；在知识产权方面不应约束和限制产品再制造的实施等。

四、唤起再制造的公众意识

广大用户对再制造的理解与支持是推动再制造业发展的重要因素。政府、企业及有关部门要加强宣传，积极引导，向公众解释再制造的内涵和作用。说明再制造产品是经历了一个严格过程来确保它们的性能等同或高于原产品，是高质量的绿色产品。

世界发达国家报废汽车回收拆解业概况

中国物资再生协会 龙少海

目前世界发达国家关于报废机动车的管理，以最具有代表性的美国和日本为例，因机动车保有量的长年积累，报废机动车的数量越来越大，由此引起的非法丢弃以及在机动车拆解（破碎）过程中产生的废弃物最终填埋量的增加给环境保护带来很大压力，引起政府的高度重视，逐步完善了法律法规，理顺了报废机动车回收拆解各个环节的责任、权利、义务，规范了报废机动车回收、拆解、破碎过程中的企业及个人行为，最终实现填埋量最小化，达到环境保护的目的，形成了较为成熟的法制化、规范化的报废机动车回收拆解管理市场。

同时，为了最大限度的资源再利用，这些发达国家鼓励报废机动车拆解的零部件及材料的再利用。报废机动车零部件在国外的维修行业使用比较普遍，除规定不能在新车上使用外，一般没有使用上的限定。

一、美国

1．主管部门

美国环境保护总署针对报废机动车回收业制定法律法规，由各州环境保护局对报废机动车回收业实施管理和监督。

2．拆解材料相关政策法规

联邦贸易委员会出台的《再制造、翻新和再利用机动车零部件工业指南》，对使用再制造零部件做了相关规定；环境保护署发布的《再制造材料建议公告》，要求政府采购项目中优先选择再制造的机动车零部件及相关材料；1991 年美国出台了关于回收利用废旧轮胎的法律，规定凡是国家资助铺设的沥青公路，必须含有 5% 用旧轮胎磨碎的橡胶颗粒。

根据美国有关法律，报废机动车拆解的零部件只要没有达到彻底报废的年限，不影响正常使用，就可以再利用。

3．基本情况

美国是世界上最大的机动车生产和消费国家，每年报废的车辆超过上千万辆。美国已成为世界上报废机动车回收卓有成效的国家之一，报废机动车回收行业一年获利达数十亿美元。在美国，汽车回收业相当发达，全国有超过 12000 家报废汽车拆解企业和大约 200 家破碎企业。每年回收报废汽车 1200 万辆。回收 1600 万吨废钢铁，85 万吨铝，24 万吨铜，11.2 万吨锌，38.6 万吨轮胎，以及超过 4.6 万吨的再利用零部件。

另外，美国的汽车生产企业都积极致力于报废汽车的回收利用，并提供相应的拆解技术资料。例如“通用公司”，建立并公布了自己产品的拆解手册，并在国际拆解信息系统（IDIS）上免费提供给各拆解企业。其中详细叙述了拆解时每一步骤涉及到的车型部件、材料、数量、质量及体积等。下表为 2004 款凯迪拉克 CTS 有关车辆危险废物预处理阶段的拆解信息。

2004 款凯迪拉克 CTS 拆解手册：

危险废物预处理程序（车型：CTS）

序号	部件名称	材 料	数量	总质量或总体积
1	电池	复合材料，含铅	1	16.4kg
2	油箱	HDPE(高密度聚乙烯)	1	11.0kg
3	轮胎	EPDM(乙烯、丙烯二烯系共聚物)	4	40kg
4	备用胎	EPDM(乙烯、丙烯二烯系共聚物)	1	4.62kg
5	机油滤清器	复合材料	1	0.84kg
6	乘客气囊	复合材料	1	3.77kg
7	驾驶员气囊	复合材料	1	1.33kg
8	制冷剂 134A	制冷剂 134		8kg
9	冷却液	冷却液		13.12L
10	变速器油	油		10.60L
11	发动机机油	油		6.6L
12	制动液	油		0.5L
13	转向油	油		1.0L

拆解企业先将报废汽车通过预处理拆除危险废物部件后，再将各总成部件如发动机、变速箱、前后桥、门窗、电机等零部件拆下来，经过检验，若未到报废程度，经修整和翻新后按旧零件价格出售。被拆解后的报废汽车车体被送往破碎企业，破碎后按材料的性质归类，分别用于原材料进行回炉。目前美国报废汽车的回收利用率达到82—84%。年获利达80多亿美元。通用、福特和克莱斯勒等大企业都把废车回收利用作为发展汽车制造业的重要手段。据美国的一项调查，目前，美国从事报废机动车零部件再制造的企业有5万多家，产值达360亿美元。大约有1.15万家报废机动车零部件回收商遍布各州，拆卸报废机动车上的零部件，送到专业的厂家对其中尚有使用价值的部分进行整修和翻新，然后运往修车厂重新使用。统计数字显示，报废机动车回收业每年向美国钢铁冶金行业提供的废钢铁占冶金业回收量的1/3还多；仅通用机动车每年销售大约250万件的再制造零部件。

据了解，美国再制造业已经确立了一系列经济增长目标，雇员达到上百万人，年销售额超过1千亿美元，75%的公司通过ISO认证；100%再制造产品性能达到或超过原产品；计划到2020年，美国再制造业基本实现零浪费，并确保产品的质量和服务。

美国对报废机动车的回收活动管理完全基于市场，通过其成熟的环境保护政策、自由的交易形式及完善的二手零部件网络布局等实现了对报废机动车回收利用，取得了较好的经济、社会效益。

二、日本

1. 主管部门及管理模式

经济产业省、环境省，主要负责制定报废机动车回收处理行业（主要是拆解企业及破碎企业）的准入要求；国土交通省及其下属各地方陆运支局，负责机动车户籍管理；各地方政府，负责报废机动车回收处理行业的登记和准入审批；日本汽车再利用促进中心（JARC）（由经济产业省主管，日本自动车工业协会等九个单位于2000年11月成立），下设资金管理中心、信息中心、回收再利用支援中心，分别负责机动车回收处理中的资金管理、信息管理，对机动车生产商或进口商实施废弃物回收处置的技术支持。

2. 政策法规

2002年7月日本国会通过了《关于报废机动车再资源化等的法律》（简称《机动车回收利用法》），于2005年1月1日起正式实施，法律规定机动车生产商（本节包括进口商，下同）承担起氟利昂、气囊类和汽车粉碎残余物（ASR）的回收再利用责任。在该法律实施以前，日本报废机动车的处理依据《废弃物处理法》、《氟类回收销毁法》进行。

3. 报废机动车回收处理基本情况

日本报废机动车回收拆解行业在逐年减弱，在前五年（兴盛时期），报废机动车回收企业约有88000家，氟利昂处理企业23000家，拆解企业达6000家，破碎企业120家。每年注销的且未重新注册的车辆达500万辆，大约有350万辆作为报废车辆依法得到再生利用，100万辆作为二手车出口，50万辆作为二手车库存。

近几年来日本报废汽车回收量一直减少，据日本汽车再利用促进中心（JARC）统计数量显示，2016年报废汽车回收304.42万台，与前一年相比减少了5%。究其原因，一是新车销售低迷 二是二手车出口量增多，影响了国内的报废汽车回收量。2016年出口二手车登记台数131.43万台，与前一年相比虽然减少了8.6%，但相当多的报废汽车流向海外，影响了国内回收。据（JARC）中心分析，日本出口二手车的平均车龄是9—10年，而报废汽车的平均车龄是14.9年。预计2017年报废汽车回收量仍会继续下去。

4. 对报废机动车的回收拆解实行电子清单制度。

在报废机动车的回收拆解整个过程中，各报废机动车处理单位须向日本汽车再利用促进中心发送接受、转移的信息报告，具体报废机动车电子清单管理制度操作流程如图7所示。该中心核实机动车处理全部完成后，通过拆解或破碎企业通知用户，用户根据所提供的车辆处理信息向国土交通省下属的各地陆运支局申请永久注销机动车登记，由国土交通省相关的注册检查系统通过各环节的信息报告核对后，向国税厅提出汽车重量税退税申请，国税厅按照车检残余时间退还给汽车最终所有者有关税金。由此，信息管理中心可以对报废机动车的数量以及每辆报废机动车的回收利用的实施情况进行实时跟踪，杜绝各个环节对报废机动车的不规范处理。日本报废机动车电子清单管理制度示意图如下：

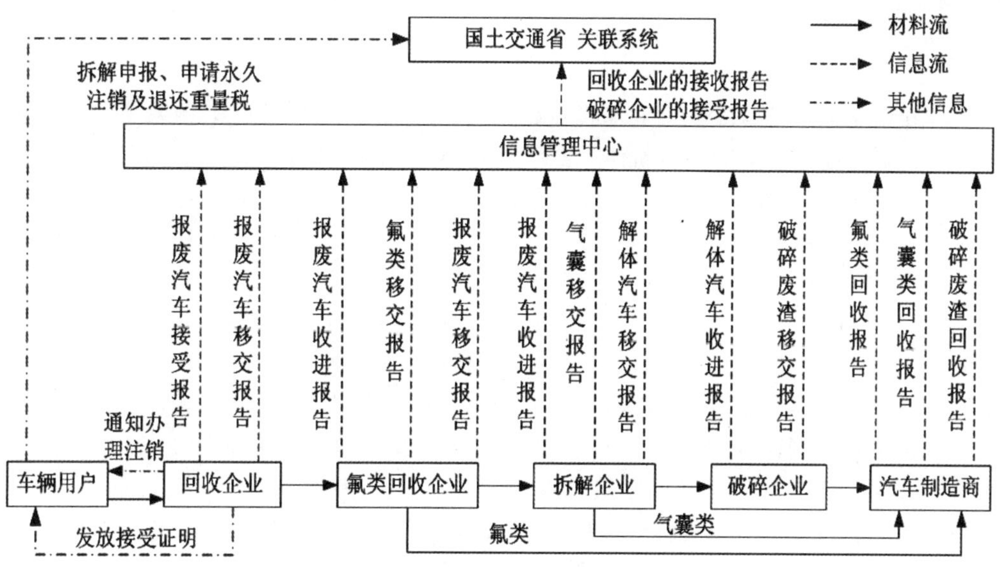

日本报废机动车电子清单管理制度示意图

5．*日本报废机动车零部件利用及相关企业情况介绍*

日本每年报废机动车零部件的销售额大约有955亿日元的规模，占新生产的零部件的销售额约为7000亿日元的14%左右。目前日本国内报废机动车回用件、翻新件的45%都是销售给维修或钣金工厂，今后新车销售店的整备工厂（售后服务站）有望成为新的用户群体，其规模大约在14%左右。在回用件、翻新零件市场上7家流通网络占据了65%的市场份额，受市场竞争的影响，近年来价格上呈现出下滑的趋势。日本尚没有关于回用件、翻新件的质量标准和质量保证的正式法规，但维修行业及各网络都针对各种零部件规定了自己的质量标准和质量保证体系，各种回用的零部件均设有3—4个质量等级，各等级都制定了不同的销售单价。

日本通过详细的法律规定完善了各个管理环节，突出了政府部门的统筹协调作业，而机动车制造商按规定承担三种物质的回收，并对其提出了阶段性的回收利用率目标。报废机动车处理企业的责任、权利明确，因此在执行起来很顺畅，回收利用率通过三种物质的回收利用率折算，所以容易实现。但政府的运营成本、相关业者的资本前期投入较大。

三、我国与国外报废机动车回收管理模式对比

美国完全基于报废机动车回收市场，通过其成熟的环境保护政策、自由的交易形式及完善的二手零部件网络布局等实现了对报废机动车回收利用，取得了较好的经济、社会效益。

日本通过详细的法律规定完善了各个管理环节，突出了政府部门的统筹协调作业，而机动车制造商按规定承担三种物质的回收，并对其提出了阶段性的回收利用率目标。报废机动车处理企业的责任、权利明确，因此在执行起来很顺畅，回收利用率通过三种物质的回收利用率折算，所以容易实现。但政府的运营成本、相关业者的资本前期投入较大。

1．*发达国家报废机动车回收管理的共同点*

1）通过完善的法律法规来确保报废机动车回收中的环境保护及资源的再利用问题。

2）采取了对拆解企业进行资格认定的管理模式。政府部门的作用是制定法律，提出资格要求，对相关行业机构、企业进行监督；认证机构负责对报废机动车拆解、破碎企业的资质认定、定期审核。

3）都建立了全国性的回收网络；报废机动车回收、拆解、破碎企业数量呈金字塔分布，投资额度巨大、技术含量很高的破碎企业数量最少，回收网点分布广

泛，报废机动车车主的交车很便捷。

4）报废机动车回收拆解技术成熟，设施设备先进，材料的分拣程度较高。

5）管理信息化程度较高，回收拆解企业基本上实现了网络化管理，报废机动车回用件、翻新件主要通过互联网出售，时效性较好。

6）机动车制造商均积极投入技术、资金等协助参与报废机动车的回收再利用工作，并且在产品的设计制造阶段考虑回收再利用的相关问题。

7）都存在报废机动车的大量出口，从而将报废机动车处理带来的环境问题转移到了其它国家和地区。

2．中外报废汽车拆解业情况比较

目前世界发达国家报废汽车回收拆解业的特点，基本是采取报废汽车进场后，首先将拆解可利用的零部件（包括五大总成）拆卸、检测、保养、入库、销售，车体压扁后集中到机械破碎厂进行破碎加工，即零部件拆卸与车体破碎加工工序分开进行，但车体进行压扁破碎工序前必须经过拆卸轮胎、玻璃、回收残油等清洁工序（政府的强制规定）；破碎工序均采用大型机械自动化破碎机加工，效率高，从业人员少。但由于破碎处理产生的不易分选的再生资源（铜、铝、铅、锌及不锈钢等非磁性混合金属）和非金属废弃物多，资源回收率仅达75%。相比之下，中国目前报废汽车回收拆解业的特点是，报废汽车进场后，消费用户自行拆卸可利用的零配件，对无利用零配件价值的残车体通过氧气切割、机械剪切工具进行破碎加工，分品种销售。其优点是：就业人员多、废弃物少、资源综合利用率高（可达90%左右）。缺点是：生产效率低、零部件利用率低、预处理工序回收油液不彻底造成污染较为严重、氧气切割手段仍然存在，达不到清洁生产而造成二次污染问题还比较突出。

第13部类

统计资料

DISHISANIBULEI | TONGJIZILIAO

表 1 2016 年全国公路线路年末里程（按地区） （单位：公里）

地区	总计	等级公路 合计	高速	一级	二级	三级	四级	等外公路
总 计	**4696263**	**4226543**	**130973**	**99152**	**371102**	**424443**	**3200874**	**469719**
北 京	22026	22026	1013	1405	3420	4147	12040	0
天 津	16764	16764	1208	1214	3215	1270	9857	0
河 北	188431	182626	6502	5560	19902	19593	131069	5805
山 西	142066	139110	5265	2576	15397	18891	96980	2956
内蒙古	196061	188340	5153	6682	16913	32348	127244	7721
辽 宁	120613	107959	4195	4063	17913	32172	49617	12654
吉 林	102484	97158	3113	2081	9432	9107	73425	5326
黑龙江	164502	138512	4350	2393	11552	34321	85896	25990
上 海	13292	13292	825	483	3535	2728	5721	0
江 苏	157304	154405	4657	12955	23054	15902	97837	2899
浙 江	119053	116869	4062	6359	10162	8083	88202	2184
安 徽	197588	194136	4543	3833	10727	20332	154701	3453
福 建	106757	89829	4831	1035	10051	8384	65528	16927
江 西	161909	134025	5894	2618	10643	12723	102147	27883
山 东	265720	264752	5710	10026	24476	25183	199357	968
河 南	267441	230288	6448	3065	26180	21033	173563	37153
湖 北	260179	249819	6204	5460	22005	10707	205443	10360
湖 南	238273	215904	6080	1568	13567	5582	189108	22369
广 东	218085	204614	7683	11332	19200	18838	147561	13471
广 西	120547	108947	4603	1372	11934	8016	83021	11600
海 南	28217	27732	795	371	1739	1585	23242	485
重 庆	142921	115955	2817	713	7479	5474	99471	26966
四 川	324138	279200	6523	3628	14509	13746	240793	44938
贵 州	191626	132264	5434	1140	6681	7483	111527	59363
云 南	238052	200898	4134	1196	11752	8618	175198	37154
西 藏	82096	71356	38	266	1036	8473	61543	10741
陕 西	172471	156844	5181	1580	8990	15340	125752	15627
甘 肃	143039	125085	4827	405	9312	13441	97101	17954
青 海	78585	69956	2878	622	7058	5133	54264	8629
宁 夏	33940	33767	1609	1826	3595	6660	20075	174
新 疆	182085	144113	4395	1323	15671	29130	93593	37972

表 2 2016 年全国公路营运汽车拥有量（按地区）

地区	合计（辆）	载客汽车		载货汽车			
		辆	客位	辆	# 普通载货汽车	吨位	# 普通载货汽车
总 计	**14357741**	**840036**	**21402638**	**13517705**	**9460321**	**108267789**	**48438281**
北 京	250948	69850	815007	181098	148178	1021452	602493
天 津	193378	8244	334084	185134	127224	1221949	357015
河 北	1451827	25302	702280	1426525	763233	13560407	3370491
山 西	499682	14516	380417	485166	236617	5508638	1504848
内蒙古	319761	11719	397458	308042	209475	2314223	1103738
辽 宁	771729	30583	827028	741146	549398	4989928	2300375
吉 林	342927	14244	460303	328683	252981	2216592	1235571
黑龙江	510498	16198	521651	494300	386130	3653120	2114787
上 海	238825	36921	627458	201904	84683	2314044	629260
江 苏	807012	48126	1637037	758886	513832	6859566	3169997
浙 江	366296	23990	824113	342306	234089	2715941	1131787
安 徽	685228	29224	825011	656004	447396	5898712	2904883
福 建	266867	16529	474853	250338	169964	2121149	800318
江 西	329302	16078	460346	313224	191512	3199111	1281826
山 东	1025674	25593	884947	1000081	456740	11880984	3410730
河 南	1014037	44980	1381625	969057	640454	8143172	3337005
湖 北	419164	37832	840159	381332	284487	2728272	1537549
湖 南	415251	45065	1078620	370186	316286	2239973	1404657
广 东	737682	39329	1636987	698353	508061	5390514	2452094
广 西	522115	32515	940132	489600	422026	3063170	2121369
海 南	68149	6286	185911	61863	55855	265304	174165
重 庆	287084	19032	502950	268052	236383	1786570	1379732
四 川	569375	49356	1168539	520019	451280	3272325	2252478
贵 州	281982	30012	653088	251970	231013	1123751	980649
云 南	638039	48720	804476	589319	562464	2492480	2112769
西 藏	57221	5389	102619	51832	48508	357689	318383
陕 西	433324	28859	597901	404465	323660	2505801	1457798
甘 肃	313165	20534	469182	292631	263250	1397249	1029737
青 海	78082	3339	93350	74743	63230	427906	269596
宁 夏	108974	5318	160904	103656	66044	954254	462488
新 疆	354143	36353	614202	317790	215868	2643543	1229693

注：1. 从 2013 年起，公路营运载客汽车不再包含公路运输管理部门管理并注册登记的公共汽车和出租汽车，统计口径发生调整，数据与上年同期不可比。

2. 从 2013 年起，公路营运载货汽车包括货车、牵引车和挂车，统计口径发生调整，数据与上年同期不可比。

表 3 2016 年全国民用车辆拥有量（一）（按地区）　　单位：辆

地区	民用汽车	载客汽车	大型	中型	小型	微型
总 计	**185745435**	**162782419**	**1460273**	**838211**	**158138396**	**2345539**
北 京	5474382	5093929	58604	82153	4927997	25175
天 津	2736903	2425046	25466	13371	2362453	23756
河 北	12458880	10770633	62462	23351	10298068	386752
山 西	5263936	4645665	30555	13265	4454065	147780
内蒙古	4185264	3646836	26565	11001	3546603	62667
辽 宁	6594120	5684620	72788	52766	5493678	65388
吉 林	3529308	3092738	36900	16069	2983897	55872
黑龙江	3941923	3301301	46425	23650	3186973	44253
上 海	3228702	2938526	49324	28747	2850036	10419
江 苏	14279145	13267338	107571	51274	12997427	111066
浙 江	12573526	11403051	66401	38424	11177844	120382
安 徽	6008115	5058831	46540	25308	4949122	37861
福 建	4936388	4271132	32201	26919	4164053	47959
江 西	3992914	3363902	26590	15714	3291475	30123
山 东	17233386	15297910	116181	42758	14755155	383816
河 南	11044692	9665820	72016	38389	9390964	164451
湖 北	5886932	5151650	54692	31927	5040637	24394
湖 南	5957991	5247207	51183	46945	5109295	39784
广 东	16746359	14856548	163034	74380	14534493	84641
广 西	4249015	3602420	34422	16808	3493975	57215
海 南	963181	823366	13278	5879	799339	4870
重 庆	3274709	2868498	30383	12986	2816515	8614
四 川	8807973	7852957	72757	26404	7581653	172143
贵 州	3487029	2942568	26066	21438	2869666	25398
云 南	5520547	4629602	28790	25539	4493340	81933
西 藏	374808	240283	4966	3619	227831	3867
陕 西	4912336	4356970	35518	20348	4226778	74326
甘 肃	2772506	2020938	22190	12029	1970915	15804
青 海	886538	729042	7967	5641	709291	6143
宁 夏	1153364	882057	9249	4575	861662	6571
新 疆	3270563	2651035	29189	26534	2573196	22116

表 4 2016 年全国民用车辆拥有量（二）（按地区）

单位：辆

地区	载货汽车					其他汽车
		重型	中型	轻型	微型	
总 计	**21718937**	**5694834**	**1386912**	**14552857**	**84334**	**1244079**
北 京	330110	66168	30250	233689	3	50343
天 津	294734	57049	11964	223484	2237	17123
河 北	1633175	571684	48871	1006774	5846	55072
山 西	595149	243571	14168	333130	4280	23122
内蒙古	514168	154055	13212	345236	1665	24260
辽 宁	871238	260703	48040	561286	1209	38262
吉 林	419125	130231	26352	261656	886	17445
黑龙江	613708	183122	52186	377031	1369	26914
上 海	218561	102926	46849	68772	14	71615
江 苏	941706	374462	108904	457310	1030	70101
浙 江	1128714	172635	40419	904049	11611	41761
安 徽	918612	318511	31822	566706	1573	30672
福 建	644292	102384	23700	514666	3542	20964
江 西	603327	187215	45822	369671	619	25685
山 东	1867359	574800	83234	1206520	2805	68117
河 南	1329070	432688	50867	842608	2907	49802
湖 北	697055	164891	63633	467862	669	38227
湖 南	683667	135225	61513	485999	930	27117
广 东	1830185	290904	124488	1385768	29025	59626
广 西	621230	144341	56236	415832	4821	25365
海 南	133530	12951	11935	108419	225	6285
重 庆	388565	107590	32408	248548	19	17646
四 川	918586	209959	94220	612775	1632	36430
贵 州	523977	73362	47956	402313	346	20484
云 南	866251	122800	77307	665556	588	24694
西 藏	131779	26319	19976	84571	913	2746
陕 西	518688	149108	31617	336874	1089	36678
甘 肃	486501	94539	33432	358154	376	265067
青 海	149421	26941	7527	114696	257	8075
宁 夏	260937	56812	10067	193542	516	10370
新 疆	585517	146888	37937	399360	1332	34011

表 5 2016 年全国私人车辆拥有量（一）（按地区）　　单位：辆

地区	民用汽车	载客汽车				
			大型	中型	小型	微型
总 计	**163302248**	**148962707**	**49892**	**248362**	**146456117**	**2208336**
北 京	4520409	4409521	2709	45580	4337645	23587
天 津	2343905	2142397	1078	4527	2114524	22268
河 北	11437838	10268582	6037	7669	9875163	379713
山 西	4729416	4314092	580	2927	4169673	140912
内蒙古	3799511	3417850	1524	3685	3351912	60729
辽 宁	5533947	5095680	6295	21247	5006598	61540
吉 林	3149983	2839182	4610	5426	2775788	53358
黑龙江	3442884	2999521	6119	9269	2943541	40592
上 海	2426626	2420636	1186	7377	2402103	9970
江 苏	12458326	11971733	419	14141	11851633	105540
浙 江	11042303	10329008	686	8952	10214790	104580
安 徽	5114479	4644560	736	4946	4602443	36435
福 建	4353096	3886916	462	5766	3834767	45921
江 西	3490551	3127479	261	2151	3097358	27709
山 东	15506456	14295595	5681	15446	13912874	361594
河 南	9923682	9039452	842	6291	8876365	155954
湖 北	5196916	4704592	650	7161	4673508	23273
湖 南	5441621	4851198	1131	9358	4804172	36537
广 东	14851736	13700570	4353	34313	13585488	76416
广 西	3758117	3327699	244	4102	3268651	54702
海 南	828745	718729	429	1757	711926	4617
重 庆	2786357	2579547	158	1473	2570473	7443
四 川	7860251	7230311	1187	4934	7065227	158963
贵 州	3106199	2687488	262	1766	2661261	24199
云 南	4980731	4239375	401	3243	4159794	75937
西 藏	311639	199401	204	876	194746	3575
陕 西	4402612	3998161	379	2359	3924740	70683
甘 肃	2074089	1731481	141	1783	1719934	9623
青 海	729639	620493	81	1135	614618	4659
宁 夏	1036289	812991	167	1347	805241	6236
新 疆	2663895	2358467	880	7355	2329161	21071

表 6 2016 年全国私人车辆拥有量（二）（按地区） 单位：辆

地区	载货汽车					其他汽车
		重型	中型	轻型	微型	
总 计	**14011631**	**1848167**	**797652**	**11291275**	**74537**	**327910**
北 京	101926	8504	3719	89700	3	8962
天 津	196225	19056	5717	170271	1181	5283
河 北	1146791	264218	37125	840182	5266	22465
山 西	406394	119291	10040	273271	3792	8930
内蒙古	371777	71166	9649	289483	1479	9884
辽 宁	428204	61130	24439	341799	836	10063
吉 林	304801	67967	20018	216056	760	6000
黑龙江	436281	84984	38255	311897	1145	7082
上 海	3956	1025	1264	1665	2	2034
江 苏	462165	143165	47067	271085	848	24428
浙 江	704518	28055	12198	654242	10023	8777
安 徽	458238	32264	13365	411291	1318	11681
福 建	459121	27296	13933	414521	3371	7059
江 西	356610	26327	23881	305854	548	6462
山 东	1180331	119938	46792	1011031	2570	30530
河 南	861154	94087	36187	728428	2452	23076
湖 北	478375	63829	42652	371362	532	13949
湖 南	576264	87180	52080	436162	842	14159
广 东	1129603	85214	62682	954765	26942	21563
广 西	421059	55103	37105	324516	4335	9359
海 南	107864	7480	10312	89877	195	2152
重 庆	202349	6278	10763	185294	14	4461
四 川	615734	60597	54124	499567	1446	14206
贵 州	411082	32368	32134	346276	304	7629
云 南	730876	77984	62442	589947	503	10480
西 藏	111226	21152	17125	72157	792	1012
陕 西	392032	78931	26228	285896	977	12419
甘 肃	336116	42036	22190	271589	301	6492
青 海	106243	9686	5376	90985	196	2903
宁 夏	218398	38050	8388	171483	477	4900
新 疆	295918	13806	10402	270623	1087	9510

表 7 2016 年全国各地区全社会货运量 单位：万吨

地区	总计	铁路	公路	水运
总 计	**4384792**	**333186**	**3341259**	**638238**
北 京	20734	762	19972	0
天 津	50506	8150	32841	9515
河 北	210586	16313	189822	4451
山 西	167076	64861	102200	16
内蒙古	186726	56113	130613	0
辽 宁	207064	16230	177371	13464
吉 林	45060	3944	40777	339
黑龙江	53569	9542	42897	1130
上 海	88324	482	39055	48787
江 苏	202070	5590	117166	79314
浙 江	215558	3913	133999	77646
安 徽	364567	9265	244526	110776
福 建	120352	2918	85770	31664
江 西	138118	4357	122872	10889
山 东	285386	20574	249752	15060
河 南	206087	10287	184255	11544
湖 北	162460	4088	122656	35716
湖 南	206527	4114	178968	23445
广 东	366839	8380	272826	85633
广 西	160761	5898	128247	26615
海 南	21786	793	10879	10114
重 庆	107966	1928	89390	16648
四 川	160970	6794	146046	8131
贵 州	89526	5635	82237	1654
云 南	115505	5372	109487	646
	0			
陕 西	149046	35459	113363	224
甘 肃	60661	5866	54761	34
青 海	16881	2834	14047	0
宁 夏	43260	5839	37421	0
新 疆	71961	6822	65139	0
不分地区	88864			14785

注：不分地区数据，包括民航完成 668.01 万吨，管道完成 73411.31 万吨。

表 8 2016 年全国各地区全社会货物周转量　　单位：亿吨公里

地区	总计	铁路	公路	水运
总 计	**186629.48**	**23792.26**	**61080.10**	**97338.80**
北 京	825.43	664.12	161.32	0.00
天 津	2302.32	399.78	372.49	1530.05
河 北	12332.68	3704.47	7294.59	1333.62
山 西	3565.46	2113.32	1452.06	0.08
内蒙古	4341.74	1918.10	2423.64	0.00
辽 宁	12113.49	900.91	2936.76	8275.82
吉 林	1478.52	393.13	1084.77	0.62
黑龙江	1532.54	620.48	904.76	7.30
上 海	19317.76	10.21	281.98	19025.58
江 苏	7653.78	288.86	2140.33	5224.60
浙 江	9789.33	211.97	1626.78	7950.58
安 徽	10896.37	719.69	4915.71	5260.97
福 建	6070.59	129.45	1094.70	4846.44
江 西	3897.75	514.98	3147.50	235.28
山 东	8884.34	1225.50	6071.43	1587.41
河 南	7383.54	1736.43	4838.53	808.58
湖 北	5922.87	735.67	2506.86	2680.34
湖 南	4056.86	750.82	2686.57	619.47
广 东	21801.65	259.38	3381.92	18160.35
广 西	4260.41	679.03	2248.46	1332.92
海 南	1060.75	12.11	76.11	972.53
重 庆	2968.29	156.74	935.45	1876.10
四 川	2504.11	716.09	1565.31	222.71
贵 州	1482.28	566.68	873.23	42.37
云 南	1600.07	411.82	1173.06	15.20
西 藏	124.63	30.14	94.50	0.00
陕 西	3444.92	1518.27	1925.83	0.83
甘 肃	2170.05	1220.35	949.64	0.06
青 海	475.80	239.76	236.04	0.00
宁 夏	819.94	242.38	577.56	0.00
新 疆	1803.88	701.66	1102.21	0.00
不分地区	19747.32			15329.00

注：不分地区，数据包括民航完成 222.45 亿吨公里，管道完成 4195.87 亿吨公里。

表 9 2016 年全国各地区全社会客运量 单位：万人

地区	总计	铁路	公路	水运
总 计	**1900194**	**281405**	**1542759**	**27234**
北 京	61519	13479	48040	0
天 津	18377	4543	13741	93
河 北	50701	10771	39925	5
山 西	26374	7530	18702	142
内蒙古	15735	5388	10347	0
辽 宁	73632	14040	59054	538
吉 林	34910	7567	27186	156
黑龙江	39386	10480	28550	355
上 海	14416	10609	3402	404
江 苏	133580	17814	113494	2272
浙 江	105018	18035	83033	3950
安 徽	81106	10370	70523	213
福 建	51649	10496	39137	2016
江 西	62876	9249	53366	261
山 东	63463	12639	48823	2000
河 南	120528	13825	106415	289
湖 北	102990	14197	88221	572
湖 南	121760	11518	108627	1615
广 东	130345	25603	102094	2648
广 西	48699	8388	39750	561
海 南	13912	2292	9920	1699
重 庆	61255	4911	55594	750
四 川	123746	11456	109716	2573
贵 州	89464	5169	82199	2096
云 南	46519	4056	41208	1255
西 藏	1155	265	889	0
陕 西	69820	8302	61093	425
甘 肃	41626	3604	37932	90
青 海	5934	994	4873	66
宁 夏	8757	659	7910	188
新 疆	32148	3155	28993	0
不分地区	48796			0

注：不分地区，数据为民航完成客运量 48796 万人。

表 10 2016 年全国各地区全社会旅客周转量 **单位：亿人公里**

地区	总计	铁路	公路	水运
总 计	**31258.46**	**12579.29**	**10228.71**	**72.33**
北 京	268.49	150.82	117.67	0.00
天 津	262.05	183.51	78.39	0.15
河 北	1238.12	993.55	244.18	0.39
山 西	360.56	219.31	141.14	0.10
内蒙古	374.97	222.22	152.75	0.00
辽 宁	936.09	623.38	306.70	6.01
吉 林	431.27	262.33	168.72	0.21
黑龙江	270.98	270.59	0.00	0.39
上 海	214.42	98.73	114.98	0.71
江 苏	1468.48	686.11	779.98	2.39
浙 江	1074.99	604.03	465.12	5.84
安 徽	1187.36	695.69	491.27	0.41
福 建	593.27	338.61	251.95	2.72
江 西	970.67	687.99	282.34	0.34
山 东	1188.92	704.52	472.40	12.00
河 南	1684.27	923.13	760.57	0.57
湖 北	1232.32	741.65	487.33	3.35
湖 南	1500.85	920.60	577.03	3.22
广 东	1887.45	797.30	1079.80	10.34
广 西	743.83	351.08	390.05	2.70
海 南	120.36	41.54	75.36	3.46
重 庆	506.29	164.45	336.75	5.10
四 川	941.60	341.32	597.84	2.43
贵 州	674.86	226.01	443.10	5.76
云 南	446.06	123.36	319.99	2.70
西 藏	39.78	16.04	23.74	0.00
陕 西	755.67	464.17	290.80	0.70
甘 肃	613.39	359.96	253.26	0.17
青 海	125.11	77.53	47.50	0.08
宁 夏	109.72	45.20	64.42	0.10
新 疆	458.06	244.58	213.47	0.00
不分地区	8378.13			0.00

注：不分地区，数据为民航完成旅客周转量 8378.13 亿人公里。

表 11 2016 年全国民用汽车新注册情况（一）（按地区） 单位：辆

地区	民用汽车	载货汽车				
			大型	中型	小型	微型
总 计	**25665383**	**23209669**	**187487**	**57112**	**22914036**	**51034**
北 京	573493	533119	6849	4857	520121	1292
天 津	303950	262849	2925	763	258204	957
河 北	1841866	1644579	10895	1335	1628062	4287
山 西	691635	617665	5831	680	607038	4116
内蒙古	467746	426252	2427	616	422117	1092
辽 宁	764999	696611	6988	1694	687235	694
吉 林	428903	393831	3627	854	388765	585
黑龙江	501015	448751	3739	1332	443370	310
上 海	547912	506874	6450	1822	498036	566
江 苏	2216585	2062362	17852	3111	2037300	4099
浙 江	172100	161091	1110	394	158911	676
安 徽	1146865	1014305	6490	3062	1003887	866
福 建	726330	647132	4099	1706	639695	1632
江 西	722785	644581	3678	1566	638254	1083
山 东	2235786	1993829	21904	2148	1957840	11937
河 南	1894888	1694101	11459	6505	1672940	3197
湖 北	1061481	974658	5841	2595	965637	585
湖 南	1032874	961142	8074	4371	946851	1846
广 东	2547792	2318246	20516	3107	2288289	6334
广 西	629869	560856	4285	2124	554182	265
海 南	16083	14417	376	31	14006	4
重 庆	543509	505155	2490	794	501168	703
四 川	1380125	1281486	8848	2084	1269712	842
贵 州	649260	586966	4483	2349	579759	375
云 南	793664	699771	3461	1897	693532	881
西 藏	41833	26577	1391	223	24900	63
陕 西	705602	648954	5612	2131	639879	1332
甘 肃	395080	341595	2338	903	338132	222
青 海	121472	103748	1170	576	101942	60
宁 夏	151503	122116	829	214	121033	40
新 疆	358378	316050	1450	1268	313239	93

表 12 2016 年全国民用汽车新注册情况（二）（按地区） 单位：辆

地区	载客汽车					其他汽车
		重型	中型	轻型	微型	
总 计	**2371909**	**627015**	**73429**	**1670295**	**1170**	**83805**
北 京	36350	4908	1042	30399	1	4024
天 津	39561	7055	599	31011	896	1540
河 北	192356	79666	2569	110120	1	4931
山 西	72588	37354	584	34646	4	1382
内蒙古	39852	5914	625	33313	0	1642
辽 宁	66475	22078	2250	42145	2	1913
吉 林	33552	9995	541	23013	3	1520
黑龙江	50337	11645	1775	36916	1	1927
上 海	32604	17214	4667	10723	0	8434
江 苏	147474	58366	16296	72807	5	6749
浙 江	10606	2659	253	7694	0	403
安 徽	129037	41589	3444	84003	1	3523
福 建	77447	12700	1616	63129	2	1751
江 西	76057	25169	1863	49024	1	2147
山 东	236832	74650	4130	158052	0	5125
河 南	194140	56704	2514	134922	0	6647
湖 北	82228	20088	3207	58877	56	4595
湖 南	69234	11790	2489	54952	3	2498
广 东	224425	38879	8979	176398	169	5121
广 西	67273	12720	2152	52400	1	1740
海 南	1575	174	58	1343	0	91
重 庆	36910	10869	1421	24619	1	1444
四 川	95826	16958	3801	75066	1	2813
贵 州	60313	3768	888	55657	0	1981
云 南	91464	9788	1398	80277	1	2429
西 藏	14910	3984	749	10161	16	346
陕 西	53953	13738	899	39312	4	2695
甘 肃	51939	4536	907	46496	0	1546
青 海	16929	1858	344	14726	1	795
宁 夏	28832	4070	306	24456	0	555
新 疆	40830	6129	1063	33638	0	1498

表13 2016年全国机动车及汽车驾驶员情况　单位：人

地区	机动车驾驶员	#汽车驾驶员
总 计	**358769829**	**303287721**
北 京	10345334	10306782
天 津	4121342	4115410
河 北	19014085	18437336
山 西	8575787	8408109
内蒙古	6829227	6306800
辽 宁	12146180	11381351
吉 林	6930384	6296516
黑龙江	7883546	7499099
上 海	6791244	6638239
江 苏	25682695	22846760
浙 江	19398278	18143538
安 徽	12615703	11355243
福 建	11020516	8388592
江 西	12384569	9429101
山 东	26458233	25324392
河 南	22778859	21142015
湖 北	14378525	3433351
湖 南	13772313	11043624
广 东	31335114	26561108
广 西	12892224	8723933
海 南	2226591	1633295
重 庆	7423890	5860405
四 川	19656134	15489967
贵 州	7864742	5597256
云 南	12113276	8329327
西 藏	316133	291941
陕 西	9471527	8733106
甘 肃	5540758	4392791
青 海	1434199	1254031
宁 夏	1936163	1704902
新 疆	5432258	4219401

表 14 2016 年全国进口汽车保有量（一）（按地区）

单位：辆

地区	民用汽车	载客汽车				
			大型	中型	小型	微型
总 计	**8835108**	**8788953**	**9567**	**20049**	**8670133**	**89204**
北 京	620299	615475	847	1065	607900	5663
天 津	142006	140697	164	365	138171	1997
河 北	260126	258693	290	385	254748	3270
山 西	159808	159178	372	422	155798	2586
内蒙古	212417	211180	312	361	209210	1297
辽 宁	377263	374626	757	848	370989	2032
吉 林	139147	138254	245	354	136872	783
黑龙江	168199	166474	391	575	164821	687
上 海	373525	369854	555	849	366288	2162
江 苏	724764	722498	614	1777	705421	14686
浙 江	958172	955616	418	1450	940655	13093
安 徽	156878	156446	132	333	154481	1500
福 建	320923	319582	228	957	313570	4827
江 西	109681	108787	124	187	107341	1135
山 东	466141	464258	609	1383	455906	6360
河 南	289524	288660	388	792	286584	896
湖 北	222766	221995	231	620	219878	1266
湖 南	247082	246140	223	465	243762	1690
广 东	1167989	1162107	850	1773	1150673	8811
广 西	148246	147498	155	498	145133	1712
海 南	53771	53564	148	260	52752	404
重 庆	187482	186914	89	228	185288	1309
四 川	404872	402936	290	631	398211	3804
贵 州	110893	110498	71	232	109364	831
云 南	224241	222670	225	857	218107	3481
西 藏	21899	21658	66	186	21385	21
陕 西	242660	241592	170	563	238834	2025
甘 肃	83080	82622	133	403	81704	382
青 海	32541	32171	100	253	31774	44
宁 夏	55814	55156	84	170	54726	176
新 疆	152899	151154	286	807	149787	274

表 15 2016 年全国进口汽车保有量（二）（按地区） 单位：辆

地区	载货汽车					其他汽车
		重型	中型	轻型	微型	
总 计	**35182**	**13988**	**523**	**20646**	**25**	**10973**
北 京	3590	1	40	3548	1	1234
天 津	1053	562	21	470	0	256
河 北	1243	346	17	880	0	190
山 西	516	114	8	393	1	114
内蒙古	1072	90	10	972	0	165
辽 宁	2183	399	51	1731	2	454
吉 林	768	43	10	714	1	125
黑龙江	1470	456	39	975	0	255
上 海	427	242	19	166	0	3244
江 苏	1770	1092	8	670	0	496
浙 江	2427	1517	14	892	4	129
安 徽	366	144	3	219	0	66
福 建	1209	861	8	340	0	132
江 西	733	554	2	177	0	161
山 东	1491	415	21	1052	3	392
河 南	713	118	8	584	3	151
湖 北	633	220	7	406	0	138
湖 南	663	318	7	337	1	279
广 东	5335	4220	47	1063	5	547
广 西	384	168	20	196	0	364
海 南	122	18	0	104	0	85
重 庆	480	137	1	342	0	88
四 川	1683	497	23	1162	1	253
贵 州	269	47	11	211	0	126
云 南	1375	659	31	685	0	196
西 藏	222	12	48	161	1	19
陕 西	852	190	6	656	0	216
甘 肃	256	27	2	227	0	202
青 海	218	10	4	202	2	152
宁 夏	540	137	7	396	0	118
新 疆	1119	374	30	715	0	626

表 16 2015 年全国进出口汽车市场统计

国家（地区）	数量（辆）	金额（美元）	国家（地区）	数量（辆）	金额（美元）
合计	**2,348,312**	**55,941,813,296**	叙利亚	272	4,810,116
出口合计	**1,273,448**	**11,258,292,215**	泰国	5,266	147,618,368
阿富汗	28	241,059	土耳其	4,531	11,087,851
巴林	1,996	29,484,775	阿联酋	28,836	182,171,316
孟加拉国	8,834	43,511,248	也门	146	198,000
文莱	226	4,086,544	越南	54,045	892,424,454
缅甸	18,919	263,680,678	台湾省	930	29,939,354
柬埔寨	1,756	28,917,188	东帝汶	236	11,599,135
塞浦路斯	216	690,924	哈萨克斯坦	1,944	65,477,515
朝鲜	12,772	197,909,251	吉尔吉斯斯坦	229	9,058,368
香港	2,858	324,276,908	塔吉克斯坦	689	24,163,926
印度	24,216	32,380,335	土库曼斯坦	435	16,433,082
印度尼西亚	3,069	43,976,184	乌兹别克斯坦	724	25,089,095
伊朗	157,650	1,352,679,991	阿尔及利亚	10,550	225,724,331
伊拉克	4,272	41,873,436	安哥拉	352	13,994,724
以色列	7,594	120,902,902	贝宁	154	3,480,128
日本	2,369	35,500,479	博茨瓦纳	50	1,395,732
约旦	857	13,978,530	布隆迪	1	22,892
科威特	2,659	53,771,792	喀麦隆	476	33,972,287
老挝	6,706	107,498,100	佛得角	75	811,787
黎巴嫩	2,592	10,493,808	乍得	53	3,325,042
澳门	650	45,044,468	科摩罗	6	83,528
马来西亚	5,099	136,315,068	刚果（布）	203	7,945,177
马尔代夫	325	6,022,569	吉布提	3,861	120,788,131
蒙古	661	36,416,635	埃及	44,895	271,650,585
尼泊尔联邦民主共和国	161	1,832,452	赤道几内亚	43	1,683,779
阿曼	2,475	52,603,105	埃塞俄比亚	3,781	133,433,028
巴基斯坦	8,168	207,291,895	加蓬	139	5,589,528
巴勒斯坦	32	27,889	冈比亚	63	1,394,147
菲律宾	20,142	449,510,476	加纳	3,343	70,356,366
卡塔尔	2,165	70,169,763	几内亚	358	12,558,475
沙特阿拉伯	21,116	368,020,360	几内亚比绍	3	50,164
新加坡	1,243	33,084,747	科特迪瓦	1,441	36,969,658
韩国	4,175	26,656,467	肯尼亚	1,103	40,774,048
斯里兰卡	4,635	48,661,362	利比里亚	164	5,420,441

表 16 （续 1）

国家（地区）	数量 （辆）	金额（美元）	国家（地区）	数量 （辆）	金额（美元）
利比亚	52	692,970	法国	15,965	45,101,231
马达加斯加	872	13,647,250	爱尔兰	3,678	30,447,236
马拉维	59	1,955,294	意大利	7,405	17,979,254
马里	268	14,039,869	卢森堡	1	700
毛里塔尼亚	158	7,220,933	荷兰	27,002	14,866,610
毛里求斯	457	11,098,104	希腊	1,498	2,669,128
摩洛哥	871	14,404,522	葡萄牙	870	642,207
莫桑比克	312	30,110,990	西班牙	8,293	16,149,243
纳米比亚	221	10,220,094	阿尔巴尼亚	130	832,812
尼日尔	114	6,957,239	奥地利	860	4,395,184
尼日利亚	1,598	30,798,139	保加利亚	1,070	18,344,922
留尼汪	350	171,089	芬兰	5,547	14,828,992
卢旺达	260	9,284,163	直布罗陀	8	51,304
圣多美和普林西比	7	66,016	匈牙利	1,159	990,308
塞内加尔	834	17,252,072	冰岛	164	1,634,424
塞舌尔	39	314,922	马耳他	10	34,172
塞拉利昂	116	4,512,032	挪威	1,659	1,091,554
索马里	65	2,086,335	波兰	3,958	4,934,990
南非	6,321	70,412,125	罗马尼亚	443	364,205
苏丹	3,916	53,039,791	瑞典	11,032	22,904,684
坦桑尼亚	918	35,703,353	瑞士	808	777,103
多哥	977	7,210,324	爱沙尼亚	765	1,669,829
突尼斯	1,878	15,622,481	拉脱维亚	962	275,306
乌干达	486	24,833,852	立陶宛	1,280	761,072
布基纳法索	276	10,497,371	格鲁吉亚	375	3,016,250
刚果（金）	584	23,733,651	亚美尼亚	57	2,007,956
赞比亚	628	22,875,862	阿塞拜疆	381	11,826,638
津巴布韦	306	15,881,866	白俄罗斯	4,760	35,709,957
厄立特里亚	2	207,602	摩尔多瓦	74	130,280
马约特	3	16,210	俄罗斯联邦	41,745	298,484,703
南苏丹共和国	70	3,314,747	乌克兰	3,994	13,159,362
比利时	2,718	53,538,235	斯洛文尼亚	1,086	3,055,421
丹麦	3,293	2,153,780	克罗地亚	240	360,951
英国	27,879	81,067,237	捷克	4,976	12,256,186
德国	41,608	54,901,440	斯洛伐克	431	188,236

表16 （续2）

国家（地区）	数量（辆）	金额（美元）	国家（地区）	数量（辆）	金额（美元）
前南马其顿	12	60,130	波多黎各	49	193,110
波黑	51	37,070	圣卢西亚	1	25,314
塞尔维亚	300	2,189,048	圣马丁岛	13	117,158
黑山	17	646,284	圣文森特和格林纳丁斯	5	51,500
安提瓜和巴布达	41	309,483	萨尔瓦多	836	5,764,145
阿根廷	14,096	34,618,014	苏里南	47	666,260
阿鲁巴	135	1,274,463	特立尼达和多巴哥	353	4,598,602
巴哈马	87	343,684	特克斯和凯科斯群岛	19	101,625
巴巴多斯	25	480,223	乌拉圭	4,031	25,002,445
伯利兹	407	3,853,718	委内瑞拉	4,198	271,912,694
多民族玻利维亚国	13,063	132,170,232	英属维尔京群岛	25	209,448
巴西	4,470	19,791,946	圣其茨和尼维斯	3	22,566
开曼群岛	5	37,604	荷属安的列斯群岛	282	2,631,938
智利	48,726	313,973,699	加拿大	12,176	74,416,919
哥伦比亚	29,162	157,892,446	美国	270,308	1,384,215,829
多米尼克	6	44,130	百慕大	11	343,435
哥斯达黎加	4,561	51,417,835	澳大利亚	20,224	122,116,936
古巴	6,294	222,506,841	库克群岛	45	358,457
库腊索岛	7	100,620	斐济	571	17,219,174
多米尼加共和国	2,309	15,327,197	新喀里多尼亚	276	1,431,146
厄瓜多尔	8,155	61,309,061	瓦努阿图	118	2,199,923
格林纳达	7	15,605	新西兰	3,565	47,251,865
瓜德罗普	57	43,289	巴布亚新几内亚	218	7,184,235
危地马拉	3,909	14,701,270	社会群岛	4	28,215
圭亚那	179	1,140,815	所罗门群岛	56	1,510,147
海地	224	3,806,647	汤加	5	176,296
洪都拉斯	1,803	3,570,173	萨摩亚	33	680,450
牙买加	164	7,289,951	基里巴斯	26	535,303
墨西哥	30,953	134,405,961	密克罗尼西亚联邦	18	521,645
尼加拉瓜	1,462	12,057,457	马绍尔群岛	30	294,474
巴拿马	2,119	14,907,939	帕劳	8	256,063
巴拉圭	4,179	34,557,626	法属波利尼西亚	173	1,525,046
秘鲁	27,501	209,059,075			

表 16（续 3）

国家（地区）	数量（辆）	金额（美元）	国家（地区）	数量（辆）	金额（美元）
进口合计	**1,074,864**	**44,683,521,081**	荷兰	8,374	154,640,964
印度	23	3,251,677	葡萄牙	7,668	171,335,635
印度尼西亚	580	12,777,447	西班牙	1,097	20,714,807
伊朗	13	194,031	奥地利	7,700	331,684,696
日本	285,889	7,608,774,430	芬兰	5,777	106,180,790
约旦	1	106,323	匈牙利	37,249	831,512,090
马来西亚	596	83,529,365	挪威	1	1,165
菲律宾	1	3,370	波兰	14	328,369
韩国	6,222	126,248,588	瑞典	10,095	525,174,599
泰国	8,759	366,323,072	俄罗斯联邦	75	953,222
土耳其	51	4,121,746	乌克兰	1	32,059
越南	15	60,391	斯洛文尼亚	8,393	98,460,263
中华人民共和国	202	1,784,085	捷克	24	4,043,201
台湾省	280	401,687	斯洛伐克	29,687	1,555,271,051
阿尔及利亚	2	312,799	阿根廷	21	691,077
比利时	12,808	204,786,785	巴西	20	1,356,359
丹麦	2	235,679	墨西哥	23,341	508,692,464
英国	97,621	6,224,392,158	加拿大	13,884	436,346,722
德国	226,270	12,094,983,083	美国	255,850	12,147,616,528
法国	14,660	156,398,183	澳大利亚	8	992,119
意大利	11,590	898,808,002			

表 17 2016 年各地区进出口汽车统计

省市	数量（辆）	金额（美元）
合计	**2,348,312**	**55,941,813,296**
出口合计	**1,273,448**	**11,258,292,215**
北京	54,949	1,050,121,730
天津	1,944	120,649,764
河北	19,518	205,215,853
山西	656	10,071,583
内蒙古自治区	15,138	94,178,249
辽宁	43,323	445,020,177
吉林	15,963	166,206,413
黑龙江	547	28,257,874
上海	61,305	571,622,413
江苏	61,505	547,372,729
浙江	434,578	353,212,891
安徽	137,806	1,215,488,417
福建	19,378	445,636,707
江西	18,980	248,227,043
山东	107,251	2,017,010,157
河南	13,111	710,377,559
湖北	25,732	317,759,190
湖南	20,140	380,724,620
广东	24,445	666,813,305
广西壮族自治区	25,932	382,829,522
海南	3,487	44,097,279
重庆	129,628	611,377,778
四川	8,892	201,052,738
贵州	1,738	20,834,516
云南	12,559	109,462,587
陕西	12,276	217,528,143
甘肃	106	3,397,571
青海	9	333,103
宁夏回族自治区	630	399,271
新疆维吾尔自治区	1,922	73,013,033

表 17（续）

省市	数量（辆）	金额（美元）
进口合计	**1,074,864**	**44,683,521,081**
北京	617,886	23,490,167,375
天津	108,128	5,039,664,550
河北	690	40,236,898
山西	34	4,121,237
内蒙古自治区	159	14,123,614
辽宁	11,736	668,707,774
吉林	52,924	2,579,865,818
黑龙江	282	19,541,474
上海	207,157	10,404,366,784
江苏	4,065	268,526,825
浙江	3,866	237,024,046
安徽	14	2,159,939
福建	12,617	553,394,564
江西	19	1,702,758
山东	6,075	302,555,051
河南	334	29,160,658
湖北	1,319	41,825,745
湖南	614	46,191,757
广东	7,551	359,645,875
广西壮族自治区	866	33,906,735
海南	46	415,393
重庆	3,538	199,958,263
四川	34,703	324,515,497
云南	45	4,689,200
宁夏回族自治区	14	940,640
新疆维吾尔自治区	182	16,112,611

表 18 2016 年全国进出口汽车类型统计

商品	数量（辆）	金额（美元）
合计	**2,348,312**	**55,941,813,296**
出口合计	**1,273,448**	**11,258,292,215**
装有柴油发动机的机坪客车	78	19,828,874
柴油机客车，座位≥ 30 座	16,777	1,485,471,195
柴油机客车，20 座≤座位≤ 29 座	2,763	141,443,741
柴油机客车，10 座≤座位≤ 19 座	16,084	240,280,278
其他机动客车，座位≥ 30 座	901	80,138,563
其他机动客车，20 座≤座位≤ 29 座	716	28,642,918
其他 10 座≤座位≤ 19 座的机动客车	20,589	173,922,158
全地形高尔夫球机动车	495,531	375,513,405
其他高尔夫球机动车及类似机动车辆	49,588	126,075,244
雪地行走专用机动车	538	2,549,496
汽油型小轿车，排量≤ 1000ml	17,591	79,500,324
汽油型小客车，排量≤ 1000ml	2,027	6,953,816
其他汽油型载人机动车，排量≤ 1000ml	1	25,000
汽油小轿车，1000ml ＜排量≤ 1500ml	162,621	1,098,773,436
汽油越野车（4 轮驱动）1000ml ＜排量≤ 1500m	59	2,210,241
汽油小客车，1000ml ＜排量≤ 1500ml	22,749	144,104,553
其他汽油型载人机动车，1000ml ＜排量≤ 1500ml	276	3,625,324
汽油小轿车，1500ml ＜排量≤ 2000ml	141,966	1,415,826,569
汽油越野车（4 轮驱动）1500ml ＜排量≤ 2000m	879	19,154,402
汽油小客车，1500ml ＜排量≤ 2000ml	28,304	581,470,142
其他汽油型载人机动车，1500ml ＜排量≤ 2000ml	196	2,950,558
汽油小轿车，2000ml ＜排量≤ 2500ml	9,633	196,634,021
汽油越野车（4 轮驱动）2000ml ＜排量≤ 2500ml	547	14,096,256
汽油小客车，2000ml ＜排量≤ 2500ml	30,452	599,099,173
其他汽油型载人机动车，2000ml ＜排量≤ 2500ml	418	5,869,717
汽油小轿车，2500ml ＜排量≤ 3000ml	42	1,974,818
汽油越野车（4 轮驱动）2500ml ＜排量≤ 3000ml	1,080	61,409,777
汽油小客车，2500ml ＜排量≤ 3000ml	1	31,244

表 18（续 1）

商品	数量（辆）	金额（美元）
其他汽油型载人机动车，2500ml ＜排量≤ 3000ml	33	765,508
汽油小轿车，3000ml ＜排量≤ 4000ml	1,263	38,219,527
汽油越野车（4 轮驱动）3000ml ＜排量≤ 4000ml	87	4,415,817
汽油小客车，3000ml ＜排量≤ 4000ml	30	1,574,210
汽油小轿车，排量＞ 4000ml	4	608,174
汽油越野车，排量＞ 4000ml	80	4,980,583
柴油小轿车，排量≤ 1000ml	4	24,097
柴油小轿车，1000ml ＜排量≤ 1500ml	1	12,507
柴油小客车，1000ml ＜排量≤ 1500ml	13	102,980
柴油越野车，1500ml ＜排量≤ 2000ml	8	253,492
柴油小客车，1500ml ＜排量≤ 2000ml	198	2,477,693
其他柴油型载人机动车，1500ml ＜排量≤ 2000ml	2	26,492
柴油小轿车，2000ml ＜排量≤ 2500ml	943	12,161,770
柴油越野车，2000ml ＜排量≤ 2500ml	17	478,956
柴油小客车，2000ml ＜排量≤ 2500ml	133	2,137,759
其他柴油型载人机动车，2000ml ＜排量≤ 2500ml	227	3,940,438
柴油越野车，2500ml ＜排量≤ 3000ml	171	5,512,885
柴油小客车，2500ml ＜排量≤ 3000ml	601	8,002,573
其他柴油型载人机动车，2500ml ＜排量≤ 3000ml	609	10,007,390
其他柴油型载人机动车，3000ml ＜排量≤ 4000ml	2	50,200
柴油越野车，排量＞ 4000ml	9	360,000
柴油小客车，排量＞ 4000ml	2	94,721
其他柴油客车，排量＞ 4000ml	160	7,354,009
未列名载人机动车	39,900	71,952,470
电动轮非公路用货运自卸车	512	11,047,294
其他非公路用货运机动自卸车	2,731	150,011,818
其他柴油货车，车总重≤ 5 吨	60,037	501,575,943
其他柴油货车，5 吨＜车总重＜ 14 吨	40,600	468,101,798
其他柴油货车，14 吨≤车总重≤ 20 吨	11,236	217,626,961
其他柴油货车，车总重＞ 20 吨	30,530	1,214,205,527

表 18 （续 2）

商品	数量（辆）	金额（美元）
其他汽油货车，车总重≤ 5 吨	43,350	260,070,442
其他汽油货车，5 吨＜车总重≤ 8 吨	9	17,026
其他汽油货车，车总重＞ 8 吨	107	1,441,679
未列名货运机动车辆	35	1,717,518
最大起重量≤ 50 吨全路面起重车	447	42,080,087
50 吨＜最大起重量≤ 100 吨全路面起重车	74	16,215,919
最大起重量＞ 100 吨全路面起重车	35	25,627,809
最大起重量≤ 50 吨其他起重车	1,412	159,455,540
50 吨＜最大起重量≤ 100 吨其他起重车	442	105,799,629
最大起重量＞ 100 吨其他起重车	40	17,317,605
机动钻探车	28	17,778,566
装有云梯的救火车	11	1,639,468
其他机动救火车	475	28,534,208
机动混凝土搅拌车	6,296	306,683,014
无线电通信车	19	5,544,877
机动医疗车	473	20,491,080
航空电源车（频率为 400Hz）	36	2,743,611
其他机动电源车	34	2,754,192
飞机加油车、调温车、除冰车	39	9,377,290
道路（包括跑道）扫雪车	33	2,799,267
石油测井车、压裂车、混沙车	76	52,663,406
混凝土泵车	643	121,586,936
未列名特殊用途的机动车辆	4,158	343,607,766
非公路用自卸车装有发动机的底盘	99	3,586,665
装有发动机货车底盘，车总重≥ 14 吨	337	12,553,550
装有发动机货车底盘，车总重＜ 14 吨	1,345	11,270,246
装有发动机的座位≥ 30 座的机动客车底盘	734	38,163,640
汽车起重车底盘，装有发动机	11	38,521
品目 8701 至 8705 所列其他车辆装有发动机的底盘	100	1,073,823

表 18 （续 3）

商品	数量（辆）	金额（美元）
进口合计	**1,074,864**	**44,683,521,081**
装有柴油发动机的机坪客车	13	4,021,849
柴油机客车，座位≥ 30 座	1	413,919
柴油机客车，20 座≤座位≤ 29 座	1	98,495
柴油机客车，10 座≤座位≤ 19 座	7	363,420
其他机动客车，20 座≤座位≤ 29 座	8	391,591
其他 10 座≤座位≤ 19 座的机动客车	707	29,153,193
全地形高尔夫球机动车	824	10,216,721
其他高尔夫球机动车及类似机动车辆	268	1,562,958
雪地行走专用机动车	692	3,335,650
汽油型小轿车，排量≤ 1000ml	23,105	257,874,682
汽油型越野车，排量≤ 1000ml	1	28,451
汽油型小客车，排量≤ 1000ml	3	38,978
汽油小轿车，1000ml ＜排量≤ 1500ml	51,124	940,533,281
汽油越野车（4 轮驱动）1000ml ＜排量≤ 1500m	3,199	38,596,403
汽油小客车，1000ml ＜排量≤ 1500ml	5,379	108,497,431
其他汽油型载人机动车，1000ml ＜排量≤ 1500ml	147	2,667,618
汽油小轿车，1500ml ＜排量≤ 2000ml	196,874	5,828,546,799
汽油越野车（4 轮驱动）1500ml ＜排量≤ 2000m	105,976	4,327,956,974
汽油小客车，1500ml ＜排量≤ 2000ml	126,457	4,160,692,310
其他汽油型载人机动车，1500ml ＜排量≤ 2000ml	4	293,963
汽油小轿车，2000ml ＜排量≤ 2500ml	33,233	810,073,591
汽油越野车（4 轮驱动）2000ml ＜排量≤ 2500ml	28,650	622,177,228
汽油小客车，2000ml ＜排量≤ 2500ml	23,373	648,650,868
其他汽油型载人机动车，2000ml ＜排量≤ 2500ml	1	35,256

表18（续4）

商品	数量（辆）	金额（美元）
汽油小轿车，2500ml＜排量≤3000ml	65,458	4,754,987,889
汽油越野车（4轮驱动）2500ml＜排量≤3000ml	245,635	13,450,328,681
汽油小客车，2500ml＜排量≤3000ml	21,697	840,710,239
其他汽油型载人机动车，2500ml＜排量≤3000ml	1	24,438
汽油小轿车，3000ml＜排量≤4000ml	5,626	606,485,971
汽油越野车（4轮驱动）3000ml＜排量≤4000ml	51,655	1,994,386,405
汽油小客车，3000ml＜排量≤4000ml	23,825	985,307,851
其他汽油型载人机动车，3000ml＜排量≤4000ml	2	92,204
汽油小轿车，排量＞4000ml	1,944	301,798,336
汽油越野车，排量＞4000ml	12,676	1,000,109,961
汽油小客车，排量＞4000ml	558	45,832,257
其他汽油型载人机动车，排量＞4000ml	1	123,100
柴油小轿车，1000ml＜排量≤1500ml	2	46,307
柴油越野车，1000ml＜排量≤1500ml	1	23,989
柴油小客车，1000ml＜排量≤1500ml	1	17,000
其他柴油型载人机动车，1000ml＜排量≤1500ml	2	33,163
柴油小轿车，1500ml＜排量≤2000ml	1	17,342
柴油越野车，1500ml＜排量≤2000ml	67	2,083,075
柴油小客车，1500ml＜排量≤2000ml	1,605	34,155,935
其他柴油型载人机动车，1500ml＜排量≤2000ml	2	72,986
柴油越野车，2000ml＜排量≤2500ml	931	46,258,759
柴油小客车，2000ml＜排量≤2500ml	3,285	72,955,150
其他柴油型载人机动车，2000ml＜排量≤2500ml	84	3,831,905
柴油越野车，2500ml＜排量≤3000ml	16,566	1,179,810,208
柴油小客车，2500ml＜排量≤3000ml	7	404,010

表 18（续 5）

商品	数量（辆）	金额（美元）
其他柴油型载人机动车，2500ml ＜排量≤ 3000ml	99	5,427,860
柴油小轿车，排量＞ 4000ml	3	65,958
柴油越野车，排量＞ 4000ml	382	16,137,938
未列名载人机动车	12,864	901,910,246
其他非公路用货运机动自卸车	27	7,613,389
其他柴油货车，车总重≤ 5 吨	102	3,978,631
其他柴油货车，5 吨＜车总重＜ 14 吨	112	6,452,328
其他柴油货车，14 吨≤车总重≤ 20 吨	189	15,114,847
其他柴油货车，车总重＞ 20 吨	764	84,742,676
其他汽油货车，车总重≤ 5 吨	6,512	263,346,974
其他汽油货车，5 吨＜车总重≤ 8 吨	5	259,407
其他汽油货车，车总重＞ 8 吨	58	2,877,198
未列名货运机动车辆	1	23,159
最大起重量＞ 100 吨全路面起重车	4	6,300,282
机动钻探车	1	1,271,088
其他机动救火车	31	19,995,048
机动医疗车	1	32,999
飞机加油车、调温车、除冰车	52	19,533,907
道路（包括跑道）扫雪车	45	16,702,640
石油测井车、压裂车、混沙车	4	2,688,856
未列名特殊用途的机动车辆	41	8,651,315
装有发动机货车底盘，车总重≥ 14 吨	5	561,799
装有发动机货车底盘，车总重＜ 14 吨	160	7,524,085
装有发动机的座位≥ 30 座的机动客车底盘	1,698	174,995,748
品目 8701 至 8705 所列其他车辆装有发动机的底盘	25	1,193,913

表 19 2016 年全国进出口汽车贸易方式统计

贸易方式	数量（辆）	金额（美元）
合计	**2,348,312**	**55,941,813,296**
出口合计	**1,273,448**	**11,258,292,215**
一般贸易	1,124,369	7,743,363,753
国家间、国际组织无偿援助和赠送的物资	1,110	47,325,538
其他捐赠物资	1	68,951
来料加工装配贸易	668	156,415,612
进料加工贸易	133,916	2,700,516,633
边境小额贸易	5,302	230,849,753
对外承包工程出口货物	4,290	260,413,888
租赁贸易	55	710,923
保税监管场所进出境货物	191	356,205
海关特殊监管区域物流货物	2,809	100,128,291
其他贸易	737	18,142,668
进口合计	**1,102,852**	**44,927,950,727**
一般贸易	1,027,733	42,359,314,655
来料加工装配贸易	545	70,743,157
进料加工贸易	1,254	115,996,285
边境小额贸易	8	590,734
保税监管场所进出境货物	13	5,589
海关特殊监管区域物流货物	44,048	2,078,664,321
其他贸易	1,263	58,206,340

表 20 2016 年全国汽车工业进度统计数据

一、产量、销量

单位：万辆、%

类别	车型	产量	同比增长	销量	同比增长
汽车	**总 计：**	**2811.88**	**14.46**	**2802.82**	**13.65**
	其 中：1、乘用车	2442.07	15.50	2437.69	14.93
	（1）基本型乘用车（轿车）	1211.13	3.91	1214.99	3.44
	（2）多功能乘用车（MPV）	249.06	17.11	249.65	18.38
	（3）运动型多用途乘用车（SUV）	915.29	45.72	904.70	44.59
	（4）交叉型乘用车	66.59	-38.32	68.35	-37.81
	其 中：2、商用车	369.81	8.01	365.13	5.80
	（1）客车	54.69	-7.44	54.34	-8.73
	其中：客车非完整车辆	5.52	-21.78	5.50	-21.92
	（2）货车	315.11	11.23	310.79	8.82
	其中：半挂牵引车	39.87	60.50	38.80	55.08
	货车非完整车辆	34.71	1.58	34.60	-0.91
摩托车	**总 计：**	**1682.08**	**-10.68**	**1680.03**	**-10.75**
	其 中：1、二轮	1473.44	-11.33	1472.78	-11.31
	2、三轮	208.64	-5.80	207.25	-6.52
低速汽车	**总 计：**	**299.17**	**-1.05**	**299.07**	**-0.67**
	其 中：1、低速货车	37.32	-13.69	37.36	-12.73
	2、三轮汽车	261.85	1.06	261.71	1.33

二、汽车商品进出口

单位：万辆、万台、亿美元、%

类别	车型	数量	同比增长	金额	同比增长
进口	**总 计：**			**797.46**	**3.13**
	其中：1、整车	107.70	-2.26	449.47	-0.31
	（1）轿车	37.74	7.07	135.00	-2.15
	（2）越野车	46.57	-1.27	226.76	0.10
	2、车用发动机	72.67	6.66	20.20	8.52
	3、汽车零部件	—	—	288.51	7.68
出口	**总 计：**			**766.54**	**-4.24**
	其中：1、整车	80.98	7.19	114.23	-8.15
	2、汽车零部件	—	—	350.28	-0.45
	3、摩托车	813.46	-4.39	41.68	-8.00

表 20（续）

三、固定资产投资

单位：亿元、%

指标名称	本期累计	同期累计	同比增长
固定资产投资总计：	**12338.91**	**11859.03**	**4.05**
其中：汽车整车制造业	2724.16	2728.75	-0.17
改装车制造业	539.42	530.41	1.70
汽车零部件制造业	8685.49	8203.43	5.88
摩托车整车制造业	138.12	128.70	7.32
摩托车零部件制造业	251.72	267.74	-5.98

四、汽车重点企业经济指标

单位：亿元、%

指标名称	重点企业（17家）	
	金额	同比增长
营业收入	36406.30	15.66
利润总额	3653.35	5.66
利税总额	5985.12	8.34
工业增加值	7644.81	11.49
工业总产值	32071.18	14.78
工业销售产值	31803.10	14.11

五、汽车全行业经济指标

单位：亿元、%

指标名称	全行业（15445家）	
	金额	同比增长
资产总计	69713.54	14.71
负债总计	40327.60	16.61
利润总额	6886.24	10.66
主营业务收入	83345.25	13.79

表 21 2016 年乘用车品牌销售情况表

车型	2016 年	2015 年	比同期增长 (%)
1、一汽轿车 合计	**193168**	**236003**	**-18.15**
马自达 6	8038	29141	-72.42
奔腾	23333	81996	-71.54
奔腾 B50 1.6L	17013	60815	-72.02
奔腾 B70 1.8L	210	2052	-89.77
奔腾 B90 1.8L	363	1363	-73.37
奔腾 B50 1.8L	1342	555	141.80
奔腾 B90 2.0L	0	23	-100.00
奔腾 B70 2.0L	4405	17188	-74.37
睿翼	236	3538	-93.33
欧朗	410	1936	-78.82
欧朗二厢 1.5L	208	832	-75.00
欧朗三厢 1.5L	202	1104	-81.70
红旗 H7	875	5037	-82.63
红旗 H7 1.8T	135	0	
红旗 H72.0	684	4694	-85.43
红旗 H72.5	25	242	-89.67
红旗 H73.0	31	101	-69.31
红旗 V501	2	7	-71.43
阿特兹	36645	42141	-13.04
阿特兹 2.0	20086	33904	-40.76
阿特兹 2.5	16559	8237	101.03
奔腾 B30	39617	10770	267.85
奔腾 D015	20448	0	
奔腾 D015 1.4L	5793	0	
奔腾 D015 1.6L	14655	0	
马自达 8	1319	1715	-23.09
奔腾 X80	22039	55131	-60.02
奔腾 X80 二驱 1.8T	4139	8143	-49.17

表 21 （续 1）

车型	2016 年	2015 年	比同期增长 (%)
奔腾 X80 二驱 2.0L	17900	46988	-61.91
马自达 CX-7	2408	4591	-47.55
马自达 CX-7 二驱 2.5L	1047	3117	-66.41
马自达 CX-7 四驱 2.3T	1361	1474	-7.67
马自达 CX-4	37780	0	
马自达 CX-4 2.0L	32087	0	
马自达 CX-4 2.5L	5693	0	
D181	18	0	
2、一汽大众 合计	**1872366**	**1650185**	**13.46**
捷达	348437	274932	26.74
捷达 1.4T	82508	0	
捷达 1.5T	8381	0	
捷达 1.6L	257548	274932	-6.32
速腾	341331	279892	21.95
速腾 1.2T	799	0	
速腾 1.4T	142492	112119	27.09
速腾 1.6L	197552	167497	17.94
速腾 1.8T	0	14	-100.00
速腾 2.0L	488	262	86.26
迈腾	171283	155507	10.14
迈腾 1.4T	1983	2	
迈腾 1.8T	147942	125715	17.68
迈腾 2.0T	21358	29757	-28.23
迈腾 3.0L	0	33	-100.00
新宝来	219313	204275	7.36
新宝来 1.4T	11890	9577	24.15
新宝来 1.6L	207423	194698	6.54
奥迪 A4L	97421	115148	-15.39
奥迪 A4L 1.4T	15	0	

表 21 （续 2）

车型	2016 年	2015 年	比同期增长 (%)
奥迪 A4L 1.8T	7864	5187	51.61
奥迪 A4L 2.0T	89542	109935	-18.55
奥迪 A4L 3.0L	0	26	-100.00
高尔夫 A6	0	10	-100.00
高尔夫 A6 1.4T	0	6	-100.00
高尔夫 A6 1.6L	0	0	
高尔夫 A6 2.0T	0	4	-100.00
CC	29148	31970	-8.83
CC 1.8T	21726	21103	2.95
CC 2.0T	7285	10672	-31.74
CC 3.0T	137	195	-29.74
奥迪 C7	135730	147977	-8.28
奥迪 C7 1.8T	65363	1129	
奥迪 C7 2.0T	641	90247	-99.29
奥迪 C7 2.5	56028	47253	18.57
奥迪 C7 2.8	192	7395	-97.40
奥迪 C7 3.0	13506	1953	
高尔夫 A7	178374	193602	-7.87
高尔夫 A7 1.2T	507	2381	-78.71
高尔夫 A7 1.4T	108543	121988	-11.02
高尔夫 A7 1.6L	67210	68035	-1.21
高尔夫 A7 2.0T	2114	1198	76.46
奥迪 A3	84784	64353	31.75
奥迪 A3 1.4T	81579	59300	37.57
奥迪 A3 1.8T	3205	5053	-36.57
奥迪 A3 2.0T	0	0	
高尔夫 Sportsvan	36851	0	
高尔夫 Sportsvan 1.2T	464	0	
高尔夫 Sportsvan 1.4T	29198	0	

表 21 （续 3）

车型	2016 年	2015 年	比同期增长 (%)
高尔夫 Sportsvan 1.6L	7189	0	
蔚领	11340	0	
蔚领 1.4T	4143	0	
蔚领 1.6L	7197	0	
Q5	129453	114000	13.56
Q3	88901	68519	29.75
Q3 1.4T	58868	24601	139.29
Q3 2.0T	30033	43918	-31.62
3、天津一汽 合计	**38343**	**64849**	**-40.87**
夏利	11672	26659	-56.22
N3	22	13939	-99.84
N5	10875	9567	13.67
N7	775	3153	-75.42
威志	9284	7796	19.09
威志 V2	792	1086	-27.07
A70	4336	0	
骏派 D60	12259	29308	-58.17
4、一汽丰田 合计	**642373**	**607090**	**5.81**
花冠	17511	46340	-62.21
皇冠	29941	26017	15.08
锐志	16851	23689	-28.87
普锐斯 普混	18	408	-95.59
卡罗拉	306541	254301	20.54
新威驰	116957	114467	2.18
新威驰 1.3L	34347	50070	-31.40
新威驰 1.5L	82610	64397	28.28
陆地巡洋舰	805	1406	-42.75
普拉多	37289	23731	57.13
全新 RAV4	116460	116731	-0.23

表 21 （续 4）

车型	2016 年	2015 年	比同期增长 (%)
全新 RAV42.0L	99730	96083	3.80
全新 RAV42.5L	16730	20648	-18.98
5、一汽海马 合计	**62861**	**70617**	**-10.98**
福美来	41461	49422	-16.11
丘比特	355	1589	-77.66
丘比特 1.3	273	1496	-81.75
丘比特 1.5	82	93	-11.83
福美车专车版	435	512	-15.04
普力马	326	337	-3.26
福美来七座版	12081	0	
骑士	8203	18757	-56.27
6、一汽集团 合计	**65227**	**36864**	**76.94**
红旗 H7	4175	0	
红旗 V501	0	0	
森雅	5633	14159	-60.22
森雅 R7	44807	0	
佳宝	10612	22705	-53.26
7、上汽通用 合计	**1880004**	**1724976**	**8.99**
凯越	105033	176242	-40.40
雪佛兰景程	3	1	200.00
凯迪拉克	76757	53086	44.59
别克新君威	69300	110637	-37.36
别克新君威 1.6T	51000	55260	-7.71
别克新君威 2.0L	17695	52726	-66.44
别克新君威 2.0T	605	2651	-77.18
雪佛兰科鲁兹	189106	246088	-23.16
雪佛兰科鲁兹 1.4T	6929	7532	-8.01
雪佛兰科鲁兹 1.5L	176096	231514	-23.94
雪佛兰科鲁兹 1.6L	1	9	-88.89

表 21 （续 5）

车型	2016 年	2015 年	比同期增长 (%)
雪佛兰科鲁兹 1.8L	1	3	-66.67
科鲁兹二厢 1.6L	5736	6383	-10.14
科鲁兹二厢 1.6T	343	647	-46.99
别克新君越	80966	85005	-4.75
新君越 1.5T	49770	0	
新君越 1.8L 普混	1195	0	
新君越 2.0T	19436	20244	-3.99
新君越 2.4	10562	64753	-83.69
新君越 3.0	3	8	-62.50
别克英朗 XT	3	20510	-99.99
英朗 XT1.6L	0	20128	-100.00
英朗 XT1.6T	3	382	-99.21
雪佛兰新赛欧	140284	216545	-35.22
赛欧电动车	1	68	-98.53
新赛欧二厢 1.2L	1	230	-99.57
新赛欧二厢 1.4L	1103	2872	-61.59
新赛欧三厢 1.2L	1	66	-98.48
新赛欧三厢 1.3L	66458	118340	-43.84
新赛欧三厢 1.4L	25005	34933	-28.42
新赛欧三厢 1.5L	47715	60036	-20.52
别克英朗 GT	370372	269703	37.33
英朗 GT 1.4T	11245	20244	-44.45
英朗 GT 1.5L	359125	223354	60.79
英朗 GT 1.6L	1	25811	-100.00
英朗 GT 1.6T	0	22	-100.00
英朗 GT 1.8L	1	272	-99.63
雪佛兰爱唯欧	3	5943	-99.95
爱唯欧二厢 1.4L	1	519	-99.81
爱唯欧二厢 1.6L	0	26	-100.00

表 21 （续 6）

车型	2016 年	2015 年	比同期增长 (%)
爱唯欧三厢 1.4L	2	5371	-99.96
爱唯欧三厢 1.6L	0	27	-100.00
雪佛兰迈锐宝	85180	80222	6.18
迈锐宝 1.5T	58571	0	
迈锐宝 1.6T	8084	6353	27.25
迈锐宝 1.8L 普混	12	0	
迈锐宝 2.0	16516	71582	-76.93
迈锐宝 2.4	1543	2287	-32.53
迈锐宝 2.5	454	0	
威朗	177202	49336	259.17
威朗二厢 1.5L	15828	408	
威朗二厢 1.5T	5792	1045	454.26
威朗三厢 1.5L	125695	32221	290.10
威朗三厢 1.5T	29887	15662	90.82
乐风 RV	13714	4544	201.80
科沃兹	50786	0	
别克 GL8	34773	38985	-10.80
新别克 GL8	44827	40000	12.07
雪佛兰科帕奇	21956	32357	-32.14
科帕奇二驱 2.4L	10539	9290	13.44
科帕奇四驱 2.4L	11417	23067	-50.51
别克昂科拉	71945	82013	-12.28
昂科拉二驱 1.4T	70948	81770	-13.23
昂科拉四驱 1.4T	997	243	310.29
雪佛兰 Trax	37636	50736	-25.82
雪佛兰 Trax 二驱 1.4T	37263	50287	-25.90
雪佛兰 Trax 四驱 1.4T	373	449	-16.93
昂科威	275383	163023	68.92
凯迪拉克 XT5	34775	0	

表 21 （续 7）

车型	2016 年	2015 年	比同期增长 (%)
8、上汽大众 合计	2000238	1805633	10.78
桑塔纳	0	12	-100.00
桑塔纳	318340	276219	15.25
桑塔纳 1.8	0	12	-100.00
新桑塔纳 1.4L	62593	54276	15.32
新桑塔纳 1.4T	11	122	-90.98
新桑塔纳 1.6L	199782	182878	9.24
新桑塔纳 CNG	20429	18690	9.30
新桑塔纳浩纳 1.4T	129	1488	-91.33
新桑塔纳浩纳 1.6L	35396	18753	88.75
波罗	172335	163958	5.11
新波罗两厢 1.4L	120206	98927	21.51
新波罗两厢 1.6L	51302	63903	-19.72
POLO GTI	827	1128	-26.68
明锐	10591	24214	-56.26
明锐 1.4T	2	18	-88.89
明锐 1.6L	10584	24191	-56.25
明锐 1.8T	1	-1	-200.00
明锐 2.0L	3	6	-50.00
明锐 2.0T	1	0	
CROSS POLO	7815	14909	-47.58
朗逸	0	2	-100.00
晶锐	16	4396	-99.64
晶锐 1.4L	12	3271	-99.63
晶锐 1.6L	4	1125	-99.64
速派	389	13113	-97.03
速派 1.4T	238	6547	-96.36
速派 1.8T	151	6482	-97.67
速派 2.0T	0	84	-100.00

表 21 （续 8）

车型	2016 年	2015 年	比同期增长 (%)
新帕萨特	188214	205794	-8.54
新帕萨特 1.4T	36342	11226	223.73
新帕萨特 1.8T	144514	181771	-20.50
新帕萨特 2.0T	7182	12514	-42.61
新帕萨特 3.0V6	176	283	-37.81
新朗逸	478857	379067	26.33
新朗逸 1.2T	0	0	
新朗逸 1.4T	28652	47562	-39.76
新朗逸 1.6L	449105	329679	36.22
新朗逸 1.6LMT CNG	1100	1826	-39.76
昕锐	67149	57568	16.64
朗行	69274	93763	-26.12
昕动	27527	13364	105.98
新明锐	144507	125814	14.86
新明锐 1.4T	10330	10176	1.51
新明锐 1.6L	134177	115638	16.03
凌渡	143145	104214	37.36
新晶锐	12256	12677	-3.32
新晶锐 1.4L	10635	10005	6.30
新晶锐 1.6L	1621	2672	-39.33
新速派	41303	5335	
新速派 1.4T	24609	2256	
新速派 1.8T	15879	2972	434.29
新速派 2.0T	815	107	
辉昂	3307	0	
辉昂 2.0T	2950	0	
辉昂 3.0T	357	0	
途安	17667	32481	-45.61
途安 1.4T	10409	24337	-57.23

表 21 （续 9）

车型	2016 年	2015 年	比同期增长 (%)
途安 1.6L	7258	8144	-10.88
新途安	29036	13	
途观	240493	255751	-5.97
途观二驱 1.4	25820	149	
途观二驱 1.8	162568	204032	-20.32
途观四驱 1.8	45951	39102	17.52
途观四驱 2.0	6154	12468	-50.64
野帝	26350	22981	14.66
途观 NF	1667	0	
Teramont	0	0	
9、广汽本田 合计	**638791**	**580068**	**10.12**
雅阁	136246	128122	6.34
雅阁 2.0L	111631	111294	0.30
雅阁 2.4L	23501	16716	40.59
雅阁 3.0L	1114	112	
飞度	113596	95974	18.36
锋范	70841	50302	40.83
歌诗图	6130	13329	-54.01
歌诗图 2.4	5821	12883	-54.82
歌诗图 3.0	309	446	-30.72
理念 S1	4173	3514	18.75
理念 S1 1.3L	4173	3514	18.75
理念 S1 1.5L	0	0	
凌派	87405	116759	-25.14
奥德赛	40029	45230	-11.50
缤智	164084	126838	29.37
缤智二驱 1.5L	104795	43249	142.31
缤智二驱 1.8L	59289	83589	-29.07
讴歌 CDX	6842	0	

表 21（续 10）

车型	2016 年	2015 年	比同期增长 (%)
冠道	9445	0	
10、东风神龙 合计	**600237**	**710696**	**-15.54**
爱丽舍	87132	93655	-6.96
标致 307	6	322	-98.14
标致 307 1.6L	2	1	100.00
标致 307 2.0L	0	1	-100.00
标致 307 1.6L 二厢	2	320	-99.38
标致 307 2.0L 二厢	2	0	
世嘉	25489	67589	-62.29
世嘉 1.6L	1	1268	-99.92
世嘉 2.0L	1	1	0.00
世嘉三厢 1.2T	0	80	-100.00
世嘉三厢 1.6L	25477	65209	-60.93
世嘉三厢 2.0L	10	1031	-99.03
标致 207	2	4	-50.00
标致 207 1.4L 三厢	0	2	-100.00
标致 207 1.6L 三厢	1	1	0.00
标致 207 1.6L 二厢	1	1	0.00
C5	5042	21699	-76.76
C5 三厢 1.6T	3509	10194	-65.58
C5 三厢 1.8T	589	833	-29.29
C5 三厢 2.0L	928	10381	-91.06
C5 三厢 2.3L	15	291	-94.85
C5 三厢 3.0L	1	0	
标致 408	100156	107088	-6.47
标致 408 1.2T 三厢	39364	18557	112.12
标致 408 1.6L 三厢	1	1069	-99.91
标致 408 1.6T 三厢	46100	4749	
标致 408 1.8L 三厢	14690	82693	-82.24

表 21 （续 11）

车型	2016 年	2015 年	比同期增长 (%)
标致 408 2.0L 三厢	1	20	-95.00
标致 508	7004	16648	-57.93
标致 508 1.6T	5740	9000	-36.22
标致 508 1.8T	696	3404	-79.55
标致 508 2.0L	567	4202	-86.51
标致 508 2.3L	1	42	-97.62
标致 308	75123	87359	-14.01
标致 308 1.2T	2700	0	
标致 308 1.6L	71505	87347	-18.14
标致 308 1.6T	915	0	
标致 308 2.0L	3	12	-75.00
C4L	18472	41209	-55.17
标致 301	73641	67970	8.34
风神 L60	2364	5878	-59.78
标致 308S	8306	10617	-21.77
C4 世嘉	34834	7441	368.14
C6	4079	0	
标致 3008	44293	67501	-34.38
标致 2008	31831	49229	-35.34
C3-XR	73461	66487	10.49
标致 4008	9002	0	
11、东风悦达 合计	**650006**	**616094**	**5.50**
赛拉图	7631	10906	-30.03
瑞欧	0	0	
福瑞迪	7549	24641	-69.36
秀尔	1140	1494	-23.69
K5	4407	27221	-83.81
K5 2.0L	4407	27214	-83.81
K5 2.4L	0	7	-100.00

表 21 （续 12）

车型	2016 年	2015 年	比同期增长 (%)
K2	117864	164114	-28.18
K2 1.4L 两厢	9940	10261	-3.13
K2 1.6L 两厢	2	257	-99.22
K2 1.4L 三厢	106473	148623	-28.36
K2 1.6L 三厢	1449	4973	-70.86
K3	191911	147157	30.41
K3 1.6L	191907	147144	30.42
K3 1.8L	4	13	-69.23
K3S	484	8874	-94.55
K4	34100	62147	-45.13
K4 1.6L	8957	3216	178.51
K4 1.8L	25047	58696	-57.33
K4 2.0L	96	235	-59.15
华骐电动车	5	30	-83.33
新 K5	30216	11095	172.34
UC	35647	0	
狮跑	9249	29461	-68.61
智跑	76476	81522	-6.19
智跑二驱 2.0L	76434	81501	-6.22
智跑四驱 2.0L	42	0	
智跑四驱 2.4L	0	21	-100.00
KX3	68913	47432	45.29
KX3 二驱 1.6	67030	45744	46.53
KX3 二驱 2.0	1883	1688	11.55
KX5	64414	0	
KX5 二驱 1.6	49423	0	
KX5 二驱 2.0	14991	0	
12、东风英菲尼迪 合计	**26131**	**25467**	**2.61**
英菲尼迪	18047	17413	3.64

表 21 （续 13）

车型	2016 年	2015 年	比同期增长 (%)
QX50L	8084	8054	0.37
13、东风日产 合计	**1117901**	**1000678**	**11.71**
骐达	0	-1	-100.00
轩逸	165071	138289	19.37
骊威	0	-1	-100.00
玛驰	86	1166	-92.62
新阳光	74413	90582	-17.85
新骐达	40320	52198	-22.76
新骐达 1.6L	40303	51994	-22.49
新骐达 1.6T	17	204	-91.67
启辰	39503	55404	-28.70
启辰 D50 1.6L	12231	17251	-29.10
晨风纯电动车	1916	1127	70.01
启辰 R30 1.2L	2751	7734	-64.43
启辰 R50 1.6L	22605	29292	-22.83
新轩逸	202908	195798	3.63
新轩逸 1.6	200482	189015	6.07
新轩逸 1.8	2426	6783	-64.23
新世代天籁	90279	111774	-19.23
新世代天籁 2.0	83791	98770	-15.17
新世代天籁 2.5	6488	13004	-50.11
新骊威	8763	23675	-62.99
新蓝鸟	78976	27844	183.64
西玛	2279	0	
逍客	15	38264	-99.96
逍客 1.6L	1	5914	-99.98
逍客二驱 2.0L	10	32232	-99.97
逍客四驱 2.0L	4	118	-96.61
楼兰	20537	12421	65.34

表 21（续 14）

车型	2016 年	2015 年	比同期增长 (%)
新奇骏	180202	166385	8.30
新奇骏 2.0L 二驱	137399	105232	30.57
新奇骏 2.5L 二驱	42803	61153	-30.01
启辰 T70	72399	65072	11.26
新逍客	139669	21808	
启辰 T90	2481	0	
14、东风本田 合计	**570077**	**406468**	**40.25**
思域	90014	32686	175.39
思铂睿	23487	22955	2.32
思铭	1176	2354	-50.04
哥瑞	40806	13077	212.04
竞瑞	9287	0	
艾力绅	31097	7404	320.00
杰德	32024	52636	-39.16
15、东风本田 CRV	**180319**	**156607**	**15.14**
炫威（XRV）	161867	118749	36.31
16、东风柳汽 合计	**261300**	**250678**	**4.24**
景逸 S50	9901	7603	30.22
菱智	90700	116896	-22.41
景逸	2944	32034	-90.81
S500	71653	10021	
景逸 X3	42316	52427	-19.29
景逸 X5	28323	31697	-10.64
景逸 SX6	15463	0	
17、东风小康 合计	**306593**	**223211**	**37.36**
风光 330	98047	99622	-1.58
风光 370	70532	19019	270.85
风光 F360	0	41255	-100.00
风光 580	86760	0	

表 21 （续 15）

车型	2016 年	2015 年	比同期增长 (%)
东风小康 K 系	35935	48586	-26.04
东风小康 V 系	0	403	-100.00
东风小康 C 系	15319	14326	6.93
18、北京现代 合计	**1142016**	**1062826**	**7.45**
索纳塔	35998	69154	-47.95
索纳塔 1.6L	28222	36328	-22.31
索纳塔 2.0L	7027	23744	-70.41
索纳塔 2.4L	749	9082	-91.75
伊兰特	3841	13204	-70.91
悦动	21092	42721	-50.63
名驭	5323	6713	-20.71
名驭 1.8	4973	6496	-23.45
名驭 2.0	350	217	61.29
瑞纳	116513	213678	-45.47
瑞纳 1.4	116246	211539	-45.05
瑞纳 1.6	267	2139	-87.52
朗动	253804	267085	-4.97
朗动三厢 1.6L	253795	266989	-4.94
朗动三厢 1.8L	9	96	-90.63
首望电动车	50	100	-50.00
名图	148254	154597	-4.10
领动	132210	0	
领动 1.4T	10996	0	
领动 1.6L	121214	0	
悦纳	40389	0	
悦纳 1.4	39507	0	
悦纳 1.6	882	0	
途胜	11	7439	-99.85
IX35	71938	105872	-32.05

表 21 （续 16）

车型	2016 年	2015 年	比同期增长 (%)
IX35 2.0	71884	105639	-31.95
IX35 2.4	54	233	-76.82
新胜达	22438	33355	-32.73
新胜达 2.0	20214	19312	4.67
新胜达 2.4	2224	14043	-84.16
IX25	113468	102755	10.43
IX25 1.6	113137	96217	17.59
IX25 2.0	331	6538	-94.94
新途胜	176687	46153	282.83
新途胜 1.6	170601	44521	283.19
新途胜 2.0	6086	1632	272.92
19、北京奔驰 合计	**317069**	**250188**	**26.73**
奔驰 -E	57439	60102	-4.43
奔驰 E1.8	41468	55505	-25.29
奔驰 E3.0	15736	4458	252.98
奔驰 E4.0	235	139	69.06
奔驰 -C	105401	85080	23.88
奔驰 C1.6	26744	22392	19.44
奔驰 C1.8	78371	61136	28.19
奔驰 C3.0	286	1552	-81.57
奔驰 -GLK	37	56826	-99.93
奔驰 -GLA	66917	42661	56.86
奔驰 -GLC	87275	5519	
20、北汽有限 合计	**8817**	**8123**	**8.54**
BJ2032 系列	35	34	2.94
BJ2020JC 系列	406	440	-7.73
BJ6466 系列	444	1141	-61.09
交叉乘用车	7932	6508	21.88
21、福田 合计	**25991**	**17055**	**52.40**

表 21 （续 17）

车型	2016 年	2015 年	比同期增长 (%)
蒙派克	5573	5429	2.65
迷迪	268	120	123.33
伽途 ix	12840	0	
萨瓦纳	2147	1184	81.33
伽途 V	5163	10322	-49.98
22、奇瑞 合计	**587073**	**484329**	**21.21**
旗云 2	1126	5804	-80.60
旗云 2 1.3L	3	0	
旗云 2 1.5L	975	4497	-78.32
旗云 2 1.6L	148	1307	-88.68
QQ3	2554	10793	-76.34
QQ3 0.8L	0	170	-100.00
QQ3 电动车	2384	6885	-65.37
QQ3 1.0L	159	1785	-91.09
QQ3 1.1L	11	1953	-99.44
东方之子	493	2	
东方之子 1.9L	3	0	
东方之子 1.8L	487	0	
东方之子 2.0L	3	2	50.00
旗云 3	1321	3695	-64.25
旗云 3 1.5	461	0	
旗云 3 1.6	108	720	-85.00
旗云 3 1.8L	27	0	
旗云 3 2.0	725	2975	-75.63
A1	131	7327	-98.21
A3	3853	16325	-76.40
A3 1.6L	10	45	-77.78
A3 1.8L	3663	16280	-77.50
A3 2.0L	1	0	

表 21 （续 18）

车型	2016 年	2015 年	比同期增长 (%)
A3 两厢 1.6L	136	0	
A3 两厢 1.8L	5	0	
A3 两厢 2.0L	38	0	
瑞麒 M1	40	0	
风云	42213	63769	-33.80
风云 1.5L	2969	5362	-44.63
风云 两厢 1.5L	39244	58407	-32.81
E5	14327	7020	104.09
B12 瑞麒	25	11	127.27
A22 瑞麒	18	3	500.00
A22 1.3	1	0	
A22 1.6	7	3	133.33
A22 1.8	10	0	
B16	62	0	
艾瑞泽 7	17152	22593	-24.08
E3	15825	37745	-58.07
新 QQ	30746	19522	57.49
艾瑞泽 3	1245	15473	-91.95
凯翼 C3	12578	23448	-46.36
艾瑞泽 5	129239	0	
威麟 V5	1405	4541	-69.06
威麟 V5 1.9L	51	0	
威麟 V5 1.8L	936	2310	-59.48
威麟 V5 2.0L	418	2231	-81.26
优翼	38	13	192.31
开瑞优雅二代	1076	1283	-16.13
Q26	59277	46402	27.75
瑞虎	118417	120357	-1.61
瑞麒 M1 小吉普	145	3618	-95.99

表 21 （续 19）

车型	2016 年	2015 年	比同期增长 (%)
X5	198	1864	-89.38
瑞虎 5	55075	66980	-17.77
凯翼 X3	22786	0	
瑞虎 7	34178	0	
瑞虎 3X	0	0	
凯翼 V3	10378	0	
凯翼 K60	8645	0	
Q22 开瑞优优	1007	5239	-80.78
Q21D 优胜	0	5	-100.00
Q21E(优胜 2 代)	1	497	-99.80
Q22L 开瑞优优加长	1499	0	
23、南汽集团 合计	**0**	**0**	
荣威 350	0	0	
MG750	0	0	
MG350	0	0	
MG-5	0	0	
MG GT	0	0	
荣威 360	0	0	
MG360	0	0	
荣威 W5	0	0	
荣威 X5	0	0	
24、吉利 合计	**799188**	**561853**	**42.24**
自由舰	260	10717	-97.57
金刚	63413	57387	10.50
远景	137687	121969	12.89
熊猫	7178	14107	-49.12
TX4	1300	1804	-27.94
海景	0	4646	-100.00
帝豪	240962	206226	16.84

表 21 （续 20）

车型	2016 年	2015 年	比同期增长 (%)
EC8	11	2553	-99.57
博瑞	51828	32562	59.17
全球鹰 K10	3185	12133	-73.75
全球鹰 K17	6862	1945	252.80
知豆 D1	11201	17581	-36.29
知豆 D2	9091	7814	16.34
全球鹰 K12	1499	0	
全球鹰 K11	199	10479	-98.10
帝豪 GL	30037	0	
GX7	15298	59930	-74.47
博越	109209	0	
帝豪 GS	60521	0	
远景 SUV	49447	0	
25、哈飞 合计	**0**	**9**	**-100.00**
赛马	0	9	-100.00
悦翔	0	0	
26、昌河 合计	**100886**	**89144**	**13.17**
北斗星	27312	38398	-28.87
北斗星 1.0L	3361	17325	-80.60
北斗星 1.4L	23951	21073	13.66
利亚纳	8961	18600	-51.82
福瑞达 M50	30979	20579	50.54
F42S	726	0	
Q25	13425	0	
Q35	17460	0	
交叉乘用车	2023	11567	-82.51
福瑞达 1.1L	2023	11003	-81.61
浪迪 1.2L	0	564	-100.00
27、东南 合计	**116283**	**75010**	**55.02**

表 21（续 21）

车型	2016 年	2015 年	比同期增长 (%)
蓝瑟	436	2022	-78.44
戈蓝	378	113	234.51
菱悦	7272	20025	-63.69
翼神	1431	3259	-56.09
菱致	8734	15792	-44.69
菱仕	640	2328	-72.51
风迪思	98	381	-74.28
君阁	358	305	17.38
DX7	84462	29835	183.10
DX3	12447	0	
希旺	27	950	-97.16
28、江淮 合计	**367318**	**346175**	**6.11**
同悦	0	11902	-100.00
和悦	7687	15975	-51.88
悦悦	262	1910	-86.28
和悦 A30	2117	4615	-54.13
和悦 A60	1580	0	
江淮 IEV4	7961	0	
江淮 IEV5	7463	0	
江淮瑞风	64523	58706	9.91
瑞风 S5	26931	29570	-8.92
瑞风 S3	197947	196779	0.59
瑞风 S2	47902	26718	79.29
江淮 IEV6S	2945	0	
29、华晨 合计	**649203**	**603436**	**7.58**
中华	502	331	51.66
中华 (尊驰)1.8L	1	0	
中华 (尊驰)1.8T	434	115	277.39
中华 2.0L	67	216	-68.98

表 21 （续 22）

车型	2016 年	2015 年	比同期增长 (%)
宝马 3 系	97112	98625	-1.53
宝马 5 系	143626	147200	-2.43
骏捷	10005	6330	58.06
骏捷 1.6L	77	348	-77.87
骏捷 1.8L	282	306	-7.84
骏捷 2.0L	0	0	
骏捷 FRV	9315	3569	161.00
骏捷 FSV	330	1900	-82.63
骏捷 WAGON	0	0	
骏捷 CROSS	1	207	-99.52
酷宝	1	0	
H530	4014	2916	37.65
H230(A0)	6899	4470	54.34
H330	28739	40828	-29.61
之诺电动车	41	448	-90.85
H220	2220	3018	-26.44
宝马 2 系	14406	9	
中华豚	410	860	-52.33
H3	0	0	
阁瑞斯	13931	12014	15.96
华颂 7	4521	10007	-54.82
金杯 750	54781	25178	117.57
之诺 M13	0	0	
X1	54914	41249	33.13
V5	9661	28505	-66.11
S30	30215	43674	-30.82
V3	103463	76790	34.73
斯威	20866	0	
海星	48876	60984	-19.85

表 21 （续 23）

车型	2016 年	2015 年	比同期增长 (%)
30、长安 合计	**1219609**	**1113317**	**9.55**
奔奔	50968	47277	7.81
悦翔	108415	123712	-12.37
CX20	11137	40366	-72.41
逸动	156372	182332	-14.24
悦翔 V5	7	0	
睿骋	4533	7918	-42.75
欧诺	152607	142344	7.21
欧力威	7181	37522	-80.86
欧尚	118185	972	
CS35	172712	169332	2.00
CS75	209353	186623	12.18
CS15	77943	40	
CX70	80636	0	
CS95	30	0	
交叉乘用车	69530	174879	-60.24
长安之星 II	6272	94651	-93.37
长安之星 9	17645	18291	-3.53
金牛星	8578	23084	-62.84
新长安之星	6567	17084	-61.56
长安之星 3	30468	21769	39.96
31、比亚迪 合计	**496648**	**444888**	**11.63**
F3	130114	138944	-6.36
F3 三厢 1.5L	114445	133988	-14.59
F3 三厢 1.6L	15669	4956	216.16
F0	10865	16028	-32.21
G3	0	1521	-100.00
E6 电动车	20605	8125	153.60
L3	746	9907	-92.47

表 21 （续 24）

车型	2016 年	2015 年	比同期增长 (%)
L3 1.5L	745	9907	-92.48
L3 1.8L	1	0	
G6	0	552	-100.00
G6 1.5T	0	451	-100.00
G6 2.0L	0	101	-100.00
速锐	33539	60481	-44.55
思锐	0	250	-100.00
秦 插电混	21868	29707	-26.39
G5	4562	17246	-73.55
腾势 电动车	2287	2958	-22.68
E5 电动车	15639	1426	
秦 EV 电动车	10656	0	
M6	1189	2420	-50.87
商 插电混	0	0	
T3 电动车	5	66	-92.42
S6	1935	18439	-89.51
S6 二驱 1.5T	776	6816	-88.62
S6 二驱 2.0L	776	10070	-92.29
S6 二驱 2.4L	383	1553	-75.34
S7	65353	105080	-37.81
唐 插电混	31405	18169	72.85
宋	100042	13569	
元	45838	0	
32、湖南江南 合计	**333087**	**222899**	**49.43**
江南	3822	9188	-58.40
Z300	16416	14292	14.86
众泰 Z100	2682	6260	-57.16
众泰 E20 电动车	0	6385	-100.00
众泰云 100 电动车	16417	15467	6.14

表 21 （续 25）

车型	2016 年	2015 年	比同期增长 (%)
众泰 Z500	5840	16831	-65.30
众泰云 TTEV 电动车	3957	1984	99.45
芝麻 E30	3471	572	
众泰 Z700	13101	0	
众泰 E200	13154	0	
众泰 T200	195	1553	-87.44
T600	112691	126121	-10.65
大迈 X5	90039	23921	276.40
SR7	40879	0	
SR9	10033	0	
众泰 V10 1.2MT	390	325	20.00
33、贵航青年 合计	**0**	**9017**	**-100.00**
莲花 L3	0	4985	-100.00
莲花 L3 1.5 三厢	0	1351	-100.00
莲花 L3GT 1.6 三厢	0	1056	-100.00
莲花 L3 1.5 两厢	0	1304	-100.00
莲花 L3GT 1.6 两厢	0	1274	-100.00
莲花 L5	0	4032	-100.00
莲花 L5 1.6 三厢	0	802	-100.00
莲花 L5 1.8 三厢	0	1377	-100.00
莲花 L5 1.6 两厢	0	682	-100.00
莲花 L5 1.8 两厢	0	1171	-100.00
34、华泰 合计	**73029**	**71172**	**2.61**
华泰 B11	0	595	-100.00
路盛 E70	10048	17122	-41.32
路盛 E80	270	0	
特拉卡	0	1459	-100.00
圣达菲	19181	9019	112.67
宝利格	6508	6341	2.63

表 21 （续 26）

车型	2016 年	2015 年	比同期增长 (%)
新圣达菲	37022	36636	1.05
35、中兴 合计	**30**	**38**	**-21.05**
中兴无限	30	38	-21.05
36、上汽通用五菱	**1878196**	**1797608**	**4.48**
宝骏 630	13832	24646	-43.88
宝骏乐驰	4975	12150	-59.05
宝骏 310	50028	0	
五菱宏光	650018	655531	-0.84
宝骏 730	370169	321069	15.29
五菱征程	17611	23407	-24.76
宝骏 560	321555	145007	121.75
宝骏 510	0	0	
交叉乘用车	450008	615798	-26.92
五菱之光	135496	227995	-40.57
五菱鸿途 6381	0	1	-100.00
五菱荣光 6407	113312	193661	-41.49
荣光 V	197184	194141	1.57
之光 V	4016	0	
37、长城 合计	**968850**	**753230**	**28.63**
长城 C30	27407	34005	-19.40
长城 C20R	0	92	-100.00
长城 C50	3424	20081	-82.95
哈弗 H5	23299	23212	0.37
长城 M	0	36577	-100.00
哈弗 H6	580683	373229	55.58
哈弗派	1	0	
哈弗 H8	7471	8985	-16.85
哈弗 H2	196926	168467	16.89
哈弗 H1	69232	74571	-7.16

表 21（续 27）

车型	2016 年	2015 年	比同期增长 (%)
哈弗 H9	11504	14011	-17.89
哈弗 H7	48903	0	
38、广汽吉奥 合计	**884**	**6896**	**-87.18**
E 美	9	158	-94.30
星朗	326	3494	-90.67
GX5	1	195	-99.49
GX6	52	774	-93.28
奥轩	2	66	-96.97
星旺	494	2209	-77.64
39、天汽美亚 合计	**22**	**0**	
骑兵	22	0	
40、庆铃	**1174**	**1687**	**-30.41**
竞技者	1174	1687	-30.41
41、浙江飞蝶	**738**	**4056**	**-81.80**
UFO	224	1342	-83.31
UFO 电动车	0	0	
五星	514	2714	-81.06
42、野马汽车合计	**38993**	**15784**	**147.04**
野马牌 F 系	700	3161	-77.86
T70	38293	12623	203.36
43、力帆乘用车 合计	**100791**	**131948**	**-23.61**
力帆 520	2	4	-50.00
力帆 520 1.3L	2	4	-50.00
力帆 520 1.5L	0	0	
力帆 520 1.6L	0	0	
力帆 520i	13	6	116.67
力帆 520i 1.3L	1	5	-80.00
力帆 520i 1.5L	12	1	
力帆 620	5404	4181	29.25

表 21（续 28）

车型	2016 年	2015 年	比同期增长 (%)
力帆 620 1.5L	5158	4172	23.63
力帆 620 1.5L 双燃料车	1	6	-83.33
力帆 620 1.6L	46	1	
力帆 620 1.6L 双燃料车	2	0	
力帆 620 1.8L	197	2	
力帆 320	432	7320	-94.10
力帆 720	157	3708	-95.77
力帆 530	1162	521	123.03
力帆 820	2151	9216	-76.66
乐途	9002	0	
X60	15611	28226	-44.69
X50	15938	19955	-20.13
迈威	48407	0	
力帆丰顺	2512	58811	-95.73
44、郑州日产 合计	**28813**	**33186**	**-13.18**
御轩	0	1	-100.00
帅客	6538	8899	-26.53
NV200	10460	7961	31.39
帕拉丁	1627	1704	-4.52
奥丁	47	111	-57.66
风度	7590	13257	-42.75
锐骐 电动车	305	98	211.22
风神 AX5	2246	0	
俊风新 CVO3	0	1155	-100.00
45、陕汽集团	**0**	**94**	**-100.00**
福家	0	94	-100.00
46、广汽丰田 合计	421800	403088	4.64
凯美瑞	0	20021	-100.00
新凯美瑞	100611	108025	-6.86

表 21 （续 29）

车型	2016 年	2015 年	比同期增长 (%)
新凯美瑞 2.0L	85615	94500	-9.40
新凯美瑞 2.5L	9342	6770	37.99
新凯美瑞 2.5 普混	5654	6755	-16.30
致炫	63443	64724	-1.98
致炫 1.3	5275	11522	-54.22
致炫 1.5	58168	53202	9.33
雷凌	159071	125699	26.55
雷凌 1.2T	8726	0	
雷凌 1.6	123102	110578	11.33
雷凌 1.8	1311	11955	-89.03
雷凌 1.8L 普混	25932	3166	
逸致	6675	9414	-29.09
汉兰达	92000	75205	22.33
汉兰达 2.0T	90511	70496	28.39
汉兰达 2.7	0	2661	-100.00
汉兰达 3.5	1489	2048	-27.29
47、本田（中国）合计	**11547**	**12182**	**-5.21**
雅阁	7170	12182	-41.14
锋范	4377	0	
48、丹东黄海 合计	50	4767	-98.95
挑战者	50	1152	-95.66
旗胜	0	1477	-100.00
旗胜 V3	0	2138	-100.00
49、上海股份 合计	**321717**	**170017**	**89.23**
荣威 750	9	128	-92.97
荣威 750 1.8	0	114	-100.00
荣威 750 1.8 混合动力	1	4	-75.00
荣威 750 2.5L	8	10	-20.00
荣威 550	17295	17146	0.87

表 21 （续 30）

车型	2016 年	2015 年	比同期增长 (%)
MG6	2210	2584	-14.47
MG550	0	1	-100.00
MG750	0	31	-100.00
MG3	11828	14692	-19.49
荣威 950	5104	1548	229.72
荣威 E50 电动车	1495	412	262.86
MG7	0	2	-100.00
荣威 350	42151	51294	-17.82
MG350	432	1097	-60.62
MG5	89	1676	-94.69
MG GT	17325	7745	123.69
荣威 360	82738	24697	235.01
MG 360	123	0	
荣威 W5	1948	3286	-40.72
MG GS 锐腾	48937	43678	12.04
荣威 RX5	90033	0	
50、长安福特 合计	**943782**	**868677**	**8.65**
蒙迪欧	1300	6067	-78.57
蒙迪欧 - 致胜 2.0L	-1	0	
蒙迪欧 - 致胜 2.3L	1301	6067	-78.56
福克斯	13454	40223	-66.55
新嘉年华	1412	15799	-91.06
新嘉年华二厢 1.0L	387	781	-50.45
新嘉年华二厢 1.5L	663	10249	-93.53
新嘉年华三厢 1.5L	362	4769	-92.41
沃尔沃 S80	0	2975	-100.00
沃尔沃 S80 2.0L	0	2970	-100.00
沃尔沃 S80 3.0L	0	5	-100.00
新福克斯	212266	205862	3.11

表 21（续 31）

车型	2016 年	2015 年	比同期增长 (%)
新致胜	103274	120202	-14.08
福睿斯	296867	214362	38.49
金牛座	34043	6376	433.92
翼虎	115083	135194	-14.88
翼博	42393	56465	-24.92
锐界	123690	65152	89.85
51、长安铃木 合计	**115330**	**120175**	**-4.03**
羚羊	0	2495	-100.00
雨燕	19324	21860	-11.60
天语	8577	14915	-42.49
新奥拓	12507	25049	-50.07
启悦	21896	20494	6.84
锋驭	11851	30812	-61.54
维特拉	41175	4550	
52、江铃 合计	**141863**	**73523**	**92.95**
E100 电动车	9569	5268	81.64
E200 电动车	5976	0	
E160 电动车	63	0	
E160	63	0	
风尚	0	226	-100.00
驭胜	37346	19651	90.05
陆风	81502	43373	87.91
撼路者	7407	5005	47.99
53、海马商务	**600**	**768**	**-21.88**
福仕达 2	600	768	-21.88
54、东风集团股份乘用车公司	**148944**	**94628**	**57.40**
风神 S30	1153	5720	-79.84
风神 H30	14950	2777	438.35
风神 H30 1.6L	0	2	-100.00

表 21 （续 32）

车型	2016 年	2015 年	比同期增长 (%)
风神 H30crossover1.6	14950	2775	438.74
风神 A60	23303	11975	94.60
风神 A30	4538	11621	-60.95
E30 电动车	455	598	-23.91
风神 A9	1768	0	
风神 AX7	62741	61573	1.90
风神 AX3	36575	364	
风度 MX5	3461	0	
55、航天成功	127	342	-62.87
航天新星	127	342	-62.87
56、海马轿车	**153007**	**110061**	**39.02**
海马王子	519	2313	-77.56
M3	33072	31482	5.05
M6	16018	11040	45.09
爱尚电动车	791	0	
S5	102607	65226	57.31
57、福建奔驰	**10617**	**5081**	**108.95**
唯雅诺	1055	1600	-34.06
威霆	3640	3481	4.57
V 级	5922	0	
58、广汽乘用车	**371171**	**198574**	**86.92**
传祺 GA5	3401	2334	45.72
传祺 GA3	8274	21173	-60.92
传祺 GA6	12746	9764	30.54
传祺 GA8	2809	0	
传祺 GS5	0	5615	-100.00
黑金刚	0	624	-100.00
CS6	0	2	-100.00
飞腾	0	5	-100.00

表 21（续 33）

车型	2016 年	2015 年	比同期增长 (%)
黑金刚标准版	0	1202	-100.00
飞腾 C5	0	85	-100.00
Q6	0	607	-100.00
传祺 GS5 速博	7526	21439	-64.90
C3	2	614	-99.67
C5（GX3)	401	1927	-79.19
CS10	0	1930	-100.00
传祺 GS4	327006	131253	149.14
传祺 GS8	9006	0	
59、北汽股份	**363942**	**251330**	**44.81**
E13/D20	21885	49584	-55.86
电动车	18814	16482	14.15
D20 1.3L	1457	15775	-90.76
D20 1.5L	1614	17327	-90.69
D70	1192	1862	-35.98
D70 电动车	204	249	-18.07
D70 1.8L	560	721	-22.33
D70 2.0L	392	706	-44.48
D70 2.3L	36	186	-80.65
D50	25210	60244	-58.15
D80	37	18	105.56
威旺 M20/M30	87916	84606	3.91
威旺 M50	13157	0	
B40	221	934	-76.34
绅宝 X25	81359	5753	
绅宝 X55	31298	1502	

表 21 （续 34）

车型	2016 年	2015 年	比同期增长 (%)
绅宝 X35	74182	0	
威旺 306	27485	46827	-41.31
60、东风裕隆	**40514**	**60405**	**-32.93**
纳智捷 5	2666	7852	-66.05
纳智捷 LCS	3753	0	
裕路	15	0	
纳智捷 CEO	25	54	-53.70
纳智捷大 MPV	2027	576	251.91
纳智捷	1211	3958	-69.40
纳智捷优 6	30817	47965	-35.75
61、东风股份	**4347**	**11**	
俊风 ER30	4347	0	
俊风 CV03	0	11	-100.00
62、广汽菲亚特克莱斯勒	**146439**	**39488**	**270.84**
菲翔	7835	21399	-63.39
致悦	5213	10082	-48.29
自由光	106827	8007	
自由侠	26264	0	
指南者	300	0	
63、广汽三菱	**55888**	**56317**	**-0.76**
劲炫	35146	50781	-30.79
劲畅	4087	5536	-26.17
欧蓝德	16655	0	
64、北汽银翔	**302438**	**287966**	**5.03**
威旺 M20	32996	62793	-47.45
幻速 H2	14055	18818	-25.31

表 21 （续 35）

车型	2016 年	2015 年	比同期增长 (%)
幻速 H3	106634	17537	
幻速 H6	196	0	
幻速 S2/S3	102501	181089	-43.40
幻速 S6	45345	5883	
威旺 205	1	308	-99.68
威旺 206	710	1538	-53.84
65、长安马自达	**189640**	**153122**	**23.85**
马自达 3	3709	6752	-45.07
马自达 3 二厢 1.6L	616	1653	-62.73
马自达 3 二厢 2.0L	50	141	-64.54
马自达 3 三厢 1.6L	2978	4734	-37.09
马自达 3 三厢 2.0L	65	224	-70.98
马自达 2	0	152	-100.00
昂科塞拉	135784	97608	39.11
昂科塞拉 二厢 1.5L	6979	5962	17.06
昂科塞拉 二厢 2.0L	1522	3495	-56.45
昂科塞拉 三厢 1.5L	120577	76290	58.05
昂科塞拉 三厢 2.0L	6706	11861	-43.46
CX-5	50147	48610	3.16
66、长安标致雪铁龙	**16123**	**24451**	**-34.06**
DS5	4380	6648	-34.12
DS4S	1739	0	
DS6	10004	17803	-43.81
67、新龙马	**5843**	**11257**	**-48.09**
EX80	3106	0	
启腾 M70	2737	11257	-75.69

表 21 （续 36）

车型	2016 年	2015 年	比同期增长 (%)
68、观致汽车	**24188**	**14247**	**69.78**
观致 3	7968	6630	20.18
观致 3 GT	263	0	
观致 3 SUV	5079	7617	-33.32
观致 5 SUV	10878	0	
69、上汽大通	**18981**	**16103**	**17.87**
大通 G10	18573	13985	32.81
大通 V80	408	2118	-80.74
70、潍柴汽车	**34324**	**26612**	**28.98**
英致 737	16835	12030	39.94
英致 727	4403	0	
英致 G3	11281	14582	-22.64
英致 G5	1805	0	
71、北汽集团越野车分公司	**13658**	**3783**	**261.04**
B40	9056	2776	226.22
B80	4602	1007	357.00
72、北汽（广州）汽车	**32349**	**23730**	**36.32**
绅宝 CC	554	1342	-58.72
绅宝 X65	8372	22388	-62.60
威旺 S50	23423	0	
73、江西五十铃	**1806**	**2070**	**-12.75**
五十铃	1806	2070	-12.75
74、长丰集团	87660	0	
CS10	77090	0	
Q6	8550	0	
飞腾	73	0	

表 21（续 37）

车型	2016 年	2015 年	比同期增长 (%)
QCAR		0	
75、东风雷诺合计	**30006**	**0**	
科雷嘉	23979	0	
科雷傲	6027	0	
76、捷豹路虎	**62468**	**0**	
捷豹 XFL	6052	0	
极光	18754	0	
发现神行	37662	0	
77、沃尔沃	**70342**	**64019**	**9.88**
S60L	29608	25249	17.26
S90	968	0	
XC Classic	392	2137	-81.66
XC60	39374	36633	7.48
78、北汽（镇江）	**18007**	**0**	
BJ20	18007	0	
EX260	0	0	
79、重庆比速	**2917**	**0**	
M3	2597	0	
T3	320	0	
80、北京宝沃	**30015**	**0**	
BX7	30015	0	
81、北汽新能源	**4128**	**0**	
EC180 电动车	4128	0	
合计	24376902		14.93

表 22 2016 年分月汽车销售完成情况表

产品名称	1 月	2 月	3 月	4 月	5 月	6 月
汽车总计	**2500570**	**1580919**	**2439744**	**2122428**	**2091672**	**2070667**
其中：国内制造	2481658	1566962	2416452	2104477	2070771	2049503
CKD	18912	13957	23292	17951	20901	21164
总计中：乘用车	**2228705**	**1376681**	**2055706**	**1779130**	**1793035**	**1784053**
其中：柴油汽车	11005	3873	4277	2213	3136	4468
汽油汽车	2198821	1360013	2030212	1750308	1758431	1740166
其他燃料汽车	18879	12795	21217	26609	31468	39419
其中：基本型乘用车(轿车)	1111141	666897	1038856	905379	921425	925100
多功能乘用车（MPV）	261367	174383	234224	179505	180099	170351
运动型多用途乘用车（SUV）	784926	477959	693074	609265	627177	632342
交叉型乘用车	71271	57442	89552	84981	64334	56260
总计中：商用车	**271865**	**204238**	**384038**	**343298**	**298637**	**286614**
其中：柴油汽车	191641	144894	287710	252055	218117	213180
汽油汽车	70834	55117	88889	81891	72741	65251
其他燃料汽车	9390	4227	7439	9352	7779	8183
其中：客车	46812	25330	49528	44635	41324	47688
其中：客车非完整车辆	5537	3299	5525	4992	5028	5814
货车	225053	178908	334510	298663	257313	238926
其中：半挂牵引车	17456	16651	37396	32036	33636	29524
货车非完整车辆	26231	17802	43428	37579	29101	27960

表 22 （续）

产品名称	7 月	8 月	9 月	10 月	11 月	12 月
汽车总计	**1851917**	**2071043**	**2564098**	**2649880**	**2938653**	**3057340**
其中：国内制造	1830844	2045253	2536132	2620375	2904381	3030364
CKD	21073	25790	27966	29505	34272	26976
总计中：乘用车	**1604530**	**1795512**	**2268338**	**2344128**	**2590157**	**2672264**
其中：柴油汽车	4525	6990	8937	11193	14318	17649
汽油汽车	1564239	1749071	2218691	2292733	2518934	2596464
其他燃料汽车	35766	39451	40710	40202	56905	58151
其中：基本型乘用车（轿车）	824856	916191	1119321	1170539	1283508	1254585
多功能乘用车（MPV）	153564	180354	221482	231785	235725	271749
运动型多用途乘用车（SUV）	580738	654126	878974	895960	1018627	1082149
交叉型乘用车	45372	44841	48561	45844	52297	63781
总计中：商用车	**247387**	**275531**	**295760**	**305752**	**348496**	**385076**
其中：柴油汽车	178533	196706	213481	222480	265290	268244
汽油汽车	62019	69650	69411	72250	64493	68802
其他燃料汽车	6835	9175	12868	11022	18713	48030
其中：客车	36377	42985	44003	41886	51673	66959
其中：客车非完整车辆	4514	4776	3915	3752	5191	2807
货车	211010	232546	251757	263866	296823	318117
其中：半挂牵引车	23083	22955	24890	41879	60364	48238
货车非完整车辆	25548	26031	29591	25726	28696	28257

说明：由于调整的数据在累计中体现，故各月数据相加与全年累计略有出入。

表 23 2016 年全国二手车交易经营情况

单位：辆、万元

车种		交易金额	交易数量				
		全年	全年	直接交易	委托交易	本地过户	转籍
总计		60392760	10392249	7244627	3147622	8164885	2227364
乘用车	基本型	36157524	6280245	4219202	2061043	4782863	1497382
	MPV	4761509	588956	409150	179806	466290	122666
	SUV	7235788	681462	554140	127322	533978	147484
	交叉型	919028	329567	279292	50275	291771	37796
商用车	货 车	4553436	1003825	716099	287726	864170	139655
	客 车	5414598	1062143	743935	318208	844707	217436
其它车型		620314	175379	138790	36589	149490	25889
低速载货汽车、三轮汽车		40975	20602	15618	4984	18501	2101
挂 车		473156	117794	92620	25174	105942	11852
摩托车		216431	132276	75781	56495	107173	25103

表 23（续）

单位：辆、万元

车种		使用性质		产 地		使用年限			
		公车	私车	国产车	进口车	3 年以内	3-6 年	7-10 年	10 年以上
总计		889559	9502690	9537058	855191	2333427	5046091	2180489	832242
乘用车	基本型	490039	5790206	5809736	470509	1371916	1371916	1392918	587469
	MPV	42898	546058	527325	61631	142102	142102	91868	39631
	SUV	35265	646197	532739	148723	183001	183001	102454	29319
	交叉型	12011	317556	318638	10929	56417	56417	61833	16918
商用车	货 车	134516	869309	959170	44655	209640	209640	206387	45192
	客 车	120754	941389	985666	76477	250390	250390	235028	75775
其它车型		20761	154618	147374	28005	40393	40393	35193	23361
低速载货汽车、三轮汽车		2795	17807	19287	1315	6542	6542	3871	2162
挂 车		18428	99366	113240	4554	25333	25333	14488	3790
摩托车		12092	120184	123883	8393	47693	47693	36449	8625

表 24 2016 年二手乘用车分区域交易经营情况

单位：辆

省份	总计	乘用车合计	其中：基本型乘用车	其中：多功能型 MPV	其中：运动型多用途 SUV	其中：交叉型乘用车
总计	**10392249**	**7880230**	**6280245**	**588956**	**681462**	**329567**
华北地区	*2006632*	*1463504*	*1199863*	*85467*	*124462*	*53712*
北京	642603	560771	449308	46705	55894	8864
天津	362357	290226	254979	11698	16105	7444
河北	641227	340250	299466	14856	17196	8732
山西	182617	152525	106860	3656	19371	22638
内蒙古	177828	119732	89250	8552	15896	6034
东北地区	*895063*	737149	516418	83699	104967	32065
辽宁	527364	406755	321191	14395	56259	14910
吉林	170196	159506	76644	58263	23353	1246
黑龙江	197503	170888	118583	11041	25355	15909
华东地区	*3269123*	*2554643*	*2046520*	*210798*	*200283*	*97042*
上海	450406	383326	303014	64644	13603	2065
江苏	741525	698504	569825	54244	56491	17944
浙江	900844	696497	602130	33804	42400	18163
安徽	183164	129408	78417	1072	29750	20169
福建	116279	88276	80611	868	3967	2830
江西	351382	258762	187939	22368	26293	22162
山东	525523	299870	224584	33798	27779	13709
中南地区	*2137935*	*1565889*	*1290705*	*95029*	*110484*	*69671*
河南	624647	441483	366951	32256	29038	13238
湖北	215431	177389	121686	6152	27844	21707
湖南	105364	90900	78592	3094	8759	455
广东	986570	716114	614735	40944	36669	23766
广西	129129	87458	67285	7842	3778	8553
海南	76794	52545	41456	4741	4396	1952
西南地区	*1483435*	*1104528*	*970835*	*27691*	*65607*	*40395*
重庆	180984	114654	109090	866	2633	2065
四川	749079	637642	597407	2951	25654	11630
贵州	214298	166395	112846	9203	19686	24660
云南	282317	141671	131468	3505	4676	2022
西藏	56757	44166	20024	11166	12958	18
西北地区	*600061*	*454517*	*255904*	*86272*	*75659*	*36682*
陕西	226060	190029	75930	60211	36723	17165
甘肃	186197	125571	80504	2234	24832	18001
青海	53381	32610	29333	1239	2036	2
宁夏	42889	27894	14873	6070	5692	1259
新疆	91534	78413	55264	16518	6376	255

表 25 2016 年二手商用车及其他车辆分区域交易经营情况

单位：辆

省份	总计	商用车合计	其中：货车	其中：客车	其它车	低速载货汽车和三轮汽车	挂车	摩托车
总计	**10392249**	**2065968**	**1003825**	**1062143**	**175379**	**20602**	**117794**	**132276**
华北地区	*2006632*	*456988*	*213443*	*243545*	*45492*	*1732*	*37146*	*1770*
北京	642603	59735	17653	42082	21461	96	190	350
天津	362357	66805	31617	35188	3643	21	1650	12
河北	641227	262522	121068	141454	6940	802	30161	552
山西	182617	18894	14414	4480	6941	57	4016	184
内蒙古	177828	49032	28691	20341	6507	756	1129	672
东北地区	*895063*	*126406*	*69084*	*57322*	*20498*	*1423*	*7603*	*1984*
辽宁	527364	97036	55450	41586	15661	539	6374	999
吉林	170196	9287	4796	4491	711	178	133	381
黑龙江	197503	20083	8838	11245	4126	706	1096	604
华东地区	*3269123*	*576662*	*308636*	*268026*	*43675*	*4118*	*51151*	*38874*
上海	450406	44133	33189	10944	5026	25	4424	13472
江苏	741525	40122	18306	21816	2550	0	349	0
浙江	900844	179565	56658	122907	12821	197	2520	9244
安徽	183164	34554	18690	15864	3160	4	10546	5492
福建	116279	22878	10957	11921	1427	34	1029	2635
江西	351382	60316	44624	15692	14179	2371	12033	3721
山东	525523	195094	126212	68882	4512	1487	20250	4310
中南地区	*2137935*	*488127*	*208399*	*279728*	*34085*	*8032*	*9264*	*32538*
河南	624647	171370	56929	114441	1441	3931	2868	3554
湖北	215431	29250	16504	12746	7107	167	614	904
湖南	105364	13788	6763	7025	440	10	116	110
广东	986570	222698	103587	119111	20449	2425	4530	20354
广西	129129	30065	14250	15815	4497	1410	1081	4618
海南	76794	20956	10366	10590	151	89	55	2998
西南地区	*1483435*	*309683*	*131630*	*178053*	*19925*	*970*	*1223*	*47106*
重庆	180984	43542	25710	17832	934	121	143	21590
四川	749079	95547	30270	65277	7566	283	831	7210
贵州	214298	37918	26319	11599	7438	117	109	2321
云南	282317	120655	42057	78598	3968	209	103	15711
西藏	56757	12021	7274	4747	19	240	37	274
西北地区	*600061*	*108102*	*72633*	*35469*	*11704*	*4327*	*11407*	*10004*
陕西	226060	24095	17395	6700	992	1262	4684	4998
甘肃	186197	42618	32699	9919	7948	1920	5089	3051
青海	53381	20266	10130	10136	109	159	193	44
宁夏	42889	9446	8394	1052	1657	912	1280	1700
新疆	91534	11677	4015	7662	998	74	161	211

表 26 历年二手车分车型交易经营情况

单位：辆

车型 \ 年份		2008	2009	2010	2011	2012	2013	2014	2015	2016
乘用车	基本型	1427009	1718402	2098245	2354787	2731601	3049402	3514309	5641412	6280245
	MPV	95983	120355	148748	169484	189009	224699	278754	354856	588956
	SUV	48924	64215	71186	78150	110873	166847	203328	472859	681462
	交叉型	44122	59561	68836	78226	75371	83390	121528	307673	329567
商用车	货 车	416178	572219	596086	640673	654750	668186	767389	1068628	1003825
	客 车	507212	567776	623415	703882	784405	773975	902688	1176462	1062143
其它车型		54650	83306	81744	119454	85533	75259	90774	113171	175379
低速载货汽车、三轮汽车		21473	21941	17439	20945	13950	10520	9730	16362	20602
挂 车		15049	24127	30485	42745	39843	45233	36812	84249	117794
摩托车		106658	106696	115696	123968	106033	105790	127587	185315	132276
总计		**2737258**	**3338598**	**3851880**	**4332314**	**4791368**	**5203300**	**6052899**	**9417088**	**10392249**

第14部类

政策法规

DISHISIBULEI | ZHENGCEFAGUI

关于实施第五阶段机动车排放标准的公告

中华人民共和国环境保护部
中华人民共和国工业和信息化部
公 告

公告 2016 年 第 4 号

为贯彻《中华人民共和国大气污染防治法》，严格控制机动车污染，全面实施《轻型汽车污染物排放限值及测量方法（中国第五阶段）》（GB18352.5-2013）和《车用压燃式、气体燃料点燃式发动机与汽车排气污染物排放限值及测量方法（中国Ⅲ、Ⅳ、Ⅴ阶段）》（GB17691-2005）中第五阶段排放标准（以下简称国五标准）要求，经国务院同意，现就有关事宜公告如下：

一、根据油品升级进程，分区域实施机动车国五标准。

（一）东部 11 省市（北京市、天津市、河北省、辽宁省、上海市、江苏省、浙江省、福建省、山东省、广东省和海南省）自 2016 年 4 月 1 日起，所有进口、销售和注册登记的轻型汽油车、轻型柴油客车、重型柴油车（仅公交、环卫、邮政用途），须符合国五标准要求。

（二）全国自 2017 年 1 月 1 日起，所有制造、进口、销售和注册登记的轻型汽油车、重型柴油车（客车和公交、环卫、邮政用途），须符合国五标准要求。

（三）全国自 2017 年 7 月 1 日起，所有制造、进口、销售和注册登记的重型柴油车，须符合国五标准要求。

（四）全国自 2018 年 1 月 1 日起，所有制造、进口、销售和注册登记的轻型柴油车，须符合国五标准要求。

二、汽车生产、进口企业作为环保生产一致性管理的责任主体，应按新修订的《大气污染防治法》和有关规定，向社会公布其生产、进口机动车车型的排放检验信息和污染控制技术信息，检验合格方可出厂销售，确保实际生产、销售的车辆达到排放标准要求。

三、环境保护部会同有关部门依法开展机动车环保达标监督检查，对新生产、销售不符合排放标准要求车辆的，严格依法处罚；并积极配合有关部门加强车用燃油管理，推动油品升级，确保燃油质量。

本公告自发布之日起实施。

环境保护部
工业信息化部
2016 年 1 月 14 日

中华人民共和国交通运输部令

2016 年第 1 号

《道路运输车辆技术管理规定》已于 2016 年 1 月 14 日经第 1 次部务会议通过，现予公布，自 2016 年 3 月 1 日起施行。

部长 杨传堂
2016 年 1 月 22 日

道路运输车辆技术管理规定

第一章　总　则

第一条　为加强道路运输车辆技术管理，保持车辆技术状况良好，保障运输安全，发挥车辆效能，促进节能减排，根据《中华人民共和国安全生产法》《中华人民共和国节约能源法》《中华人民共和国道路运输条例》等法律、行政法规，制定本规定。

第二条　道路运输车辆技术管理适用本规定。

本规定所称道路运输车辆包括道路旅客运输车辆（以下简称客车）、道路普通货物运输车辆（以下简称货车）、道路危险货物运输车辆（以下简称危货运输车）。

本规定所称道路运输车辆技术管理，是指对道路运输车辆在保证符合规定的技术条件和按要求进行维护、修理、综合性能检测方面所做的技术性管理。

第三条　道路运输车辆技术管理应当坚持分类管理、预防为主、安全高效、节能环保的原则。

第四条　道路运输经营者是道路运输车辆技术管理的责任主体，负责对道路运输车辆实行择优选配、正确使用、周期维护、视情修理、定期检测和适时更新，保证投入道路运输经营的车辆符合技术要求。

第五条　鼓励道路运输经营者使用安全、节能、环保型车辆，促进标准化车型推广运用，加强科技应用，不断提高车辆的管理水平和技术水平。

第六条　交通运输部主管全国道路运输车辆技术管理监督。

县级以上地方人民政府交通运输主管部门负责本行政区域内道路运输车辆技术管理监督。

县级以上道路运输管理机构具体实施道路运输车辆技术管理监督工作。

第二章　车辆基本技术条件

第七条　从事道路运输经营的车辆应当符合下列技术要求：

（一）车辆的外廓尺寸、轴荷和最大允许总质量应当符合《道路车辆外廓尺寸、轴荷及质量限值》（GB 1589）的要求；

（二）车辆的技术性能应当符合《道路运输车辆综合性能要求和检验方法》（GB 18565）的要求；

（三）车型的燃料消耗量限值应当符合《营运客车燃料消耗量限值及测量方法》（JT 711）、《营运货车燃料消耗量限值及测量方法》（JT 719）的要求。

（四）车辆技术等级应当达到二级以上。危货运输车、国际道路运输车辆、从事高速公路客运以及营运线路长度在 800 公里以上的客车，技术等级应当达到一级。技术等级评定方法应当符合国家有关道路运输车辆技术等级划分和评定的要求；

（五）从事高速公路客运、包车客运、国际道路旅客运输，以及营运线路长度在 800 公里以上客车的类型等级应当达到中级以上。其类型划分和等级评定应当符合国家有关营运客车类型划分及等级评定的要求；

（六）危货运输车应当符合《汽车运输危险货物规则》（JT 617）的要求。

第八条 道路运输管理机构应当加强从事道路运输经营车辆的管理，对不符合本规定的车辆不得配发道路运输证。

在对挂车配发道路运输证和年度审验时，应当查验挂车是否具有有效行驶证件。

第九条 禁止使用报废、擅自改装、拼装、检测不合格以及其他不符合国家规定的车辆从事道路运输经营活动。

第三章 技术管理的一般要求

第十条 道路运输经营者应当遵守有关法律法规、标准和规范，认真履行车辆技术管理的主体责任，建立健全管理制度，加强车辆技术管理。

第十一条 鼓励道路运输经营者设置相应的部门负责车辆技术管理工作，并根据车辆数量和经营类别配备车辆技术管理人员，对车辆实施有效的技术管理。

第十二条 道路运输经营者应当加强车辆维护、使用、安全和节能等方面的业务培训，提升从业人员的业务素质和技能，确保车辆处于良好的技术状况。

第十三条 道路运输经营者应当根据有关道路运输企业车辆技术管理标准，结合车辆技术状况和运行条件，正确使用车辆。

鼓励道路运输经营者依据相关标准要求，制定车辆使用技术管理规范，科学设置车辆经济、技术定额指标并定期考核，提升车辆技术管理水平。

第十四条 道路运输经营者应当建立车辆技术档案制度，实行一车一档。档案内容应当主要包括：车辆基本信息，车辆技术等级评定、客车类型等级评定或者年度类型等级评定复核、车辆维护和修理（含《机动车维修竣工出厂合格证》）、车辆主要零部件更换、车辆变更、行驶里程、对车辆造成损伤的交通事故等记录。档案内容应当准确、详实。

车辆所有权转移、转籍时，车辆技术档案应当随车移交。

道路运输经营者应当运用信息化技术做好道路运输车辆技术档案管理工作。

第四章 车辆维护与修理

第十五条 道路运输经营者应当建立车辆维护制度。

车辆维护分为日常维护、一级维护和二级维护。日常维护由驾驶员实施，一级维护和二级维护由道路运输经营者组织实施，并做好记录。

第十六条 道路运输经营者应当依据国家有关标准和车辆维修手册、使用说明书等，结合车辆类别、车辆运行状况、行驶里程、道路条件、使用年限等因素，自行确定车辆维护周期，确保车辆正常维护。

车辆维护作业项目应当按照国家关于汽车维护的技术规范要求确定。

道路运输经营者可以对自有车辆进行二级维护作业，保证投入运营的车辆符合技术管理要求，无需进行二级维护竣工质量检验。

道路运输经营者不具备二级维护作业能力的，可以委托二类以上机动车维修经营者进行二级维护作业。机动车维修经营者完成二级维护作业后，应当向委托方出具二级维护出厂合格证。

第十七条 道路运输经营者应当遵循视情修理的原则，根据实际情况对车辆进行及时修理。

第十八条 道路运输经营者用于运输剧毒化学品、爆炸品的专用车辆及罐式专用车辆（含罐式挂车），应当到具备道路危险货物运输车辆维修资质的企业进行维修。

前款规定专用车辆的牵引车和其他运输危险货物的车辆由道路运输经营者消除危险货物的危害后，可以到具备一般车辆维修资质的企业进行维修。

第五章 车辆检测管理

第十九条 道路运输经营者应当定期到机动车综合性能检测机构，对道路运输车辆进行综合性能检测。

第二十条 道路运输经营者应当自道路运输车辆首次取得《道路运输证》当月起，按照下列周期和频次，委托汽车综合性能检测机构进行综合性能检测和技术等级评定：

（一）客车、危货运输车自首次经国家机动车辆注册登记主管部门登记注册不满 60 个月的，每 12 个月进行 1 次检测和评定；超过 60 个月的，每 6 个月进行 1 次检测和评定。

（二）其它运输车辆自首次经国家机动车辆注册登记主管部门登记注册的，每 12 个月进行 1 次检测和评定。

第二十一条 客车、危货运输车的综合性能检测应当委托车籍所在地汽车综合性能检测机构进行。

货车的综合性能检测可以委托运输驻在地汽车综合性能检测机构进行。

第二十二条 道路运输经营者应当选择通过质量技术监督部门的计量认证、取得计量认证证书并符合《汽车综合性能检测站能力的通用要求》（GB 17993）等国家相关标准的检测机构进行车辆的综合性能检测。

第二十三条 汽车综合性能检测机构对新进入道路运输市场车辆应当按照《道路运输车辆燃

料消耗量达标车型表》进行比对。对达标的新车和在用车辆，应当按照《道路运输车辆综合性能要求和检验方法》（GB 18565）、《道路运输车辆技术等级划分和评定要求》（JT/T 198）实施检测和评定，出具全国统一式样的道路运输车辆综合性能检测报告，评定车辆技术等级，并在报告单上标注。车籍所在地县级以上道路运输管理机构应当将车辆技术等级在《道路运输证》上标明。

汽车综合性能检测机构应当确保检测和评定结果客观、公正、准确，对检测和评定结果承担法律责任。

第二十四条 道路运输管理机构和受其委托承担客车类型等级评定工作的汽车综合性能检测机构，应当按照《营运客车类型划分及等级评定》（JT/T 325）进行营运客车类型等级评定或者年度类型等级评定复核，出具统一式样的客车类型等级评定报告。

第二十五条 汽车综合性能检测机构应当建立车辆检测档案，档案内容主要包括：车辆综合性能检测报告（含车辆基本信息、车辆技术等级）、客车类型等级评定记录。

车辆检测档案保存期不少于两年。

第六章　监督检查

第二十六条 道路运输管理机构应当按照职责权限对道路运输车辆的技术管理进行监督检查。

道路运输经营者应当对道路运输管理机构的监督检查予以配合，如实反映情况，提供有关资料。

第二十七条 道路运输管理机构应当将车辆技术状况纳入道路运输车辆年度审验内容，查验以下相应证明材料：

（一）车辆技术等级评定结论；

（二）客车类型等级评定证明。

第二十八条 道路运输管理机构应当建立车辆管理档案制度。档案内容主要包括：车辆基本情况，车辆技术等级评定、客车类型等级评定或年度类型等级评定复核、车辆变更等记录。

第二十九条 道路运输管理机构应当将运输车辆的技术管理情况纳入道路运输企业质量信誉考核和诚信管理体系。

第三十条 道路运输管理机构应当积极推广使用现代信息技术，逐步实现道路运输车辆技术管理信息资源共享。

第七章　法律责任

第三十一条 违反本规定，道路运输经营者有下列行为之一的，县级以上道路运输管理机构应当责令改正，给予警告；情节严重的，处以 1000 元以上 5000 元以下罚款：

（一）道路运输车辆技术状况未达到《道路运输车辆综合性能要求和检验方法》（GB18565）的；

（二）使用报废、擅自改装、拼装、检测不合格以及其他不符合国家规定的车辆从事道路运输经营活动的；

（三）未按照规定的周期和频次进行车辆综合性能检测和技术等级评定的；

（四）未建立道路运输车辆技术档案或者档案不符合规定的；

（五）未做好车辆维护记录的。

第三十二条 违反本规定，道路运输车辆综合性能检测机构有下列行为之一的，县级以上道路运输管理机构不予采信其检测报告，并抄报同级质量技术监督主管部门处理。

（一）不按技术规范对道路运输车辆进行检测的；

（二）未经检测出具道路运输车辆检测结果的；

（三）不如实出具检测结果的。

第三十三条 道路运输管理机构工作人员在监督管理工作中滥用职权、玩忽职守、徇私舞弊的，依法给予行政处分；构成犯罪的，由司法机关依法处理。

第八章 附 则

第三十四条 本规定自 2016 年 3 月 1 日起施行。原交通部发布的《汽车运输业车辆技术管理规定》（交通部令 1990 年第 13 号）、《道路运输车辆维护管理规定》（交通部令 2001 年第 4 号）同时废止。

《关于促进汽车平行进口试点的若干意见》

商建发〔2016〕50 号

天津市、上海市、福建省、广东省、深圳市商务、工业和信息化、公安、环境保护、交通运输、海关主管部门，各相关直属检验检疫局：

在自由贸易试验区（以下简称自贸试验区）开展汽车平行进口试点，是推进汽车领域供给侧结构性改革，加快汽车流通体制创新发展，激发汽车市场活力的重要举措。为落实国务院有关决策部署，加快推动汽车平行进口试点各项政策措施落地，促进试点工作取得实效，现提出如下意见：

一、简化汽车自动进口许可证申领管理制度。平行进口汽车试点企业（以下简称试点企业）进口汽车和建立分销网络无需获得汽车供应商授权，可以按照经营活动实际需求，申领汽车产品自动进口许可证。试点企业按自动进口许可证管理的相关规定，在进口环节向海关交验许可证件，办理报关手续。

二、深化平行进口汽车强制性产品认证改革。平行进口汽车必须符合国家有关安全、节能、质量标准和技术规范的强制性要求，并获得国家法律法规规定的强制性产品认证（CCC 认证）。对已建立了完善的家用汽车“三包”和召回体系的试点企业，可放宽 CCC 认证申请需提供原厂授权文件的相关要求；对已有效保证车辆一致性的试点企业，可取消非量产车认证模式的数量要求；对符合产业政策、海关和检验检疫相关规定、已有效保证车辆一致性且在自贸试验区内仅进行标准符合性整改的试点企业，可视情况仅对其在自贸试验区内的整改场所进行 CCC 认证工厂检查。

三、进一步提高汽车平行进口贸易便利化水平。优化平行进口汽车报关、通关、查验等流程，提高通关效率，降低通关成本。优化平行进口汽车审价机制。在经批准进行汽车平行进口试点的自贸试验区，允许试点企业在海关特殊监管区域内开展汽车整车保税仓储业务，期限为 3 个月，不得延期。

四、积极推动平行进口汽车环保和维修信息公开。试点企业要按照《大气污染防治法》及《汽车维修技术信息公开实施管理办法》等有关规定，向社会公布其进口车型的机动车污染控制技术信息、排放检验信息和有关维修技术信息，同时应注明符合我国排放标准的阶段水平。不得进口和销售达不到我国现行排放标准的车辆。

五、加强平行进口汽车注册登记管理服务。各地公安部门在办理进口汽车注册登记时，要严格执行《机动车运行安全技术条件》（GB7258）等国家安全技术标准，重点检查平行进口汽车车辆识别代号、产品标牌、里程表、外部灯具和信号装置等。对发现的不符合国家标准的平行进口汽车产品，不予办理注册登记，并通报当地商务、检验检疫等部门。对符合规定的，要优化服务、提高效率，方便快捷予以办理。

六、重点加强质量追溯和售后服务体系建设。试点企业是平行进口汽车产品质量追溯的责任主体，依法履行产品召回、质量保障、售后服务、家用汽车“三包”、平均燃料消耗量核算等义务。试点企业要增强售后服务保障能力，切实保障消费者合法权益。要通过自建、资源共享、多渠道合作等多种方式，形成覆盖销售区域的售后服务（含维修）网络，使消费者能够享有方便、快捷、有效的售后服务。

七、切实加强监管。按照国务院有关文件要求，试点所在地人民政府要加强组织领导，明确责任主体，精心组织好试点工作，有效防控各类风险。要将汽车售后维修保障能力、守法合规的信用情况作为遴选试点企业的重要条件。要切实履行监管职责，创新监管方式，建立健全相关管理规定，强化事中事后监管，确保试点工作规范有序进行。对违法违规经营行为依法加大查处力度，及时取消违规经营企业试点资格，并做好相应善后工作。作出处理决定的要录入企业信用档案，并向社会公布。

各试点地区要进一步提高认识，增强工作主动性、针对性和有效性，创新制度设计及机制建设，为试点工作创造有利的政策环境。要认真总结有益做法，尽快形成一批可复制、可推广的改革创新成果。试点工作进展情况要及时上报国务院有关部门。

中华人民共和国商务部
中华人民共和国工业和信息化部
中华人民共和国公安部
中华人民共和国环境保护部
中华人民共和国交通运输部
中华人民共和国海关总署
国家质量监督检验检疫总局
国家认证认可监督管理委员会
2016 年 2 月 22 日

国务院办公厅关于促进二手车便利交易的若干意见

国办发〔2016〕13号

各省、自治区、直辖市人民政府，国务院各部委、各直属机构：

汽车业是国民经济重要的战略性、支柱性产业，是稳增长、扩消费的关键领域。目前，我国汽车保有量超过1.7亿辆，二手车市场潜力巨大。但二手车交易不便利、信息不透明等问题制约了二手车消费。为便利二手车交易，繁荣二手车市场，为新车消费创造更大的市场空间，同时带动汽配、维修、保险等相关服务业发展，经国务院同意，现提出以下意见：

一、营造二手车自由流通的市场环境。各地人民政府要严格执行《国务院关于禁止在市场经济活动中实行地区封锁的规定》（国务院令第303号），不得制定实施限制二手车迁入政策。符合国家在用机动车排放和安全标准，在环保定期检验有效期和年检有效期内的二手车均可办理迁入手续，国家鼓励淘汰和要求淘汰的相关车辆及国家明确的大气污染防治重点区域（京津冀：北京、天津、河北，长三角：上海、江苏、浙江，珠三角：广州、深圳、珠海、佛山、江门、肇庆、惠州、东莞、中山等9个城市）有特殊要求的除外。已经实施限制二手车迁入政策的地方，要在2016年5月底前予以取消。（各地人民政府负责）

二、进一步完善二手车交易登记管理。整合二手车交易、纳税、保险和登记等流程，开展一站式服务，对具备条件的二手车交易市场推行进场服务。简化二手车交易登记程序，不得违规增加限制办理条件。优化服务流程，推行二手车异地交易登记，便利交易方在车辆所在地直接办理交易登记手续。（商务部会同公安部、税务总局、保监会按照职责分工负责）

三、加快完善二手车流通信息平台。建立二手车流通信息工作机制，积极整合现有资源，加强互联互通和信息共享，加快建立覆盖生产、销售、登记、检验、保养、维修、保险、报废等汽车全生命周期的信息体系。非保密、非隐私性信息应向社会开放，便于查询，符合国家有关要求的信息服务可以市场化运作，已经具备条件的行业信息要进一步加大开放力度。（商务部会同工业和信息化部、公安部、环境保护部、交通运输部、保监会按照职责分工负责）

四、加强二手车市场主体信用体系建设。依法采集二手车交易市场、经销企业、拍卖企业、鉴定评估机构、维修服务企业以及其他市场主体的信用信息，建立二手车市场主体信用记录，纳入全国信用信息共享平台，并按照有关规定及时在企业信用信息公示系统以及“信用中国”网站予以公开，方便社会查询和应用。（商务部、国家发展改革委、环境保护部、交通运输部、税务总局、工商总局、保监会按照职责分工负责）

五、优化二手车交易税收政策。按照“统一税制、公平税负、促进公平竞争”原则，结合全面推开营改增试点，进一步优化二手车交易税收政策，同时加强对二手车交易的税收征管。（财政部、税务总局按照职责分工负责）

六、加大金融服务支持力度。加大二手车交易信贷支持力度，降低信贷门槛，简化信贷手续。支持二手车贷款业务，适当降低二手车贷款首付比例。加快开发符合二手车交易特点的专属保险产品，不断提高二手车交易保险服务水平。（银监会、保监会按照职责分工负责）

七、积极推动二手车流通模式创新。推动二手车经销企业品牌化、连锁化经营，提升整备、质保等增值服务能力和水平。积极引导二手车交易企业线上线下融合发展，鼓励发展电子商务、拍卖等交易方式。推动新车销售企业开展二手车经销业务，积极发展二手车置换业务。（商务部、交通运输部按照职责分工负责）

八、完善二手车流通制度体系建设。抓紧修订《二手车流通管理办法》，规范二手车交易行为，强化市场主体责任；加强消费者权益保护，确保消费放心、交易便捷、服务完备；明确监管职责，加强市场监管，规范交易秩序，促进二手车市场健康、有序发展。（商务部牵头负责）

各地区、各有关部门要充分认识便利二手车交易、促进二手车流通的重要意义，加强组织领导，健全工作机制，强化部门协同和上下联动，确保各项政策措施落到实处。各地区要根据本意见，结合地方实际研究制定具体实施方案，细化政策措施。商务部等有关部门要抓紧研究制定配套政策和具体措施，加强部门协作配合，共同开展好相关工作。

国务院办公厅

2016 年 3 月 14 日

中华人民共和国资产评估法

（2016年7月2日第十二届全国人民代表大会常务委员会第二十一次会议通过）

第一章　总则

第一条　为了规范资产评估行为，保护资产评估当事人合法权益和公共利益，促进资产评估行业健康发展，维护社会主义市场经济秩序，制定本法。

第二条　本法所称资产评估（以下称评估），是指评估机构及其评估专业人员根据委托对不动产、动产、无形资产、企业价值、资产损失或者其他经济权益进行评定、估算，并出具评估报告的专业服务行为。

第三条　自然人、法人或者其他组织需要确定评估对象价值的，可以自愿委托评估机构评估。

涉及国有资产或者公共利益等事项，法律、行政法规规定需要评估的（以下称法定评估），应当依法委托评估机构评估。

第四条　评估机构及其评估专业人员开展业务应当遵守法律、行政法规和评估准则，遵循独立、客观、公正的原则。

评估机构及其评估专业人员依法开展业务，受法律保护。

第五条　评估专业人员从事评估业务，应当加入评估机构，并且只能在一个评估机构从事业务。

第六条　评估行业可以按照专业领域依法设立行业协会，实行自律管理，并接受有关评估行政管理部门的监督和社会监督。

第七条　国务院有关评估行政管理部门按照各自职责分工，对评估行业进行监督管理。

设区的市级以上地方人民政府有关评估行政管理部门按照各自职责分工，对本行政区域内的评估行业进行监督管理。

第二章　评估专业人员

第八条　评估专业人员包括评估师和其他具有评估专业知识及实践经验的评估从业人员。

评估师是指通过评估师资格考试的评估专业人员。国家根据经济社会发展需要确定评估师专业类别。

第九条　有关全国性评估行业协会按照国家规定组织实施评估师资格全国统一考试。

具有高等院校专科以上学历的公民，可以参加评估师资格全国统一考试。

第十条　有关全国性评估行业协会应当在其网站上公布评估师名单，并实时更新。

第十一条　因故意犯罪或者在从事评估、财务、会计、审计活动中因过失犯罪而受刑事处罚，自刑罚执行完毕之日起不满五年的人员，不得从事评估业务。

第十二条　评估专业人员享有下列权利：

（一）要求委托人提供相关的权属证明、财务会计信息和其他资料，以及为执行公允的评估程序所需的必要协助；

（二）依法向有关国家机关或者其他组织查阅从事业务所需的文件、证明和资料；

（三）拒绝委托人或者其他组织、个人对评估行为和评估结果的非法干预；

（四）依法签署评估报告；

（五）法律、行政法规规定的其他权利。

第十三条　评估专业人员应当履行下列义务：

（一）诚实守信，依法独立、客观、公正从事业务；

（二）遵守评估准则，履行调查职责，独立分析估算，勤勉谨慎从事业务；

（三）完成规定的继续教育，保持和提高专业能力；

（四）对评估活动中使用的有关文件、证明和资料的真实性、准确性、完整性进行核查和验证；

（五）对评估活动中知悉的国家秘密、商业秘密和个人隐私予以保密；

（六）与委托人或者其他相关当事人及评估对象有利害关系的，应当回避；

（七）接受行业协会的自律管理，履行行业协会章程规定的义务；

（八）法律、行政法规规定的其他义务。

第十四条　评估专业人员不得有下列行为：

（一）私自接受委托从事业务、收取费用；

（二）同时在两个以上评估机构从事业务；

（三）采用欺骗、利诱、胁迫，或者贬损、诋毁其他评估专业人员等不正当手段招揽业务；

（四）允许他人以本人名义从事业务，或者冒用他人名义从事业务；

（五）签署本人未承办业务的评估报告；

（六）索要、收受或者变相索要、收受合同约定以外的酬金、财物，或者谋取其他不正当利益；

（七）签署虚假评估报告或者有重大遗漏的评估报告；

（八）违反法律、行政法规的其他行为。

第三章评估机构

第十五条　评估机构应当依法采用合伙或者公司形式，聘用评估专业人员开展评估业务。

合伙形式的评估机构，应当有两名以上评估师；其合伙人三分之二以上应当是具有三年以上从业经历且最近三年内未受停止从业处罚的评估师。

公司形式的评估机构，应当有八名以上评估师和两名以上股东，其中三分之二以上股东应当是具有三年以上从业经历且最近三年内未受停止从业处罚的评估师。

评估机构的合伙人或者股东为两名的，两名合伙人或者股东都应当是具有三年以上从业经历且最近三年内未受停止从业处罚的评估师。

第十六条 设立评估机构，应当向工商行政管理部门申请办理登记。评估机构应当自领取营业执照之日起三十日内向有关评估行政管理部门备案。评估行政管理部门应当及时将评估机构备案情况向社会公告。

第十七条 评估机构应当依法独立、客观、公正开展业务，建立健全质量控制制度，保证评估报告的客观、真实、合理。

评估机构应当建立健全内部管理制度，对本机构的评估专业人员遵守法律、行政法规和评估准则的情况进行监督，并对其从业行为负责。

评估机构应当依法接受监督检查，如实提供评估档案以及相关情况。

第十八条 委托人拒绝提供或者不如实提供执行评估业务所需的权属证明、财务会计信息和其他资料的，评估机构有权依法拒绝其履行合同的要求。

第十九条 委托人要求出具虚假评估报告或者有其他非法干预评估结果情形的，评估机构有权解除合同。

第二十条 评估机构不得有下列行为：

（一）利用开展业务之便，谋取不正当利益；

（二）允许其他机构以本机构名义开展业务，或者冒用其他机构名义开展业务；

（三）以恶性压价、支付回扣、虚假宣传，或者贬损、诋毁其他评估机构等不正当手段招揽业务；

（四）受理与自身有利害关系的业务；

（五）分别接受利益冲突双方的委托，对同一评估对象进行评估；

（六）出具虚假评估报告或者有重大遗漏的评估报告；

（七）聘用或者指定不符合本法规定的人员从事评估业务；

（八）违反法律、行政法规的其他行为。

第二十一条 评估机构根据业务需要建立职业风险基金，或者自愿办理职业责任保险，完善风险防范机制。

第四章 评估程序

第二十二条 委托人有权自主选择符合本法规定的评估机构，任何组织或者个人不得非法限制或者干预。

评估事项涉及两个以上当事人的，由全体当事人协商委托评估机构。

委托开展法定评估业务，应当依法选择评估机构。

第二十三条 委托人应当与评估机构订立委托合同，约定双方的权利和义务。

委托人应当按照合同约定向评估机构支付费用，不得索要、收受或者变相索要、收受回扣。

委托人应当对其提供的权属证明、财务会计信息和其他资料的真实性、完整性和合法性负责。

第二十四条对受理的评估业务，评估机构应当指定至少两名评估专业人员承办。

委托人有权要求与相关当事人及评估对象有利害关系的评估专业人员回避。

第二十五条 评估专业人员应当根据评估业务具体情况，对评估对象进行现场调查，收集权属证明、财务会计信息和其他资料并进行核查验证、分析整理，作为评估的依据。

第二十六条 评估专业人员应当恰当选择评估方法，除依据评估执业准则只能选择一种评估方法的外，应当选择两种以上评估方法，经综合分析，形成评估结论，编制评估报告。

评估机构应当对评估报告进行内部审核。

第二十七条 评估报告应当由至少两名承办该项业务的评估专业人员签名并加盖评估机构印章。

评估机构及其评估专业人员对其出具的评估报告依法承担责任。

委托人不得串通、唆使评估机构或者评估专业人员出具虚假评估报告。

第二十八条 评估机构开展法定评估业务，应当指定至少两名相应专业类别的评估师承办，评估报告应当由至少两名承办该项业务的评估师签名并加盖评估机构印章。

第二十九条 评估档案的保存期限不少于十五年，属于法定评估业务的，保存期限不少于三十年。

第三十条 委托人对评估报告有异议的，可以要求评估机构解释。

第三十一条 委托人认为评估机构或者评估专业人员违法开展业务的，可以向有关评估行政管理部门或者行业协会投诉、举报，有关评估行政管理部门或者行业协会应当及时调查处理，并答复委托人。

第三十二条 委托人或者评估报告使用人应当按照法律规定和评估报告载明的使用范围使用评估报告。

委托人或者评估报告使用人违反前款规定使用评估报告的，评估机构和评估专业人员不承担责任。

第五章 行业协会

第三十三条 评估行业协会是评估机构和评估专业人员的自律性组织，依照法律、行政法规和章程实行自律管理。

评估行业按照专业领域设立全国性评估行业协会，根据需要设立地方性评估行业协会。

第三十四条 评估行业协会的章程由会员代表大会制定，报登记管理机关核准，并报有关评估行政管理部门备案。

第三十五条 评估机构、评估专业人员加入有关评估行业协会，平等享有章程规定的权利，履行章程规定的义务。有关评估行业协会公布加入本协会的评估机构、评估专业人员名单。

第三十六条 评估行业协会履行下列职责：

（一）制定会员自律管理办法，对会员实行自律管理；

（二）依据评估基本准则制定评估执业准则和职业道德准则；

（三）组织开展会员继续教育；

（四）建立会员信用档案，将会员遵守法律、行政法规和评估准则的情况记入信用档案，并向社会公开；

（五）检查会员建立风险防范机制的情况；

（六）受理对会员的投诉、举报，受理会员的申诉，调解会员执业纠纷；

（七）规范会员从业行为，定期对会员出具的评估报告进行检查，按照章程规定对会员给予奖惩，并将奖惩情况及时报告有关评估行政管理部门；

（八）保障会员依法开展业务，维护会员合法权益；

（九）法律、行政法规和章程规定的其他职责。

第三十七条 有关评估行业协会应当建立沟通协作和信息共享机制，根据需要制定共同的行为规范，促进评估行业健康有序发展。

第三十八条 评估行业协会收取会员会费的标准，由会员代表大会通过，并向社会公开。不得以会员交纳会费数额作为其在行业协会中担任职务的条件。

会费的收取、使用接受会员代表大会和有关部门的监督，任何组织或者个人不得侵占、私分和挪用。

第六章 监督管理

第三十九条 国务院有关评估行政管理部门组织制定评估基本准则和评估行业监督管理办法。

第四十条 设区的市级以上人民政府有关评估行政管理部门依据各自职责，负责监督管理评估行业，对评估机构和评估专业人员的违法行为依法实施行政处罚，将处罚情况及时通报有关评估行业协会，并依法向社会公开。

第四十一条 评估行政管理部门对有关评估行业协会实施监督检查，对检查发现的问题和针对协会的投诉、举报，应当及时调查处理。

第四十二条 评估行政管理部门不得违反本法规定，对评估机构依法开展业务进行限制。

第四十三条 评估行政管理部门不得与评估行业协会、评估机构存在人员或者资金关联，不得利用职权为评估机构招揽业务。

第七章　法律责任

第四十四条　评估专业人员违反本法规定，有下列情形之一的，由有关评估行政管理部门予以警告，可以责令停止从业六个月以上一年以下；有违法所得的，没收违法所得；情节严重的，责令停止从业一年以上五年以下；构成犯罪的，依法追究刑事责任：

（一）私自接受委托从事业务、收取费用的；

（二）同时在两个以上评估机构从事业务的；

（三）采用欺骗、利诱、胁迫，或者贬损、诋毁其他评估专业人员等不正当手段招揽业务的；

（四）允许他人以本人名义从事业务，或者冒用他人名义从事业务的；

（五）签署本人未承办业务的评估报告或者有重大遗漏的评估报告的；

（六）索要、收受或者变相索要、收受合同约定以外的酬金、财物，或者谋取其他不正当利益的。

第四十五条　评估专业人员违反本法规定，签署虚假评估报告的，由有关评估行政管理部门责令停止从业两年以上五年以下；有违法所得的，没收违法所得；情节严重的，责令停止从业五年以上十年以下；构成犯罪的，依法追究刑事责任，终身不得从事评估业务。

第四十六条　违反本法规定，未经工商登记以评估机构名义从事评估业务的，由工商行政管理部门责令停止违法活动；有违法所得的，没收违法所得，并处违法所得一倍以上五倍以下罚款。

第四十七条　评估机构违反本法规定，有下列情形之一的，由有关评估行政管理部门予以警告，可以责令停业一个月以上六个月以下；有违法所得的，没收违法所得，并处违法所得一倍以上五倍以下罚款；情节严重的，由工商行政管理部门吊销营业执照；构成犯罪的，依法追究刑事责任：

（一）利用开展业务之便，谋取不正当利益的；

（二）允许其他机构以本机构名义开展业务，或者冒用其他机构名义开展业务的；

（三）以恶性压价、支付回扣、虚假宣传，或者贬损、诋毁其他评估机构等不正当手段招揽业务的；

（四）受理与自身有利害关系的业务的；

（五）分别接受利益冲突双方的委托，对同一评估对象进行评估的；

（六）出具有重大遗漏的评估报告的；

（七）未按本法规定的期限保存评估档案的；

（八）聘用或者指定不符合本法规定的人员从事评估业务的；

（九）对本机构的评估专业人员疏于管理，造成不良后果的。

评估机构未按本法规定备案或者不符合本法第十五条规定的条件的，由有关评估行政管理部门责令改正；拒不改正的，责令停业，可以并处一万元以上五万元以下罚款。

第四十八条　评估机构违反本法规定，出具虚假评估报告的，由有关评估行政管理部门责令停业六个月以上一年以下；有违法所得的，没收违法所得，并处违法所得一倍以上五倍以下罚款；情节严重的，由工商行政管理部门吊销营业执照；构成犯罪的，依法追究刑事责任。

第四十九条　评估机构、评估专业人员在一年内累计三次因违反本法规定受到责令停业、责令停止从业以外处罚的，有关评估行政管理部门可以责令其停业或者停止从业一年以上五年以下。

第五十条　评估专业人员违反本法规定，给委托人或者其他相关当事人造成损失的，由其所在的评估机构依法承担赔偿责任。评估机构履行赔偿责任后，可以向有故意或者重大过失行为的评估专业人员追偿。

第五十一条　违反本法规定，应当委托评估机构进行法定评估而未委托的，由有关部门责令改正；拒不改正的，处十万元以上五十万元以下罚款；情节严重的，对直接负责的主管人员和其他直接责任人员依法给予处分；造成损失的，依法承担赔偿责任；构成犯罪的，依法追究刑事责任。

第五十二条　违反本法规定，委托人在法定评估中有下列情形之一的，由有关评估行政管理部门会同有关部门责令改正；拒不改正的，处十万元以上五十万元以下罚款；有违法所得的，没收违法所得；情节严重的，对直接负责的主管人员和其他直接责任人员依法给予处分；造成损失的，依法承担赔偿责任；构成犯罪的，依法追究刑事责任：

（一）未依法选择评估机构的；

（二）索要、收受或者变相索要、收受回扣的；

（三）串通、唆使评估机构或者评估师出具虚假评估报告的；

（四）不如实向评估机构提供权属证明、财务会计信息和其他资料的；

（五）未按照法律规定和评估报告载明的使用范围使用评估报告的。

前款规定以外的委托人违反本法规定，给他人造成损失的，依法承担赔偿责任。

第五十三条　评估行业协会违反本法规定的，由有关评估行政管理部门给予警告，责令改正；拒不改正的，可以通报登记管理机关，由其依法给予处罚。

第五十四条　有关行政管理部门、评估行业协会工作人员违反本法规定，滥用职权、玩忽职守或者徇私舞弊的，依法给予处分；构成犯罪的，依法追究刑事责任。

第八章附则

第五十五条　本法自2016年12月1日起施行。

国务院办公厅关于深化改革推进出租汽车行业健康发展的指导意见

国办发〔2016〕58号

各省、自治区、直辖市人民政府，国务院各部委、各直属机构：

为贯彻落实中央关于全面深化改革的决策部署，积极稳妥地推进出租汽车行业改革，鼓励创新，促进转型，更好地满足人民群众出行需求，经国务院同意，现提出以下意见。

一、指导思想和基本原则

（一）指导思想。

深入贯彻党的十八大及十八届二中、三中、四中、五中全会精神和习近平总书记系列重要讲话精神，落实党中央、国务院决策部署，按照“五位一体”总体布局和“四个全面”战略布局，牢固树立和贯彻落实创新、协调、绿色、开放、共享的发展理念，充分发挥市场机制作用和政府引导作用，坚持优先发展公共交通、适度发展出租汽车的基本思路，推进出租汽车行业结构改革，切实提升服务水平和监管能力，努力构建多样化、差异化出行服务体系，促进出租汽车行业持续健康发展，更好地满足人民群众出行需求。

（二）基本原则。

坚持乘客为本。把保障乘客安全出行和维护人民群众合法权益作为改革的出发点和落脚点，为社会公众提供安全、便捷、舒适、经济的个性化出行服务。

坚持改革创新。抓住实施“互联网+”行动的有利时机，坚持问题导向，促进巡游出租汽车转型升级，规范网络预约出租汽车经营，推进两种业态融合发展。

坚持统筹兼顾。统筹公共交通与出租汽车，统筹创新发展与安全稳定，统筹新老业态发展，统筹乘客、驾驶员和企业的利益，循序渐进、积极稳慎地推动改革。

坚持依法规范。正确处理政府和市场关系，强化法治思维，完善出租汽车行业法规体系，依法推进行业改革，维护公平竞争的市场秩序，保护各方合法权益。

坚持属地管理。城市人民政府是出租汽车管理的责任主体，要充分发挥自主权和创造性，探索符合本地出租汽车行业发展实际的管理模式。

二、明确出租汽车行业定位

（三）科学定位出租汽车服务。

出租汽车是城市综合交通运输体系的组成部分，是城市公共交通的补充，为社会公众提供个性化运输服务。出租汽车服务主要包括巡游、网络预约等方式。城市人民政府要优先发展公共交通，适度发展出租汽车，优化城市交通结构。要统筹发展巡游出租汽车（以下简称巡游车）和网络预约出租汽车（以下简称网约车），实行错位发展和差异化经营，为社会公众提供品质化、多样化的运输服务。要根据大中小城市特点、社会公众多样化出行需求和出租汽车发展定位，综合考虑人口数量、经济发展水平、城市交通拥堵状况、出租汽车里程利用率等因素，合理把握出租汽车运力规模及在城市综合交通运输体系中的分担比例，建立动态监测和调整机制，逐步实现市场调节。新增和更新出租汽车，优先使用新能源汽车。

三、深化巡游车改革

（四）改革经营权管理制度。

新增出租汽车经营权一律实行期限制，不得再实行无期限制，具体期限由城市人民政府根据本地实际情况确定。新增出租汽车经营权全部实行无偿使用，并不得变更经营主体。既有的出租汽车经营权，在期限内需要变更经营主体的，依照法律法规规定的条件和程序办理变更手续，不得炒卖和擅自转让。对于现有的出租汽车经营权未明确具体经营期限或已实行经营权有偿使用的，城市人民政府要综合考虑各方面因素，科学制定过渡方案，合理确定经营期限，逐步取消有偿使用费。建立完善以服务质量信誉为导向的经营权配置和管理制度，对经营权期限届满或经营过程中出现重大服务质量问题、重大安全生产责任事故、严重违法经营行为、服务质量信誉考核不合格等情形的，按有关规定收回经营权。

（五）健全利益分配制度。

出租汽车经营者要依法与驾驶员签订劳动合同或经营合同。采取承包经营方式的承包人和取得经营权的个体经营者，应取得出租汽车驾驶员从业资格，按规定注册上岗并直接从事运营活动。要利用互联网技术更好地构建企业和驾驶员运营风险共担、利益合理分配的经营模式。鼓励、支持和引导出租汽车企业、行业协会与出租汽车驾驶员、工会组织平等协商，根据经营成本、运价变化等因素，合理确定并动态调整出租汽车承包费标准或定额任务，现有承包费标准或定额任务过高的要降低。要保护驾驶员合法权益，构建和谐劳动关系。严禁出租汽车企业向驾驶员收取高额抵押金，现有抵押金过高的要降低。

（六）理顺价格形成机制。

各地可根据本地区实际情况，对巡游车运价实行政府定价或政府指导价，并依法纳入政府定价目录。综合考虑出租汽车运营成本、居民和驾驶员收入水平、交通状况、服务质量等因素，科学制定、及时调整出租汽车运价水平和结构。建立出租汽车运价动态调整机制，健全作价规则，完善运价与燃料价格联动办法，充分发挥运价调节出租汽车运输市场供求关系的杠杆作用。

（七）推动行业转型升级。

鼓励巡游车经营者、网络预约出租汽车经营者（以下称网约车平台公司）通过兼并、重组、吸收入股等方式，按照现代企业制度实行公司化经营，实现新老业态融合发展。鼓励巡游车企业转型提供网约车服务。鼓励巡游车通过电信、互联网等电召服务方式提供运营服务，推广使用符合金融标准的非现金支付方式，拓展服务功能，方便公众乘车。鼓励个体经营者共同组建具有一定规模的公司，实行组织化管理，提高服务质量，降低管理成本，增强抗风险能力。鼓励经营者加强品牌建设，主动公开服务标准和质量承诺，开展安全、诚信、优质服务创建活动，加强服务质量管理，提供高品质服务。

四、规范发展网约车和私人小客车合乘

（八）规范网约车发展。

网约车平台公司是运输服务的提供者，应具备线上线下服务能力，承担承运人责任和相应社会责任。提供网约车服务的驾驶员及其车辆，应符合提供载客运输服务的基本条件。对网约车实行市场调节价，城市人民政府认为确有必要的可实行政府指导价。

（九）规范网约车经营行为。

网约车平台公司要充分利用互联网信息技术，加强对提供服务车辆和驾驶员的生产经营管理，不断提升乘车体验、提高服务水平。按照国家相关规定和标准提供运营服务，合理确定计程计价方式，保障运营安全和乘客合法权益，不得有不正当价格行为。加强网络和信息安全防护，建立健全数据安全管理制度，依法合规采集、使用和保护个人信息，不得泄露涉及国家安全的敏感信息，所采集的个人信息和生成的业务数据应当在中国内地存储和使用。网约车平台公司要维护和保障驾驶员合法权益。

（十）规范私人小客车合乘。

私人小客车合乘，也称为拼车、顺风车，是由合乘服务提供者事先发布出行信息，出行线路相同的人选择乘坐合乘服务提供者的小客车、分摊部分出行成本或免费互助的共享出行方式。私人小客车合乘有利于缓解交通拥堵和减少空气污染，城市人民政府应鼓励并规范其发展，制定相应规定，明确合乘服务提供者、合乘者及合乘信息服务平台等三方的权利和义务。

五、营造良好市场环境

（十一）完善服务设施。

城市人民政府要将出租汽车综合服务区、停靠点、候客泊位等服务设施纳入城市基础设施建设规划，统筹合理布局，认真组织实施，妥善解决出租汽车驾驶员在停车、就餐、如厕等方面的实际困难。在机场、车站、码头、商场、医院等大型公共场所和居民住宅区，应当划定巡游车候客区域，为出租汽车运营提供便利，更好地为乘客出行提供服务。

（十二）加强信用体系建设。

要落实服务质量信誉考核制度和驾驶员从业资格管理制度，制定出租汽车服务标准、经营者和从业人员信用管理制度，明确依法经营、诚信服务的基本要求。积极运用互联网、大数据、云计算等技术，建立出租汽车经营者和驾驶员评价系统，加强对违法违规及失信行为、投诉举报、乘客服务评价等信息的记录，作为出租汽车经营者和从业人员准入退出的重要依据，并纳入全国信用信息共享平台和全国企业信用信息公示系统。

（十三）强化市场监管。

要创新监管方式，简化许可程序，推行网上办理。要公开出租汽车经营主体、数量、经营权取得方式及变更等信息，定期开展出租汽车服务质量测评并向社会发布，进一步提高行业监管透明度。要建立政府牵头、部门参与、条块联动的联合监督执法机制和联合惩戒退出机制，建立完善监管平台，强化全过程监管，依法查处出租汽车妨碍市场公平竞争的行为和价格违法行为，严厉打击非法营运、聚众扰乱社会秩序或煽动组织破坏营运秩序、损害公共利益的行为。

（十四）加强法制建设。

要加快完善出租汽车管理和经营服务的法规规章和标准规范，明确管理职责和法律责任，规范资质条件和经营许可，形成较为完善的出租汽车管理法律法规体系，实现出租汽车行业管理、经营服务和市场监督有法可依、有章可循。

（十五）落实地方人民政府主体责任。

各地要成立改革领导机制，加强对深化出租汽车行业改革的组织领导。要结合本地实际，制定具体实施方案，明确工作目标，细化分解任务，建立有关部门、工会、行业协会等多方联合的工作机制，稳妥推进各项改革任务。要加强社会沟通，畅通利益诉求渠道，主动做好信息发布，回应社会关切，凝聚改革共识，营造良好舆论环境。对改革中的重大决策要开展社会稳定风险评估，完善应急预案，防范化解各类矛盾，维护社会稳定。

国务院办公厅

2016年7月26日

网络预约出租汽车经营服务管理暂行办法

（交通运输部 工业和信息化部 公安部 商务部 工商总局
质检总局 国家网信办令 2016 年第 60 号）

《网络预约出租汽车经营服务管理暂行办法》已于 2016 年 7 月 14 日经交通运输部第 15 次部务会议通过，并经工业和信息化部、公安部、商务部、工商总局、质检总局、国家网信办同意，现予公布，自 2016 年 11 月 1 日起施行。

交 通 运 输 部部长杨传堂
工业和信息化部部长苗圩
公安部部长郭声琨
商务部部长高虎城
工商总局局长张茅
质检总局局长支树平
国 家 网 信 办主任徐麟
2016 年 7 月 27 日

网络预约出租汽车经营服务管理暂行办法

第一章　总则

第一条　为更好地满足社会公众多样化出行需求，促进出租汽车行业和互联网融合发展，规范网络预约出租汽车经营服务行为，保障运营安全和乘客合法权益，根据国家有关法律、行政法规，制定本办法。

第二条　从事网络预约出租汽车（以下简称网约车）经营服务，应当遵守本办法。

本办法所称网约车经营服务，是指以互联网技术为依托构建服务平台，整合供需信息，使用符合条件的车辆和驾驶员，提供非巡游的预约出租汽车服务的经营活动。

本办法所称网络预约出租汽车经营者（以下称网约车平台公司），是指构建网络服务平台，从事网约车经营服务的企业法人。

第三条　坚持优先发展城市公共交通、适度发展出租汽车，按照高品质服务、差异化经营的原则，有序发展网约车。

网约车运价实行市场调节价，城市人民政府认为有必要实行政府指导价的除外。

第四条　国务院交通运输主管部门负责指导全国网约车管理工作。

各省、自治区人民政府交通运输主管部门在本级人民政府领导下，负责指导本行政区域内网约车管理工作。

直辖市、设区的市级或者县级交通运输主管部门或人民政府指定的其他出租汽车行政主管部门（以下称出租汽车行政主管部门）在本级人民政府领导下，负责具体实施网约车管理。

其他有关部门依据法定职责，对网约车实施相关监督管理。

第二章　网约车平台公司

第五条　申请从事网约车经营的，应当具备线上线下服务能力，符合下列条件：

（一）具有企业法人资格；

（二）具备开展网约车经营的互联网平台和与拟开展业务相适应的信息数据交互及处理能力，具备供交通、通信、公安、税务、网信等相关监管部门依法调取查询相关网络数据信息的条件，网络服务平台数据库接入出租汽车行政主管部门监管平台，服务器设置在中国内地，有符合规定的网络安全管理制度和安全保护技术措施；

（三）使用电子支付的，应当与银行、非银行支付机构签订提供支付结算服务的协议；

（四）有健全的经营管理制度、安全生产管理制度和服务质量保障制度；

（五）在服务所在地有相应服务机构及服务能力；

（六）法律法规规定的其他条件。

外商投资网约车经营的，除符合上述条件外，还应当符合外商投资相关法律法规的规定。

第六条 申请从事网约车经营的，应当根据经营区域向相应的出租汽车行政主管部门提出申请，并提交以下材料：

（一）网络预约出租汽车经营申请表（见附件）；

（二）投资人、负责人身份、资信证明及其复印件，经办人的身份证明及其复印件和委托书；

（三）企业法人营业执照，属于分支机构的还应当提交营业执照，外商投资企业还应当提供外商投资企业批准证书；

（四）服务所在地办公场所、负责人员和管理人员等信息；

（五）具备互联网平台和信息数据交互及处理能力的证明材料，具备供交通、通信、公安、税务、网信等相关监管部门依法调取查询相关网络数据信息条件的证明材料，数据库接入情况说明，服务器设置在中国内地的情况说明，依法建立并落实网络安全管理制度和安全保护技术措施的证明材料；

（六）使用电子支付的，应当提供与银行、非银行支付机构签订的支付结算服务协议；

（七）经营管理制度、安全生产管理制度和服务质量保障制度文本；

（八）法律法规要求提供的其他材料。

首次从事网约车经营的，应当向企业注册地相应出租汽车行政主管部门提出申请，前款第（五）、第（六）项有关线上服务能力材料由网约车平台公司注册地省级交通运输主管部门商同级通信、公安、税务、网信、人民银行等部门审核认定，并提供相应认定结果，认定结果全国有效。网约车平台公司在注册地以外申请从事网约车经营的，应当提交前款第（五）、第（六）项有关线上服务能力认定结果。

其他线下服务能力材料，由受理申请的出租汽车行政主管部门进行审核。

第七条 出租汽车行政主管部门应当自受理之日起 20 日内作出许可或者不予许可的决定。20 日内不能作出决定的，经实施机关负责人批准，可以延长 10 日，并应当将延长期限的理由告知申请人。

第八条 出租汽车行政主管部门对于网约车经营申请作出行政许可决定的，应当明确经营范围、经营区域、经营期限等，并发放《网络预约出租汽车经营许可证》。

第九条 出租汽车行政主管部门对不符合规定条件的申请作出不予行政许可决定的，应当向申请人出具《不予行政许可决定书》。

第十条 网约车平台公司应当在取得相应《网络预约出租汽车经营许可证》并向企业注册地省级通信主管部门申请互联网信息服务备案后，方可开展相关业务。备案内容包括经营者真实身份信息、接入信息、出租汽车行政主管部门核发的《网络预约出租汽车经营许可证》等。涉及经营电信业务的，还应当符合电信管理的相关规定。

网约车平台公司应当自网络正式联通之日起30日内，到网约车平台公司管理运营机构所在地的省级人民政府公安机关指定的受理机关办理备案手续。

第十一条 网约车平台公司暂停或者终止运营的，应当提前30日向服务所在地出租汽车行政主管部门书面报告，说明有关情况，通告提供服务的车辆所有人和驾驶员，并向社会公告。终止经营的，应当将相应《网络预约出租汽车经营许可证》交回原许可机关。

第三章 网约车车辆和驾驶员

第十二条 拟从事网约车经营的车辆，应当符合以下条件：

（一）7座及以下乘用车；

（二）安装具有行驶记录功能的车辆卫星定位装置、应急报警装置；

（三）车辆技术性能符合运营安全相关标准要求。

车辆的具体标准和营运要求，由相应的出租汽车行政主管部门，按照高品质服务、差异化经营的发展原则，结合本地实际情况确定。

第十三条 服务所在地出租汽车行政主管部门依车辆所有人或者网约车平台公司申请，按第十二条规定的条件审核后，对符合条件并登记为预约出租客运的车辆，发放《网络预约出租汽车运输证》。

城市人民政府对网约车发放《网络预约出租汽车运输证》另有规定的，从其规定。

第十四条 从事网约车服务的驾驶员，应当符合以下条件：

（一）取得相应准驾车型机动车驾驶证并具有3年以上驾驶经历；

（二）无交通肇事犯罪、危险驾驶犯罪记录，无吸毒记录，无饮酒后驾驶记录，最近连续3个记分周期内没有记满12分记录；

（三）无暴力犯罪记录；

（四）城市人民政府规定的其他条件。

第十五条 服务所在地设区的市级出租汽车行政主管部门依驾驶员或者网约车平台公司申请，按第十四条规定的条件核查并按规定考核后，为符合条件且考核合格的驾驶员，发放《网络预约出租汽车驾驶员证》。

第四章 网约车经营行为

第十六条 网约车平台公司承担承运人责任，应当保证运营安全，保障乘客合法权益。

第十七条 网约车平台公司应当保证提供服务车辆具备合法营运资质，技术状况良好，安全性能可靠，具有营运车辆相关保险，保证线上提供服务的车辆与线下实际提供服务的车辆一致，并将车辆相关信息向服务所在地出租汽车行政主管部门报备。

第十八条 网约车平台公司应当保证提供服务的驾驶员具有合法从业资格，按照有关法律法规规定，根据工作时长、服务频次等特点，与驾驶员签订多种形式的劳动合同或者协议，明确双方的权利和义务。网约车平台公司应当维护和保障驾驶员合法权益，开展有关法律法规、职业道德、服务规范、安全运营等方面的岗前培训和日常教育，保证线上提供服务的驾驶员与线下实际提供服务的驾驶员一致，并将驾驶员相关信息向服务所在地出租汽车行政主管部门报备。

网约车平台公司应当记录驾驶员、约车人在其服务平台发布的信息内容、用户注册信息、身份认证信息、订单日志、上网日志、网上交易日志、行驶轨迹日志等数据并备份。

第十九条 网约车平台公司应当公布确定符合国家有关规定的计程计价方式，明确服务项目和质量承诺，建立服务评价体系和乘客投诉处理制度，如实采集与记录驾驶员服务信息。在提供网约车服务时，提供驾驶员姓名、照片、手机号码和服务评价结果，以及车辆牌照等信息。

第二十条 网约车平台公司应当合理确定网约车运价，实行明码标价，并向乘客提供相应的出租汽车发票。

第二十一条 网约车平台公司不得妨碍市场公平竞争，不得侵害乘客合法权益和社会公共利益。

网约车平台公司不得有为排挤竞争对手或者独占市场，以低于成本的价格运营扰乱正常市场秩序，损害国家利益或者其他经营者合法权益等不正当价格行为，不得有价格违法行为。

第二十二条 网约车应当在许可的经营区域内从事经营活动，超出许可的经营区域的，起讫点一端应当在许可的经营区域内。

第二十三条 网约车平台公司应当依法纳税，为乘客购买承运人责任险等相关保险，充分保障乘客权益。

第二十四条 网约车平台公司应当加强安全管理，落实运营、网络等安全防范措施，严格数据安全保护和管理，提高安全防范和抗风险能力，支持配合有关部门开展相关工作。

第二十五条 网约车平台公司和驾驶员提供经营服务应当符合国家有关运营服务标准，不得途中甩客或者故意绕道行驶，不得违规收费，不得对举报、投诉其服务质量或者对其服务作出不满意评价的乘客实施报复行为。

第二十六条 网约车平台公司应当通过其服务平台以显著方式将驾驶员、约车人和乘客等个人信息的采集和使用的目的、方式和范围进行告知。未经信息主体明示同意，网约车平台公司不得使用前述个人信息用于开展其他业务。

网约车平台公司采集驾驶员、约车人和乘客的个人信息，不得超越提供网约车业务所必需的范围。

除配合国家机关依法行使监督检查权或者刑事侦查权外，网约车平台公司不得向任何第三方提供驾驶员、约车人和乘客的姓名、联系方式、家庭住址、银行账户或者支付账户、地理位置、出行线路等个人信息，不得泄露地理坐标、地理标志物等涉及国家安全的敏感信息。发生信息泄露后，网约车平台公司应当及时向相关主管部门报告，并采取及时有效的补救措施。

第二十七条 网约车平台公司应当遵守国家网络和信息安全有关规定，所采集的个人信息和生成的业务数据，应当在中国内地存储和使用，保存期限不少于2年，除法律法规另有规定外，上述信息和数据不得外流。

网约车平台公司不得利用其服务平台发布法律法规禁止传播的信息，不得为企业、个人及其他团体、组织发布有害信息提供便利，并采取有效措施过滤阻断有害信息传播。发现他人利用其网络服务平台传播有害信息的，应当立即停止传输，保存有关记录，并向国家有关机关报告。

网约车平台公司应当依照法律规定，为公安机关依法开展国家安全工作，防范、调查违法犯罪活动提供必要的技术支持与协助。

第二十八条 任何企业和个人不得向未取得合法资质的车辆、驾驶员提供信息对接开展网约车经营服务。不得以私人小客车合乘名义提供网约车经营服务。

网约车车辆和驾驶员不得通过未取得经营许可的网络服务平台提供运营服务。

第五章 监督检查

第二十九条 出租汽车行政主管部门应当建设和完善政府监管平台，实现与网约车平台信息共享。共享信息应当包括车辆和驾驶员基本信息、服务质量以及乘客评价信息等。

出租汽车行政主管部门应当加强对网约车市场监管，加强对网约车平台公司、车辆和驾驶员的资质审查与证件核发管理。

出租汽车行政主管部门应当定期组织开展网约车服务质量测评，并及时向社会公布本地区网约车平台公司基本信息、服务质量测评结果、乘客投诉处理情况等信息。

出租汽车行政主管、公安等部门有权根据管理需要依法调取查阅管辖范围内网约车平台公司的登记、运营和交易等相关数据信息。

第三十条 通信主管部门和公安、网信部门应当按照各自职责，对网约车平台公司非法收集、存储、处理和利用有关个人信息、违反互联网信息服务有关规定、危害网络和信息安全、应用网约车服务平台发布有害信息或者为企业、个人及其他团体组织发布有害信息提供便利的行为，依法进行查处，并配合出租汽车行政主管部门对认定存在违法违规行为的网约车平台公司进行依法处置。

公安机关、网信部门应当按照各自职责监督检查网络安全管理制度和安全保护技术措施的落实情况，防范、查处有关违法犯罪活动。

第三十一条 发展改革、价格、通信、公安、人力资源社会保障、商务、人民银行、税务、工商、质检、网信等部门按照各自职责，对网约车经营行为实施相关监督检查，并对违法行为依法处理。

第三十二条 各有关部门应当按照职责建立网约车平台公司和驾驶员信用记录，并纳入全国信用信息共享平台。同时将网约车平台公司行政许可和行政处罚等信用信息在全国企业信用信息公示系统上予以公示。

第三十三条 出租汽车行业协会组织应当建立网约车平台公司和驾驶员不良记录名单制度，加强行业自律。

第六章 法律责任

第三十四条 违反本规定，有下列行为之一的，由县级以上出租汽车行政主管部门责令改正，予以警告，并处以 10000 元以上 30000 元以下罚款；构成犯罪的，依法追究刑事责任：

（一）未取得经营许可，擅自从事或者变相从事网约车经营活动的；

（二）伪造、变造或者使用伪造、变造、失效的《网络预约出租汽车运输证》《网络预约出租汽车驾驶员证》从事网约车经营活动的。

第三十五条 网约车平台公司违反本规定，有下列行为之一的，由县级以上出租汽车行政主管部门和价格主管部门按照职责责令改正，对每次违法行为处以 5000 元以上 10000 元以下罚款；情节严重的，处以 10000 元以上 30000 元以下罚款：

（一）提供服务车辆未取得《网络预约出租汽车运输证》，或者线上提供服务车辆与线下实际提供服务车辆不一致的；

（二）提供服务驾驶员未取得《网络预约出租汽车驾驶员证》，或者线上提供服务驾驶员与线下实际提供服务驾驶员不一致的；

（三）未按照规定保证车辆技术状况良好的；

（四）起讫点均不在许可的经营区域从事网约车经营活动的；

（五）未按照规定将提供服务的车辆、驾驶员相关信息向服务所在地出租汽车行政主管部门报备的；

（六）未按照规定制定服务质量标准、建立并落实投诉举报制度的；

（七）未按照规定提供共享信息，或者不配合出租汽车行政主管部门调取查阅相关数据信息的；

（八）未履行管理责任，出现甩客、故意绕道、违规收费等严重违反国家相关运营服务标准行为的。

网约车平台公司不再具备线上线下服务能力或者有严重违法行为的，由县级以上出租汽车行政主管部门依据相关法律法规的有关规定责令停业整顿、吊销相关许可证件。

第三十六条 网约车驾驶员违反本规定，有下列情形之一的，由县级以上出租汽车行政主管部门和价格主管部门按照职责责令改正，对每次违法行为处以 50 元以上 200 元以下罚款：

（一）未按照规定携带《网络预约出租汽车运输证》、《网络预约出租汽车驾驶员证》的；

（二）途中甩客或者故意绕道行驶的；

（三）违规收费的；

（四）对举报、投诉其服务质量或者对其服务作出不满意评价的乘客实施报复行为的。

网约车驾驶员不再具备从业条件或者有严重违法行为的，由县级以上出租汽车行政主管部门依据相关法律法规的有关规定撤销或者吊销从业资格证件。

对网约车驾驶员的行政处罚信息计入驾驶员和网约车平台公司信用记录。

第三十七条　网约车平台公司违反本规定第十、十八、二十六、二十七条有关规定的，由网信部门、公安机关和通信主管部门按各自职责依照相关法律法规规定给予处罚；给信息主体造成损失的，依法承担民事责任；涉嫌犯罪的，依法追究刑事责任。

网约车平台公司及网约车驾驶员违法使用或者泄露约车人、乘客个人信息的，由公安、网信等部门依照各自职责处以2000元以上10000元以下罚款；给信息主体造成损失的，依法承担民事责任；涉嫌犯罪的，依法追究刑事责任。

网约车平台公司拒不履行或者拒不按要求为公安机关依法开展国家安全工作，防范、调查违法犯罪活动提供技术支持与协助的，由公安机关依法予以处罚；构成犯罪的，依法追究刑事责任。

第七章　附则

第三十八条　私人小客车合乘，也称为拼车、顺风车，按城市人民政府有关规定执行。

第三十九条　网约车行驶里程达到60万千米时强制报废。行驶里程未达到60万千米但使用年限达到8年时，退出网约车经营。

小、微型非营运载客汽车登记为预约出租客运的，按照网约车报废标准报废。其他小、微型营运载客汽车登记为预约出租客运的，按照该类型营运载客汽车报废标准和网约车报废标准中先行达到的标准报废。

省、自治区、直辖市人民政府有关部门要结合本地实际情况，制定网约车报废标准的具体规定，并报国务院商务、公安、交通运输等部门备案。

第四十条　本办法自2016年11月1日起实施。各地可根据本办法结合本地实际制定具体实施细则。

工业和信息化部关于进一步做好新能源汽车推广应用安全监管工作的通知

工信部装 [2016]377 号

各省、自治区、直辖市及计划单列市工业和信息化主管部门、新能源汽车工作联席会议制度牵头部门，相关行业组织，新能源汽车生产企业：

新能源汽车正处于产业发展初期和关键时期，新能源汽车推广应用的安全问题既涉及到人民群众的生命财产安全，也关系到新能源汽车产业持续健康发展大局。各地方政府新能源汽车工作联席会议制度牵头部门、各有关生产企业要根据 2016 年 2 月 24 日国务院常务会议和 7 月 6 日新能源汽车产业发展座谈会议精神，以及《国务院办公厅关于加快新能源汽车推广应用的指导意见》（国办发〔2014〕35 号）有关要求，高度重视新能源汽车全产业链、全生命周期的安全问题，把保障安全放在工作首位，把握关键环节，加快建立健全安全保障体系，推进新能源汽车产业健康可持续发展。现将有关事项通知如下：

一、新能源汽车生产企业要落实产品质量安全主体责任

新能源汽车生产企业是安全第一责任人，对整车产品负总责。要牢固树立质量安全责任意识，从研发制造、运行监控、维护保养等各环节严格管控，确保推广应用的新能源汽车产品质量安全及生产一致性。

（一）提升产品质量安全水平。

生产企业要加大研发投入，加强核心关键技术攻关，以技术保安全，努力开发先进适用的新能源汽车车型产品。要加强供应商管理，严格把控零部件质量，并对零部件质量问题负责。要严格车辆出厂检测，确保生产一致性和整车质量安全。自 2017 年 1 月 1 日起，电动客车安全国家标准出台前，所有新生产的新能源客车暂按《电动客车安全技术条件》（见附件）的要求执行。

（二）建立健全企业监测平台。

生产企业要建设和完善新能源汽车企业监测平台，与用户充分沟通并签订保密协议，自 2017 年 1 月 1 日起对新生产的全部新能源汽车安装车载终端，通过企业监测平台对整车及动力电池等关键系统运行安全状态进行监测和管理，按照《电动汽车远程服务与管理系统技术规范》（GB/T

32960）国家标准要求，将公共服务领域车辆相关安全状态信息上传至地方监测平台。企业监测平台应设置国家监测平台接口，接受国家监测平台的监督抽查，在接到国家监测平台实时数据调用指令时，应当按指令要求将对应车辆的相关安全状态信息上传至国家监测平台。生产企业要合理设置整车及电池安全阈值，通过企业监测平台实时监测关键系统运行参数，对发现存在安全隐患的车辆，要及时预警并采取有效措施消除隐患。已销售的新能源汽车产品，整车企业要按照国家标准要求免费提供车载终端、通讯协议等相关监测系统的升级改造服务，及时通知用户说明远程安全监测的必要性，争取逐步纳入监测平台。生产企业及其工作人员应当妥善保管监测数据信息，不得泄露、篡改、损毁或出售等。

（三）提高售后服务能力。

生产企业要信守产品质保承诺，合理布局售后服务网络，建立健全新能源汽车售后安全运行档案制度，做好新能源汽车定期安全检查、保养等服务工作，特别要加强对动力电池、线束和连接器在内的高压系统的检查维护。严格执行新版充电接口、通讯协议国家标准要求，新生产的新能源汽车产品要满足新版充电接口和通讯协议国家标准的要求，对已销售的新能源汽车产品要提供免费改造升级服务，提高充电互通性和安全性。

（四）配合做好产品质量检查工作。

生产企业要会同运营企业、销售公司配合相关部门开展新能源汽车产品市场抽样核查、安全隐患排查等工作。对发生起火、爆炸等安全事故的产品，按照要求开展调查，深入分析查找原因，对存在设计缺陷的同类产品要立即采取改进措施。

二、地方政府有关部门要切实做好安全监管工作

地方政府新能源汽车工作联席会议制度牵头部门，要加强组织领导，加大安全监管力度，建立健全地方监测平台，及时发现安全隐患；建立安全事故处理机制，对出现的安全问题要及时启动调查机制。

（一）加强组织领导。

成立新能源汽车推广应用安全监管工作组，建立健全安全隐患排查机制。组织生产、运营等企业对公共服务领域推广应用的新能源汽车及其动力电池、充电基础设施等运行状况定期开展安全隐患排查，重点对早期推广车辆进行安全排查，对于发现的安全隐患要立即采取措施予以消除。

（二）建立健全地方监测平台。

各地要利用信息化手段建立健全公共服务领域新能源汽车推广应用地方监测平台，实时接收来自车辆生产企业转发的本辖区内公共服务领域新能源整车运行安全状态、行驶里程和充电量，整车和动力电池、驱动电机等关键系统故障等信息。地方监测平台应设置国家监测平台接口，接受国家监测平台的监督抽查，在接到国家监测平台实时数据调用指令时，应当按指令要求将相关信息上传至国家监测平台。地方监测平台建设参照《电动汽车远程服务与管理系统技术规范》（GB/T 32960）国家标准，不得在国家标准之外随意扩大信息采集范围，同时应当做好地方监测平台数

据保密工作，确保信息安全。

（三）建立安全事故处理机制。

制定新能源汽车事故应急预案、抢险救援方案和事故调查方案，组织有关单位进行培训宣贯。新能源汽车发生起火等安全事故后要立即启动应急预案并组织抢险救援，及时组织专家和相关企业开展事故调查。调查结果要及时上报节能与新能源汽车产业发展部际联席会议办公室并主动公开。

三、行业组织要充分发挥行业自律和技术支撑作用

行业组织要高度重视新能源汽车安全工作，组织行业企业开展安全技术交流和培训，提高安全意识和水平。行业协会要充分发挥行业自律作用，研究建立新能源汽车安全信用评价体系，定期完成评价报告；根据需要推荐、组建专家组，协助政府部门开展安全事故调查。行业学会要搭建技术交流平台，提高企业产品安全设计水平和用户科学合理使用知识。标准化机构要加大新能源汽车安全标准研究力度，加快完善安全标准体系，加强安全标准宣贯和应用评估。

工业和信息化部将会同有关部门，加强对企业监测平台、地方监测平台的监督，加强企业生产一致性监管和产品质量安全考核。对于存在未按规定建立监测平台、发生车辆产品质量安全事故、虚报瞒报、弄虚作假等问题的企业或车型，视问题性质、严重程度采取公开通报、责令限期改正，暂停或取消新能源汽车推广应用推荐车型目录、车辆生产企业及产品公告等措施。

工业和信息化部

2016 年 11 月 11 日

关于对超豪华小汽车加征消费税有关事项的通知

财税 [2016]129 号

各省、自治区、直辖市、计划单列市财政厅（局）、国家税务局，新疆生产建设兵团财务局：

为了引导合理消费，促进节能减排，经国务院批准，对超豪华小汽车加征消费税。现将有关事项通知如下：

1. “小汽车”税目下增设“超豪华小汽车”子税目。征收范围为每辆零售价格 130 万元（不含增值税）及以上的乘用车和中轻型商用客车，即乘用车和中轻型商用客车子税目中的超豪华小汽车。对超豪华小汽车，在生产（进口）环节按现行税率征收消费税基础上，在零售环节加征消费税，税率为 10%。

2. 将超豪华小汽车销售给消费者的单位和个人为超豪华小汽车零售环节纳税人。

3. 超豪华小汽车零售环节消费税应纳税额计算公式：

应纳税额 = 零售环节销售额（不含增值税，下同）× 零售环节税率

国内汽车生产企业直接销售给消费者的超豪华小汽车，消费税税率按照生产环节税率和零售环节税率加总计算。消费税应纳税额计算公式：

应纳税额 = 销售额 ×(生产环节税率 + 零售环节税率)

4. 上述规定自 2016 年 12 月 1 日起执行。对于 11 月 30 日（含）之前已签订汽车销售合同，但未交付实物的超豪华小汽车，自 12 月 1 日（含）起 5 个工作日内，纳税人持已签订的汽车销售合同，向其主管税务机关备案。对按规定备案的不征收零售环节消费税，未备案以及未按规定期限备案的，征收零售环节消费税。

附件：调整后的小汽车税目税率表

财政部　国家税务总局

2016 年 11 月 30 日

附件：调整后的小汽车税目税率表

调整后的小汽车税目税率表

税目	税率	
	生产（进口）环节	零售环节
小汽车		
1. 乘用车		
（1）气缸容量（排气量，下同）在 1.0 升（含 1.0 升）以下的	1%	
（2）气缸容量在 1.0 升以上至 1.5 升（含 1.5 升）的	3%	
（3）气缸容量在 1.5 升以上至 2.0 升（含 2.0 升）的	5%	
（4）气缸容量在 2.0 升以上至 2.5 升（含 2.5 升）的	9%	
（5）气缸容量在 2.5 升以上至 3.0 升（含 3.0 升）的	12%	
（6）气缸容量在 3.0 升以上至 4.0 升（含 4.0 升）的	25%	
（7）气缸容量在 4.0 升以上的	40%	
2. 中轻型商用客车	5%	
3. 超豪华小汽车	按子税目 1 和子税目 2 的规定征收	10%

第15部类

名录

DISHIWUBULEI | MINGLU

名录

MINGLU

汽车流通协会

中国汽车流通协会

地址：北京市月坛北街 25 号 2 号楼 2501

邮编：100843

电话：010—68392501、68392551

传真：010—68392585—20

天津市汽车流通行业协会

地址：天津市南开区长江道 495 号（奥迪 4S 店院内后院一楼）

邮编：300110

电话：022—27651386、58269972

传真：022—27651386

上海市汽车服务行业协会

地址：上海市徐汇区东安路 239 号四楼

邮编：200032

电话：021—64181869

传真：021—64181869

重庆市汽车商业协会

地址：重庆市渝北区红锦街 2 号加州总商会大厦 11 － 8

邮编：401147

电话：023—68808116 / 68702880

传真：023—68702880

黑龙江省汽车流通行业协会

地址：黑龙江哈尔滨市道里区经纬五道街 16 号

邮编：150018

电话：0451—84227211

传真：0451—84227211

吉林省汽车流通协会

地址：吉林省长春市皓月大路 1058 号

邮编：130062

电话：0431—81087327

传真：0431—81087327

沈阳汽车流通协会

地址：沈阳市浑南新区三义街 6—1 号（天水 E 城 1603）

邮编：110013

电话：024—23663298

传真：024—23663298

河北省汽车流通行业协会

地址：河北省石家庄市建华北大街 69 号泰得国际大楼 D 座 507

邮编：050031

电话：85665630

河南省二手车流通协会

地址：郑州市任寨北街 2 号院 1 号楼 228 室

邮编：450003

电话：0371—63698589

传真：0371—63930789

山东省汽车流通协会

地址：山东省济南市经十西路 239 号

邮编：250117

电话：0531—87985346/87527720

传真：0531—87985346

山西省汽车流通商会

地址：太原市小店区长风街 125 号百盛大厦 A 坐 30 层

邮编：30006

电话：0351—7998328

传真：0351—7998328

江苏省汽车交易管理协会

地址：江苏省南京市秦淮区中山东路 402 号新时代大厦六楼

邮编：210002

电话：025—84519696

传真：025—84519060

杭州市二手车流通行业协会
地址：杭州市石祥路 589 号旧车市场 53009 室
邮编：310015
电话：0571—28938667
传真：0571—28887389

湖北省汽车流通协会
地址：武汉市江汉北路 8 号金茂大楼 1404 室、武汉市江岸区解放大道 1511 号化工大厦 1103
邮编：430015
电话：027—85803330
传真：027—85794167

湖南省汽车商会
地址：长沙市蔡锷南路 119 号五号楼 511 室
邮编：410002
电话：0731—84406562
传真：0731—84406562

福建省汽车流通协会
地址：福建省福州市鼓楼区东浦路湖前大井 138 号
邮编：350003
电话：0591—87725717/0591—83402884
传真：0591—87725716/83402884

广东省汽车流通协会
地址：广州市水荫路 52 号大院 1 号楼 501 室
邮编：510075
电话：020—37600270
传真：020—37608331

广西汽车流通协会
地址：南宁市白沙大道 30 号
邮编：530022
电话：(0771)4892611
传真：(0771)4892622

贵州省汽车汽配行业商会
地址：贵阳市南明区四方河山水黔城七组团 8—1—604 号
邮编：550029
电话：0851—5101868
传真：

陕西省汽车行业协会
地址：陕西省西安市高新区沣惠南路 20 号华晶广场 B 座 1106 室
邮编：710038
电话：029—62669075
传真：029—62669076

青海汽车流通协会
地址：青海省西宁市海晏路 2 号国贸大厦 17 楼 1702 室
邮编：810001
电话：0971—6366090
传真：0971—6366090

乌鲁木齐市新市区汽车流通商会
地址：新疆乌鲁木齐市鲤鱼山北路 1 号赛博特国际汽车城 E 区 6 栋 304 号
邮编：830011
电话：0991—6678906
传真：0991—6678906

海南省汽车行业协会
地址：海南省海口市国贸路 49 号中衡大厦 17 层 D 段
邮编：570125
电话：0898—68557267
传真：0898—68557367

上海市二手车交易管理协会
地址：上海市嘉定区安亭镇墨玉南路 1000 号 403 房间
邮编：201805
电话：021—69502357
传真：021—69502357

上海市汽车销售行业协会
地址：上海市虹口区唐山路 535 号 2 楼
邮编：200082
电话：021—65370515
传真：021—65370515*801

重庆市二手车流通协会
地址：重庆市沙坪坝区马家岩二手车交易市场
邮编：400031
电话：023—61721565
传真：023—61721565

黑龙江省汽车商会
地址：哈尔滨市道外区先锋路 2 号 6 号楼百强车管所 3 层
邮编：150056
电话：0451—84227211
传真：0451—84227211

鸡西市汽车流通行业协会
地址：黑龙江省鸡西市鸡冠区兴国东路 147 号
邮编：158100
电话：0467—2656869
传真：0467—2675550

长春市汽车流通协会
地址：长春市普阳街 3083 号
邮编：130000

白山市汽车流通协会
地址：吉林省白山市北安大街 362 号
邮编：134300
电话：0439—3235566
传真：0439—3235566

大连市汽车流通协会
地址：辽宁省大连市沙河口区中山路 480 号
邮编：116001
电话：0411—39795990
传真：0411—39795990

潍坊市汽车协会
地址：山东省潍坊市胜利东街 287 号
邮编：261041
电话：0536—8566360

寿光市汽车行业协会
地址：山东省潍坊市寿光市圣城西街 666 号
邮编：262702
电话：0536—5500060
传真：0536—5675111

河北省旧机动车流通协会
地址：石家庄市石获南路 219 号
邮编：50081
电话：0311—83636386
传真：0311—83636828

太原市汽车流通行业协会
地址：山西省太原市新建路 68 号
邮编：030009
传真：0351—4220496

太原市旧车交易管理办公室
地址：山西省太原市兴华街九丰路汇丰苑 168 号
邮编：030027
电话：0351— 6295190
传真：0351— 6295190

湖北省二手车交易行业协会
地址：湖北武汉国际会展中心东门二楼
邮编：430022
电话：027—87400345
传真：027—85794167

杭州市二手车流通行业协会
地址：杭州市石祥路 589 号旧车市场 53009 室
邮编：310015
电话：0571—28938667
传真：0571—28887389

宁波市汽车流通协会
地址：浙江省宁波市和济街 69 号 1215 室
邮编：315040
电话：0574—87333730

广州市汽车服务业协会
地址：广州市黄浦大道西 668 号赛马场汽车城东区 22 号 2 楼
邮编：510060
电话：020—22224388、66、77
传真：020—37584039

深圳市汽车经销商商会
地址：广东省深圳市深南大道 3007 号国际科技大厦 1807—1808
邮编：518033
电话：0755—83279667
传真：0755—83279645

珠海汽车流通协会
地址：广东省珠海大道南屏科技园华科汽车展览中心二楼
邮编：519000
电话：0756—8917111
传真：0756—8917111

佛山市汽车流通协会
地址：广东省佛山市禅城区佛山大道中 38 号佛山车城主楼 2 楼
邮编：528000
电话：0757—83816608
传真：0757—83816608

三明市汽车流通协会
地址：福建省三明市乾龙新村 229 幢闽中汽车城综合楼三楼
邮编：36500
传真：0598—8298808

贵阳市私协二手车交易分会（贵阳金阳二手车市场有限公司）
地址：贵州省贵阳市白云区云峰大道龙井路
邮编：550014
电话：0851—4488579
传真：

桂林二手车流通协会
地址：广西桂林市秀峰区两江机场路巾山路口往西 100 米广西桂林市两江国际机场路老收费站北侧
邮编：541002

大型汽车交易市场

亚运村汽车交易市场
地址：北京市昌平区北七家镇东三旗北
邮编：102209
电话：010-61766659

北京市旧机动车交易市场
地址：北京市丰台区南四环西路123号
邮编：100071
电话：010-51118888

中联汽车交易市场
地址：北京市海淀区玲珑路
邮编：100080
电话：010-82611129

北方汽车交易市场
地址：北京市丰台区丰管路甲1号
邮编：100071
电话：010-63824466

北方车辆大世界
地址：北京市丰台区南三环洋桥西1号
邮编：100077
电话：010-67579658

北京国际汽车贸易园区
地址：北京石景山区古城大街1号
邮编：100043
电话：010-88921508

天津空港国际汽车园
地址：天津空港加工区环河西路8号
电话：022-84909532

天津运达二手车交易市场
地址：天津市河东区卫国道185号
邮编：300151
电话：022-24589112

天津市汉沽区旧机动车交易市场
地址：天津市汉沽区河西街道河西二经路
邮编：300480
电话：022-25691234

河北工茂旧机动车交易市场
地址：石家庄市石获南路（新华西路）219号
邮编：050080

太原市旧机动车交易中心
地址：太原市胜利桥西兴华街汇丰苑小区
邮编：030027
电话：0351-6285147

大同市汽车交易市场
地址：大同市大庆路16号
邮编：037008
电话：0352-5093081

内蒙古旧机动交易市场
地址：呼和浩特市海拉尔东路
邮编：010051
电话：0471-6553322

沈阳二手车交易市场
地址：沈阳市苏家屯区金宝台
邮编：110101

大连二手汽车交易市场
地址：大连市甘井子区南路柳河街18号
邮编：116031

丹东曙光汽车贸易公司机动车交易市场
地址：辽宁省丹东市振兴区花园路51-18号
邮编：118002

吉林省汽车交易市场
地址：长春市斯大林大街80号
邮编：130041

哈尔滨百强国际汽车城
地址：哈尔滨市道外区先锋路2号
邮编：150056
电话：0451-53918166

上海外高桥汽车交易市场
地址：上海市外高桥保税区富特西一路459号
电话：021-58667055

上海市旧机动车交易市场
地址：上海市普陀区中山北路2907号
邮编：200062
电话：021-62168802

上海杨浦汽车交易市场
地址：上海市周家嘴路1688号
邮编：200082
电话：021-65951118

南京旧机动车交易市场
地址：南京市光华门大校场路55号
邮编：210007
电话：025-81619880

浙江省旧机动车交易市场
地址：杭州市沈半路245号
邮编：310015
电话：0571-88015358

浙江方林汽车城有限公司
地址：浙江省台州市路桥西迎宾大道1号
邮编：318000
电话：0576-2518888

安徽国际汽车城世联旧机动车交易市场
地址：安徽国际汽车城办证中心南侧
邮编：230011
电话：0551–4223558

福建亚太旧机动车交易市场
地址：福州市连江北路 51–119 号
邮编：350011

福建紫阳旧机动车交易市场
地址：福州市长乐路 117 号
邮编：350011

福州海峡旧机动车交易市场分市场
地址：福州市仓山区城门镇高速公路入口
邮编：350007

厦门马垅汽车交易市场
地址：厦门石鼓山立交桥旁
邮编：361000
电话：0592–6025918

江西国际汽车城二手车交易市场
地址：南昌市庐山南大道 2166 号
邮编：330038
电话：0791–3821116

江西省旧机动车辆交易市场
地址：南昌市洪都北大道 1218 号
邮编：330006
电话：0791–8602075

江西省二手车交易大市场
地址：南昌市红谷滩新区新建汽车广场 B 区
电话：0791–3721689

山东汽车城旧机动车交易中心
地址：济南市北园大街 69 号
电话：0531–83168519

青岛市机动车辆交易市场
地址：青岛市燕儿岛路 3 号
电话：0532–85879475

山东胶东汽车交易市场
地址：山东临沂市解放路 129 号
邮编：276004
电话：0532–3871016

烟台汽车交易广场
地址：烟台市机场路 389 号
电话：0535–2112178

威海市旧机动车辆交易市场
地址：威海市青岛中路 196–198 号
电话：0631–5926782

河南汽车交易市场
地址：郑州市金水区
邮编：450053

安阳市旧机动车辆交易市场
地址：安阳市铁西路南段 198 号
邮编：455000
电话：0372–3932737

武汉竹叶山汽车市场
地址：武汉市江岸区金桥大道特 1 号
邮编：430000
电话：027–82610862

长沙汽车交易市场
地址：长沙市四方坪丽臣路 371 号
邮编：410007
电话：0731–2368888

湖南汽车城有限公司
地址：长沙市东风路 226 号湖南汽车城
邮编：410008
电话：0731–4518162

湖南旧机动车交易市场
地址：长沙市马王堆远大一路 550 号
邮编：410001
电话：0731–4719661

广州 AEC 汽车城
地址：广州市天河区黄埔大道东 668 号
邮编：510660
电话：020–82564265

三鹰汽车城
地址：广州市黄埔大道西赛马场三鹰汽车城
邮编：510660

华南汽车交易市场
地址：广东省深圳市罗湖区保安北路
邮编：518001
电话：0755–81225885

湛江汽车交易市场
地址：广东省湛江市人民大道北路 57 号
邮编：524001
电话：0759–3630015

天地南宁人旧机动车交易市场
地址：南宁市城北区科园大道 8 号
邮编：530001
电话：0771–3986868

柳州市金星汽车交易市场
地址：柳州市西环路 10 号
邮编：545007

海南海口亚奥汽车交易市场
地址：海南省海口市龙昆南路 102 号
邮编：570206
电话：0898–66788818

重庆汽博中心二手车交易
地址：重庆北部新区金渝大道 99 号
电话：400-887-7776

重庆市马家岩二手车交易市场
地址：重庆市沙坪坝区天马路
邮编：400030
电话：023-61721210

重庆市旧车交易市场
地址：重庆市南岸区江南大道
邮编：400060
电话：023-62600226

成都西部汽车城
地址：成都市外南红牌楼
邮编：610041
电话：028-85060394

贵州汽车城
地址：贵阳经济技术开发区中曹司
邮编：550006
电话：0851-3810271

云南汽车交易市场
地址：昆明市二环西路 639 号
电话：0871-3172253

西安市东部旧机动车交易市场
地址：西安新城区府庄 91 号
邮编：710016

宁夏国际汽车城
地址：银川市清河北街（北门金三角）
邮编：750001
电话：0951-3888918
传真：0951-6736695

新疆赛博特旧机动车交易市场
地址：乌鲁木齐市鲤鱼山路 20 号
邮编：830000
电话：0991-6180004

汽车零配件市场

北京西郊汽车配件城
地址：北京市海淀区昆明湖南路 51 号
邮编：100089
电话：010-88462988
传真：010-88462988
网址：www.xjqpc.com

北京四元桥汽车配件市场
地址：北京市朝阳区北四环东路北侧
邮编：100102
电话：010-64393155
传真：010-64393311

北京大南郊汽车配件市场
地址：北京市房山区良乡地区东沿村
邮编：102488
电话：010-61351668
传真：010-61351668

北京十八里店汽配城
地址：北京市朝阳区十八里店大洋路商业街
邮编：100023
电话：010-67473868
传真：010-67476067

北京市回龙观北郊汽车配件市场
地址：北京市昌平区回龙观二拨子开发区
邮编：102208
电话：010-80798936
传真：010-80798938

北京草桥汇丰汽车配件市场
地址：北京市丰台区草桥东路 27 号
邮编：100068
电话：010-51751999
传真：010-51751234

北京市小武基汽配市场
地址：北京市朝阳区东四环南路小武基桥西侧
邮编：100023
电话：010-67365981
传真：010-67387445

天津市汽车配件城
地址：天津市河西区解放南路
邮编：300221
电话：022-88240349
传真：022-88240349

天津滨海汽配城
地址：天津市塘沽区津塘公路 4912 号
邮编：300454
电话：022-25352621

天津市世纪汽配城
地址：天津市空港物流加工区汽车园内
邮编：300461
电话：022-60406669
传真：022-60406675

天津北方汽贸园
地址：天津市北辰区铁东北路
邮编：300400
电话：022-86879555
传真：022-86879963

石家庄市机动车配件中心批发市场
地址：石家庄市北外环路 88 号
邮编：050041

电话：0311-86837015
传真：0311-86836875
网址：www.car.sc.cnnc.info

邯郸市中原汽车配件商城
地址：河北省邯郸市渚河路 137 号
邮编：056001
电话：0310-3162111
传真：0310-3162102

石家庄南二环汽车配件大市场
地址：石家庄市翟营南大街 658 号
邮编：051430
电话：0311-87693222
传真：0311-87693222

石家庄建北汽配市场
地址：石家庄市建北大街 194 号
邮编：050041
电话：0311-86992073

河北唐齿汽配城
地址：河北省唐山市胜利路 2 号
邮编：063001
电话：0315-7235556
传真：0315-5930115

山西蓝海汽车配件大世界
地址：太原市许坦西街 118 号
邮编：030006
电话：0351-7635160
传真：0351-7635011

山西海天汽配城
地址：太原市五龙口街 666 号
邮编：030043
电话：0351-4687111
传真：0351-4687378

山西汽配市场
地址：太原市建设南路 145 号
邮编：030006
电话：0351-7057481

盘锦华联汽配城
地址：辽宁省盘锦市兴隆台区兴隆台街 125 号
邮编：124010
电话：0427-7266911
传真：0427-7266911

沈阳东北机动车配件批发市场
地址：沈阳市皇姑区昆山西路 238 号
邮编：110035
电话：024-86051555
传真：024-86051555
网址：www.sydbqp.com

大连北市汽车城
地址：大连市甘井子区南关岭街道 777 号
邮编：116037
电话：0411-82135953
传真：0411-86510404

长春汽车产业开发区
地址：长春市东风南街 777 号
邮编：130000
电话：0431-85731960
传真：0431-85731800

大庆北方汽配城
地址：黑龙江省大庆市让胡路区西强路 40 号
邮编：163458
电话：0459-6515551
传真：0459-5966556

齐齐哈尔市德丰汽车配件城
地址：黑龙江齐齐哈尔市南苑开发区456 号
邮编：161005
电话：0452-6164111
传真：0452-6164111

黑龙江鸡西市汽贸城
地址：黑龙江省鸡西市金三角开发区
邮编：158100
电话：0467-2438888
传真：0467-6101088

上海东方汽配城
地址：上海市曹安路 1926 号
邮编：201824
电话：021-59184868
传真：021-59184868
网址：www.posway.com.cn

上海吴中汽配城
地址：上海市闵行区吴中路 1099 号
邮编：201103
电话：021-54476500
传真：021-54865212
网址：www.sh-liaoshen.com

上海嘉定汽配科技城
地址：上海市嘉定区宝安公路 3799 号
邮编：201801
电话：021-59150909
传真：021-59154668

上海国际汽配贸易中心
地址：上海安亭国际汽车城嘉安公路3333 号
邮编：201805
电话：021-69573033
传真：021-69573168

上海新阳光汽配市场
地址：上海市宝山区逸仙路 1611 号
邮编：200439
电话：021-65427211

上海黎安汽摩配市场
地址：上海市闵行区七莘路 1149 号
邮编：201100
电话：021-54530636

上海凯斯汽车用品批发市场
地址：上海市闵行区（吴中路）新镇路 1733 号

邮编：201101
电话：021-64795813
传真：021-54796020

上海国际汽车城汽车市场
地址：上海市嘉定区安亭镇墨玉路29号
邮编：201805
电话：021-59569111
传真：021-59569747

上海曹安汽车用品（汽配）市场
地址：上海市江桥曹安路2738弄
邮编：201812
电话：021-51048000
传真：021-51048008

上海鑫世纪汽配城
地址：上海市古浪路1681号
邮编：200331
电话：021-63637603

上海奉贤汽车配件市场
地址：上海市奉贤南桥运河路376号（环城东路1028号）
邮编：201400
电话：021-57424799
传真：021-57417962

上海吴中汽配用品全球采购中心
地址：上海市黎安路859号
邮编：201800
电话：021-51516177

常州市中凉亭汽摩配件交易市场
地址：江苏省常州市中凉亭立交桥
邮编：213001
电话：0519-6667711
传真：0519-8810588

南京宁南国际汽配城
地址：南京市雨花台区宁南大道9号
邮编：210012
电话：025-66618999
传真：025-66618666

苏北车市
地址：江苏省沭阳市杭州路1号
邮编：223600
电话：0527-3515088
传真：0527-3515111

泰州锦天汽配港
地址：江苏省姜堰市经济开发区职业介绍中心大楼5楼
邮编：225300
电话：0523-2077666
传真：0523-2072616

常熟国际汽配城
地址：江苏省常熟市青墩塘路198号
邮编：215500
电话：0512-52308902
传真：0512-52308901

南通永兴国际车城
地址：江苏省南通市城港路187号
邮编：226005
电话：0513-85601456
传真：0513-85600377
网址：www.checheng.com

南京新伊汽配商城
地址：南京市玄武区墨香路9号
邮编：210028
电话：025-85356908
传真：025-85436577

徐州汽配城
地址：江苏省徐州市三环东路“古州飞虹”雕塑北800米
邮编：221008
电话：0516-83362616
传真：0516-83362001

无锡市广益商城汽配市场
地址：江苏省无锡市江海东路58号
邮编：214011
电话：0510-82458788
传真：0510-82406065

中国·义乌汽车用品汽车配件专业街
地址：浙江省义乌城北路205号
邮编：322000
电话：0579-5598506
传真：0579-5631132

杭州汽车城
地址：杭州市石祥路589号杭州国际会展中心
邮编：310015
电话：0571-28879576
传真：0571-28879578

绍兴圆通汽车汽配城
地址：杭州市沈半路195号
邮编：310000
电话：0575-88019398
传真：0575-88017598

嘉兴市汽车商贸园
地址：浙江省嘉兴市中环南路999号
邮编：314000
电话：0573-2670333
传真：0573-2670333

宁波国际汽车城
地址：宁波市江南路346-355号
邮编：315040
电话：0574-87908892
传真：0574-87908892

杭州浙江汽配城
地址：浙江省杭州市新塘北路353-361号
邮编：310021
电话：0571-86454579

传真：0571-86467788
网址：www.atuto518.com

合肥汽配城
地址：安徽省合肥市长江东路 714 号
邮编：230011
电话：0551-4228890
传真：0551-4228890
网址：www.hfqipeicheng.com

福州亚太汽配市场
地址：福建省福州市福新中路 278 号 A 幢 302 室
邮编：350011
电话：0591-83671066
传真：0591-83671066

江西省洪城汽车配件城
地址：江西省南昌市迎宾中大道 1399 号
邮编：330200
电话：0791-5760066
传真：0791-5760088
网址：www.jxhcm.com.cn

九江市汽车配件城
地址：江西省九江市长虹大道 1128 号
邮编：332000
电话：0792-8171596
传真：0792-8171597

青岛汽车配件城
地址：青岛市四方区洛阳路 1 号
邮编：266042
电话：0532-84961496
传真：0532-84961496
网址：www.china-qp.com

山东段店汽车配件城
地址：济南市济兖路 66 号
邮编：250022
电话：0531-87515588
传真：0531-87518681

山东临沂汽摩配城
地址：临沂市工业大道北段
邮编：276000
电话：0539-8370288
传真：0539-8352935

山东潍坊汽车配件商城
地址：潍坊市奎文区鸢飞路 480 号
邮编：261041
电话：0536-8806244
传真：0536-8809893

滕州市汽车配件城
地址：山东省滕州市荆河西路西转盘
邮编：277500
电话：0632-25676313
传真：0632-5551860
网址：www.tzxysy.com

淄博市鲁中汽车配件市场
地址：山东省淄博市张店区张房路 1 号（市人防办办公楼）
邮编：255000
电话：0533-2722851
传真：0533-2722851

山东聊城天昊置业服务有限公司汽车服务中心
地址：聊城市建设西路西首
邮编：252000
电话：0635-8465969
传真：0635-8223306

威海韩国之窗汽配广场
地址：山东省威海市文登经济开发区汕头路 8 号
邮编：264400
电话：0631-3907597

潍坊北王汽配城
地址：山东省潍坊市潍洲路
邮编：261041
电话：0536-2115555

山东汽车配件城
地址：济南市张庄路 132 号
邮编：250023
电话：0531-85557058
传真：0531-85968888
网址：www.9A.com.cn

河南汽车配件物流贸易园
地址：郑州市老 107 国道与南三环交叉口
邮编：450009
电话：0371-66891018
传真：0371-66891018
网址：www.hnqpw.com

郑州国产汽车配件市场
地址：河南省郑州市管城区南曹乡姚庄
邮编：450009
电话：0371-66736111
传真：0371-65389999
网址：www.sunnyatuto.com

武汉万国汽配城
地址：武汉市东西湖区东西湖大道 146-148 号
邮编：430040
电话：027-83897770
传真：027-83897770
网址：www.wanguoqp.com

武汉太平洋汽车配件城
地址：武汉市硚口区解放大道 545 号
邮编：430033
电话：027-83883196
传真：027-83883196

中国（十堰）汽配城
地址：湖北省十堰市白浪中路 50 号
邮编：442013
电话：0719-8255878
传真：0719-8319893
网址：www.qpcity.com.cn

武汉万泰汽配城
地址：武汉市硚口区解放大道 665 号
邮编：430032
电话：027-83888735
传真：027-83987663

长沙市高桥友谊汽配大市场
地址：湖南省长沙市二环线赤新路立交桥西南角
邮编：410014
电话：0731-2613797
传真：0731-5380995

中南汽车世界
地址：湖南省长沙经济技术开发区博览路 1 号
邮编：410100
电话：0731-4088011
传真：0731-4088599
网址：www.atutocar.com.cn

湖南星沙汽车配件城
地址：湖南省长沙市世界之窗斜对面
邮编：410100
电话：0731-4065798
传真：0731-4065798

湖南省三湘南湖大市场汽配城
地址：湖南省长沙市芙蓉区五里牌
邮编：410001
电话：0731-4711812
传真：0731-4711812

湖南马王堆汽配市场
地址：长沙市远大一路 428 号新和村部
邮编：410001
电话：0731-4712931
传真：0731-4757065

广州市广源湛隆汽配广场
地址：广州市广园中路 283 号
邮编：510405
电话：020-86562988
传真：020-86572188
网址：www.zlqp.com

佛山市粤丰汽车配件批发市场
地址：佛山市南海区桂丹路（乐安）即广佛高速谢边出口旁
邮编：528226
电话：0757-86489115
传真：0757-86489115
网址：www.yfqp.com.cn

广州汽车配件用品全球采购港
地址：广东省广州经济技术开发区宝石路 11 号留学人员广州创业园
邮编：510500
电话：020-62682265
传真：020-62682279

广州三元汽配城
地址：广州市三元里大道 715 号
邮编：510403
电话：020-62852289
传真：020-62852233

广州倚云汽车用品广场
地址：广州市永福路 79 号
邮编：510070
电话：020-87725772
传真：020-87705115

广园致友汽配城
地址：广州市广园东路 1540 号大院管理处
邮编：510405
电话：020-37222677
传真：020-37223333

广州永福国际汽车用品广场
地址：广州市永福路 35 号之二
邮编：510070
电话：020-61313136
传真：020-61313996

深圳劲力汽配城
地址：深圳市宝安新城广深路劲力大厦
邮编：518126
电话：0755-7494168-2768
传真：0755-7497378

深圳市深南汽配专业大市场
地址：深圳市福田区农林路
邮编：518040
电话：0755-3707089
传真：0755-3543129

南充机动车配件批发市场
地址：四川省南充市嘉陵区耀目路 66 号
邮编：637000
电话：0817-2807581
传真：0817-2807581

成都市三九佛兰汽车汽配商城
地址：成都市红牌楼永丰场街 222 号（川藏路旁）
邮编：610041
电话：028-86486370
传真：028-82956593

成都东大街汽车百货商城
地址：成都市东大街 18 号
邮编：610021
电话：028-86677153
传真：028-86715236-39

贵州太慈桥汽车配件城
地址：贵阳市太慈桥花溪大道北 466 号
邮编：550003
电话：0851-5101868
传真：0851-5101868

昆明东聚汽车配件城
地址：昆明市官渡区关雨路晓东村
邮编：650214
电话：0871-7369701

滇东北汽车配件市场万世达汽配城
地址：云南省曲靖市环东路珠街路口万世达汽配城
邮编：655000
电话：0874-3147388
传真：0874-3146478

西安汽车配件市场
地址：西安市环城西路北段 368 号(原玉祥门外建华路 10 号)
邮编：710082
电话：029-83100019
传真：029-88624820

兰州汽车配件城
地址：兰州市城关区排洪南路 313 号
邮编：730000
电话：0931-4860541
传真：0931-4860541

西宁市昆仑汽车配件城
地址：西宁市昆仑路 37 号
邮编：810001
电话：0971-6143095

宁夏国际汽车城
地址：银川市清河北街(北门金三角)
邮编：750001
电话：0951-3888918
传真：0951-6736695

银川汽配城
地址：银川市丽景南街汽配城 1-1，1-2 号
邮编：750004
电话：0951-4095688
传真：0951-4080318

新疆华凌国际汽车用品(配件)进出口中心
地址：乌鲁木齐市河滩北路 38 号
邮编：830000
电话：0991-5181000
传真：0991-4694885

新疆赛伯特国际汽车城
地址：乌鲁木齐鲤鱼山路 20 号
邮编：830000
电话：0991-6180008

汽车生产企业

北京市

北京汽车工业控股有限责任公司
地址：北京市朝阳区东三环南路 25 号
邮编：100021
电话：010-67699888
传真：010-87664048
网址：www.bqkgdjw.com
电子信箱：ccn-0411@163.com

北京奔驰－戴姆勒·克莱斯勒汽车有限公司
地址：北京市亦庄经济开发区博兴路 8 号
邮编：100176
电话：010-67824888
传真：010-67711363
网址：www.bbdc.com.cn
电子信箱：bbdc@bbdc.com.cn

北京现代汽车有限公司
地址：北京市顺义区林河工业开发区顺通路 18 号
邮编：101300
电话：010-89490088、89498100
传真：010-89498260
网址：www.beijng-hyundai.com.cn
电子信箱：office@beijing-hyundai.com.cn

北汽福田汽车股份有限公司
地址：北京市昌平区沙河镇沙阳路
邮编：102206
电话：010-69738888
传真：010-80716402
网址：www.foton.com.cn
电子信箱：jsyjy@foton.com.cn

天津市

天津汽车工业(集团)有限公司
地址：天津市和平区烟台道 78 号
邮编：300040
电话：022-23399926
传真：022-23310858
网址：www.china-tjam.com
电子信箱：Master@china-tjam.com

一汽华利(天津)汽车有限公司
地址：天津市西青区杨柳青李楼南

邮编：300380
电话：022-27950915
传真：022-27950901
网址：www.huali.com
电子信箱：huali@huali.com.cn

天津一汽夏利汽车股份有限公司
地址：天津市西青区中北斜乡李楼南
邮编：300380
电话：022-80715000、87915010
传真：022-28010878、87915226
网址：www.TJFAW.com
电子信箱：ga020006@autoinfo.gov.cn

天津一汽丰田汽车有限公司
地址：天津市经济开发区第九大街81号
邮编：300457
电话：022-66230666
传真：022-66231364、66230250
网址：www.tftm.com.cn

河北省

河北长征汽车制造有限公司
地址：邢台市钢铁路131号
邮编：054000
电话：0319-2677777
传真：0319-2674439
网址：www.hbcz.net
电子信箱：czyxz@126.com

河北中兴汽车制造有限公司
地址：保定市建国路860号
邮编：071000
电话：0312-3313800、2190511
传真：0312-2190508
网址：www.zxauto.com.cn
电子信箱：tyjszx@263.net

长城汽车股份有限公司
地址：保定市朝阳南大街2266号
邮编：071051
电话：0312-2197888
传真：0312-2197600
网址：www.gwm.com.cn
电子信箱：news@gwm.com.cn

山西省

山西省汽车工业集团有限责任公司
地址：太原市体育路215号
邮编：030006
电话：0351-7689031
传真：0351-7040541

内蒙古自治区

包头北方奔驰重型汽车有限责任公司
地址：包头市2号信箱
邮编：014032
电话：0472-3117690、3648264
传真：0472-3118377、3636370
网址：www.northbenz.com
电子信箱：bfbcxgs@northbenz.com

辽宁省

沈阳金杯车辆有限公司
地址：沈阳经济技术开发区沧海路4号
邮编：110015
电话：024-24823523、24821574
传真：024-24824209、24820020
网址：www.jinbei-auto.com
电子信箱：jbcl@jinbei-auto.com

沈阳沈飞日野汽车制造有限公司
地址：沈阳经济技术开发区开发大路2号
邮编：110027
电话：024-25816116
传真：024-25814738
网址：www.shenfeiriye.com

沈阳飞机工业（集团）有限公司
地址：沈阳市皇姑区陵北街1号
邮编：110034
电话：024-86595919
传真：024-86896689
网址：www.sac.com.cn
电子信箱：pub@sac.com.cn

沈阳华晨金杯汽车有限公司
地址：沈阳市大东区东望街39号
邮编：110044
电话：024-31666666
传真：024-31661370
网址：www.brilliance-auto.com

华晨宝马汽车有限公司
地址：沈阳市大东区山嘴子路14号
邮编：110044
电话：024-84556000
网址：www.bmw-brilliance.cn
电子信箱：servicecenter@bnw.com.cn

沈阳中顺汽车有限公司
地址：沈阳市苏家屯区迎春街甲77号
邮编：110101
电话：024-31489959、31489123
传真：024-31489012、31489969
网址：www.polarsunmotor.com
电子信箱：info@polarsunmotor.com

吉林省

中国第一汽车集团公司
地址：长春市绿园区东风大街83号
邮编：130011

电话：0431-85736138
传真：0431-87614780
网址：www.faw.com.cn
电子信箱：tlx-ghb@faw.com

一汽客车有限公司
地址：长春市经济开发区昆山路 3969 号
邮编：130011
电话：0431-84626519、84629650
传真：0431-84626519、84629050
网址：www.fawbcc.com.cn
电子信箱：zxf-kc@faw.com.cn

一汽－大众汽车有限公司
地址：长春市绿园区东风大街 149-1 号
邮编：130011
电话：0431-85990888、85750151
传真：0431-85750888、85990130
网址：www.faw-volkswagen.com
电子信箱：vw@crm.faw-volkswagen.com

一汽解放汽车有限公司
地址：长春市绿园区迎春路 617 号
邮编：130011
电话：0431-87666666、85732013
传真：0431-85909761、85732009
网址：www.truck.faw.com.cn

一汽轿车股份有限公司
地址：长春市高新技术产业开发区蔚山路
邮编：130012
电话：0431-85781503
传真：0431-85781000
网址：www.fawcar.com.cn
电子信箱：fawcar@faw.com.cn

一汽专用汽车有限公司
地址：长春市经济开发区兴隆山
邮编：130102
电话：0431-84599111
传真：0431-84592727
网址：www.fawzq.com.cn
电子信箱：xsf-zfc@faw.com.cn

一汽吉林汽车有限公司
地址：吉林高新区恒山东路子 18 号
邮编：132013
电话：0432-4641301、4648009
传真：0432-4648016、4648010
网址：www.fawjlqx.com
电子信箱：webadmin@fawjlqx.com

延边华泰现代汽车有限公司
地址：延吉市河南街 69 号
邮编：133001
电话：0433-2914907
传真：0433-2914918
网址：www.ht-group.com.cn
电子信箱：hbjyn@hotmail.com

黑龙江省

中国第一汽车集团哈尔滨轻型车厂
地址：哈尔滨市动力区星光街 10 号
邮编：150046
电话：0451-83195213
传真：0451-82681987、82921054
网址：www.yqhq.com
电子信箱：hqscb@163.com

哈飞汽车股份有限公司
地址：哈尔滨市平房区烟台路 1 号
邮编：150060
电话：0451-86589130、86587855
传真：0451-86587822
网址：www.hafeiauto.com.cn
电子信箱：export@hfmotor.cn

上海市

上海汽车工业（集团）总公司
地址：上海市武康路 390 号
邮编：200041
电话：021-24011000、22011888
传真：021-24011111、22011777
网址：www.saicgroup.com
电子信箱：saicgroup@saicgroup.com

上海汇众汽车制造有限公司
地址：上海市浦东南路 1493 号
邮编：200122
电话：021-58201188
传真：021-58204570
网址：www.shac.com.cn
电子信箱：yongxialiu@shac.com.cn

上海汽车股份有限公司
地址：上海市张江高科技园区松涛路 563 号 A 幢 5 层
邮编：201203
电话：021-50803808
传真：021-50803780
网址：www.china-sa.com
电子信箱：saicyac@saic.com

上海通用汽车有限公司
地址：上海市浦东金桥申江路 1500 号
邮编：201206
电话：021-28902890、28941923
传真：021-50319099
网址：www.shanghaigm.com
电子信箱：xinhua-jin@shanghaigm.com

上汽汽车制造有限公司
地址；上海市浦东新区宁桥路 615 号 3 栋
邮编：201206
电话：021-58999522
传真：021-58999577
电子信箱：GX090264@autoinfo.gov.cn

上海大众汽车有限公司
地址：上海市安亭洛浦路 63 号

邮编：201805
电话：021-59561888
传真：021-59572815
网址：www.csvw.com
电子信箱：wangjugang@csvw.com

江苏省

南京汽车集团有限公司
地址：南京市中央路331号
邮编：210037
电话：025-83437788
传真：025-83433526
网址：www.nanqi.com.cn
电子信箱：nac@nanqi.com.cn

南京长安汽车有限公司
地址：南京市中央门外窨上村139号
邮编：210028
电话：025-57424888
传真：025-57219888
电子信箱：gx101006@autoinfo.gov.cn

南京依维柯汽车有限公司
地址：南京市玄武区黑墨营路100号
邮编：210028
电话：025-85417711、85402923
传真：025-85402794
网址：www.naveco.com.cn
电子信箱：contact@naveco.com.cn

南京春兰汽车制造有限公司
地址：南京市雨花台区铁心桥镇
邮编：210012
电话：025-52891691、52891223
传真：025-52891795
网址：www.chunlan.com
电子信箱：njac@chunlan.com

跃进汽车股份有限公司
地址：南京市江宁区方山天元东路1068号
邮编：211100
电话：025-52702288
传真：025-85502552、52701610
网址：www.yjmotors.cn
电子信箱：yjqq@publicl.ptt.js.cn

南京菲亚特有限公司
地址：南京市江宁区高新技术工业园
邮编：211100
电话：025-85521039、52102288
传真：025-85513463
网址：www.fiat.com.cn

上海汽车股份有限公司仪征分公司
地址：江苏仪征汽车工业园区南路8号
邮编：211400
电话：0514-3641304、3641344
传真：0514-3641420
网址：www.saicmotor.com
电子信箱：shanghaiautomotive@126.com

常州长江客车集团有限公司
地址：常州市常新路138号
邮编：213002
电话：0519-6751874
传真：0519-6752177
电子信箱：cjkcj@public.cz.js.cn

常州依维柯客车有限公司
地址：常州市常新路138号
邮编：213002
电话：0519-6767111
传真：0519-6750750
网址：www.cbc-iveco.com

一汽客车（无锡）有限公司
地址：无锡市惠山区金惠路569号
邮编：214177
电话：0510-82250888
传真：0510-82250889
网址：www.taihubus.com.cn
电子信箱：thbus@publicl.wx.js.cn

南汽集团无锡新雅途分公司
地址：无锡市惠山经济开发区金惠路199号
邮编：214177
电话：0510-83591210、83597888
传真：0510-83597459、83596427
网址：www.soyat.com.cn
电子信箱：service@soyat.com.cn

金龙联合汽车工业（苏州）有限公司
地址：苏州工业园苏虹东路288号
邮编：215123
电话：0512-62581815
传真：0512-62582150
网址：www.kinglong-sz.com.cn
电子信箱：export@kinglong-sz.com.cn

东风悦达起亚汽车有限公司
地址：盐城市通榆南路75号
邮编：224002
电话：0510-8882000、8333808-8211
传真：0510-8224210
网址：www.dyk.com.cn
电子信箱：gx100012@autoinfo.gov.cn

亚星－奔驰有限公司
地址：扬州市江阳东路155号
邮编：225001
电话：0514-7811481、7810817
传真：0514-7811466
网址：www.yaxingbenz.com
电子信箱：yang.delian@yaxingbenz.com

江苏亚星客车集团扬州亚星客车股份有限公司
地址：扬州扬子江中路188号
邮编：225009
电话：0514-7866131
传真：0514-5118886

网址：www.yaxingkeche.com
电子信箱：yzyx@pub.yz.jsinfo.net

浙江省

东风杭州汽车有限公司
地址：杭州市中山北路 588 号东风大厦
邮编：310014
电话：0571-88172730、88173324
传真：0571-88754397、88175837
网址：www.dfhmc.com
电子信箱：dfha@mail.hz.zj.cn

东风日产柴汽车有限公司
地址：杭州市沈半路 171 号
邮编：310015
电话：0571-88010092
传真：0571-88011997
网址：www.df-nissandiesel.com
电子信箱：dnd@df-nissandiesel.com

浙江吉利控股集团有限公司
地址：杭州市滨江区江陵路 1760 号
邮编：310051
电话：4008-86-9888
传真：0571-87766843
网址：www.geely.com

浙江豪情汽车制造有限公司
地址：浙江省临海市
邮编：317000
电话：0576-5161188
传真：0576-5126073
电子信箱：gx110002@autoinfo.gov.cn

安徽省

安徽江淮汽车集团有限公司
地址：合肥市东流路 176 号
邮编：230022
电话：0551-2296666
传真：0551-2296999
网址：www.jac.cn
电子信箱：jtzlb@jac.com.cn

安徽江淮汽车股份有限公司
地址：合肥市东流路 176 号
邮编：230022
电话：0551-2296666
传真：0551-2296999
网址：www.jac.com.cn
电子信箱：GX120006@autoinfo.gov.cn

安徽安凯汽车股份有限公司
地址：合肥市葛淝路 97 号
邮编：230051
电话：0551-2297706
传真：0551-2297710
网址：www.ankai.com
电子信箱：ankai@ankai.com

奇瑞汽车有限公司
地址：芜湖经济开发区长春路 8 号
邮编：241009
电话：0553-5923002
传真：0553-5923838、5951289
网址：www.chery.cn
电子信箱：chery-bd@mychery.com

奇瑞商用车（安徽）有限公司
地址：芜湖经济开发区长春路 16 号
邮编：241009
电话：0553-5842130
传真：0553-5842425
电子信箱：jfb5145@vip.163.com

福建省

东南（福建）汽车工业有限公司
地址：福州市闽候县青口东南汽车城
邮编：350119
电话：0591-22766566
传真：0591-22766568
网址：www.soueast-motor.com
电子信箱：gx130006@autoinfo.gov.cn

江西省

江铃汽车集团公司
地址：南昌市迎宾大道 509 号
邮编：330001
电话：0791-5266000
传真：0791-5266677
网址：www.jmc.com.cn
电子信箱：gsb@jmc.com.cn

江铃控股有限公司
地址：南昌市迎宾中大道 319 号
邮编：330200
电话：0791-3806666
传真：0791-5980990
网址：www.landwind.com

江铃汽车股份有限公司
地址：南昌市迎宾北大道 509 号
邮编：330001
电话：0791-5266000
传真：0791-5209747
网址：www.jmc.com.cn
电子信箱：gg@jmc.com.cn

江铃陆风汽车有限责任公司
地址：南昌市昌北经济技术开发区
邮编：330013
电话：0791-5216666、5211996
传真：0791-5211996
网址：www.landwind.com
电子信箱：CRM@landwind.com

江西昌河铃木汽车有限责任公司
地址：景德镇市新厂东路 208 号

邮编：333002
电话：0798-8446688、8462929
传真：0798-8466088
网址：www.changhe-suzuki.com
电子信箱：gx140008@autoinfo.gov.cn

江西昌河汽车股份有限公司
地址：景德镇市 108 信箱
邮编：333002
电话：0798-8462044
传真：0798-8466200
网址：www.changheauto.com
电子信箱：clsjs@publicl.jd.jx.cn

山东省

中国重型汽车集团公司
地址：济南市英雄山路 165 号
邮编：250031
电话：0531-85582000
传真：0531-85586000
网址：www.cnhtc.com.cn
电子信箱：jnatcwyg@sohu.com

中通客车控股股份有限公司
地址：聊城市建设东路 10 号
邮编：252000
电话：0635-8322705
传真：0635-8322705
网址：www.zhongtong.com
电子信箱：gx150212@autoinfo.gov.cn

山东时风商用车有限公司
地址：高唐县时风路 1 号
邮编：252800
电话；0635-3992570
传真：0635-3992845
电子信箱：GX150302@autoinfo.gov.cn

北汽福田公司诸城车辆厂
地址：诸城市密州路西首
邮编：262200
电话：0536-6439665
传真：0536-6439667
网址：www.foton.com.cn
电子信箱：zccys@foton.com.cn

上海通用东岳汽车有限公司
地址：烟台经济开发区长江路 118 号
邮编：264006
电话：0535-6966666
传真：0535-6398300
网址：www.shanghaigm.com

荣成华泰汽车有限公司
地址：荣成市荣山大道中段
邮编：264300
电话：0631-7554888
传真：0631-7558619
网址：www.htqc.cn
电子信箱：rchtqc@htqc.cn

一汽解放青岛汽车厂
地址：青岛市李沧区娄山路 2 号
邮编：266043
电话：0532-84913615、84913528
传真：0532-84816687
网址：www.qdfaw.com

河南省

郑州日产汽车有限公司
地址：郑州经济开发区航海东路 1405 号
邮编：450004
电话：0371-66322448、66033666
传真：0371-66321108
网址：www.zznissan.com.cn
电子信箱：xxz@zznissan.com.cn

郑州宇通客车股份有限公司
地址：郑州市十八里河
邮编：450016
电话：0371-66718855
传真：0371-66806000
网址：www.yutong.com
电子信箱：ytjszx@yutong.com

中国一拖集团有限公司
地址：洛阳市涧西区建设路 154 号
邮编：471004
电话：0379-64968909
传真：0379-64978214
网址：www.yituo.com.cn
电子信箱：qichebu@yituo.com.cn

湖北省

东风汽车公司
地址：武汉市建设大道 747 号中信银行大厦
邮编：430015
电话：027-84285013
传真：027-84285123
网址：www.dfmc.com.cn
电子信箱：qccpgg@dfmc.com.cn

武汉中誉汽车有限公司
地址：武汉市经济技术开发区 2 号工业区枫树四路
邮编：430034
电话：027-84258888
传真：027-84258866
网址：www.zhongyugroup.com
电子信箱：houys@yeah.net

东风本田汽车有限公司
地址：武汉市经济开发区车城东道 283 号
邮编：430056
电话：027-84286000
传真：027-84891840
网址：www.dongfenghonda.com.cn

电子信箱：rrz@wdhac.com.cn

东风汽车股份有限公司
地址：武汉汉阳经济开发区创业路136号
邮编：430056
电话：027-84287900
传真：027-84287988、84287801
网址：www.dfac.com
电子信箱：luf@dfac.com

神龙汽车有限公司
地址：武汉市汉阳区郭茨口
邮编：430056
电话：027-84299725
传真：027-84299724
网址：www.dpca.com.cn
电子信箱：dtecsvhren@dpca.com.cn

湖北三江航天万山特种车辆有限公司
地址：孝感市北京路69号
邮编：432000
电话：0712-2959682
传真：0712-2959646
网址：www.wstech.com.cn
电子信箱：ws@wstech.com.cn

三江雷诺汽车有限公司
地址：孝感市长征路219号26信箱
邮编：432100
电话：0712-2315040
传真：0712-2326845
电子信箱：xgdpls@public.xg.hb.cn

东风汽车有限公司
地址：十堰市
邮编：442001
电话：0719-8204371
传真：0719-8223891
网址：www.dfl.com.cn
电子信箱：kjb-kjglc@dfmc.com

湖南省

湖南长丰汽车制造股份有限公司
地址：长沙市芙蓉中路2段111号华菱大厦
邮编：410011
电话：0731-2881800
传真：0731-2881861
网址：www.cfmotors.com
电子信箱：cfa@cfmotors.com

广东省

广州汽车工业集团有限公司
地址：广州市东风中路448号成悦大厦19-21楼
邮编：510030
电话：020-83150406、83151145
传真：020-83150335
网址：www.gaig.com.cn

广州本田汽车有限公司
地址：广州市黄埔区广本路1号
邮编：510700
电话：020-82270620、82277789
传真：020-82270620、82270626
网址：www.guangzhouhonda.com.cn
电子信箱：ghac@vip.163.com

广州丰田汽车有限公司
地址：广州市南沙区黄阁镇市南公路黄阁段8号
邮编：511455
电话：020-39398888
传真：020-39398889
网址：www.guangzhoutoyota.com.cn
电子信箱：c-master@gtmc.com.cn

深圳东风汽车有限公司
地址：深圳市福田区燕南路30号
邮编：518031
电话：0755-83360857
传真：0755-83216604、27525315
网址：www.dfl.com.cn
电子信箱：szdfshi@126.com

东风日产乘用车公司
地址：广州市花都区风神大道8号
邮编：518500
电话：020-86888888
传真：020-86871930
网址：www.dongfeng-nissan.com.cn

广西壮族自治区

桂林客车工业集团有限公司
地址：桂林市空明东路12号
邮编：541003
电话：0773-5836863
传真：0773-5849399
电子信箱：glmotor@gl.gx.cn

东风柳州汽车有限公司
地址：柳州市屏山大道286号
邮编：545005
电话：0772-3281316
传真：0772-3833041
网址：www.dflzm.com

上汽通用五菱汽车股份有限公司
地址：柳州市河西路18号
邮编：545007
电话：0772-3750656
传真：0772-3719805
网址：www.sgmw.com.cn
电子信箱：sales@sgmw.com.cn

海南省

一汽海马汽车有限公司
地址：海口市金盘工业开发区

邮编：570216
电话：0898-66820333
传真：0898-66820505
网址：www.hnmazda.com
电子信箱：office@hnmazda.com

重庆市

长安汽车（集团）有限责任公司
地址：重庆市江北区建新东路 260 号
邮编：400023
电话：023-67591167
传真：023-67870261
网址：www.changan.com.cn
电子信箱：gx221012@autoinfo.gov.cn

庆铃汽车（集团）有限公司
地址：重庆市九龙坡区中梁山协兴村1 号
邮编：400052
电话：023-65262233
传真：023-68830397
网址：www.qingling.com.cn
电子信箱：qinglingqc@163.com

重庆力帆汽车有限公司
地址：重庆市北碚区梨园村 72 号
邮编：400700
电话：023-68295015
传真：023-68863806
网址：www.beiquan.com.cn
电子信箱：beiquan@cta.cq.cn

重庆红岩汽车有限责任公司
地址：重庆市双桥区建设村 1 号
邮编：400900
电话：023-49636343、49638263
传真：023-49638278、49638263
网址：www.chy.cn
电子信箱：hyqc@public.cta.cq.cn

长安福特马自达汽车有限公司
地址：重庆市北部新区长福西路 1 号
邮编：401120
电话：023-67458888
传真：023-67458910、67457017
网址：www.ford.com.cn
电子信箱：lful@ford.com

重庆长安铃木汽车有限公司
地址：重庆市巴南区鱼洞镇
邮编：401321
电话：023-66283285
传真：023-66288616
网址：www.changansuzuki.com
电子信箱：lcl@changansuzuki.com

四川省

四川汽车工业集团有限公司
地址：成都市经济技术开发区（龙泉驿区）北京路
邮编：610041
电话：028-85052391
传真：028-85089335、85063906
网址：www.yemaauto.com
电子信箱：yemaauto@163.com

四川一汽丰田汽车有限公司
地址：成都市成华区跳蹬河南路 9 号
邮编：610051
电话：028-84717126
传真：028-84712783
网址：www.sftm.com.cn
电子信箱：sctmqh@mail.china.com

云南省

一汽红塔云南汽车制造有限公司
地址：曲靖市南宁北路
邮编：655000
电话：0874-3140718、3143485
传真：0874-3141990、3140723
网址：www.faw-hongta.com.cn
电子信箱：qjfaw@faw-hongta.com.cn

贵州省

贵州青年云雀汽车有限公司
地址：贵阳市经济技术开发区锦江路110 号（贵阳市 38 信箱）
邮编：550009
电话：0851-8317231
传真：0851-8317214
网址：www.gaic.com.cn
电子信箱：office@gaic.com.cn

陕西省

陕西汽车集团有限责任公司
地址：西安市幸福北路 39 号
邮编：710043
电话：029-83388331
传真：029-82527664
网址：www.sxqc.com
电子信箱：jhc@sxqc.com

西安西沃客车有限公司
地址：西安市阎良经济开发区
邮编：710089
电话：029-86851616
传真：029-86203710
网址：www.silverbus.com
电子信箱：wang.yongwei@silverbus.com

比亚迪汽车有限公司
地址：西安市高新区新型工业园亚迪路 2 号
邮编：710119
电话：029-88889999
传真：029-88888899
网址：www.bydauto.com

汽车质量检验、认证机构

国家汽车新产品强制性检验机构

天津汽车检测中心
地址：天津市河东区程林庄道天山南路 10 号信箱
邮编：300162
电话：022-84771806
传真：022-24375350

长春汽车检测中心
地址：长春市创业大街 1063 号
邮编：130011
电话：0431-85788315
传真：0431-87677111

国家汽车质量监督检验中心（襄樊）（襄樊达安汽车检测中心）
地址：湖北省襄樊市高新技术开发区汽车试验场
邮编：441004
电话：0710-3310965
传真：0710-3310964
网址：www.nast.com.cn
电子信箱：bhb@mail.nast.com.cn

国家重型汽车质量监督检验中心（重庆汽车检测中心）
地址：重庆市石桥铺陈家坪朝田村 101 号
邮编：400039
电话：023-68821302
传真：023-68966987
网址：www.ccari.com
电子信箱：office@ccari.com

国家客车质量监督检验中心
地址：重庆市南岸区五公里
电话：400067
电话：023-62653145
传真：023-62653152

国家消防装备质量监督检验中心
地址：上海市闵行区莘庄西环路 391 号
邮编：201100
电话：021-64924047
传真：021-54959909
网址：www.xfjyzx.com
电子信箱：fireshnc@sh163.net

国家机动车产品质量监督检验中心（上海）
地址：上海市嘉定区安亭镇于田南路 68 号
邮编：201805
电话：021-69502008
传真：021-69502009
网址：www.smvic.com.cn
电子信箱：smvic@smvic.com.cn

国家工程机械质量监督检验中心
地址：北京市延庆县东外大街 55 号
邮编：102100
电话：010-69101140
传真：010-69101140
网址：www.syc.org.cn
电子信箱：syczjzx@sohu.com

国家汽车试验场

海南汽车试验研究所
地址：海南省琼海市加积镇富海横南 13 号
邮编：571400
电话：0898-62923841
传真：0898-62923673
网址：www.hnpg.net
电子信箱：hns@vip.163.com

交通部公路交通试验场
地址：北京市通州区大杜社乡
邮编：101103
电话：010-61585025
传真：010-61585024

中国定远汽车试验场
地址：安徽省定远县汽车试验场
邮编：233210
电话：0550-4931446
传真：0550-4938580
网址：www.zgdingyuan.com

国家摩托车新产品强制性检验机构

天津摩托车技术中心
地址：天津市南开区卫津路 92 号（天津大学内）
邮编：300072
电话：022-27406447
传真：022-27470806
网址：www.ticeri.com
电子信箱：tmtcwh@publict.tpt.tj.cn

国家摩托车质量监督检验中心
地址：西安市灞桥区米秦路 6 号
邮编：710032
电话：029-86795288
传真：029-86795296
网址：www.cnmtc.com.cn
电子信箱：cnmtc@cnmtc.com.cn

上海摩托车质量监督检验所
地址：上海市嘉定区安亭于田南路 68 号

邮编：201805
电话：021-69502222
传真：021-69502111
网址：www.smvic.net

南昌摩托车质量监督检验所
地址：江西省南昌市新溪桥
邮编：330024
电话：0791-8448694
传真：0791-8430119
网址：www.ncmtc.com.cn

农用运输车新产品检验机构

国家农机具质量监督检验中心
地址：北京市德胜门外北沙滩1号37信箱
邮编：100083
电话：010-64882637
传真：010-64873702
网址：www.caams.org.cn
电子信箱：txs@caams.org.cn

国家拖拉机质量监督检验中心
地址：河南省洛阳市涧西区西苑路39号
邮编：471039
电话：0379-62690111
传真：0379-64967099
网址：www.tractorinfo.com.cn

机械工业拖拉机农用运输车产品质量检测中心
地址：长春市人民大街5988号
邮编：130022
电话：0431-85095369
传真：0431-85095806

其他质量检验机构

国家环保总局机动车排污监控中心
地址：北京市安外大羊坊8号中国环境科学研究院
邮编：100012
电话：010-84934896
传真：010-86934896-18
网址：www.vecc-sepa.org.cn

国家安全玻璃及石英玻璃质量监督检验中心
地址：北京市朝阳区管庄东里1号
邮编：100024
电话：010-51167363
网址：www.csgc.org .cn

北京市产品质量监督检验所
地址：北京市朝阳区育慧南路3号
邮编：100029
电话：010-84654179
传真：010-84639720
电子信箱：zjs@jtsb.gov.cn
网址：www.bqi.gov.cn

中国安全生产科学研究院安全生产检测技术中心
地址：北京市朝阳区惠新西街17号
邮编：100029
电话：010-64941340
传真：010-64937212
网址：www.chinasafety.ac.cn

国家橡胶轮胎质量监督检验中心
地址：北京市海淀区阜石路甲19号
邮编：100039
电话：010-51338171
传真：010-88622963
网址：www.tyretest.com.cn
电子信箱：office@tyretest.com.cn

国家安全防范报警系统产品质量监督检验中心（北京）
地址：北京2808信箱47分箱
邮编：100044
电话：010-88513375
传真：010-68420993

北京劳保所噪声与振动控制产品检验中心
地址：北京市西城区陶然亭路55号
邮编：100054
电话：010-63524194
传真：010-63524194
网址：www.bmilp.com
电子信箱：bjzjzx@126.com

北方汽车质量监督检验鉴定试验所
地址：北京市丰台区槐树岭4号院
邮编：100072
电话：010-83808542
传真：010-83809707
网址：www.noveri.com.cn
电子信箱：dx010006@autoinfo.gov.cn

北京理工大学汽车排放质量监督检验中心
地址：北京市海淀区中关村南大街5号
邮编：100081
电话：010-68912035
传真：010-68948486

交通部公路科学研究院公路交通试验中心
地址：北京市海淀区西土城路8号
邮编：100088
电话：010-61585018
传真：010-62014130
网址：www.rioh.cn
电子信箱：tcpgmocw@public3.bta.net.cn

交通部汽车运输行业能源利用监测中心
地址：北京市海淀区西土城路 8 号
邮编：100088
电话：010-62079180
传真：010-62079180

中国机动车辆安全鉴定检测中心
地址：北京市经济开发区荣昌大街甲 1 号
邮编：100116
电话：010-67806585
传真：010-67805611
网址：www.chinacvic.com

国家玻璃钢制品质量监督检验中心
地址：北京市二六一信箱监督中心
邮编：102101
电话：010-61162014
传真：010-69132140

北京中汽寰宇机动车检验中心
地址：北京市大兴区北臧村镇工业区天荣街 16 号
邮编：102609
电话：010-66418592
传真：010-66412672

天津车轮实验中心
地址：天津市南开区雅安道资阳路 30 号
邮编：300190
电话：022-27033089
传真：022-27033276

天津汽车质量监督检验鉴定试验所
地址：天津市南开区天拖北道 15 号
邮编：300190
电话：022-27030793
传真：022-27030701

河北省机械产品质量监督检验总站
地址：石家庄市新华区合作路 81 号
邮编：050051
电话：0311-87041628
传真：0311-87811933
网址：www.hbmt.net
电子信箱：hbmt@hbmt.net

机械工业车轮产品质量监督检测中心
地址：河北省秦皇岛市开发区嫩江西道 1 号
邮编：066004
电话：0335-5910220
传真：0335-5910220

国家玻璃质量监督检验中心
地址：河北省秦皇岛市河北大街西段 91 号
邮编：066004
电话：0335-5911501
传真：0335-8051865

山西省产品质量监督检验所
地址：太原市长治路 222 号
邮编：030012
电话：0351-7241042
传真：0351-7227690
网址：www.sx-zj.cn
电子信箱：sxzj@vip.sina.com

国家蓄电池质量监督检验中心
地址：辽宁省沈阳市铁西区北二中路 33 号
邮编：110026
电话：024-85610109
传真：024-85610109

大连汽车综合性能检测中心有限公司汽车性能检测实验室
地址：辽宁省大连市干井子区华北路 411 号
邮编：116033
电话：0411-86600210
传真：0411-86600210
电子信箱：dlzxzjsc@sina.com.cn

瓦房店轴承集团有限责任公司检测试验中心
地址：辽宁省瓦房店市北共济街 1 段 1 号
邮编：116300
电话：0411-85509888
传真：0411-85509239
电子信箱：zwz@zwz-bearing.com

丹东客车质量监督检验鉴定试验所
地址；辽宁省丹东市振兴区黄海大街 544-546 号
邮编：118008
电话：0415-6272814
传真：0415-6272814

吉林大学车辆产品检测实验室
地址：长春市人民大街 5988 号
邮编：130025
电话：0431-85095369
传真：0431-85695947
电子信箱：nx070008@autoinfo.gov.cn

国家汽车零部件产品质量监督检验中心（长春）
地址：长春市南湖大路 6888 号
邮编：130012
电话：0431-85519315
传真：0431-85531668

国家安全防范报警系统产品质量监督检验中心（上海）
地址：上海市岳阳路 76 号 1305 室
邮编：200031
电话：021-64336810-1305
传真：021-64745197

上海电子仪表质量审核所
地址：上海市永嘉路 627 号
邮编：200031
电话：021-64318322
传真：021-64715086
网址：www.eiqa.com.cn

国家内燃机质量监督检验中心
地址：上海市军工路 2500 号
邮编：200438
电话：021-65741418
传真：021-65748132

交通部中通汽车质检鉴定试验所
地址：南京市水西门大街 223 号
邮编：210017
电话：025-86520901
传真：025-86654813

南京汽车质量监督检验鉴定试验所
地址：南京市红山路 128 号
邮编：210028
电话：025-85420892、85417538
传真：025-85401136

江苏汽车质量监督检验鉴定试验所（江苏大学车辆产品实验室）
地址：镇江市学府路 301 号
邮编：212013
电话：0511-8780220
传真：0511-8780220
电子信箱：qms@ujs.edu.cn

江苏省丹阳市产品质量监督检验所车灯实验室（江苏省镇江质量技术监督车用灯具产品质量检验站）
地址：丹阳市新桥镇中心路 18 号
邮编：212322
电话：0511-6357899
传真：0511-6357899

无锡市产品质量监督检验所
地址：江苏省无锡市东亭迎宾北路 6 号
邮编：214101
电话：0510-88202376
传真：0510-88204261
网址：www.wxzjs.com
电子信箱：wxt@wxzjs.com

公安部交通安全产品质量监督检测中心
地址：江苏省无锡市钱荣路 88 号
邮编：214151
电话：0510-85511602
传真：0510-85503152
网址：www.ctstc.com.cn
电子信箱：jczx@ctstc.org.cn

浙江省质量技术监督检测研究院
地址；杭州市天目山路 222 号
邮编：310013
电话：0571-85128864
传真：0571-85121983

浙江方圆检测集团股份有限公司
地址：杭州市天目山路 222 号方圆检测大楼
邮编：310013
电话：0571-85026216
网址：www.fytest.com

万向集团汽车零部件实验室
地址：浙江省杭州市萧山区宁围镇万向路 18 号
邮编：311215
电话：0571-82832999
传真：0571-82607213

宁波市天普汽车部件有限公司橡胶和汽车胶管检测实验室
地址：浙江省宁波市宁海县新兴工业园 C 区金龙路 5 号
邮编：315600
电话：0574-65332990-8019
传真：0574-65332996
电子信箱：tip@nbtip.com

浙江钱江摩托股份有限公司检测中心
地址：浙江省温岭市太平街道横山头锦屏新厂区
邮编：317500
电话：0576-6192029
传真：0576-6192113
电子信箱：qjiangdq@163.com

福建省中心检验所
地址：福州市杨桥西路 121 号
邮编：350002
电话：0591-83714525
传真：0591-83710867
网址：www.fcii.net
电子信箱：xz@fcii.net

福建省汽车产品质量监督检测站
地址：福州市华林路 212 号
邮编：350003
电话：0591-87830614
传真：0591-87879478

厦门市产品质量检验所
地址：福建省厦门市湖滨南路 170 号
邮编：361004
电话：0592-2699789
传真：0592-2699797

济南汽车检测中心
地址：济南市英雄山路 165 号
邮编：250002
电话：0531-85586171
传真：0531-85586176
电子信箱：jantc@sohu.com

山东省内燃机产品质量监督检验站
地址：济南市燕子山西路 40 号
邮编：250014

电话：0531-88601738
传真：0531-88601738

山东省农业机械科学研究所产品质量检测中心
地址：济南市桑园路 19 号
邮编：250100
电话：0531-88623868
传真：0531-88962251
网址：www.nongji-info.com

山东省产品质量监督检验院
地址：济南市山大北路 81 号
邮编：250100
电话：0531-88118753
传真：0531-88118790
网址：www.sd-qualitynet.org

青岛市产品质量监督检验所
地址: 山东省青岛市高科园李山东路19号
邮编：266061
电话：0532-88918158

青岛致鉴检验有限公司
地址：山东省青岛市 308 国道 602 号乙(青岛高科园韩丰包装厂院内)
邮编：266101
电话：0532-87972218
传真：0532-87972217

国家齿轮产品质量监督检验中心
地址：郑州市嵩山南路 81 号
邮编：450052
电话：0371-67973021
传真：0371-67973021
电子信箱：gjcjzx-cn@sina.com

洛阳西苑车辆与动力检验所有限公司
地址：河南省洛阳市涧西区西苑路 39 号
邮编：471039
电话：0379-62690108
传真：0379-64967099
网址：www.tractorinfo.com.cn

国家轴承研究所质量监督检验中心
地址：河南省洛阳市吉林路 1 号
邮编：471039
电话：0379-64881596
传真：0379-64881523
电子信箱：bic@chinabearing.com.cn

武汉汽车车身附件质量监督检验站
地址：武汉市江岸区解放大道 2855 号
邮编：430011
电话：027-82318175
传真：027-82302973

机械工业专用汽车产品质量检测中心
地址：武汉市汉阳区龟北路 3 号
邮编：430050
电话：027-84716403
传真：027-84716562
网址：www.hyspv.com.cn
电子信箱：zhanbin@hyspv.com.cn

东风汽车质量监督检验所
地址：湖北省襄樊市汽车产业开发区
邮编：441004
电话：0710-3394860
传真：0710-3310964

长沙汽车电器检测中心
地址：湖南省长沙市长沙经济技术开发区盼盼路 29 号
邮编：410100
电话：0731-8883941
传真：0731-2798491
网址：www.caetc.com
电子信箱：caetc@126.com

化学工业力车胎质量监督检验中心
地址：广州市工业大道中 270 号
邮编：510280
电话：020-84351770
传真：020-84128611

广州橡胶工业制品研究所实验室
地址：广州市工业大道中 270 号
邮编：510280
电话：020-84340049
传真：020-84128611

广州电器科学研究院气候试验中心
地址：广州市新港西路 204 号
邮编：510300
电话：020-84190675
传真：020-84461745
网址：www.gzwtc.com

中国嘉陵工业股份有限公司(集团)技术中心检测站
地址：重庆市双碑自由村 100 号
邮编：400032
电话：023-65194235
传真：023-65194392

中国石化集团重庆一坪高级润滑油公司研究所检测中心
地址：重庆市九龙坡区渝州路 62 号
邮编：400039
电话：023-68799401
传真：023-68799333
电子信箱：yiping@public.cta.cq.cn

四川省产品质量监督检验检测院
地址：成都市东门街 2 号
邮编：610031
电话：028-86257363
传真：028-86635992
网址；www.spqi.com

云南省交通科学所汽车产品及维修质量检验实验室
地址：昆明市拓东路石家巷 9 号
邮编：650011
电话：0871-3163895
传真：0871-3169721
电子信箱：ynjks@ynjtt.com

贵州省机电产品质量监督检测站
地址：贵阳市乌金路 58 号
邮编：550003
电话：0851-5952687
传真：0851-5952161

国家非金属矿制品质量监督检验中心
地址：陕西省咸阳市滨河路 5 号
邮编：712021
电话：029-33324543
传真：029-33313596
电子信箱：shangxinchun@tom.com

国家橡胶密封制品质量监督检验中心
地址：陕西省咸阳市西华路 2 号
邮编：712023
电话：029-33621350
传真：029-33621360
网址：www.fastrubber.com

新疆汽车产品质量监督研究院
地址：乌鲁木齐市新华南路 32 号
邮编：830002
电话：0991-4648052
传真：0991-2817437

强制性产品认证机构

中国质量认证中心
地址：北京市南四环西路 188 号 9 区
邮编：100070
电话：010-85622233、83886666
传真：010-83886443、83886282
网址：www.cqc.com.cn
电子信箱：cqcsc@cqc.com.cn

中国安全技术防范认证中心
地址：北京市西城区莲花池东路 102 号天莲大厦 10 层
邮编：100055
电话：010-63345560
传真：010-63345545
网址：www.csp.gov.cn

中国建筑材料检验认证中心
地址：北京市朝阳区管庄东里 1 号
邮编：100024
电话：010-51167389
传真：010-65761715
网址：www.csgc.org.cn

北京中化联合质量认证有限公司
地址：北京市朝阳区亚运村安慧里 4 区 16 号楼
邮编：100723
电话：010-84885047
传真：010-84885414
网址：www.cciq.net

公安部消防产品合格评定中心
地址：北京市丰台区方庄芳群园 4 区金城中心 1205 室
邮编：100078
电话：010-87679978
网址：www.cccf.com.cn

中汽认证中心
地址：北京市西城区宣武门西大街乙 97 号尚座大厦 4 层
邮编：100031
电话：010-66418591
传真：010-66412670
网址：www.cccap.org.cn

车联网联盟（IOVA）成员企业

（按地区排序）

合肥维天运通信息科技股份有限公司
地址：合肥市高新区黄山路 626 号高新集团三层 B 座
网址：http://www.gcb56.com/
电子信箱：gepeipei@yehoo.com.cn

北京邮电大学
地址：北京市海淀区西土城路 10 号
网址：http://www.bupt.edu.cn/
电子信箱：zhihan@bupt.edu.cn

国机汽车股份有限公司
地址：北京市海淀区中关村南三街 6 号中科资源大厦北楼
网址：http://www.sinomach-auto.com/
电子信箱：huanghe@ctcai.com

中国电信集团公司
地址：中国北京市西城区金融大街 31 号
网址：http://www.chinatelecom.com.cn/
电子信箱：/

中国联合网络通信集团有限公司
地址：北京市西城区金融大街 21

号中国联通大厦
网址：http://www.chinaunicom.com.cn/
电子信箱：gufei@chinaunicom.cn

中国软件测评中心
地址：北京市海淀区紫竹院路 66 号赛迪大厦
网址：http://www.cstc.org.cn/
电子信箱：xufk@cstc.org.c

工业和信息化部电信研究院
地址：北京市海淀区花园北路 52 号
网址：http://www.catr.cn/
电子信箱：tanglibo@ritt.cn

北京四维图新科技股份有限公司
地址：北京市朝阳区曙光西里甲 5 号北京凤凰置地广场 A 座写字楼 16-17 层
网址：http://www.navinfo.com/
电子信箱：yujing@navinfo.com

北京航空航天大学
地址：北京市海淀区学院路 37 号
网址：http://www.buaa.edu.cn/
电子信箱 ypwang@buaa.edu.cn

交通运输部公路科学研究院
地址：北京市海淀区西土城路 8 号
网址：http://www.rioh.cn/
电子信箱：yangqi@itsc.com.cn

中国人工智能学会
地址：北京市海淀区西土城路 10 号
网址：http://www.caai.cn/
电子信箱：hlqcheng@126.com

中国通信标准化协会
地址：北京海淀区花园北路 52 号
网址：http://www.ccsa.org.cn/
电子信箱：liuyang@ccsa.org.cn

WirelessCar 中国
地址：北京朝阳区景华南街 5 号远洋光华中心 C 座 22 层
网址：http://www.wirelesscar.com/china/
电子信箱：shen.li@volvo.com

高德软件有限公司
地址：北京市朝阳区望京阜通东大街方恒国际中心 A 座 16 层
网址：http://www.autonavi.com/
电子信箱：jie.sun@autonavi.com

北京车网互联科技股份有限公司
地址：北京海淀区学院南路 12 号京师科技大厦 A 座 10 层
网址：http://www.carsmart.cn/
电子信箱：lixu@che08.com

北京九五智驾信息技术股份有限公司
地址：北京市海淀区西直门外北京交通大学西门交大知行大厦 9 层
网址：http://www.95190.com/
电子信箱：hanjuan@95190.com

北京车音网科技有限公司
地址：北京市东城区和平里东街 11 号航星园 2 号楼东段 1 层
网址：http://www.vcyber.cn/
电子信箱：fangjian@vcyber.cn

中国科学院自动化所复杂系统管理与控制国家重点实验室
地址：北京市海淀区中关村东路 95 号
网址：http://www.compsys.ia.ac.cn/
电子信箱：gang.xiong@ia.ac.cn

大唐电信科技产业集团
地址：北京市海淀区学院路 40 号
网址：http://www.datanggroup.cn/
电子信箱：xuhr@datanggroup.cn

中国移动通信集团公司
地址：北京市西城区金融大街 29 号
网址：http://www.10086.cn/
电子信箱：qinrui@chinamobile.com

中兴通讯股份有限公司
地址：北京市海淀区花园东路 19 号中兴大厦
网址：http://www.zte.com.cn/
电子信箱：wang.dong6@zte.com.cn

中国机械工业集团有限公司
地址：北京市海淀区丹棱街 3 号
网址：http://www.sinomach.com.cn/
电子信箱：songzhiming@sinomach.com.cn

中国物流技术协会
地址：北京市西城区月坛北街 25 号
网址：http://www.clta.org.cn/
电子信箱：wjx@edit56.com.cn

北京福田智科信息技术有限公司
地址：北京市昌平区沙河镇沙阳路
网址：http://www.foton.com.cn/
电子信箱：honbozhou@gmail.com

中国进口汽车贸易公司
地址：北京市海淀区中关村南三街 6 号
网址：http://www.ctcai.com.cn/
电子信箱：shenrui@ctcai.com

中国国机重工集团有限公司
地址：北京朝阳区广顺北大街 16 号华彩大厦
网址：http://www.sinomach-hi.com/
电子信箱：xj@sinomach-hi.com

北京捷易联科技有限公司
地址：北京市朝阳区朝阳北路 237 号复星国际中心 9 层
网址：/
电子信箱：Yj3140@joynav.cn

中华全国工商业联合会汽车经销商商会
地址：北京市海淀区阜成路 115 号北京印象 5 号楼 4 门 223
网址：http://www.acfic.org.cn/
电子信箱：13810277366@163.com

北京兴科迪科技有限公司
地址：北京市海淀区茶棚路 2 号
网址：/
电子信箱：xiaomi.shi@tianquan.com.cn

恒安嘉新（北京）科技有限公司
地址：北京市海淀区花园路 2 号 3 号楼 3 层
网址：http://www.eversec.com.cn/
电子信箱：lirui@eversec.cn

国采物流股份有限公司
地址：北京朝阳区建外 SOHO 西区 18 号楼 21 层
网址：/
电子信箱：joseji1964@gmail.com

北京迪信通商贸股份有限公司
地址：北京市海淀区北洼西里颐安商务楼 3-4 层
网址：http://www.dixintong.com/
电子信箱：mengjie@dixintong.com

爱立信（中国）通信有限公司
地址：北京市朝阳区利泽东街 5 号爱立信大厦
网址：http://www.ericsson.com/cn/
电子信箱：ying.yang@ericsson.com

华为技术有限公司
地址：海淀区中关村北清路 156 号实创科技示范园华为公司 Q10
网址：http://www.huawei.com/cn/
电子信箱：zhenjun.wang@huawei.com

易卡耐特（北京）车联网信息技术有限公司
地址：北京市中关村科学院南路 2 号融科资讯中心 C 座南楼
网址：www.ecarnet.com.cn
电子信箱：Wxh@ecarnet.com.cn

北京图新智盛信息技术有限公司
地址：北京市海淀区长春桥路 11 号 1 号楼 5 层 510 室
网址：www.sinomach-info.com
电子信箱：liugang@sinomach-info.com

德电（中国）通信技术有限公司
地址：北京朝阳区东三环北路霞光里 18 号佳程大厦 B 座 10 层 B/C 单元
网址：http://www.t-systems.cn/
电子信箱：Steven.Chu@t-systems.com

东风日产乘用车公司
地址：广州市花都区风神大道 8 号
网址：http://www.dongfeng-nissan.com.cn/nissan
电子信箱：weiqh@dfl.com.cn

深圳市比亚迪汽车有限公司
地址：深圳市坪山新区坪山横坪公路 3001、3007 号
网址：http://www.bydauto.com.cn/
电子信箱：xie.pingsheng@byd.com

金蝶软件（中国）有限公司
地址：深圳市高新技术产业园南区科技南十二路 2 号金蝶软件园
网址：http://www.kingdee.com/
电子信箱：qiang_xukingdee.com

石家庄开发区天远科技有限公司
地址：中国河北省石家庄高新技术开发区黄河大道 227 号
网址：/
电子信箱：shizhongkai@tycmc.net

南京丹维软件技术有限公司
地址：江苏省南京市建邺区兴隆大街 188 号 6 楼 20
网址：http://dnavi.cn/
电子信箱：chenyong@dnavi.cn

江苏中科天安智联科技有限公司
地址：无锡市新区菱湖大道 200 号中国传感国际创新园
网址：http://www.cas-tian.com/
电子信箱：xushuping@cas-tian.com

江苏南亿迪纳数字科技发展有限公司
地址：江苏省南京市秦淮区中山南路 414 号投资大厦 16 楼 D 座
网址：http://www.cpsdna.com/
电子信箱：puydq@cpsdna.com

同济大学
地址：上海市四平路 1239 号
网址：http://www.tongji.edu.cn/
电子信箱：wuzhizhou@tongji.edu.cn

公安部第三研究所
地址：上海市岳阳路 76 号
网址：http://www.trimps.ac.cn/
电子信箱：jkmbj@qq.com

华东师范大学软件学院
地址：上海市中山北路 3663 号
网址：http://www.sei.ecnu.edu.cn/
电子信箱：chenzl@fudan.edu.cn

中国太平洋财产保险股份有限公司
地址：上海市银城中路 190 号 8 楼
网址：http://www.cpic.com.cn/cpic/
电子信箱：jacklij@cpic.com.cn

上海智绘汽车服务有限公司
地址：上海市淮海西路 55 号申通信息广场
网址：/
电子信箱：shenjing@telematics-china.com.cn

上海宝朗电子信息有限公司
地址：上海市宝山区环镇南路 858 弄 18 号
网址：www.shbaolang.com
电子信箱：wlspap@hotmail.com

汽车科研机构

中国汽车工业经济技术信息研究所
地址：北京市阜成路 46 号
邮编：100036
电话：010-88121615
网址：www.cnauto.com.cn

中国北方车辆研究所
地址：北京市 969 信箱 11 号
邮编：100072
电话：010-83803108
传真：010-83803129
网址：www.noveri.com.cn
电子信箱：office@noveri.com.cn

机械工业农用运输车发展研究中心
地址：北京市德外北沙滩 1 号 37 信箱
邮编：100083
电话：010-64882169

清华大学汽车研究所
地址：北京市海淀区清华园
邮编：100084
电话：010-62772515

北京市汽车研究所
地址：北京市丰台区成寿寺于家坟 85 号
邮编：100078
电话：010-67625111

北京特种机械研究所
地址：北京市 3903 信箱
邮编：100039
电话：010-68386082

中国汽车技术研究中心
地址：天津市河东区程林庄道天山路口
邮编：300162
电话：022-84771318
网址：www.catarc.ca.cn

天津一汽夏利股份有限公司产品开发中心 / 天津汽车研究所
地址：天津市南开区天拖北道 15 号
邮编：300190
电话：022-27030700

天津市内燃机研究所
地址：天津市南开区卫津路 92 号
邮编：300072
电话：022-27406447

汽车工业规划设计研究院
地址：天津市河东区程林庄道天山路口
邮编：300162
电话：022-84771405

中国第一汽车集团公司技术中心
地址：长春市创业大街 35 号
邮编：130011
电话：0431-5905005

机械工业第九设计研究院
地址：长春市创业大街 58 号
邮编：130011
邮编：0431-7671334

长春汽车车轮研究所
地址：长春市青年路 4 号
邮编：130062
电话：0431-2633017

长春汽车散热器研究所
地址：长春市朝阳区东风大街越野路
邮编：130011
电话：0431-5906607

长春市汽车工艺装备设计研究所

地址：长春市绿园区锦城大街
邮编：130011
电话：0431-5901616

长春汽车工程研究发展中心
地址：长春市人民大街114号吉工大内
邮编：130025
电话：0431-5705443

上海汽车工业总公司工程研究院
地址：上海市逸仙路50号
邮编：200437
电话：021-65315097

上海交通大学内燃机研究所
地址：上海市华山路1954号
邮编：200030
电话：021-64075359

泛亚汽车技术中心有限公司
地址：上海市浦东龙东大道3999号
邮编：201201
电话：021-58991333

汉阳专用汽车研究所
地址：武汉市汉阳区龟北路3号
邮编：430050
电话：027-84712246
传真：027-84716245
网址：www.hyspv.com.cn

武汉市汽车研究所
地址：武汉市汉阳二桥东村67号
邮编：430051
电话：027-84885003

武汉市汽车车身附件研究所
地址：武汉市汉口堤角边135号
邮编：430001
电话：027-82318175

武汉汽车标准件研究所
地址：武汉市洪山区关山一路325号
邮编：430074
电话：027-87801178

东风汽车工程研究院/东风汽车有限公司商用车研发中心
地址：湖北省十堰市东城西路5号
邮编：442001
电话：0719-8226783

东风汽车公司工艺研究所
地址：湖北省十堰市东城西路2号
邮编：442001
电话：0719-8221073

东风汽车科技信息研究所
地址：湖北省十堰市张湾
邮编：442001
电话：0719-8224207

沈阳轻型汽车研究所
地址：沈阳市铁西区兴工北街67号
邮编：110025
电话：024-25863412

丹东客车研究所
地址：辽宁省丹东市振兴区黄海大街548号
邮编：118008
电话：0415-6272411

中国重型汽车集团公司技术发展中心
地址：济南市英雄山路165号
邮编：250002
电话：0531-5586111

青岛重型专用汽车研究所
地址：山东省青岛市瑞昌路144号
邮编：266031
电话：0532-4855594

临清汽车举升装置研究所
地址：山东省临清市龙山路
邮编：252609
电话：0635-2317241

山东省内燃机研究所
地址：济南市燕子山西路40号
邮编：250014
电话：0531-2967032-3934

中国联合工程公司（机械工业第二设计研究院）
地址：浙江省杭州市石桥路338号
邮编：310022
电话：0571-88137083

杭州汽车摩擦材料研究所
地址：浙江省杭州市朝晖路126号
邮编：310004
电话：0571-86725888-8050

重庆大学机械工程学院汽车摩托车工程技术研究中心
地址：重庆市沙坪坝
邮编：400044
电话：023-65102527

重庆汽车研究所
地址：重庆市高新区陈家坪朝田村101号
邮编：400039
电话：023-68824060
传真：023-68821361
网址：www.ccari.com
电子信箱：office@ccari.com

长沙汽车电器研究所
地址：湖南省长沙市岳麓大道685号
邮编：410013
电话：0731-8887835

广西汽车拖拉机研究所
地址：柳州市河西路18号

邮编：545007
电话：0772-3750108

中国第一汽车集团公司无锡油泵油嘴研究所
地址：江苏省无锡市钱荣路 15 号
邮编：214063
电话：0510-5518741

山西车用发动机研究所
地址：山西省大同市 22 号信箱
邮编：037036
电话：0352-4088609

洛阳拖拉机研究所
地址：河南省洛阳市涧西区西苑路 39 号
邮编：471039
电话：0379-4270001

广西汽车拖拉机研究所
地址：柳州市河西路 18 号
邮编：545007
电话：0772-3750108

开设汽车类专业的高等院校

清华大学汽车工程系
地址：北京市海淀区清华园
邮编：100084
电话：010-62772515
传真：010-62785708
网址：www.tsinghua.edu.cn
设置汽车类专业：车辆工程

北京交通大学机械与电子控制工程学院
地址：北京市海淀区上园村 3 号
邮编：100044
电话：010-62256622
传真：010-62245827
网址：www.njtu.edu.cn
电子信箱：cnc@center.njtu.edu.cn
设置汽车类专业：热能与动力工程

北京理工大学机械与车辆工程学院
地址：北京市海淀区中关村南大街 5 号
邮编：100081
电话：010-68944115
传真：010-68944487
网址：www.bit.edu.cn
电子信箱：office@bit.edu.cn
设置汽车类专业：车辆工程

北京航空航天大学汽车工程系
地址：北京市海淀区学院路 37 号
邮编：100083
电话：010-82316330
传真：010-82316331
网址：www.buaa.edu.cn
电子信箱：webmaster@buaa.edu.cn
设置汽车类专业：车辆工程

中国农业大学车辆与交通工程系
地址：北京市海淀区清华东路 17 号
邮编：100083
电话：010-62736673
传真：010-62732713
网址：www.cau.edu.cn
电子信箱：xbxxa@cau.edu.cn
设置汽车类专业：车辆工程

北京信息科技大学（筹）机械工程系
地址：北京市海淀区清河小营东路 12 号
邮编：100085
电话：010-82426906
传真：010-82426906
网址：www.bim.edu.cn
电子信箱：office@bim.edu.cn
设置汽车类专业：车辆工程

北京吉利大学汽车学院
地址：北京市昌平区
邮编：102202
电话：010-60758478
传真：010-60751040
网址：www.bgeelyu.com
电子信箱：admin@bgeelyu.com
设置汽车类专业：机械类新专业

河北工业大学机械学院车辆工程系
地址：天津市红桥区
邮编：300130
电话：022-60204559
传真：022-26564559
网址：www.hebut.edu.cn
电子信箱：wym6312@hebut.edu.cn
设置汽车类专业：车辆工程

天津大学机械工程学院
地址：天津市南开区卫津路 92 号
邮编：300072
电话：022-27406842
传真：022-27383362
网址：www.tju.edu.cn
电子信箱：webmaster@tju.edu.cn
设置汽车类专业：热能与动力工程

中国人民解放军军事交通学院
地址：天津市河东区东局子 1 号
邮编：300161

电话：022-84656114-56000
设置汽车类专业：车辆运用工程

东北大学机械工程与自动化学院
地址：沈阳市和平区文化路 3 号巷 11 号
邮编：110004
电话：024-83684564
传真：024-23906969
网址：www.neu.edu.cn
电子信箱：webmaster@mail.neu.edu.cn
设置汽车类专业：车辆工程

沈阳工业大学机械工程学院
地址：沈阳市铁西区兴华南街 58 号
邮编：110023
电话：024-25691488
传真：024-25691718
网址：www.sut.edu.cn
电子信箱：zhangm@sut.edu.cn
设置汽车类专业：车辆工程

大连交通大学交通运输工程学院
地址：大连市沙河口区黄河路 794 号
邮编：116028
电话：0411-84106969
传真：0411-84606139
网址：www.djtu.edu.cn
电子信箱：yzb@djtu.edu.cn
设置汽车类专业：车辆工程

长春汽车工业高等专科学校
地址：长春市创业大街 1959 号
邮编：130011
电话：0431-85902539
传真：0431-88568827
网址：www.caii.edu.cn
电子信箱：zhgl-pxzx@faw.com.cn
设置汽车类专业：车辆工程

吉林大学汽车工程学院
地址：长春市人民大街 5988 号
邮编：130012
电话：0431-85094027
传真：0431-85682227
网址：www.jlu.edu.cn
电子信箱：cae@jlu.edu.cn
设置汽车类专业：车辆工程

上海交通大学机械与动力工程学院
地址：上海市华山路 1954 号
邮编：200030
电话：021-54740000
传真：021-62821369
网址：www.sjtu.edu.cn
电子信箱：xiaoban@situ.edu.cn
设置汽车类专业：车辆工程

上海理工大学机械工程学院
地址：上海市军工路 516 号
邮编：200093
电话：021-55270456
传真：021-55274059
网址：www.usst.edu.cn
电子信箱：jxxy@mail.usst.edu.cn
设置汽车类专业：车辆工程

上海工程技术大学汽车工程学院
地址：上海市仙霞路 350 号
邮编：200336
电话：021-62759779
传真：021-62758481
网址：www.sues.edu.cn
电子信箱：gcd@sues.edu.cn
设置汽车类专业：机械设计制造及其自动化(汽车工程)、交通运输(汽车运用工程）、市场营销（汽车营销）

同济大学汽车学院
地址：上海市长安路 4800 号
邮编：201804
电话：021-69589204
传真：021-69589978
网址：www.tongji.edu.cn
电子信箱：haochenk@online.sh.cn
设置汽车类专业：车辆工程、动力工程

南京航空航天大学
地址：南京市白下区御道街 29 号
邮编：210016
电话：025-84892448
传真：025-84892482
网址：www.nuaa.edu.cn
电子信箱：office@nuaa.edu.cn
设置汽车类专业：车辆工程

南京理工大学机械工程学院
地址：南京市孝陵卫 200 号
邮编：210094
电话：025-84315114
传真：025-84431339
网址：www.njust.edu.cn
电子信箱：nustnc@mail.njust.edu.cn
设置汽车类专业：车辆工程、交通工程

东南大学机械工程系
地址：南京市东南大学路 2 号
邮编：210096
电话：025-83792452
传真：025-83792593
网址：www.seu.edu.cn
设置汽车类专业：车辆工程

浙江大学机械与能源工程学院
地址：杭州市浙大路 38 号
邮编：310027
电话：0571-87951466
传真：0571-87951874
网址：www.cmee.zju.edu.cn
电子信箱：yuxl@zju.edu.cn
设置汽车类专业：机械工程及自动化

安徽工业大学机械工程学院

地址：马鞍山市湖东中路
邮编：243002
电话：0555-2311857
传真：0555-2471263
网址：www.ahut.edu.cn
电子信箱：xiaoban@ahut.edu.cn
设置汽车类专业：车辆工程

福州大学机械工程及自动化学院
地址：福州市工业路 523 号
邮编：350002
电话：0591-87893080
传真：0591-87893261
网址：www.fzu.edu.cn
电子信箱：mechanic@fzu.edu.cn
设置汽车类专业：车辆工程

江西蓝天学院
地址：南昌市瑶湖高校园区
邮编：330098
电话：0791-8138784
传真：0791-8138800
网址：www.jxbsu.com
电子信箱：xujiagaowei@126.com

山东大学机械工程学院
地址：济南市经十路 73 号
邮编：250061
电话：0531-88395114
传真：0531-88565167
网址：www.sdu.edu.cn
电子信箱：ljf@sdu.edu.cn
设置汽车类专业：车辆工程

山东德州汽车摩托车专修学院
地址：德州市经济开发区
邮编：253000
电话：0534-2552668
传真：0534-2552616
网址：www.qmxy.com
电子信箱：qmxyyz@188.com

山东理工大学交通与车辆工程学院
地址：淄博市张店区张周路 12 号
邮编：255049
电话：0533-2786837
传真：0533-2786837
网址：www.sdut.edu.cn
电子信箱：xbdas@sdut.edu.cn
设置汽车类专业：车辆工程

哈尔滨工业大学汽车工程学院
地址：山东省威海市文化西路 2 号
邮编：264209
电话：0631-5687021
传真：0631-5687212
网址：www.whhit.com
电子信箱：autohit2003@yahoo.com.cn
设置汽车类专业：车辆工程、机械设计制造及自动化、热能与动力工程、交通运输、交通工程

河南科技大学车辆与动力工程学院
地址：洛阳市西苑路 48 号河南科技大学校本部 77 号
邮编：471003
电话：0379-64231480
传真：0379-64278955
网址：www.haust.edu.cn
电子信箱：zhk@mail.haust.edu.cn
设置汽车类专业：车辆工程、动力机械及工程

海军工程大学
地址：武汉市解放大道 717 号海军工程大学
邮编：430033
电话：027-83661005
传真：027-83443262
设置汽车类专业：内燃机

武汉理工大学汽车工程学院
地址：武汉市武昌区理工大学马房山校区
设置汽车类专业：热能与动力工程（汽车、汽车发动机、内燃机方向）

长安大学汽车学院
地址：西安市南二环中段
邮编：710065
电话：029-82334458
传真：029-82334476
网址：www.xahu.edu.cn
设置汽车类专业：车辆工程、交通运输（汽车运用工程）、热能与动力工程（汽车机电一体化）、汽车服务工程

兰州交通大学机电工程学院
地址：兰州市安宁区安宁西路 88 号
邮编：730070
电话：0931-4938023
传真：0931-4938884
网址：www.lzjtu.edu.cn
电子信箱：lzjdlg@163.com
设置汽车类专业：车辆工程、热能与动力工程

汽车报刊

报纸

《中国汽车报》
地址：北京市海淀区阜成路 115 号
邮编：100036
电话：010-88130794
传真：010-88130794
网址：www.cnautonews.com
电子信箱：service@cnautonews.com

《中国工业报·汽车周报》
地址：北京市西城区月坛南街 26 号
邮编：100825
电话：010-68589193
传真：010-68531033
网址：www.autoweekly.com.cn
电子信箱：ad@autoweekly.com.cn

《中国商报·汽车导报》
地址：北京市西城区报国寺 1 号
邮编：100053
电话：010-63038648
传真：010-63045029
网址：www.cb-h.com
电子信箱：momol@163.net

《经济日报 · 汽车周刊》
地址：北京市西城区白纸坊东街 2 号
邮编：100054
电话：010-58392621
网址：bkdy.ce.cn

《中国消费者报·汽车周刊》
地址：北京市海淀区阜成路北三街 8 号
邮编：100054
电话：010-68905710
网址：www.ccn.com.cn
电子信箱：business@ccn.com.cn

《北京汽车报》
地址：北京市朝阳区东三环南路 25 号
邮编：100021
电话：010-87665790
网址：www.banews.com.cn
电子信箱：banews@banews.com.cn

《北京青年报 · 汽车时代》
地址：北京市朝阳区白家庄东里北京青年报大厦 8 层
邮编：100026
电话：010-65901166
网址：www.bjyouth.ynet.com
电子信箱：webmaster@ynet.com

《现代司机报》
地址：北京市朝阳区安华西里 3 区 18 号楼 5 层
邮编：100011
电话：010-64266722
传真：010-51660806
网址：www.siji.com

《车友报》
地址：北京市东城区安定门外大街 58 号
邮编：100011
电话：010-84280303
传真：010-84280801
电子信箱：chenyoubao@126.com

《上海汽车报》
地址：上海汽车工业大厦 2011-2012 室
邮编：200041
电话：021-22011563
传真：021-62554802
网址：www.shautonews.com
电子信箱：shqcb@163.com

《第一汽车集团报》
地址：长春市锦程大街 30 号
邮编：130011
电话：0431-85768442
网址：www.faw.com.cn

《重型汽车报》
地址：济南市英雄山路 159 号
邮编：250002
电话：0531-85586138
传真：0531-85586008
电子信箱：zxqczz@126.com

《东风汽车报》
地址：湖北省十堰市张湾青年广场
邮编：442001
电话：0719-8223197

《南汽报》
地址：南京市中央路 331 号
邮编：210037
电话：025-8366588
传真：025-8366588

《汽车导报》
地址：广东省深圳市福田区深圳商报社大厦 10 楼
邮编：518034
电话：0755-83521780

传真：0755-83522811
网址：www.autonewscn.com
电子信箱：autonewscn@autonewscn.com

杂志

《中国汽车界》
地址：北京市广安门外大街甲 397 号
邮编：100055
电话：010-63329431
传真：010-63490211
网址：www.china-motor.com.cn
电子信箱：yinzhenhua-cn@yahoo.com.cn

《中国汽车画报》
地址：北京市海淀区阜成路 46 号
邮编：100036
电话：010-88132024
传真：010-88115354

《汽车观察》
地址：北京市海淀区紫竹院 581 号人济山庄 C 栋 1806 室
邮编：100089
电话：010-88597330
传真：010-88554731
电子信箱：auto@vip.sohu.net.

《汽车知识》
地址：北京市亚运村加利大厦 E 座 406 室
邮编：100101
电话：010-64936949
传真：010-64939104-18
电子信箱：autoknowledge@sohu.com

《汽车制造业》
地址：北京市西城区白云路 1 号 11 层
邮编：100045
电话：010-63326090-98
传真：010-63326099
网址：www.vogel-automedien.de
电子信箱：automobile@vogel.com.cn

《汽车导购》
地址：北京市德外北沙滩 1 号 16 信箱
邮编：100083
电话：010-64882177
传真：010-64870803
电子信箱：carguide@vip.sina.com

《汽车与运动》
地址：北京市海淀区阜成路 115 号（北京印象）1 号楼 2 门 4 层
邮编：100036
电话：010-88138426
传真：010-88135447
电子信箱：zlj@anews.com.cn

《汽车测试报告》
地址：北京市朝外大街 18 号丰联广场 A 座 19 层
邮编：100020
电话：010-65886161-604
传真：010-65886200

《汽车进口情况反映》
地址：北京市阜成路 33 号
邮编：100037
电话：010-68426043
传真：010-88561149

《汽车族》
地址：北京市北三环东路 36 号环球贸易中心 A 座 8 层
邮编：100013
电话：010-58256931
传真：010-58256868
网址：www.motortrend.com.cn

《中国汽车工业产销快讯》
地址：北京市西城区三里河路 46 号
邮编：100823
电话：010-68594196
传真：010-68594186

《中国汽车工业（摩托车部分）综合信息》
地址：北京市西城区三里河路 46 号
邮编：100823
电话：010-68594196
传真：010-68594186

《汽车工程》
地址：北京市西城区白云路 1 号 1202 室
邮编：100045
电话：010-63287786
传真：010-63280627
电子信箱：sae860@sae-china.org

《汽车之友》
地址：北京市西城区白云路 1 号 1202 室
邮编：100045
电话：010-63286179
网址：www.autofan.com.cn
电子信箱：autofan@china.com

《商用汽车》
地址：北京市德胜门外北沙滩 1 号 16 信箱
邮编：100083
电话：010-64883609
传真：010-64882329
网址：www.bjcv.com.cn
电子信箱：syqczz@sina.com

《汽车维修与保养》
地址：北京市海淀区中关村南大街 2 号数码大厦 A 座 3215 室

邮编：100086
电话：010-51727066
传真：010-51727131
网址：www.motorchina.com

《车》
地址：北京市东城区建国门内大街22号华厦大厦6层
邮编：100005
电话：010-65235020
传真：010-65235021
网址：www.carandmotor.com.cn
电子信箱：carandmotor@gichina.cn

《车王》
地址：北京市朝阳区西坝河168号恒川公寓O座
邮编：100028
电话：010-64473462
传真：010-64473461
网址：www.chewang.com.cn
电子信箱：editor@chewang.com.cn

《汽车与安全》
地址：北京市西城区核桃园西街36号
邮编：100053
电话：010-63036589
传真：010-63036507
网址：www.cnautonews.com
电子信箱：service@cnautonews.com

《汽车与社会》
地址：北京市海淀区北土城西路165号
邮编：100083
电话：010-62355497
网址：www.auto-society.com.cn
电子信箱：Qiche_shehui@263.net

《世界汽车》
地址：北京市丰台区南四环西路188号2区7号楼703室
邮编：100070
电话：010-63702970
传真：010-63702978
网址：www.worldauto.com.cn
电子信箱：worldauto@catarc.ac.cn

《驾驶园》
地址：北京市6589信箱
邮编：102218
电话：010-64121925
传真：010-64121925
网址：www.jiacheren.com
电子信箱：webmaster@jiacheren.com

《城市车辆》
地址：北京市海淀区车公庄西路乙20号
邮编：100044
电话：010-68459870
传真：010-68414610
网址：www.cuauto.com.cn
电子信箱：chengshicheliang@sohu.com

《时尚·座驾》
地址：北京市朝阳区光华路9号时尚大厦20层
邮编：100020
电话：010-65871611
传真：010-65871638

《交通世界》
地址：北京市朝阳区惠新里240号
邮编：100029
电话：010-64970313
传真：010-64970313
电子信箱：transpow@iicc.com.cn

《节能与环保》
地址：北京市安定门外小关东里甲2号
邮编：100029
电话：010-64917355
传真：010-52052653
网址：www.jnhb.net

《轮胎工业》
地址：北京市西郊半壁店北京橡胶工业研究院
邮编：100039
电话：010-68228465
传真：010-68156717
网址：www.rubbertire.com.cn
电子信箱：rubbertire@263.com

《橡胶工业》
地址：北京市西郊半壁店北京橡胶工业研究院
邮编：100039
电话：010-68228465
传真：010-68156717
网址：www.rubbertire.com.cn
电子信箱：rubbertire@263.com

《摩托车》
地址：北京市崇文区夕照寺街14号
邮编：100061
电话：010-67133541
传真：010-67137641
网址：www.mtcm.com.cn
电子信箱：info@mtcm.com.cn

《摩托车趋势》
地址：北京市海淀区阜成路115号1号楼4层
邮编：100036
电话：010-88136839
传真：010-88136482
网址：www.motorcycletrend.com.cn
电子信箱：Lxh@anews.com.cn

《北京汽车》

地址：北京市丰台区方庄南路 9 号院
邮编：100078
电话：010-67625111-3506
传真：010-67629458

《汽车与配件》
地址：上海市朝阳路 510 号 9 楼
邮编：200040
电话：021-62440190
传真：021-62164866

《轿车情报》
地址：上海市朝阳路 510 号 9 层
邮编：200041
电话：021-51082244
传真：021-62164866
电子信箱：sophia@oauto.com

《上海汽车》
地址：上海市逸仙路 50 号
邮编：200437
电话：021-65315097
传真：021-65313561

《车迷》
地址：上海市钦州南路 71 号
邮编：200235
电话：021-64848125
传真：021-64848126
网址：www.carandmotor.com
电子信箱：carmotor@eastday.com

《轻型车技术》
地址：南京市红山路 128 号
邮编：210028
电话：025-83431394
传真：025-83431394

《汽车维护与修理》
地址：南京市黄埔路 2 号黄埔花园 1 幢 109 室
邮编：210016
电话：025-84803820
传真：025-84804002
电子信箱：njjtwwj@ulonline.com

《小型内燃机与摩托车》
地址：天津市南开区卫津路 92 号天津大学天津内燃机研究所
邮编：300072
电话：022-27406452

《汽车情报》
地址：天津市河东区程林庄道天山路口
邮编：300162
电话：022-84771576
传真：022-24375347
网址：www.autoinfo.gov.cn
电子信箱：penghong.cx@tom.com

《中国汽车工业年鉴》
地址：天津市河东区程林庄道天山路口
邮编：300162
电话：022-84771231
传真：022-84771701
网址：www.autoyearbook.com.cn
电子信箱：autoyb@catarc.ac.cn

《汽车运用》
地址：天津市河东区程林庄路东局子号
邮编：300161
电话：022-84658656

《汽车标准化》
地址：天津市河东区程庄道天山路口
邮编：300162
电话：022-84771502

《天津汽车》
地址：天津市南开区天拖北道 15 号
邮编：300190
电话：022-27030751
传真：022-27030701

《摩托车技术》
地址：天津市河东区程林庄道天山路口
邮编：300162
电话：022-84771229
传真：022-84771230
网址：www.cycleinfo.com.cn
电子信箱：cycleinfo@catarc.ac.cn

《汽车工业研究》
地址：长春市锦城大街 30 号
邮编：130011
电话：0431-85907709
传真：0431-85901098

《汽车工艺与材料》
地址：长春市创业大街 1063 号
邮编：130011
电话：0431-85789860
传真：0431-85789858
电子信箱：qbk-gyc@faw.com.cn

《汽车技术》
地址：长春市创业大街 1063 号
邮编：130011
电话：0431-85789856
传真：0431-85789810

《汽车文摘》
地址：长春市创业大街 1063 号
邮编：130011
电话：0431-85789858
传真：0431-85789810

《汽车维修》
地址：长春市锦城大街 30 号
邮编：130011
电话：0431-5901097

传真：0431-5901097

《大众汽车》

地址：长春市人民大街 4646 号
邮编：130021
电话：0431-85635181
传真：0431-85635181
电子信箱：dzqc@public.ce.cl.cn

《汽车维修技师》

地址：沈阳市和平区十一纬路 25 号
邮编：110003
电话：024-23284373
传真：024-23284539
网址：www.chinaauto.net
电子信箱：auto@mail.lnpgc.com.cn

《客车技术》

地址：辽宁省丹东市黄海大街 546 号
邮编：118008
电话：0415-6272441
传真：0415-6272418
电子信箱：kechejishubianjibu@sina.com

《润滑油》

地址：大连市沙河口区连山街 123 号 A 座 503 室
邮编：116023
电话：0411-84678975
传真：0411-84678974

《重型汽车》

地址：济南市英雄山路 165 号
邮编：250002
电话：0531-85586138
传真：0531-85586000

《拖拉机与农用运输车》

地址：河南省洛阳市涧西区西苑路 39 号
邮编：471039
电话：0379-62690123
传真：0379-62690002
网址：www.ytjszx.com.cn
电子信箱：ytjszx@ytjszx.com.cn

《专用汽车》

地址：武汉市汉阳区龟北路 3 号
邮编：430050
电话：027-84716461
传真：027-84716542
网址：www.hyspv@public.wh.hb.cn
电子信箱：hyspv@public.wh.hb.cn

《汽车电器信息》

地址：湖南省长沙市东风路 57 号
邮编：410005
电话：0731-4424716
网址：www.djdqxh.com

《汽车科技》

地址：武汉市经济技术开发区东风大道 10 号
邮编：430056
电话：027-84283755
传真：027-84283757
电子信箱：qichekeji@dfl.com.cn

《汽车电器》

地址：湖南省长沙市经济技术开发区盼盼路 29 号
邮编：410100
电话：0731-2798408
传真：0731-2798406

《摩托车信息》

地址：重庆市渝中区长江二路 77 号
邮编：400042
电话：023-68691136
传真：023-68811227
网址：www.chmotor.com
电子信箱：chmotor@cta.cq.cn

《汽车博览》

地址：成都市致民路 36 号锦江新园 1105 室
邮编：610021
电话：028-85452665
传真：028-85452665
网址：www.autocnw.com
电子信箱：leno@lenomedia.com

《汽车时尚周刊》

地址：成都市乡农市街 59 号金港商城 B 座 2 单元 6 楼
邮编：610031
电话：028-87670186
传真：028-68116677

《汽车杂志》

地址：成都市永陵路 23 号
邮编：610031
电话：028-87739287
传真：028-87739287

《车用发动机》

地址：山西省大同市第 22 号信箱
邮编：037036
电话：0352-4088609

《汽车驾驶员》

地址：西安市南二环路中段西安公路交通大学 712 信箱
邮编：710064
电话：029-82334382
传真：029-82334536

《摩托车世界》

地址：西安市灞桥区米秦路 6 号
邮编：710032
电话：029-86795288
传真：029-86795296
网址：www.cnmtc.com.cn
电子信箱：mtcsj@126.com

第16部类

附录

DISHILIUBULEI | FULU

附录

FULU

汽车展览

2016 年主要汽车展览

【第 22 届中国国际汽车用品展览会】 2 月 25 日，第 22 届中国国际汽车用品展览会·汽车美容服务连锁暨洗车展览会（简称雅森北京展，CIAACE），在北京国际展览中心（新馆）盛大开幕。展会汇聚全球 6300 多家汽车用品企业，20 余万展出产品，其中包含 2 万多款首发新品。展品涵盖汽车内外饰、美容养护、汽车维修、汽车电子多个领域。同期，还举行了 30 余场行业峰会，300 余场企业新品发布活动。

本届展会除了延续往年电子、美容养护、坐垫、脚垫、汽车窗膜、精品 6 大细分化展区外，另特设汽车美容服务连锁暨洗车展览会专馆。其中包含连锁区，洗车机区，润滑油区，快修快保区四大区域。展会突破传统汽车用品与汽保维修产品独立成展、销售产品与店面设备独立展示的传统，在原有汽车用品基础上引入了汽保维修类产品；突破纯产品展示的传统，首次引入模式展、方案展、整店展的概念，是国内知名汽车美容养护、快修连锁的集中体现，开辟了首个汽车后市场连锁专属交流展示平台。

中国汽车用品暨改装汽车展览会（CIAACE）是中国汽车后市场知名展览品牌，展会创办于 2005 年 6 月，雅森国际展览公司率先创立中国首个汽车用品专业展会，成功将汽车用品行业从整车行业中脱离出来，成为真正独立的新兴行业而存在。作为行业首展，CIAACE 不仅见证了中国汽车后市场行业的崛起与繁荣，更为行业企业成功搭建起了最为直接的商贸洽谈平台，成为行业企业每年首选的品牌展会。

【2016（第十四届）北京国际汽车展览会】 4 月 25 日至 5 月 4 日，2016（第十四届）北京国际汽车展览会在中国国际展览中心新馆和中国国际展览中心老馆同时举行。本届展会面积 23 万平米，共有来自美国、德国、意大利、日本、英国、马来西亚、瑞典、韩国、法国、澳大利亚、新加坡、中国以及中国香港特别行政区、中国台湾地区等 14 个国家和地区的 2000 余家厂商参展。展会共展示车辆 1125 台，其中全球首发车 120 台，跨国公司全球首发车 36 台，跨国公司亚洲首发车 35 台，概念车 74 台，新能源车 88 台。展会共接待 12600 名中外记者，包括海外 499 家媒体的 1050 名记者。展会期间共有 82 万人次的各界观众到场参观。本届展会由中国机械工业联合会、中国机械工业集团公司、中国国际贸易促进会、中国汽车工业协会共同主办。

【2016 北京国际道路运输、城市公交车辆及零部件展览会】 5 月 23 日至 25 日，2016 北京国际道路运输、城市公交车辆及零部件展览会在北京国家会议中心隆重举行。本届展会以“新能源：客车发展的机遇与挑战”为主题，聚焦当今世界客车技术发展的最新动向，集中展示与新能源及节能减排技术相关的客车及零部件产品，努力将道路运输车辆展打造成为全球最新客

车技术与产品展示的窗口，着力搭建客车行业科技成果转化与商务交流的最佳平台。除新能源客车之外，展会还将开展客车安全技术与产品、环保技术与产品、车联网技术与产品、智能公交技术与产品等多项展示及技术交流活动。展会展出面积达到8万平方米。

本届展会由交通运输部科学研究院、中国公路学会客车分会、中国道路运输协会城市客运分会和北京市贸促会、北京华运展交通科技发展中心等单位共同承办。

【2016第十五届中国沈阳国际汽车工业博览会】 6月29日至7月4日，2016第十五届中国沈阳国际汽车工业博览会在沈阳国际展览中心举行。本届汽博会以“科技、环保、生活更美好”为主题，启用沈阳国际展览中心7个室内展馆以及室外展区。据组委会不完全统计，本届沈阳国际汽博会共有来自17个国家和地区200余家中外展商参展，展会规模达17万平方米，展出车辆1429台，经过连续6天的现场展示和交易，累计成交及预订车辆10186台，创下历届车展销量之最。展会期间共有115家新闻媒体单位近千名记者到现场参观采访报道，参观总人数达57.2万人次。

本届博览会由中国机械工业集团有限公司、中国汽车工业国际合作有限公司主办，中国汽车工业国际合作有限公司、辽宁中汽会展有限公司承办，沈阳国际展览中心协办。该博览会为沈阳乃至整个东北地区汽车工业及会展产业的繁荣、汽车文化的发展发挥了重要作用。

【2016第十九届成都国际汽车展览会】 9月2日至11日，2016第十九届成都国际汽车展览会在成都世纪城新国际会展中心盛大开幕。本届展会以“缤纷车展•炫动蓉城”为主题，全面覆盖成都世纪城新国际会展中心九大展馆及室外场地，展出面积约15万平方米，吸引国内外110个汽车品牌。共计销售车辆31186辆，其中豪车销售908辆。共接待观众超过65.5万人次，来自国内外约2300家媒体的近8000名记者奔赴车展现场报道展会盛况。

本届车展由成都市人民政府主办，成都世纪城新国际会展中心有限公司和汉诺威米兰展览（上海）有限公司共同承办，并得到了中国国际贸易促进委员会汽车行业分会的大力支持。

作为西部地区规模最大、规格最高的年度汽车盛会，自1998年创办以来，成都车展历经18年成长蜕变，现已从众多区域性车展中脱颖而出，稳居中国第四大A级车展之列。

【第十五届中国国际内燃机及零部件展览会（ENGINE CHINA 2016）】 9月21日至9月23日，经国家科技部批准，由中国内燃机工业协会主办的“第十五届中国国际内燃机及零部件展览会（ENGINE CHINA 2016）”在北京中国国际展览中心举行。本届展会以“创新驱动、节能减排、绿色制造”为主题，全面展示各类内燃机主机及零部件、替代燃料内燃机产品、再制造技术和产品、动力与发电设备、控制系统、内燃机专用制造装备，内燃机制造过程节能技术以及各种内燃机工业相关技术、产品和服务，充分体现了低碳经济社会的需求。

本届展览会得到中国机械工业联合会、中国船舶工业集团公司、中国船舶重工集团公司、中国南车股份有限公司、中国北车股份有限公司、中国汽车工业协会、中国工程机械工业协会、中国农业机械工业协会、兰州电源车辆研究所有限公司的大力支持。

【2016（第十七届）武汉国际汽车展览会】 10月12日至17日，2016（第十七届）武汉国际汽车展览会在武汉国际博览中心举行，其中10月12日为媒体、专业观众日，10月13日-17日为普通观众日。本届武汉国际车展以“擎动荆楚•驾驭未来”为主题，展出面积覆盖武汉国际博览中心12个展馆以及室外广场，达14万平方米，聚集展商达300余家，德系、法系、美系、日系、韩系、合资品牌和自主研发品牌等超过80个参展品牌齐聚，包括德国宝沃汽车、汉腾汽车等品牌首次亮相武汉国际车展。

本届车展由中国机械工业联合会、中国国际贸促会、湖北省和武汉市人民政府等共同举办。

【2016中国（沈阳）国际汽车展览会】 10月19日至24日，2016中国（沈阳）国际汽车展览会在沈阳国际展览中心举行。本届展会以“汽车共享社会”为主题，以“开拓汽车市场，促进技术革新，交流汽车信息、引领汽车生活”为宗旨，以国内一流的汽车专业展览会为目标，进一步突出国际化、专业化、品牌化特征，使之成为汽车贸易、技术交流、投资合作、文化融汇的平台，为加快辽宁省汽车产业发展发挥更大的作用。

展会总展出面积为18万平米，涵盖了乘用车、商用车、房车、二手车和改装车的参展品牌 142 个，参展企业 130 家，参展车辆近 1200 台，新车展出比例超过 80%，概念车及新能源、新动力汽车将突破 100 台。现场各种演绎活动 2000 余场次。本届展会由中国汽车流通协会和中国国际贸易促进委员会辽宁省分会主办，沈阳市服务业委员会特别支持，沈阳汽车流通协会、百瑞国际会展集团、北京杜米文化艺术发展有限公司联合承办。

【2016 中国（重庆）商用车博览会】 10 月 28 日至 31 日，2016 中国（重庆）商用车博览会在重庆市巴南区公路物流基地举行。本届车博会以“商用车•承载城市未来”为主题，以“重构、创新、互联、共赢”为活动主基调，旨在推动“经济新常态”下的商用车产业升级，强化商用车在国民经济发展、国防建设、对外贸易中的重要地位和作用。博览会参展面积近 10 万平方米，各类参展参会企业达 900 家以上，产品涵盖了卡车、专用车、新能源汽车、汽车零部件、商用车装饰用品、经销商、电商平台等商用车及相关产业的企业。成为全国规模最大、参展企业最多的一届商用车博览会。在为期 4 天的展览会期间，组委会推出超百万购车优惠以及重卡特技表演和场地越野赛、商用车现场特价拍卖、房车节、美食节等劲爆的活动。

本次博览会由中国汽车流通协会、重庆市商务委员会、巴南区人民政府联合主办，中国汽车流通协会商用车商会、重庆市巴南区商务局、重庆公路物流基地建设有限公司、重庆协信控股集团、重庆华南城、宗申集团等单位联合承办。

【2016 第九届郑州国际汽车展览会】 11 月 4 日至 8 日，2016 第九届郑州国际汽车展览会在郑州国际会展中心举行。本届展会启用郑州国际会展中心一、二层共计 12 个室内展厅及室外广场，近 10 万平方米的展出面积共容纳了 80 多个汽车品牌参展，展区规划上，除传统的各大汽车品牌悉数参展，还将特设新能源•智能汽车版块、二手车版块及特价车版块，在延续移动互联网＋车展的办展理念同时，积极引入智能车展概念，全面升级展会，为广大汽车品牌搭建更为优质和人性化的打品牌、促销量的营销平台，为广大车友带来最流行的汽车前沿信息和最方便快捷、最具性价比的购车体验。

本届展会由郑州市人民政府支持，由中国汽车流通协会、中国汽车工程学会、中国汽车工业国际合作有限公司、尚格会展股份有限公司联合主办，郑州尚格展览服务有限公司承办。

【第十四届中国（广州）国际汽车展览会】 11 月 18 日，第十四届中国（广州）国际汽车展览会正式开幕。本届广州汽车展以“新科技 、新生活”为主题，聚焦纯电驱动、智能互联、无人驾驶、分时租赁、共享出行等新技术、新理念、新模式，向业界展示最新科技成果，为汽车生活注入新的活力。本届广州汽车展共使用中国进出口商品交易会展馆 A 区全部 13 个展厅及 B 区 7 个展厅，以及南北广场室外展区，展会规模达 22 万平方米，其中 A 区展示乘用车，B 区展示电动汽车、商用车、平行进口车、汽车零部件及用品。共展出车辆 1130 台，其中全球首发车 56 台，概念车 19 台。新能源汽车总计 146 台，其中国内企业展车 49 台，国外企业展车 97 台。本届车展特别开辟了“平行进口车展区”，吸引了数家国内大型汽车经销商集团参展，为观众提供更加丰富的选择。

本届展会由中国对外贸易中心、中国机械工业联合会、中国汽车工业协会、中国国际贸易促进委员会汽车行业分会主办。

汽车运动赛事

2016 年主要汽车运动赛事

【2016（第八届）福田奥铃中国勒芒轻卡耐力赛在京启动】 3 月 26 日，图雅诺杯 --2016（第八届）福田奥铃中国勒芒轻卡耐力赛启动仪式在北京雁栖湖国际会展中心举行。启动仪式上发布了六款福田轻型商用车系列产品，举行了 2016 中国城市新能源物流战略发展联盟签约仪式及福田奥铃 & 图雅诺 2016 品质体验万里行启动仪式。与此同时，“七彩书屋第三季——福田图雅诺公益中国行”活动在当天正式启动。

本届赛事是 2016-2017 跨年度赛事，以物流企业直接组队参加大区决赛形式为主。大赛于 3 月在北京启动后，在全国设立中部、西南部和东南部三大赛区。其中，中部、西南部和东南部大区决赛分别于 5 月在长沙、6 月在昆明和 9 月在深圳举行，三个大区决赛的冠亚季军共 9 支队伍于 11 月在盐城举行 2016 勒芒冠军挑战赛，前六名获得参加 2017 全国总决赛的资格。

【2016 中国环塔（国际）拉力赛】 2016 年中国环塔（国际）拉力赛于 5 月 15 日在新疆自治区塔城市开幕，5 月 30 日在阿克苏闭幕，赛程 15 天。参赛的 103 台汽车和 14 台摩托车在 15 天内横穿准噶尔盆地，绕过天山山脉，沿塔克拉玛干沙漠边缘驰至新疆阿克苏收车，全程 5000 余公里，其中赛段长度 2600 余公里，共有 10 个赛段。本届比赛也是环塔比赛历史上首次连续穿越新疆两大盆地（准格尔盆地和塔里木盆地）。

最终，吉利博越韩魏ＳＭＧ车队的韩魏搭档法国领航员让•皮埃尔夺得汽车组总冠军。红牛ＳＴＭＲ２Ｒ星之队西班牙车手阿曼德•赫尔南德斯首秀环塔，夺得摩托车组总冠军。新疆塔城车队汪海、吴大军（领航员）斩获汽车组亚军，内蒙古大漠穿沙越野车队贾海、王曾嵘（领航员）获得季军。摩托车组方面，环塔“四冠王”北部湾车队老将方明集惜获亚军，红牛ＫＴＭＲ２Ｒ星之队张敏位列第三。

【2016 年丝绸之路国际汽车拉力赛】 2016 年丝绸之路国际汽车拉力赛发车仪式于当地时间 7 月 8 日在莫斯科红场举行，历时 15 天，来自 30 多个国家和地区的近 130 辆赛车穿越俄罗斯、哈萨克斯坦和中国的 15 个赛段，共计 10780.13 公里，24 日抵达终点北京。本次拉力赛是目前世界上唯一的洲际越野拉力赛，是由中国和俄罗斯联合举办的重要国际级赛事，不仅是中俄两国间一项重大的体育活动，也将对推动中俄两国以及上合组织和“一带一路”体育合作产生积极作用。

【2016 年中国—东盟国际汽车拉力赛暨中国—东盟媒体汽车拉力赛】 2016 年中国—东盟国际汽车拉力赛暨中国—东盟媒体汽车拉力赛（下称“拉力赛”）于 11 月 23 日—12 月 13 日成功举办。本届拉力赛于 11 月 23 日从南宁发车，途经越南、老挝、泰国、缅甸、柬埔寨、马来西亚、新加坡和印度尼西亚等 8 个东盟国家，历时 19 天，全程约 10000 公里，共有境内外 46 辆参赛车 99 人参赛。赛事首次创新采用单程线路比赛模式，赛事取消了返回的比赛行程，参赛车手只需一路向“前”完成各项比赛即可。

该项拉力赛作为中国外交部指定的中国—东盟建立对话关系二十五周年系列纪念活动之一，以“和谐之旅 友谊之旅 合作之旅”为主题，旨在深化中国和东盟在经贸、文化、体育等多领域合作与交流。同时，2016 年还是东盟共同体建成元年，东盟是“一带一路”建设的重点方向、重点地区，聚集了许多合作建设“一带一路”的重点国家和重点项目。建设更为紧密的中国一东盟命运共同体，将为双方长期友好合作打下坚实的基础，也给双方的发展战略对接带来难得机遇，有助于“一带一路”建设不断推进。

【2016 第三届环青海湖电动汽车挑战赛】 2016 第三届环青海湖（国际）电动汽车挑战赛于 6 月 20 日至 22 日在青海省青海湖畔举行。赛段全程约 981 公里，共 12 个赛段。车队于 6 月 20 日从西宁青洽会开幕式现场发车，途经纳拉滩、门源、峨堡、祁连、大冬树山垭口、老日根村、原子城、二郎剑、鸟岛、刚察，于 22 日晚回到西宁大剧院，举行收车仪式、颁奖盛典。赛事难度体现出单赛段距离长、海拔高、坡度大三个特征。赛事 12 个赛段中，最陡坡度达到 8 度。另外，有 4 个单赛段距离在 100 公里以上。

该赛事包括主题曲征集、特技表演和性能评测赛、环湖评测赛、人与自然主题巡游活动、颁奖盛典、锂产业国际高峰论坛等十多项内容，共设最佳续航能力、最佳快充能力、最佳节电能力、最佳爬坡能力等十余个专业大奖，以及多项组委会特设奖项。

【2016 年“嵩皇体育”杯河南登封·中国汽车拉力锦标赛（CRC）】 2016 年“嵩皇体育”杯河南登封·中国汽车拉力锦标赛（CRC）于 10 日至 12 日在河南登封嵩皇小镇举行，这是登封市继 2015 年 9 月份之后，第二次举办大型汽车赛事，同时也是 2016 赛季中国汽车拉力锦标赛（CRC）的揭幕战。来自国内 45 支车队，133 辆赛车，200 多名车手将在此竞技角逐，争夺奖杯。

本站比赛共设置 11 个赛段，其中 SS1 为超级赛段，长 2.36 公里，其他的赛段分别是金牛岭、嵩皇和今石赛段，金牛岭赛段长约 14.01 公里，嵩皇赛段全场 19.07 公里，今石赛段是金牛岭赛段与超级赛段组合命名，以砂石和水泥路为主，长约 16.33 公里。赛事总里程 331 公里，其中比赛路段总里程 158.01 公里。

本次国家级汽车赛事由中国汽车摩托车运动联合会、河南省体育局、登封市人民政府共同主办，河南嵩皇体育产业有限公司和北京中汽摩运动发展公司承办。